ASTONISHING X-MEN

BEGABT

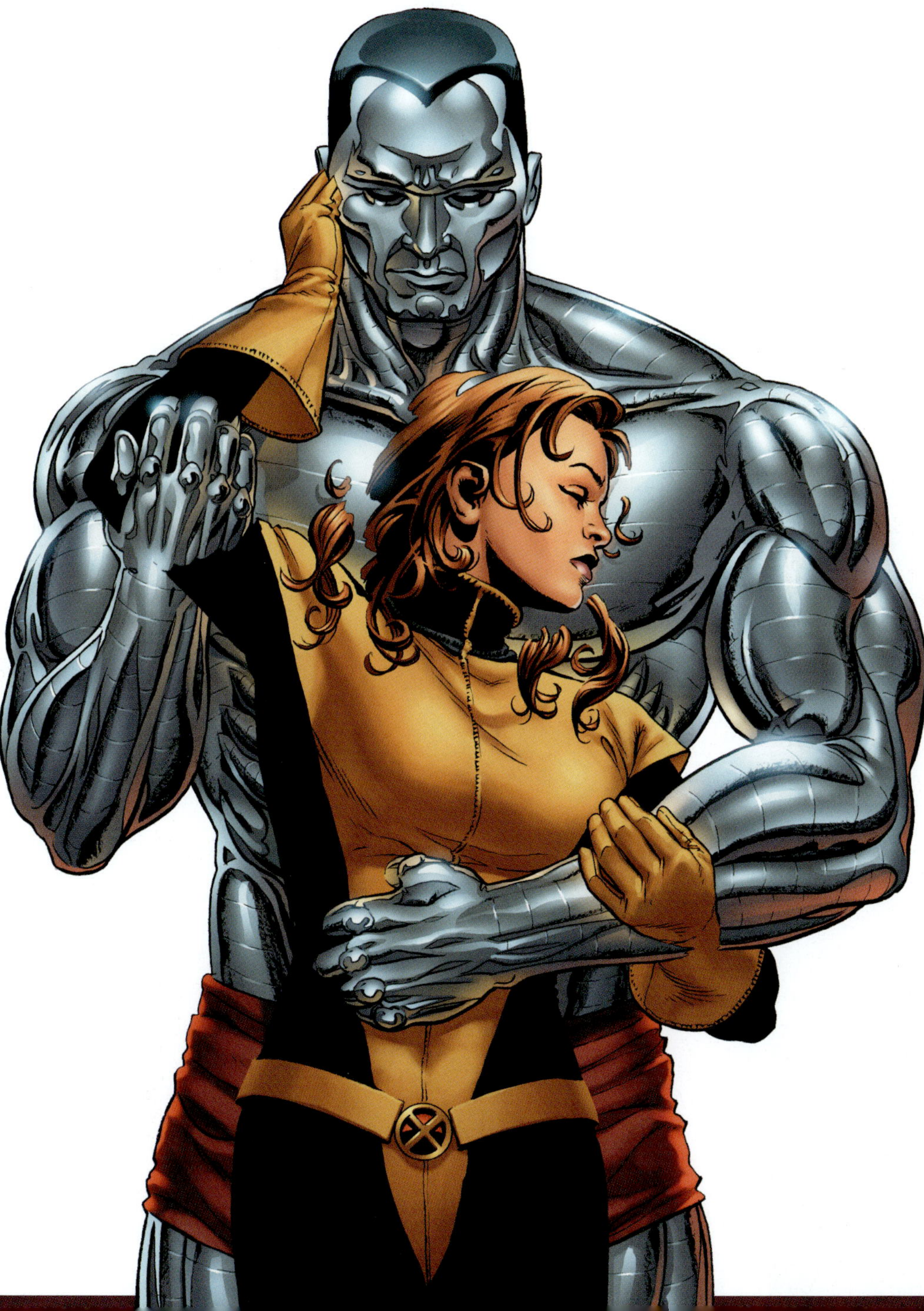

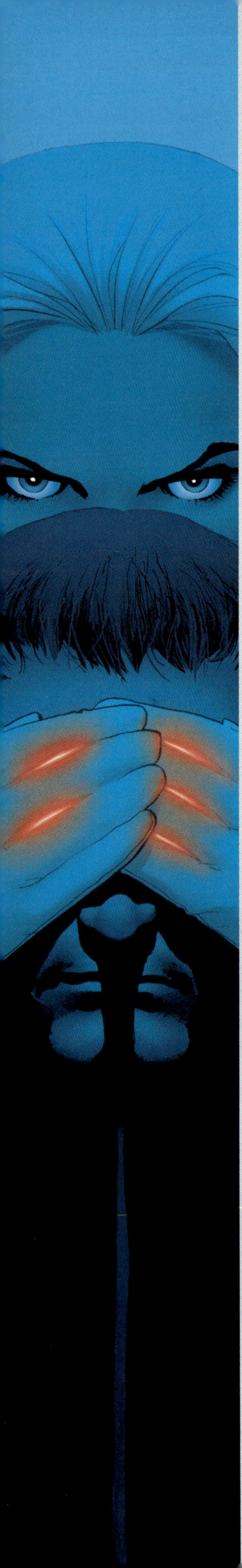

INHALT

ASTONISHING X-MEN

BEGABT

JOSS WHEDON
AUTOR

JOHN CASSADAY
ZEICHNER & TUSCHE

LAURA MARTIN
FARBEN

FABIO CIACCI
ELLETI
LETTERING

MICHAEL STRITTMATTER
ÜBERSETZUNG

NICK LOWE
MIKE MARTS
STEPHANIE MOORE
SEAN RYAN
CORY SEDLMEIER
REDAKTION USA

C. B. CEBULSKI
CHEFREDAKTEUR USA

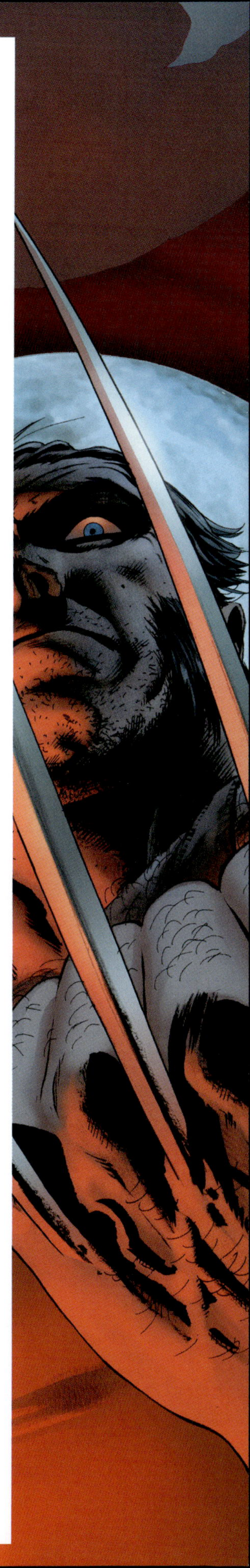

MARVEL MUST-HAVE: ASTONISHING X-MEN – BEGABT erscheint bei **PANINI COMICS**, Schloßstraße 76, D-70176 Stuttgart. Druck: Lito Terrazzi Industria Grafica. Pressevertrieb: Stella Distribution GmbH, D-22297 Hamburg. Direkt-Abos auf **www.paninicomics.de.** Anzeigenverkauf: BLAUFEUER VERLAGSVERTRETUNGEN GmbH, info@blaufeuer.com. Es gilt die Anzeigenpreisliste Nr. 18 vom 01.10.2020. Geschäftsführer **Hermann Paul**, Publishing Director Europe **Marco M. Lupoi**, Finanzen **Felix Bauer**, Marketing Director **Holger Wiest**, Marketing **Fabio Cunetto**, Vertrieb **Alexander Bubenheimer**, Logistik **Ronald Schäffer**, PR/Presse **Steffen Volkmer**, Publishing Manager **Lisa Pancaldi**, Redaktion **Harald Gantzberg**, **Matthias Korn**, **Anja Seiffert**, **Kristina Starschinski**, **Ilaria Tavoni**, **Daniela Uhlmann**, **Thomas Witzler**, Übersetzung **Bernd Kronsbein**, **Michael Strittmatter**, Proofreading **Genoveva Fincias Alonso**, Lettering **Fabio Ciacci**, **Elleti**, grafische Gestaltung **Marco Paroli**, **Barbara Sarti**, Art Director **Mario Corticelli**, Redaktion Panini Comics **Annalisa Califano**, **Beatrice Doti**, Prepress **Cristina Bedini**, **Andrea Lusoli**, **Nicola Soressi**, Repro/Packager **Alessandro Nalli** (coordinator), **Mario Da Rin Zanco**, **Valentina Esposito**, **Luca Ficarelli**, **Linda Leporati**. Deutsche Edition bei Panini Verlags-GmbH unter Lizenz von Marvel Characters B.V. Cover von **John Cassaday**, *Astonishing X-Men* (2004) 1 Variant-Cover-Edition.

Bibliografische Information der Deutschen Nationalbibliothek
Die Deutsche Nationalbibliothek verzeichnet diese Publikation in der Deutschen Nationalbibliografie; detaillierte bibliografische Daten sind im Internet über dnb.d-nb.de abrufbar.

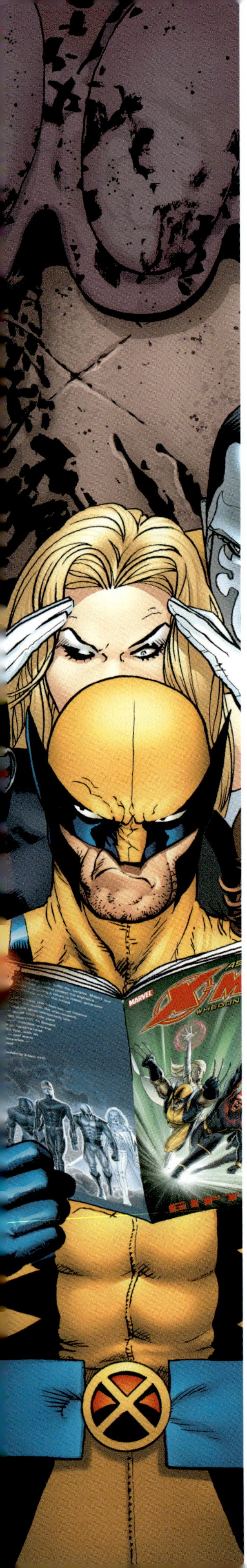

MARVEL GOES TO HOLLYWOOD

Im Frühjahr 1999 besuchte **Michael Jackson** 20th Century Fox, um für die Rolle von **Charles Xavier** vorzusprechen. Der King of Pop trug Sonnenbrille, verweigerte der Crew um Produzentin **Lauren Donner** den Handschlag und bewarb sich mit einer 60-minütigen Präsentation. Fox trug sich nie ernsthaft mit dem Gedanken. Der Film *X-Men* erwirtschaftete 2000 auch ohne Jackson rund 300 Millionen Dollar an den Kinokassen. Sein Erfolg läutete die Ära der Superhelden-Blockbuster ein und führte zu einer Neuausrichtung der Comics, die in den späten 90ern merklich an Fahrt verloren hatten.

Grant Morrison übernahm das Ruder 2001 und revolutionierte die **X-Men** für das 21. Jahrhundert. Dabei rückte er vor allem die Zukunft von Xaviers Schule in den Vordergrund. Wie im Hollywoodstreifen kleidete sich das Team nun in einheitlicher Lederkluft und die Dreiecksbeziehung zwischen **Jean Grey**, **Cyclops** und **Logan** wurde erstmals thematisiert. Unglücklich in der Ehe gefangen, hinterging **Scott Summers** seine Frau mit der offenherzigen Ex-Schurkin **Emma Frost** auf mentaler Ebene. Jean kam beiden auf die Schliche, wies Emma brutal in die Schranken und entwickelte ihrerseits Gefühle für **Wolverine**.

Als Morrison Ende 2004 ging, war das Mutantenteam wieder obenauf und Marvel schaute sich extern nach einem würdigen Nachfolger um. Die Wahl fiel auf **Joss Whedon**. Der Schöpfer von Vampirjägerin **Buffy** startete das designierte Flaggschiff der X-Titel mit der brandneuen Serie *Astonishing X-Men*. Whedon holte **Kitty Pryde** zurück, die sich 2000 verabschiedet hatte. Ansonsten setzte er auf ähnliche Charaktere wie zuvor Morrison. Einige standen auch gar nicht zur Verfügung. **Colossus** war 2001 am Legacy-Virus verstorben, Jean jüngst im Kampf gegen **Magneto** gefallen. Am Ende hatte sie Scott und Emma ihren Segen gegeben. Später wurde der Mord rückwirkend dem Mutanten **Xorn** in die Schuhe geschoben. Doch schon im Vorfeld war bekannt geworden, dass Whedon einen tot geglaubten Publikumsliebling zurückbringen würde. Fast jeder tippte auf **Phoenix**. Die Antwort war – wie der Auftakt zur Serie – ganz und gar erstaunlich.

Thomas Witzler

BEGABT, TEIL 1

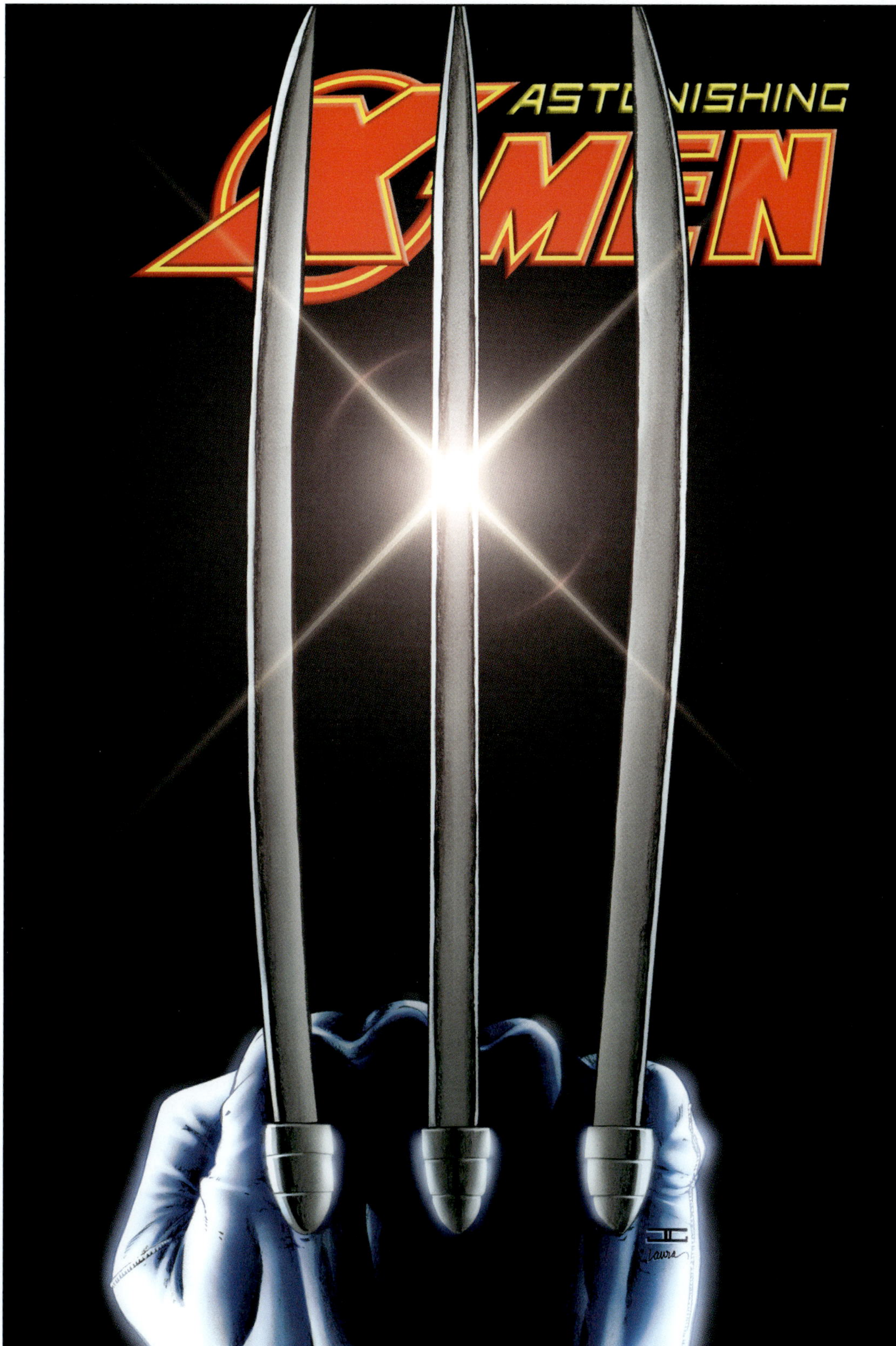

Astonishing X-Men (2004) 1
Cover von **JOHN CASSADAY**

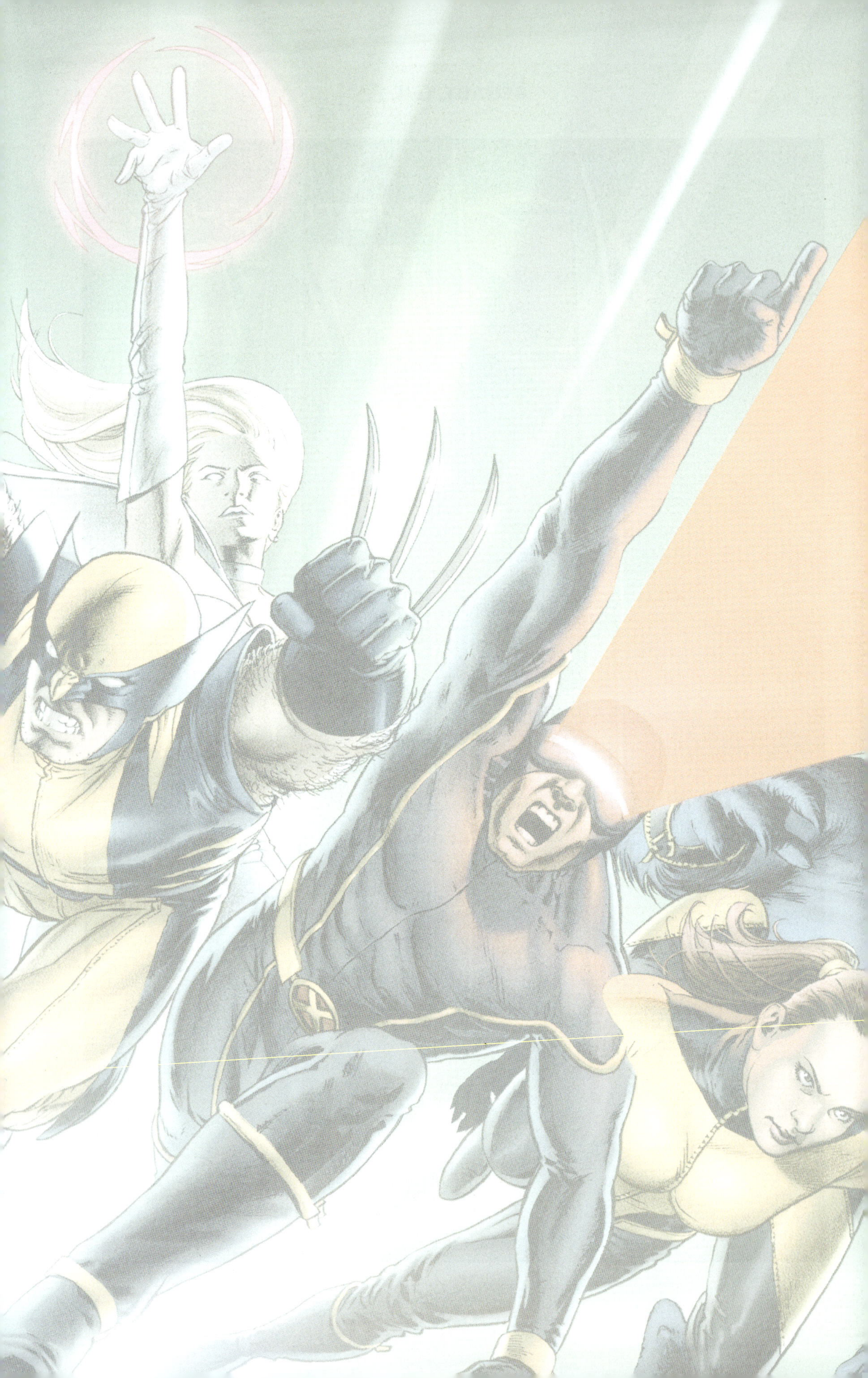

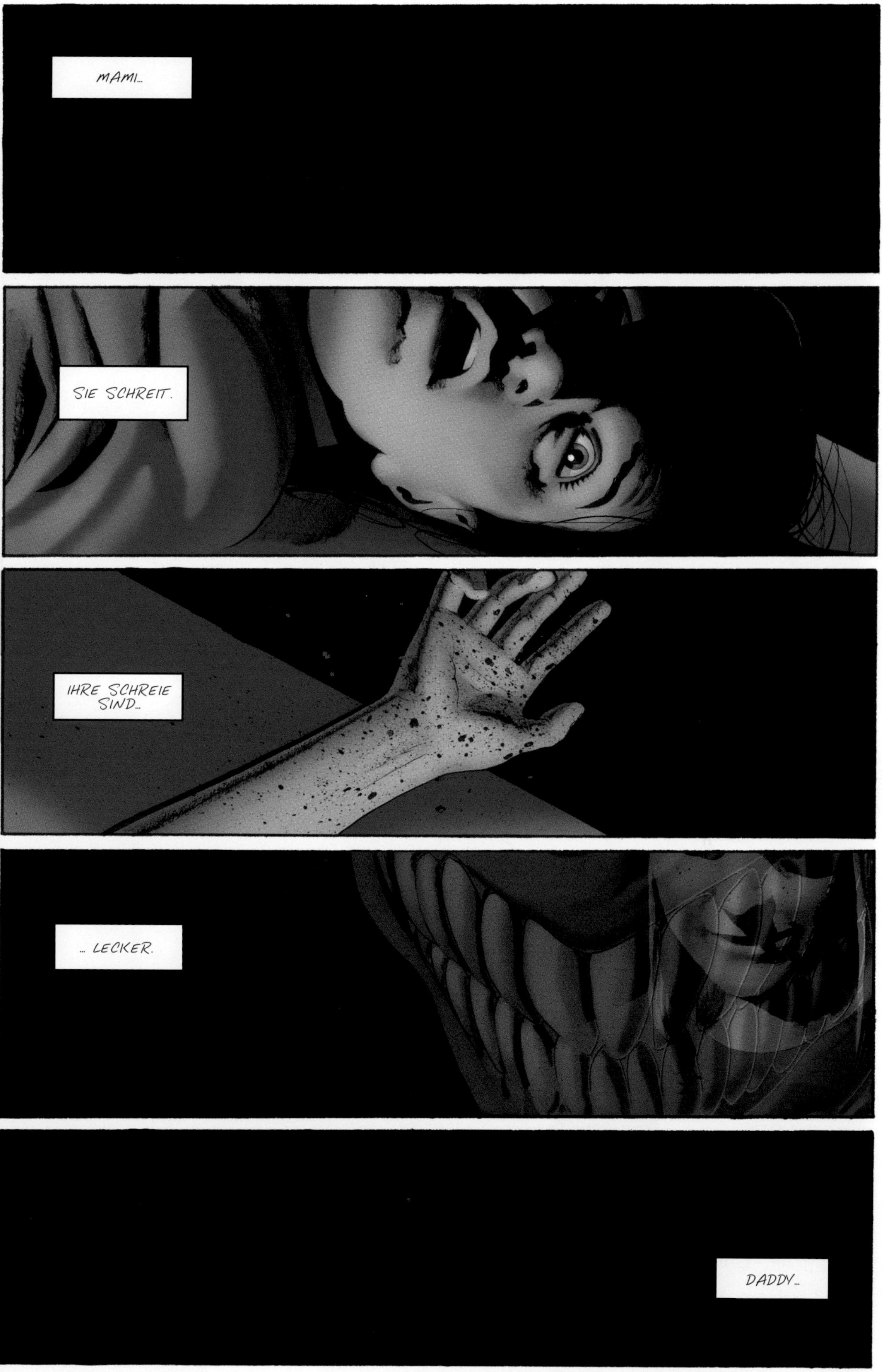
MAMI...
SIE SCHREIT.
IHRE SCHREIE SIND...
... LECKER.
DADDY...

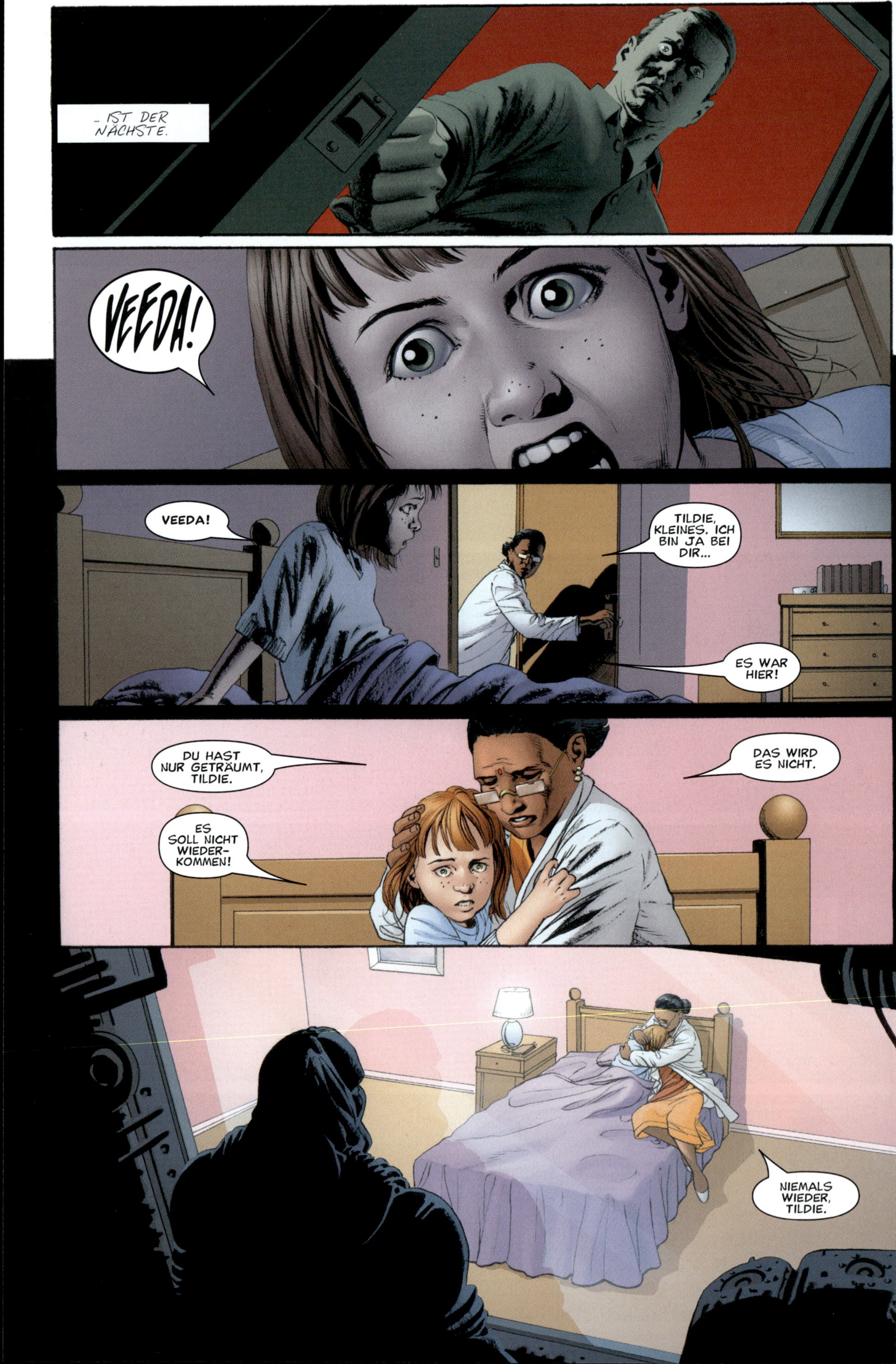

... IST DER NÄCHSTE.
VEEDA!
VEEDA!
TILDIE, KLEINES. ICH BIN JA BEI DIR...
ES WAR HIER!
DU HAST NUR GETRÄUMT, TILDIE.
DAS WIRD ES NICHT.
ES SOLL NICHT WIEDER-KOMMEN!
NIEMALS WIEDER, TILDIE.

BEGABT

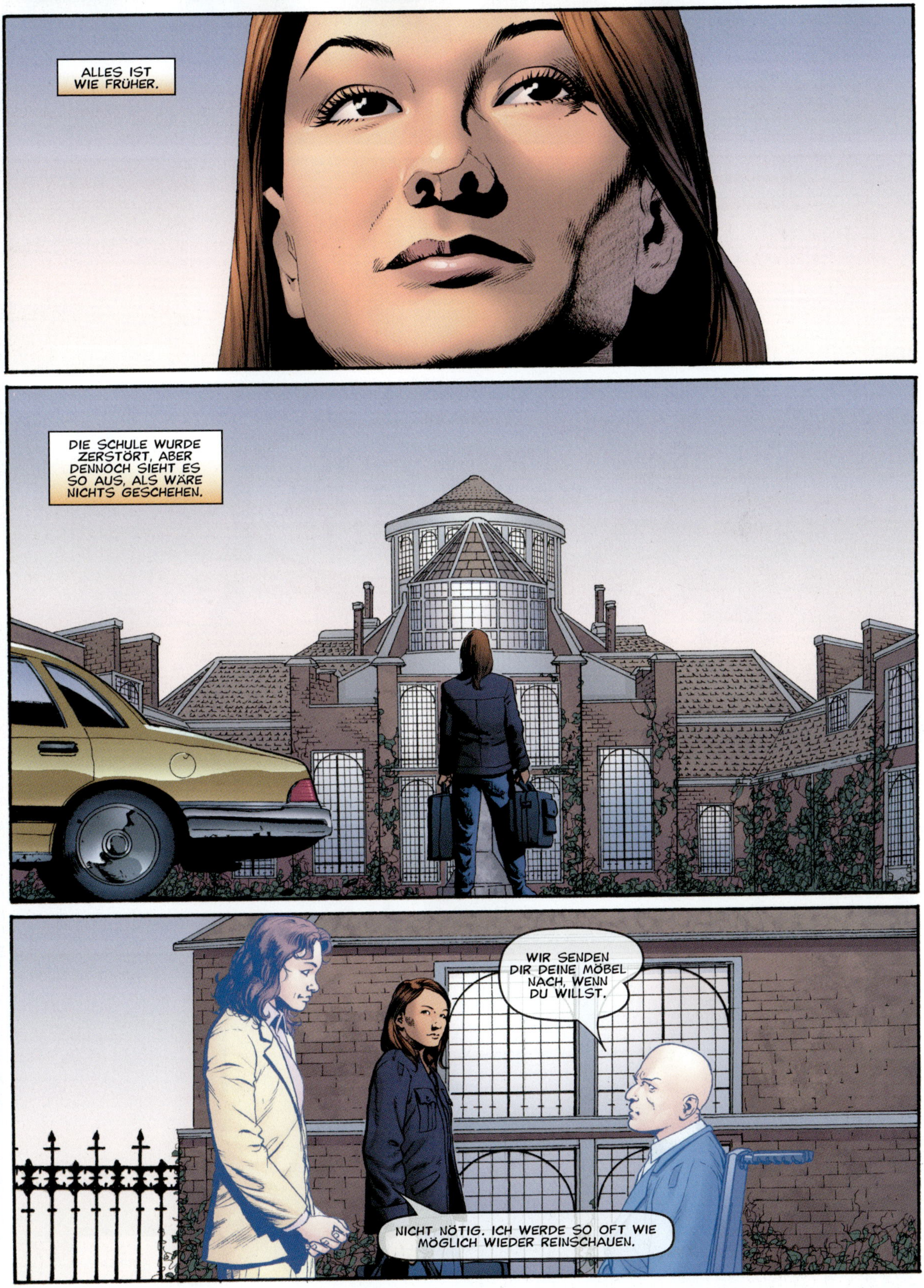
ALLES IST WIE FRÜHER.
DIE SCHULE WURDE ZERSTÖRT, ABER DENNOCH SIEHT ES SO AUS, ALS WÄRE NICHTS GESCHEHEN.
WIR SENDEN DIR DEINE MÖBEL NACH, WENN DU WILLST.
NICHT NÖTIG. ICH WERDE SO OFT WIE MÖGLICH WIEDER REINSCHAUEN.

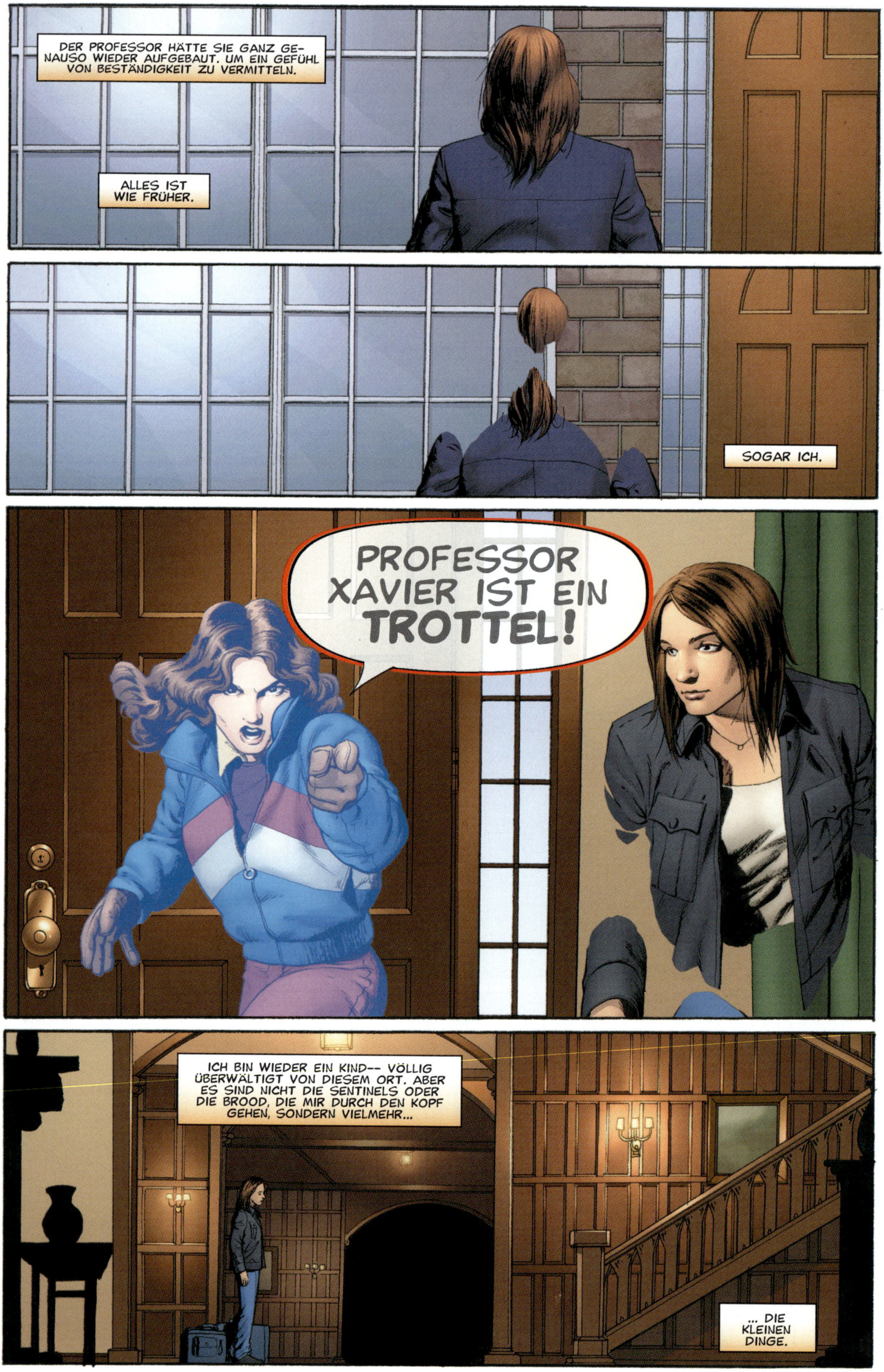
DER PROFESSOR HÄTTE SIE GANZ GENAUSO WIEDER AUFGEBAUT. UM EIN GEFÜHL VON BESTÄNDIGKEIT ZU VERMITTELN.
ALLES IST WIE FRÜHER.
SOGAR ICH.
PROFESSOR XAVIER IST EIN TROTTEL!
ICH BIN WIEDER EIN KIND-- VÖLLIG ÜBERWÄLTIGT VON DIESEM ORT. ABER ES SIND NICHT DIE SENTINELS ODER DIE BROOD, DIE MIR DURCH DEN KOPF GEHEN, SONDERN VIELMEHR...
... DIE KLEINEN DINGE.

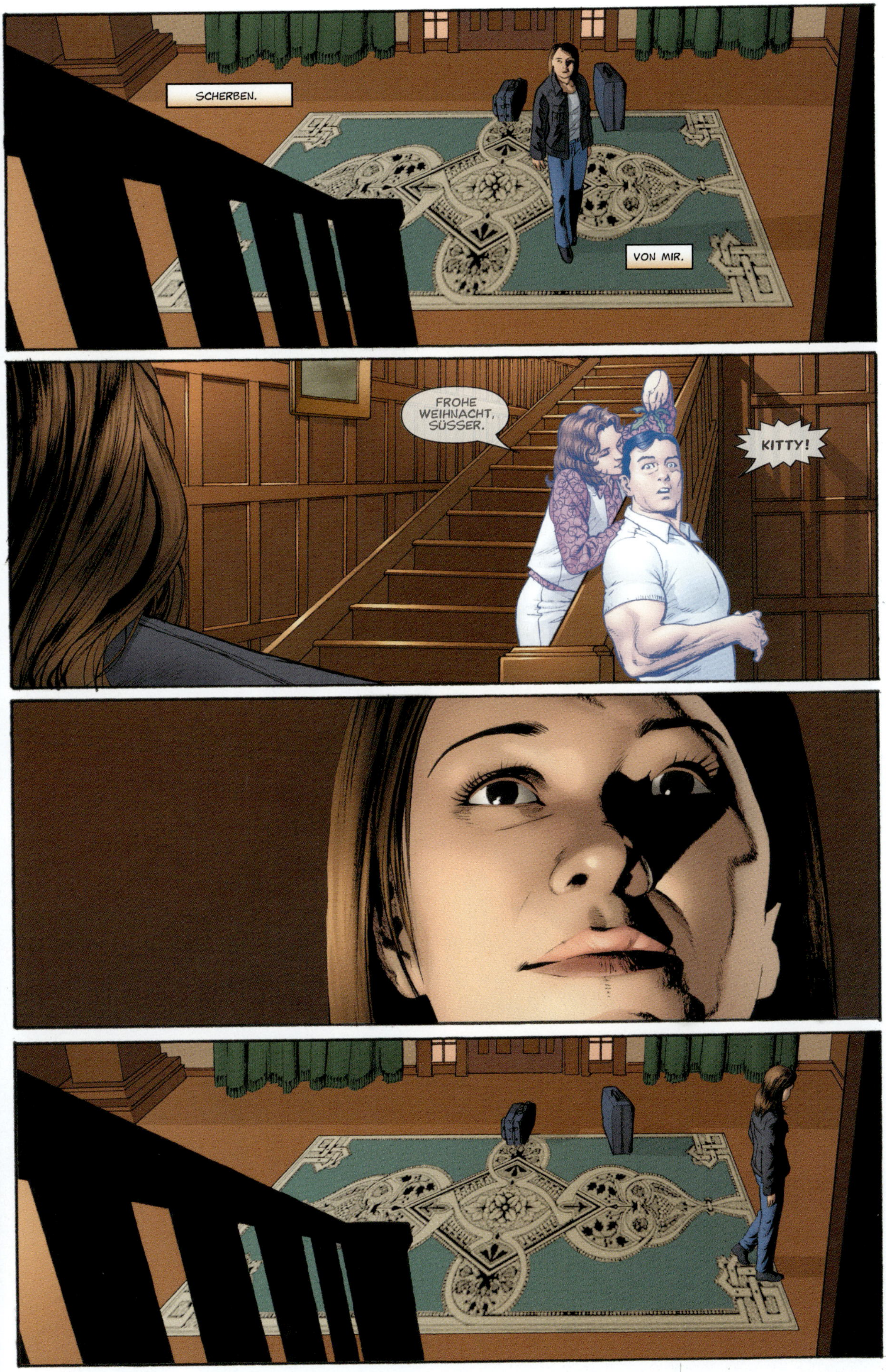
SCHERBEN.
VON MIR.
FROHE WEIHNACHT, SÜSSER.
KITTY!

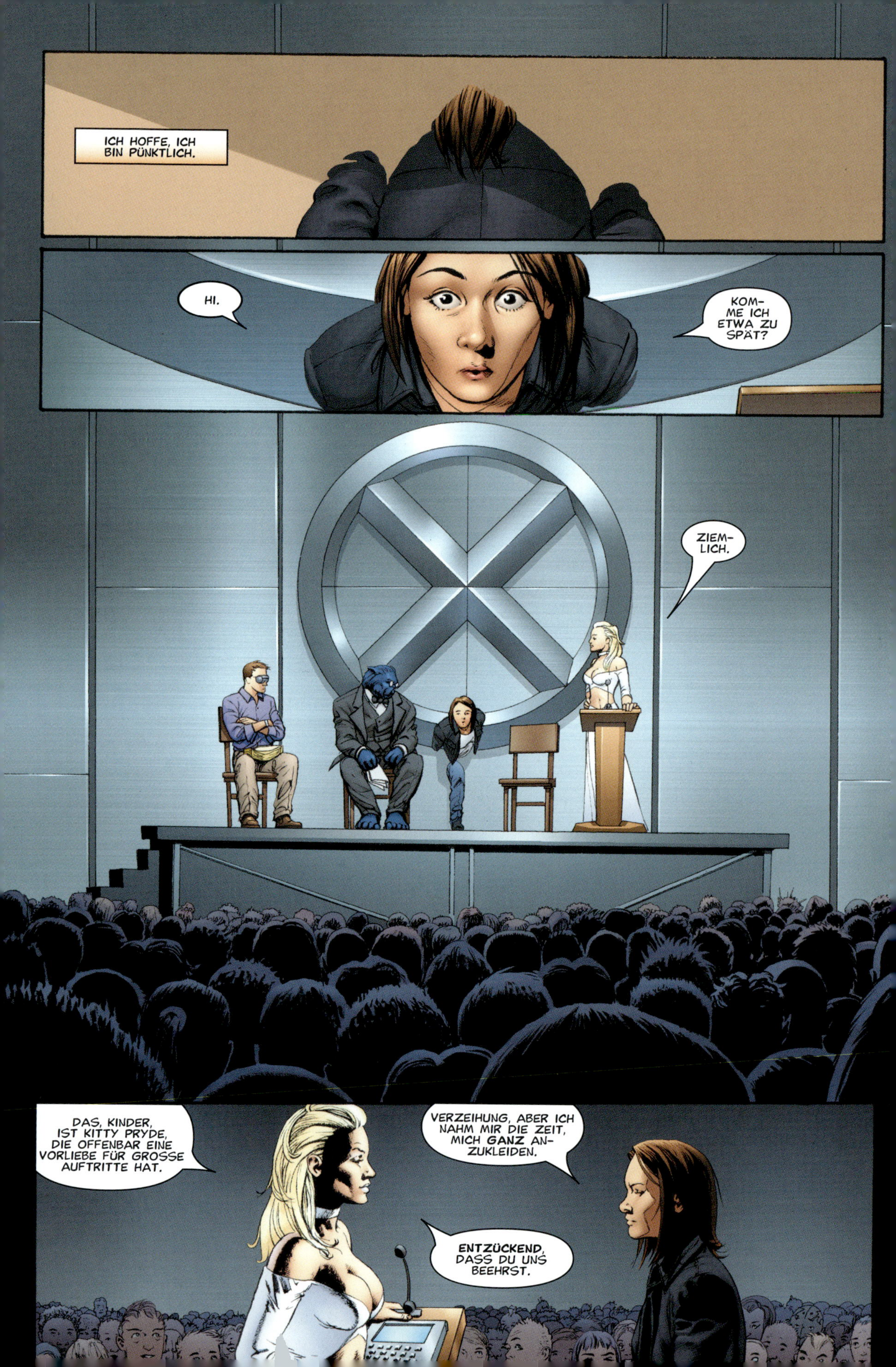

ICH HOFFE, ICH BIN PÜNKTLICH.
HI.
KOMME ICH ETWA ZU SPÄT?
ZIEMLICH.
DAS, KINDER, IST KITTY PRYDE, DIE OFFENBAR EINE VORLIEBE FÜR GROSSE AUFTRITTE HAT.
VERZEIHUNG, ABER ICH NAHM MIR DIE ZEIT, MICH GANZ ANZUKLEIDEN.
ENTZÜCKEND, DASS DU UNS BEEHRST.

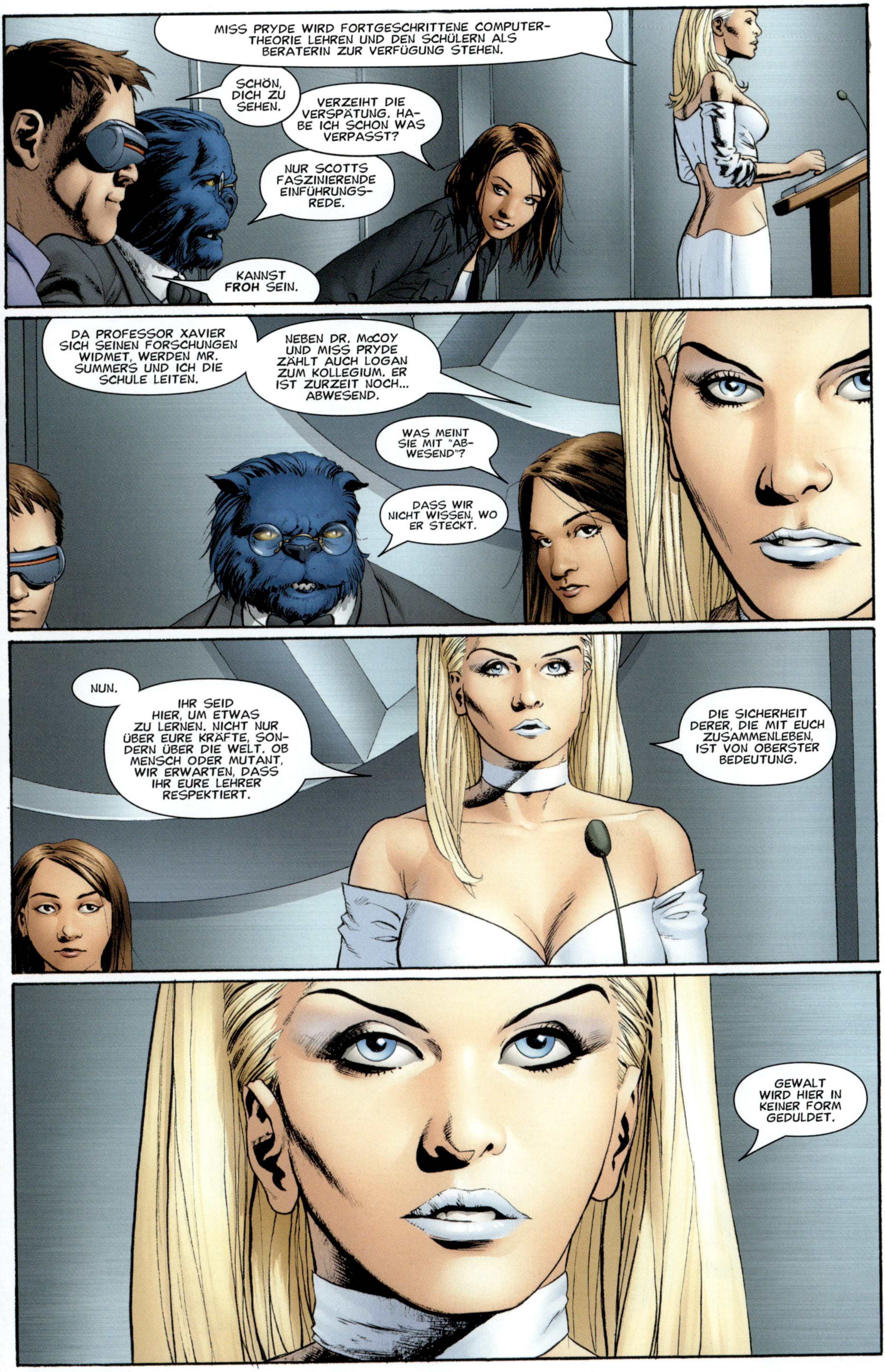
MISS PRYDE WIRD FORTGESCHRITTENE COMPUTER-THEORIE LEHREN UND DEN SCHÜLERN ALS BERATERIN ZUR VERFÜGUNG STEHEN.
SCHÖN, DICH ZU SEHEN.
VERZEIHT DIE VERSPÄTUNG. HABE ICH SCHON WAS VERPASST?
NUR SCOTTS FASZINIERENDE EINFÜHRUNGS-REDE.
KANNST FROH SEIN.
DA PROFESSOR XAVIER SICH SEINEN FORSCHUNGEN WIDMET, WERDEN MR. SUMMERS UND ICH DIE SCHULE LEITEN.
NEBEN DR. McCOY UND MISS PRYDE ZÄHLT AUCH LOGAN ZUM KOLLEGIUM. ER IST ZURZEIT NOCH... ABWESEND.
WAS MEINT SIE MIT "ABWESEND"?
DASS WIR NICHT WISSEN, WO ER STECKT.
NUN.
IHR SEID HIER, UM ETWAS ZU LERNEN. NICHT NUR ÜBER EURE KRÄFTE, SONDERN ÜBER DIE WELT. OB MENSCH ODER MUTANT, WIR ERWARTEN, DASS IHR EURE LEHRER RESPEKTIERT.
DIE SICHERHEIT DERER, DIE MIT EUCH ZUSAMMENLEBEN, IST VON OBERSTER BEDEUTUNG.
GEWALT WIRD HIER IN KEINER FORM GEDULDET.

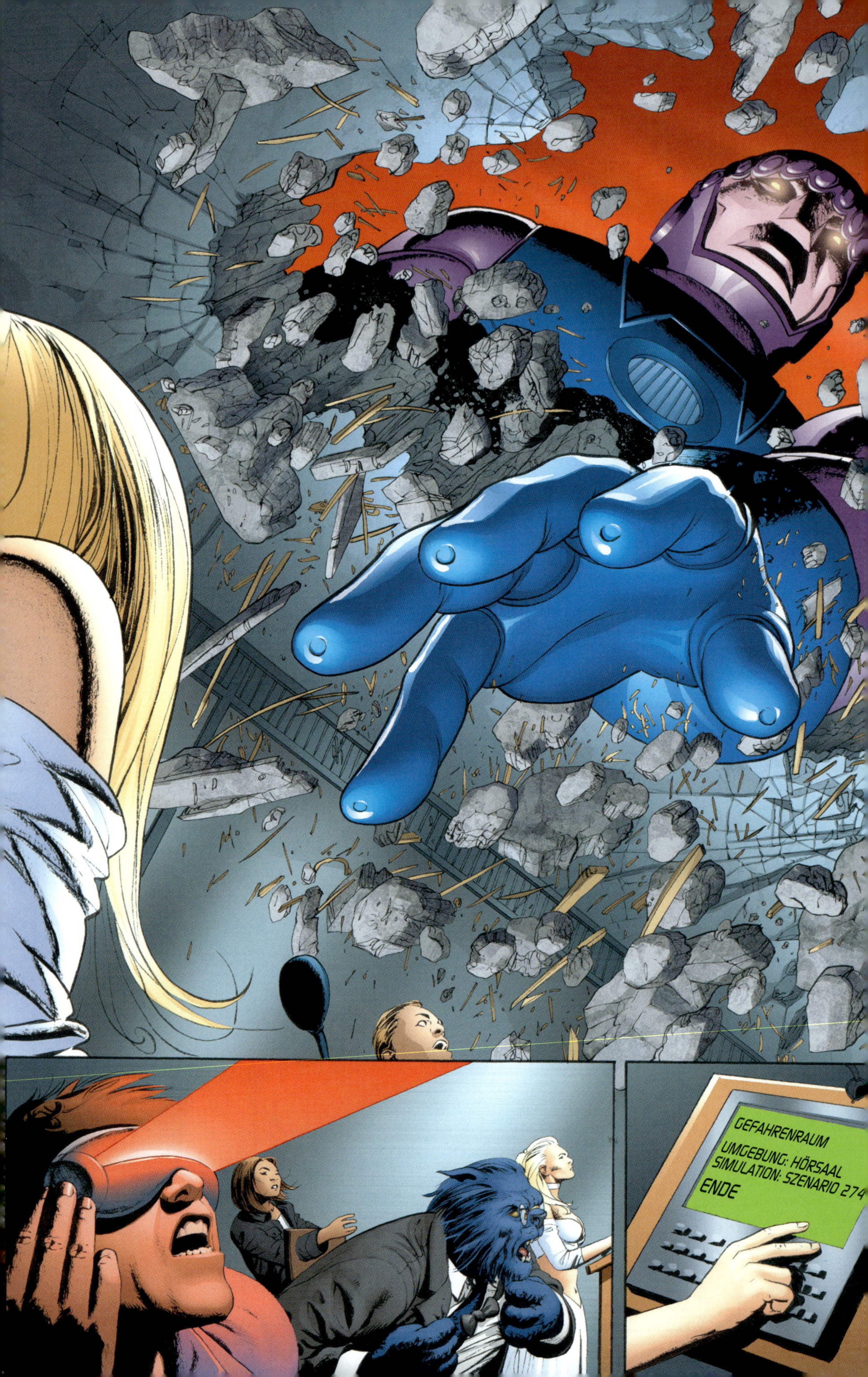
GEFAHRENRAUM
UMGEBUNG: HÖRSAAL
SIMULATION: SZENARIO 274
ENDE

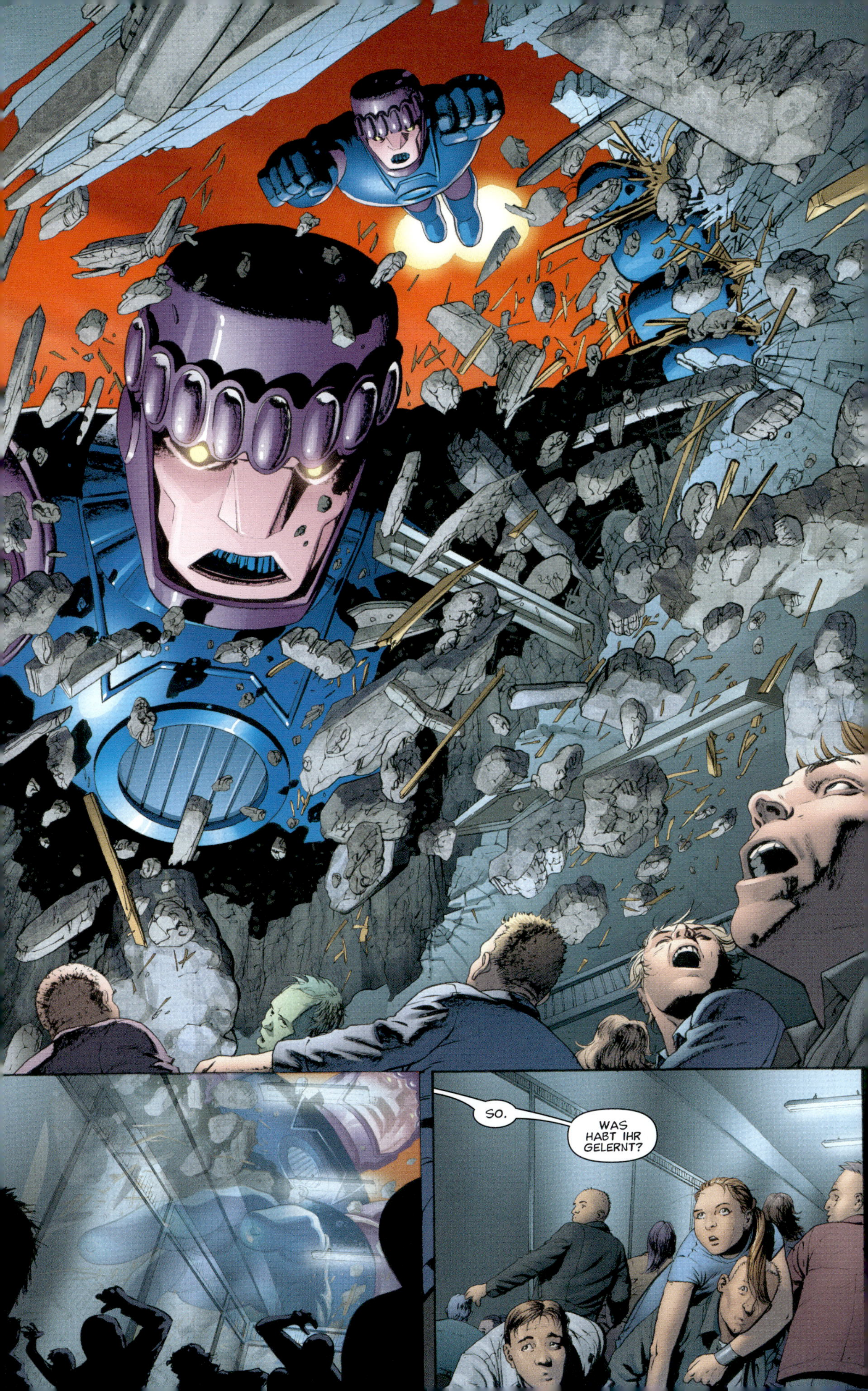
SO.
WAS HABT IHR GELERNT?

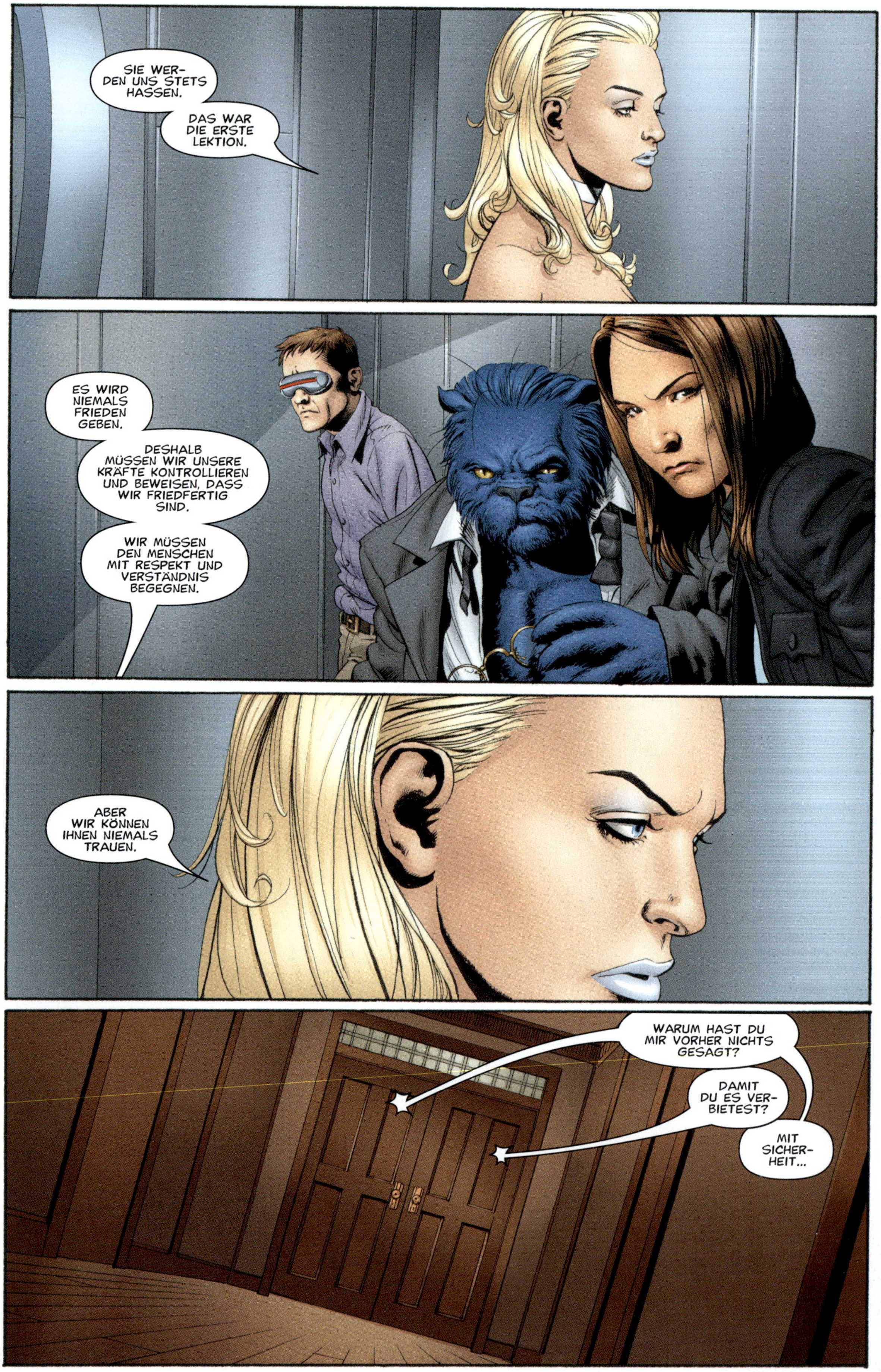
SIE WERDEN UNS STETS HASSEN.
DAS WAR DIE ERSTE LEKTION.
ES WIRD NIEMALS FRIEDEN GEBEN.
DESHALB MÜSSEN WIR UNSERE KRÄFTE KONTROLLIEREN UND BEWEISEN, DASS WIR FRIEDFERTIG SIND.
WIR MÜSSEN DEN MENSCHEN MIT RESPEKT UND VERSTÄNDNIS BEGEGNEN.
ABER WIR KÖNNEN IHNEN NIEMALS TRAUEN.
WARUM HAST DU MIR VORHER NICHTS GESAGT?
DAMIT DU ES VERBIETEST?
MIT SICHERHEIT...

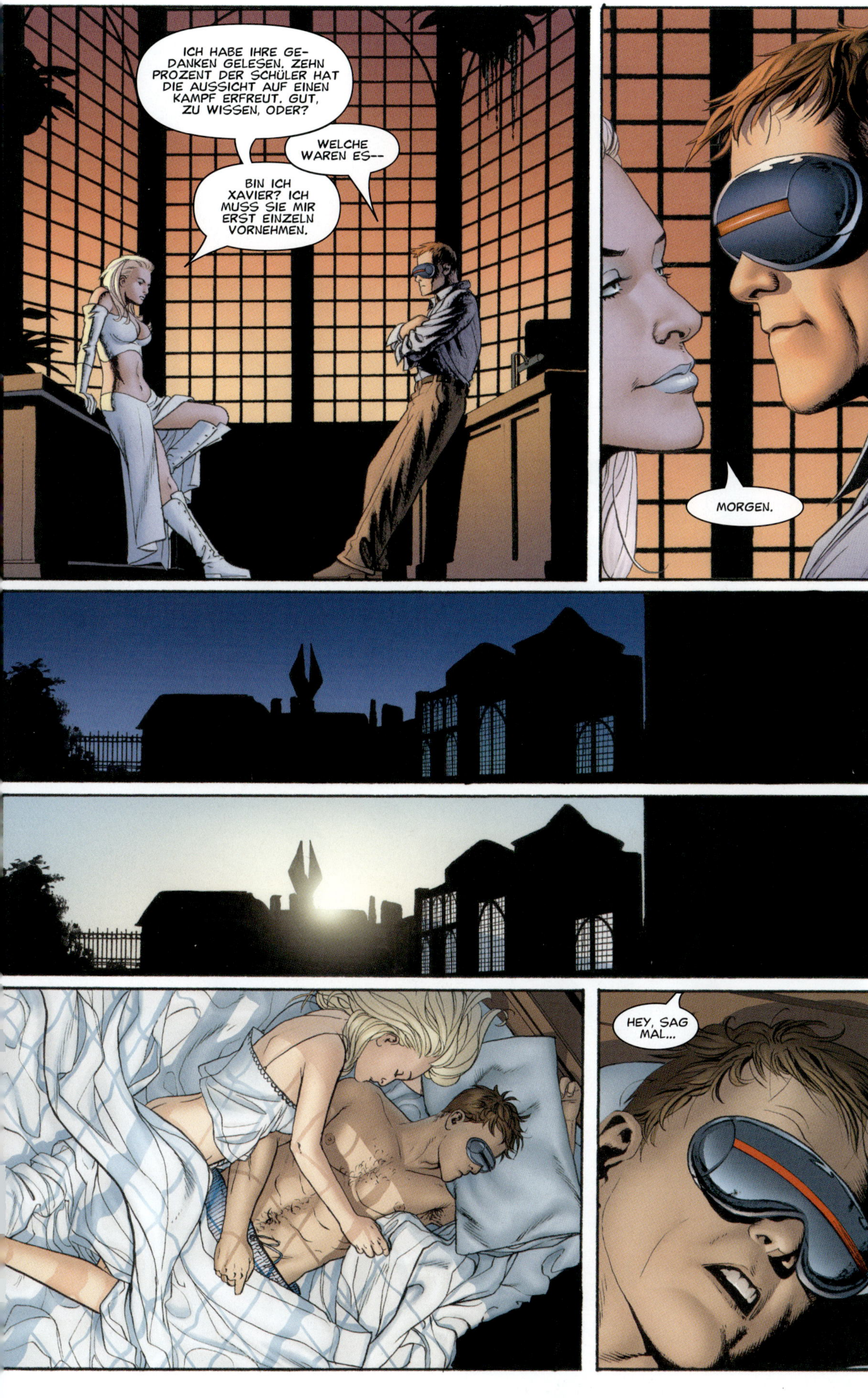
ICH HABE IHRE GEDANKEN GELESEN. ZEHN PROZENT DER SCHÜLER HAT DIE AUSSICHT AUF EINEN KAMPF ERFREUT. GUT, ZU WISSEN, ODER?
WELCHE WAREN ES--
BIN ICH XAVIER? ICH MUSS SIE MIR ERST EINZELN VORNEHMEN.
MORGEN.
HEY, SAG MAL...

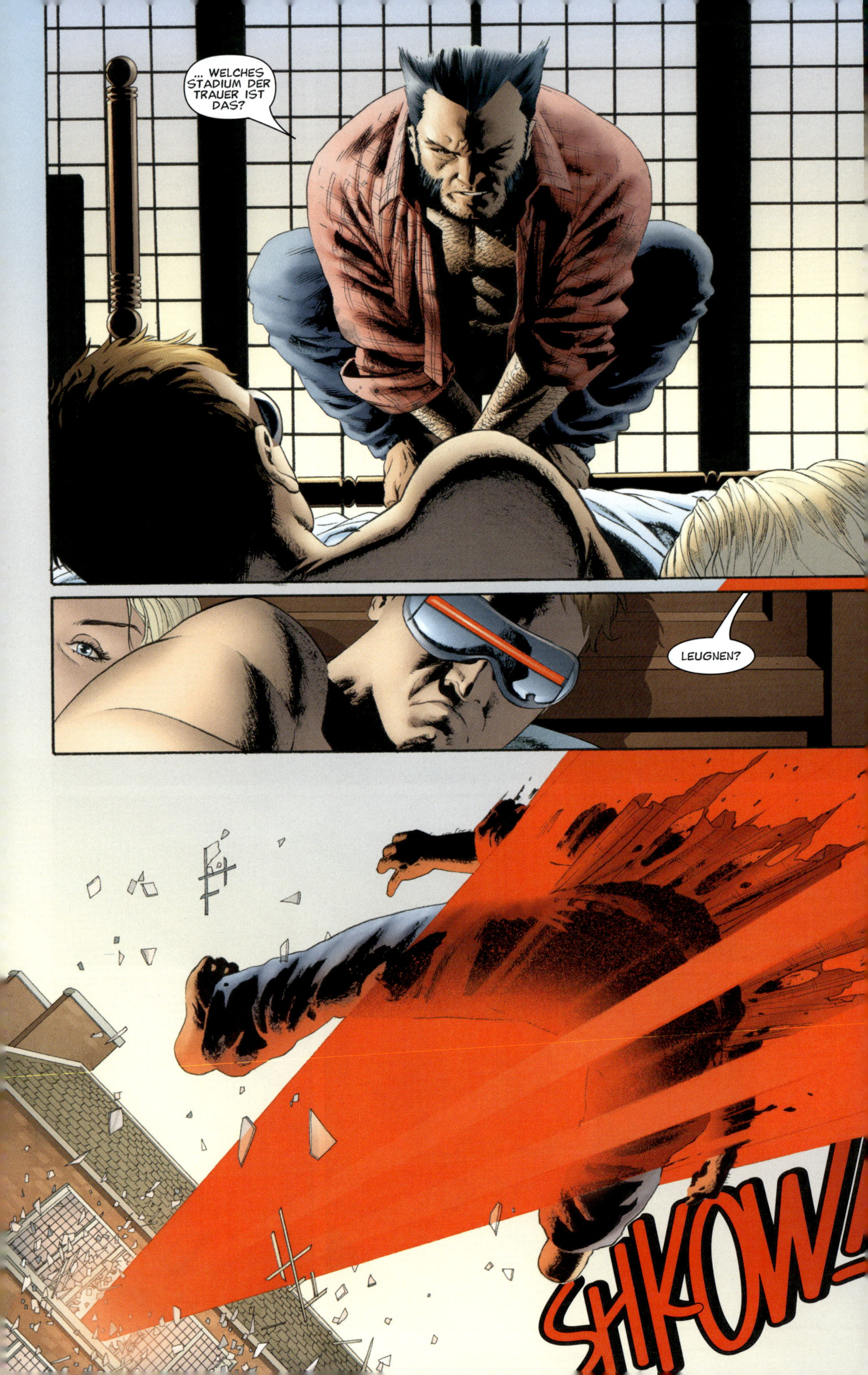
... WELCHES STADIUM DER TRAUER IST DAS?
LEUGNEN?
SHKOW!

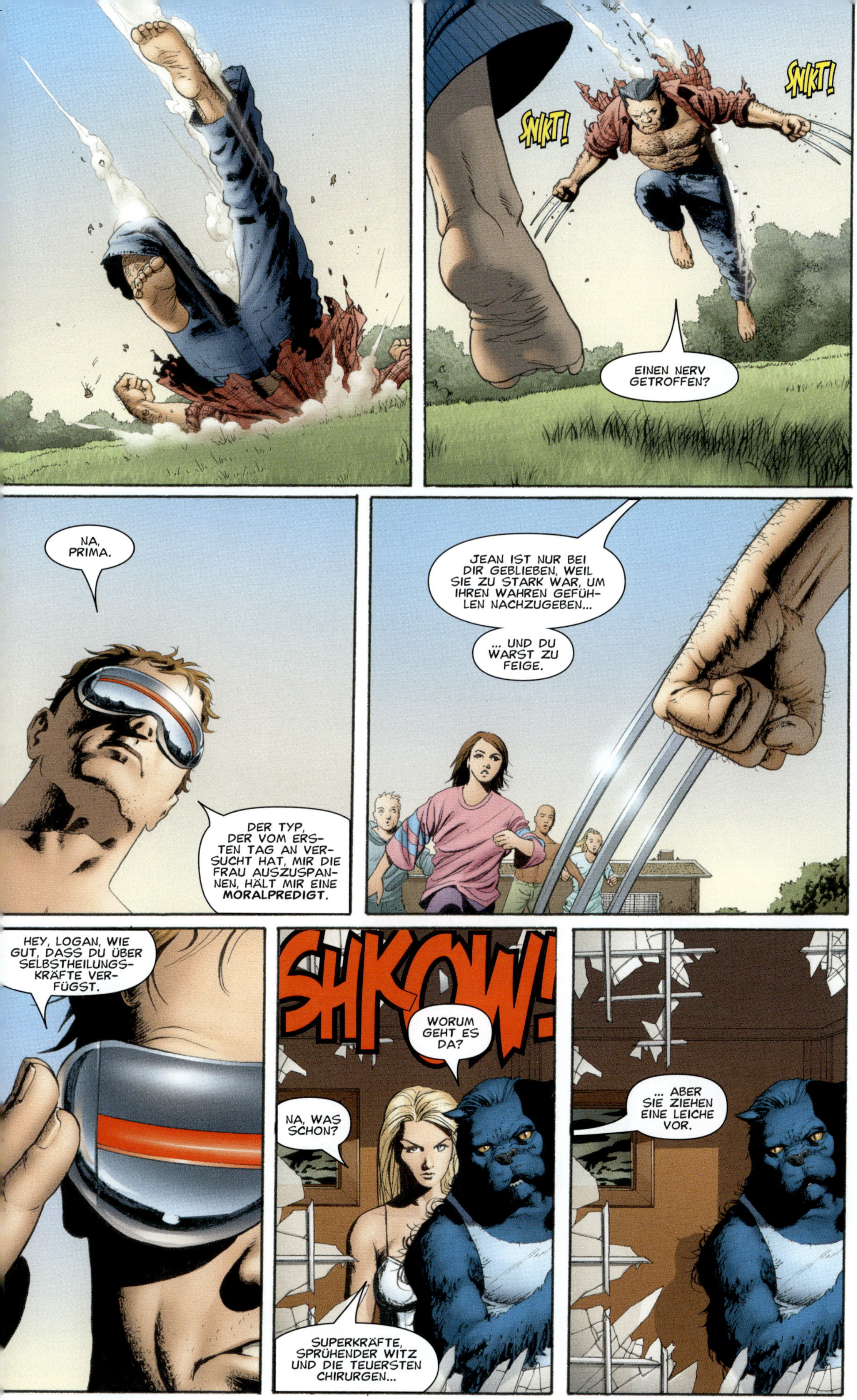
SNIKT!
SNIKT!
EINEN NERV GETROFFEN?
NA, PRIMA.
DER TYP, DER VOM ERSTEN TAG AN VERSUCHT HAT, MIR DIE FRAU AUSZUSPANNEN, HÄLT MIR EINE MORALPREDIGT.
JEAN IST NUR BEI DIR GEBLIEBEN, WEIL SIE ZU STARK WAR, UM IHREN WAHREN GEFÜHLEN NACHZUGEBEN...
... UND DU WARST ZU FEIGE.
HEY, LOGAN, WIE GUT, DASS DU ÜBER SELBSTHEILUNGSKRÄFTE VERFÜGST.
SHKOW!
WORUM GEHT ES DA?
NA, WAS SCHON?
SUPERKRÄFTE, SPRÜHENDER WITZ UND DIE TEUERSTEN CHIRURGEN...
... ABER SIE ZIEHEN EINE LEICHE VOR.

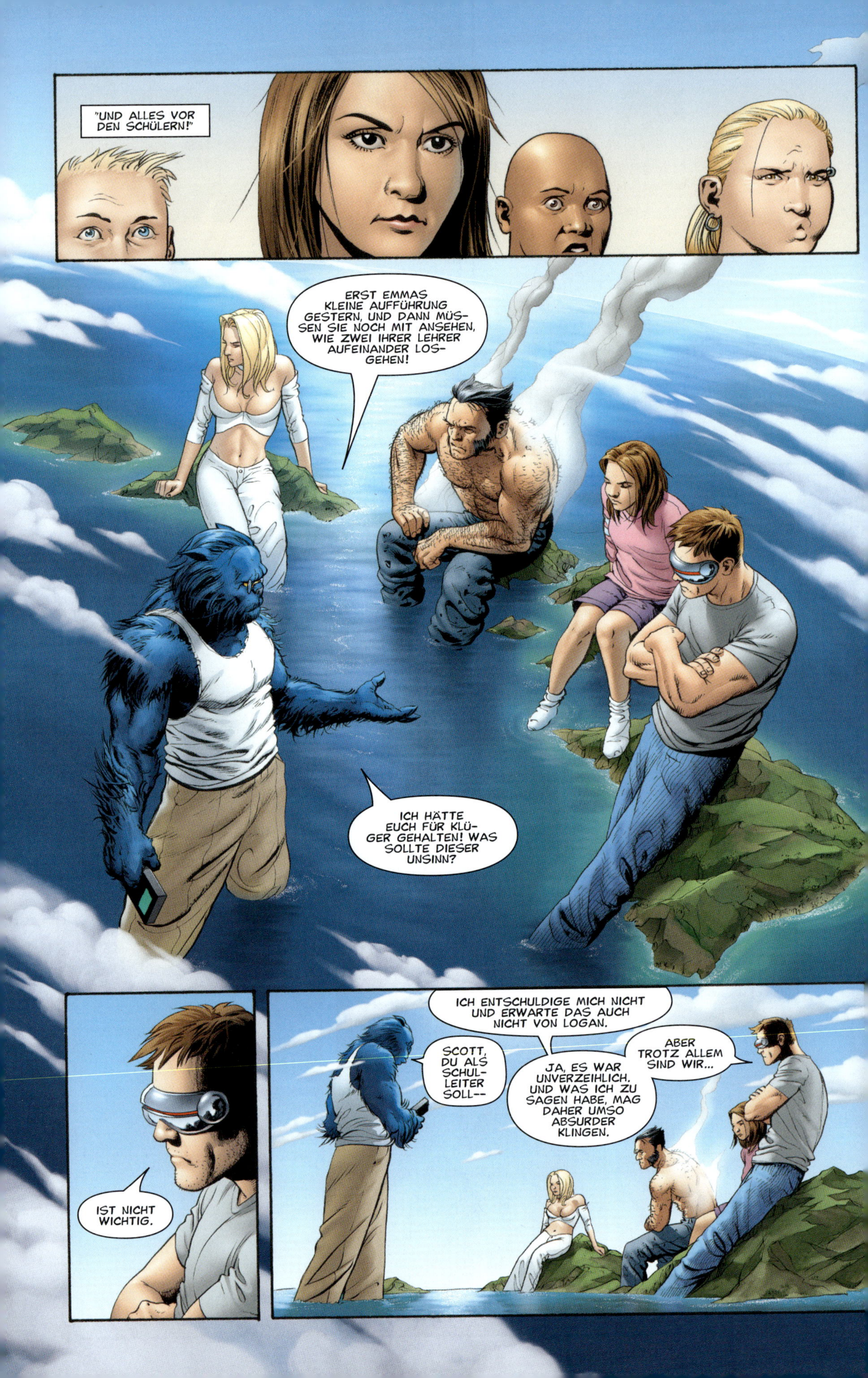
"UND ALLES VOR DEN SCHÜLERN!"
ERST EMMAS KLEINE AUFFÜHRUNG GESTERN, UND DANN MÜS-SEN SIE NOCH MIT ANSEHEN, WIE ZWEI IHRER LEHRER AUFEINANDER LOS-GEHEN!
ICH HÄTTE EUCH FÜR KLÜ-GER GEHALTEN! WAS SOLLTE DIESER UNSINN?
IST NICHT WICHTIG.
SCOTT, DU ALS SCHUL-LEITER SOLL--
ICH ENTSCHULDIGE MICH NICHT UND ERWARTE DAS AUCH NICHT VON LOGAN.
JA, ES WAR UNVERZEIHLICH. UND WAS ICH ZU SAGEN HABE, MAG DAHER UMSO ABSURDER KLINGEN.
ABER TROTZ ALLEM SIND WIR...

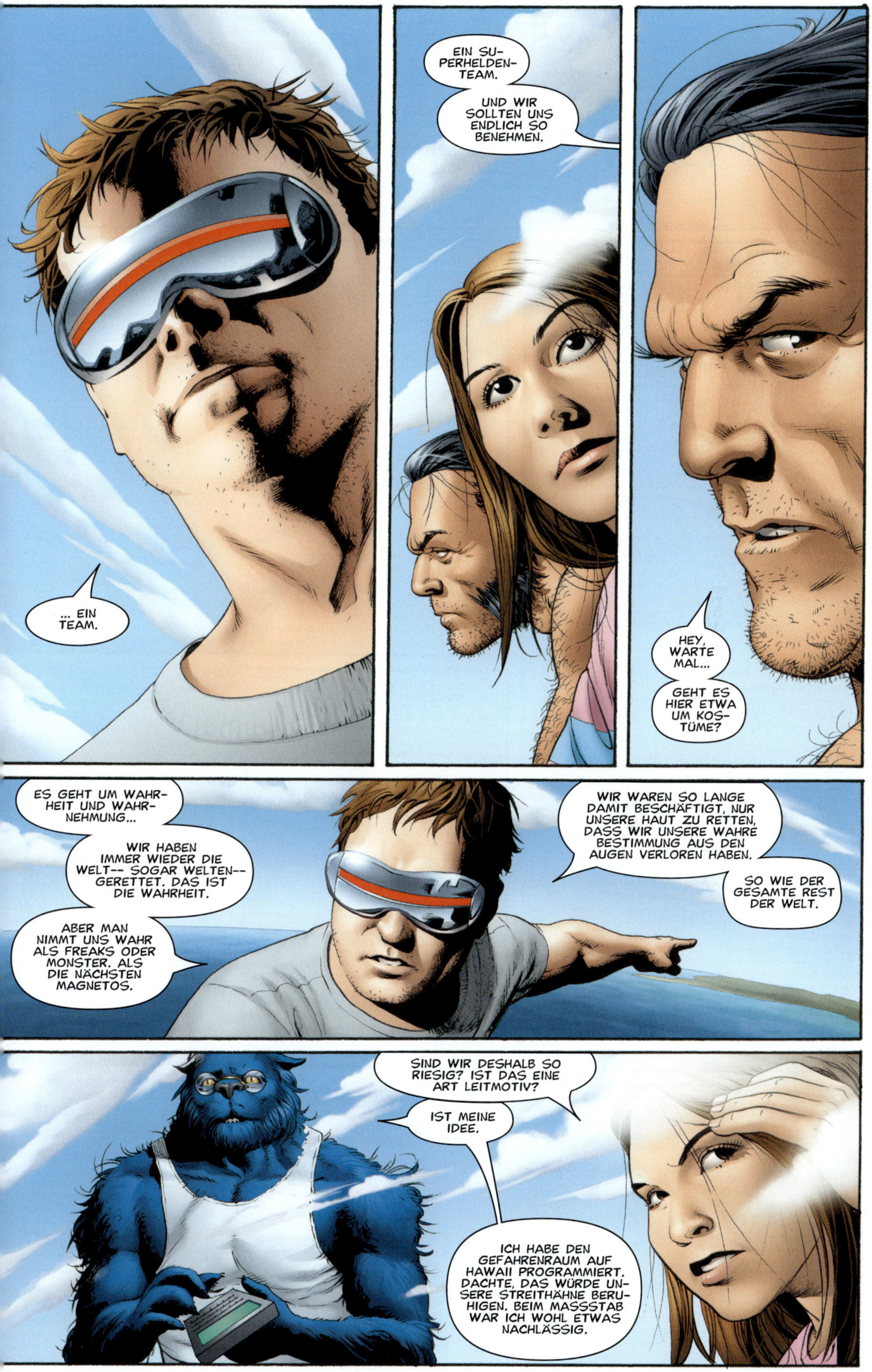
... EIN TEAM.
EIN SUPERHELDEN-TEAM.
UND WIR SOLLTEN UNS ENDLICH SO BENEHMEN.
HEY, WARTE MAL...
GEHT ES HIER ETWA UM KOSTÜME?
ES GEHT UM WAHRHEIT UND WAHRNEHMUNG...
WIR HABEN IMMER WIEDER DIE WELT-- SOGAR WELTEN-- GERETTET. DAS IST DIE WAHRHEIT.
ABER MAN NIMMT UNS WAHR ALS FREAKS ODER MONSTER. ALS DIE NÄCHSTEN MAGNETOS.
WIR WAREN SO LANGE DAMIT BESCHÄFTIGT, NUR UNSERE HAUT ZU RETTEN, DASS WIR UNSERE WAHRE BESTIMMUNG AUS DEN AUGEN VERLOREN HABEN.
SO WIE DER GESAMTE REST DER WELT.
SIND WIR DESHALB SO RIESIG? IST DAS EINE ART LEITMOTIV?
IST MEINE IDEE.
ICH HABE DEN GEFAHRENRAUM AUF HAWAII PROGRAMMIERT. DACHTE, DAS WÜRDE UNSERE STREITHÄHNE BERUHIGEN. BEIM MASSSTAB WAR ICH WOHL ETWAS NACHLÄSSIG.

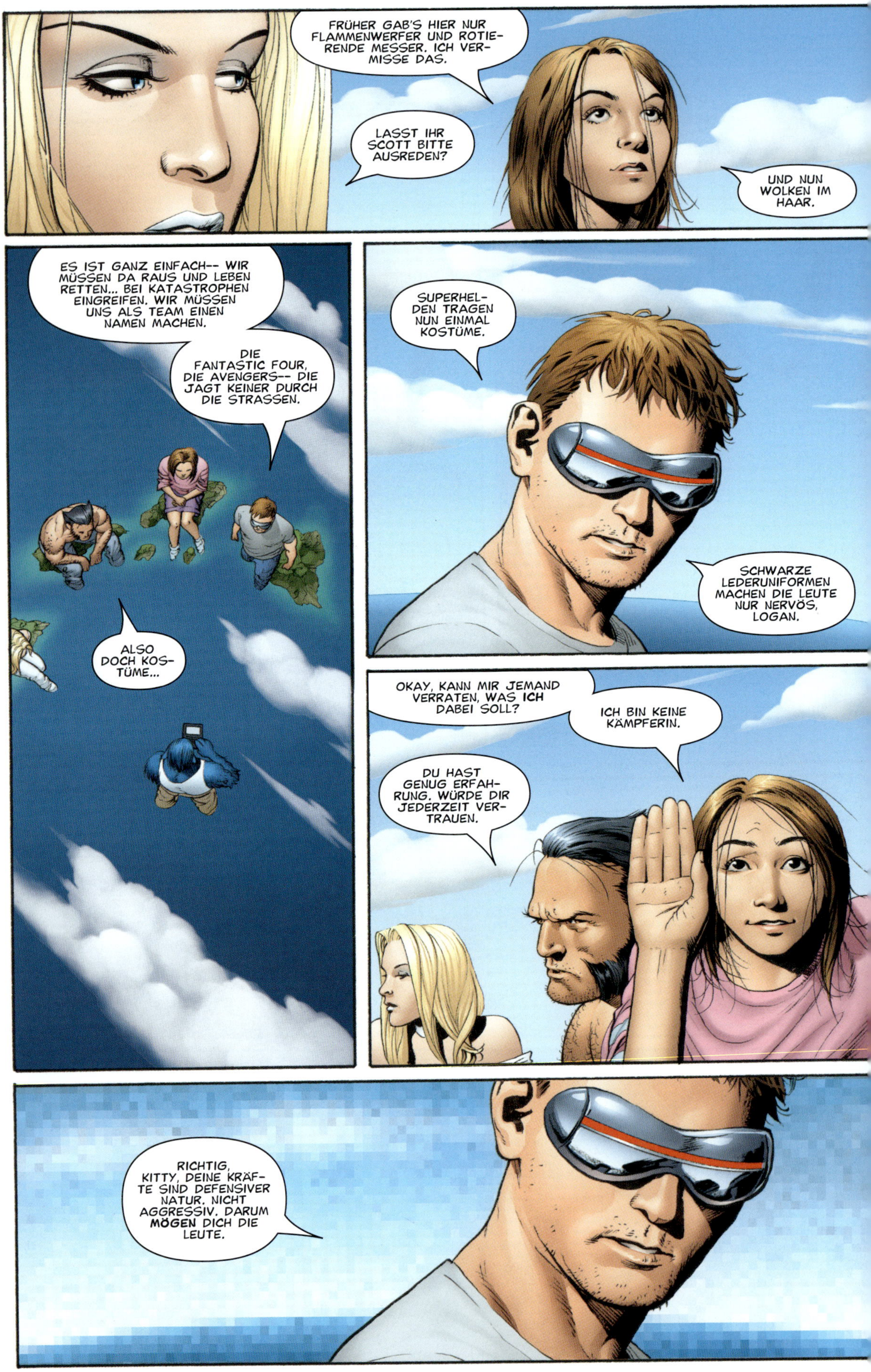
FRÜHER GAB'S HIER NUR FLAMMENWERFER UND ROTIERENDE MESSER. ICH VERMISSE DAS.
LASST IHR SCOTT BITTE AUSREDEN?
UND NUN WOLKEN IM HAAR.
ES IST GANZ EINFACH-- WIR MÜSSEN DA RAUS UND LEBEN RETTEN... BEI KATASTROPHEN EINGREIFEN. WIR MÜSSEN UNS ALS TEAM EINEN NAMEN MACHEN.
DIE FANTASTIC FOUR, DIE AVENGERS-- DIE JAGT KEINER DURCH DIE STRASSEN.
ALSO DOCH KOSTÜME...
SUPERHELDEN TRAGEN NUN EINMAL KOSTÜME.
SCHWARZE LEDERUNIFORMEN MACHEN DIE LEUTE NUR NERVÖS, LOGAN.
OKAY, KANN MIR JEMAND VERRATEN, WAS ICH DABEI SOLL?
ICH BIN KEINE KÄMPFERIN.
DU HAST GENUG ERFAHRUNG. WÜRDE DIR JEDERZEIT VERTRAUEN.
RICHTIG, KITTY, DEINE KRÄFTE SIND DEFENSIVER NATUR. NICHT AGGRESSIV. DARUM MÖGEN DICH DIE LEUTE.

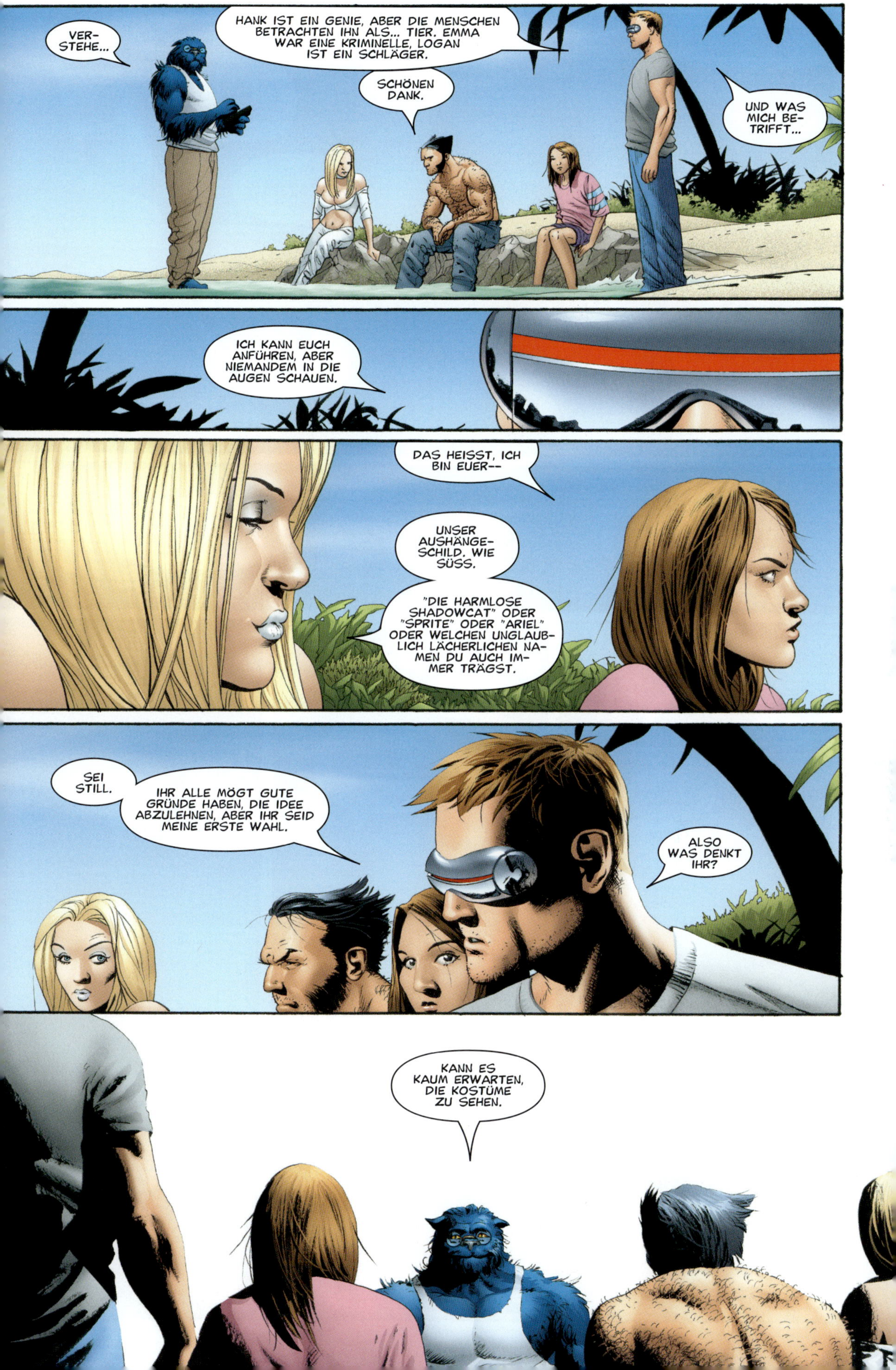
VERSTEHE...
HANK IST EIN GENIE, ABER DIE MENSCHEN BETRACHTEN IHN ALS... TIER. EMMA WAR EINE KRIMINELLE, LOGAN IST EIN SCHLÄGER.
SCHÖNEN DANK.
UND WAS MICH BETRIFFT...
ICH KANN EUCH ANFÜHREN, ABER NIEMANDEM IN DIE AUGEN SCHAUEN.
DAS HEISST, ICH BIN EUER--
UNSER AUSHÄNGESCHILD. WIE SÜSS.
"DIE HARMLOSE SHADOWCAT" ODER "SPRITE" ODER "ARIEL" ODER WELCHEN UNGLAUBLICH LÄCHERLICHEN NAMEN DU AUCH IMMER TRÄGST.
SEI STILL.
IHR ALLE MÖGT GUTE GRÜNDE HABEN, DIE IDEE ABZULEHNEN, ABER IHR SEID MEINE ERSTE WAHL.
ALSO WAS DENKT IHR?
KANN ES KAUM ERWARTEN, DIE KOSTÜME ZU SEHEN.

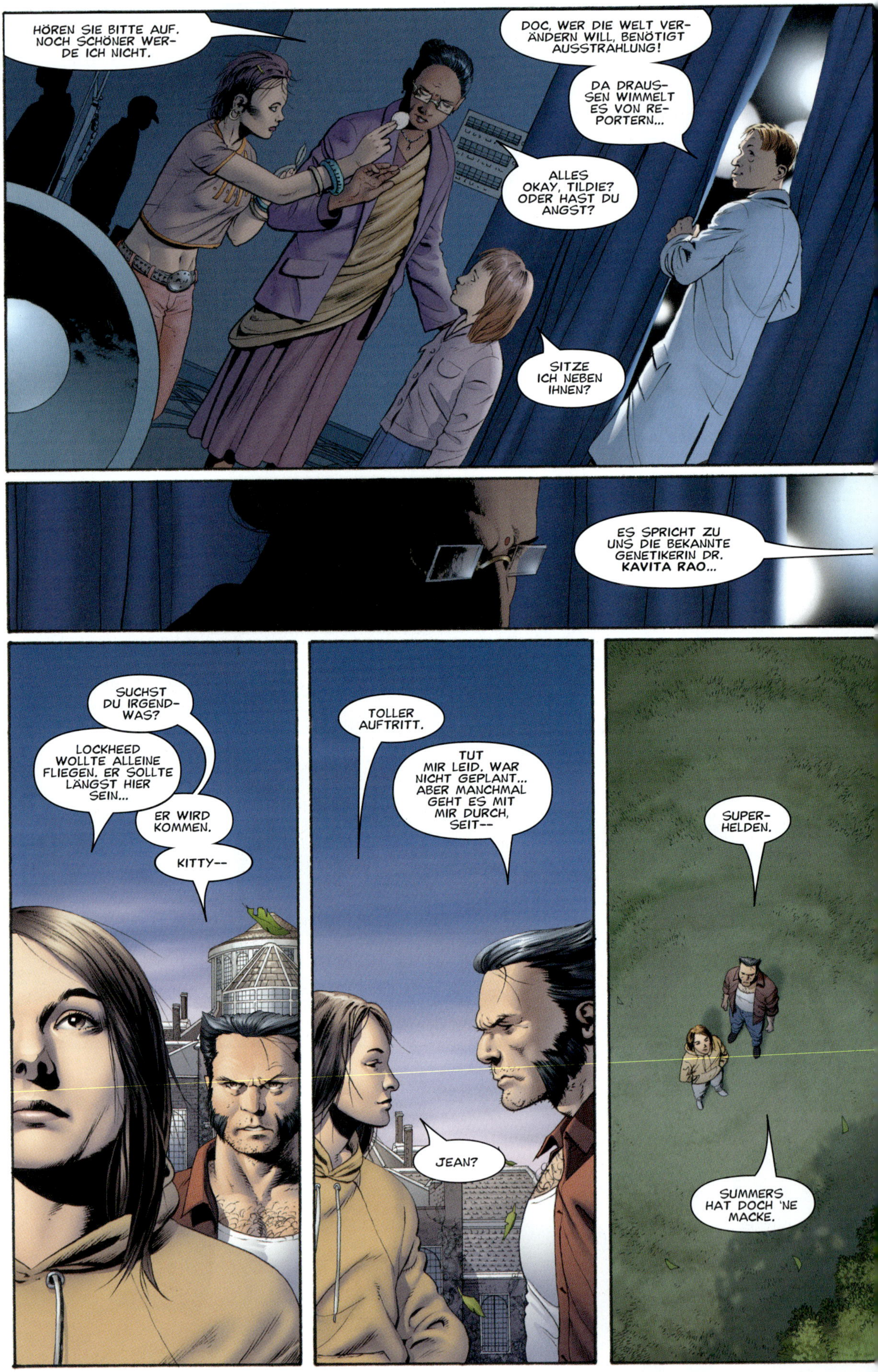
HÖREN SIE BITTE AUF. NOCH SCHÖNER WERDE ICH NICHT.
DOC, WER DIE WELT VERÄNDERN WILL, BENÖTIGT AUSSTRAHLUNG!
DA DRAUSSEN WIMMELT ES VON REPORTERN...
ALLES OKAY, TILDIE? ODER HAST DU ANGST?
SITZE ICH NEBEN IHNEN?
ES SPRICHT ZU UNS DIE BEKANNTE GENETIKERIN DR. KAVITA RAO...
SUCHST DU IRGENDWAS?
LOCKHEED WOLLTE ALLEINE FLIEGEN. ER SOLLTE LÄNGST HIER SEIN...
ER WIRD KOMMEN.
KITTY--
TOLLER AUFTRITT.
TUT MIR LEID. WAR NICHT GEPLANT... ABER MANCHMAL GEHT ES MIT MIR DURCH, SEIT--
JEAN?
SUPERHELDEN.
SUMMERS HAT DOCH 'NE MACKE.

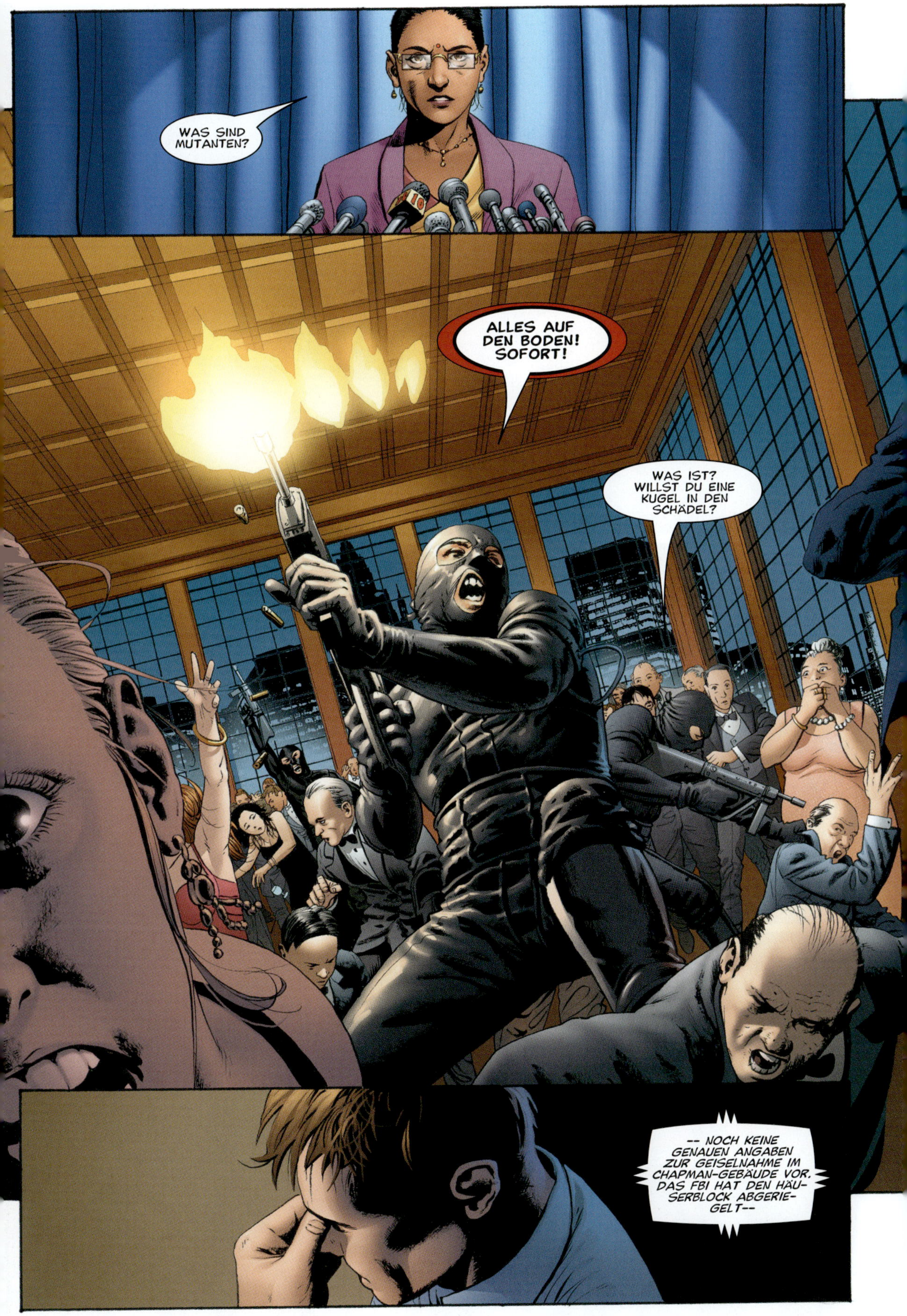

WAS SIND MUTANTEN?
ALLES AUF DEN BODEN! SOFORT!
WAS IST? WILLST DU EINE KUGEL IN DEN SCHÄDEL?
-- NOCH KEINE GENAUEN ANGABEN ZUR GEISELNAHME IM CHAPMAN-GEBÄUDE VOR. DAS FBI HAT DEN HÄUSERBLOCK ABGERIEGELT--

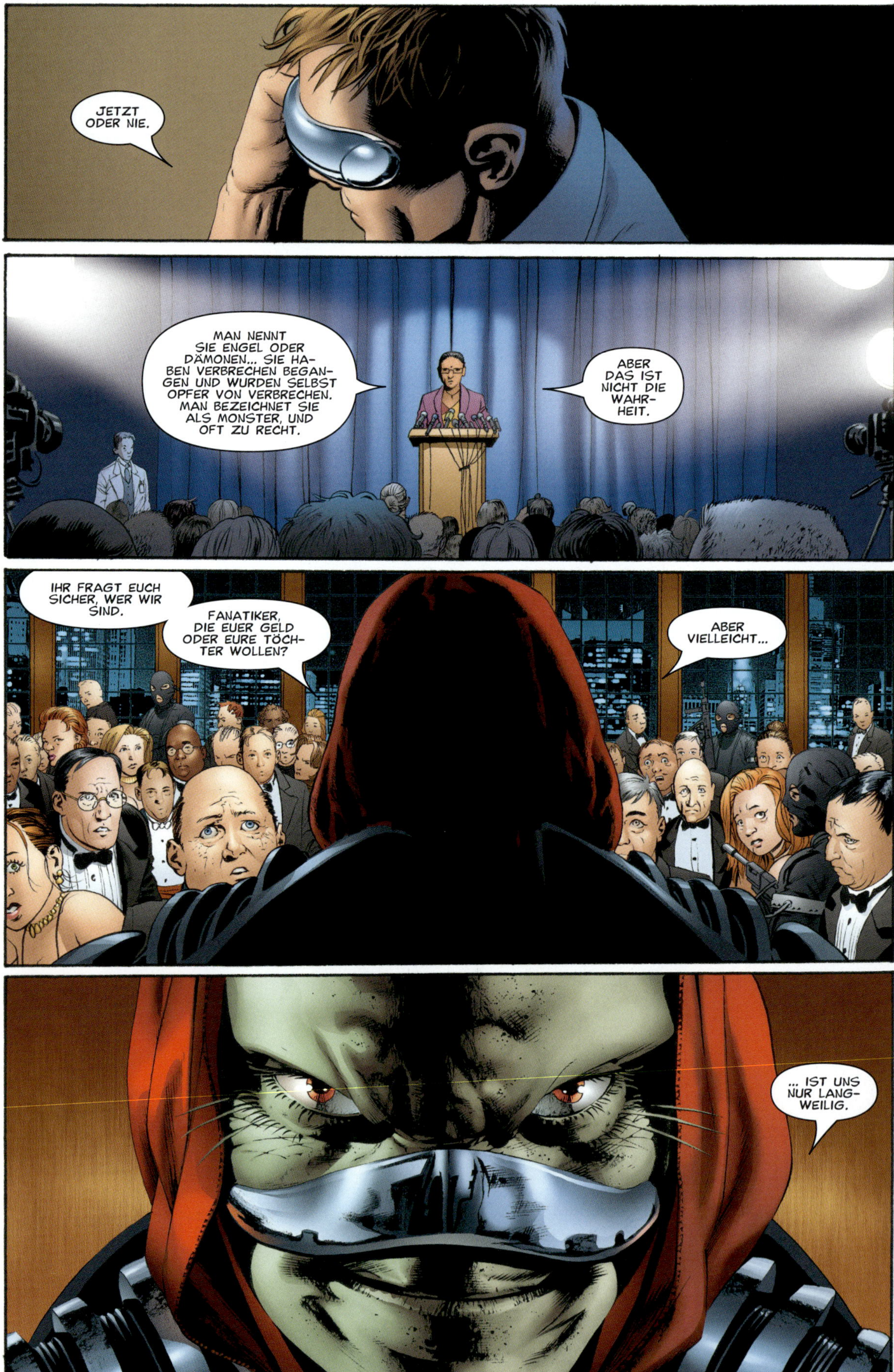
JETZT ODER NIE.
MAN NENNT SIE ENGEL ODER DÄMONEN... SIE HABEN VERBRECHEN BEGANGEN UND WURDEN SELBST OPFER VON VERBRECHEN. MAN BEZEICHNET SIE ALS MONSTER, UND OFT ZU RECHT.
ABER DAS IST NICHT DIE WAHRHEIT.
IHR FRAGT EUCH SICHER, WER WIR SIND.
FANATIKER, DIE EUER GELD ODER EURE TÖCHTER WOLLEN?
ABER VIELLEICHT...
... IST UNS NUR LANGWEILIG.

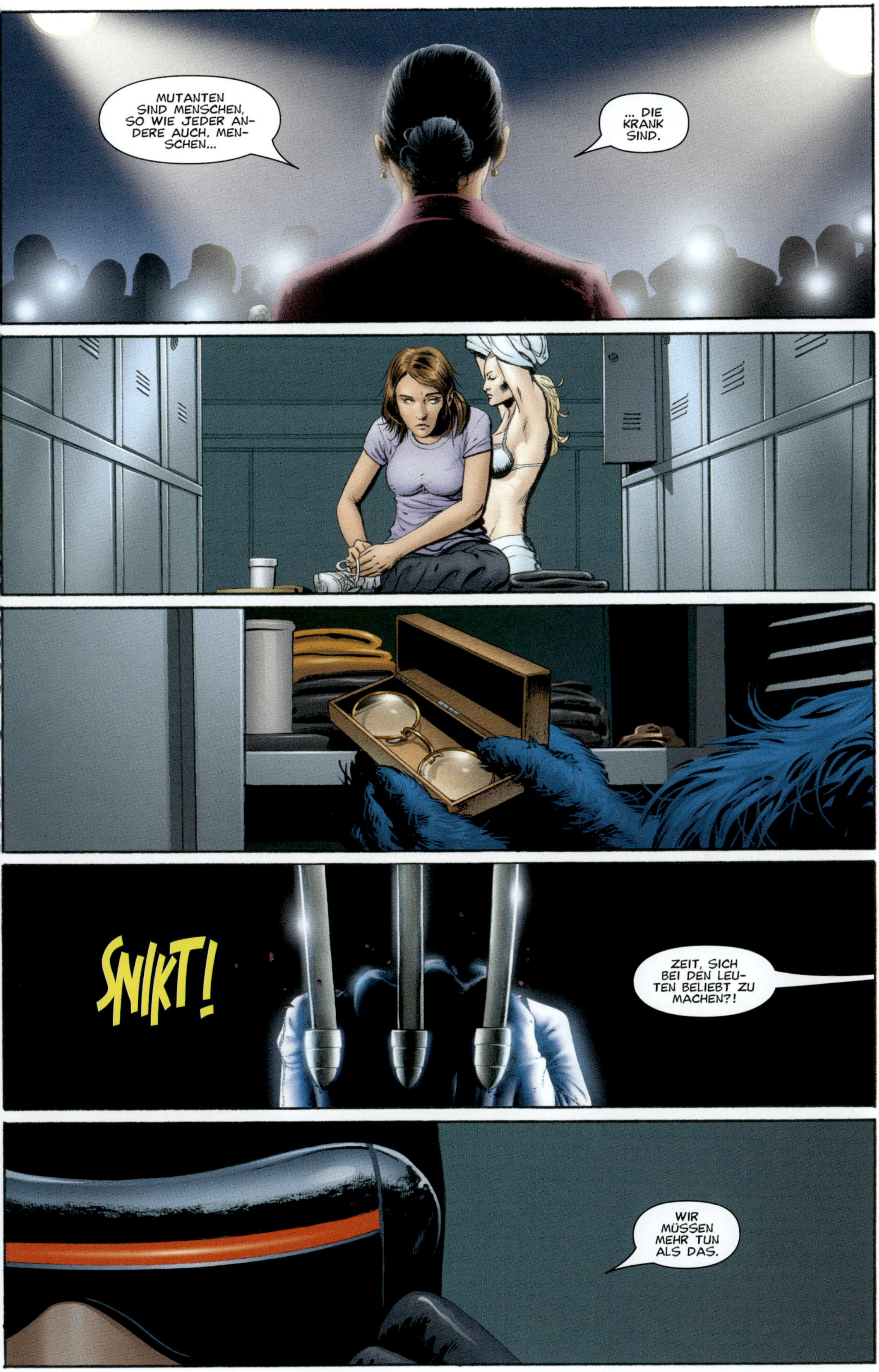
MUTANTEN SIND MENSCHEN, SO WIE JEDER ANDERE AUCH. MENSCHEN...
... DIE KRANK SIND.
SNIKT!
ZEIT, SICH BEI DEN LEUTEN BELIEBT ZU MACHEN?!
WIR MÜSSEN MEHR TUN ALS DAS.

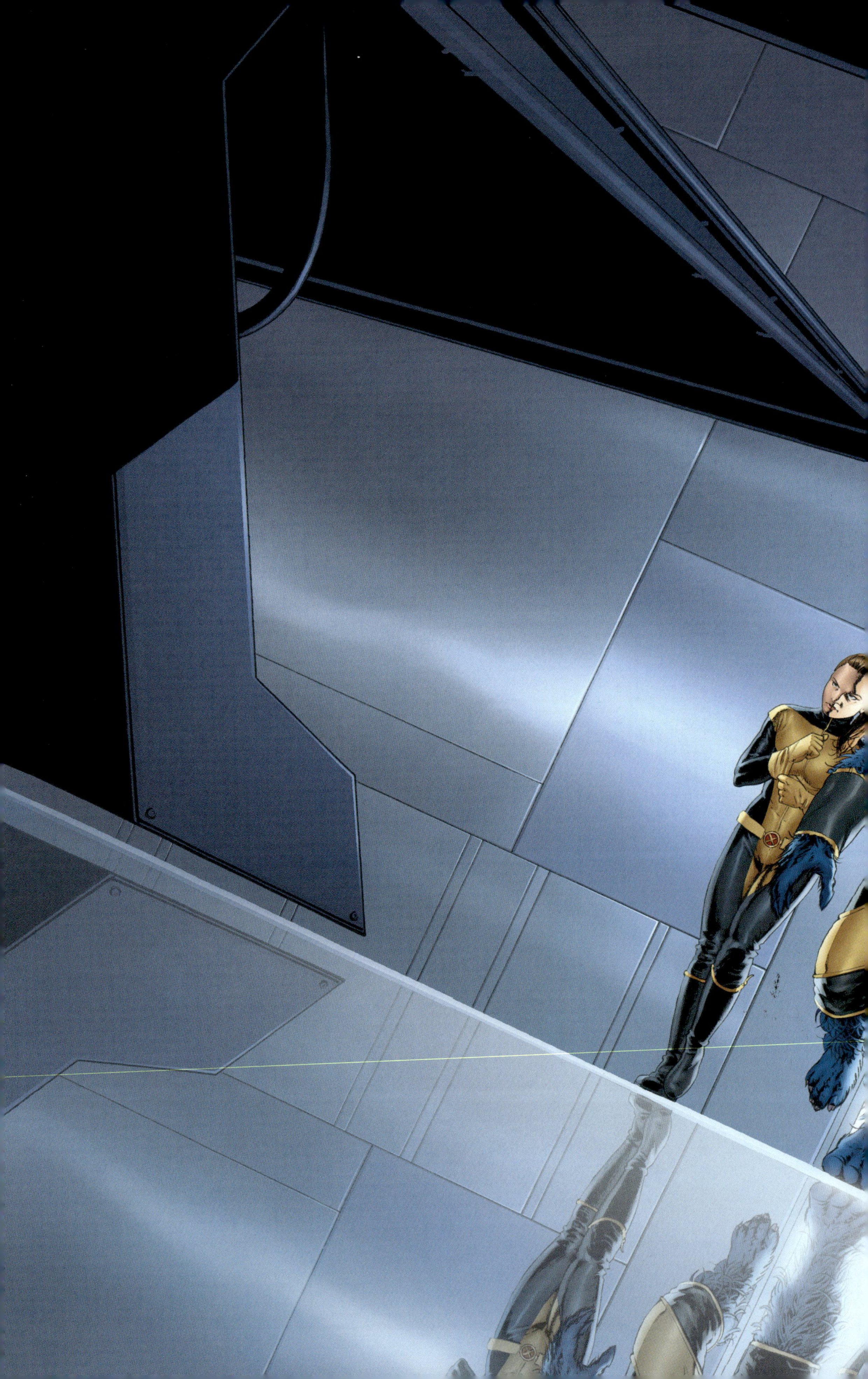

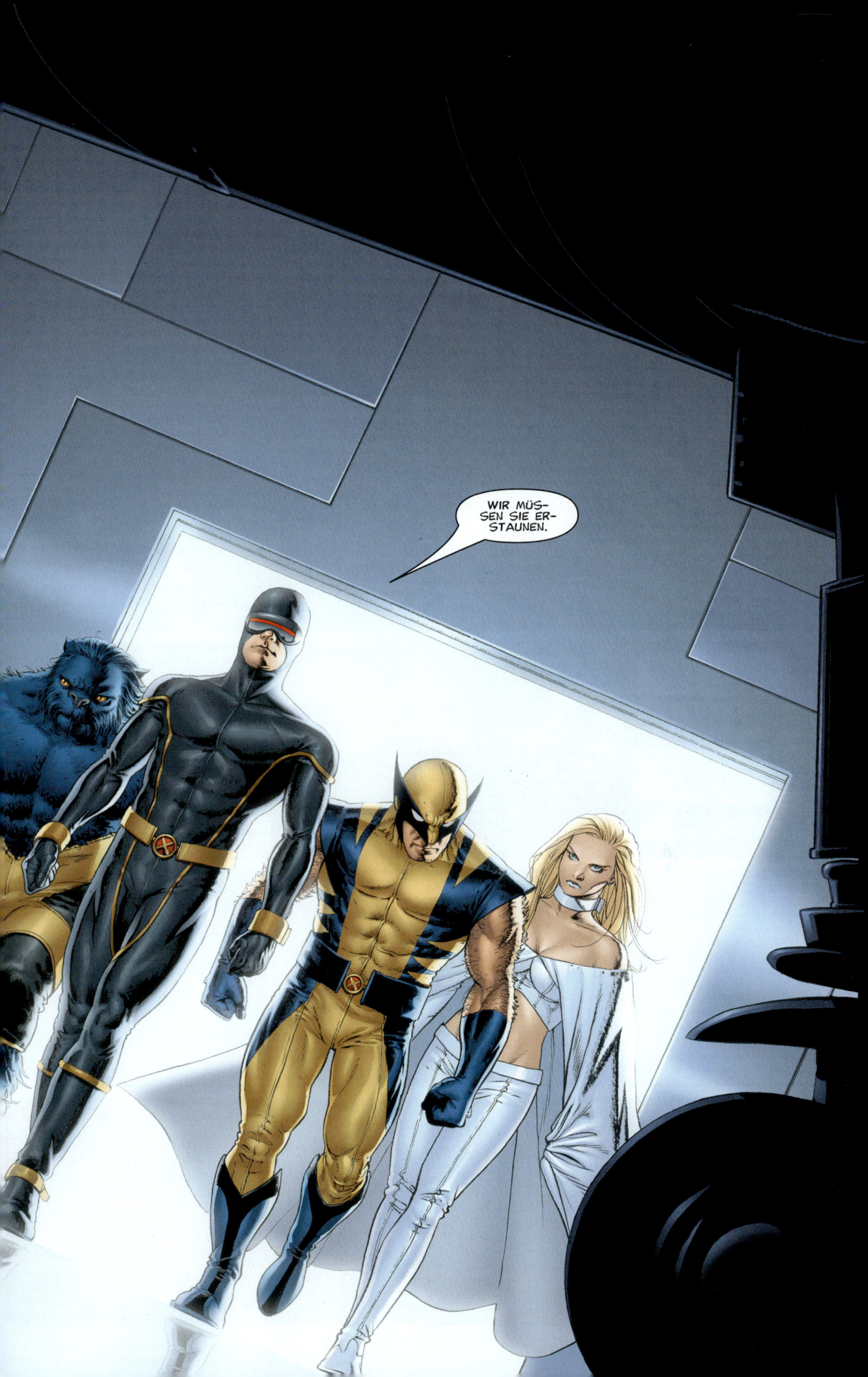
WIR MÜSSEN SIE ERSTAUNEN.

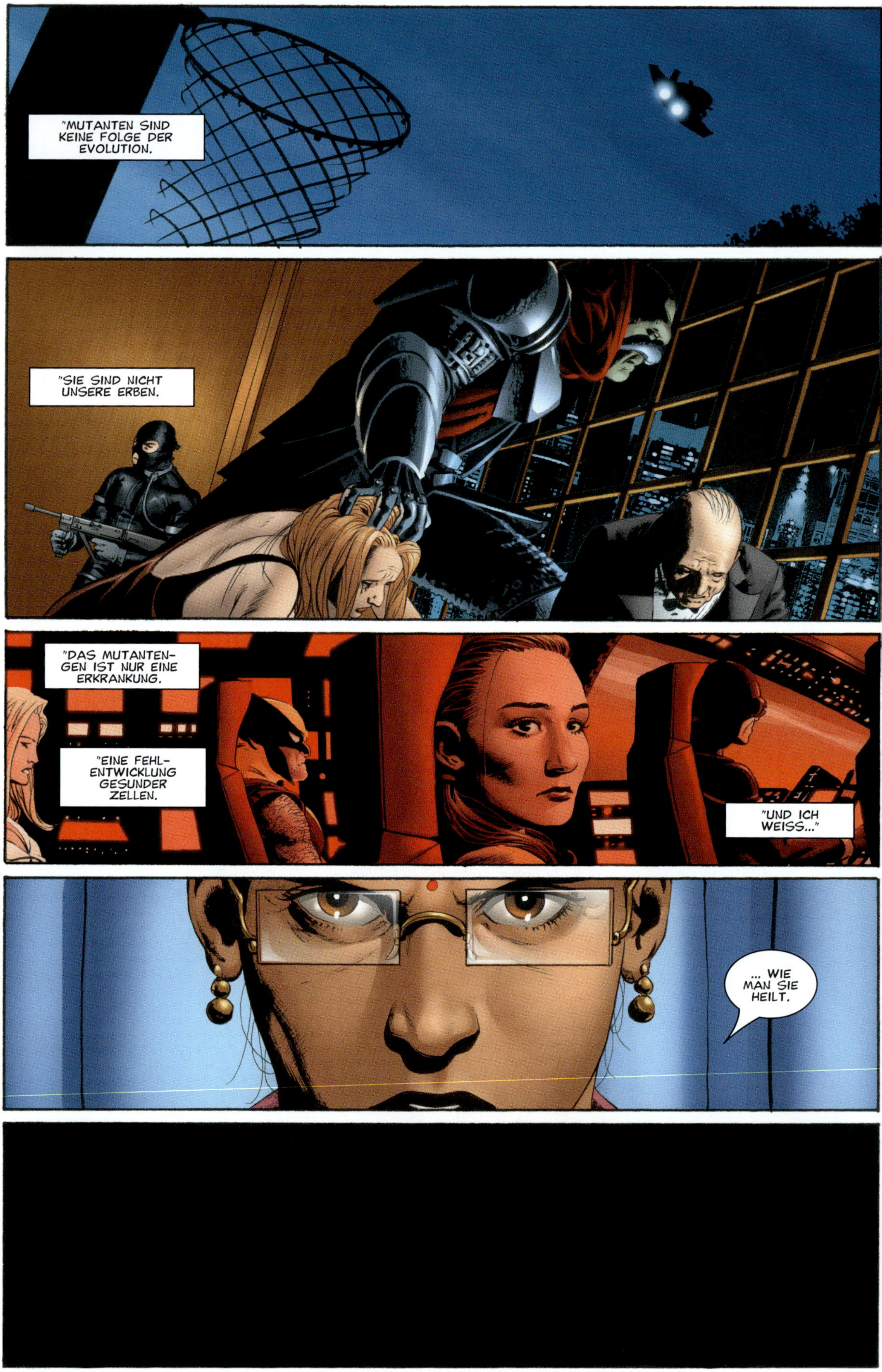
"MUTANTEN SIND KEINE FOLGE DER EVOLUTION.
"SIE SIND NICHT UNSERE ERBEN.
"DAS MUTANTEN-GEN IST NUR EINE ERKRANKUNG.
"EINE FEHL-ENTWICKLUNG GESUNDER ZELLEN.
"UND ICH WEISS..."
... WIE MAN SIE HEILT.

BEGABT, TEIL 2

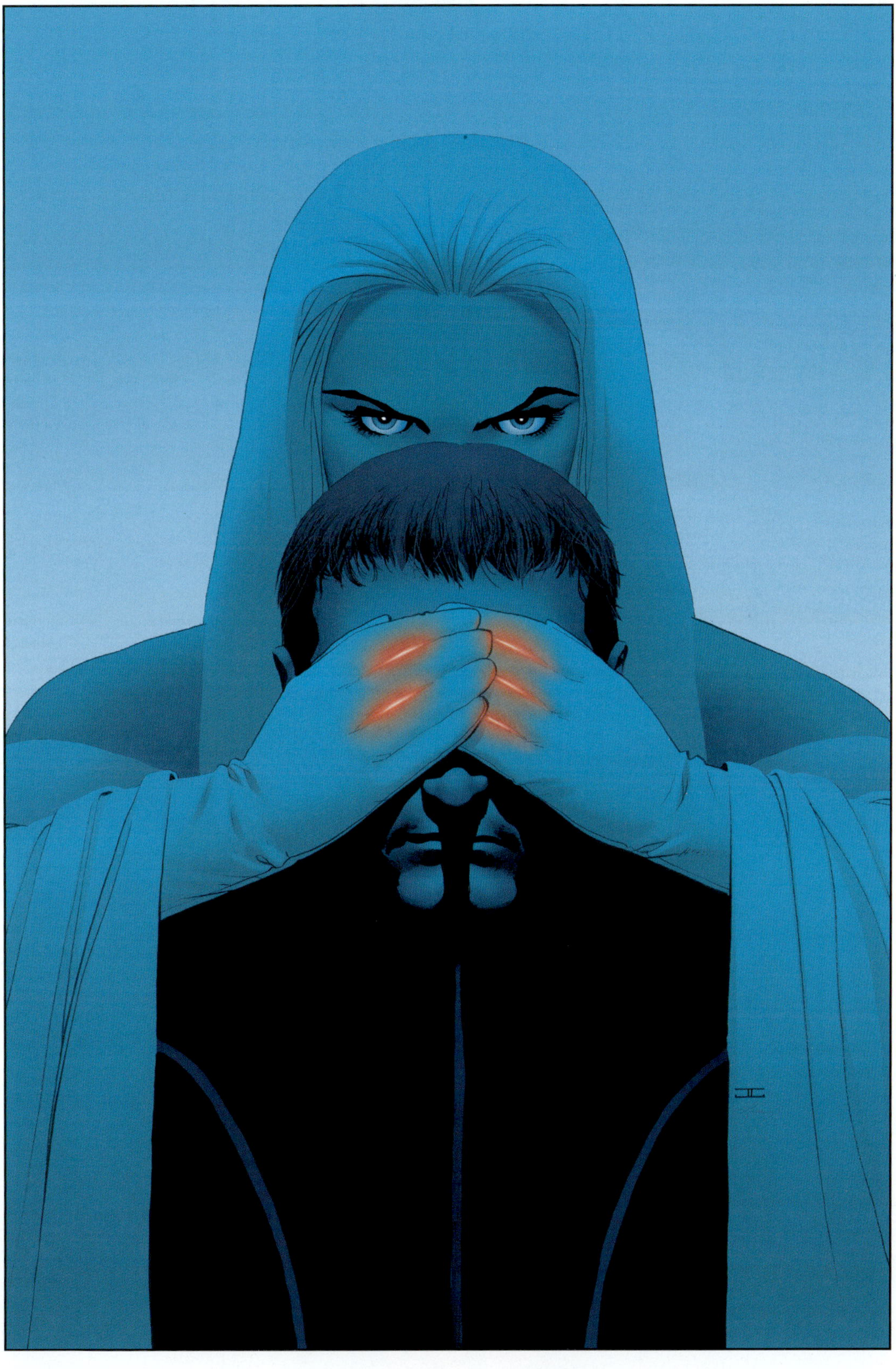

Astonishing X-Men (2004) 2
Cover von **JOHN CASSADAY**

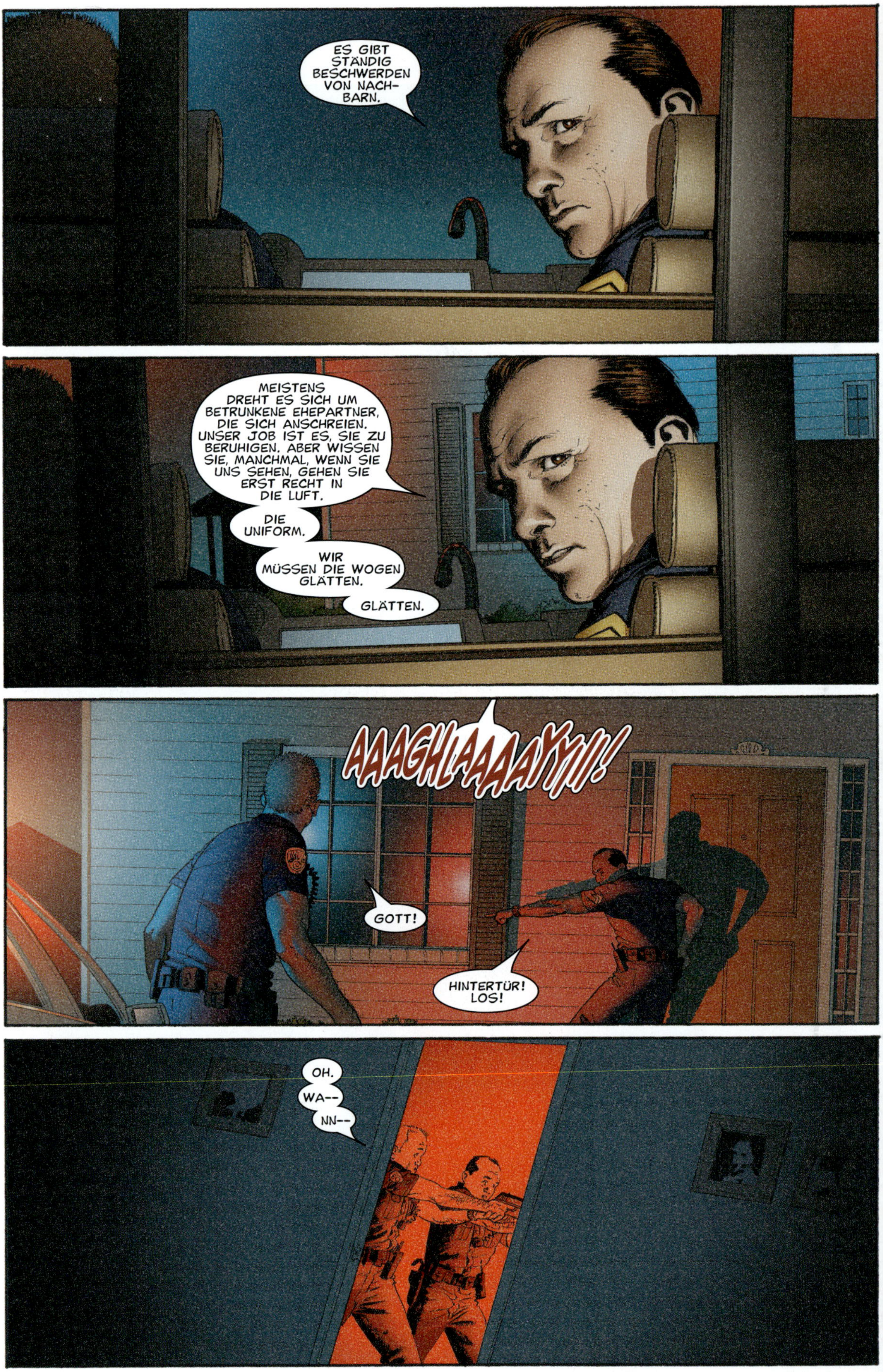
ES GIBT STÄNDIG BESCHWERDEN VON NACHBARN.
MEISTENS DREHT ES SICH UM BETRUNKENE EHEPARTNER, DIE SICH ANSCHREIEN. UNSER JOB IST ES, SIE ZU BERUHIGEN. ABER WISSEN SIE, MANCHMAL, WENN SIE UNS SEHEN, GEHEN SIE ERST RECHT IN DIE LUFT.
DIE UNIFORM.
WIR MÜSSEN DIE WOGEN GLÄTTEN.
GLÄTTEN.
AAAGHLAAAAYYII!
GOTT!
HINTERTÜR! LOS!
OH.
WA--
NN--

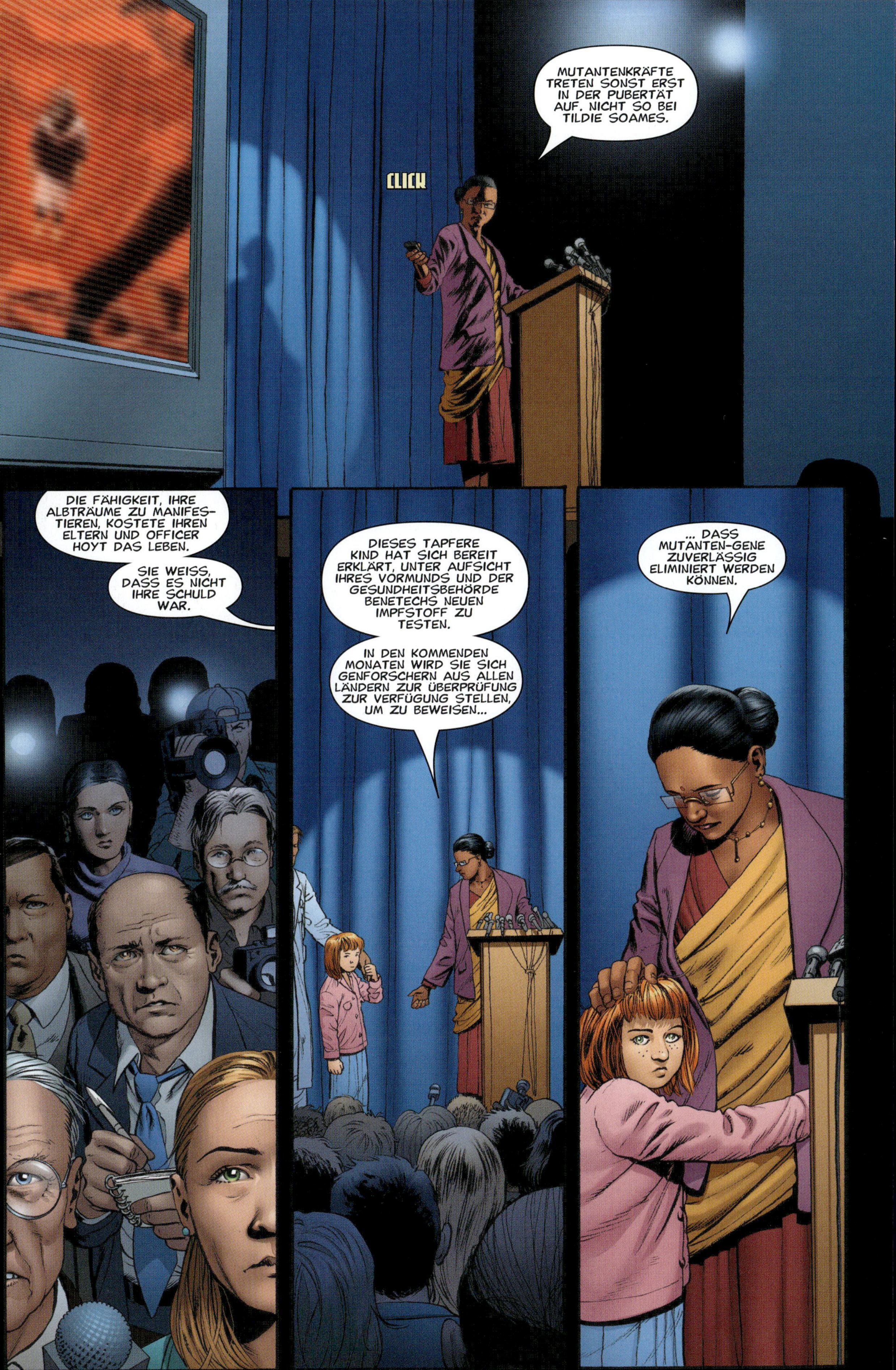
MUTANTENKRÄFTE TRETEN SONST ERST IN DER PUBERTÄT AUF. NICHT SO BEI TILDIE SOAMES.
CLICK
DIE FÄHIGKEIT, IHRE ALBTRÄUME ZU MANIFESTIEREN, KOSTETE IHREN ELTERN UND OFFICER HOYT DAS LEBEN.
SIE WEISS, DASS ES NICHT IHRE SCHULD WAR.
DIESES TAPFERE KIND HAT SICH BEREIT ERKLÄRT, UNTER AUFSICHT IHRES VORMUNDS UND DER GESUNDHEITSBEHÖRDE BENETECHS NEUEN IMPFSTOFF ZU TESTEN.
IN DEN KOMMENDEN MONATEN WIRD SIE SICH GENFORSCHERN AUS ALLEN LÄNDERN ZUR ÜBERPRÜFUNG ZUR VERFÜGUNG STELLEN, UM ZU BEWEISEN...
... DASS MUTANTEN-GENE ZUVERLÄSSIG ELIMINIERT WERDEN KÖNNEN.

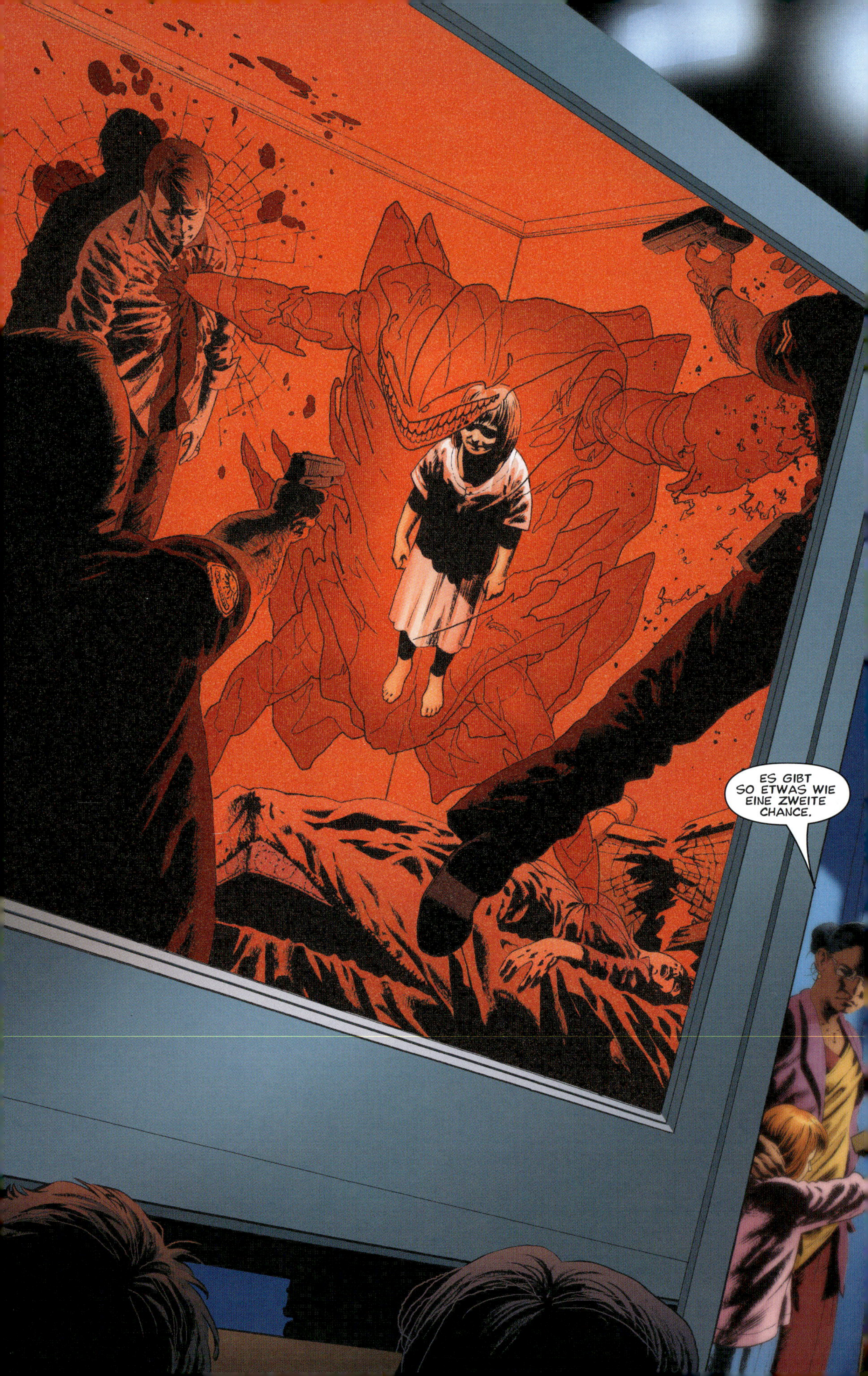
ES GIBT SO ETWAS WIE EINE ZWEITE CHANCE.

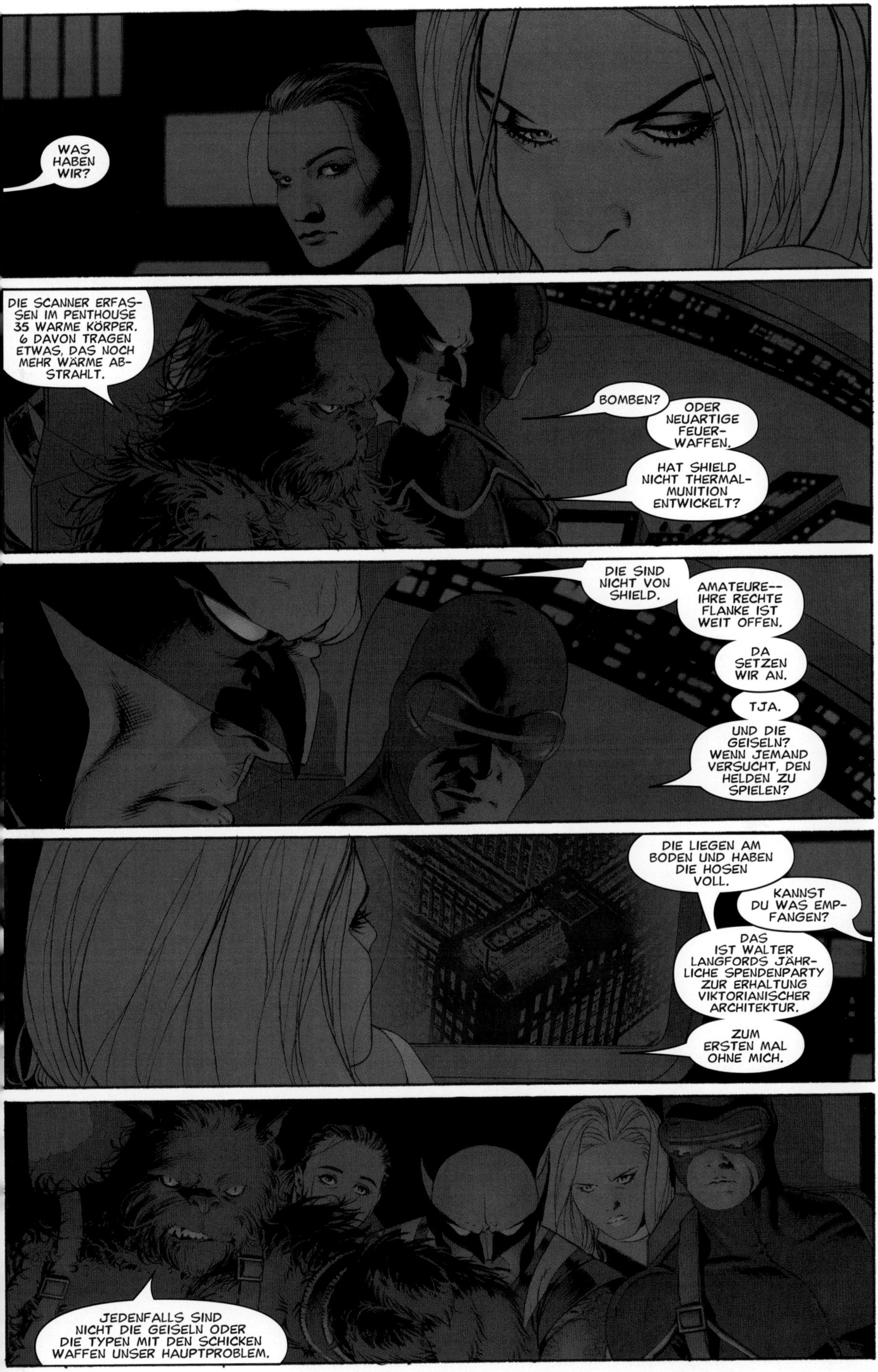
WAS HABEN WIR?
DIE SCANNER ERFASSEN IM PENTHOUSE 35 WARME KÖRPER. 6 DAVON TRAGEN ETWAS, DAS NOCH MEHR WÄRME ABSTRAHLT.
BOMBEN?
ODER NEUARTIGE FEUERWAFFEN.
HAT SHIELD NICHT THERMALMUNITION ENTWICKELT?
DIE SIND NICHT VON SHIELD.
AMATEURE-- IHRE RECHTE FLANKE IST WEIT OFFEN.
DA SETZEN WIR AN.
TJA.
UND DIE GEISELN? WENN JEMAND VERSUCHT, DEN HELDEN ZU SPIELEN?
DIE LIEGEN AM BODEN UND HABEN DIE HOSEN VOLL.
KANNST DU WAS EMPFANGEN?
DAS IST WALTER LANGFORDS JÄHRLICHE SPENDENPARTY ZUR ERHALTUNG VIKTORIANISCHER ARCHITEKTUR.
ZUM ERSTEN MAL OHNE MICH.
JEDENFALLS SIND NICHT DIE GEISELN ODER DIE TYPEN MIT DEN SCHICKEN WAFFEN UNSER HAUPTPROBLEM.

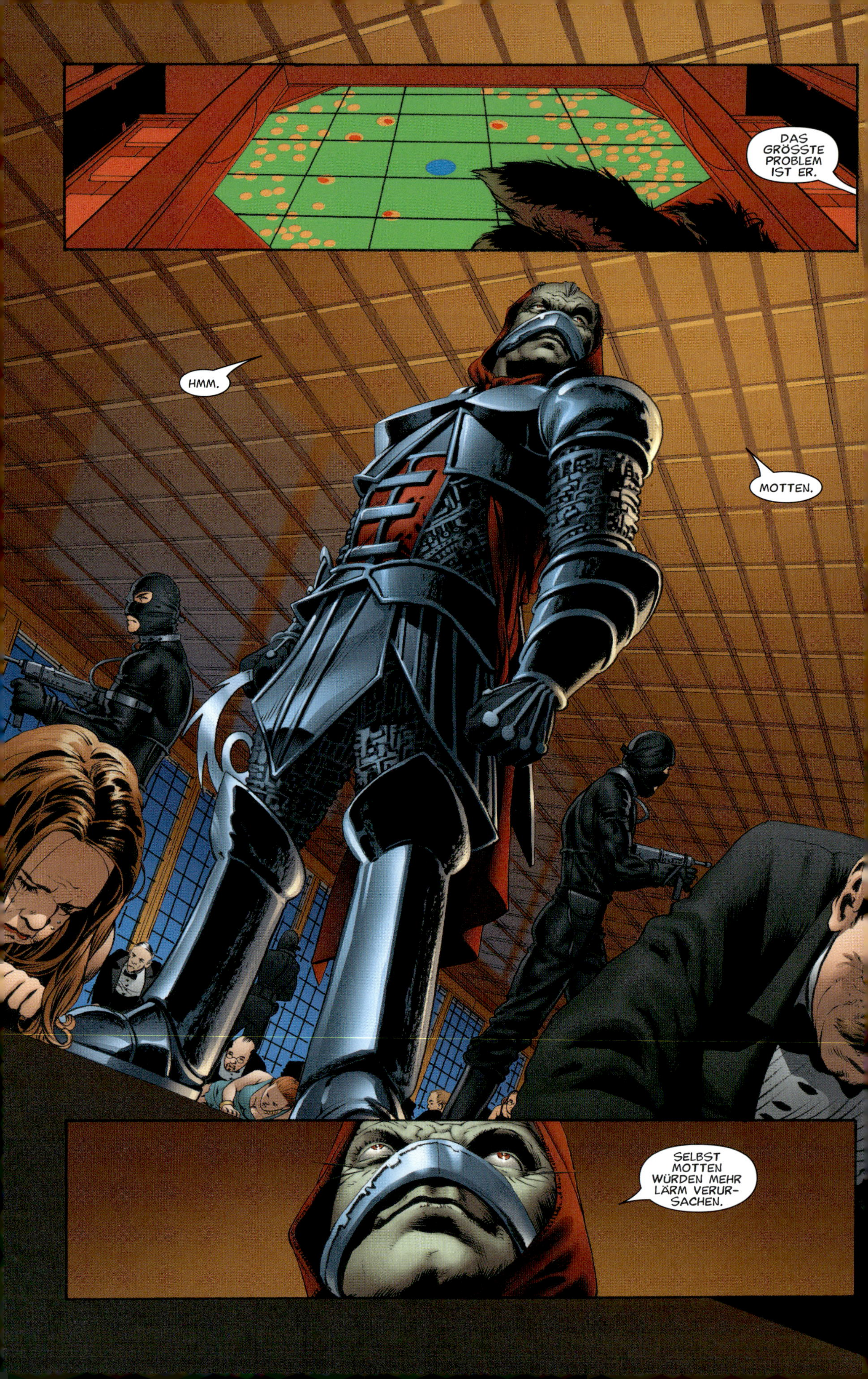
DAS GRÖSSTE PROBLEM IST ER.
HMM.
MOTTEN.
SELBST MOTTEN WÜRDEN MEHR LÄRM VERURSACHEN.

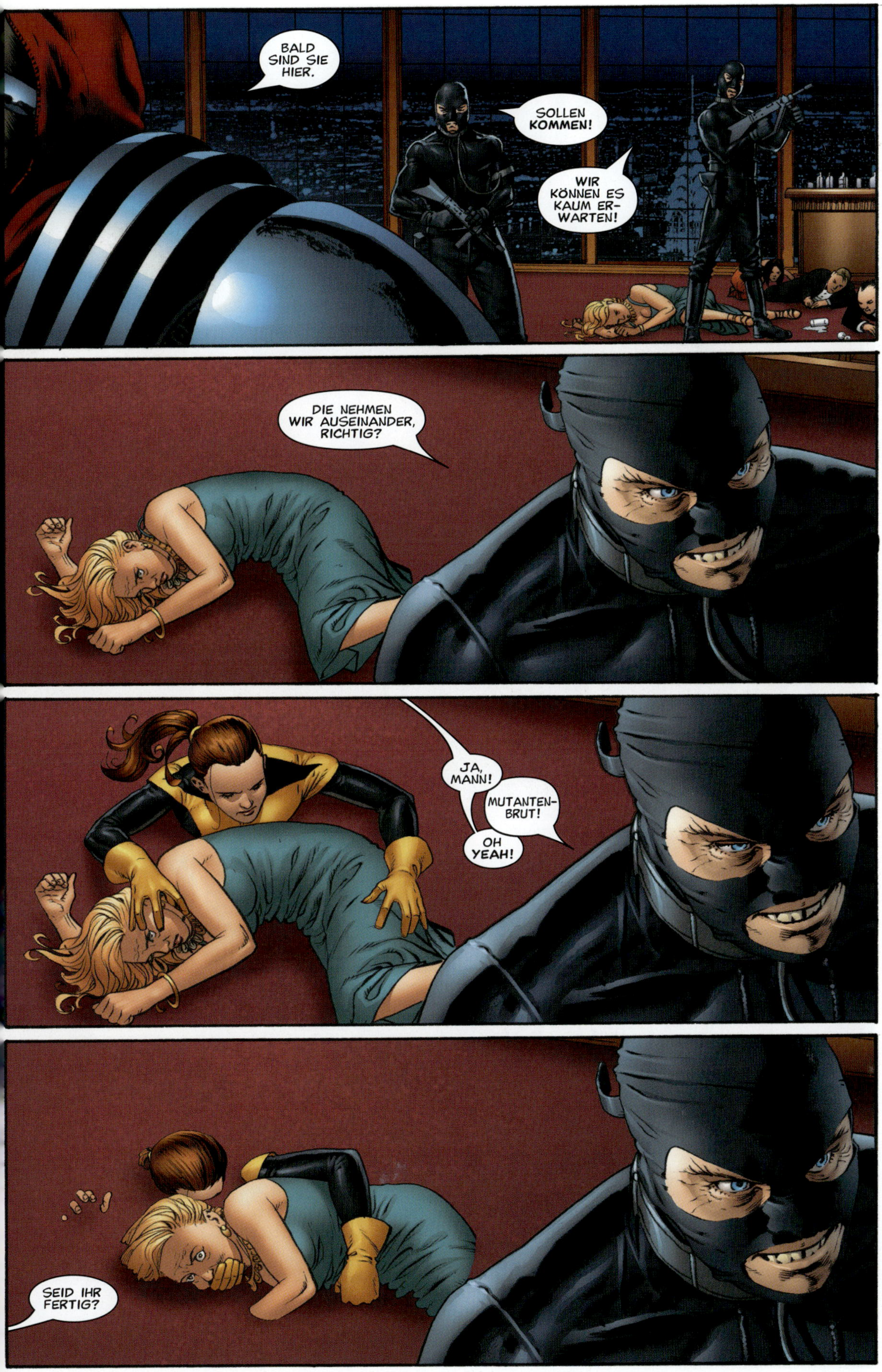
BALD SIND SIE HIER.
SOLLEN KOMMEN!
WIR KÖNNEN ES KAUM ER-WARTEN!
DIE NEHMEN WIR AUSEINANDER, RICHTIG?
JA, MANN!
MUTANTEN-BRUT!
OH YEAH!
SEID IHR FERTIG?

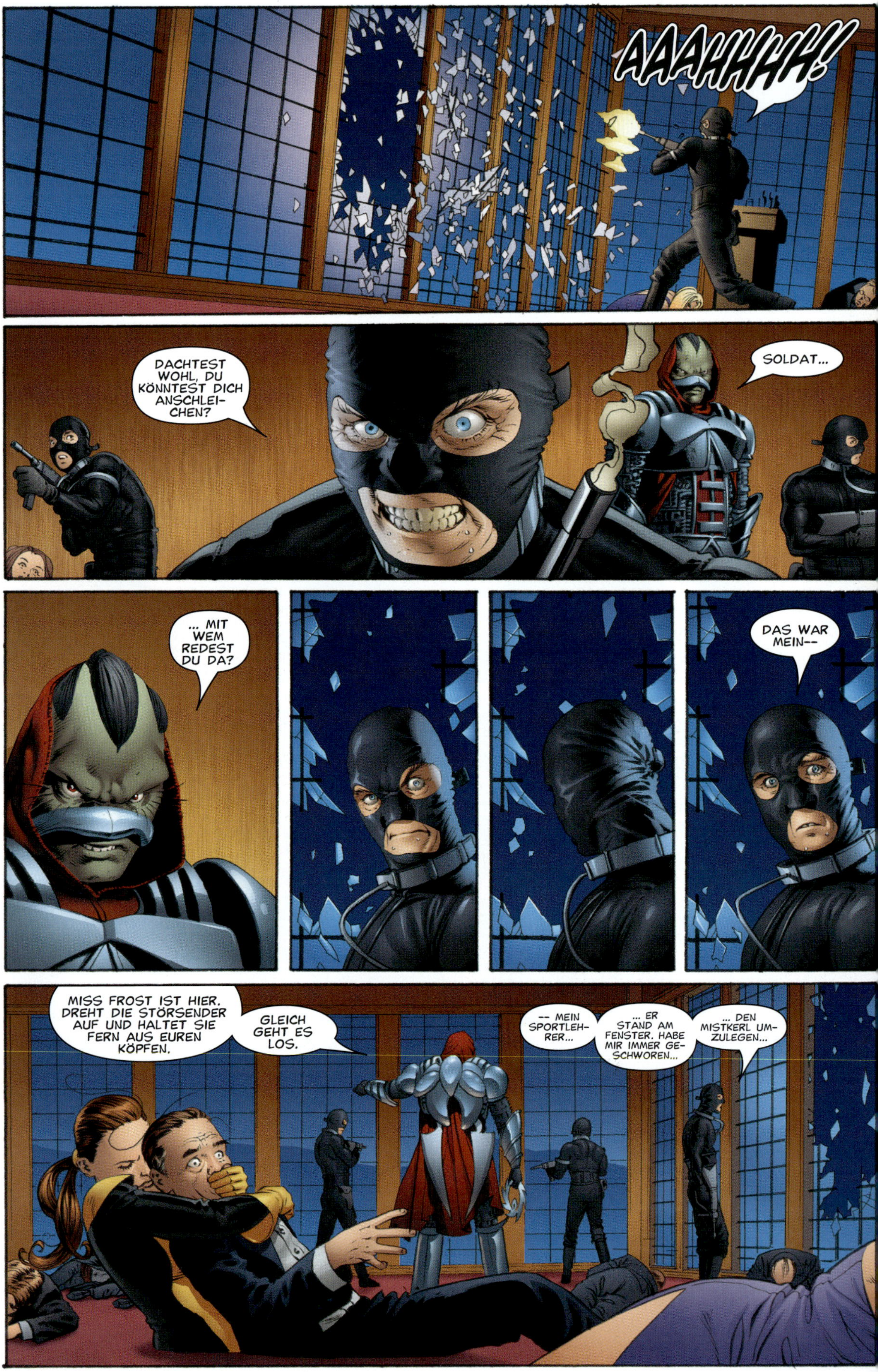
AAAHHHH!
DACHTEST WOHL, DU KÖNNTEST DICH ANSCHLEI-CHEN?
SOLDAT...
... MIT WEM REDEST DU DA?
DAS WAR MEIN--
MISS FROST IST HIER. DREHT DIE STÖRSENDER AUF UND HALTET SIE FERN AUS EUREN KÖPFEN.
GLEICH GEHT ES LOS.
-- MEIN SPORTLEH-RER...
... ER STAND AM FENSTER. HABE MIR IMMER GE-SCHWOREN...
... DEN MISTKERL UM-ZULEGEN...

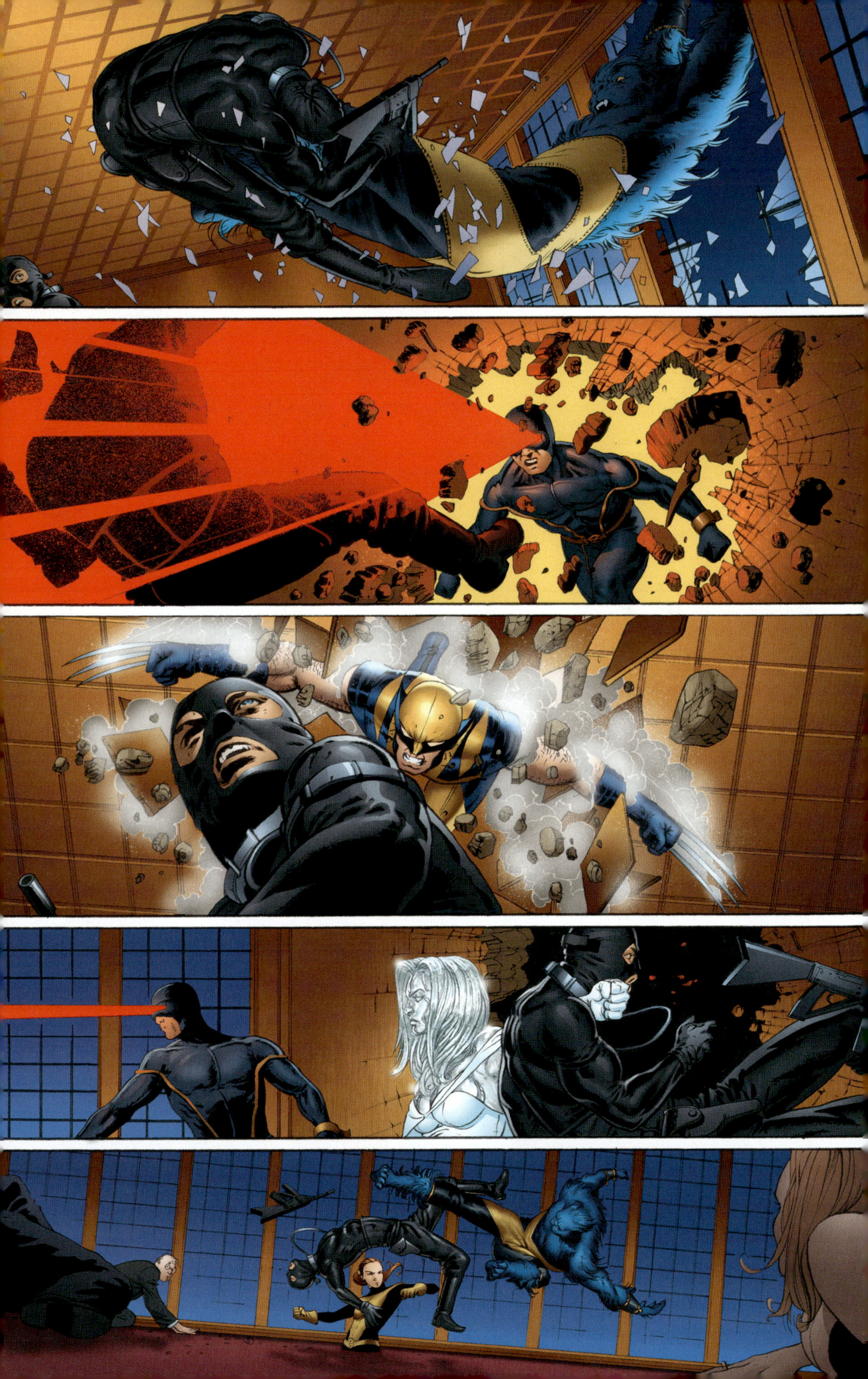

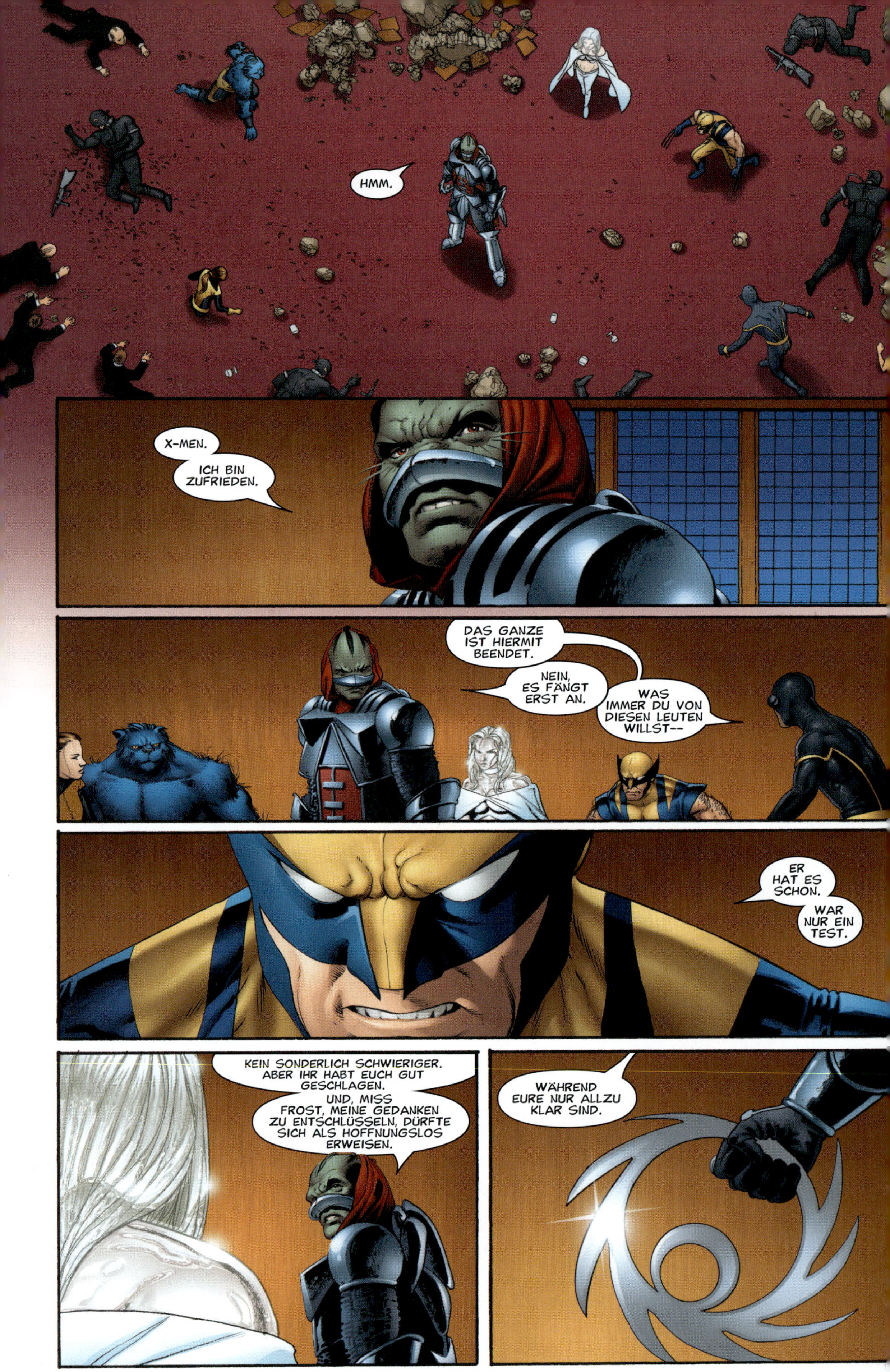
HMM.
X-MEN.
ICH BIN ZUFRIEDEN.
DAS GANZE IST HIERMIT BEENDET.
NEIN, ES FÄNGT ERST AN.
WAS IMMER DU VON DIESEN LEUTEN WILLST--
ER HAT ES SCHON.
WAR NUR EIN TEST.
KEIN SONDERLICH SCHWIERIGER. ABER IHR HABT EUCH GUT GESCHLAGEN.
UND, MISS FROST, MEINE GEDANKEN ZU ENTSCHLÜSSELN, DÜRFTE SICH ALS HOFFNUNGSLOS ERWEISEN.
WÄHREND EURE NUR ALLZU KLAR SIND.

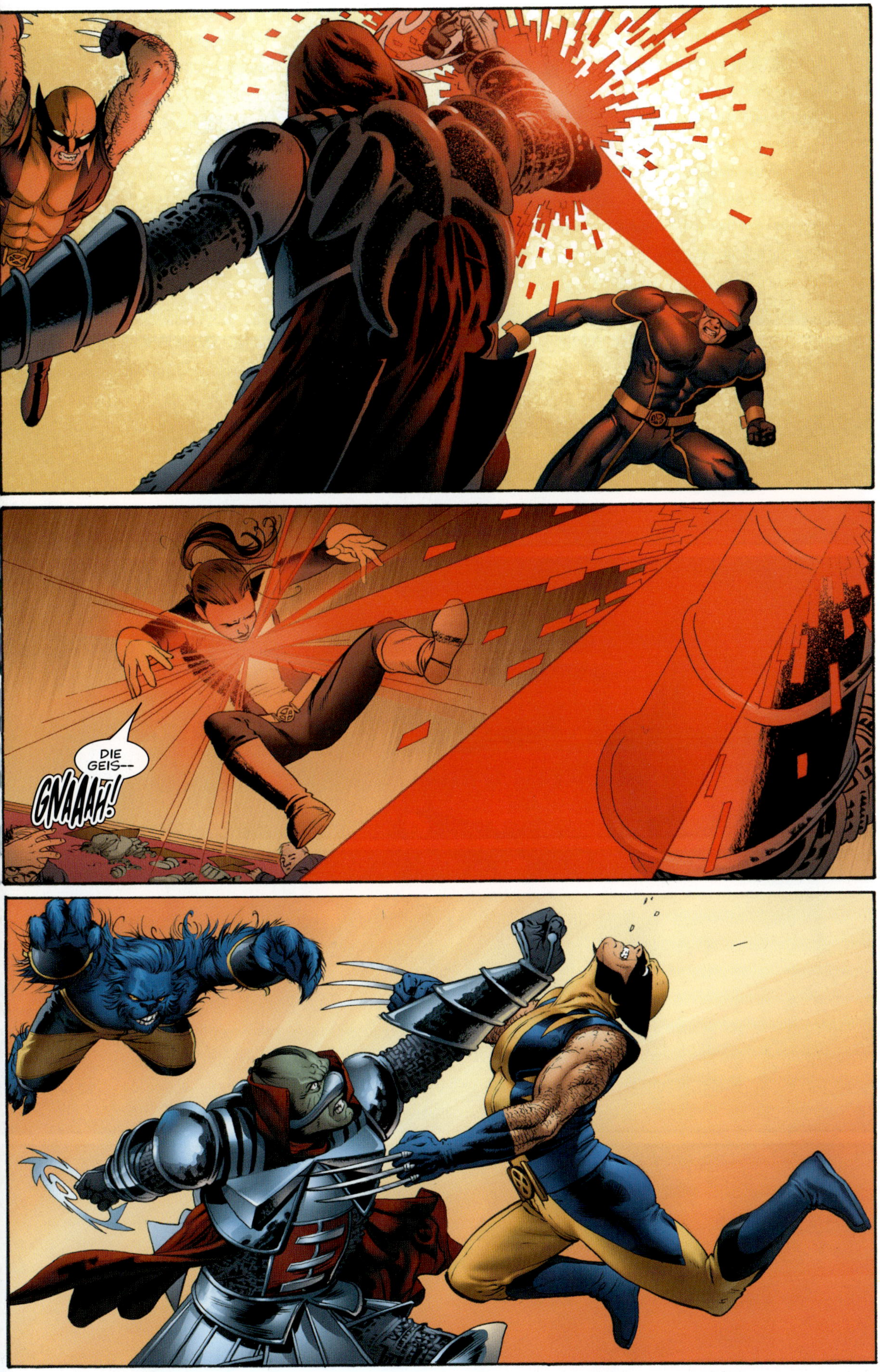
DIE GEIS--
GNAAAH!

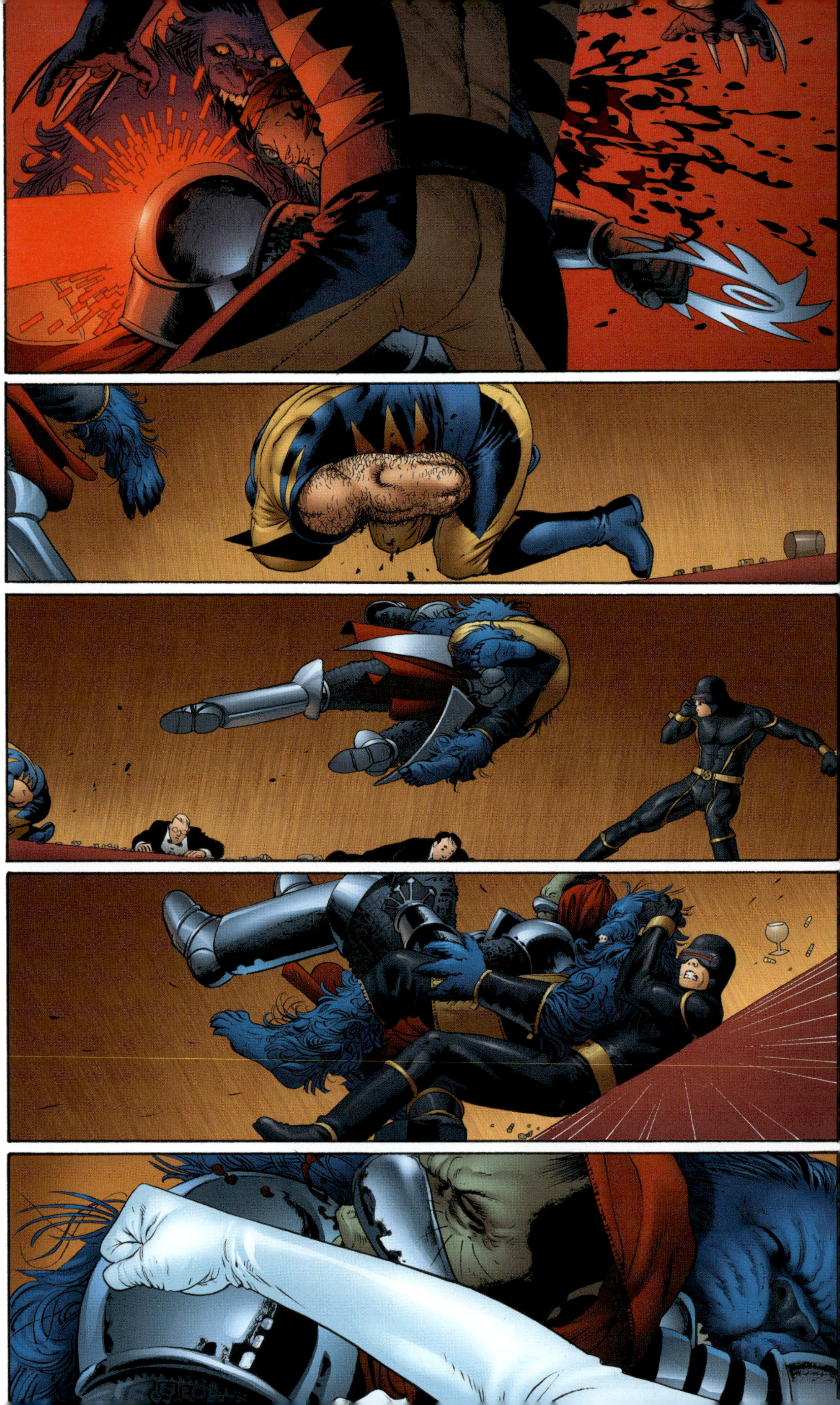

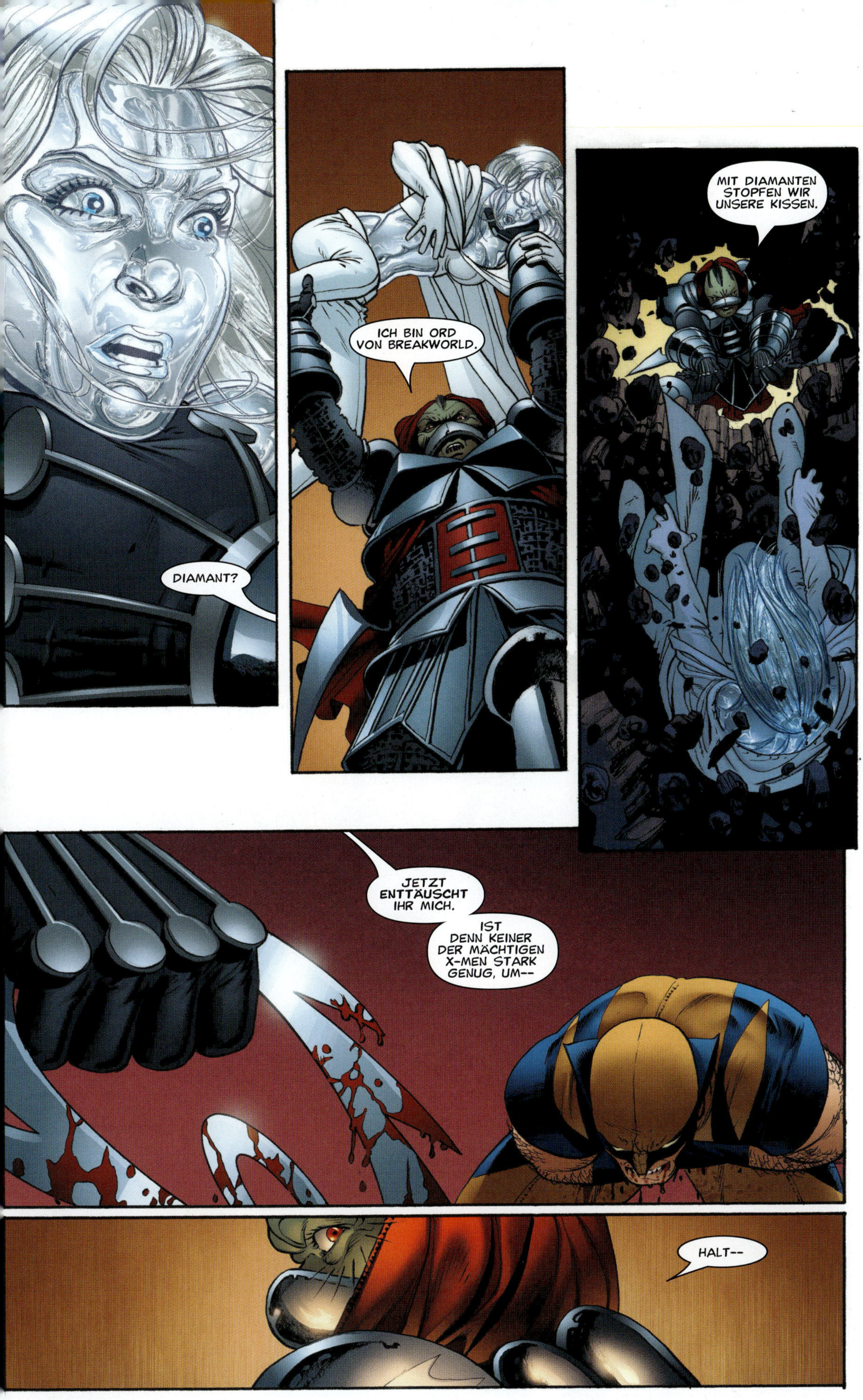
DIAMANT?
ICH BIN ORD VON BREAKWORLD.
MIT DIAMANTEN STOPFEN WIR UNSERE KISSEN.
JETZT ENTTÄUSCHT IHR MICH.
IST DENN KEINER DER MÄCHTIGEN X-MEN STARK GENUG, UM--
HALT--

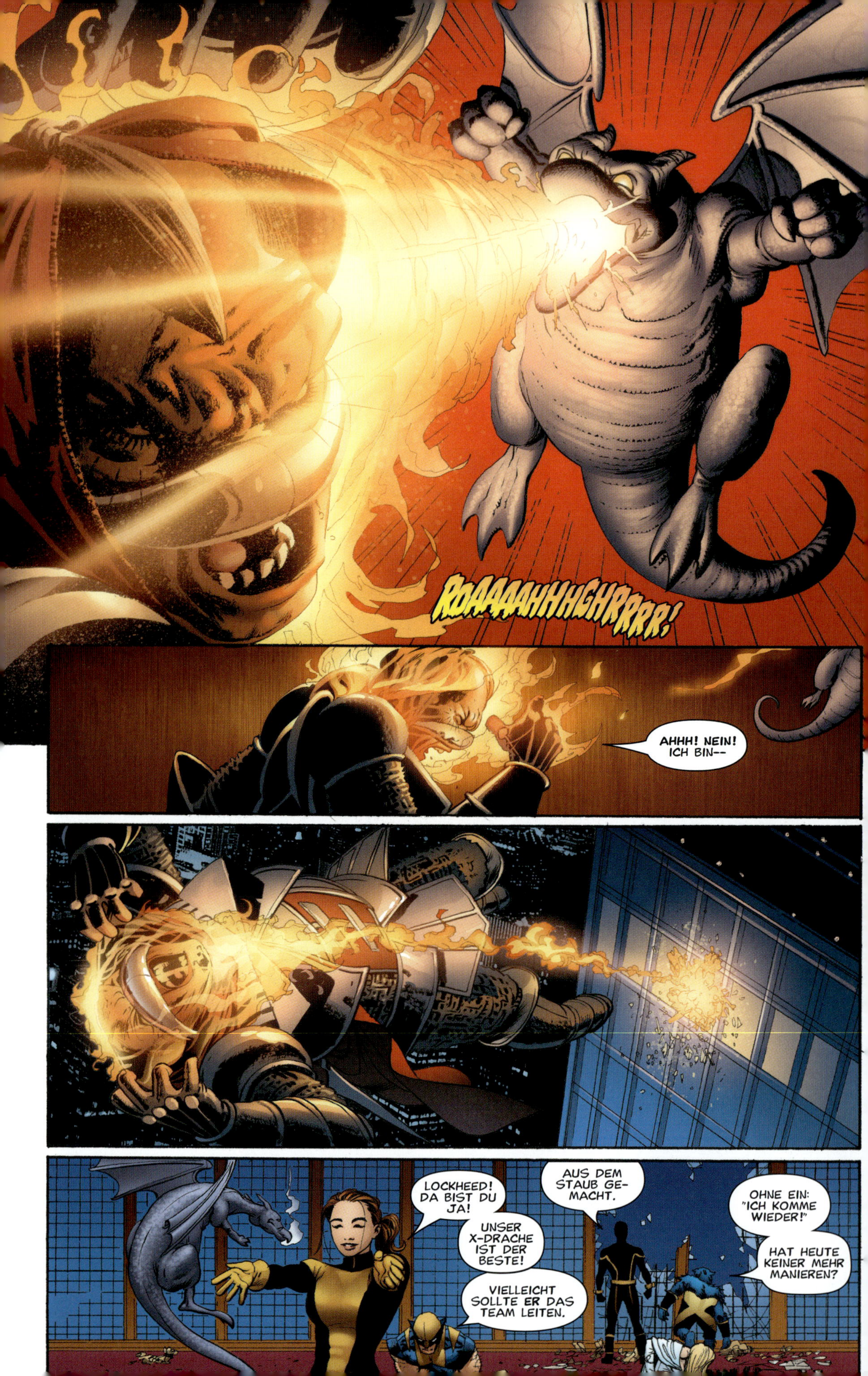
ROAAAAHHHGHRRRR!
AHHH! NEIN! ICH BIN--
LOCKHEED! DA BIST DU JA!
UNSER X-DRACHE IST DER BESTE!
VIELLEICHT SOLLTE ER DAS TEAM LEITEN.
AUS DEM STAUB GEMACHT.
OHNE EIN: "ICH KOMME WIEDER!"
HAT HEUTE KEINER MEHR MANIEREN?

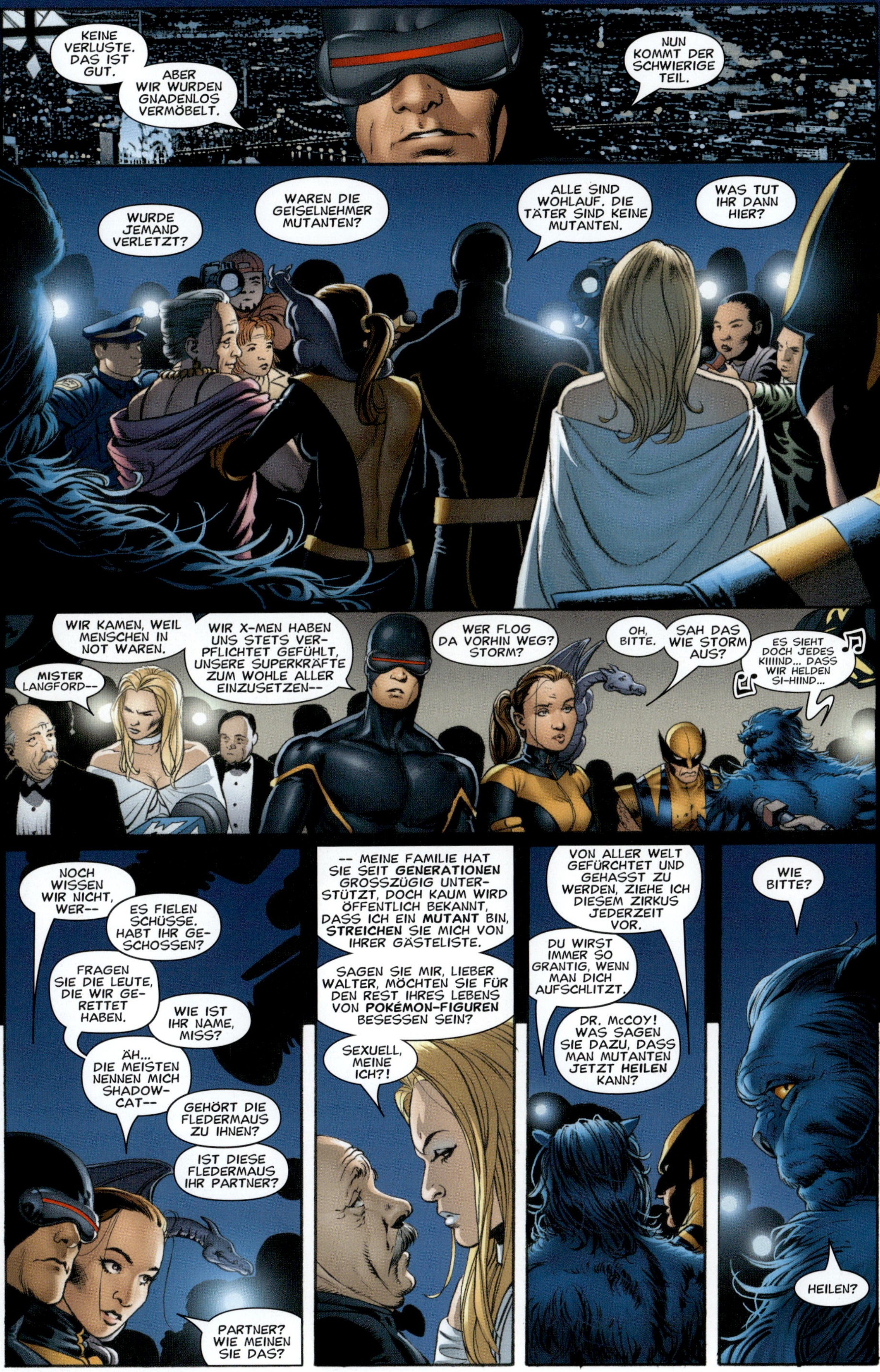
KEINE VERLUSTE. DAS IST GUT.
ABER WIR WURDEN GNADENLOS VERMÖBELT.
NUN KOMMT DER SCHWIERIGE TEIL.
WURDE JEMAND VERLETZT?
WAREN DIE GEISELNEHMER MUTANTEN?
ALLE SIND WOHLAUF. DIE TÄTER SIND KEINE MUTANTEN.
WAS TUT IHR DANN HIER?
MISTER LANGFORD--
WIR KAMEN, WEIL MENSCHEN IN NOT WAREN.
WIR X-MEN HABEN UNS STETS VERPFLICHTET GEFÜHLT, UNSERE SUPERKRÄFTE ZUM WOHLE ALLER EINZUSETZEN--
WER FLOG DA VORHIN WEG? STORM?
OH, BITTE.
SAH DAS WIE STORM AUS?
ES SIEHT DOCH JEDES KIIIND... DASS WIR HELDEN SI-HIIND...
NOCH WISSEN WIR NICHT, WER--
ES FIELEN SCHÜSSE. HABT IHR GESCHOSSEN?
FRAGEN SIE DIE LEUTE, DIE WIR GERETTET HABEN.
WIE IST IHR NAME, MISS?
ÄH... DIE MEISTEN NENNEN MICH SHADOWCAT--
GEHÖRT DIE FLEDERMAUS ZU IHNEN?
IST DIESE FLEDERMAUS IHR PARTNER?
PARTNER? WIE MEINEN SIE DAS?
-- MEINE FAMILIE HAT SIE SEIT GENERATIONEN GROSSZÜGIG UNTERSTÜTZT, DOCH KAUM WIRD ÖFFENTLICH BEKANNT, DASS ICH EIN MUTANT BIN, STREICHEN SIE MICH VON IHRER GÄSTELISTE.
SAGEN SIE MIR, LIEBER WALTER, MÖCHTEN SIE FÜR DEN REST IHRES LEBENS VON POKÉMON-FIGUREN BESESSEN SEIN?
SEXUELL, MEINE ICH?!
VON ALLER WELT GEFÜRCHTET UND GEHASST ZU WERDEN, ZIEHE ICH DIESEM ZIRKUS JEDERZEIT VOR.
DU WIRST IMMER SO GRANTIG, WENN MAN DICH AUFSCHLITZT.
DR. McCOY! WAS SAGEN SIE DAZU, DASS MAN MUTANTEN JETZT HEILEN KANN?
WIE BITTE?
HEILEN?

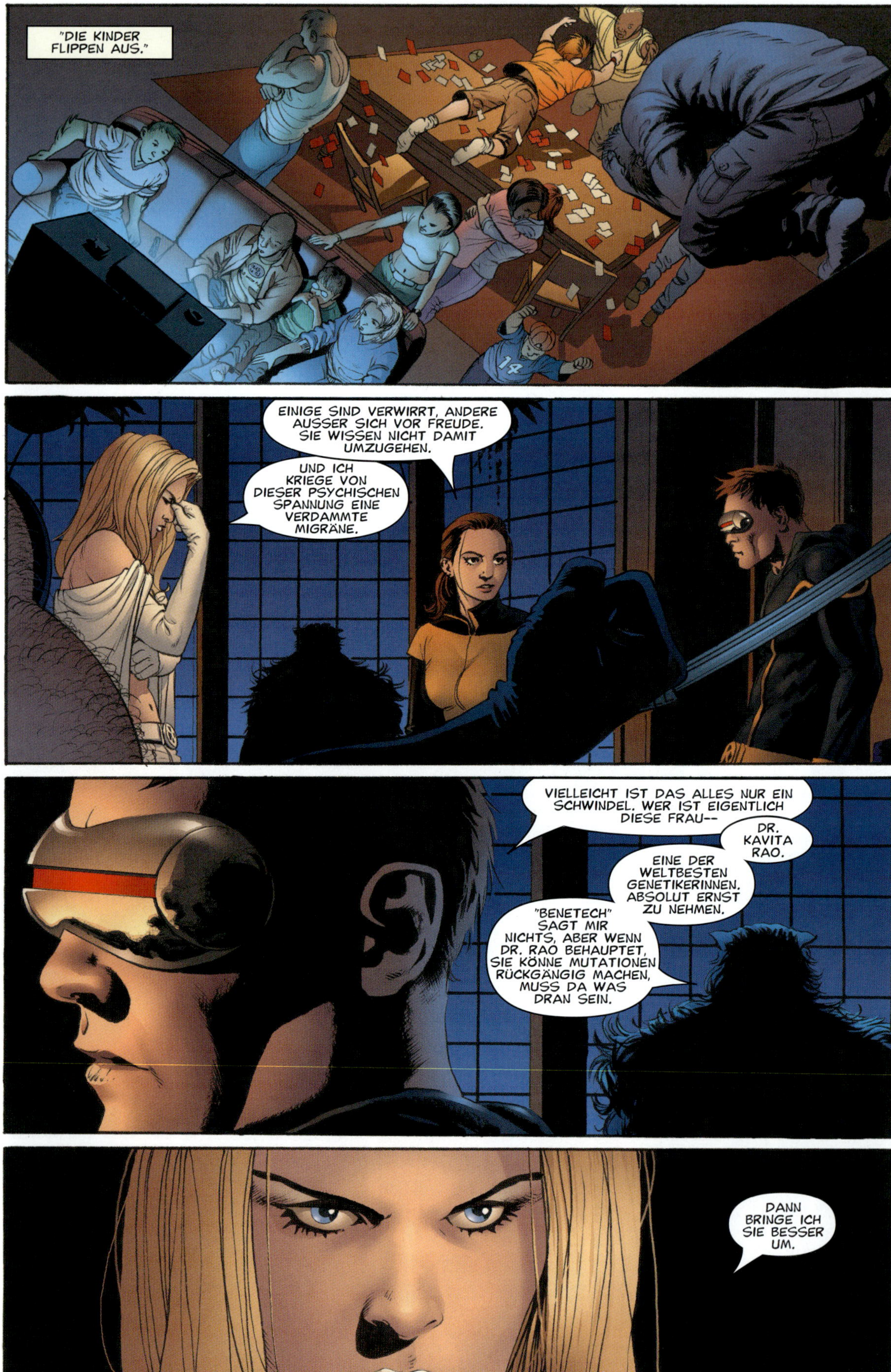
"DIE KINDER FLIPPEN AUS."
EINIGE SIND VERWIRRT, ANDERE AUSSER SICH VOR FREUDE. SIE WISSEN NICHT DAMIT UMZUGEHEN.
UND ICH KRIEGE VON DIESER PSYCHISCHEN SPANNUNG EINE VERDAMMTE MIGRÄNE.
VIELLEICHT IST DAS ALLES NUR EIN SCHWINDEL. WER IST EIGENTLICH DIESE FRAU--
DR. KAVITA RAO.
EINE DER WELTBESTEN GENETIKERINNEN. ABSOLUT ERNST ZU NEHMEN.
"BENETECH" SAGT MIR NICHTS, ABER WENN DR. RAO BEHAUPTET, SIE KÖNNE MUTATIONEN RÜCKGÄNGIG MACHEN, MUSS DA WAS DRAN SEIN.
DANN BRINGE ICH SIE BESSER UM.

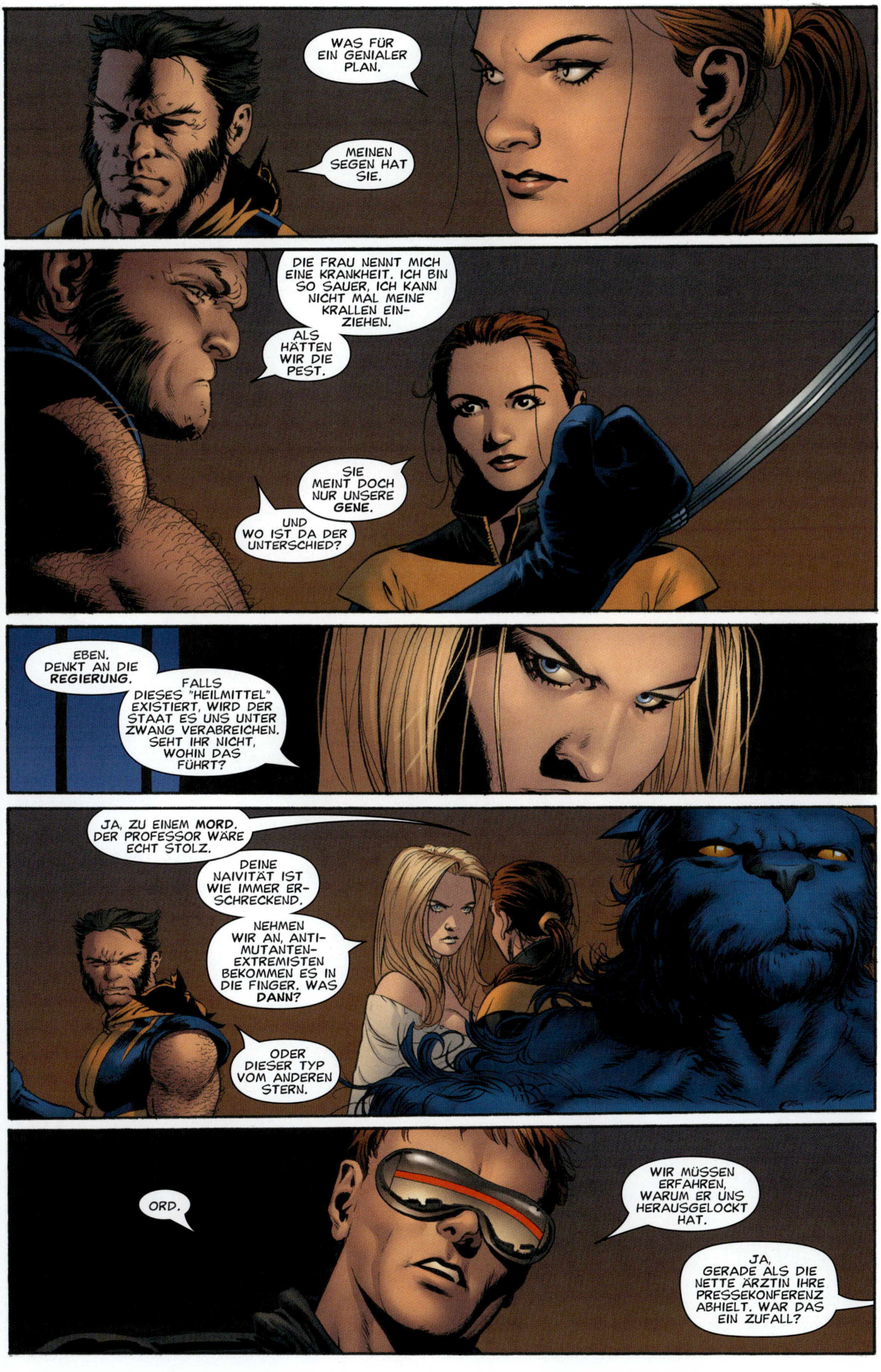

WAS FÜR EIN GENIALER PLAN.
MEINEN SEGEN HAT SIE.
DIE FRAU NENNT MICH EINE KRANKHEIT. ICH BIN SO SAUER, ICH KANN NICHT MAL MEINE KRALLEN EIN-ZIEHEN.
ALS HÄTTEN WIR DIE PEST.
SIE MEINT DOCH NUR UNSERE GENE.
UND WO IST DA DER UNTERSCHIED?
EBEN. DENKT AN DIE REGIERUNG.
FALLS DIESES "HEILMITTEL" EXISTIERT, WIRD DER STAAT ES UNS UNTER ZWANG VERABREICHEN. SEHT IHR NICHT, WOHIN DAS FÜHRT?
JA, ZU EINEM MORD. DER PROFESSOR WÄRE ECHT STOLZ.
DEINE NAIVITÄT IST WIE IMMER ER-SCHRECKEND.
NEHMEN WIR AN, ANTI-MUTANTEN-EXTREMISTEN BEKOMMEN ES IN DIE FINGER. WAS DANN?
ODER DIESER TYP VOM ANDEREN STERN.
ORD.
WIR MÜSSEN ERFAHREN, WARUM ER UNS HERAUSGELOCKT HAT.
JA, GERADE ALS DIE NETTE ÄRZTIN IHRE PRESSEKONFERENZ ABHIELT. WAR DAS EIN ZUFALL?

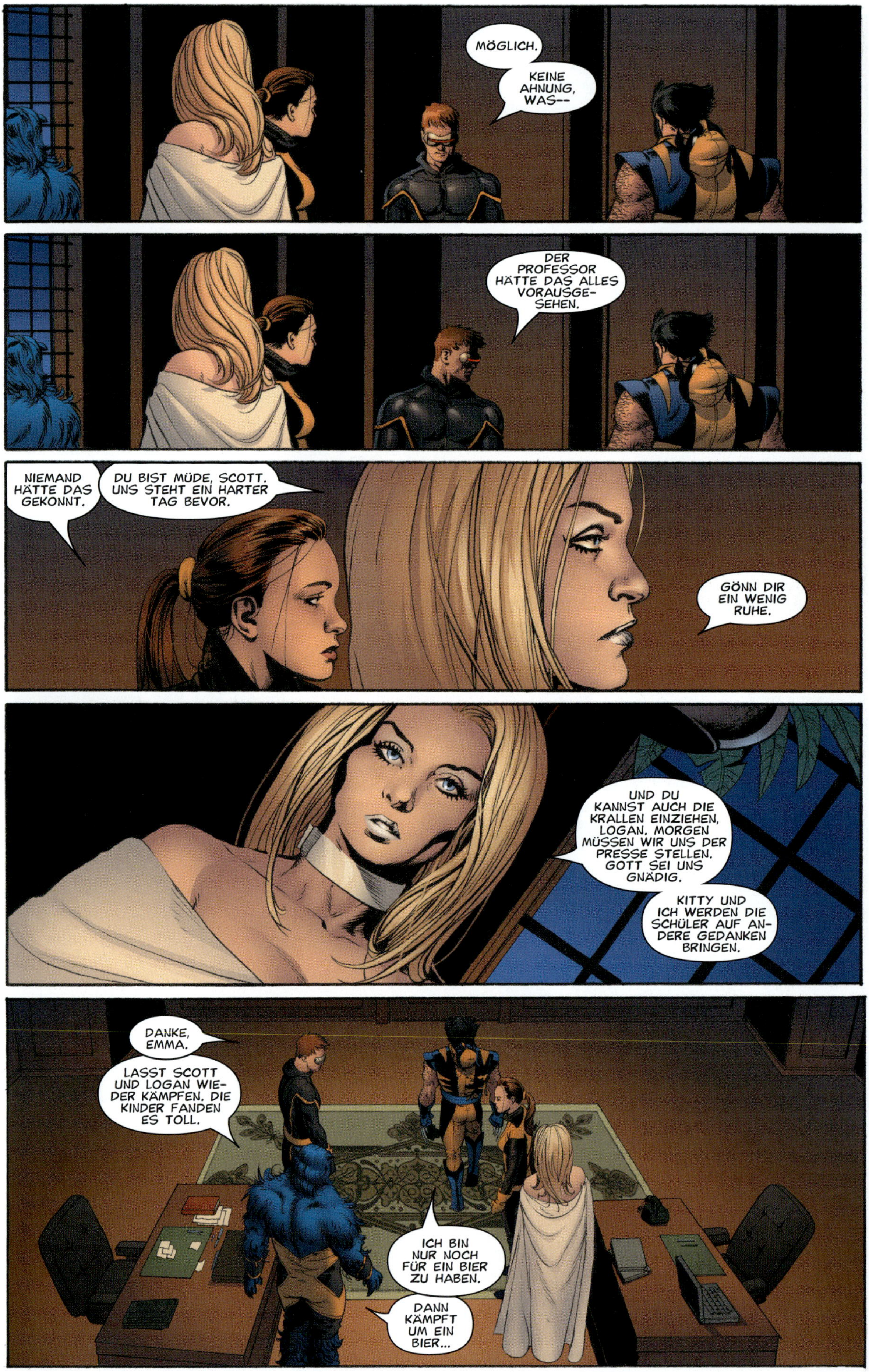
MÖGLICH.
KEINE AHNUNG, WAS--
DER PROFESSOR HÄTTE DAS ALLES VORAUSGE-SEHEN.
NIEMAND HÄTTE DAS GEKONNT.
DU BIST MÜDE, SCOTT. UNS STEHT EIN HARTER TAG BEVOR.
GÖNN DIR EIN WENIG RUHE.
UND DU KANNST AUCH DIE KRALLEN EINZIEHEN, LOGAN. MORGEN MÜSSEN WIR UNS DER PRESSE STELLEN. GOTT SEI UNS GNÄDIG.
KITTY UND ICH WERDEN DIE SCHÜLER AUF AN-DERE GEDANKEN BRINGEN.
DANKE, EMMA.
LASST SCOTT UND LOGAN WIE-DER KÄMPFEN. DIE KINDER FANDEN ES TOLL.
ICH BIN NUR NOCH FÜR EIN BIER ZU HABEN.
DANN KÄMPFT UM EIN BIER...

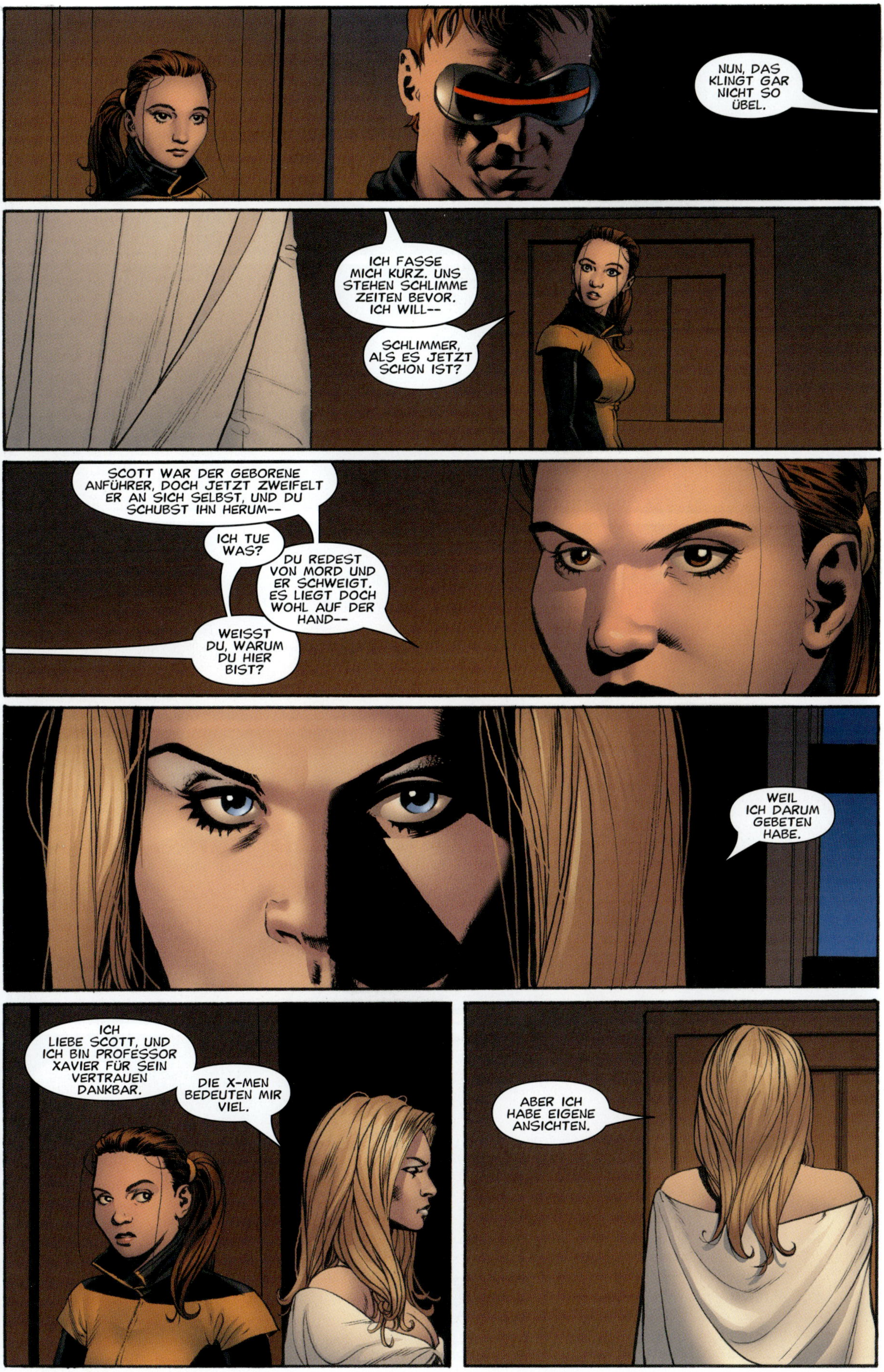
NUN, DAS KLINGT GAR NICHT SO ÜBEL.
ICH FASSE MICH KURZ. UNS STEHEN SCHLIMME ZEITEN BEVOR. ICH WILL--
SCHLIMMER, ALS ES JETZT SCHON IST?
SCOTT WAR DER GEBORENE ANFÜHRER, DOCH JETZT ZWEIFELT ER AN SICH SELBST, UND DU SCHUBST IHN HERUM--
ICH TUE WAS?
DU REDEST VON MORD UND ER SCHWEIGT. ES LIEGT DOCH WOHL AUF DER HAND--
WEISST DU, WARUM DU HIER BIST?
WEIL ICH DARUM GEBETEN HABE.
ICH LIEBE SCOTT, UND ICH BIN PROFESSOR XAVIER FÜR SEIN VERTRAUEN DANKBAR.
DIE X-MEN BEDEUTEN MIR VIEL.
ABER ICH HABE EIGENE ANSICHTEN.

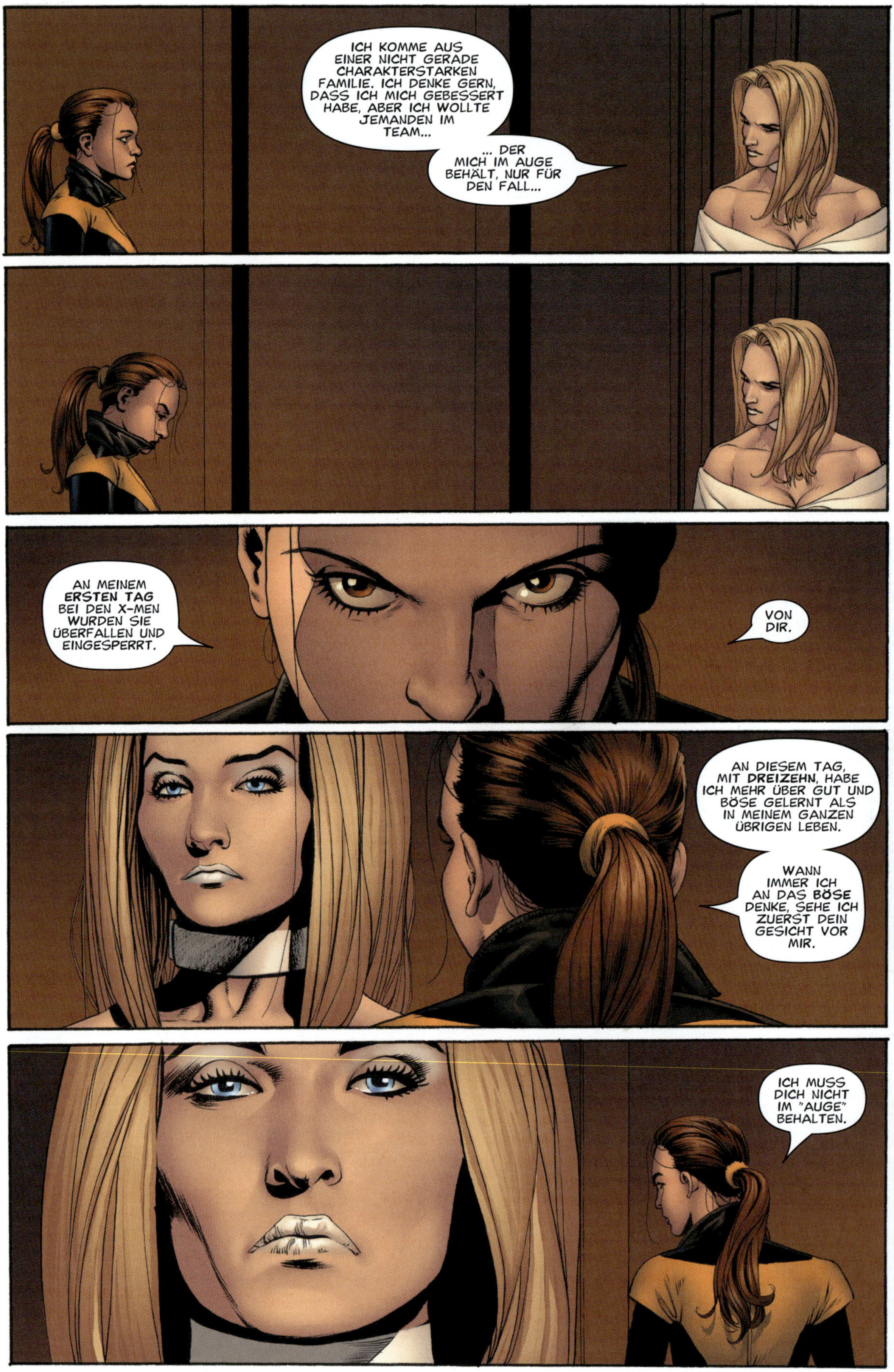
ICH KOMME AUS EINER NICHT GERADE CHARAKTERSTARKEN FAMILIE. ICH DENKE GERN, DASS ICH MICH GEBESSERT HABE, ABER ICH WOLLTE JEMANDEN IM TEAM...
... DER MICH IM AUGE BEHÄLT, NUR FÜR DEN FALL...
AN MEINEM ERSTEN TAG BEI DEN X-MEN WURDEN SIE ÜBERFALLEN UND EINGESPERRT.
VON DIR.
AN DIESEM TAG, MIT DREIZEHN, HABE ICH MEHR ÜBER GUT UND BÖSE GELERNT ALS IN MEINEM GANZEN ÜBRIGEN LEBEN.
WANN IMMER ICH AN DAS BÖSE DENKE, SEHE ICH ZUERST DEIN GESICHT VOR MIR.
ICH MUSS DICH NICHT IM "AUGE" BEHALTEN.

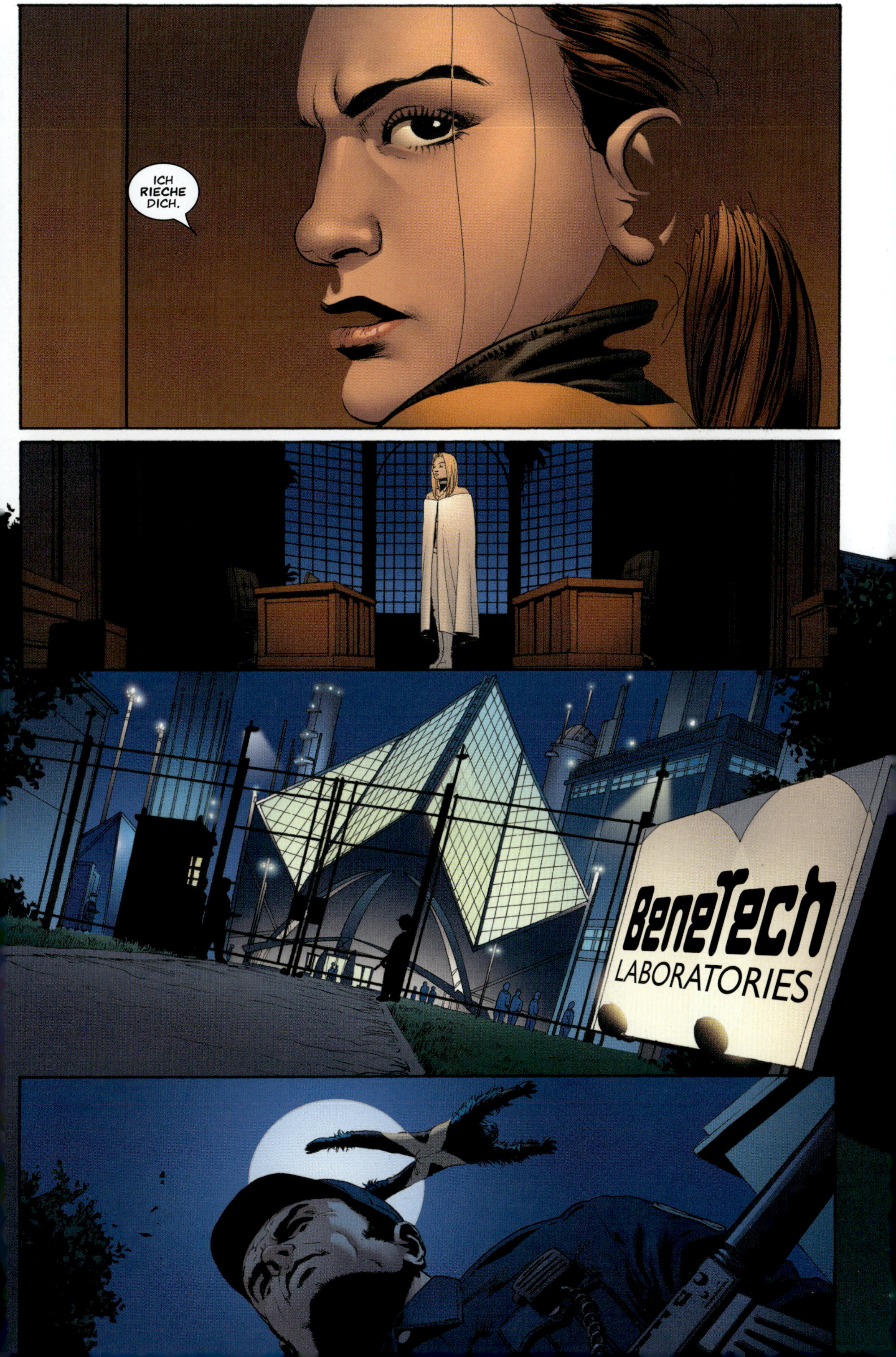

ICH RIECHE DICH.
BeneTech
LABORATORIES

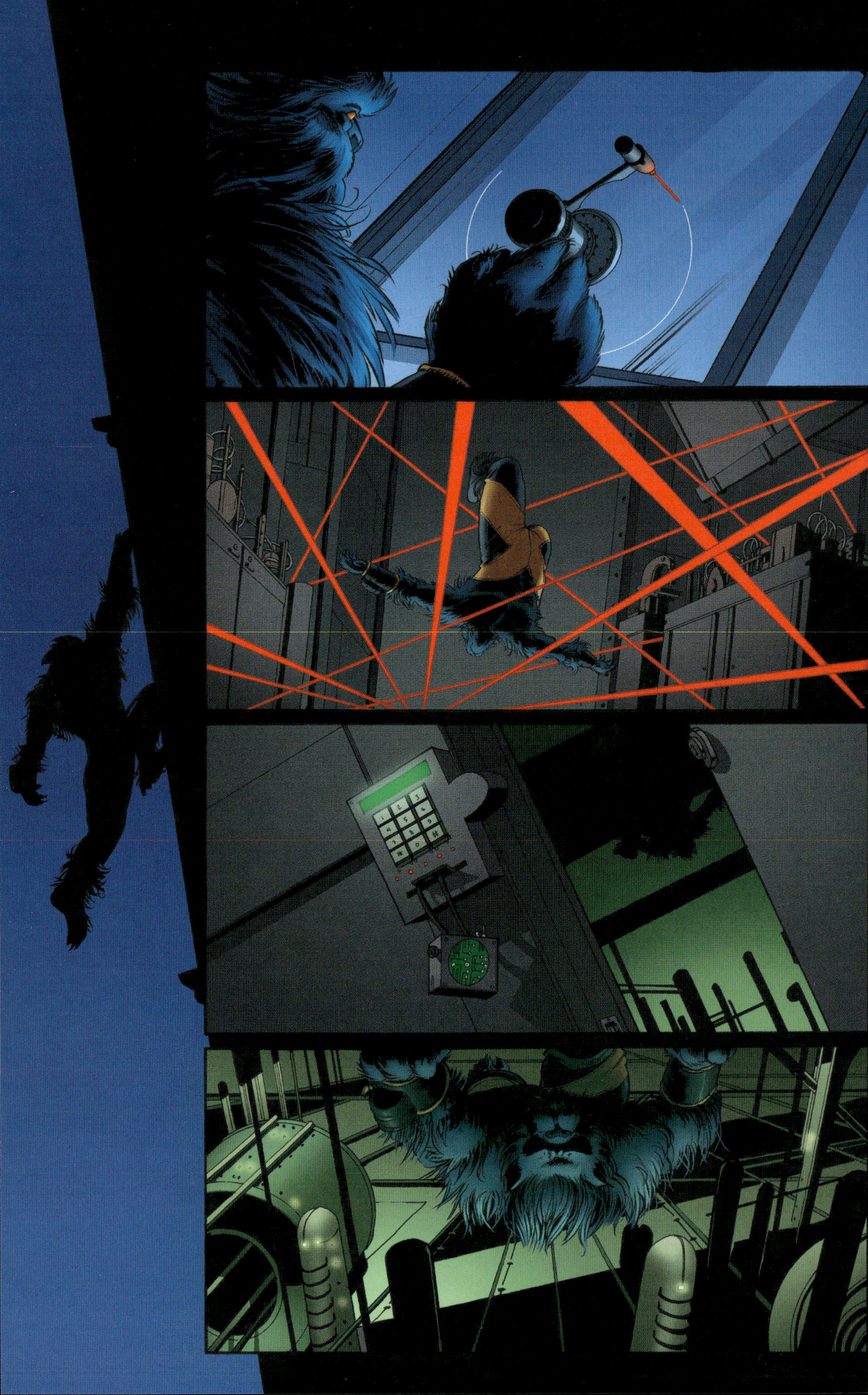

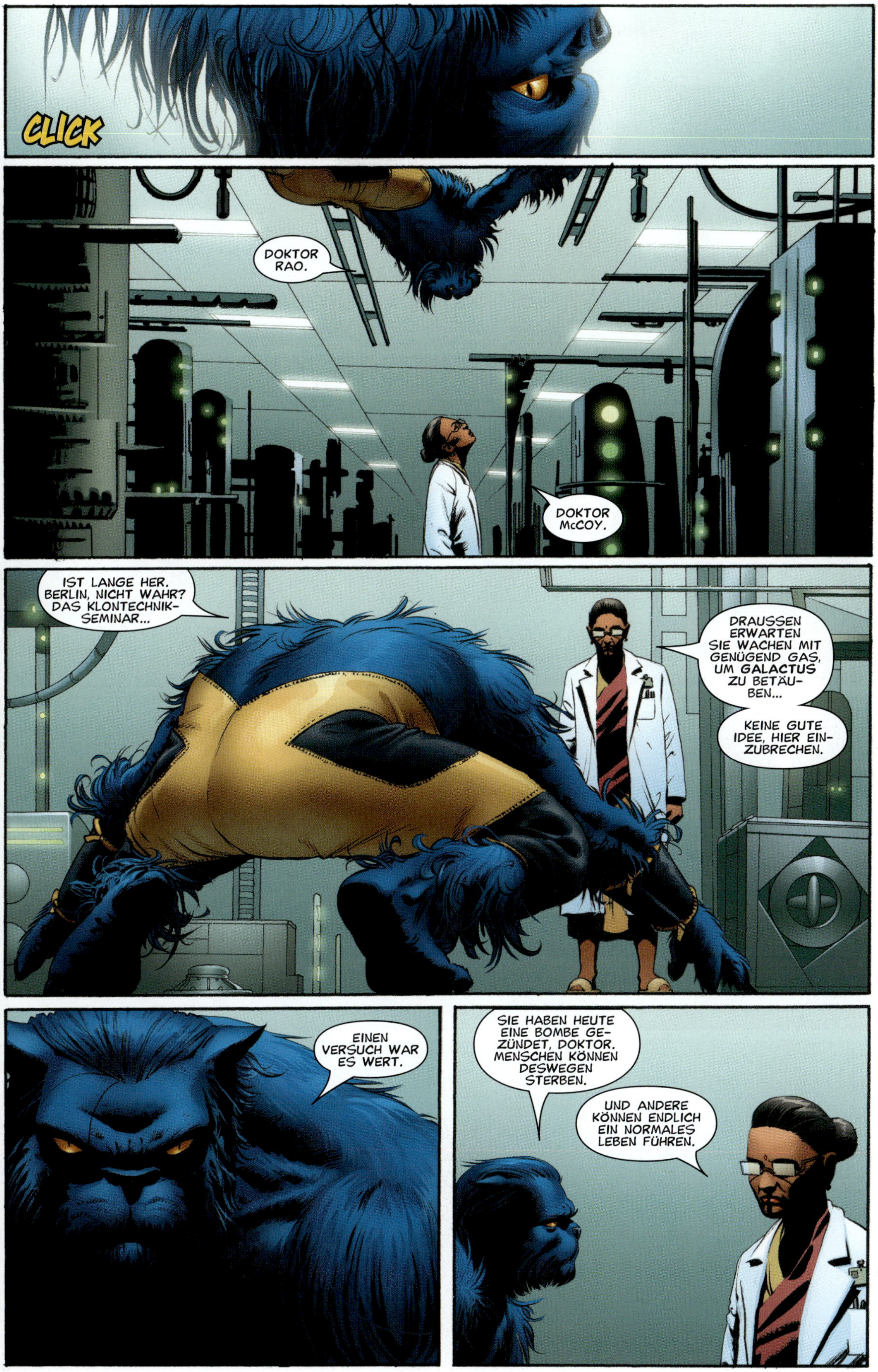
CLICK
DOKTOR RAO.
DOKTOR McCOY.
IST LANGE HER. BERLIN, NICHT WAHR? DAS KLONTECHNIK-SEMINAR...
DRAUSSEN ERWARTEN SIE WACHEN MIT GENÜGEND GAS, UM GALACTUS ZU BETÄUBEN...
KEINE GUTE IDEE, HIER EINZUBRECHEN.
EINEN VERSUCH WAR ES WERT.
SIE HABEN HEUTE EINE BOMBE GEZÜNDET, DOKTOR. MENSCHEN KÖNNEN DESWEGEN STERBEN.
UND ANDERE KÖNNEN ENDLICH EIN NORMALES LEBEN FÜHREN.

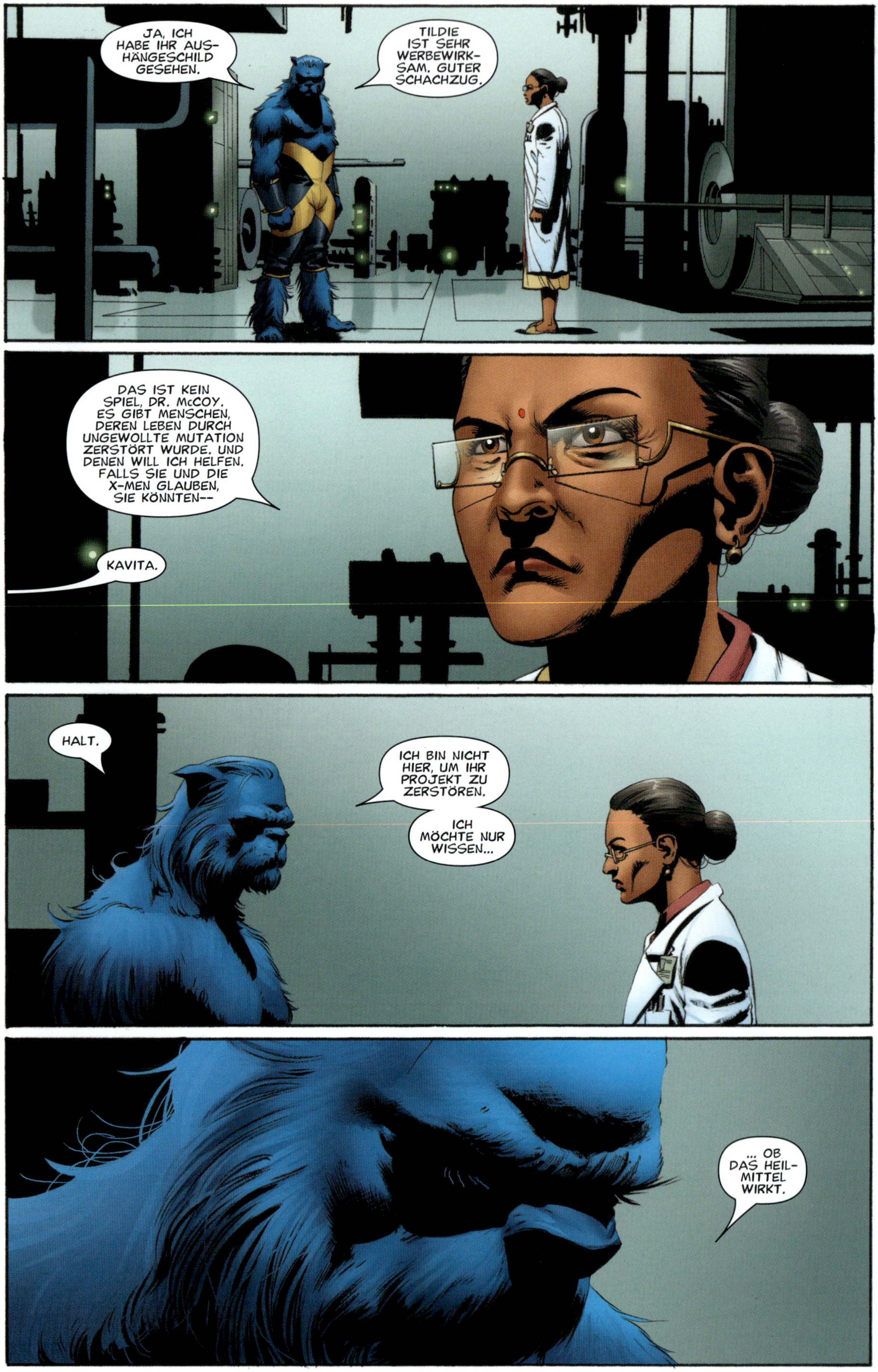
JA, ICH HABE IHR AUS-HÄNGESCHILD GESEHEN.
TILDIE IST SEHR WERBEWIRK-SAM. GUTER SCHACHZUG.
DAS IST KEIN SPIEL, DR. McCOY. ES GIBT MENSCHEN, DEREN LEBEN DURCH UNGEWOLLTE MUTATION ZERSTÖRT WURDE. UND DENEN WILL ICH HELFEN. FALLS SIE UND DIE X-MEN GLAUBEN, SIE KÖNNTEN--
KAVITA.
HALT.
ICH BIN NICHT HIER, UM IHR PROJEKT ZU ZERSTÖREN.
ICH MÖCHTE NUR WISSEN...
... OB DAS HEIL-MITTEL WIRKT.

BEGABT, TEIL 3

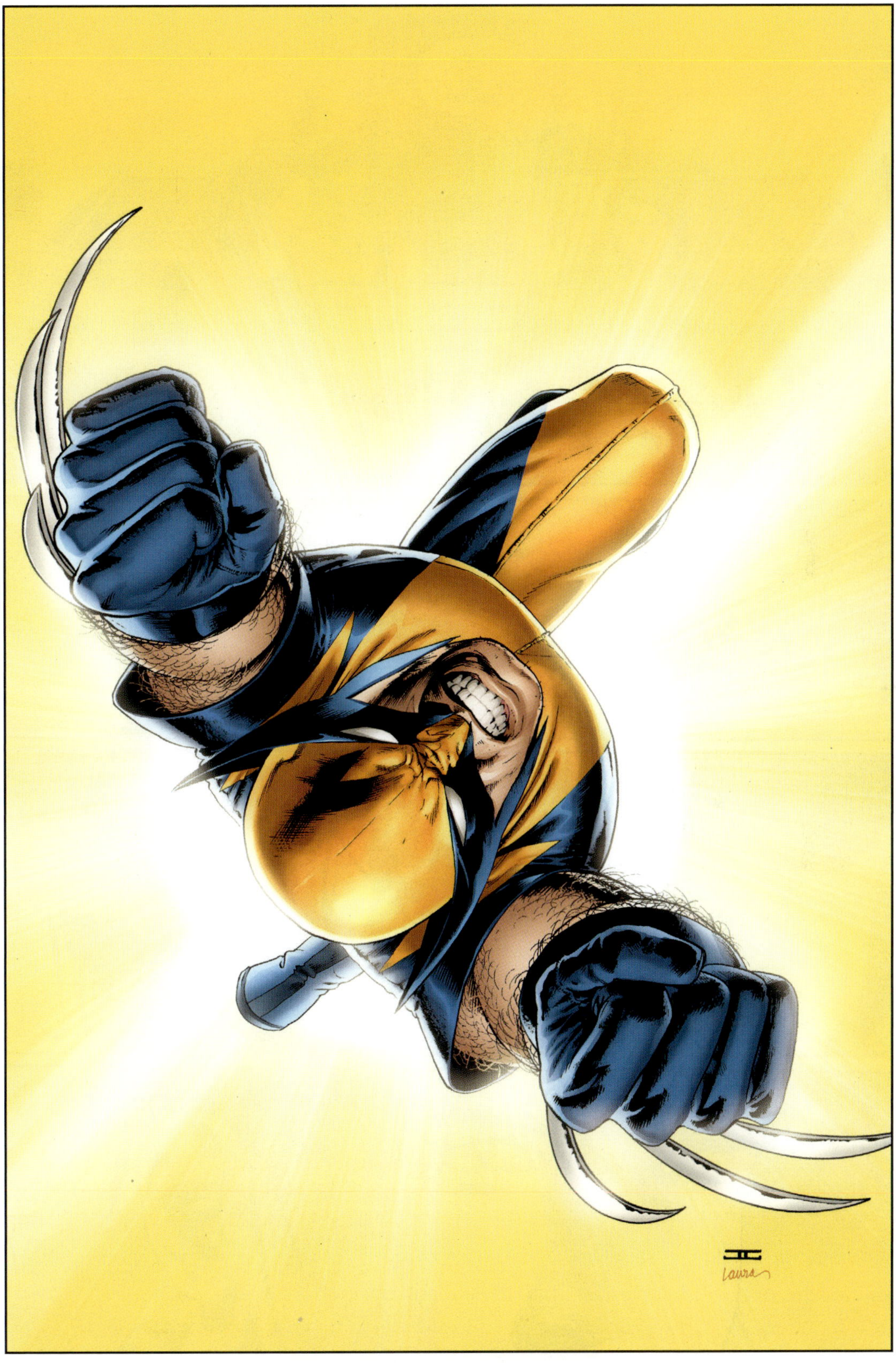

Astonishing X-Men (2004) 3
Cover von **JOHN CASSADAY**

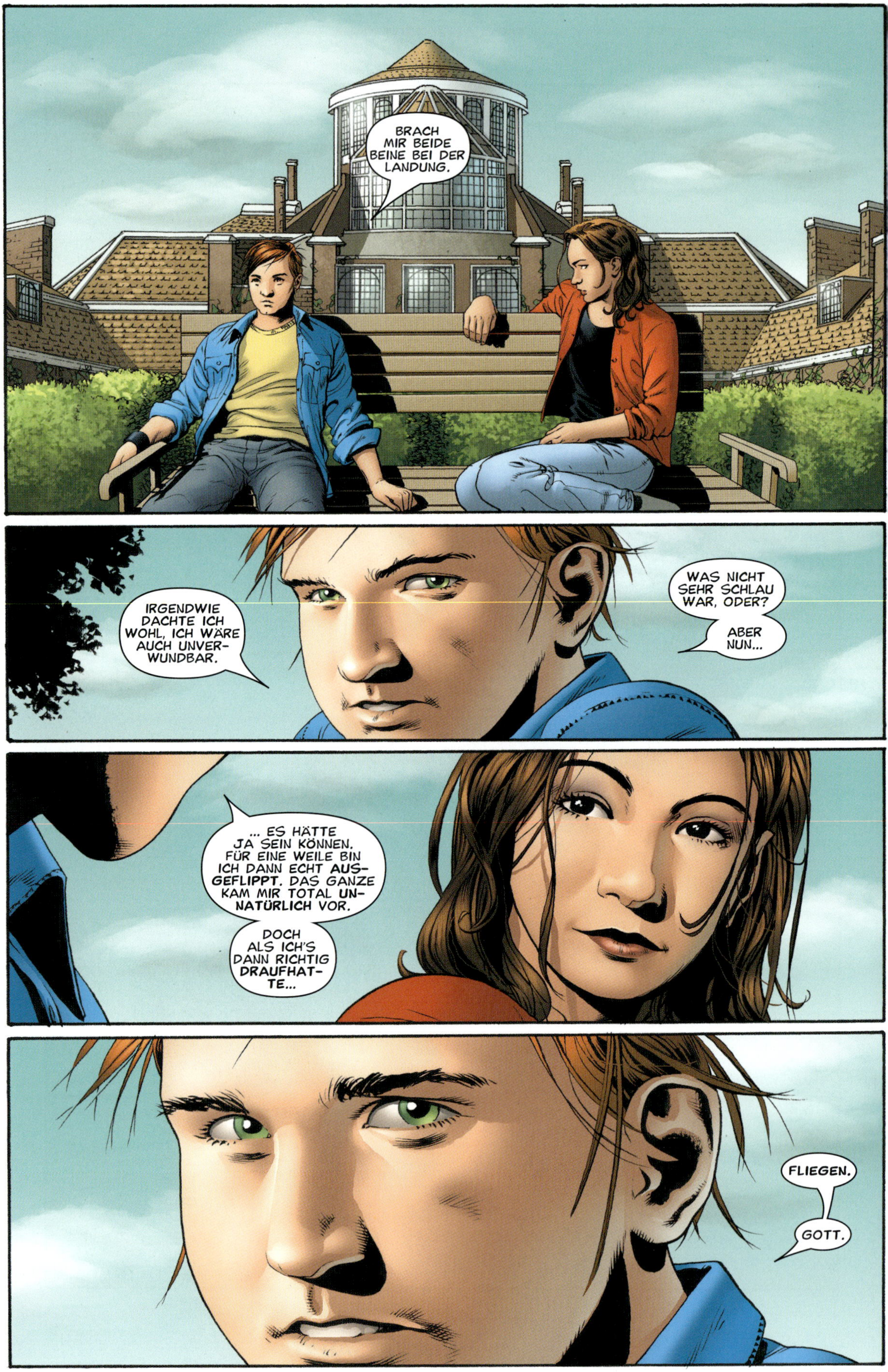
BRACH MIR BEIDE BEINE BEI DER LANDUNG.
IRGENDWIE DACHTE ICH WOHL, ICH WÄRE AUCH UNVERWUNDBAR.
WAS NICHT SEHR SCHLAU WAR, ODER?
ABER NUN...
... ES HÄTTE JA SEIN KÖNNEN. FÜR EINE WEILE BIN ICH DANN ECHT AUSGEFLIPPT. DAS GANZE KAM MIR TOTAL UNNATÜRLICH VOR.
DOCH ALS ICH'S DANN RICHTIG DRAUFHATTE...
FLIEGEN.
GOTT.

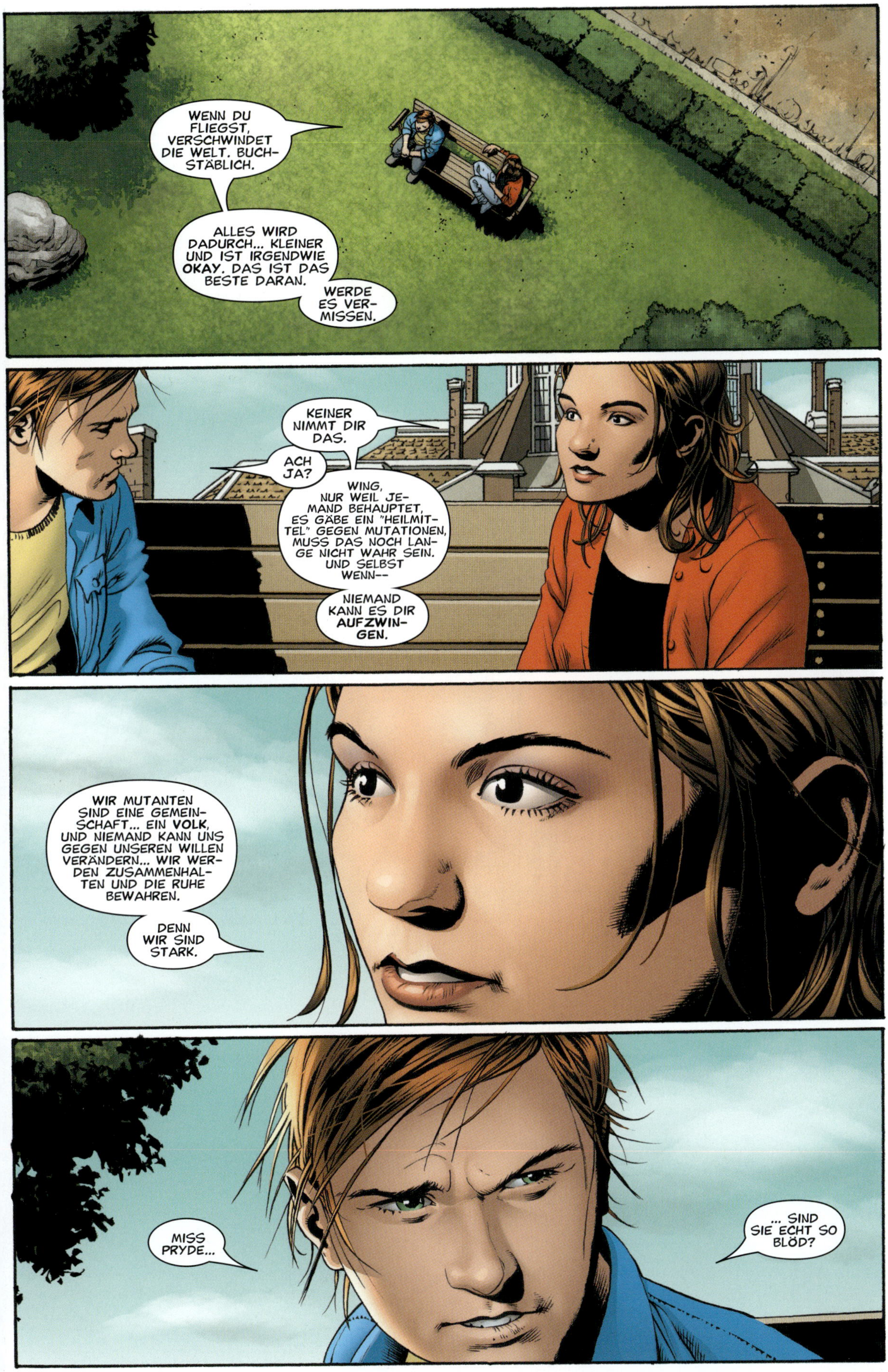
WENN DU FLIEGST, VERSCHWINDET DIE WELT. BUCHSTÄBLICH.
ALLES WIRD DADURCH... KLEINER UND IST IRGENDWIE OKAY. DAS IST DAS BESTE DARAN.
WERDE ES VERMISSEN.
KEINER NIMMT DIR DAS.
ACH JA?
WING, NUR WEIL JEMAND BEHAUPTET, ES GÄBE EIN "HEILMITTEL" GEGEN MUTATIONEN, MUSS DAS NOCH LANGE NICHT WAHR SEIN. UND SELBST WENN--
NIEMAND KANN ES DIR AUFZWINGEN.
WIR MUTANTEN SIND EINE GEMEINSCHAFT... EIN VOLK, UND NIEMAND KANN UNS GEGEN UNSEREN WILLEN VERÄNDERN... WIR WERDEN ZUSAMMENHALTEN UND DIE RUHE BEWAHREN.
DENN WIR SIND STARK.
MISS PRYDE...
... SIND SIE ECHT SO BLÖD?

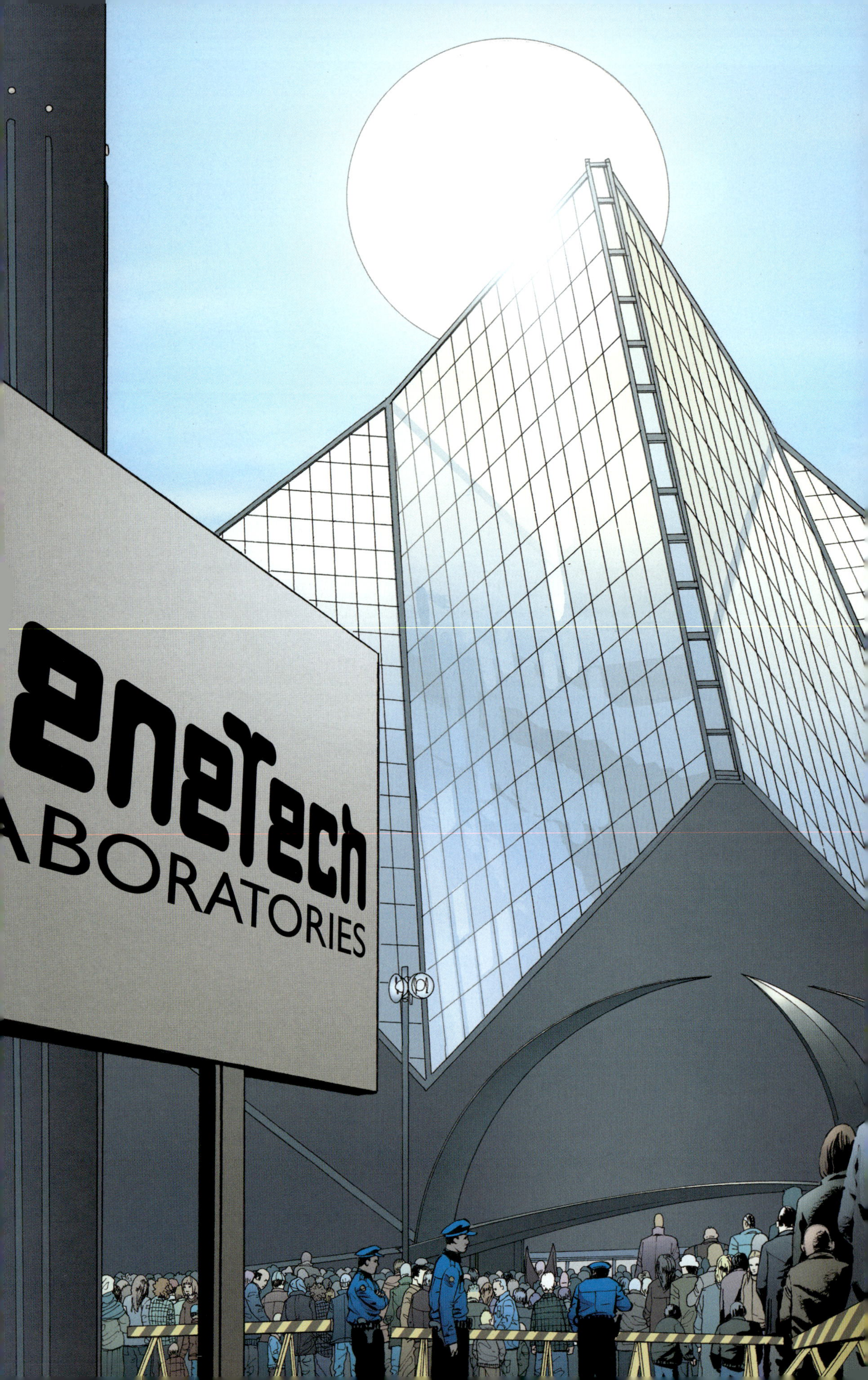

enetech
ABORATORIES

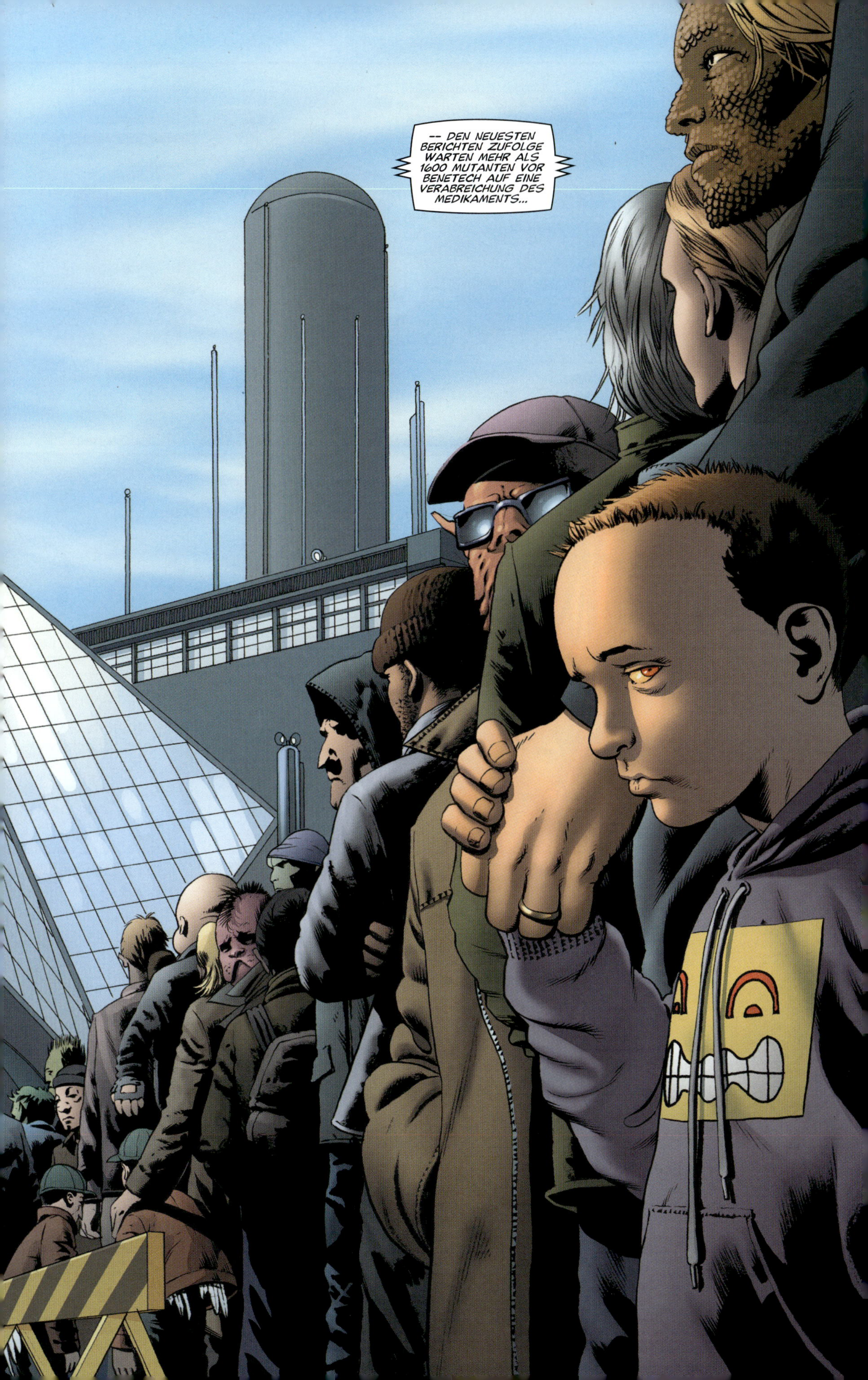
-- DEN NEUESTEN BERICHTEN ZUFOLGE WARTEN MEHR ALS 1600 MUTANTEN VOR BENETECH AUF EINE VERABREICHUNG DES MEDIKAMENTS...

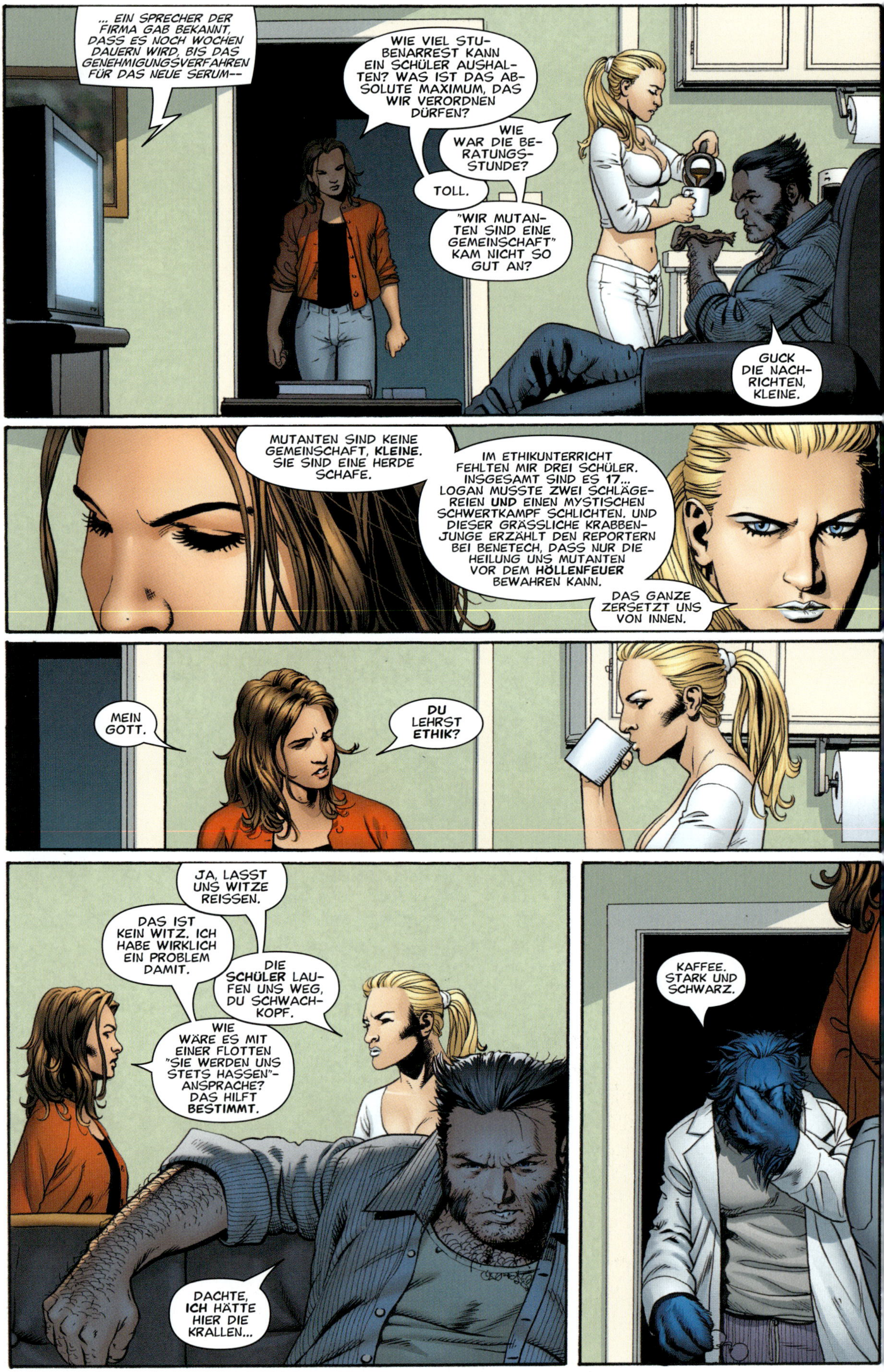
... EIN SPRECHER DER FIRMA GAB BEKANNT, DASS ES NOCH WOCHEN DAUERN WIRD, BIS DAS GENEHMIGUNGSVERFAHREN FÜR DAS NEUE SERUM--
WIE VIEL STUBENARREST KANN EIN SCHÜLER AUSHALTEN? WAS IST DAS ABSOLUTE MAXIMUM, DAS WIR VERORDNEN DÜRFEN?
WIE WAR DIE BERATUNGSSTUNDE?
TOLL.
"WIR MUTANTEN SIND EINE GEMEINSCHAFT" KAM NICHT SO GUT AN?
GUCK DIE NACHRICHTEN, KLEINE.
MUTANTEN SIND KEINE GEMEINSCHAFT, KLEINE. SIE SIND EINE HERDE SCHAFE.
IM ETHIKUNTERRICHT FEHLTEN MIR DREI SCHÜLER. INSGESAMT SIND ES 17... LOGAN MUSSTE ZWEI SCHLÄGEREIEN UND EINEN MYSTISCHEN SCHWERTKAMPF SCHLICHTEN. UND DIESER GRÄSSLICHE KRABBENJUNGE ERZÄHLT DEN REPORTERN BEI BENETECH, DASS NUR DIE HEILUNG UNS MUTANTEN VOR DEM HÖLLENFEUER BEWAHREN KANN.
DAS GANZE ZERSETZT UNS VON INNEN.
MEIN GOTT.
DU LEHRST ETHIK?
JA, LASST UNS WITZE REISSEN.
DAS IST KEIN WITZ. ICH HABE WIRKLICH EIN PROBLEM DAMIT.
DIE SCHÜLER LAUFEN UNS WEG, DU SCHWACHKOPF.
WIE WÄRE ES MIT EINER FLOTTEN "SIE WERDEN UNS STETS HASSEN"-ANSPRACHE? DAS HILFT BESTIMMT.
DACHTE, ICH HÄTTE HIER DIE KRALLEN...
KAFFEE. STARK UND SCHWARZ.

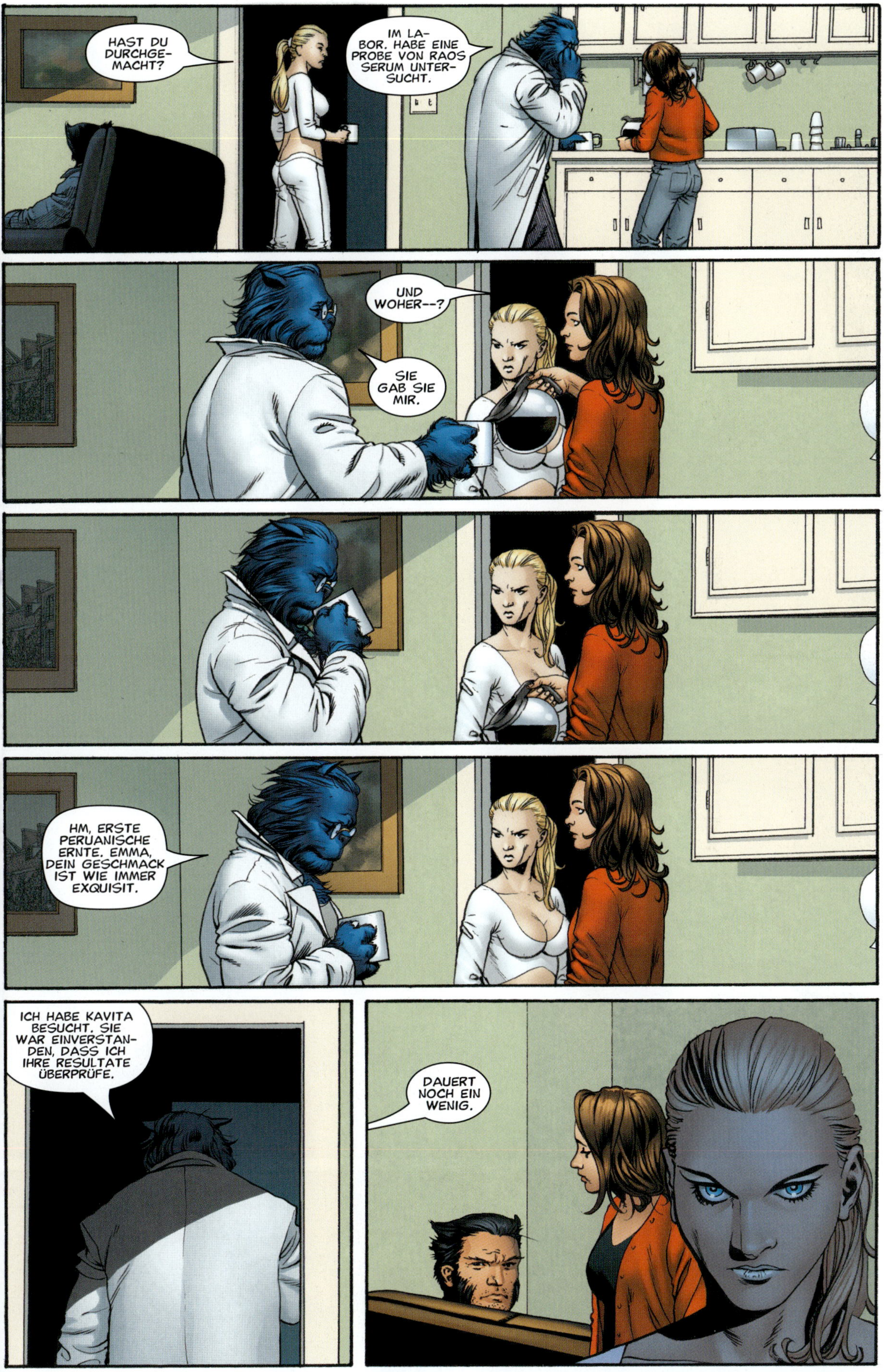
HAST DU DURCHGE-MACHT?
IM LABOR. HABE EINE PROBE VON RAOS SERUM UNTER-SUCHT.
UND WOHER--?
SIE GAB SIE MIR.
HM, ERSTE PERUANISCHE ERNTE. EMMA, DEIN GESCHMACK IST WIE IMMER EXQUISIT.
ICH HABE KAVITA BESUCHT. SIE WAR EINVERSTANDEN, DASS ICH IHRE RESULTATE ÜBERPRÜFE.
DAUERT NOCH EIN WENIG.

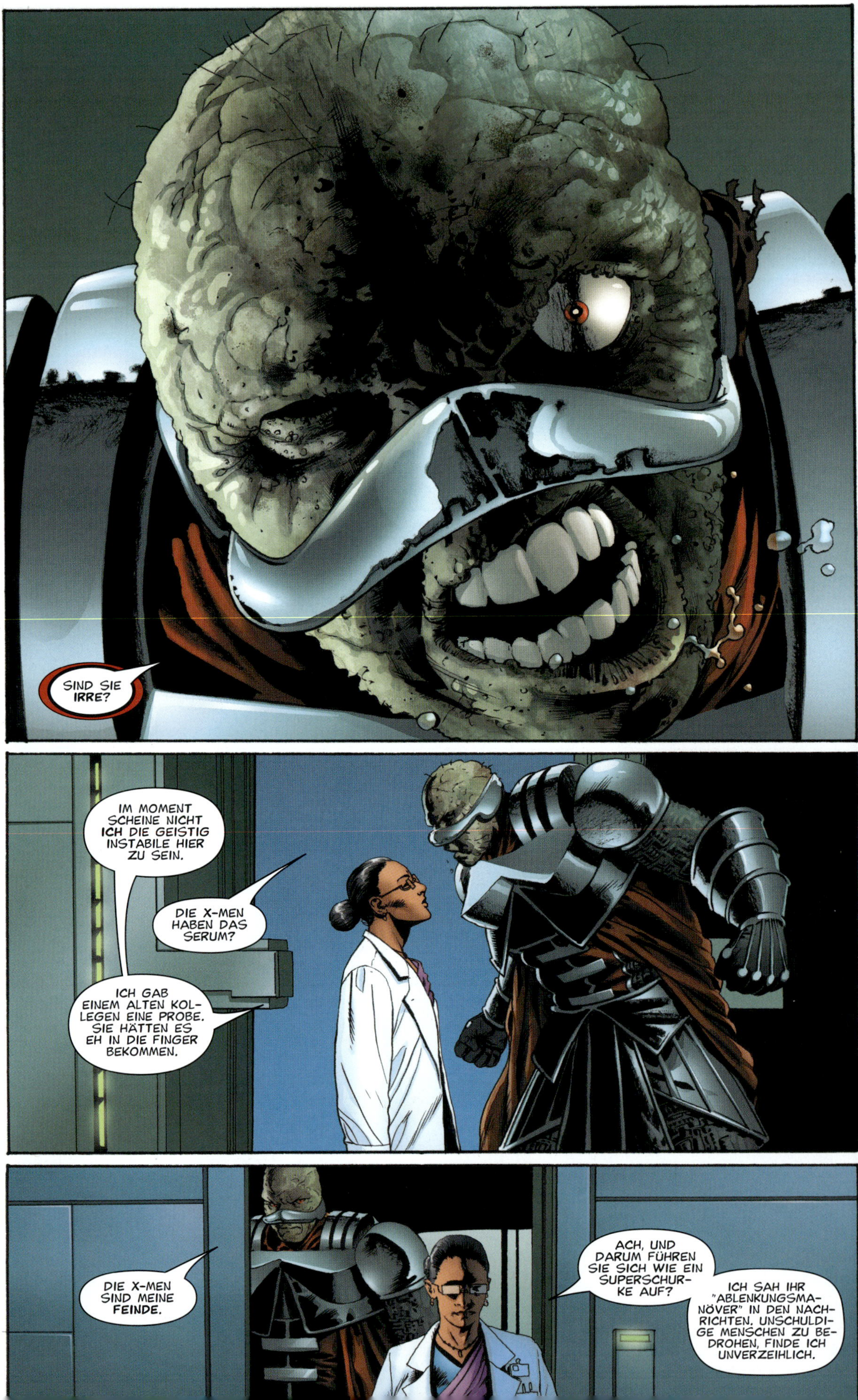
SIND SIE IRRE?
IM MOMENT SCHEINE NICHT ICH DIE GEISTIG INSTABILE HIER ZU SEIN.
DIE X-MEN HABEN DAS SERUM?
ICH GAB EINEM ALTEN KOL-LEGEN EINE PROBE. SIE HÄTTEN ES EH IN DIE FINGER BEKOMMEN.
DIE X-MEN SIND MEINE FEINDE.
ACH, UND DARUM FÜHREN SIE SICH WIE EIN SUPERSCHUR-KE AUF?
ICH SAH IHR "ABLENKUNGSMA-NÖVER" IN DEN NACH-RICHTEN. UNSCHULDI-GE MENSCHEN ZU BE-DROHEN, FINDE ICH UNVERZEIHLICH.

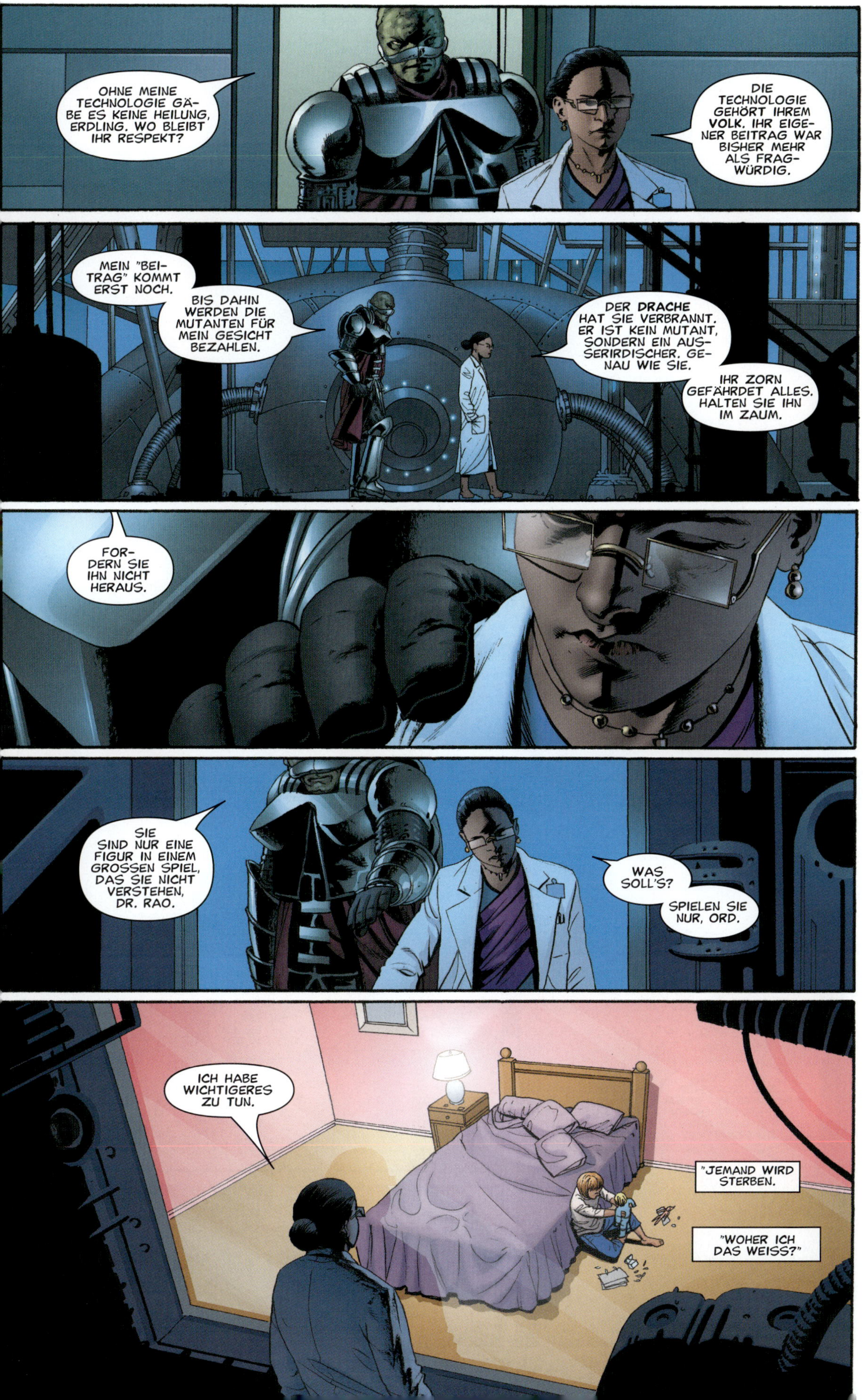
OHNE MEINE TECHNOLOGIE GÄBE ES KEINE HEILUNG, ERDLING. WO BLEIBT IHR RESPEKT?
DIE TECHNOLOGIE GEHÖRT IHREM VOLK. IHR EIGENER BEITRAG WAR BISHER MEHR ALS FRAGWÜRDIG.
MEIN "BEITRAG" KOMMT ERST NOCH.
BIS DAHIN WERDEN DIE MUTANTEN FÜR MEIN GESICHT BEZAHLEN.
DER DRACHE HAT SIE VERBRANNT. ER IST KEIN MUTANT, SONDERN EIN AUSSERIRDISCHER. GENAU WIE SIE.
IHR ZORN GEFÄHRDET ALLES. HALTEN SIE IHN IM ZAUM.
FORDERN SIE IHN NICHT HERAUS.
SIE SIND NUR EINE FIGUR IN EINEM GROSSEN SPIEL, DAS SIE NICHT VERSTEHEN, DR. RAO.
WAS SOLL'S?
SPIELEN SIE NUR, ORD.
ICH HABE WICHTIGERES ZU TUN.
"JEMAND WIRD STERBEN.
"WOHER ICH DAS WEISS?"

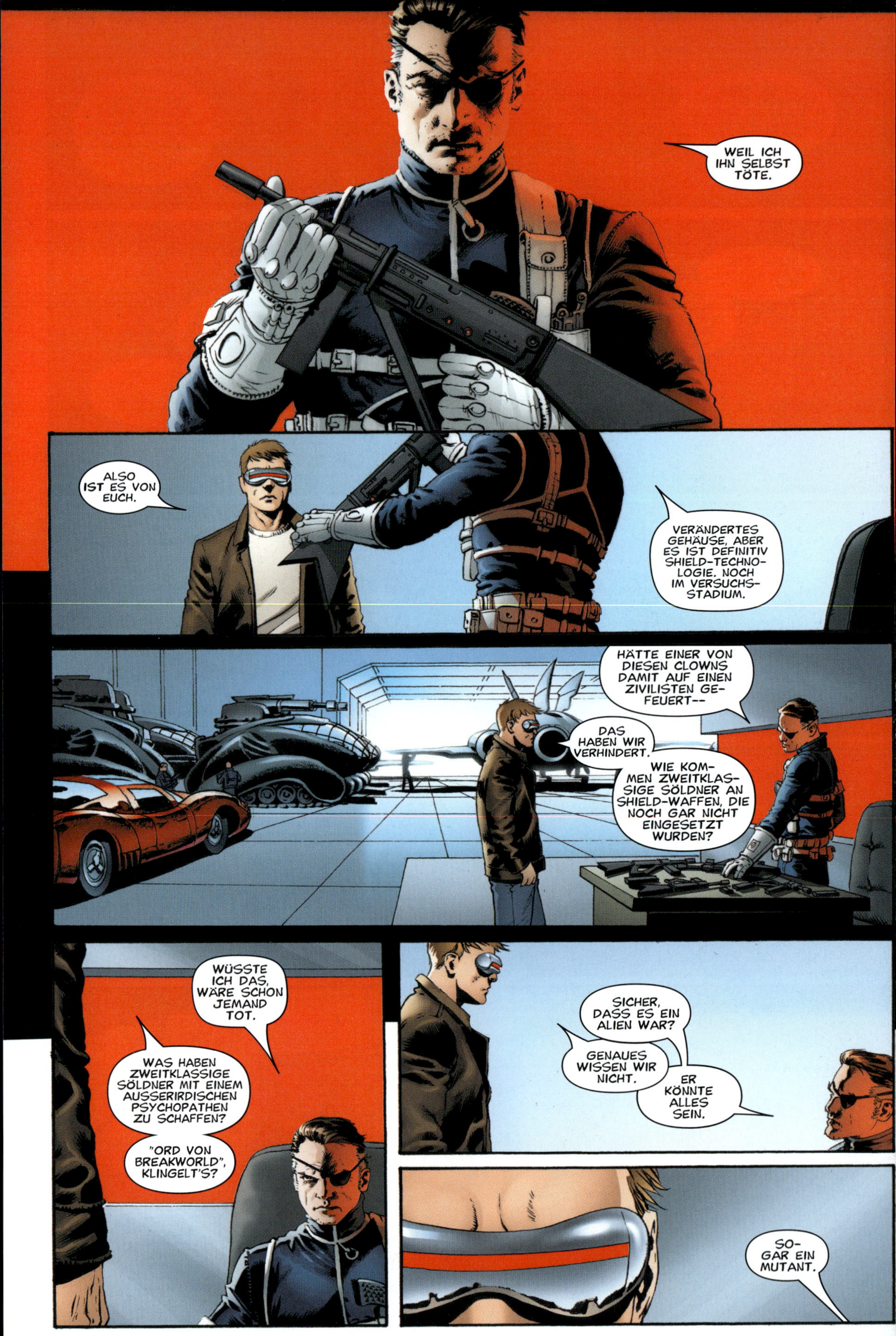
WEIL ICH IHN SELBST TÖTE.
ALSO IST ES VON EUCH.
VERÄNDERTES GEHÄUSE, ABER ES IST DEFINITIV SHIELD-TECHNOLOGIE. NOCH IM VERSUCHSSTADIUM.
HÄTTE EINER VON DIESEN CLOWNS DAMIT AUF EINEN ZIVILISTEN GEFEUERT--
DAS HABEN WIR VERHINDERT.
WIE KOMMEN ZWEITKLASSIGE SÖLDNER AN SHIELD-WAFFEN, DIE NOCH GAR NICHT EINGESETZT WURDEN?
WÜSSTE ICH DAS, WÄRE SCHON JEMAND TOT.
WAS HABEN ZWEITKLASSIGE SÖLDNER MIT EINEM AUSSERIRDISCHEN PSYCHOPATHEN ZU SCHAFFEN?
"ORD VON BREAKWORLD", KLINGELT'S?
SICHER, DASS ES EIN ALIEN WAR?
GENAUES WISSEN WIR NICHT.
ER KÖNNTE ALLES SEIN.
SO-GAR EIN MUTANT.

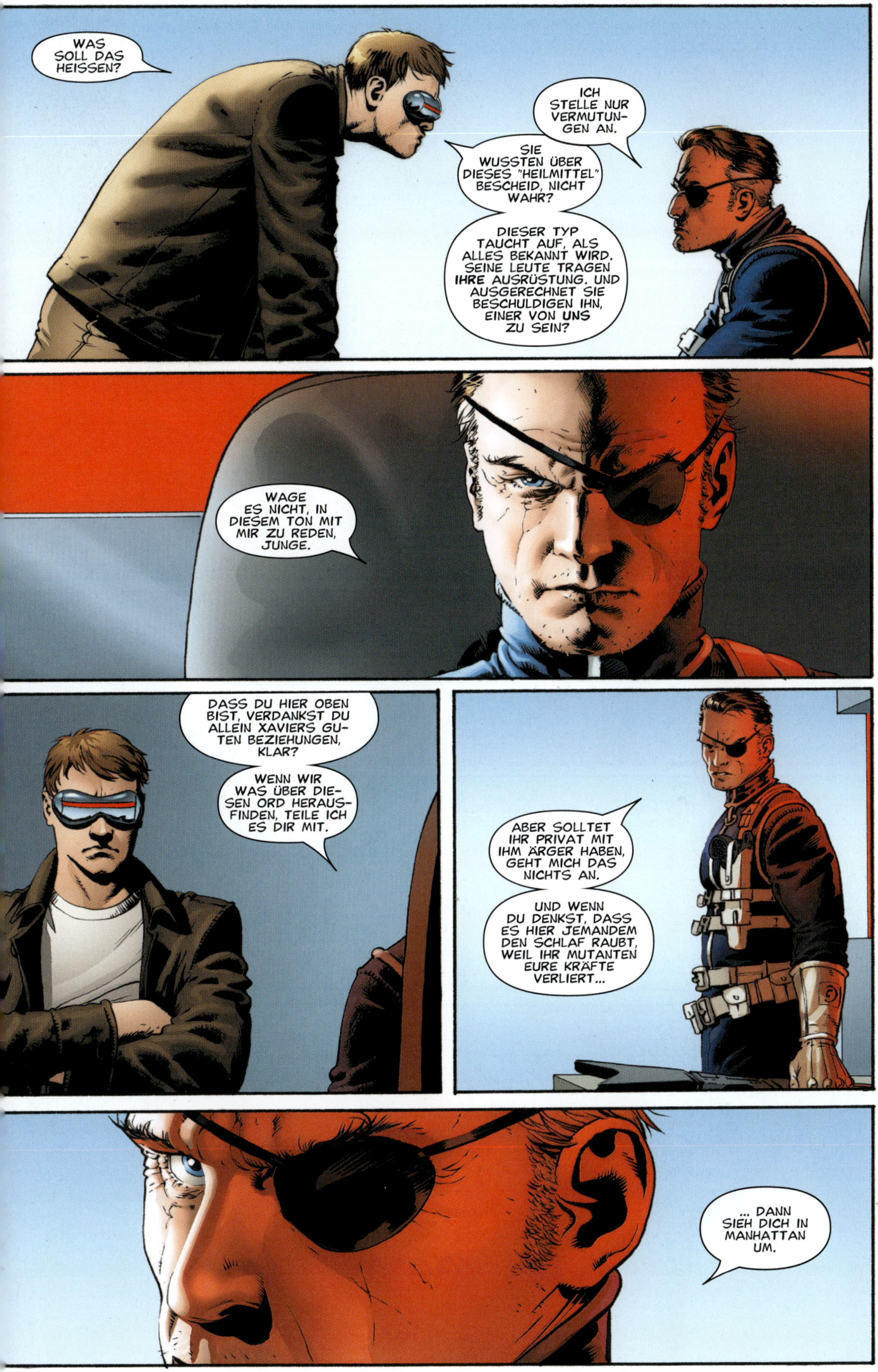
WAS SOLL DAS HEISSEN?
SIE WUSSTEN ÜBER DIESES "HEILMITTEL" BESCHEID, NICHT WAHR?
ICH STELLE NUR VERMUTUNGEN AN.
DIESER TYP TAUCHT AUF, ALS ALLES BEKANNT WIRD. SEINE LEUTE TRAGEN IHRE AUSRÜSTUNG. UND AUSGERECHNET SIE BESCHULDIGEN IHN, EINER VON UNS ZU SEIN?
WAGE ES NICHT, IN DIESEM TON MIT MIR ZU REDEN, JUNGE.
DASS DU HIER OBEN BIST, VERDANKST DU ALLEIN XAVIERS GUTEN BEZIEHUNGEN, KLAR?
WENN WIR WAS ÜBER DIESEN ORD HERAUSFINDEN, TEILE ICH ES DIR MIT.
ABER SOLLTET IHR PRIVAT MIT IHM ÄRGER HABEN, GEHT MICH DAS NICHTS AN.
UND WENN DU DENKST, DASS ES HIER JEMANDEM DEN SCHLAF RAUBT, WEIL IHR MUTANTEN EURE KRÄFTE VERLIERT...
... DANN SIEH DICH IN MANHATTAN UM.

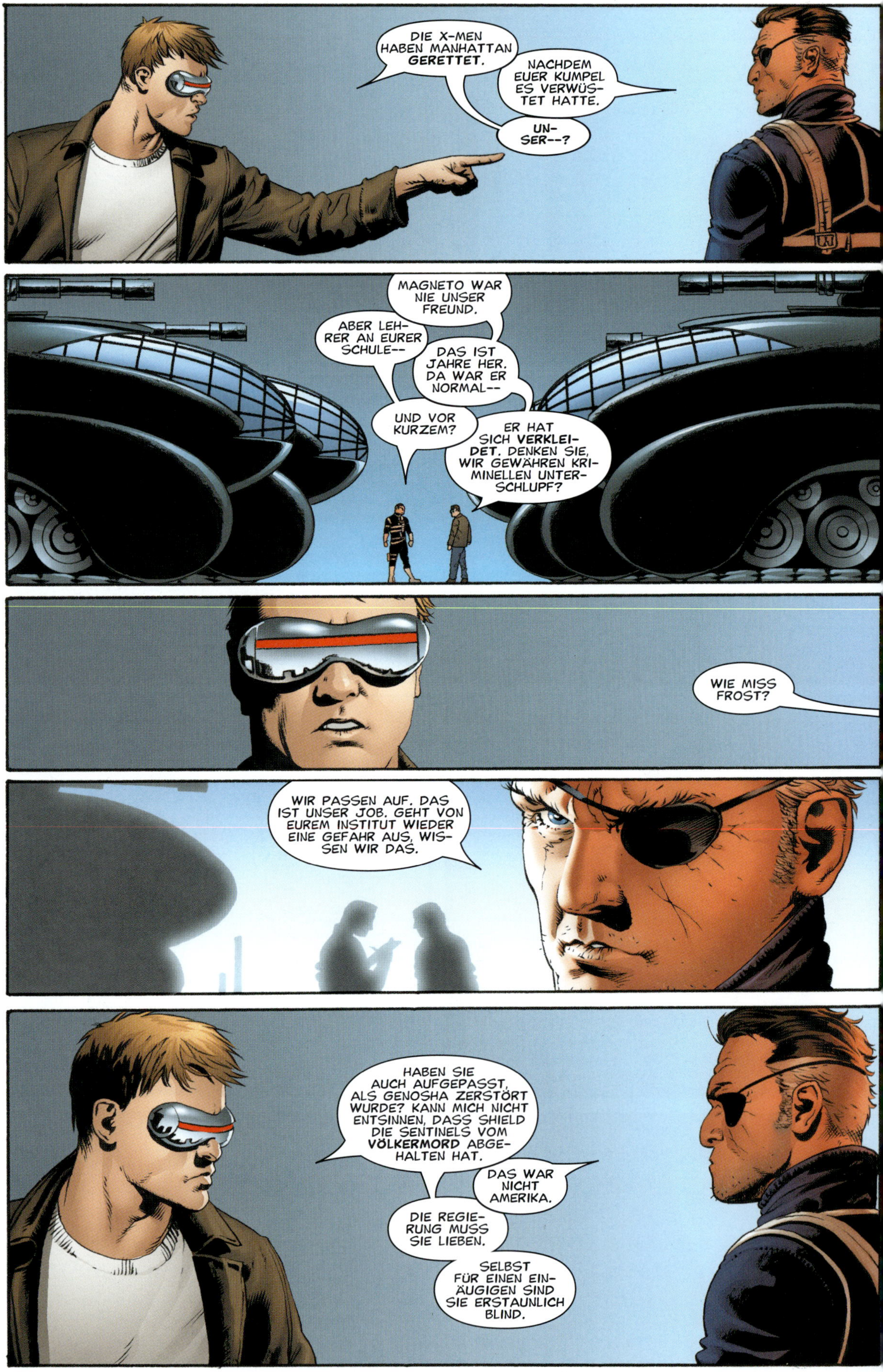

DIE X-MEN HABEN MANHATTAN GERETTET.
NACHDEM EUER KUMPEL ES VERWÜSTET HATTE.
UNSER--?
MAGNETO WAR NIE UNSER FREUND.
ABER LEHRER AN EURER SCHULE--
DAS IST JAHRE HER. DA WAR ER NORMAL--
UND VOR KURZEM?
ER HAT SICH VERKLEIDET. DENKEN SIE, WIR GEWÄHREN KRIMINELLEN UNTERSCHLUPF?
WIE MISS FROST?
WIR PASSEN AUF. DAS IST UNSER JOB. GEHT VON EUREM INSTITUT WIEDER EINE GEFAHR AUS, WISSEN WIR DAS.
HABEN SIE AUCH AUFGEPASST, ALS GENOSHA ZERSTÖRT WURDE? KANN MICH NICHT ENTSINNEN, DASS SHIELD DIE SENTINELS VOM VÖLKERMORD ABGEHALTEN HAT.
DAS WAR NICHT AMERIKA.
DIE REGIERUNG MUSS SIE LIEBEN.
SELBST FÜR EINEN EINÄUGIGEN SIND SIE ERSTAUNLICH BLIND.

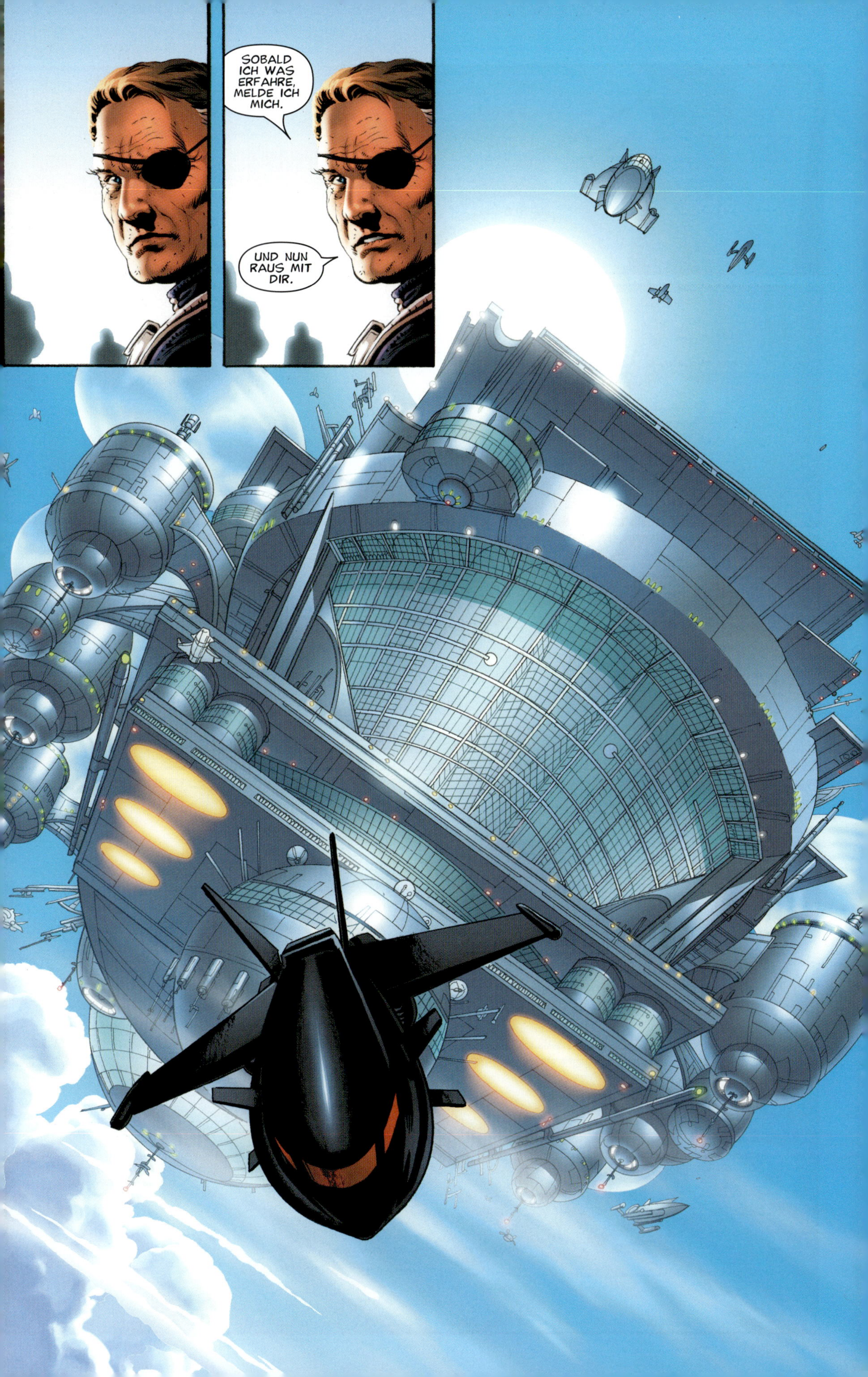
SOBALD ICH WAS ERFAHRE, MELDE ICH MICH.
UND NUN RAUS MIT DIR.

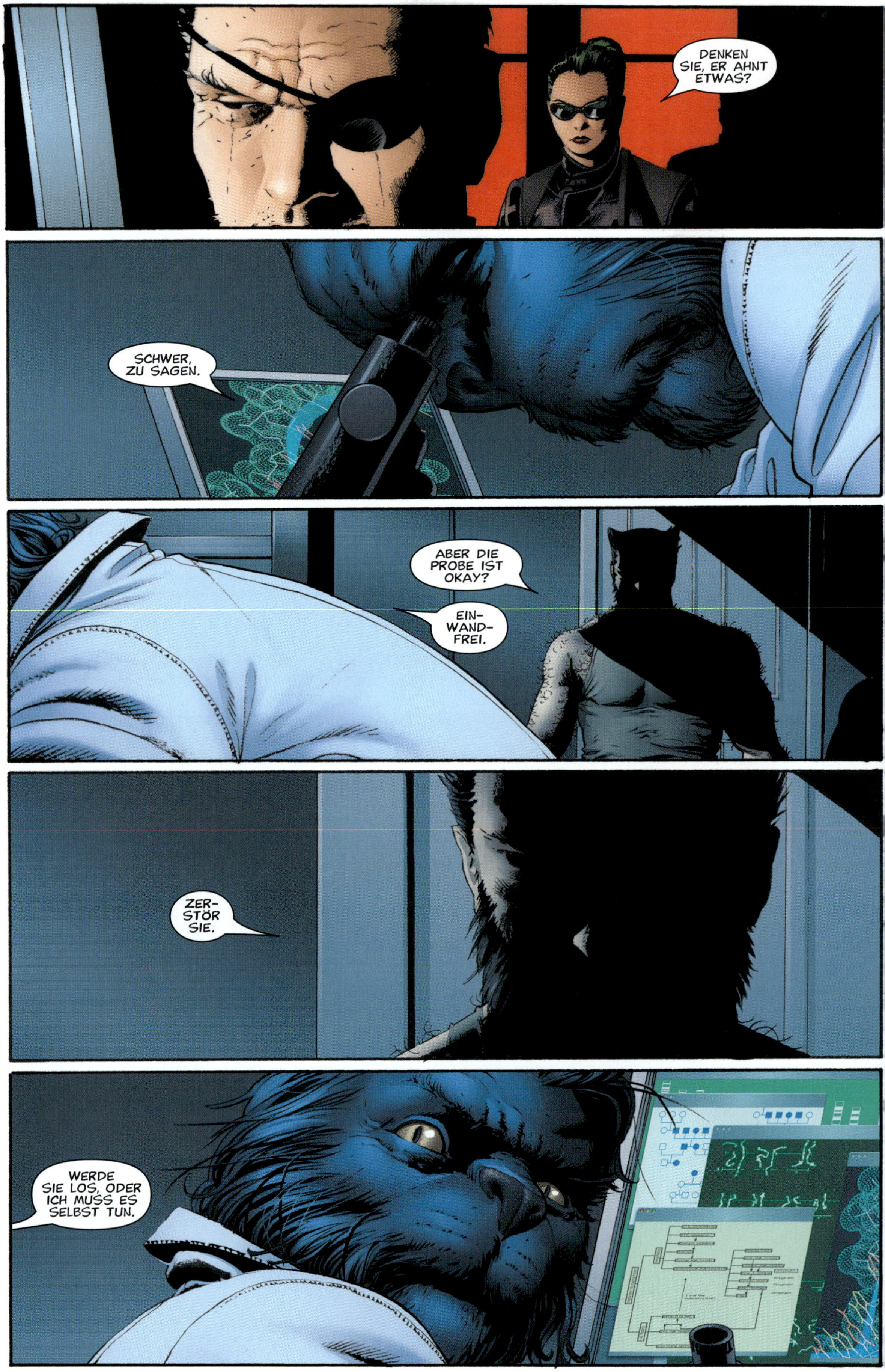
DENKEN SIE, ER AHNT ETWAS?
SCHWER, ZU SAGEN.
ABER DIE PROBE IST OKAY?
EIN-WAND-FREI.
ZER-STÖR SIE.
WERDE SIE LOS, ODER ICH MUSS ES SELBST TUN.

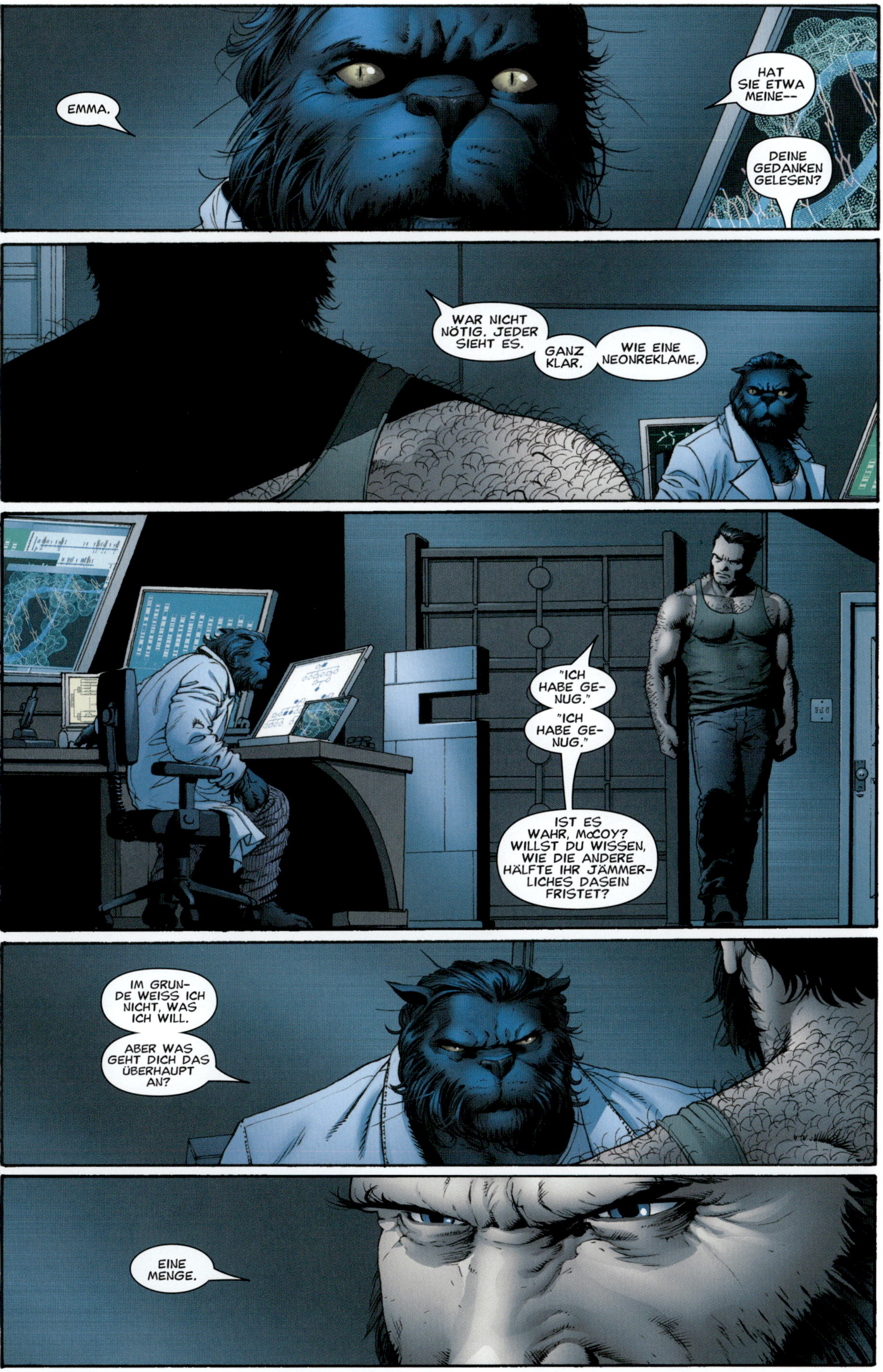
EMMA.
HAT SIE ETWA MEINE--
DEINE GEDANKEN GELESEN?
WAR NICHT NÖTIG. JEDER SIEHT ES.
GANZ KLAR.
WIE EINE NEONREKLAME.
"ICH HABE GE-NUG."
"ICH HABE GE-NUG."
IST ES WAHR, McCOY? WILLST DU WISSEN, WIE DIE ANDERE HÄLFTE IHR JÄMMERLICHES DASEIN FRISTET?
IM GRUN-DE WEISS ICH NICHT, WAS ICH WILL.
ABER WAS GEHT DICH DAS ÜBERHAUPT AN?
EINE MENGE.

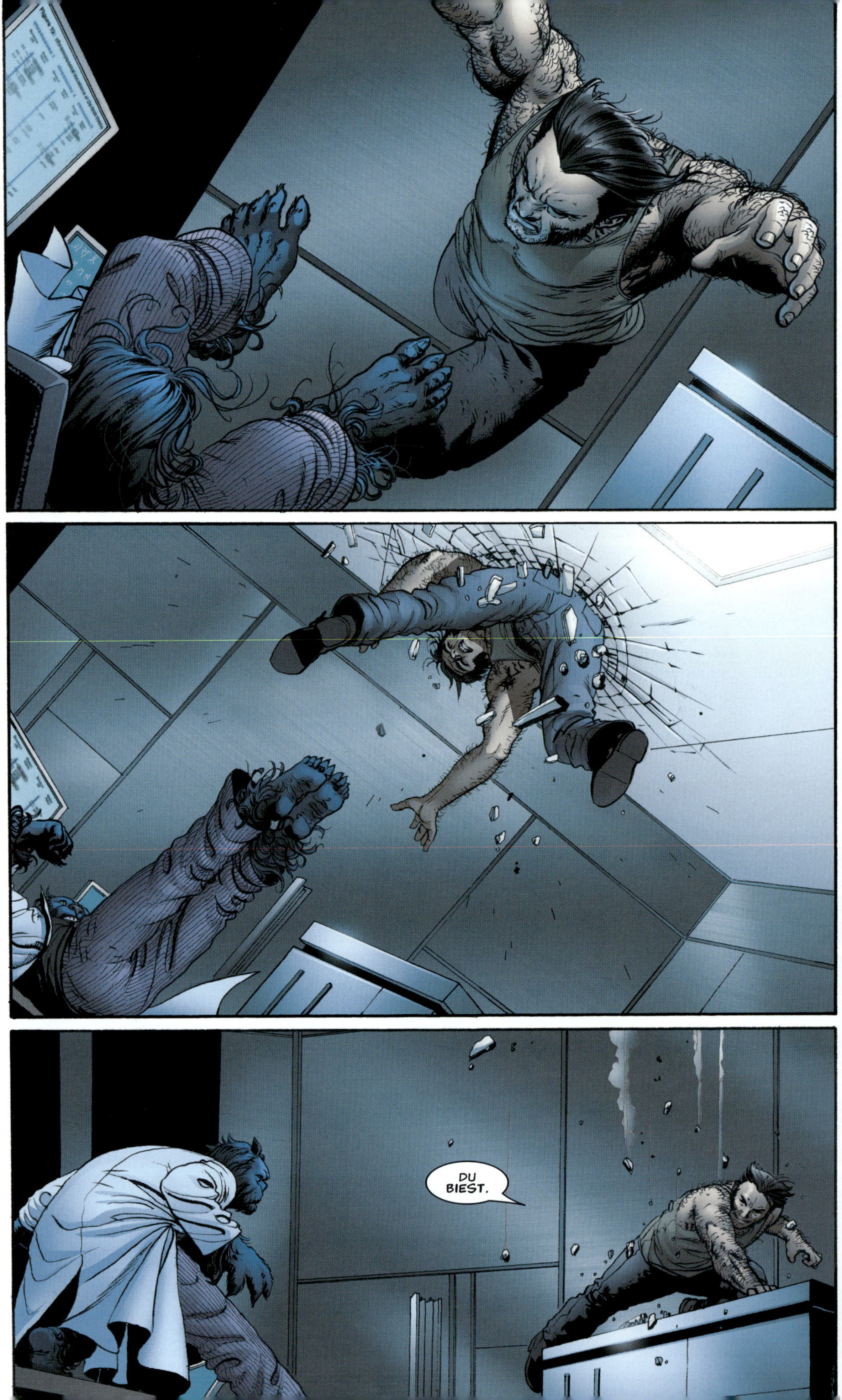
DU BIEST.

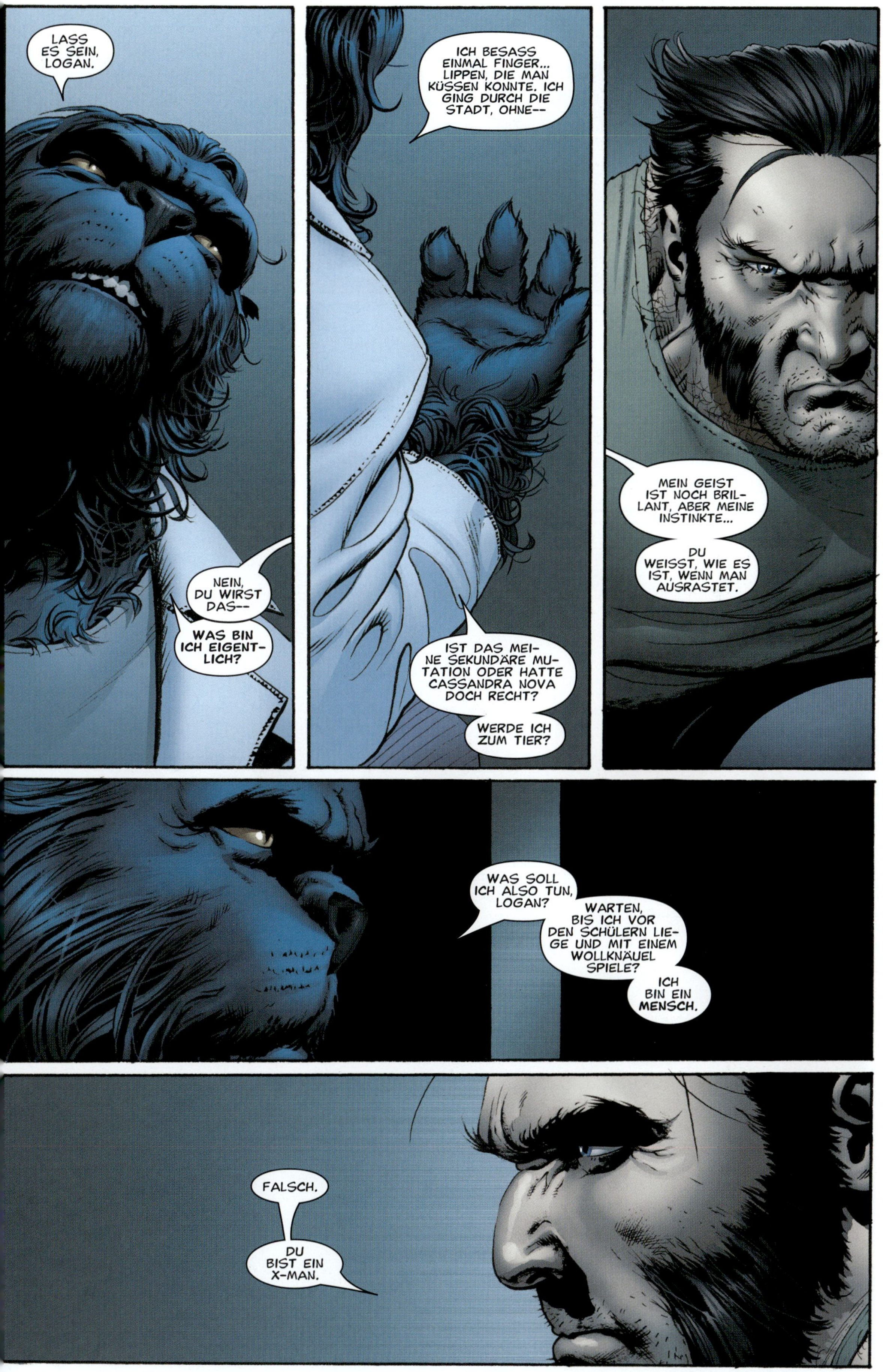
LASS ES SEIN, LOGAN.
NEIN, DU WIRST DAS--
WAS BIN ICH EIGENTLICH?
ICH BESASS EINMAL FINGER... LIPPEN, DIE MAN KÜSSEN KONNTE. ICH GING DURCH DIE STADT, OHNE--
IST DAS MEINE SEKUNDÄRE MUTATION ODER HATTE CASSANDRA NOVA DOCH RECHT?
WERDE ICH ZUM TIER?
MEIN GEIST IST NOCH BRILLANT, ABER MEINE INSTINKTE...
DU WEISST, WIE ES IST, WENN MAN AUSRASTET.
WAS SOLL ICH ALSO TUN, LOGAN?
WARTEN, BIS ICH VOR DEN SCHÜLERN LIEGE UND MIT EINEM WOLLKNÄUEL SPIELE?
ICH BIN EIN MENSCH.
FALSCH.
DU BIST EIN X-MAN.

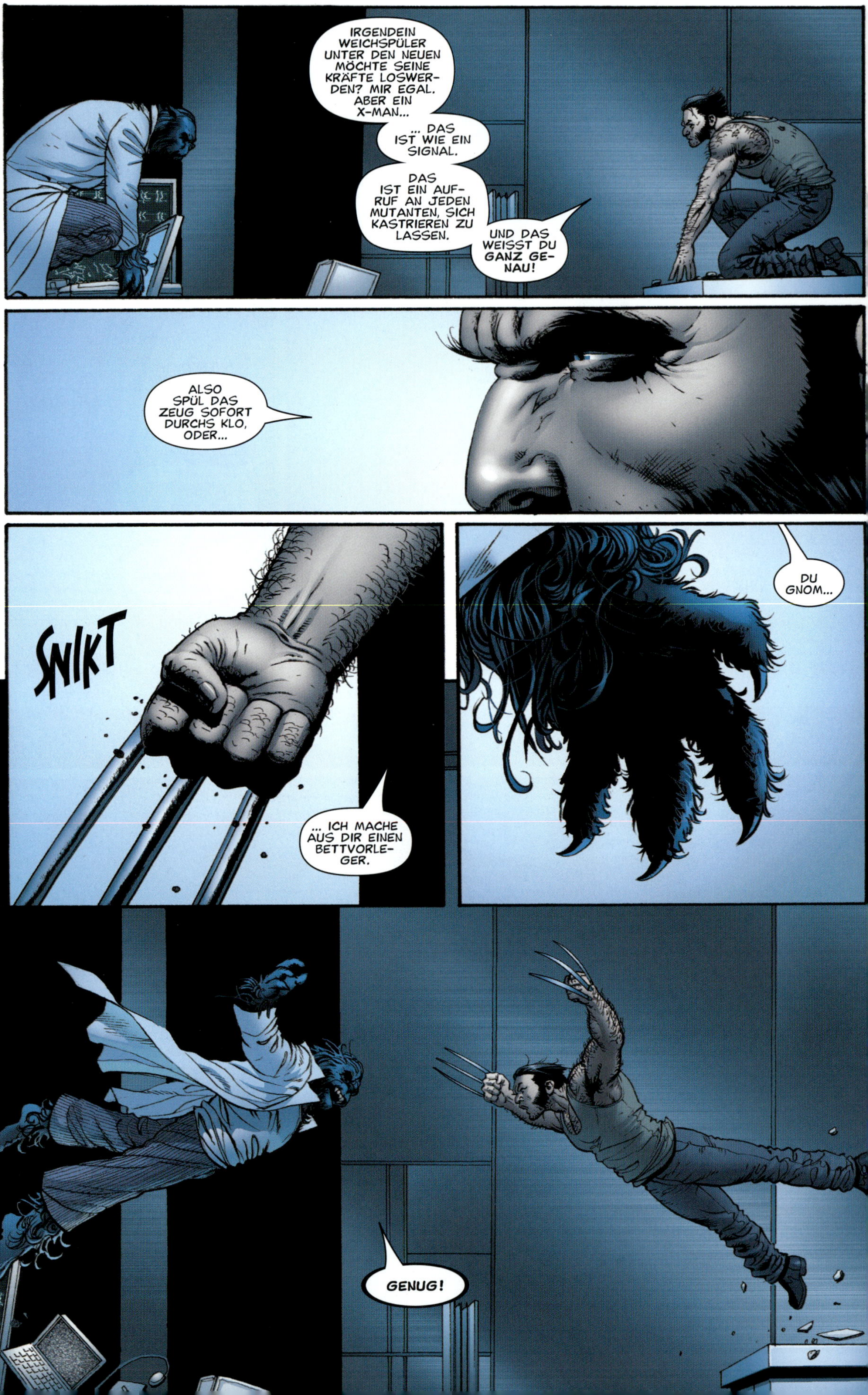
IRGENDEIN WEICHSPÜLER UNTER DEN NEUEN MÖCHTE SEINE KRÄFTE LOSWERDEN? MIR EGAL. ABER EIN X-MAN...
... DAS IST WIE EIN SIGNAL.
DAS IST EIN AUFRUF AN JEDEN MUTANTEN, SICH KASTRIEREN ZU LASSEN.
UND DAS WEISST DU GANZ GENAU!
ALSO SPÜL DAS ZEUG SOFORT DURCHS KLO, ODER...
SNIKT
... ICH MACHE AUS DIR EINEN BETTVORLEGER.
DU GNOM...
GENUG!

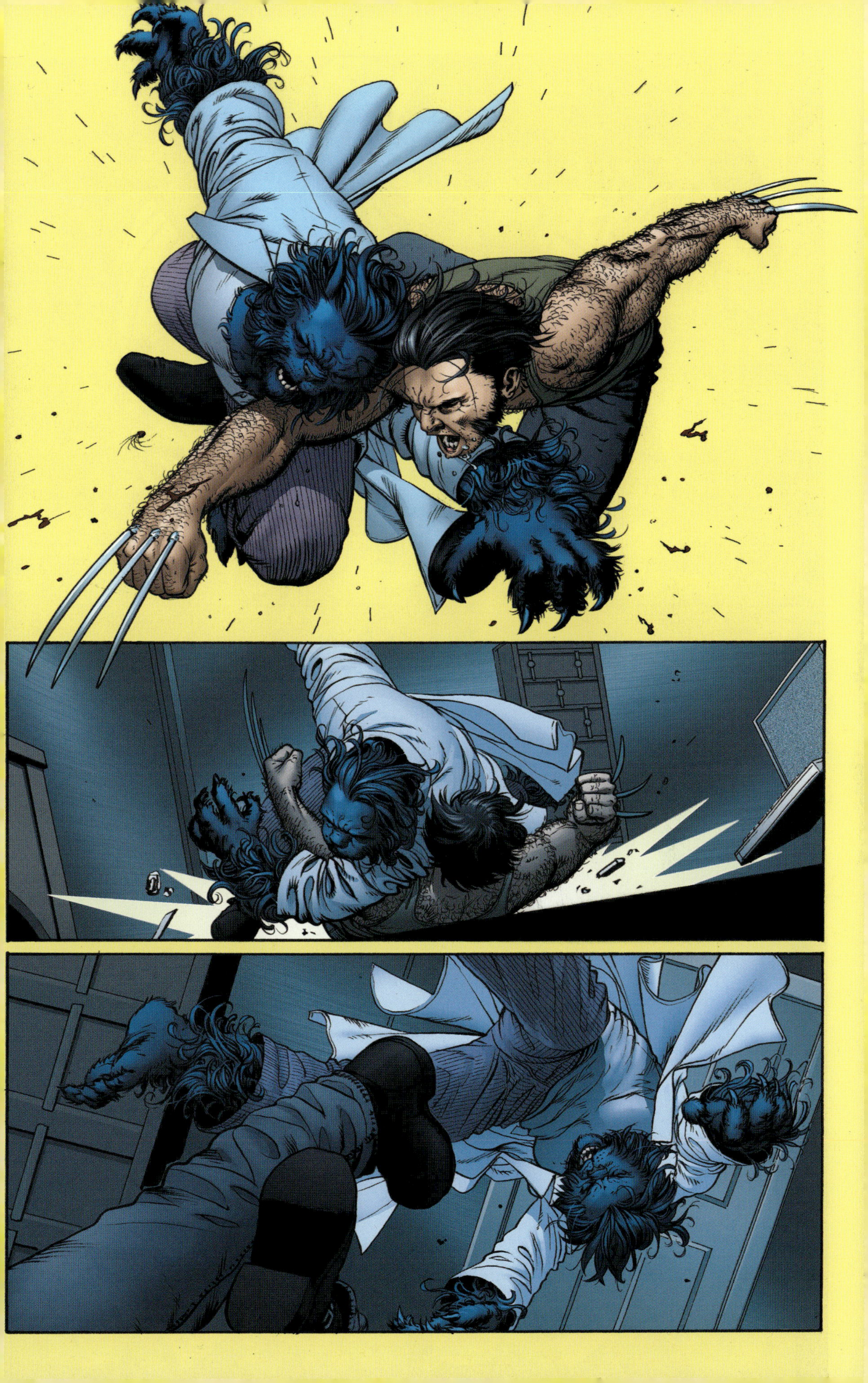

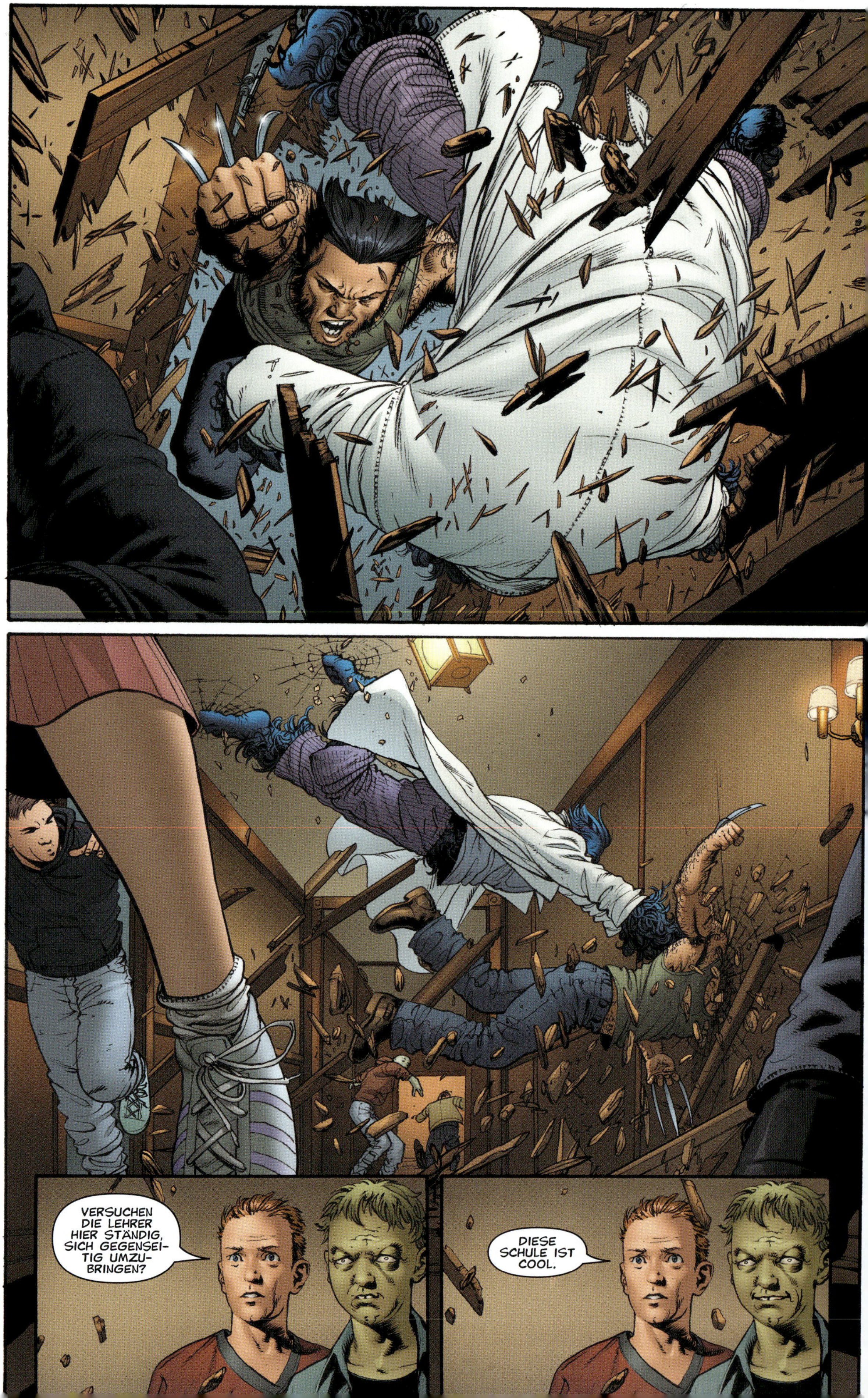
VERSUCHEN DIE LEHRER HIER STÄNDIG, SICH GEGENSEI-TIG UMZU-BRINGEN?
DIESE SCHULE IST COOL.

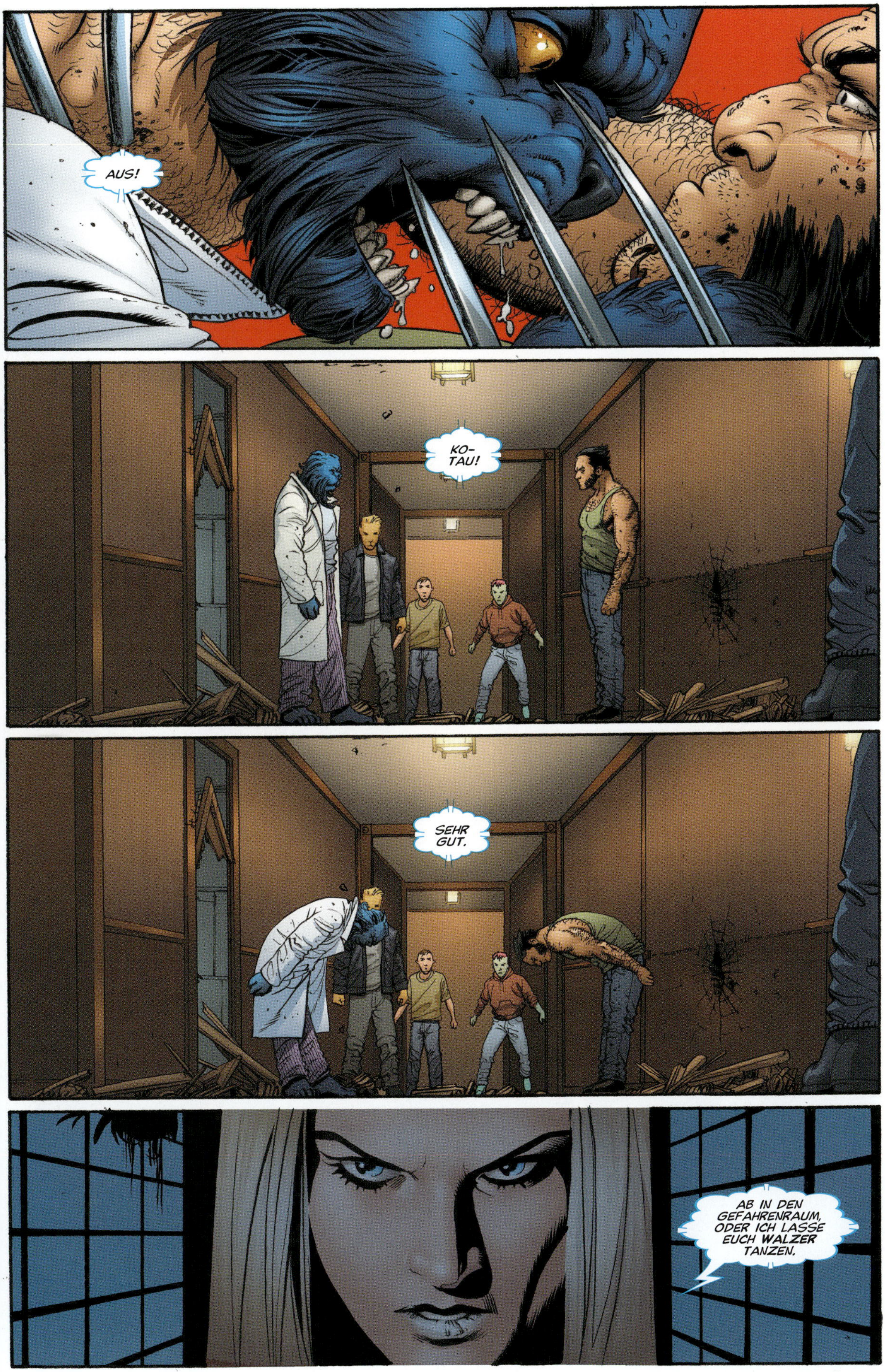
AUS!
KO-TAU!
SEHR GUT.
AB IN DEN GEFAHRENRAUM, ODER ICH LASSE EUCH **WALZER** TANZEN.

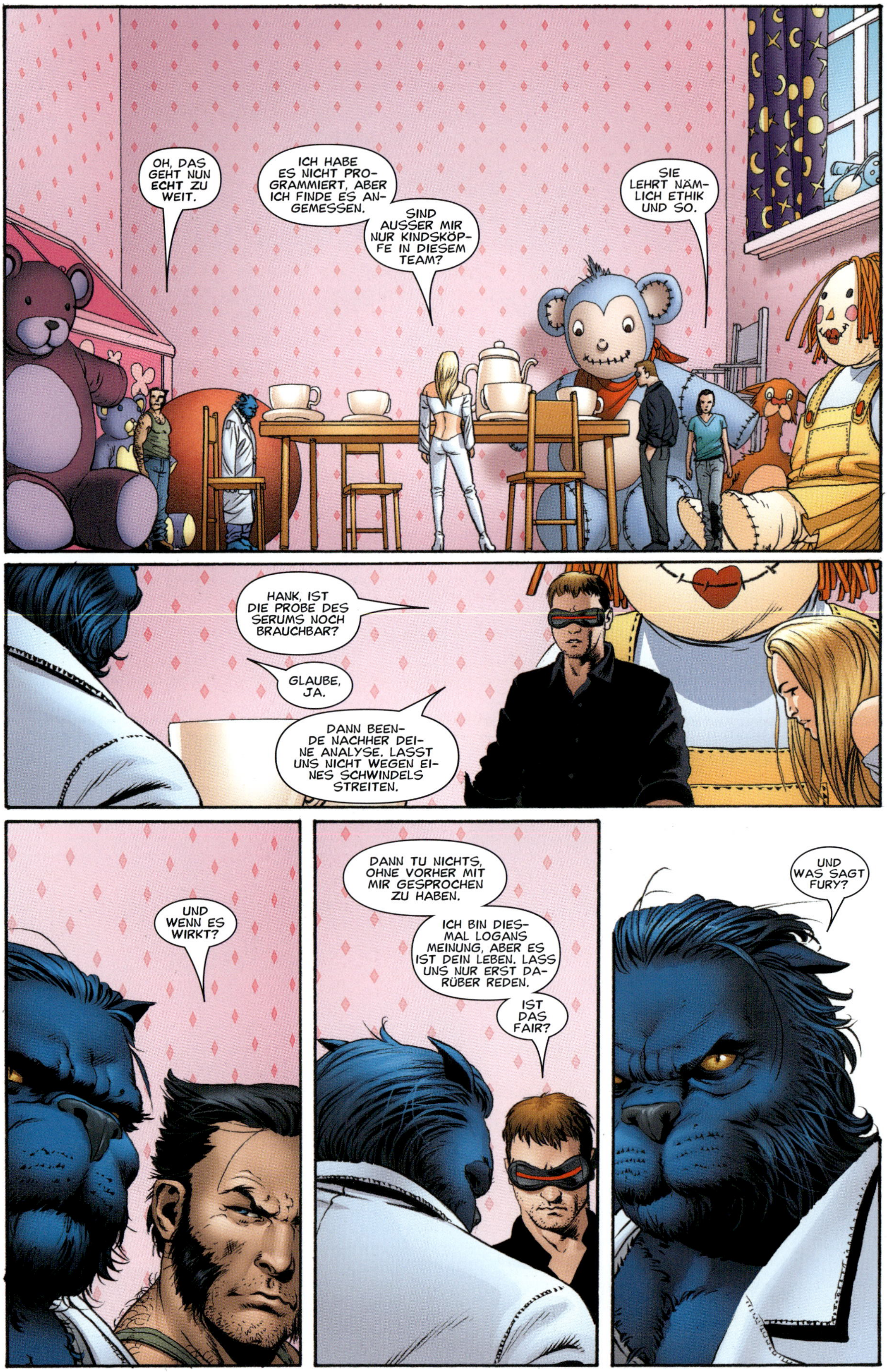
OH, DAS GEHT NUN ECHT ZU WEIT.
ICH HABE ES NICHT PROGRAMMIERT, ABER ICH FINDE ES ANGEMESSEN.
SIND AUSSER MIR NUR KINDSKÖPFE IN DIESEM TEAM?
SIE LEHRT NÄMLICH ETHIK UND SO.
HANK, IST DIE PROBE DES SERUMS NOCH BRAUCHBAR?
GLAUBE, JA.
DANN BEENDE NACHHER DEINE ANALYSE. LASST UNS NICHT WEGEN EINES SCHWINDELS STREITEN.
UND WENN ES WIRKT?
DANN TU NICHTS, OHNE VORHER MIT MIR GESPROCHEN ZU HABEN.
ICH BIN DIESMAL LOGANS MEINUNG, ABER ES IST DEIN LEBEN. LASS UNS NUR ERST DARÜBER REDEN.
IST DAS FAIR?
UND WAS SAGT FURY?

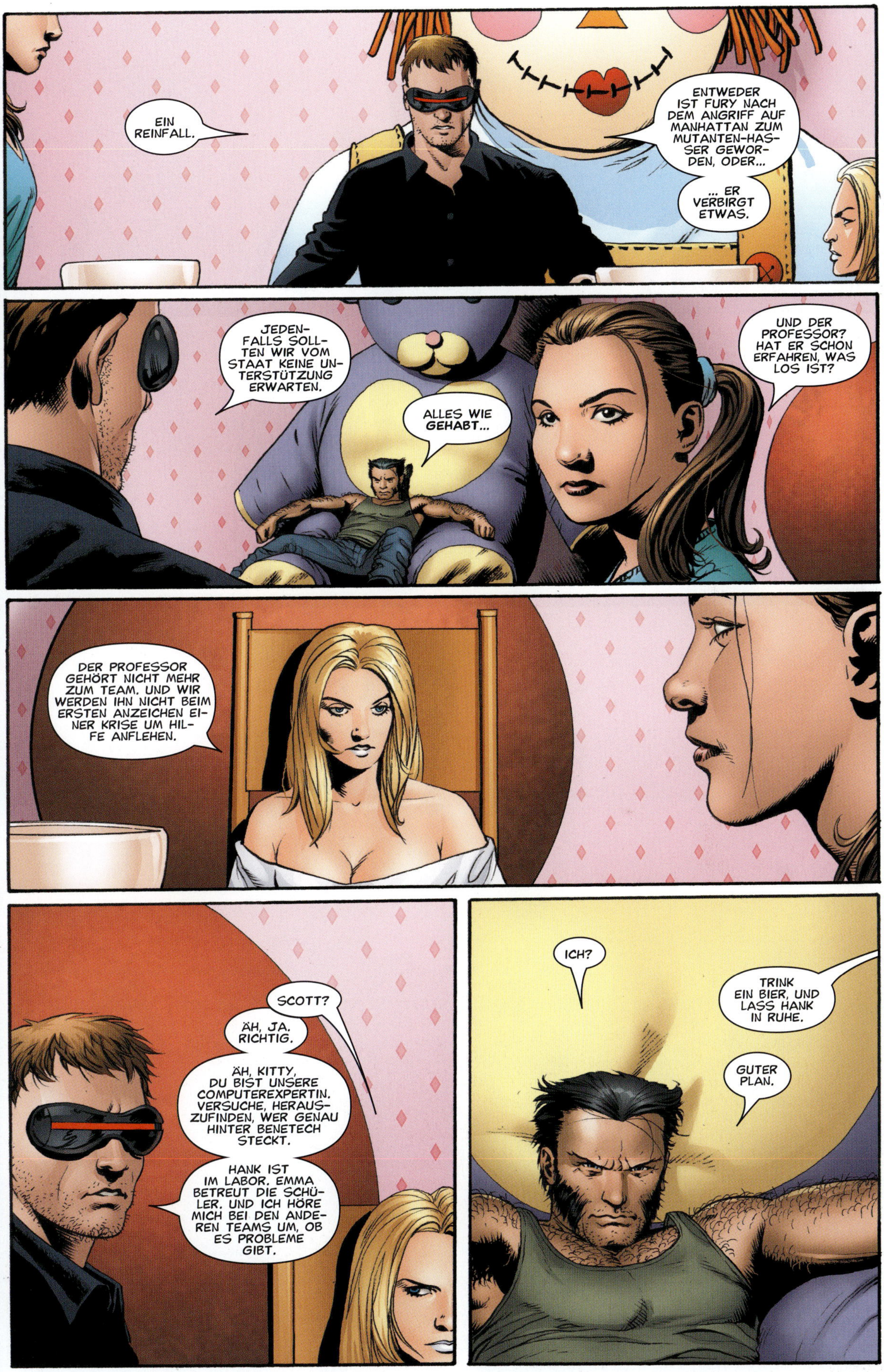
EIN REINFALL.
ENTWEDER IST FURY NACH DEM ANGRIFF AUF MANHATTAN ZUM MUTANTEN-HASSER GEWORDEN, ODER...
... ER VERBIRGT ETWAS.
JEDENFALLS SOLLTEN WIR VOM STAAT KEINE UNTERSTÜTZUNG ERWARTEN.
ALLES WIE GEHABT...
UND DER PROFESSOR? HAT ER SCHON ERFAHREN, WAS LOS IST?
DER PROFESSOR GEHÖRT NICHT MEHR ZUM TEAM. UND WIR WERDEN IHN NICHT BEIM ERSTEN ANZEICHEN EINER KRISE UM HILFE ANFLEHEN.
SCOTT?
ÄH, JA. RICHTIG.
ÄH, KITTY, DU BIST UNSERE COMPUTEREXPERTIN. VERSUCHE, HERAUSZUFINDEN, WER GENAU HINTER BENETECH STECKT.
HANK IST IM LABOR. EMMA BETREUT DIE SCHÜLER. UND ICH HÖRE MICH BEI DEN ANDEREN TEAMS UM, OB ES PROBLEME GIBT.
ICH?
TRINK EIN BIER, UND LASS HANK IN RUHE.
GUTER PLAN.

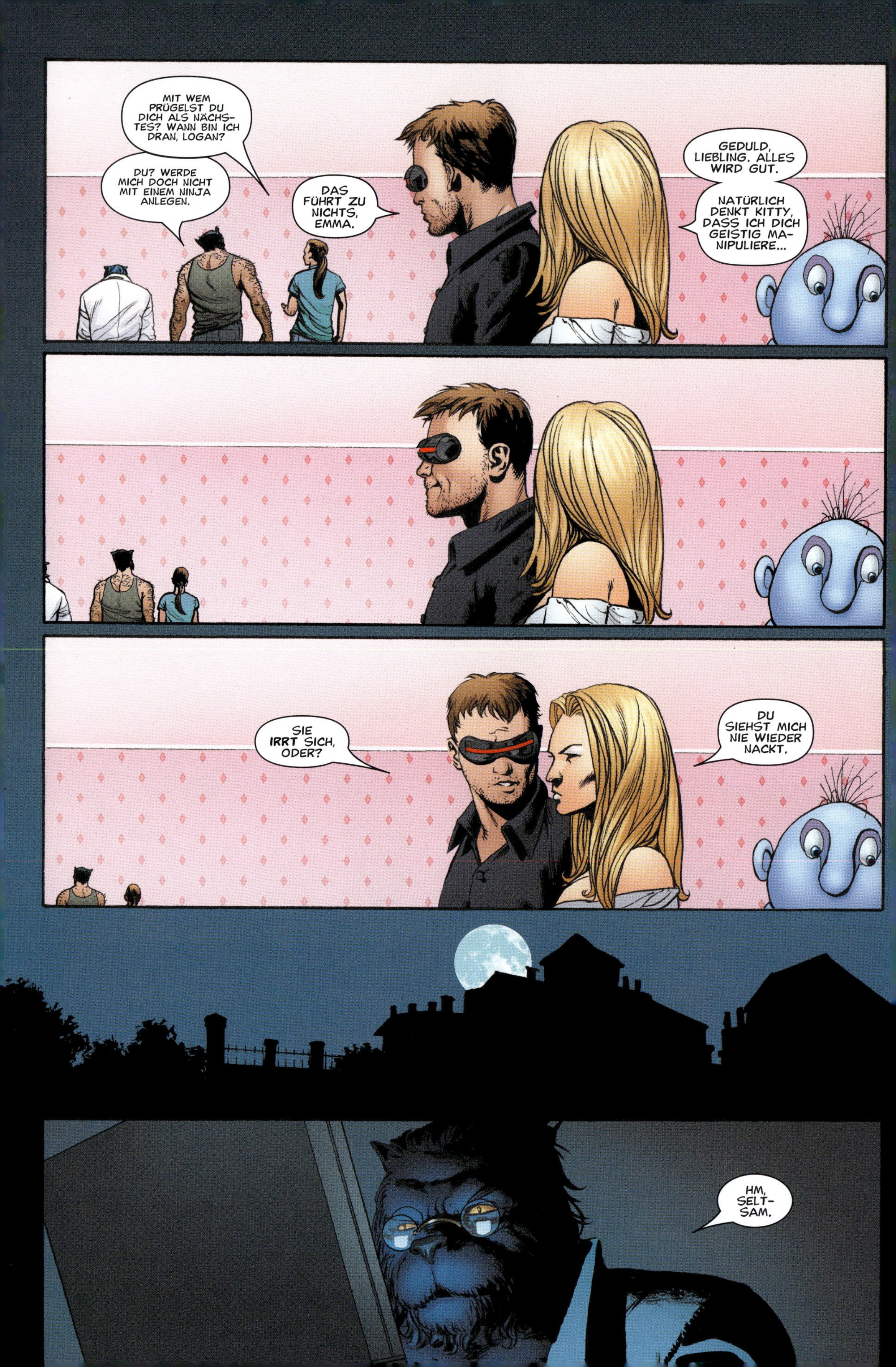

MIT WEM PRÜGELST DU DICH ALS NÄCHSTES? WANN BIN ICH DRAN, LOGAN?
DU? WERDE MICH DOCH NICHT MIT EINEM NINJA ANLEGEN.
DAS FÜHRT ZU NICHTS, EMMA.
GEDULD, LIEBLING. ALLES WIRD GUT.
NATÜRLICH DENKT KITTY, DASS ICH DICH GEISTIG MANIPULIERE...
SIE IRRT SICH, ODER?
DU SIEHST MICH NIE WIEDER NACKT.
HM, SELTSAM.

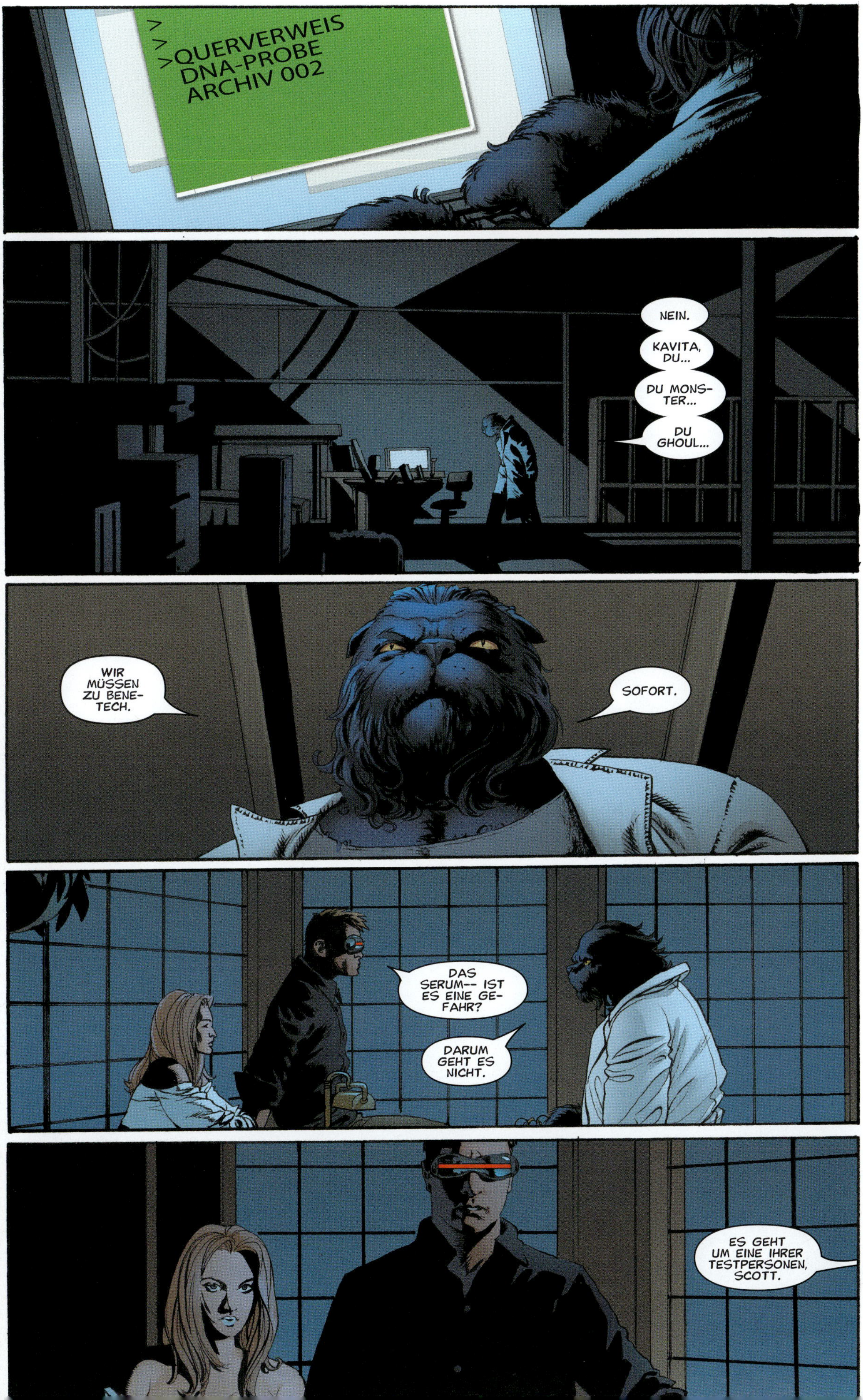

>
>
>QUERVERWEIS
DNA-PROBE
ARCHIV 002
NEIN.
KAVITA, DU...
DU MONSTER...
DU GHOUL...
WIR MÜSSEN ZU BENETECH.
SOFORT.
DAS SERUM-- IST ES EINE GEFAHR?
DARUM GEHT ES NICHT.
ES GEHT UM EINE IHRER TESTPERSONEN, SCOTT.

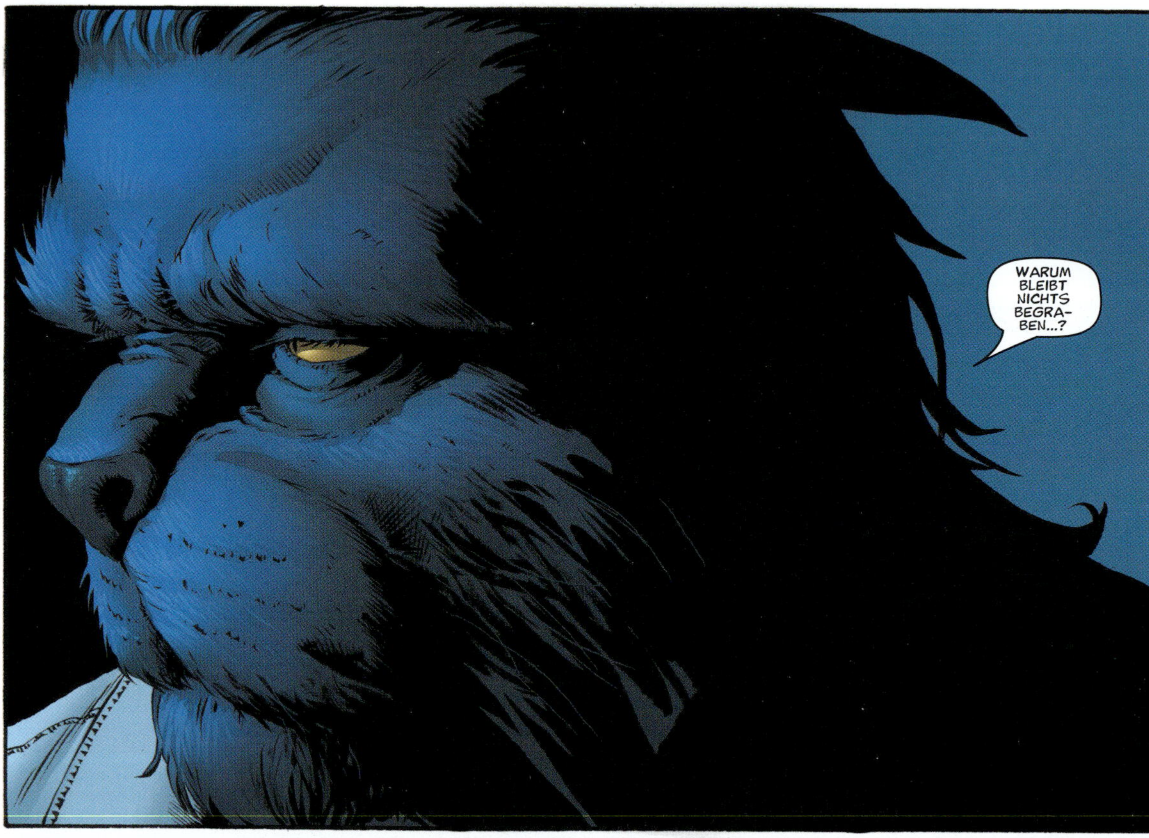
WARUM BLEIBT NICHTS BEGRA-BEN...?

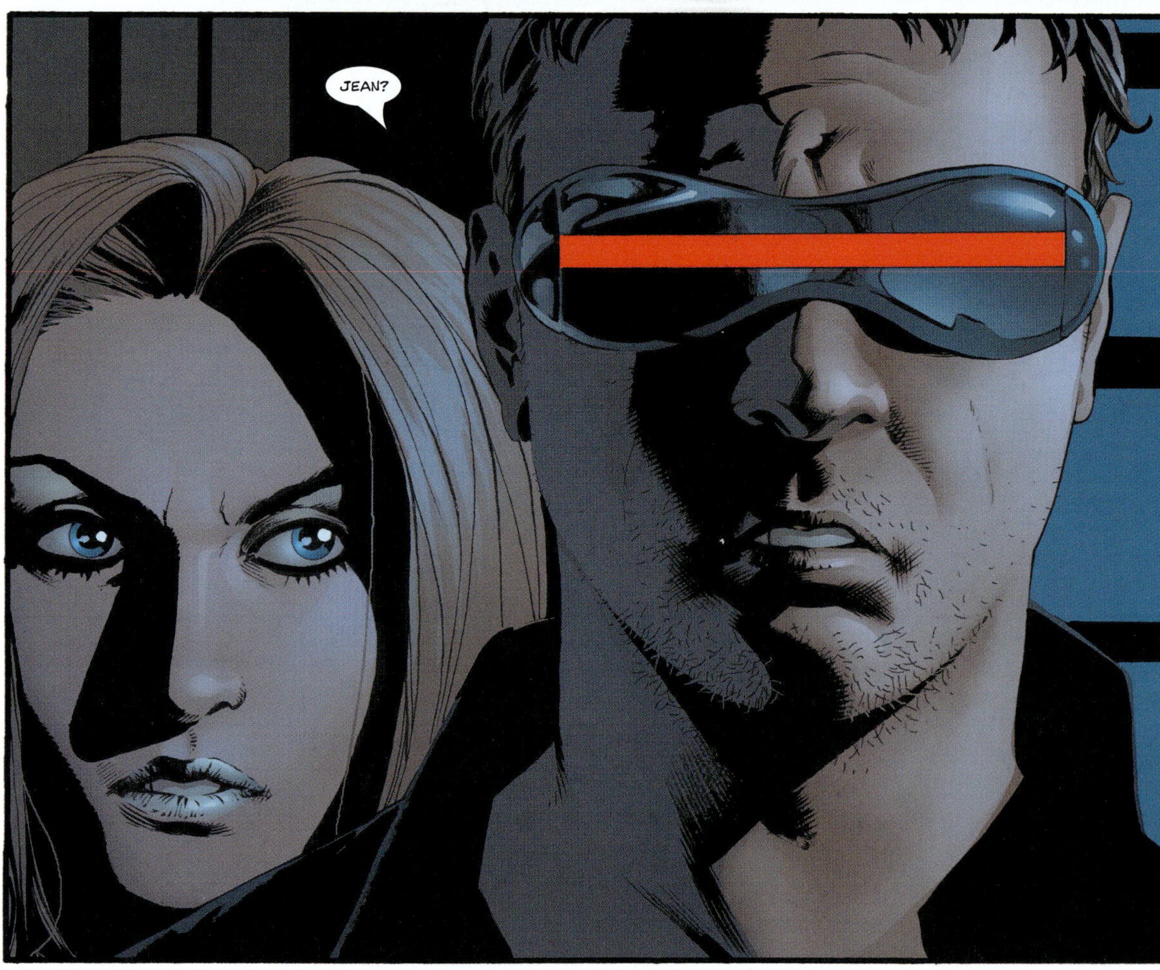
JEAN?

BEGABT, TEIL 4

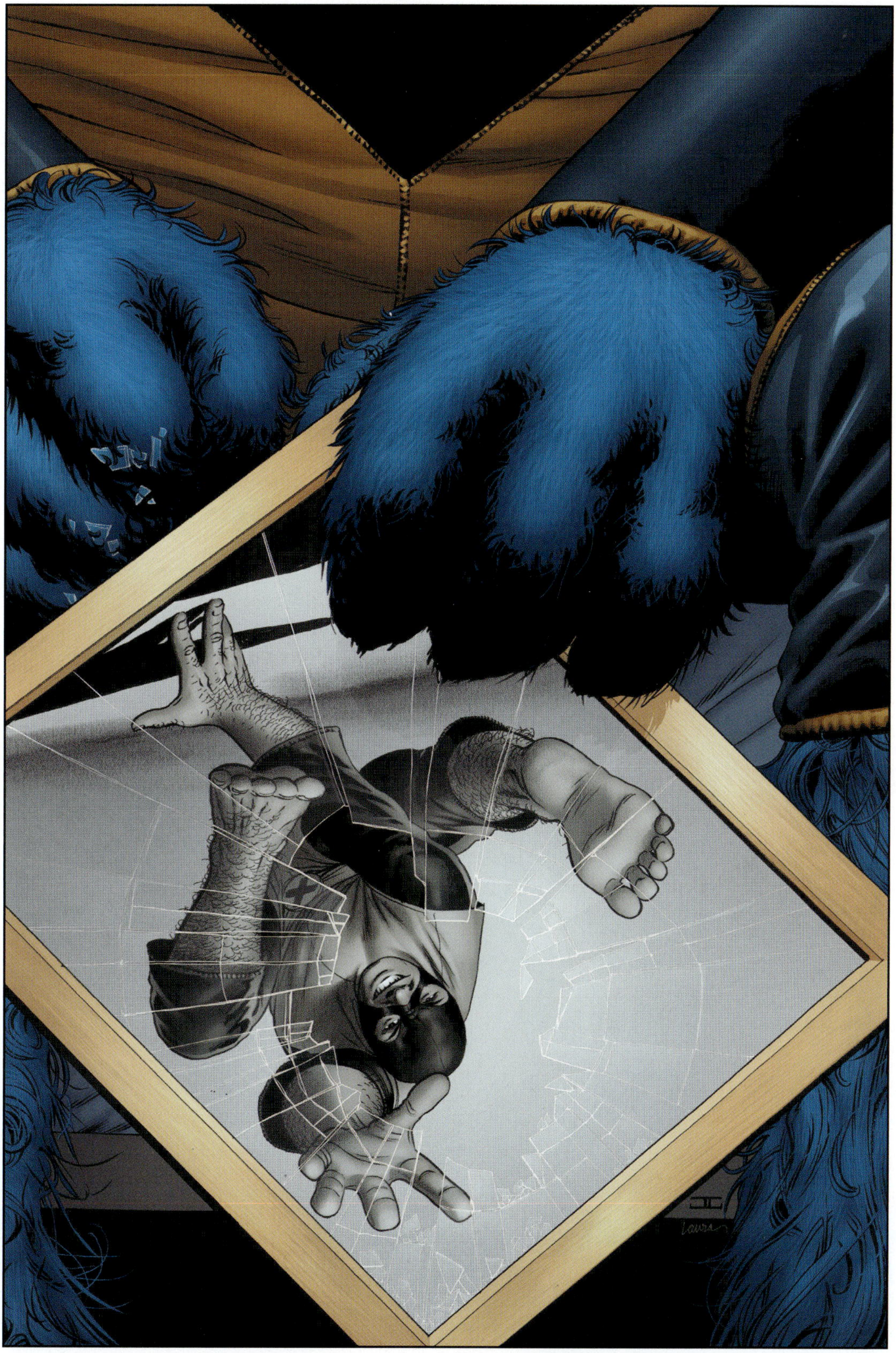

Astonishing X-Men (2004) 4
Cover von **JOHN CASSADAY**

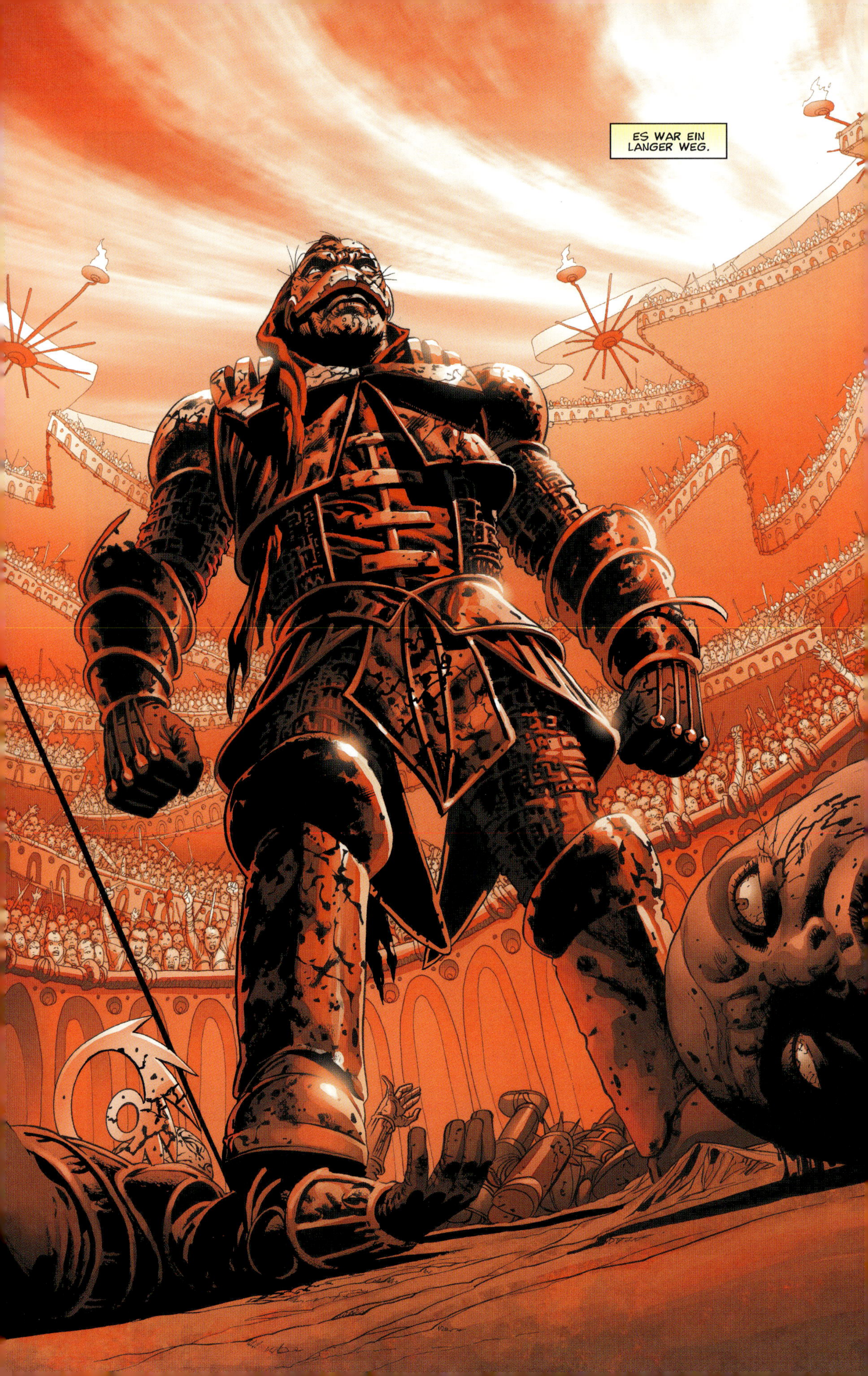
ES WAR EIN
LANGER WEG.

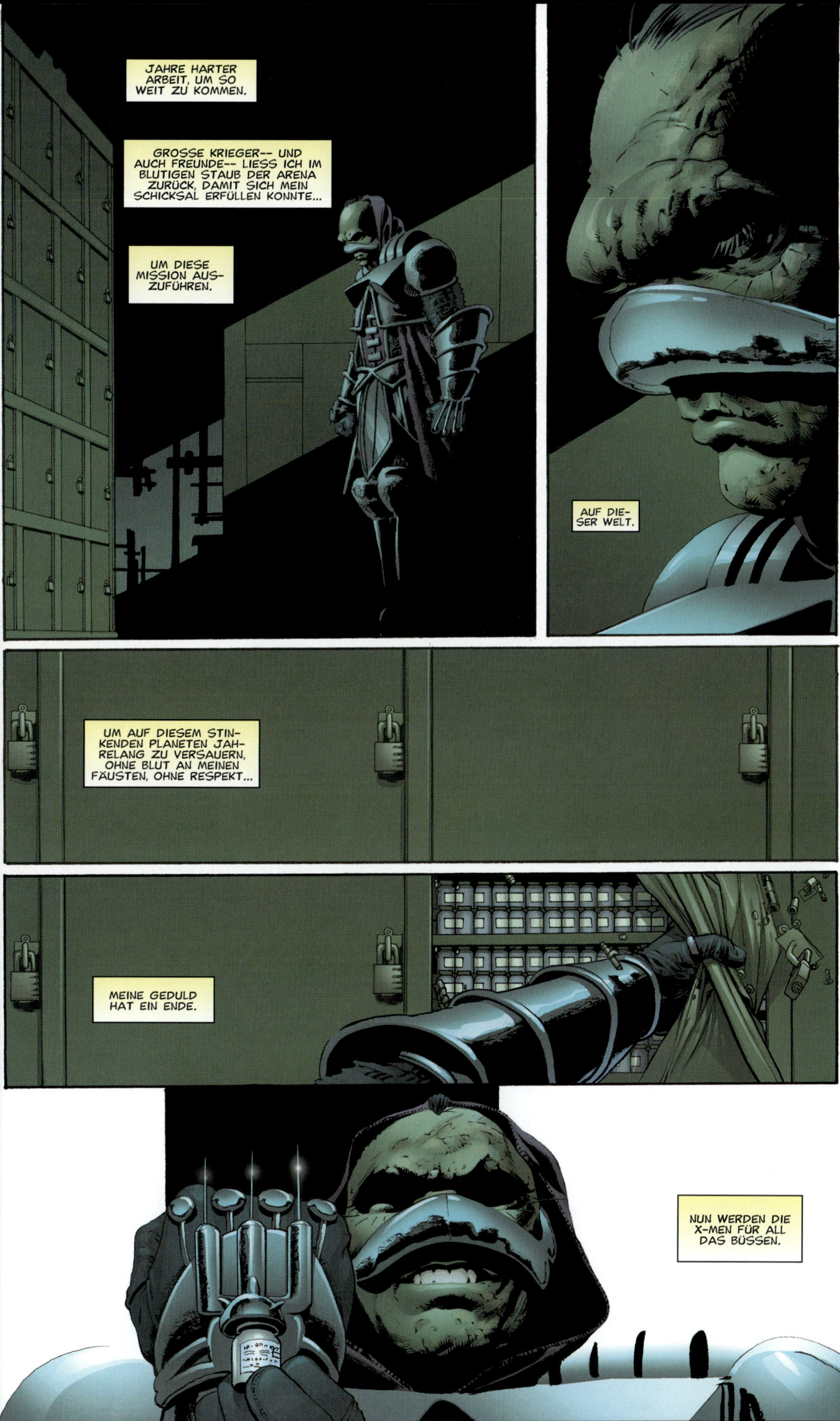
JAHRE HARTER ARBEIT, UM SO WEIT ZU KOMMEN.
GROSSE KRIEGER-- UND AUCH FREUNDE-- LIESS ICH IM BLUTIGEN STAUB DER ARENA ZURÜCK, DAMIT SICH MEIN SCHICKSAL ERFÜLLEN KONNTE...
UM DIESE MISSION AUSZUFÜHREN.
AUF DIESER WELT.
UM AUF DIESEM STINKENDEN PLANETEN JAHRELANG ZU VERSAUERN, OHNE BLUT AN MEINEN FÄUSTEN, OHNE RESPEKT...
MEINE GEDULD HAT EIN ENDE.
NUN WERDEN DIE X-MEN FÜR ALL DAS BÜSSEN.

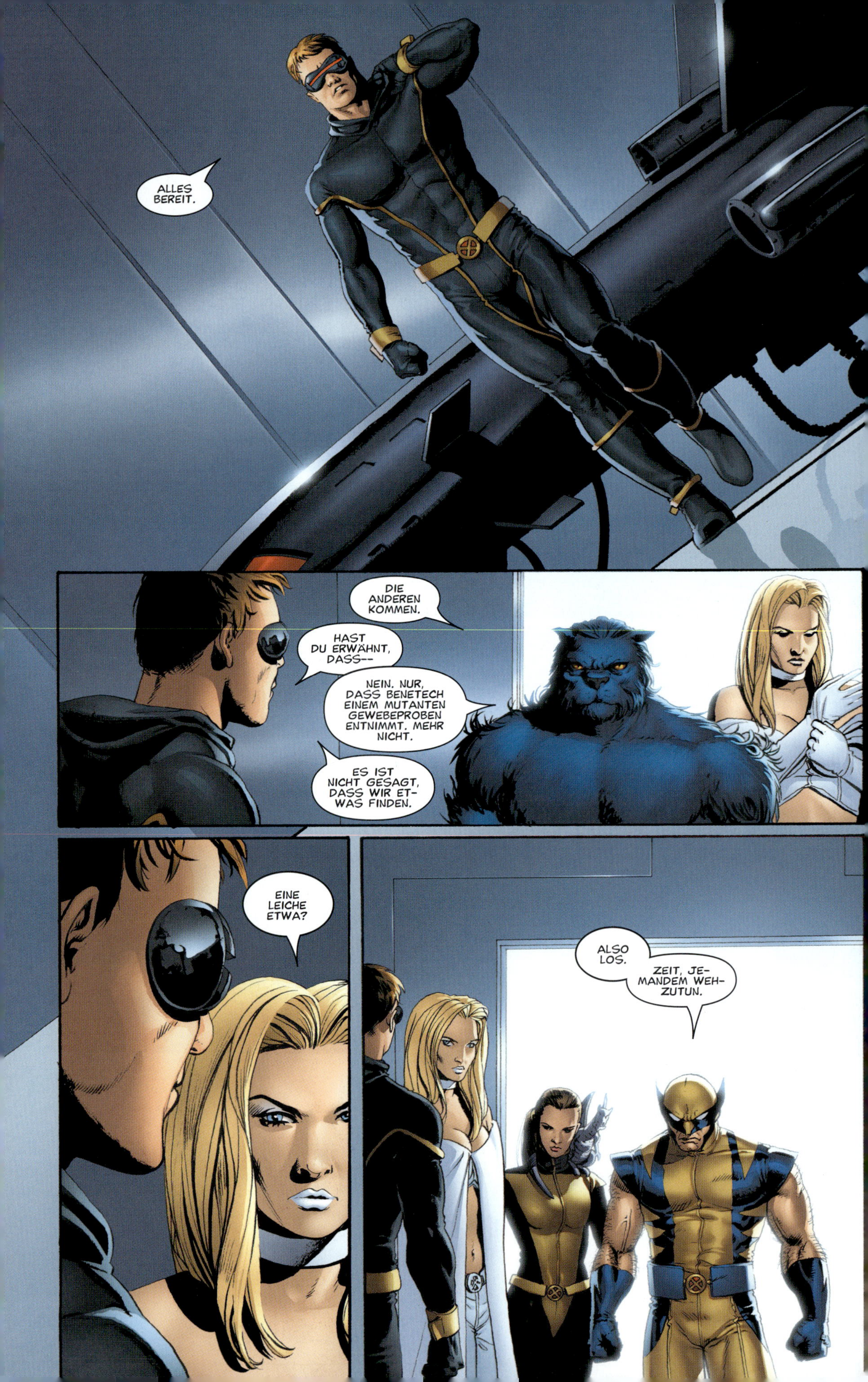
ALLES BEREIT.
DIE ANDEREN KOMMEN.
HAST DU ERWÄHNT, DASS--
NEIN. NUR, DASS BENETECH EINEM MUTANTEN GEWEBEPROBEN ENTNIMMT. MEHR NICHT.
ES IST NICHT GESAGT, DASS WIR ETWAS FINDEN.
EINE LEICHE ETWA?
ALSO LOS.
ZEIT, JEMANDEM WEHZUTUN.

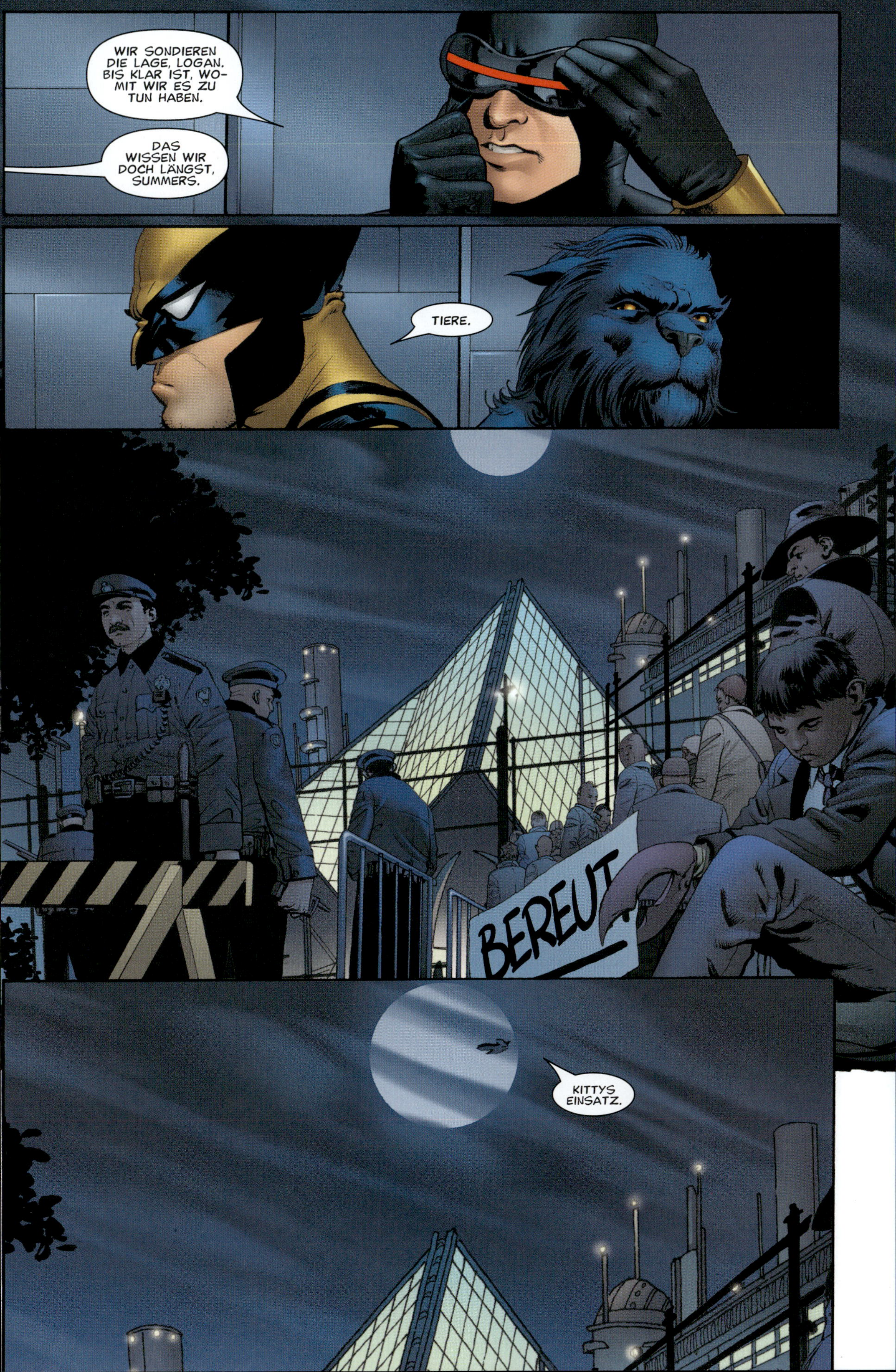

WIR SONDIEREN DIE LAGE, LOGAN. BIS KLAR IST, WOMIT WIR ES ZU TUN HABEN.
DAS WISSEN WIR DOCH LÄNGST, SUMMERS.
TIERE.
BEREUT
KITTYS EINSATZ.

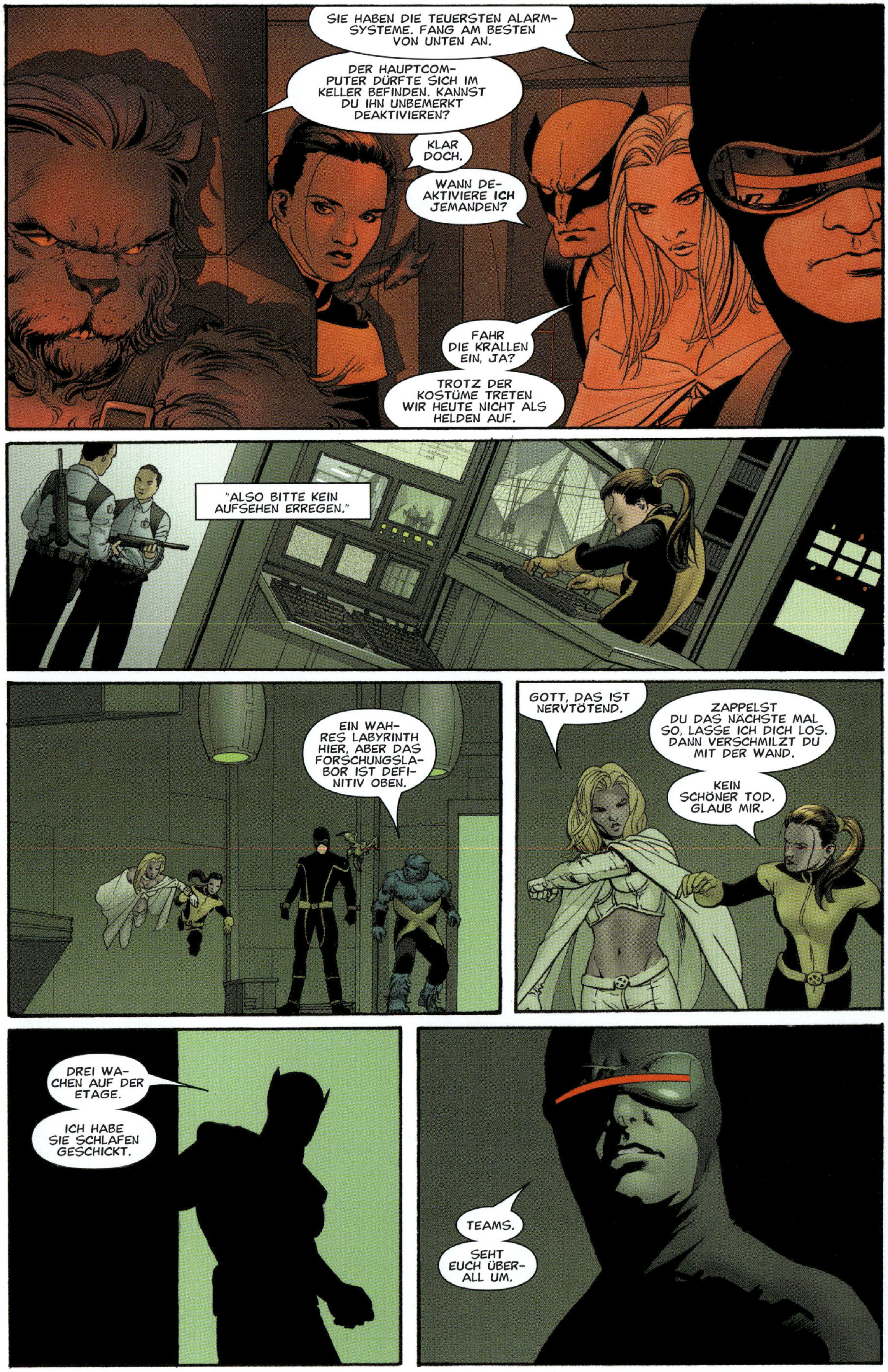
SIE HABEN DIE TEUERSTEN ALARM-SYSTEME. FANG AM BESTEN VON UNTEN AN.
DER HAUPTCOMPUTER DÜRFTE SICH IM KELLER BEFINDEN. KANNST DU IHN UNBEMERKT DEAKTIVIEREN?
KLAR DOCH.
WANN DEAKTIVIERE ICH JEMANDEN?
FAHR DIE KRALLEN EIN, JA?
TROTZ DER KOSTÜME TRETEN WIR HEUTE NICHT ALS HELDEN AUF.
"ALSO BITTE KEIN AUFSEHEN ERREGEN."
EIN WAHRES LABYRINTH HIER, ABER DAS FORSCHUNGSLABOR IST DEFINITIV OBEN.
GOTT, DAS IST NERVTÖTEND.
ZAPPELST DU DAS NÄCHSTE MAL SO, LASSE ICH DICH LOS. DANN VERSCHMILZT DU MIT DER WAND.
KEIN SCHÖNER TOD. GLAUB MIR.
DREI WACHEN AUF DER ETAGE.
ICH HABE SIE SCHLAFEN GESCHICKT.
TEAMS.
SEHT EUCH ÜBERALL UM.

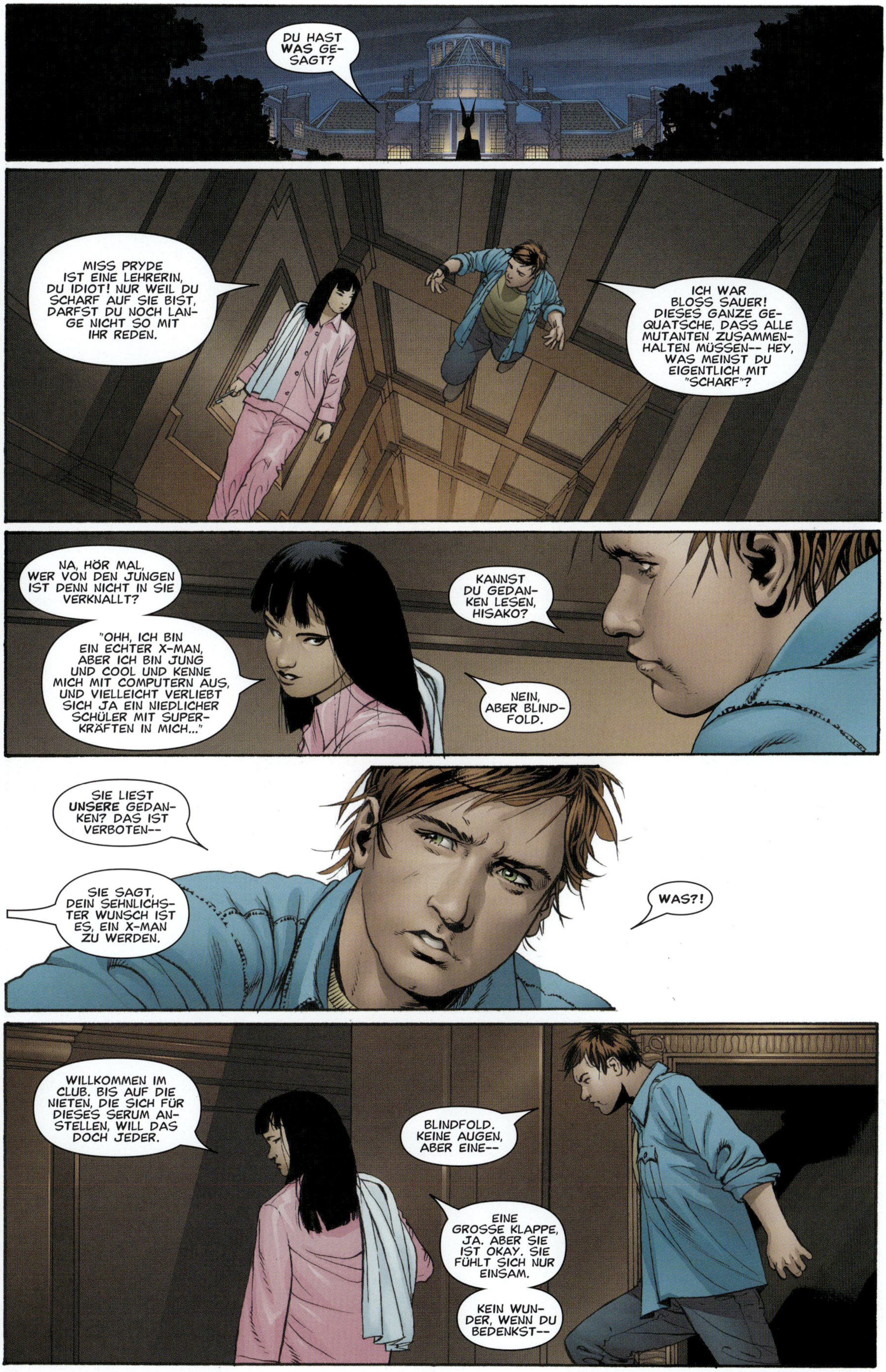
DU HAST WAS GESAGT?
MISS PRYDE IST EINE LEHRERIN, DU IDIOT! NUR WEIL DU SCHARF AUF SIE BIST, DARFST DU NOCH LANGE NICHT SO MIT IHR REDEN.
ICH WAR BLOSS SAUER! DIESES GANZE GEQUATSCHE, DASS ALLE MUTANTEN ZUSAMMENHALTEN MÜSSEN-- HEY, WAS MEINST DU EIGENTLICH MIT "SCHARF"?
NA, HÖR MAL, WER VON DEN JUNGEN IST DENN NICHT IN SIE VERKNALLT?
"OHH, ICH BIN EIN ECHTER X-MAN, ABER ICH BIN JUNG UND COOL UND KENNE MICH MIT COMPUTERN AUS, UND VIELLEICHT VERLIEBT SICH JA EIN NIEDLICHER SCHÜLER MIT SUPERKRÄFTEN IN MICH..."
KANNST DU GEDANKEN LESEN, HISAKO?
NEIN, ABER BLINDFOLD.
SIE LIEST UNSERE GEDANKEN? DAS IST VERBOTEN--
SIE SAGT, DEIN SEHNLICHSTER WUNSCH IST ES, EIN X-MAN ZU WERDEN.
WAS?!
WILLKOMMEN IM CLUB. BIS AUF DIE NIETEN, DIE SICH FÜR DIESES SERUM ANSTELLEN, WILL DAS DOCH JEDER.
BLINDFOLD. KEINE AUGEN, ABER EINE--
EINE GROSSE KLAPPE, JA. ABER SIE IST OKAY. SIE FÜHLT SICH NUR EINSAM.
KEIN WUNDER, WENN DU BEDENKST--

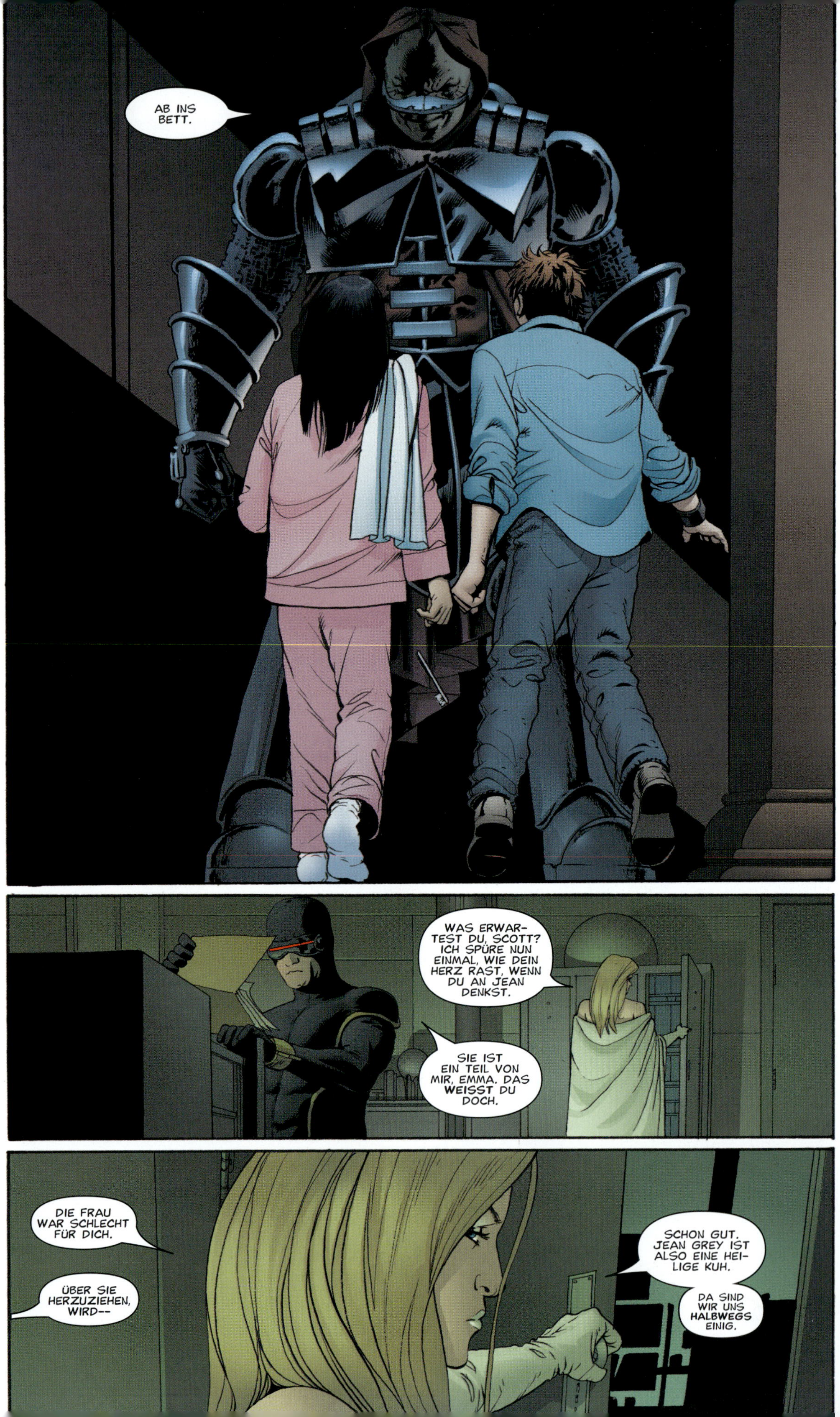

AB INS BETT.
WAS ERWARTEST DU, SCOTT? ICH SPÜRE NUN EINMAL, WIE DEIN HERZ RAST, WENN DU AN JEAN DENKST.
SIE IST EIN TEIL VON MIR, EMMA. DAS WEISST DU DOCH.
DIE FRAU WAR SCHLECHT FÜR DICH.
ÜBER SIE HERZUZIEHEN, WIRD--
SCHON GUT. JEAN GREY IST ALSO EINE HEILIGE KUH.
DA SIND WIR UNS HALBWEGS EINIG.

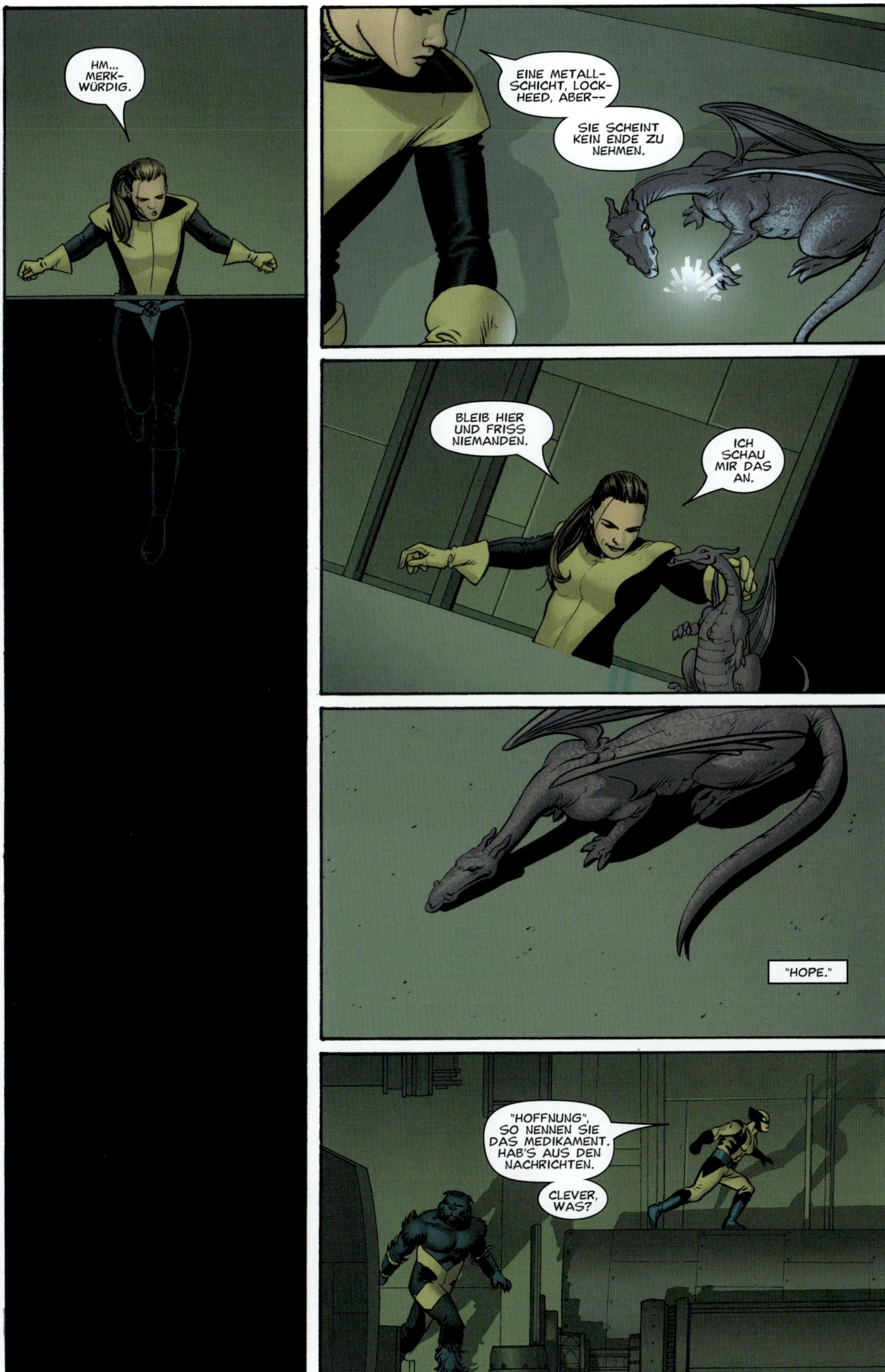
HM... MERK-WÜRDIG.
EINE METALL-SCHICHT, LOCK-HEED, ABER--
SIE SCHEINT KEIN ENDE ZU NEHMEN.
BLEIB HIER UND FRISS NIEMANDEN.
ICH SCHAU MIR DAS AN.
"HOPE."
"HOFFNUNG", SO NENNEN SIE DAS MEDIKAMENT. HAB'S AUS DEN NACHRICHTEN.
CLEVER, WAS?

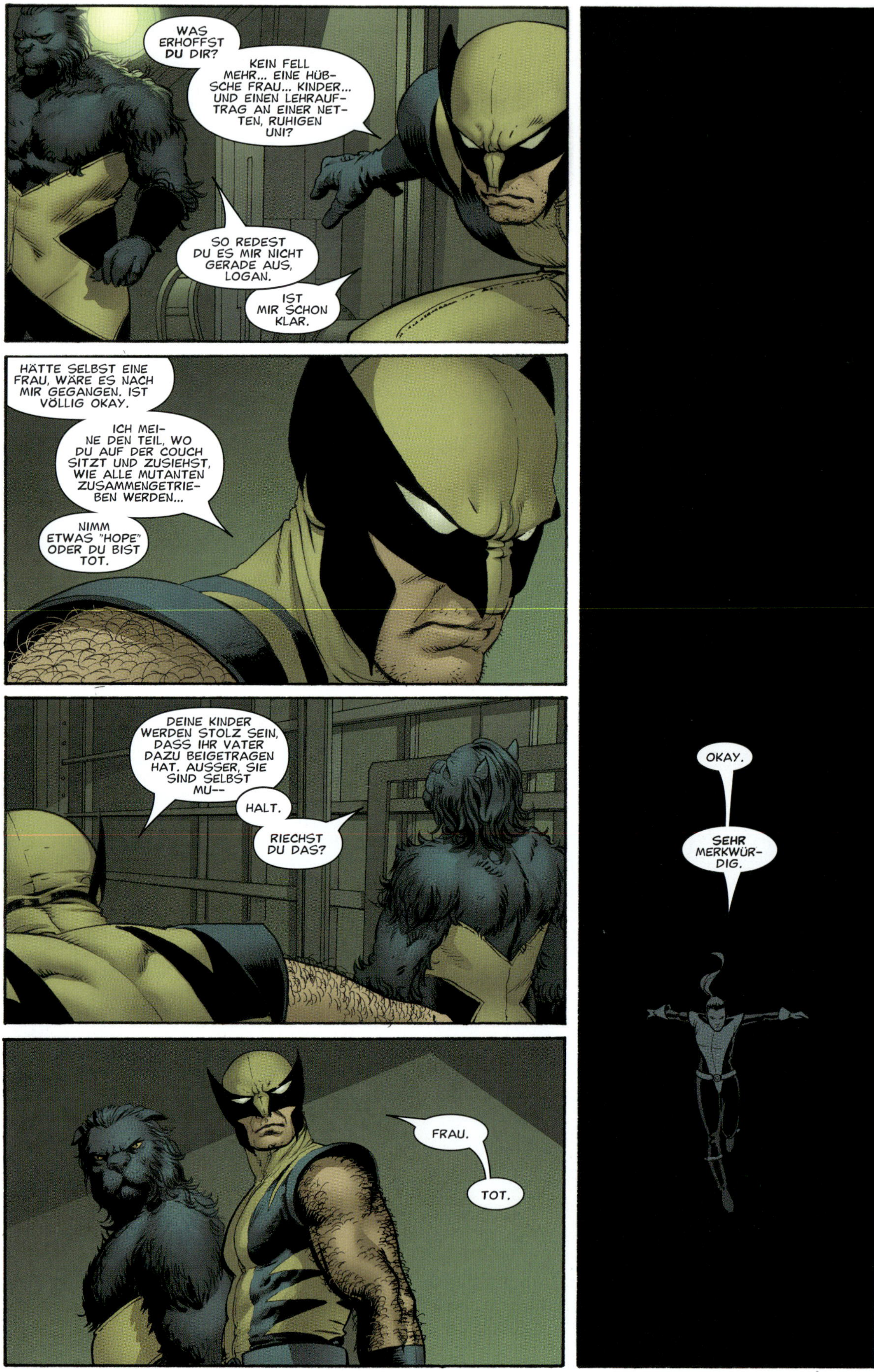
WAS ERHOFFST DU DIR?
KEIN FELL MEHR... EINE HÜBSCHE FRAU... KINDER... UND EINEN LEHRAUFTRAG AN EINER NETTEN, RUHIGEN UNI?
SO REDEST DU ES MIR NICHT GERADE AUS, LOGAN.
IST MIR SCHON KLAR.
HÄTTE SELBST EINE FRAU, WÄRE ES NACH MIR GEGANGEN. IST VÖLLIG OKAY.
ICH MEINE DEN TEIL, WO DU AUF DER COUCH SITZT UND ZUSIEHST, WIE ALLE MUTANTEN ZUSAMMENGETRIEBEN WERDEN...
NIMM ETWAS "HOPE" ODER DU BIST TOT.
DEINE KINDER WERDEN STOLZ SEIN, DASS IHR VATER DAZU BEIGETRAGEN HAT. AUSSER, SIE SIND SELBST MU--
HALT.
RIECHST DU DAS?
FRAU.
TOT.
OKAY.
SEHR MERKWÜRDIG.

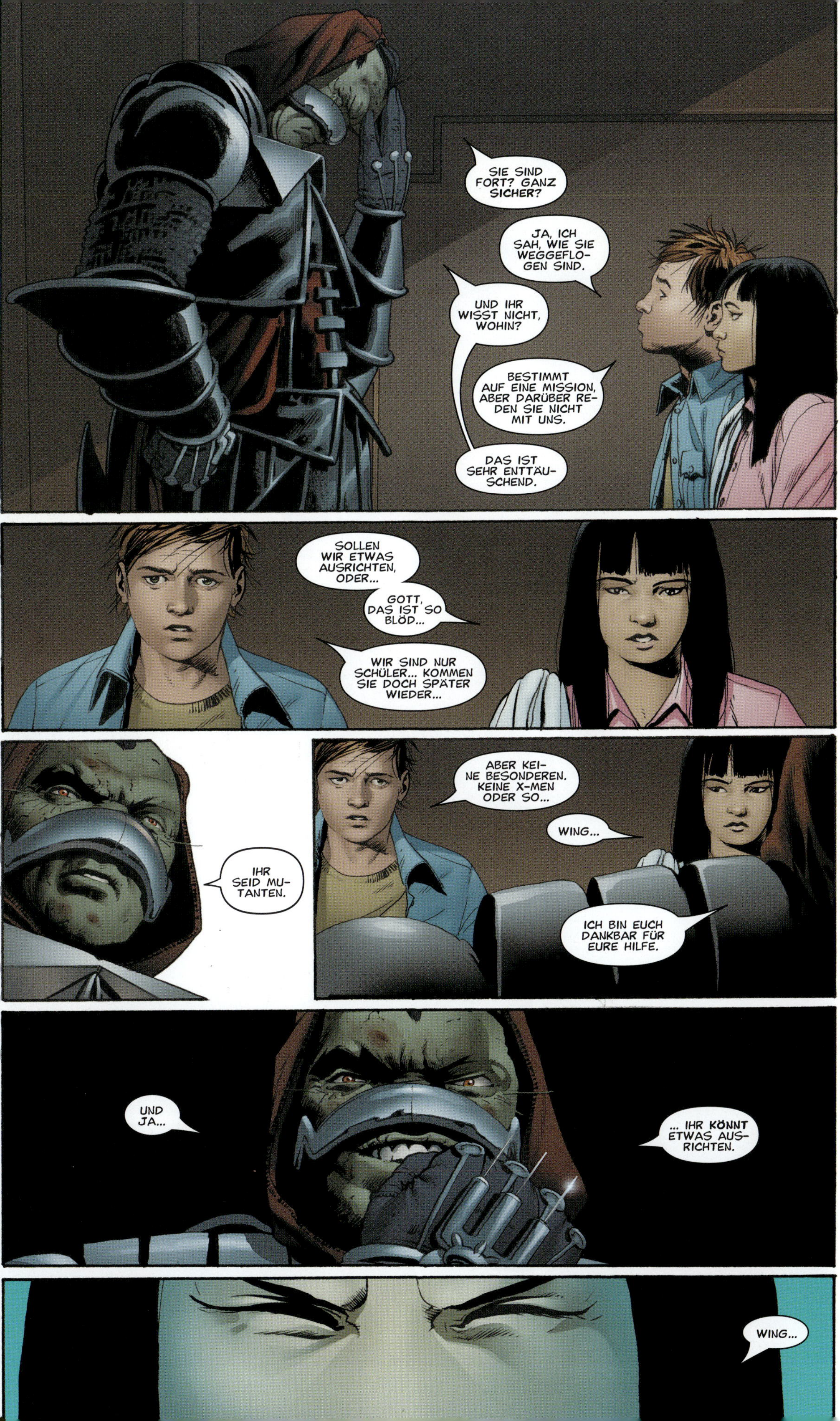
SIE SIND FORT? GANZ SICHER?
JA, ICH SAH, WIE SIE WEGGEFLOGEN SIND.
UND IHR WISST NICHT, WOHIN?
BESTIMMT AUF EINE MISSION, ABER DARÜBER REDEN SIE NICHT MIT UNS.
DAS IST SEHR ENTTÄUSCHEND.
SOLLEN WIR ETWAS AUSRICHTEN, ODER...
GOTT, DAS IST SO BLÖD...
WIR SIND NUR SCHÜLER... KOMMEN SIE DOCH SPÄTER WIEDER...
IHR SEID MUTANTEN.
ABER KEINE BESONDEREN. KEINE X-MEN ODER SO...
WING...
ICH BIN EUCH DANKBAR FÜR EURE HILFE.
UND JA...
... IHR KÖNNT ETWAS AUSRICHTEN.
WING...

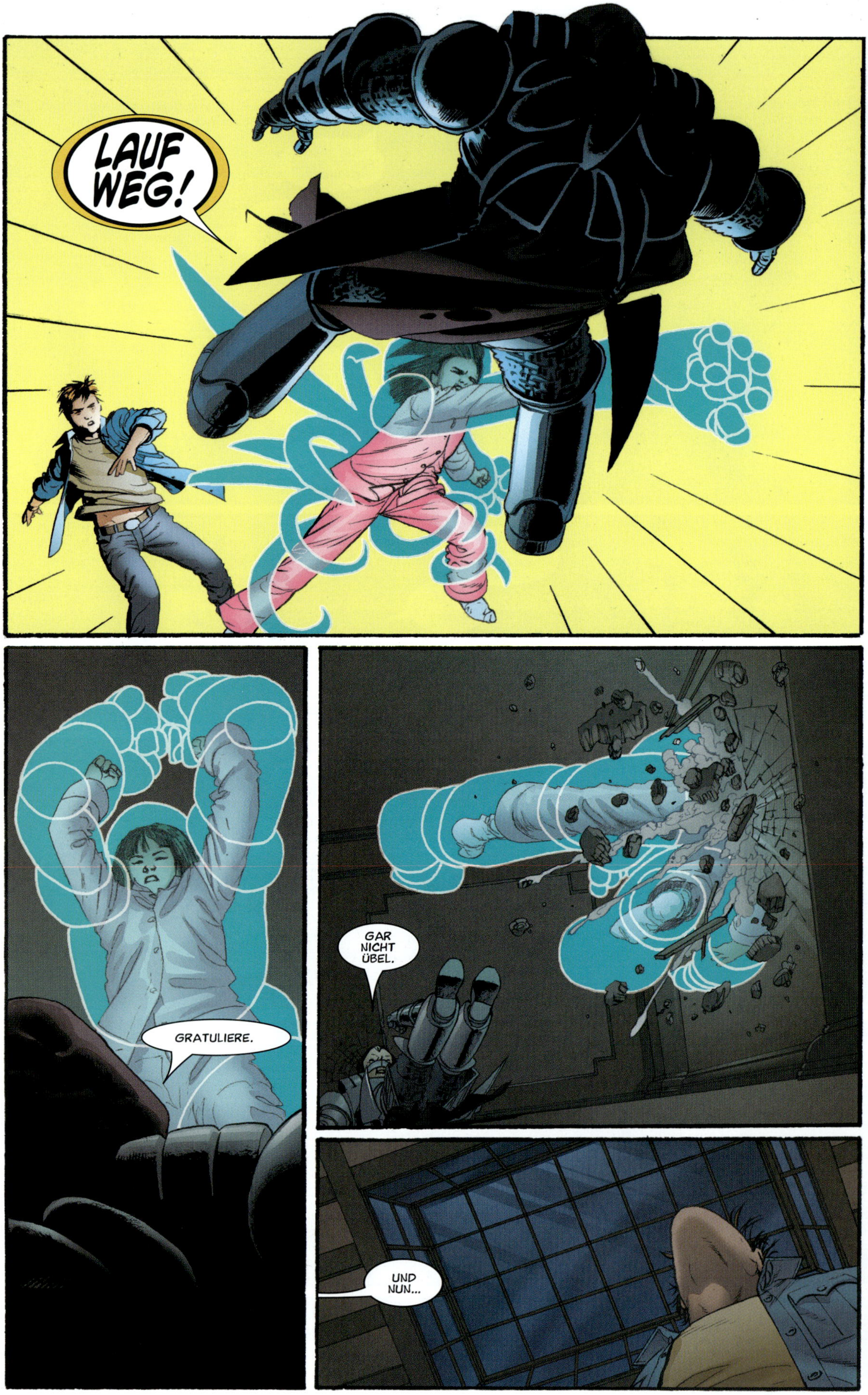
LAUF WEG!
GRATULIERE.
GAR NICHT ÜBEL.
UND NUN...

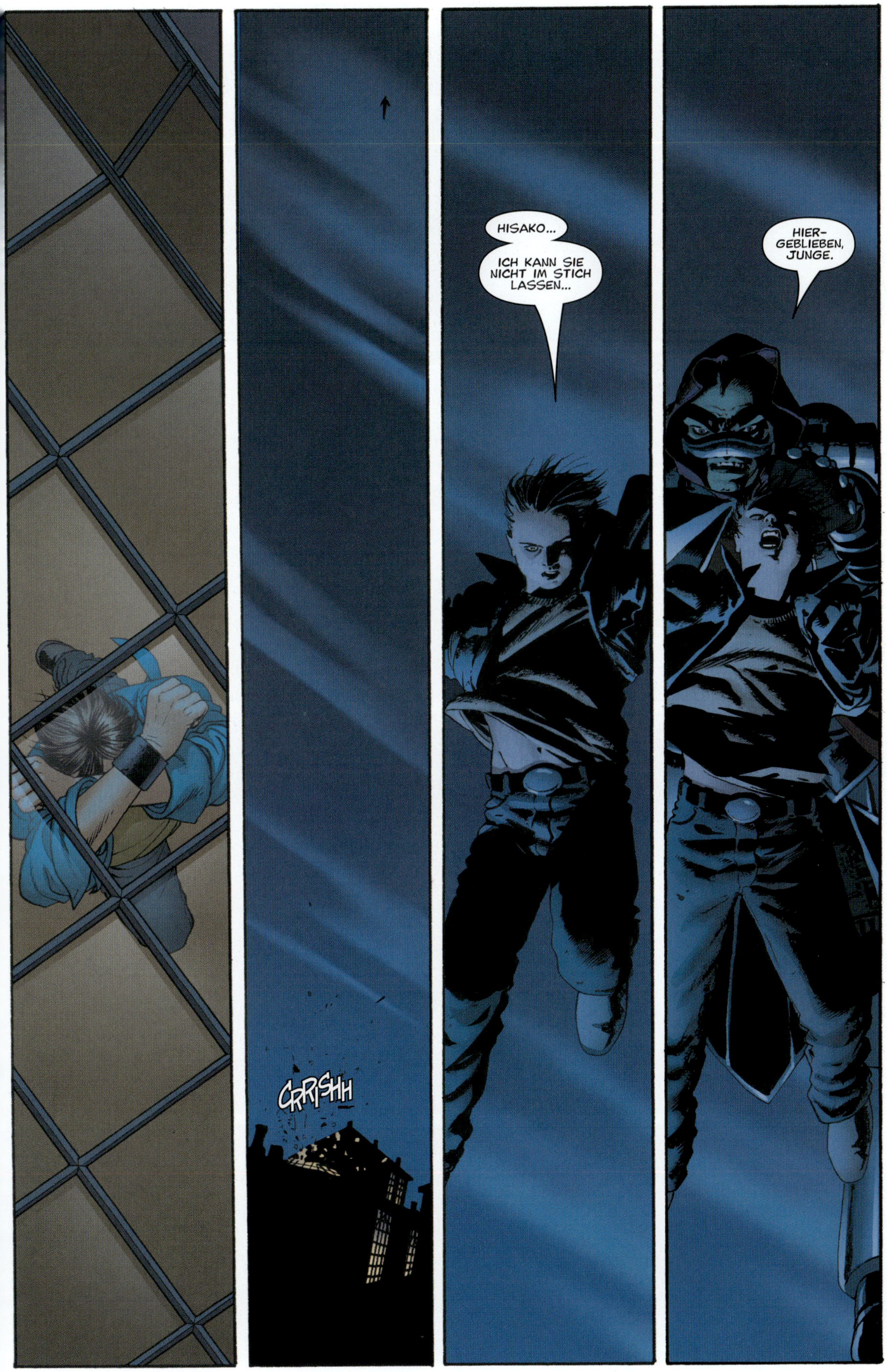
CRRISHH
HISAKO...
ICH KANN SIE NICHT IM STICH LASSEN...
HIER-GEBLIEBEN, JUNGE.

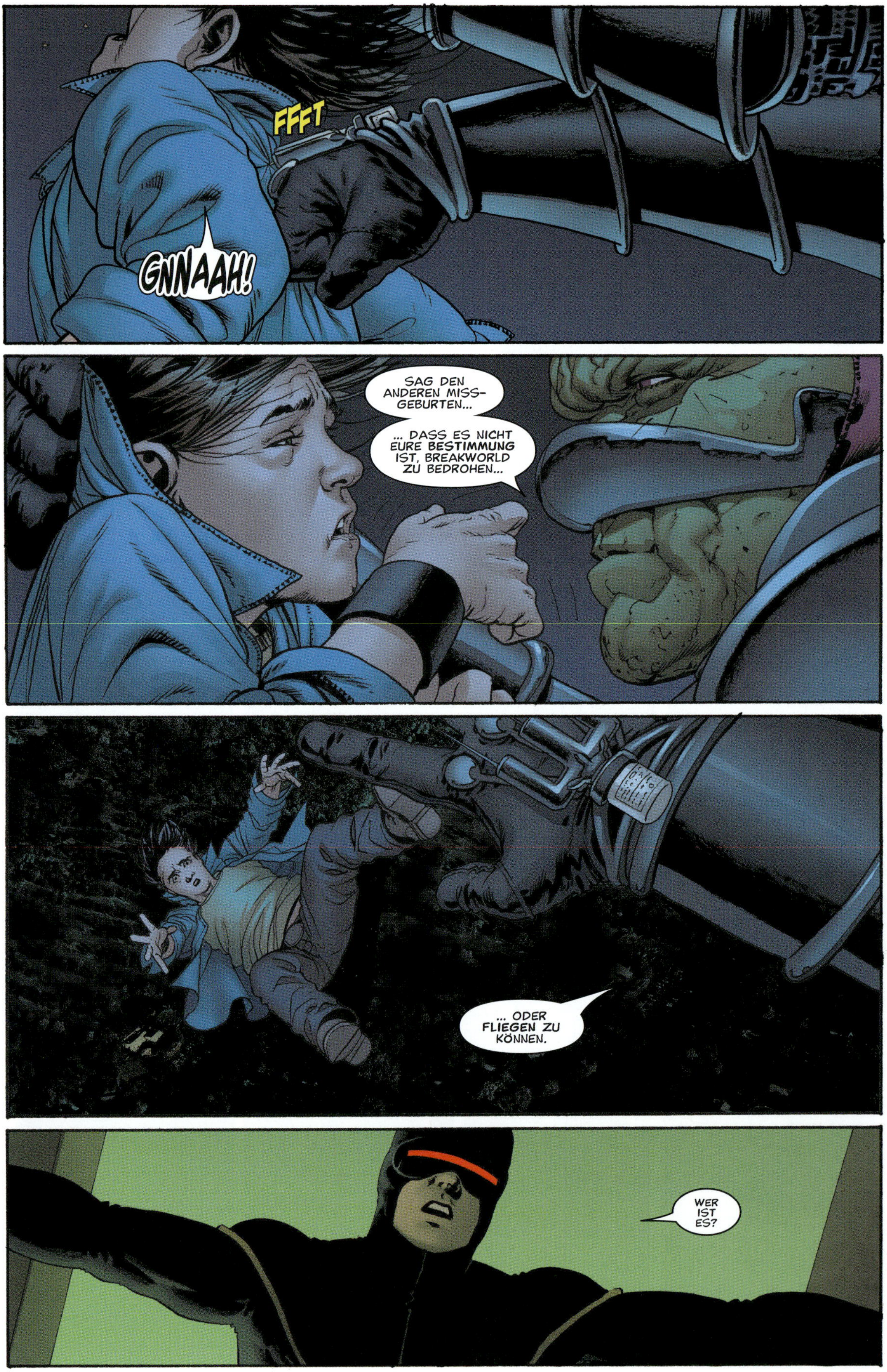
FFFT
GNNAAH!
SAG DEN ANDEREN MISS-GEBURTEN...
... DASS ES NICHT EURE **BESTIMMUNG** IST, BREAKWORLD ZU BEDROHEN...
... ODER **FLIEGEN** ZU KÖNNEN.
WER IST ES?

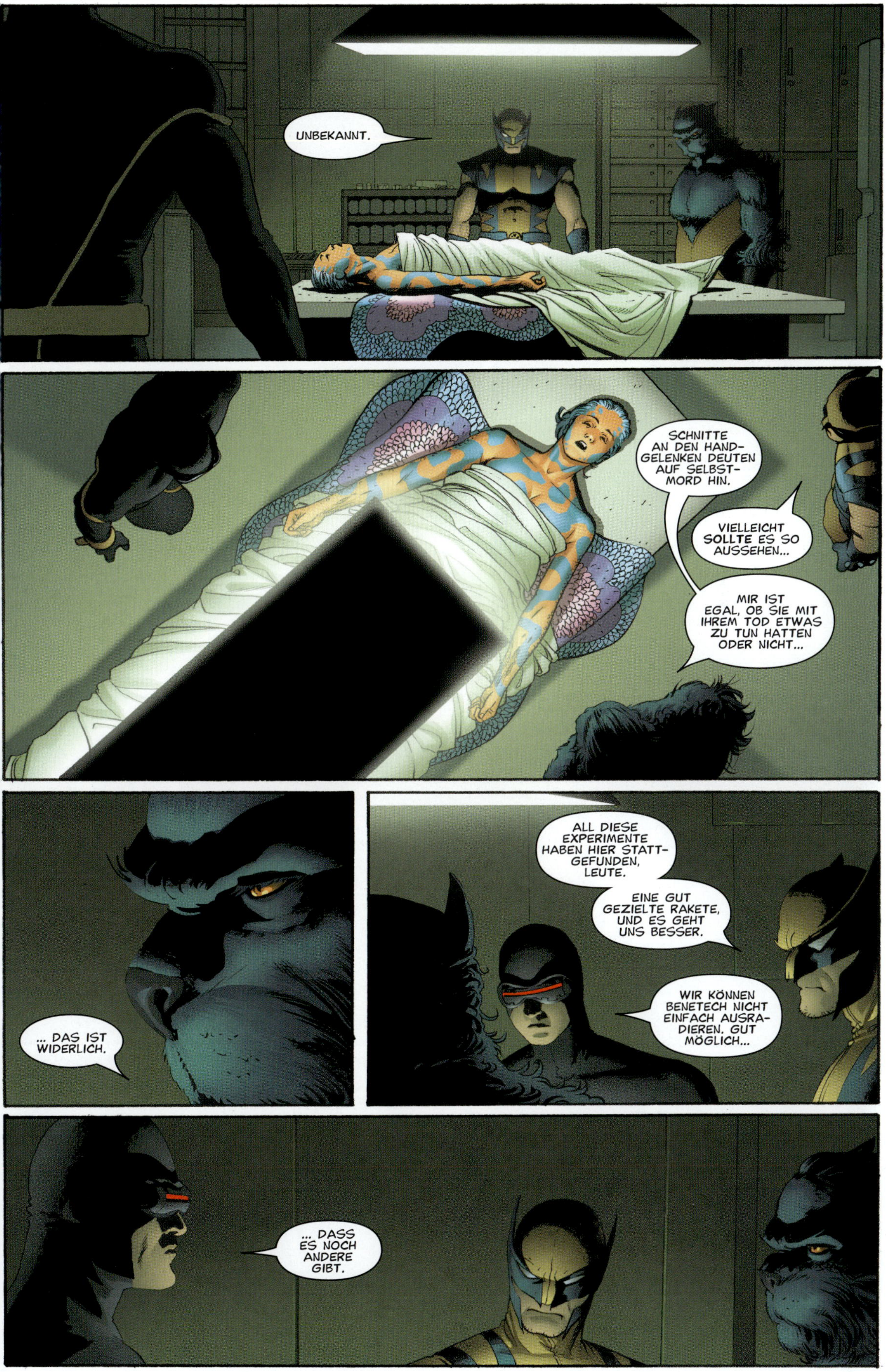
UNBEKANNT.
SCHNITTE AN DEN HAND-GELENKEN DEUTEN AUF SELBST-MORD HIN.
VIELLEICHT SOLLTE ES SO AUSSEHEN...
MIR IST EGAL, OB SIE MIT IHREM TOD ETWAS ZU TUN HATTEN ODER NICHT...
... DAS IST WIDERLICH.
ALL DIESE EXPERIMENTE HABEN HIER STATT-GEFUNDEN, LEUTE.
EINE GUT GEZIELTE RAKETE, UND ES GEHT UNS BESSER.
WIR KÖNNEN BENETECH NICHT EINFACH AUSRA-DIEREN. GUT MÖGLICH...
... DASS ES NOCH ANDERE GIBT.

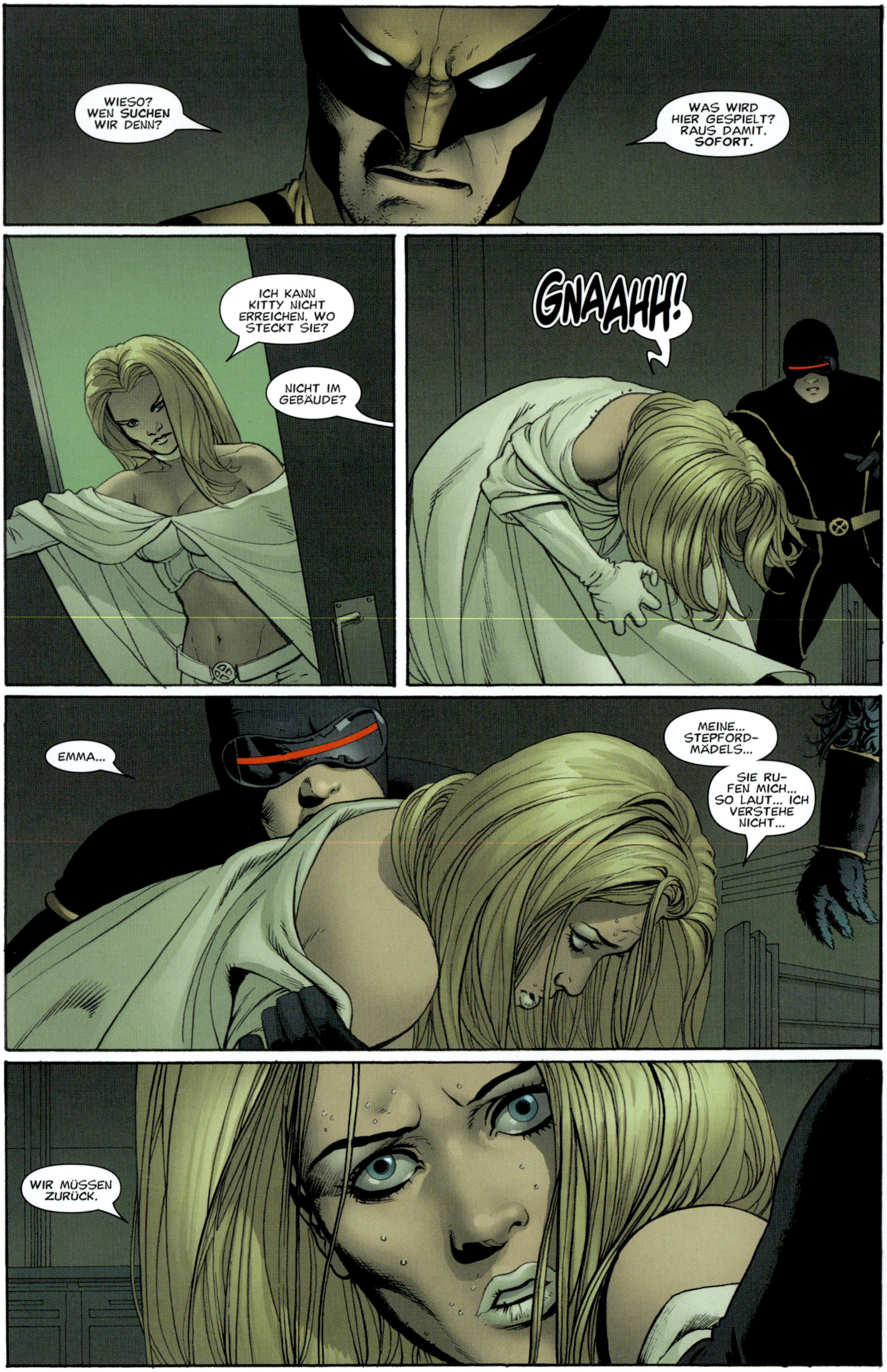

WIESO? WEN SUCHEN WIR DENN?
WAS WIRD HIER GESPIELT? RAUS DAMIT. SOFORT.
ICH KANN KITTY NICHT ERREICHEN. WO STECKT SIE?
NICHT IM GEBÄUDE?
GNAAHH!
EMMA...
MEINE... STEPFORD-MÄDELS...
SIE RU-FEN MICH... SO LAUT... ICH VERSTEHE NICHT...
WIR MÜSSEN ZURÜCK.

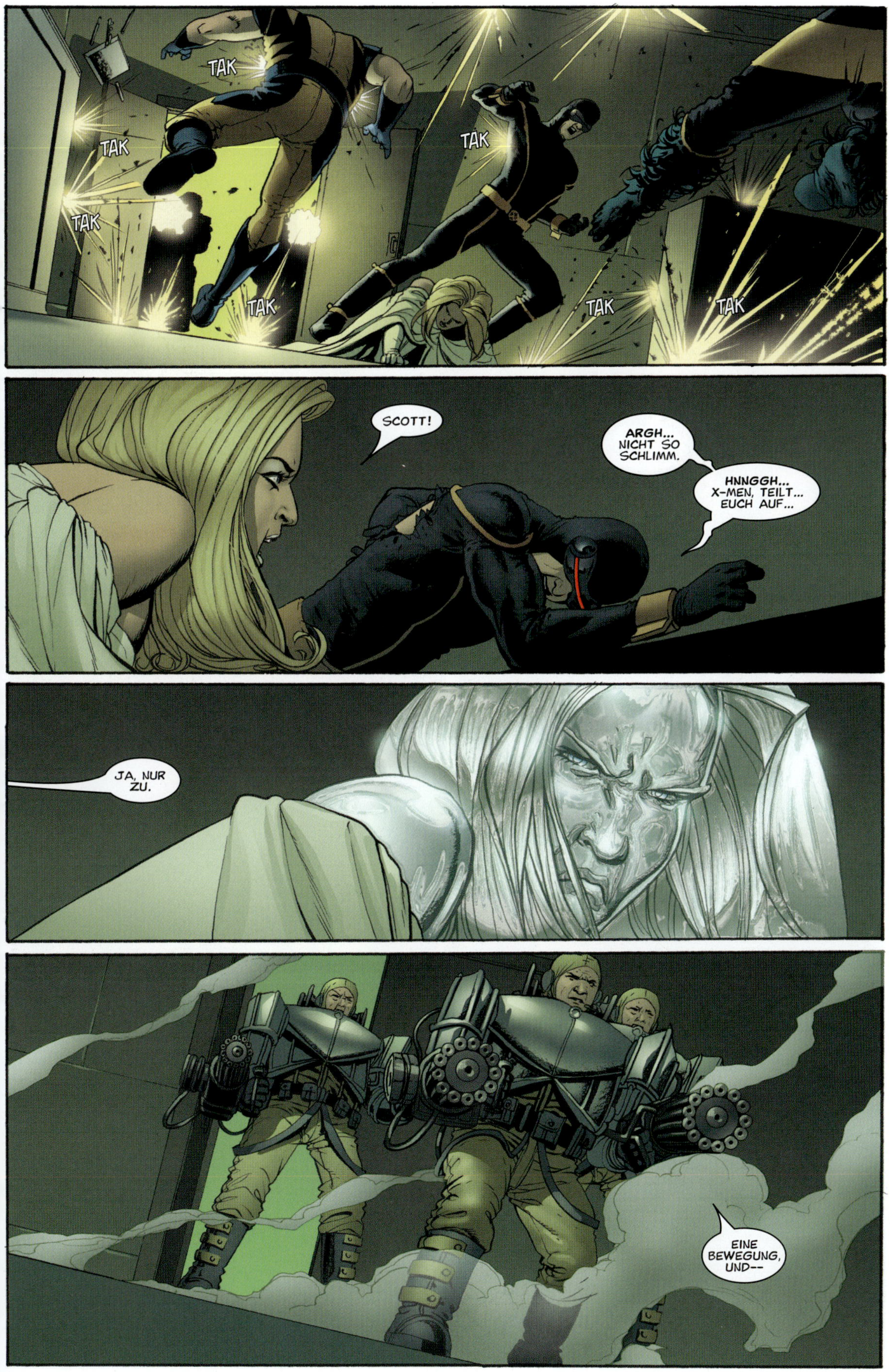
TAK
TAK
TAK
TAK
TAK
TAK
TAK
SCOTT!
ARGH... NICHT SO SCHLIMM.
HNNGGH... X-MEN, TEILT... EUCH AUF...
JA, NUR ZU.
EINE BEWEGUNG, UND--

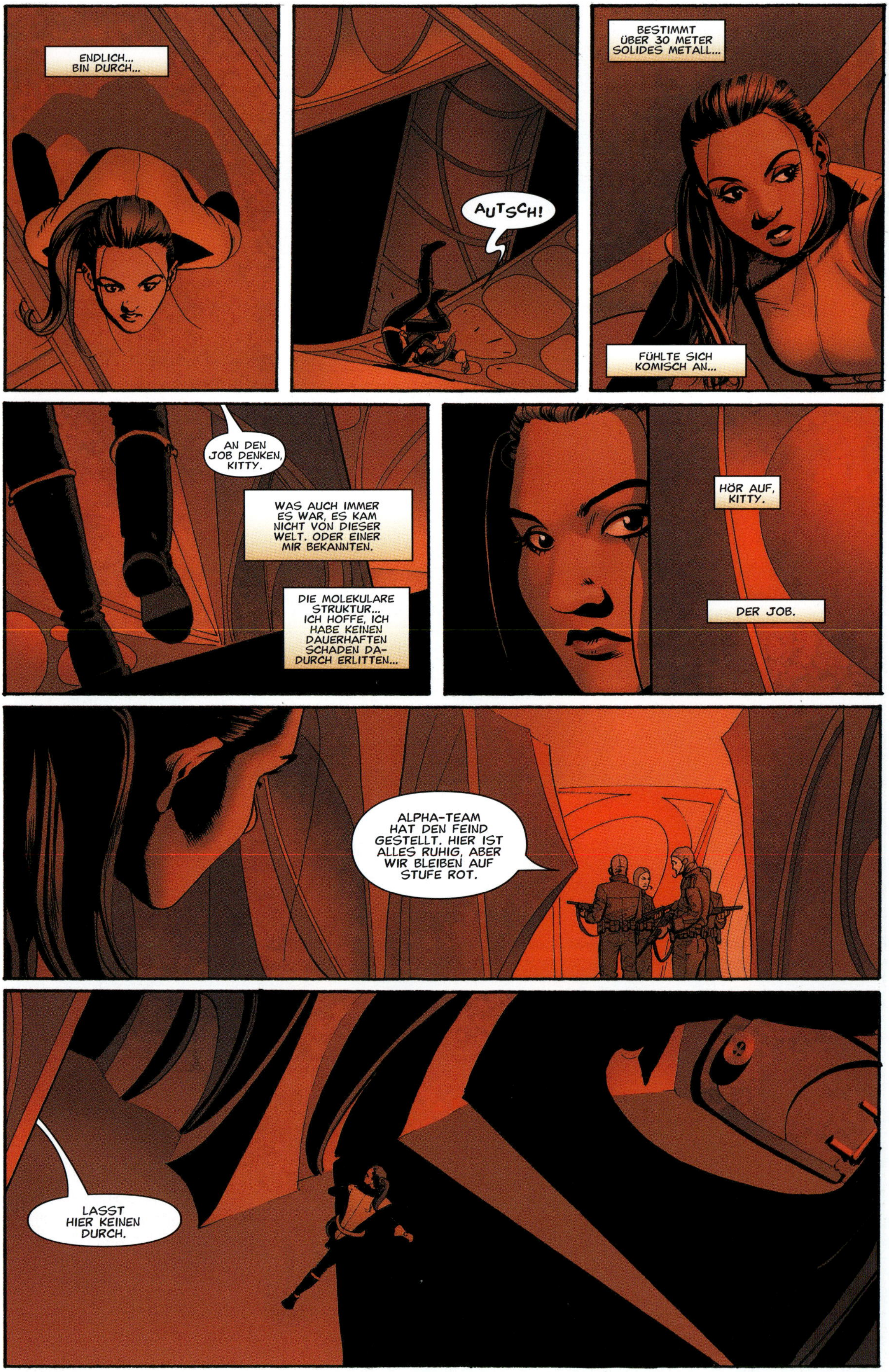
ENDLICH... BIN DURCH...
AUTSCH!
BESTIMMT ÜBER 30 METER SOLIDES METALL...
FÜHLTE SICH KOMISCH AN...
AN DEN JOB DENKEN, KITTY.
WAS AUCH IMMER ES WAR, ES KAM NICHT VON DIESER WELT. ODER EINER MIR BEKANNTEN.
DIE MOLEKULARE STRUKTUR... ICH HOFFE, ICH HABE KEINEN DAUERHAFTEN SCHADEN DADURCH ERLITTEN...
HÖR AUF, KITTY.
DER JOB.
ALPHA-TEAM HAT DEN FEIND GESTELLT. HIER IST ALLES RUHIG, ABER WIR BLEIBEN AUF STUFE ROT.
LASST HIER KEINEN DURCH.

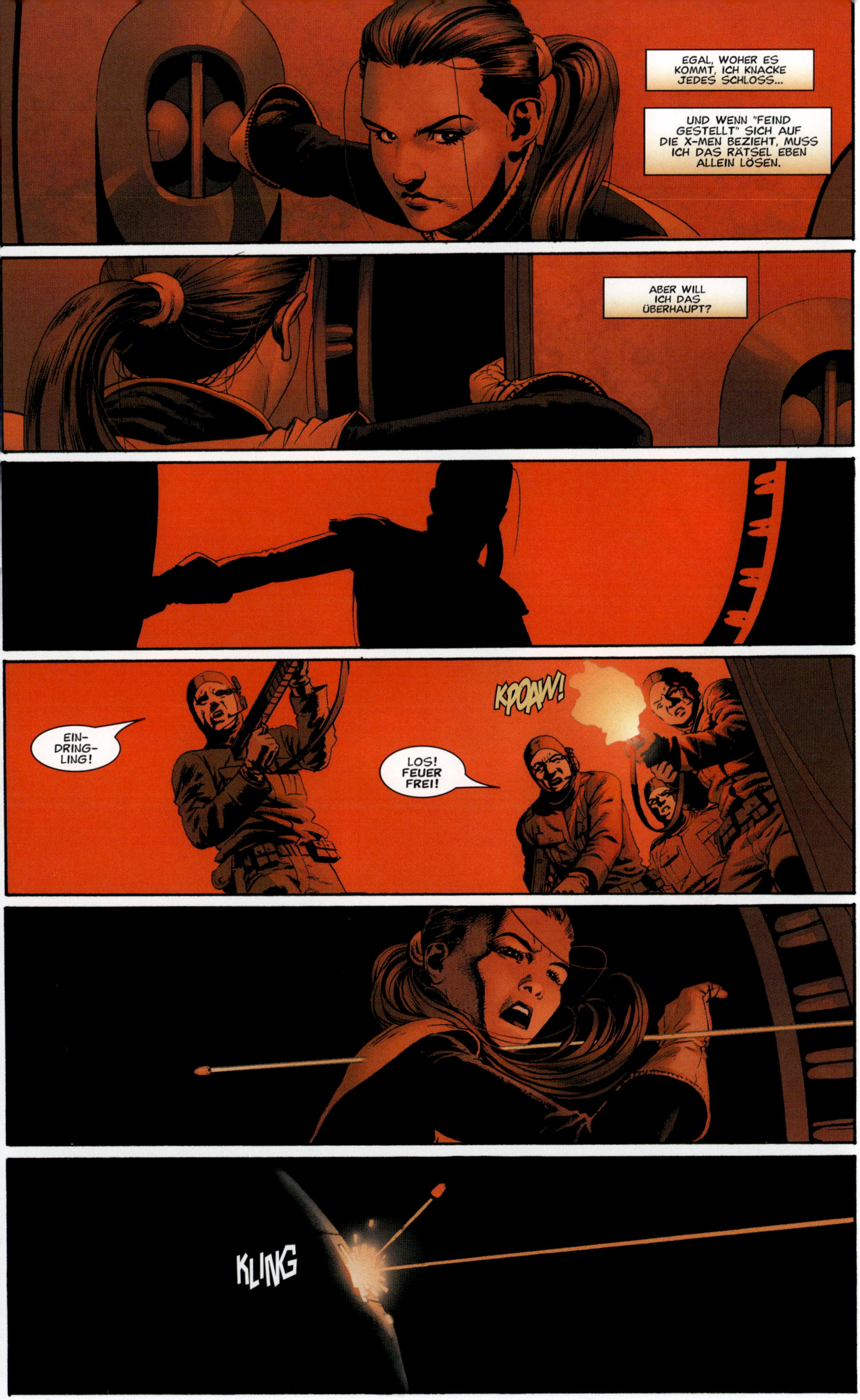
EGAL, WOHER ES KOMMT, ICH KNACKE JEDES SCHLOSS...
UND WENN "FEIND GESTELLT" SICH AUF DIE X-MEN BEZIEHT, MUSS ICH DAS RÄTSEL EBEN ALLEIN LÖSEN.
ABER WILL ICH DAS ÜBERHAUPT?
EIN-DRING-LING!
KPOAW!
LOS! FEUER FREI!
KLING

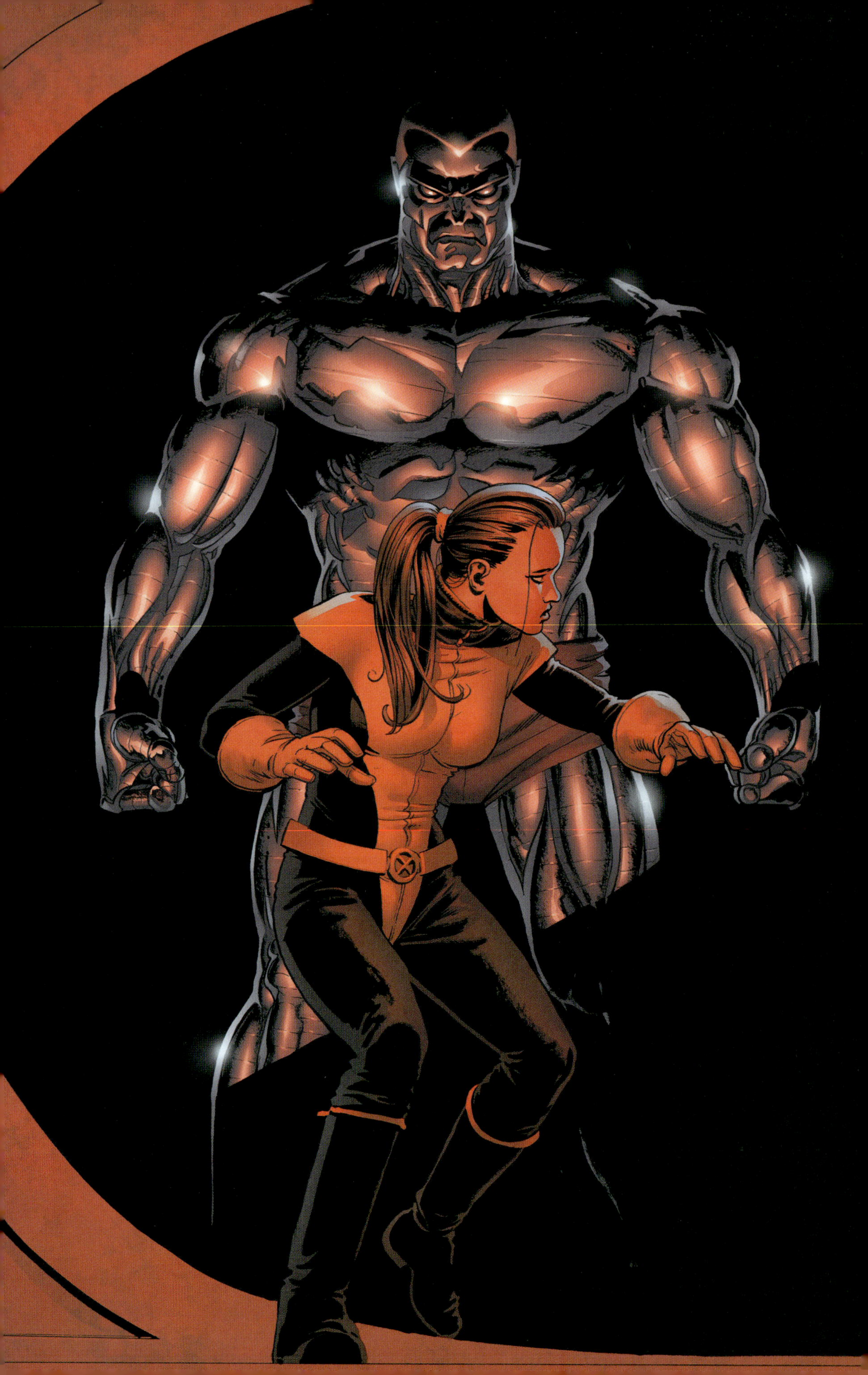

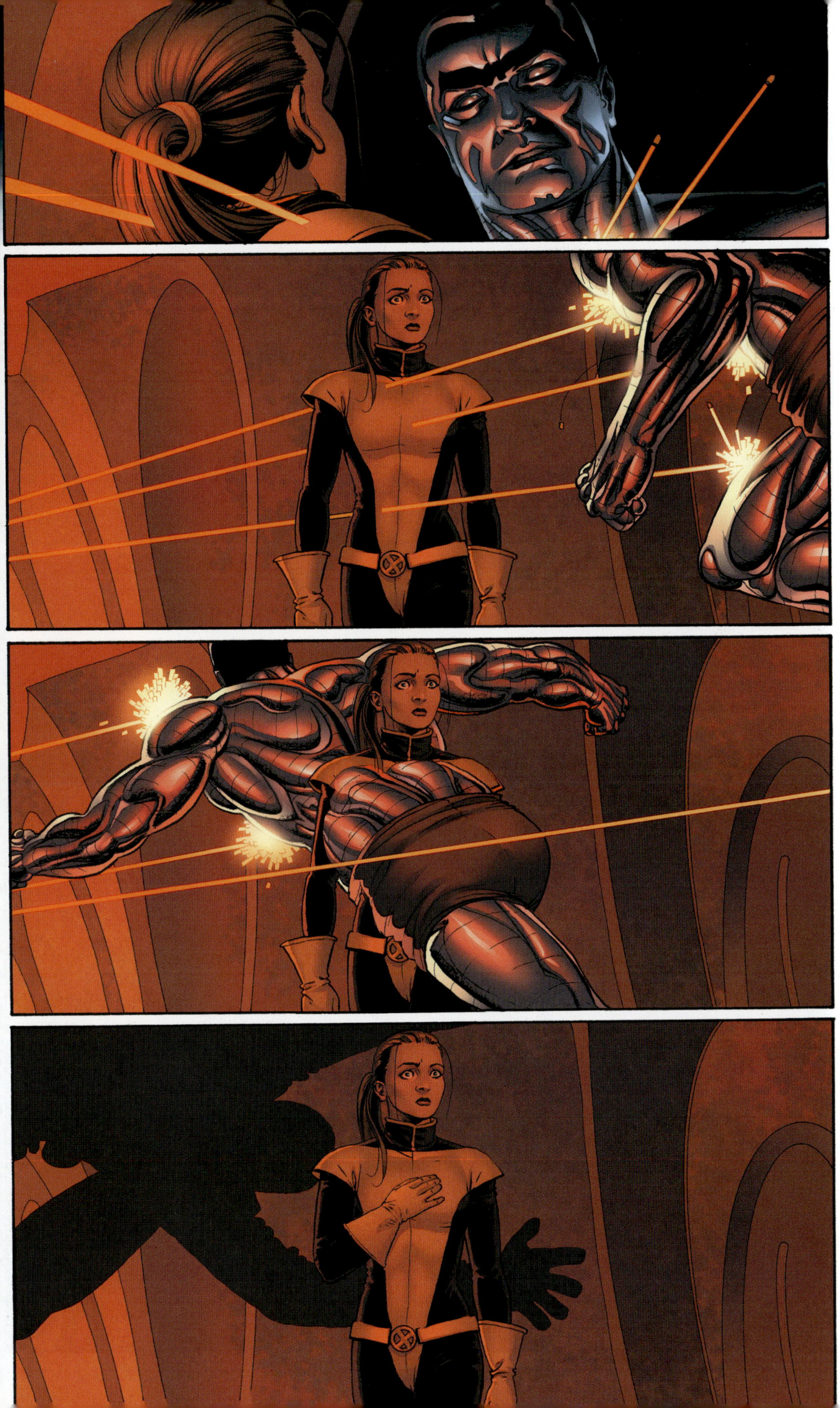

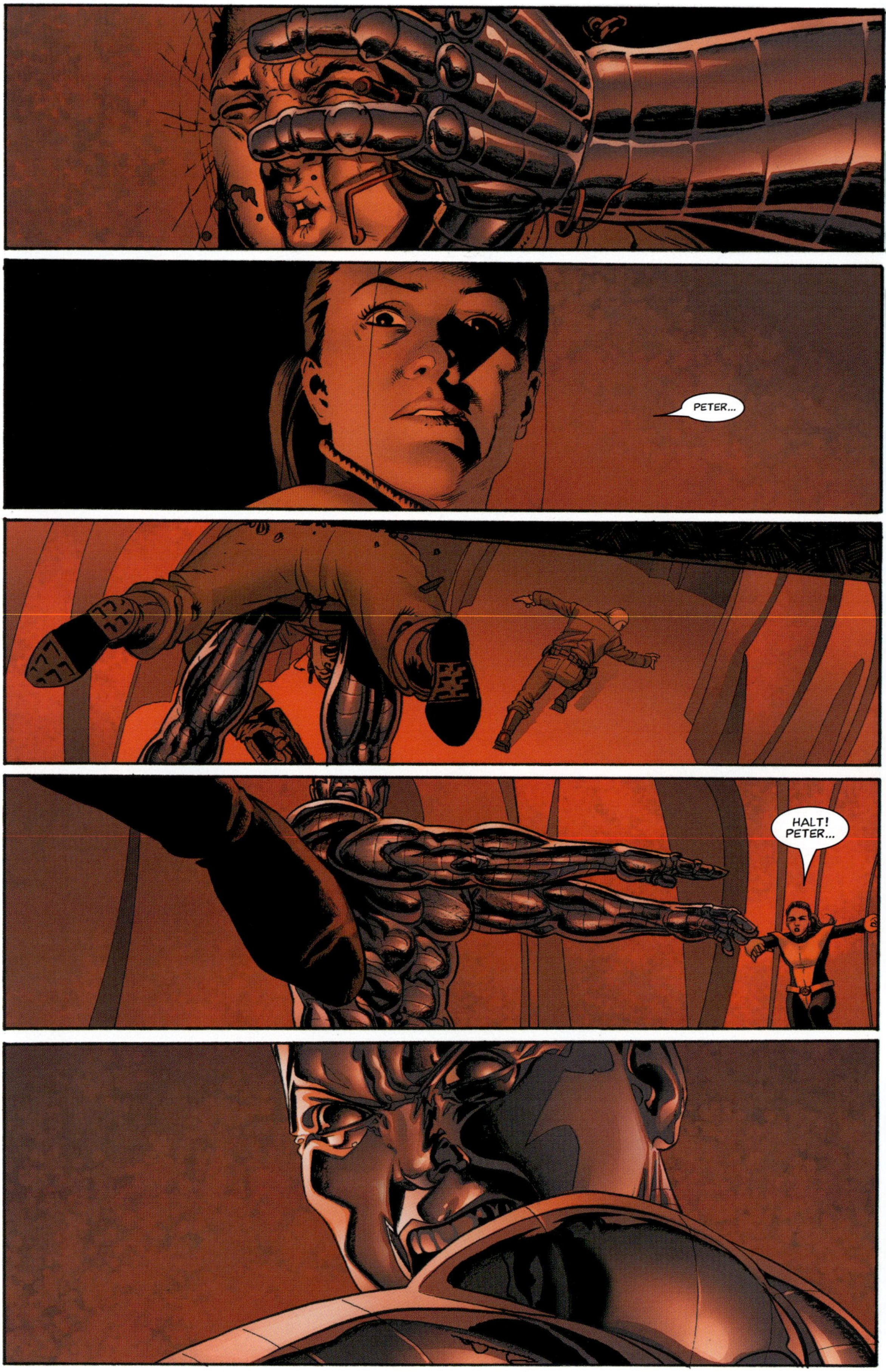
PETER...
HALT! PETER...

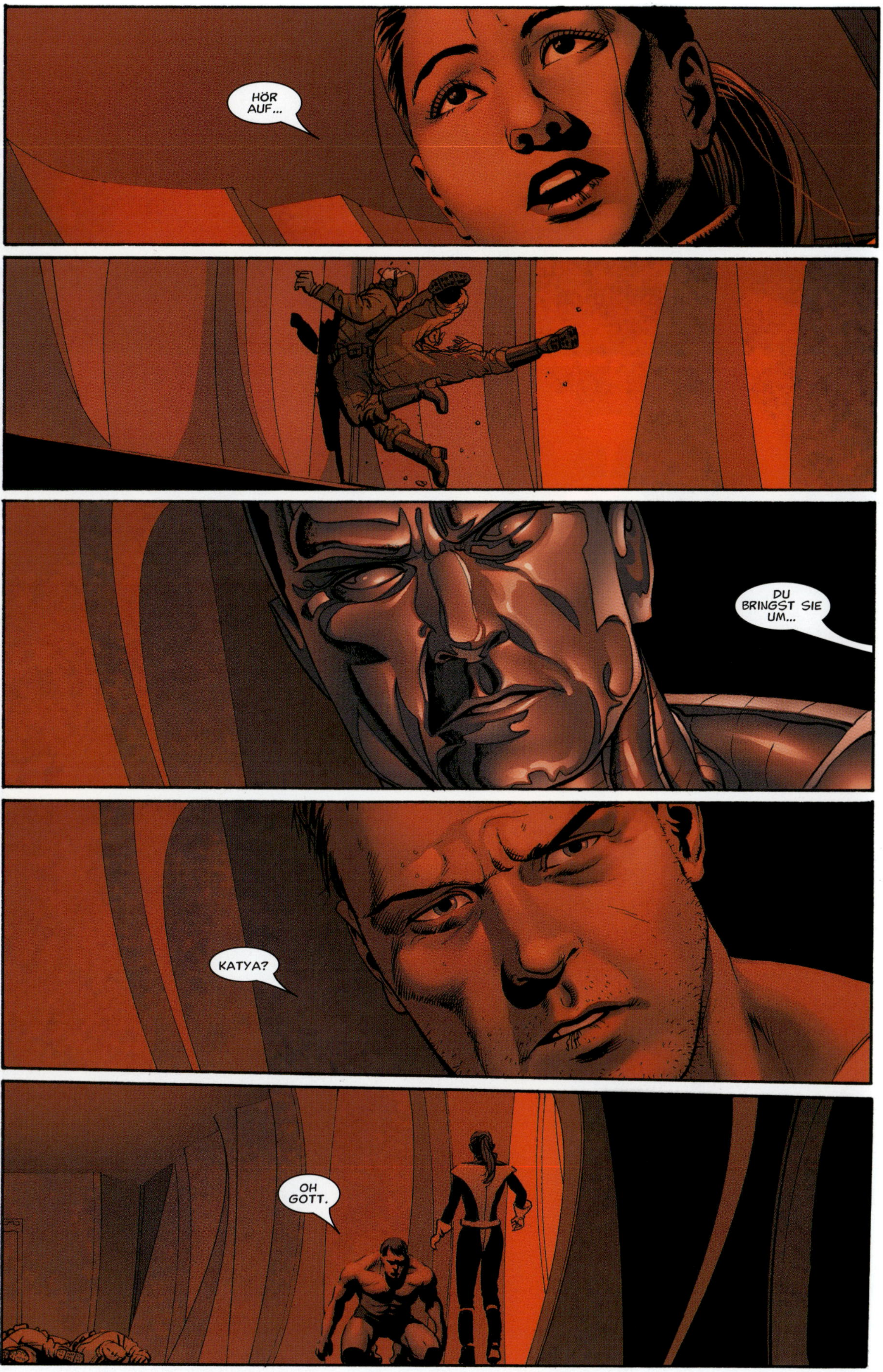
HÖR AUF...
DU BRINGST SIE UM...
KATYA?
OH GOTT.

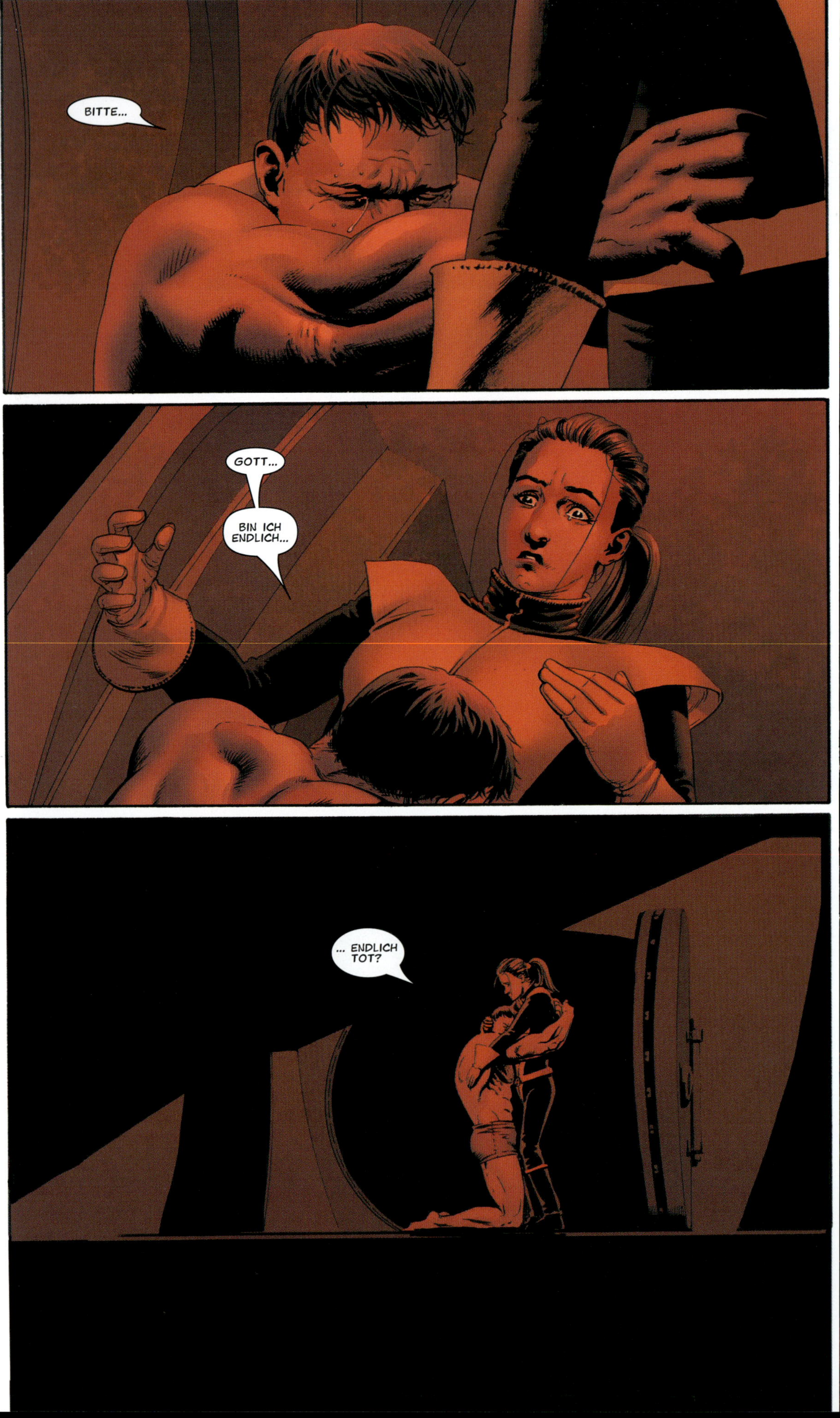
BITTE...
GOTT...
BIN ICH ENDLICH...
... ENDLICH TOT?

BEGABT, TEIL 5

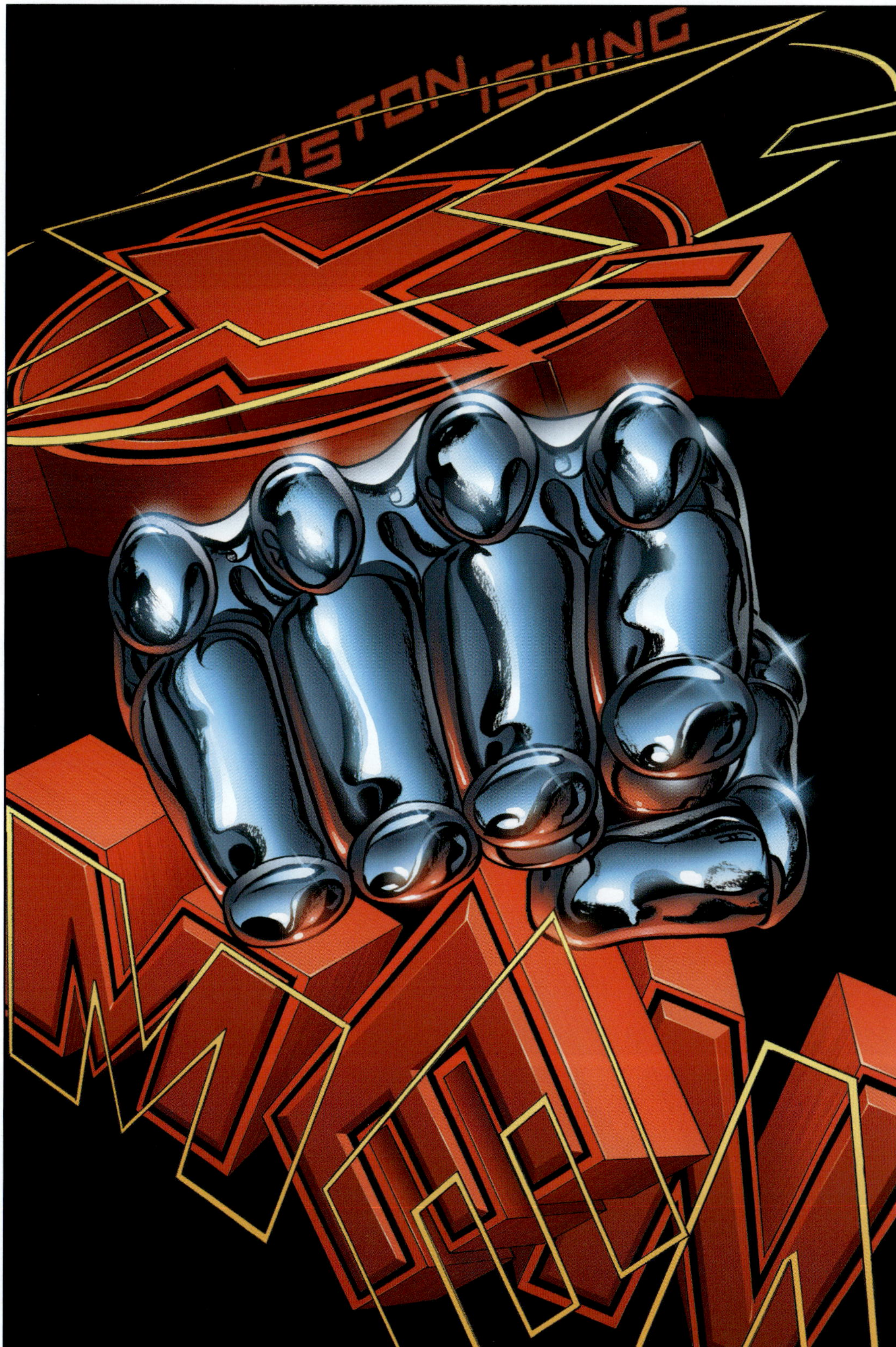

Astonishing X-Men (2004) 5
Cover von **JOHN CASSADAY**

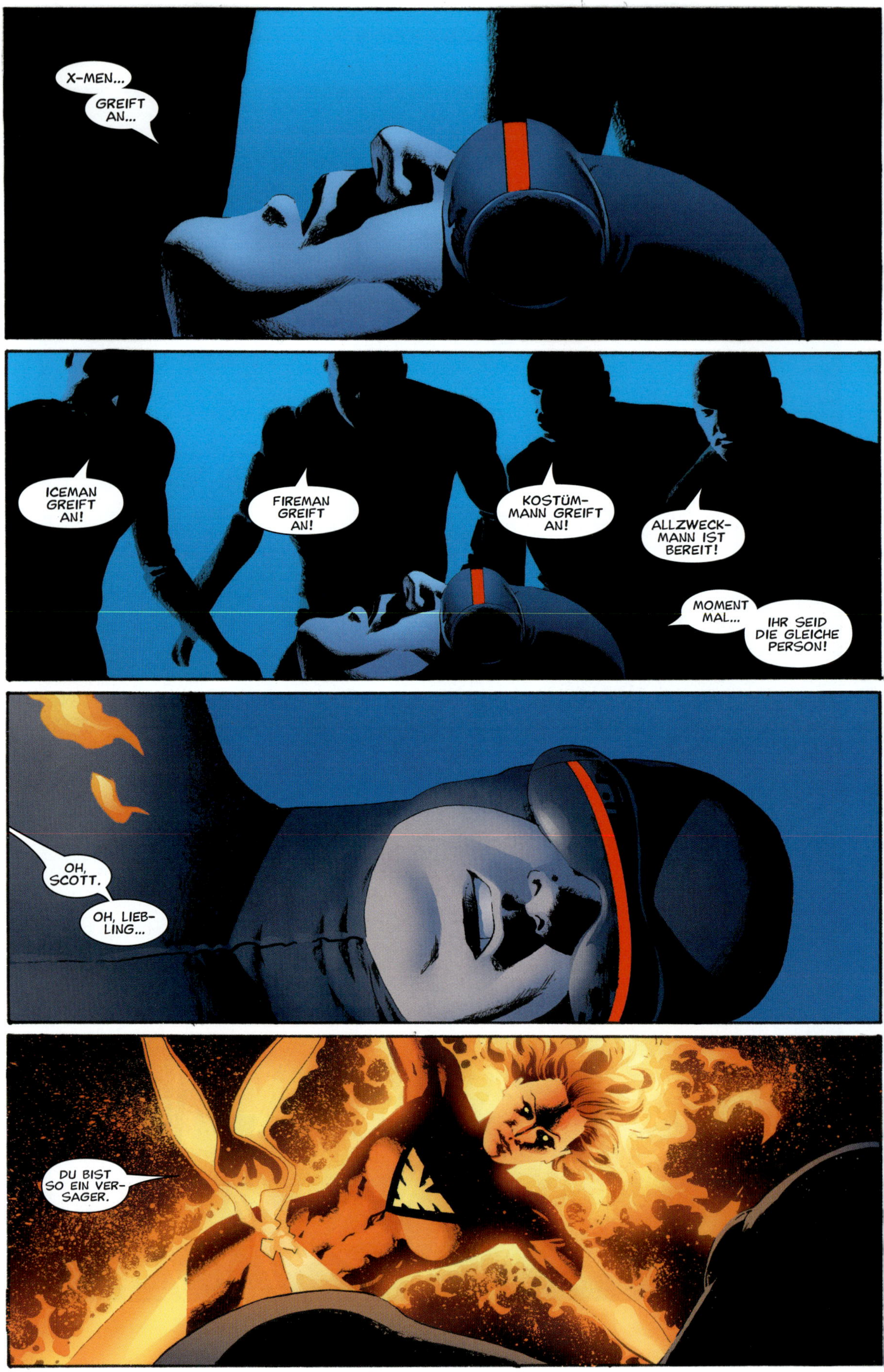
X-MEN...
GREIFT AN...
ICEMAN GREIFT AN!
FIREMAN GREIFT AN!
KOSTÜM-MANN GREIFT AN!
ALLZWECK-MANN IST BEREIT!
MOMENT MAL...
IHR SEID DIE GLEICHE PERSON!
OH, SCOTT.
OH, LIEB-LING...
DU BIST SO EIN VER-SAGER.

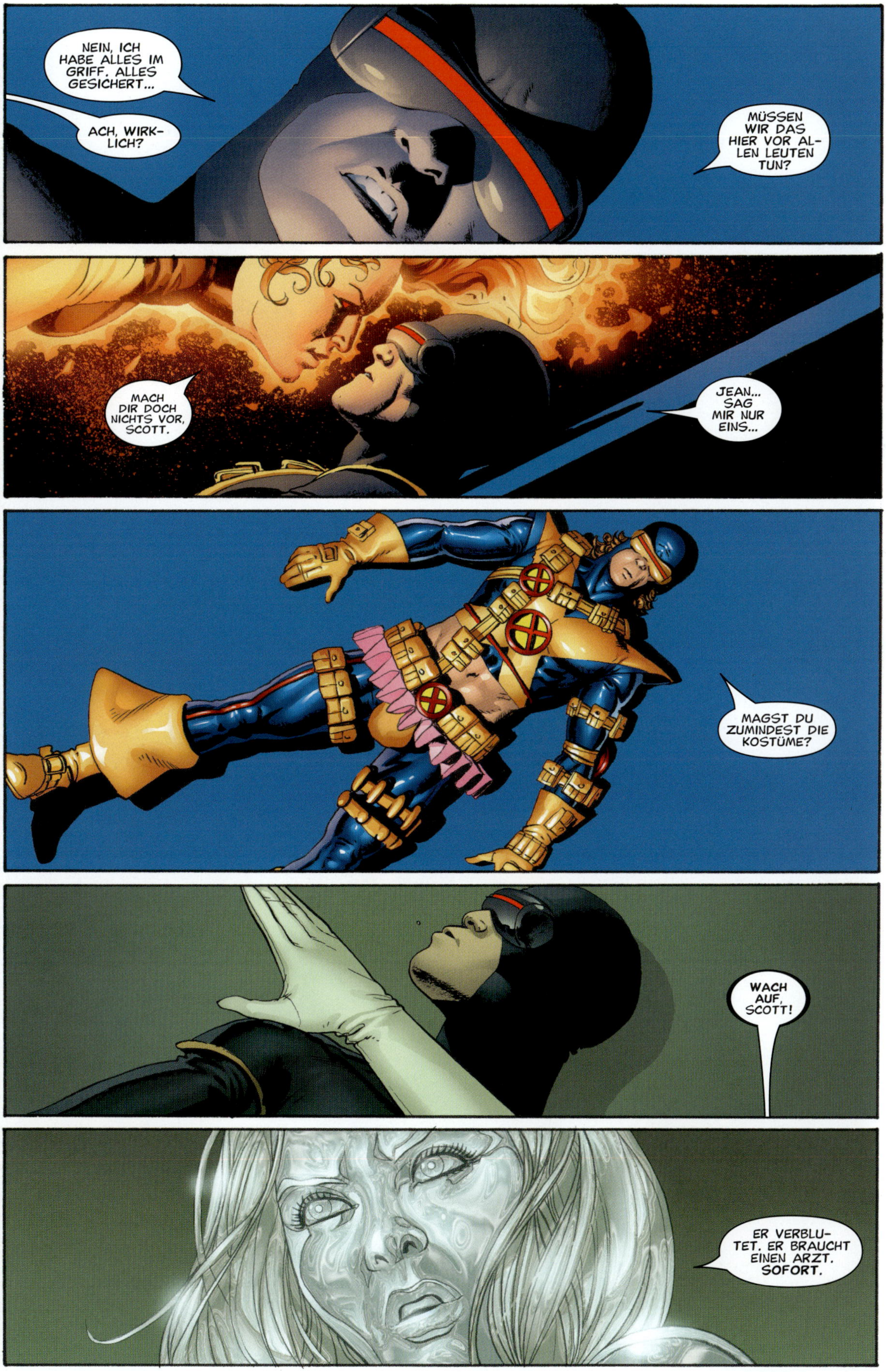
NEIN, ICH HABE ALLES IM GRIFF. ALLES GESICHERT...
ACH, WIRK-LICH?
MÜSSEN WIR DAS HIER VOR AL-LEN LEUTEN TUN?
MACH DIR DOCH NICHTS VOR, SCOTT.
JEAN... SAG MIR NUR EINS...
MAGST DU ZUMINDEST DIE KOSTÜME?
WACH AUF, SCOTT!
ER VERBLU-TET. ER BRAUCHT EINEN ARZT. SOFORT.

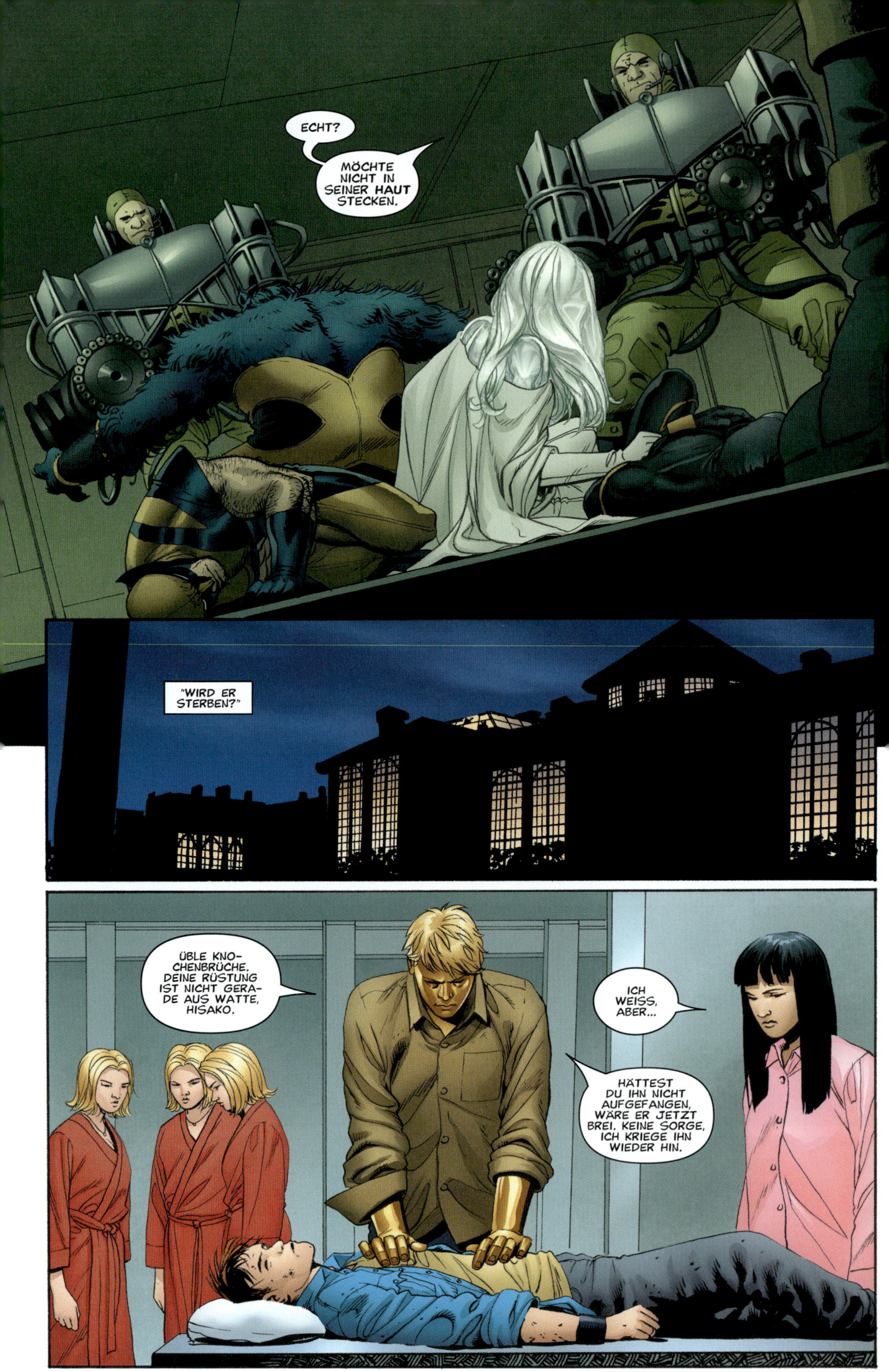
ECHT?
MÖCHTE NICHT IN SEINER HAUT STECKEN.
"WIRD ER STERBEN?"
ÜBLE KNOCHENBRÜCHE. DEINE RÜSTUNG IST NICHT GERADE AUS WATTE, HISAKO.
ICH WEISS, ABER...
HÄTTEST DU IHN NICHT AUFGEFANGEN, WÄRE ER JETZT BREI. KEINE SORGE, ICH KRIEGE IHN WIEDER HIN.

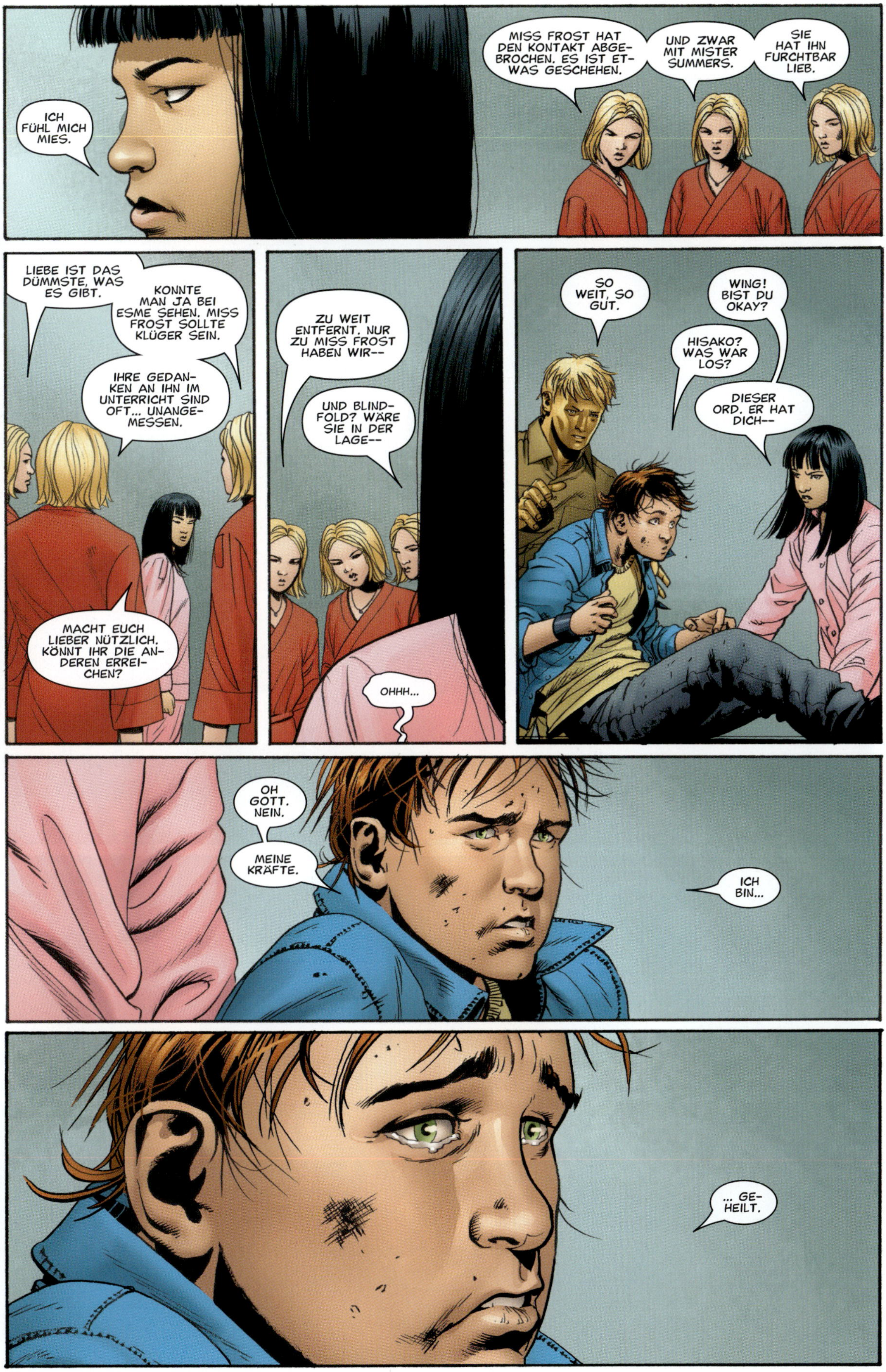
ICH FÜHL MICH MIES.
MISS FROST HAT DEN KONTAKT ABGEBROCHEN. ES IST ETWAS GESCHEHEN.
UND ZWAR MIT MISTER SUMMERS.
SIE HAT IHN FURCHTBAR LIEB.
LIEBE IST DAS DÜMMSTE, WAS ES GIBT.
KONNTE MAN JA BEI ESME SEHEN. MISS FROST SOLLTE KLÜGER SEIN.
IHRE GEDANKEN AN IHN IM UNTERRICHT SIND OFT... UNANGEMESSEN.
MACHT EUCH LIEBER NÜTZLICH. KÖNNT IHR DIE ANDEREN ERREICHEN?
ZU WEIT ENTFERNT. NUR ZU MISS FROST HABEN WIR--
UND BLINDFOLD? WÄRE SIE IN DER LAGE--
OHHH...
SO WEIT, SO GUT.
WING! BIST DU OKAY?
HISAKO? WAS WAR LOS?
DIESER ORD. ER HAT DICH--
OH GOTT. NEIN.
MEINE KRÄFTE.
ICH BIN...
... GEHEILT.

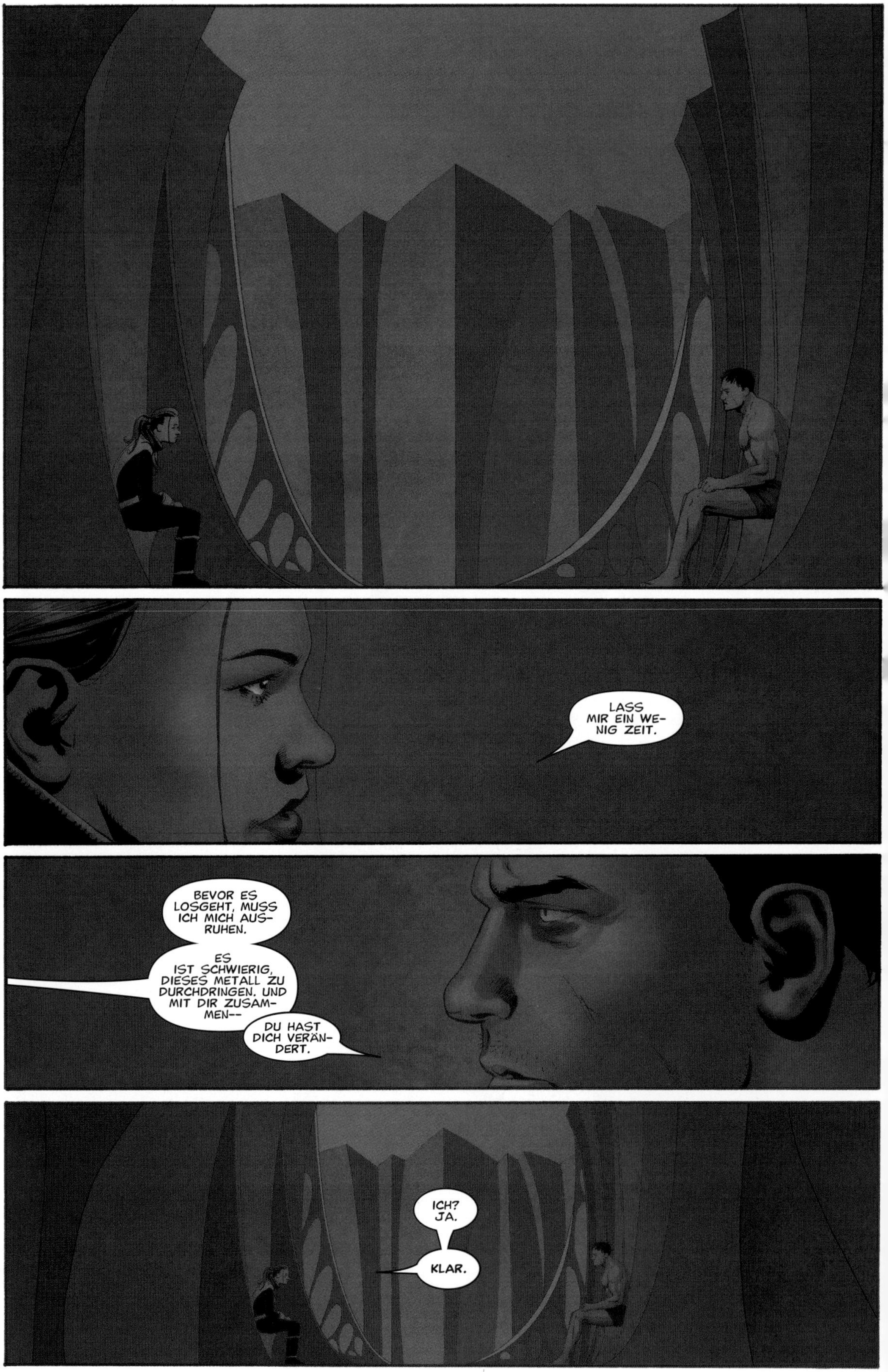
LASS MIR EIN WENIG ZEIT.
BEVOR ES LOSGEHT, MUSS ICH MICH AUSRUHEN.
ES IST SCHWIERIG, DIESES METALL ZU DURCHDRINGEN. UND MIT DIR ZUSAMMEN--
DU HAST DICH VERÄNDERT.
ICH? JA.
KLAR.

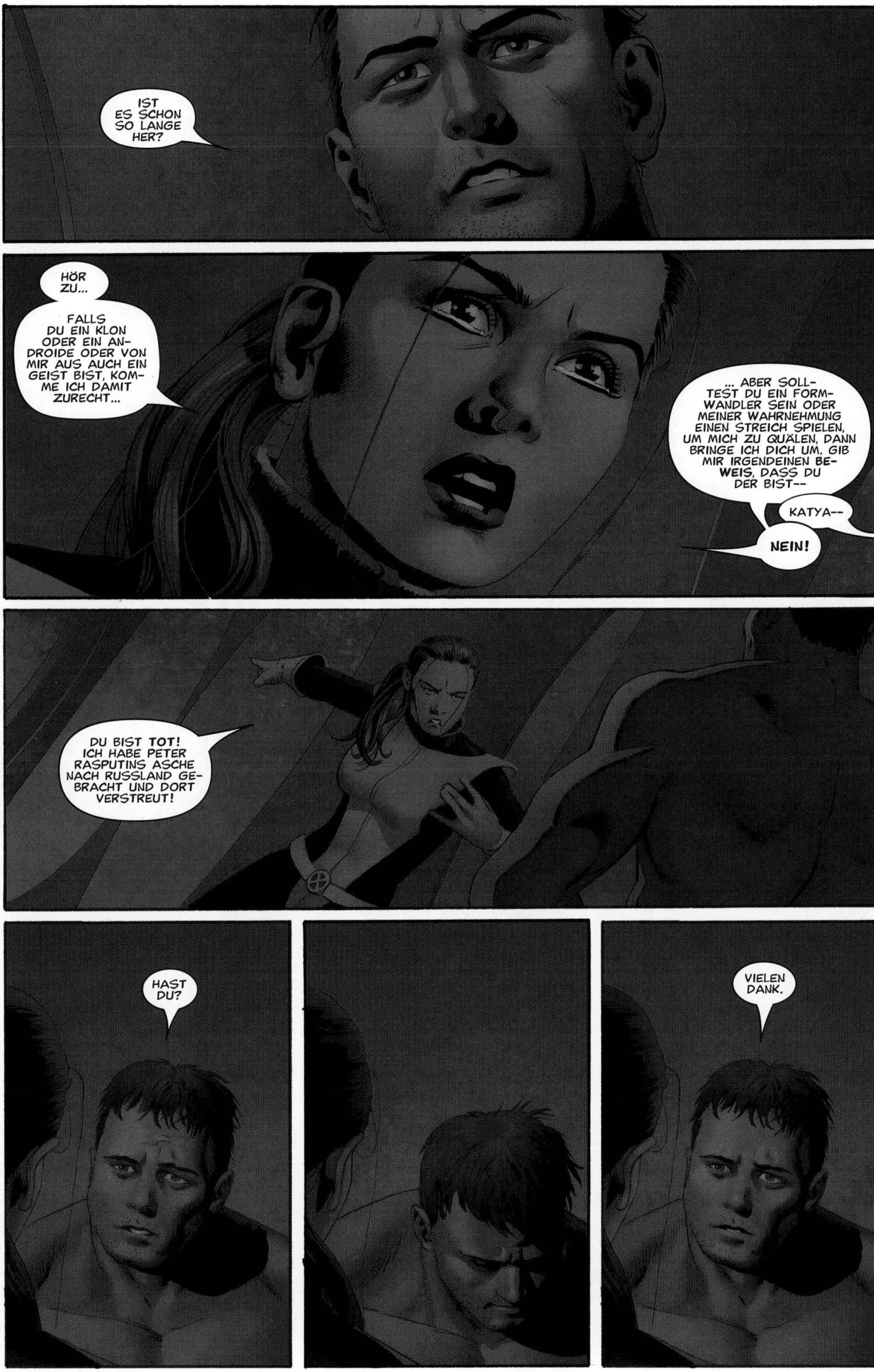
IST ES SCHON SO LANGE HER?
HÖR ZU...
FALLS DU EIN KLON ODER EIN ANDROIDE ODER VON MIR AUS AUCH EIN GEIST BIST, KOMME ICH DAMIT ZURECHT...
... ABER SOLLTEST DU EIN FORMWANDLER SEIN ODER MEINER WAHRNEHMUNG EINEN STREICH SPIELEN, UM MICH ZU QUÄLEN, DANN BRINGE ICH DICH UM. GIB MIR IRGENDEINEN BEWEIS, DASS DU DER BIST--
KATYA--
NEIN!
DU BIST TOT! ICH HABE PETER RASPUTINS ASCHE NACH RUSSLAND GEBRACHT UND DORT VERSTREUT!
HAST DU?
VIELEN DANK.

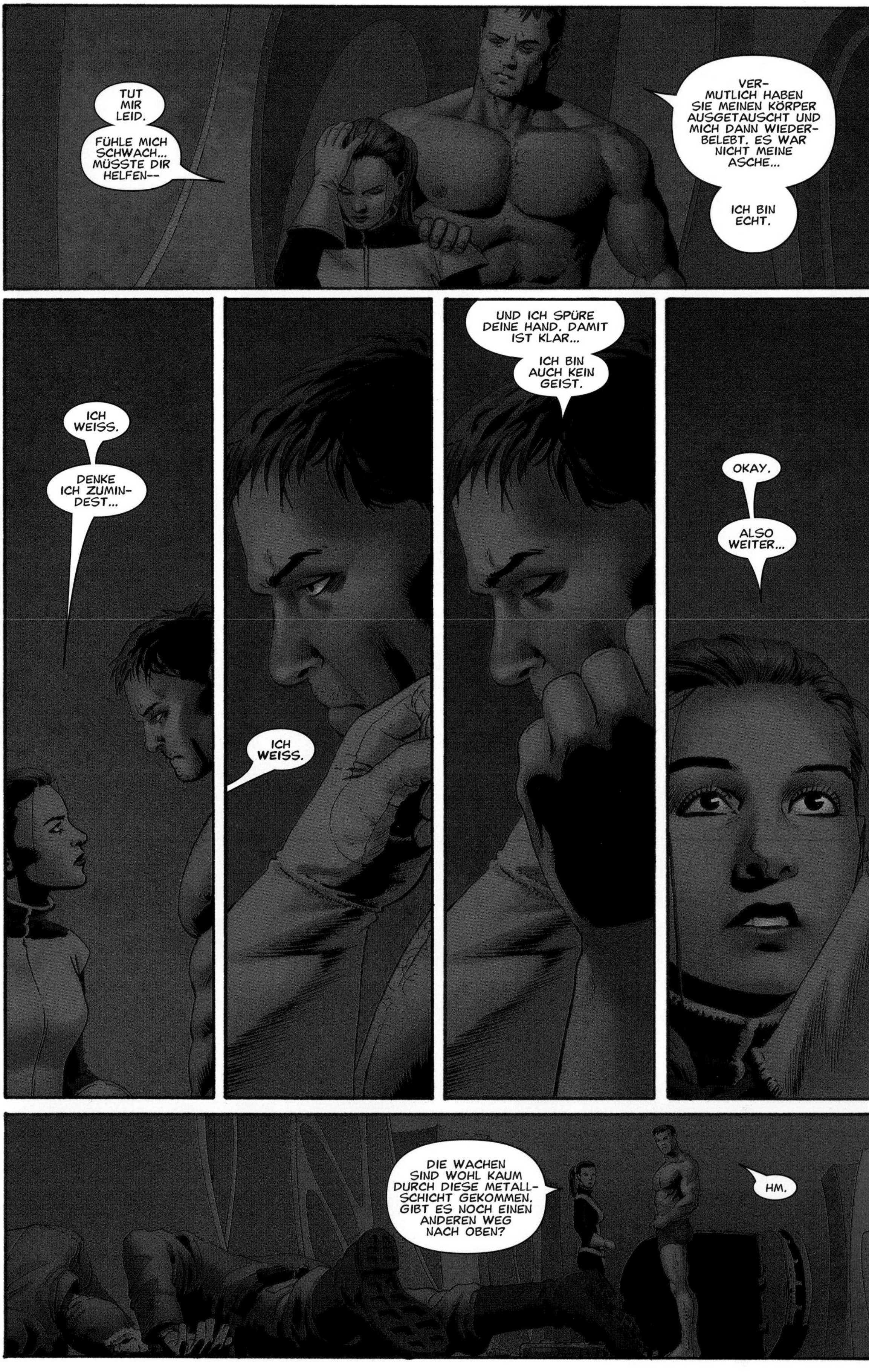
TUT MIR LEID.
FÜHLE MICH SCHWACH... MÜSSTE DIR HELFEN--
VERMUTLICH HABEN SIE MEINEN KÖRPER AUSGETAUSCHT UND MICH DANN WIEDERBELEBT. ES WAR NICHT MEINE ASCHE...
ICH BIN ECHT.
ICH WEISS.
DENKE ICH ZUMINDEST...
ICH WEISS.
UND ICH SPÜRE DEINE HAND. DAMIT IST KLAR...
ICH BIN AUCH KEIN GEIST.
OKAY.
ALSO WEITER...
DIE WACHEN SIND WOHL KAUM DURCH DIESE METALLSCHICHT GEKOMMEN. GIBT ES NOCH EINEN ANDEREN WEG NACH OBEN?
HM.

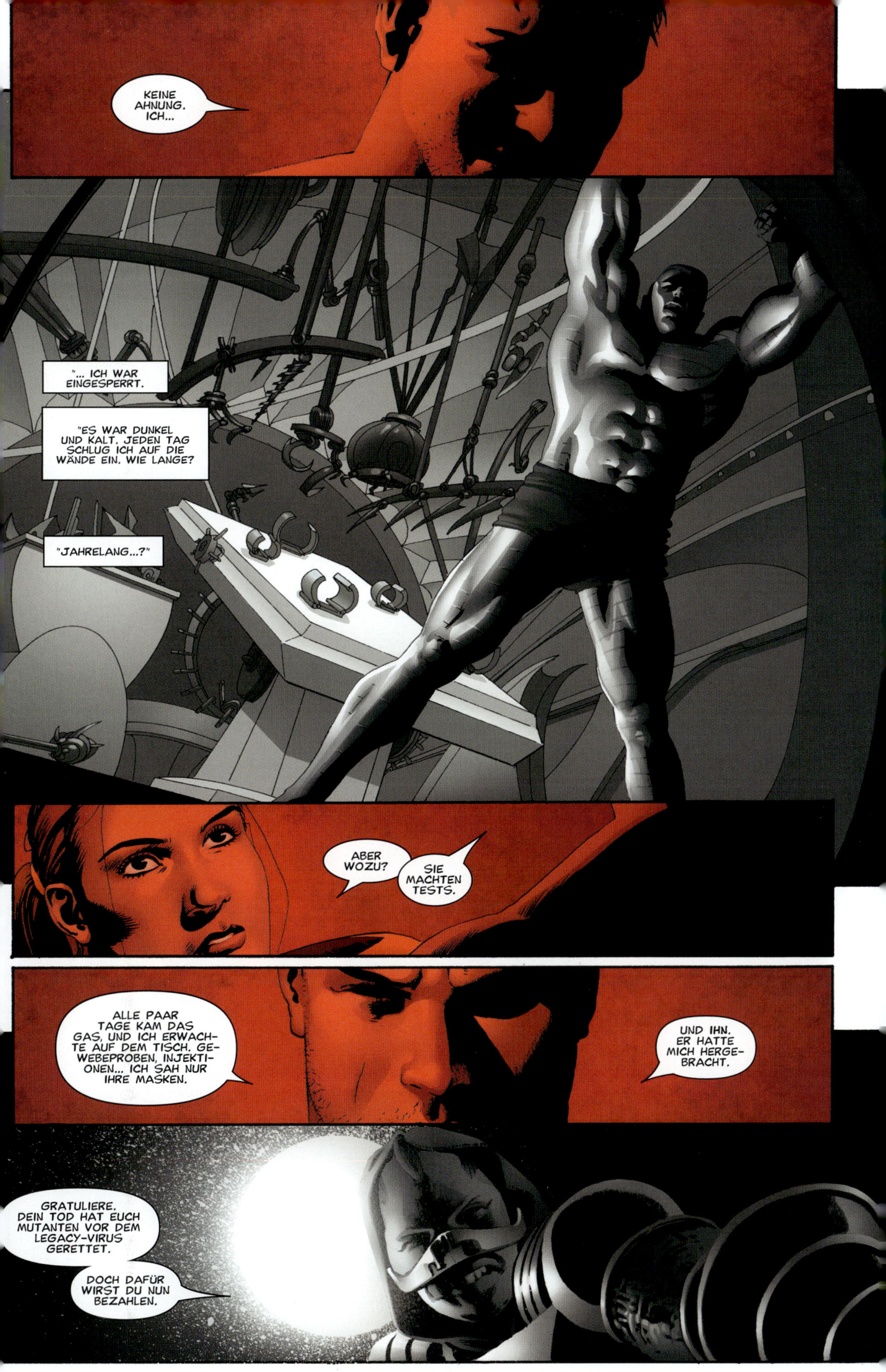
KEINE AHNUNG. ICH...
"... ICH WAR EINGESPERRT.
"ES WAR DUNKEL UND KALT. JEDEN TAG SCHLUG ICH AUF DIE WÄNDE EIN. WIE LANGE?
"JAHRELANG...?"
ABER WOZU?
SIE MACHTEN TESTS.
ALLE PAAR TAGE KAM DAS GAS, UND ICH ERWACHTE AUF DEM TISCH. GEWEBEPROBEN, INJEKTIONEN... ICH SAH NUR IHRE MASKEN.
UND IHN. ER HATTE MICH HERGEBRACHT.
GRATULIERE. DEIN TOD HAT EUCH MUTANTEN VOR DEM LEGACY-VIRUS GERETTET.
DOCH DAFÜR WIRST DU NUN BEZAHLEN.

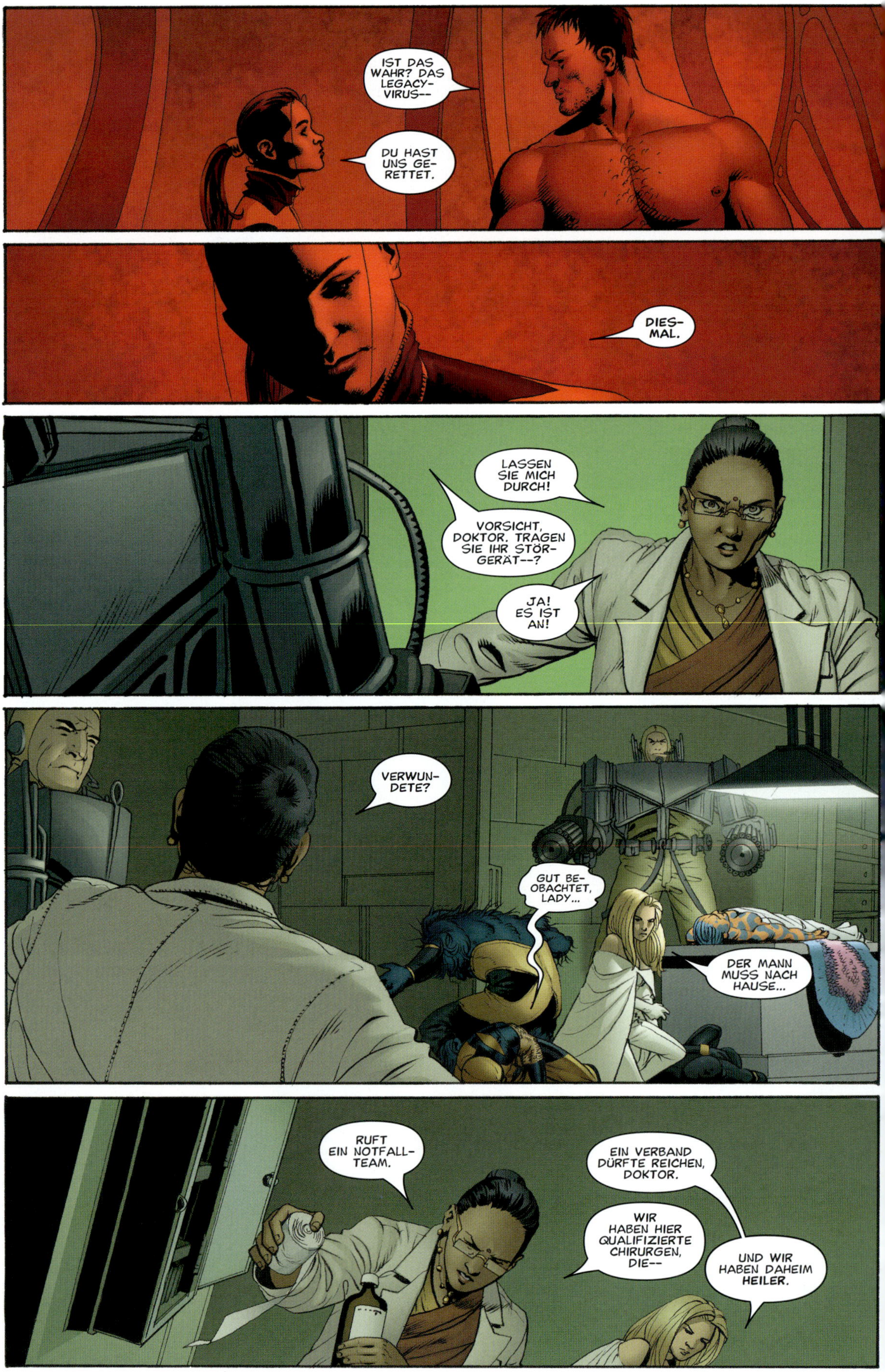
IST DAS WAHR? DAS LEGACY-VIRUS--
DU HAST UNS GERETTET.
DIESMAL.
LASSEN SIE MICH DURCH!
VORSICHT, DOKTOR. TRAGEN SIE IHR STÖRGERÄT--?
JA! ES IST AN!
VERWUNDETE?
GUT BEOBACHTET, LADY...
DER MANN MUSS NACH HAUSE...
RUFT EIN NOTFALLTEAM.
EIN VERBAND DÜRFTE REICHEN, DOKTOR.
WIR HABEN HIER QUALIFIZIERTE CHIRURGEN, DIE--
UND WIR HABEN DAHEIM HEILER.

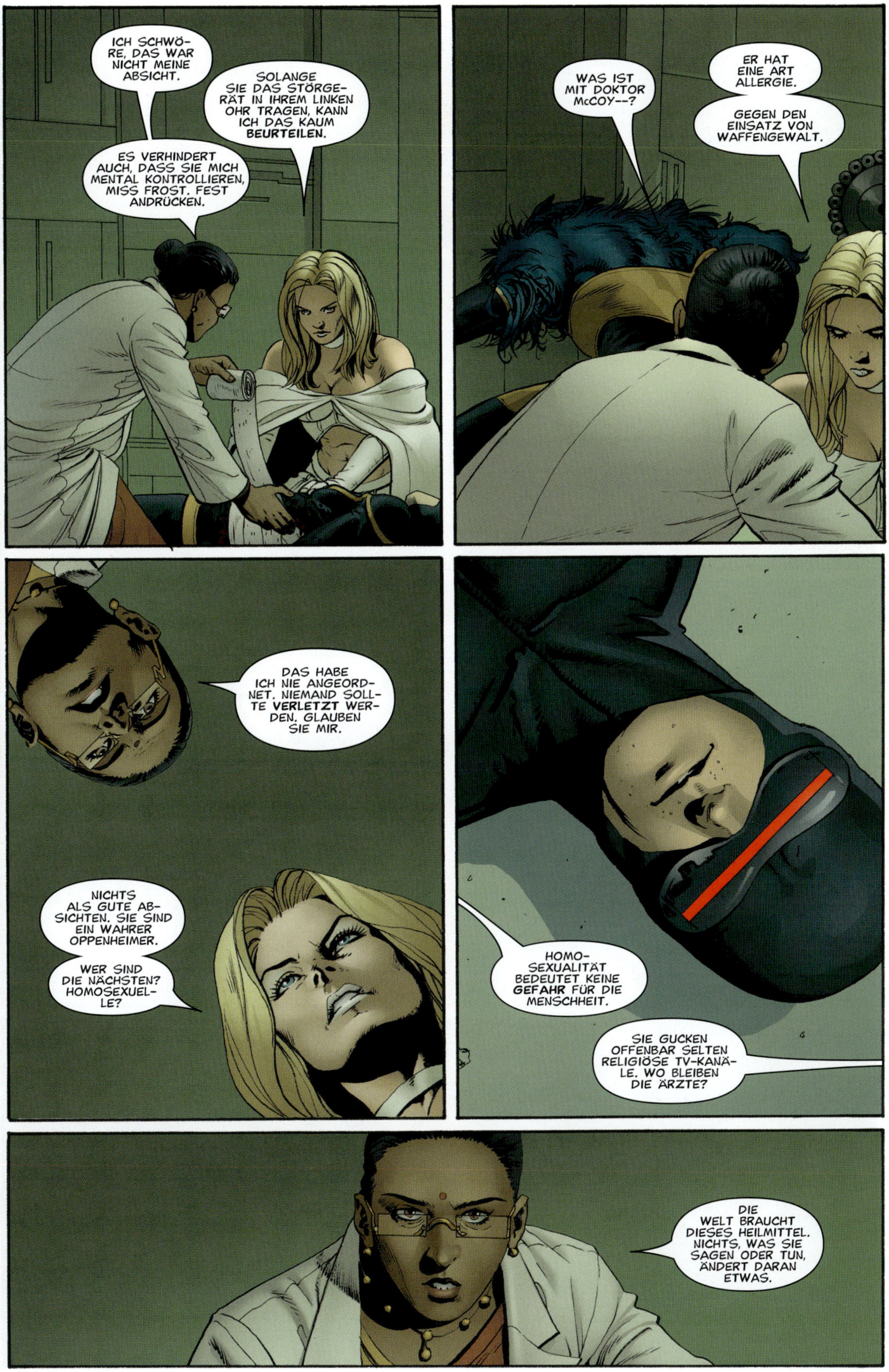
ICH SCHWÖRE, DAS WAR NICHT MEINE ABSICHT.
SOLANGE SIE DAS STÖRGERÄT IN IHREM LINKEN OHR TRAGEN, KANN ICH DAS KAUM **BEURTEILEN.**
ES VERHINDERT AUCH, DASS SIE MICH MENTAL KONTROLLIEREN, MISS FROST. FEST ANDRÜCKEN.
WAS IST MIT DOKTOR McCOY--?
ER HAT EINE ART ALLERGIE.
GEGEN DEN EINSATZ VON WAFFENGEWALT.
DAS HABE ICH NIE ANGEORDNET. NIEMAND SOLLTE **VERLETZT** WERDEN. GLAUBEN SIE MIR.
NICHTS ALS GUTE ABSICHTEN. SIE SIND EIN WAHRER OPPENHEIMER.
WER SIND DIE NÄCHSTEN? HOMOSEXUELLE?
HOMOSEXUALITÄT BEDEUTET KEINE **GEFAHR** FÜR DIE MENSCHHEIT.
SIE GUCKEN OFFENBAR SELTEN RELIGIÖSE TV-KANÄLE. WO BLEIBEN DIE ÄRZTE?
DIE WELT BRAUCHT DIESES HEILMITTEL. NICHTS, WAS SIE SAGEN ODER TUN, ÄNDERT DARAN ETWAS.

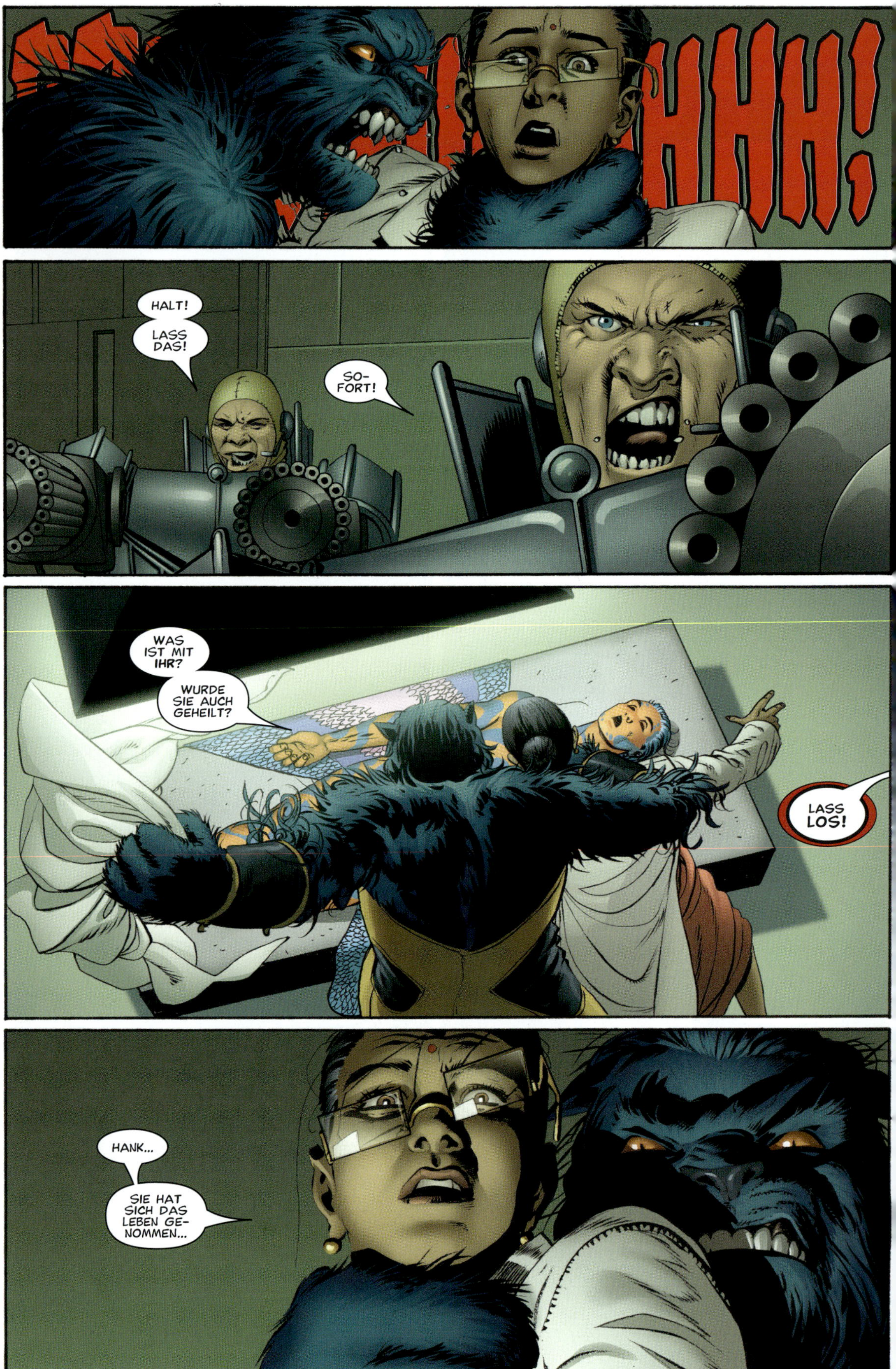
HALT!
LASS DAS!
SO-FORT!
WAS IST MIT IHR?
WURDE SIE AUCH GEHEILT?
LASS LOS!
HANK...
SIE HAT SICH DAS LEBEN GE-NOMMEN...

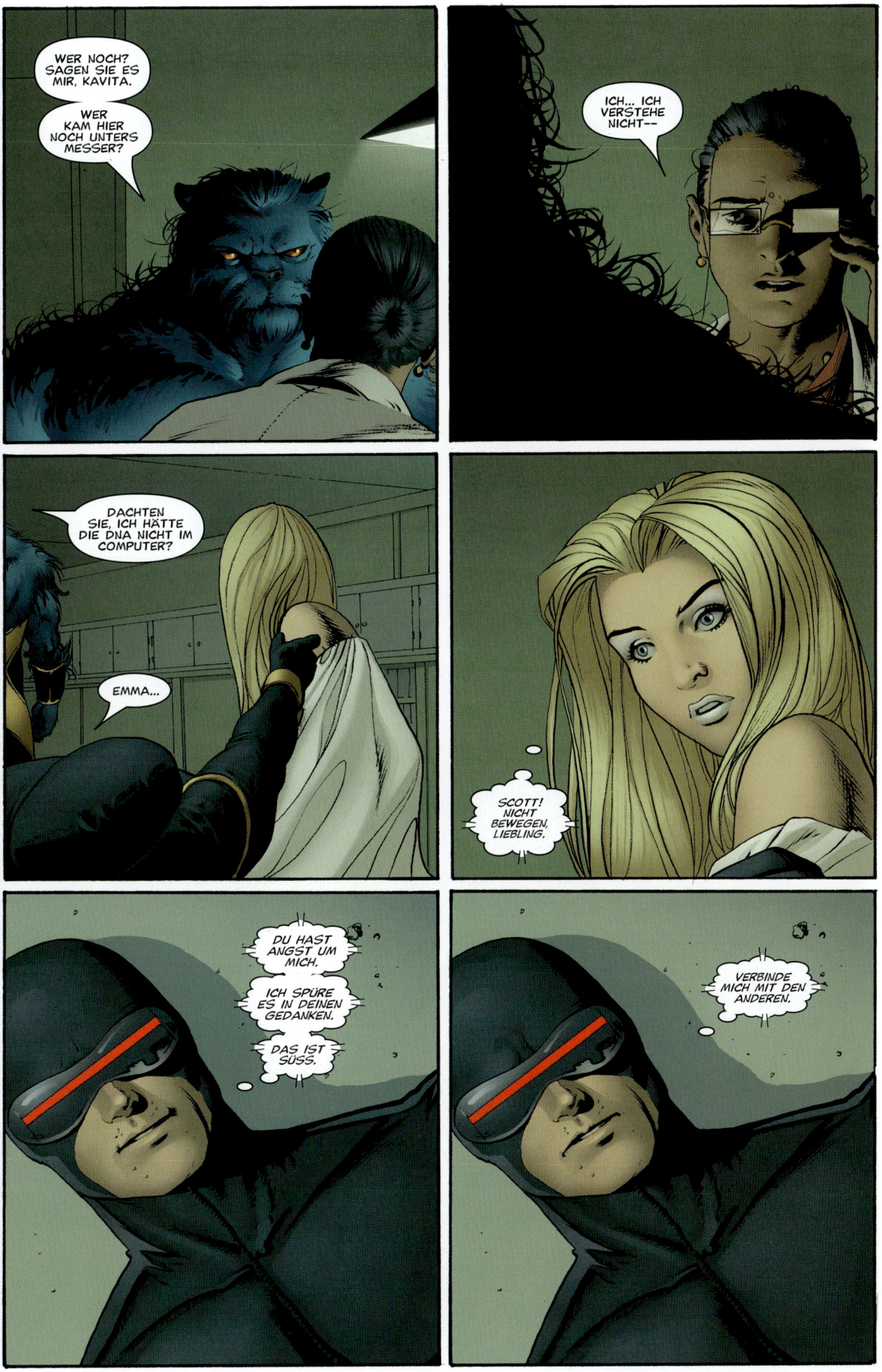
WER NOCH? SAGEN SIE ES MIR, KAVITA.
WER KAM HIER NOCH UNTERS MESSER?
ICH... ICH VERSTEHE NICHT--
DACHTEN SIE, ICH HÄTTE DIE DNA NICHT IM COMPUTER?
EMMA...
SCOTT! NICHT BEWEGEN, LIEBLING.
DU HAST ANGST UM MICH.
ICH SPÜRE ES IN DEINEN GEDANKEN.
DAS IST SÜSS.
VERBINDE MICH MIT DEN ANDEREN.

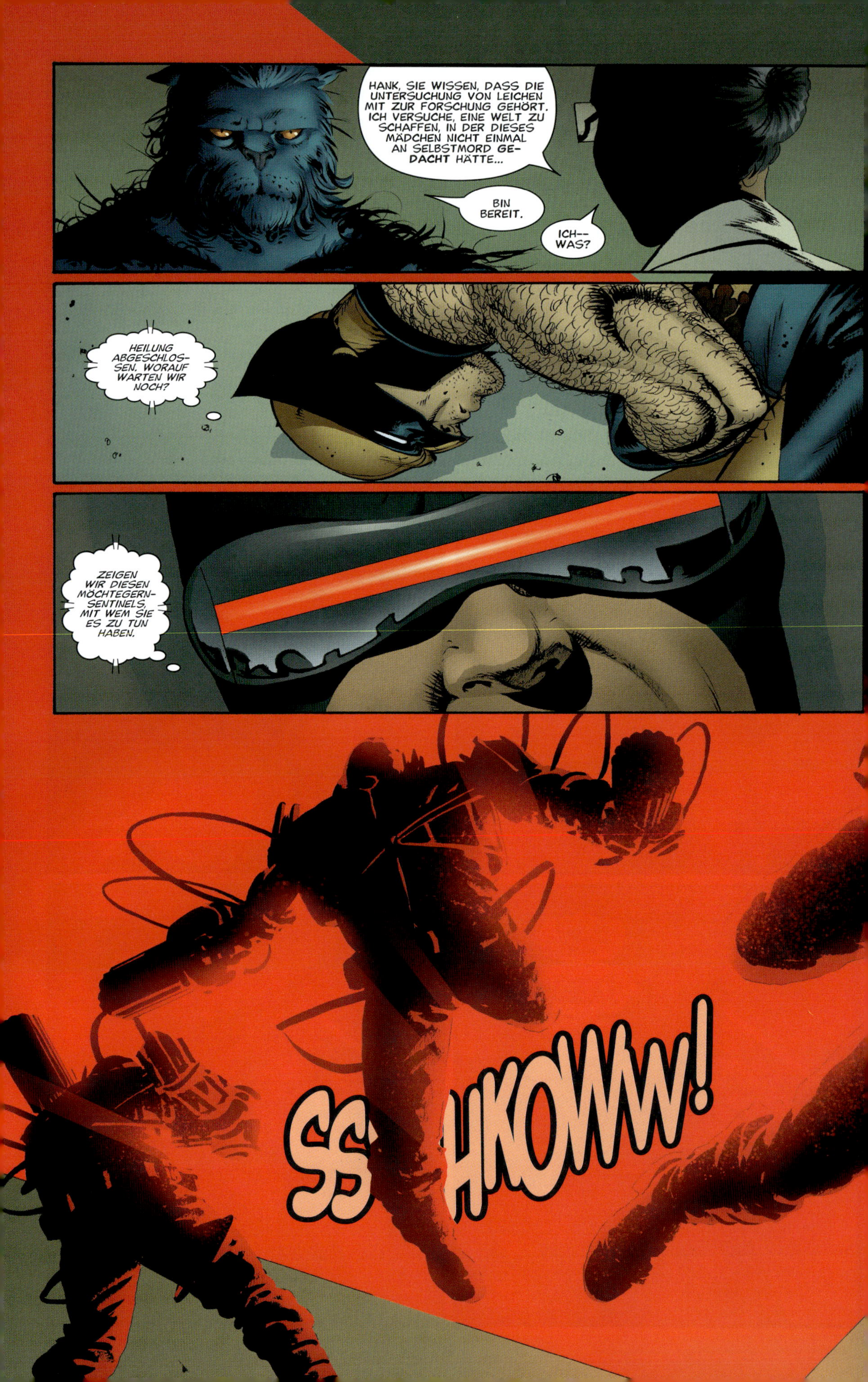
HANK, SIE WISSEN, DASS DIE UNTERSUCHUNG VON LEICHEN MIT ZUR FORSCHUNG GEHÖRT. ICH VERSUCHE, EINE WELT ZU SCHAFFEN, IN DER DIESES MÄDCHEN NICHT EINMAL AN SELBSTMORD GEDACHT HÄTTE...
BIN BEREIT.
ICH-- WAS?
HEILUNG ABGESCHLOSSEN. WORAUF WARTEN WIR NOCH?
ZEIGEN WIR DIESEN MÖCHTEGERN-SENTINELS, MIT WEM SIE ES ZU TUN HABEN.
SS HKOWW!

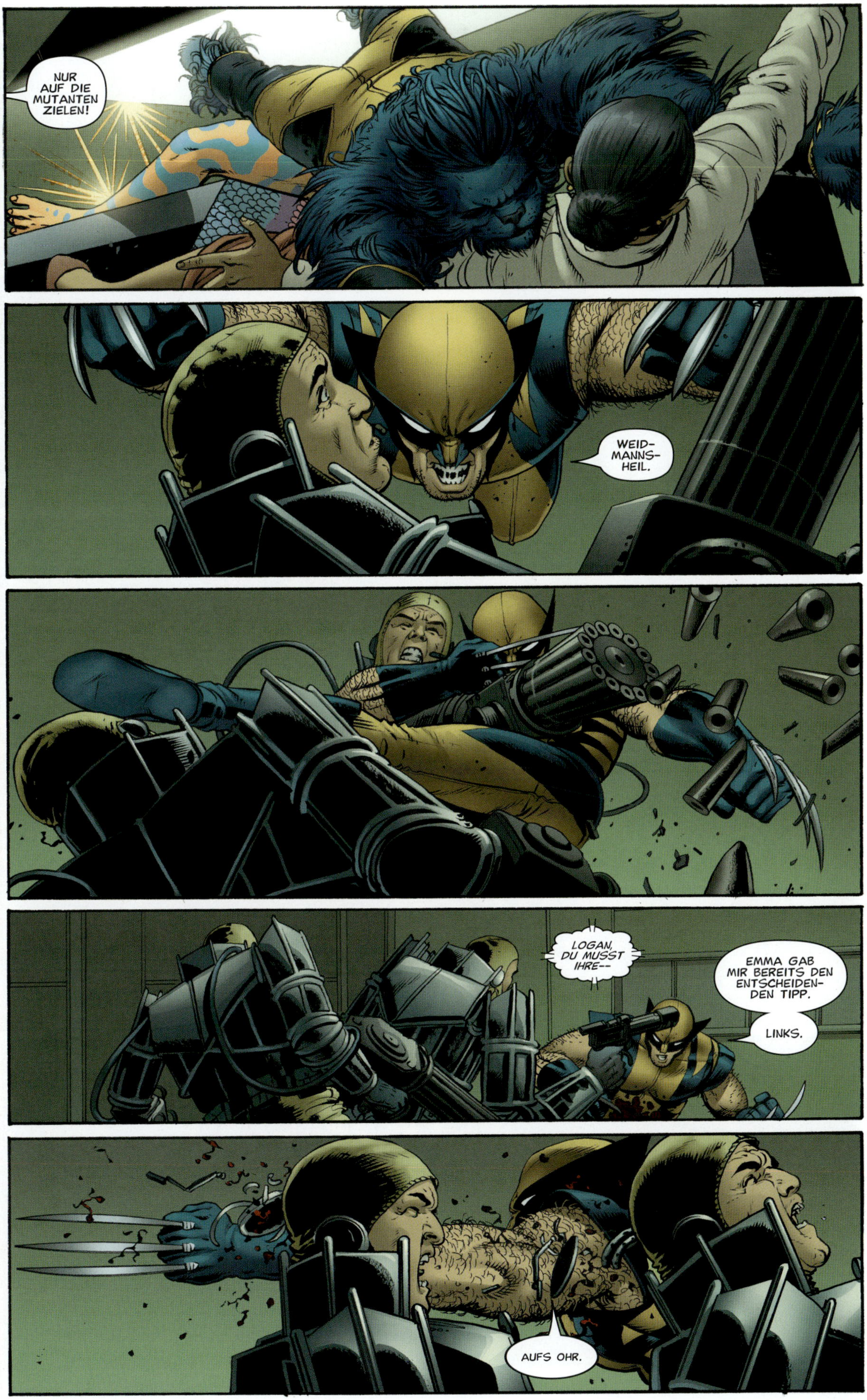
NUR AUF DIE MUTANTEN ZIELEN!
WEID-MANNS-HEIL.
LOGAN, DU MUSST IHRE--
EMMA GAB MIR BEREITS DEN ENTSCHEIDEN-DEN TIPP.
LINKS.
AUFS OHR.

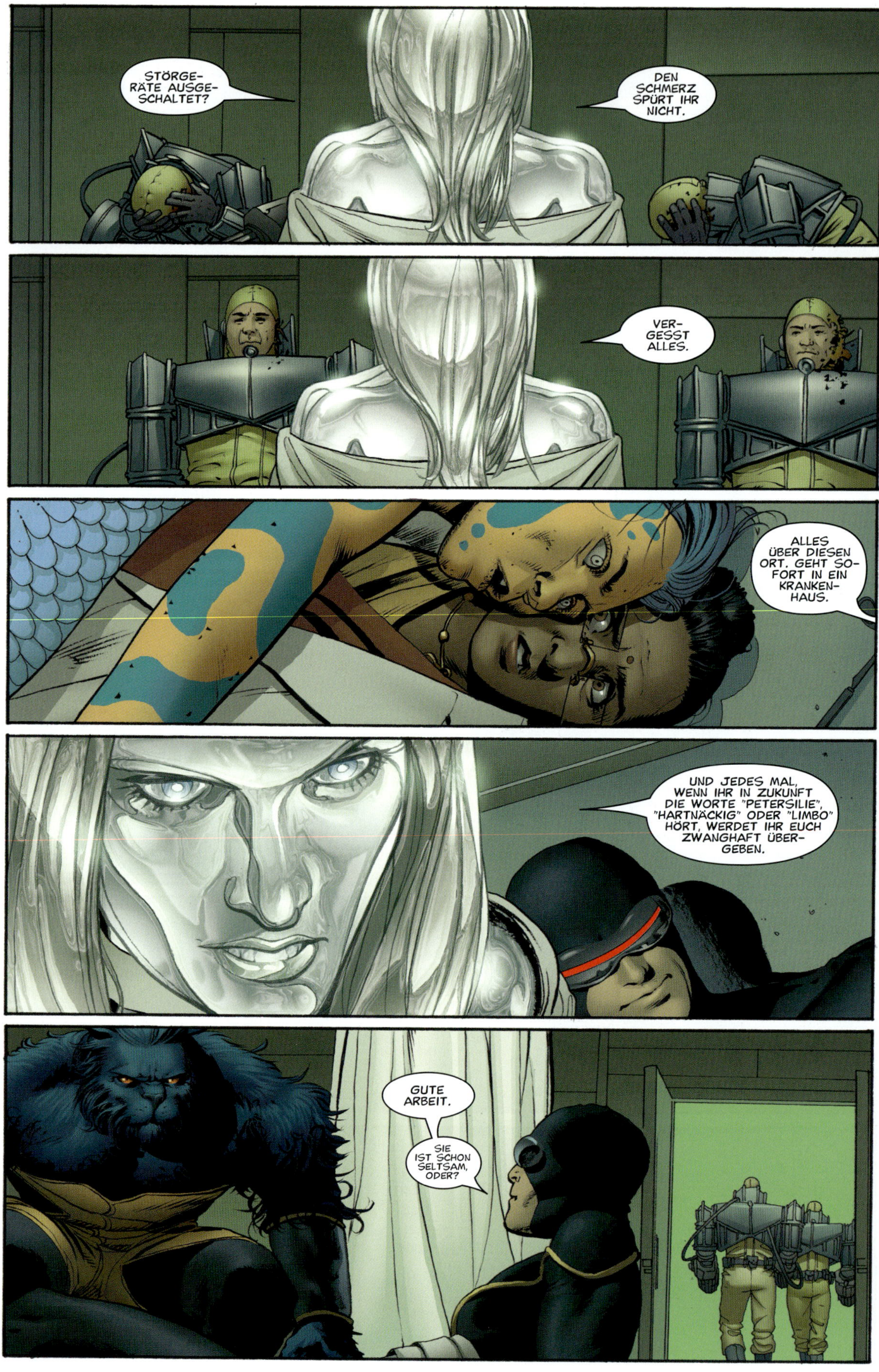
STÖRGERÄTE AUSGESCHALTET?
DEN SCHMERZ SPÜRT IHR NICHT.
VERGESST ALLES.
ALLES ÜBER DIESEN ORT. GEHT SOFORT IN EIN KRANKENHAUS.
UND JEDES MAL, WENN IHR IN ZUKUNFT DIE WORTE "PETERSILIE", "HARTNÄCKIG" ODER "LIMBO" HÖRT, WERDET IHR EUCH ZWANGHAFT ÜBERGEBEN.
GUTE ARBEIT.
SIE IST SCHON SELTSAM, ODER?

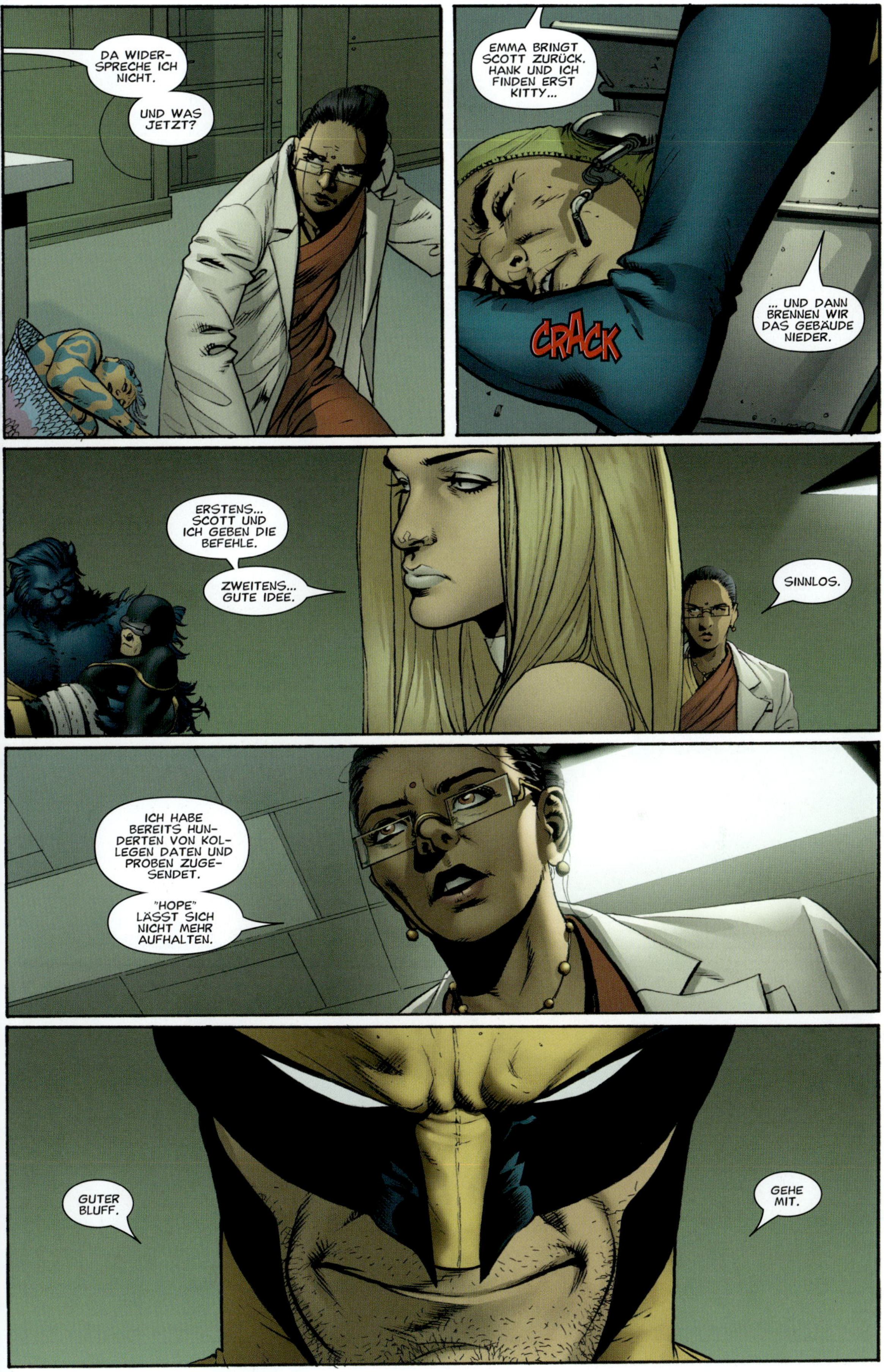

DA WIDER-SPRECHE ICH NICHT.
UND WAS JETZT?
EMMA BRINGT SCOTT ZURÜCK. HANK UND ICH FINDEN ERST KITTY...
CRACK
... UND DANN BRENNEN WIR DAS GEBÄUDE NIEDER.
ERSTENS... SCOTT UND ICH GEBEN DIE BEFEHLE.
ZWEITENS... GUTE IDEE.
SINNLOS.
ICH HABE BEREITS HUNDERTEN VON KOLLEGEN DATEN UND PROBEN ZUGESENDET.
"HOPE" LÄSST SICH NICHT MEHR AUFHALTEN.
GUTER BLUFF.
GEHE MIT.

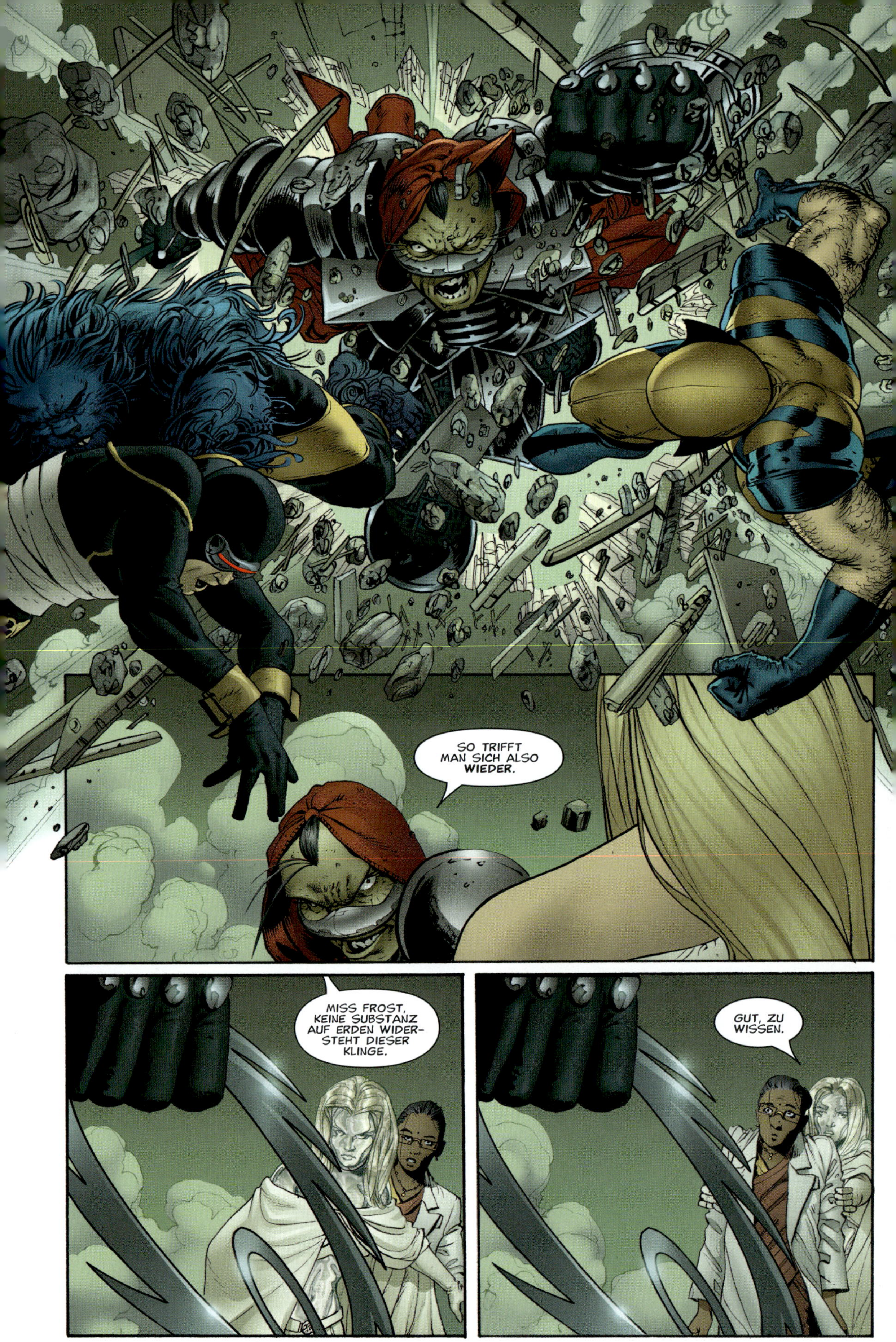
SO TRIFFT MAN SICH ALSO WIEDER.
MISS FROST, KEINE SUBSTANZ AUF ERDEN WIDER-STEHT DIESER KLINGE.
GUT, ZU WISSEN.

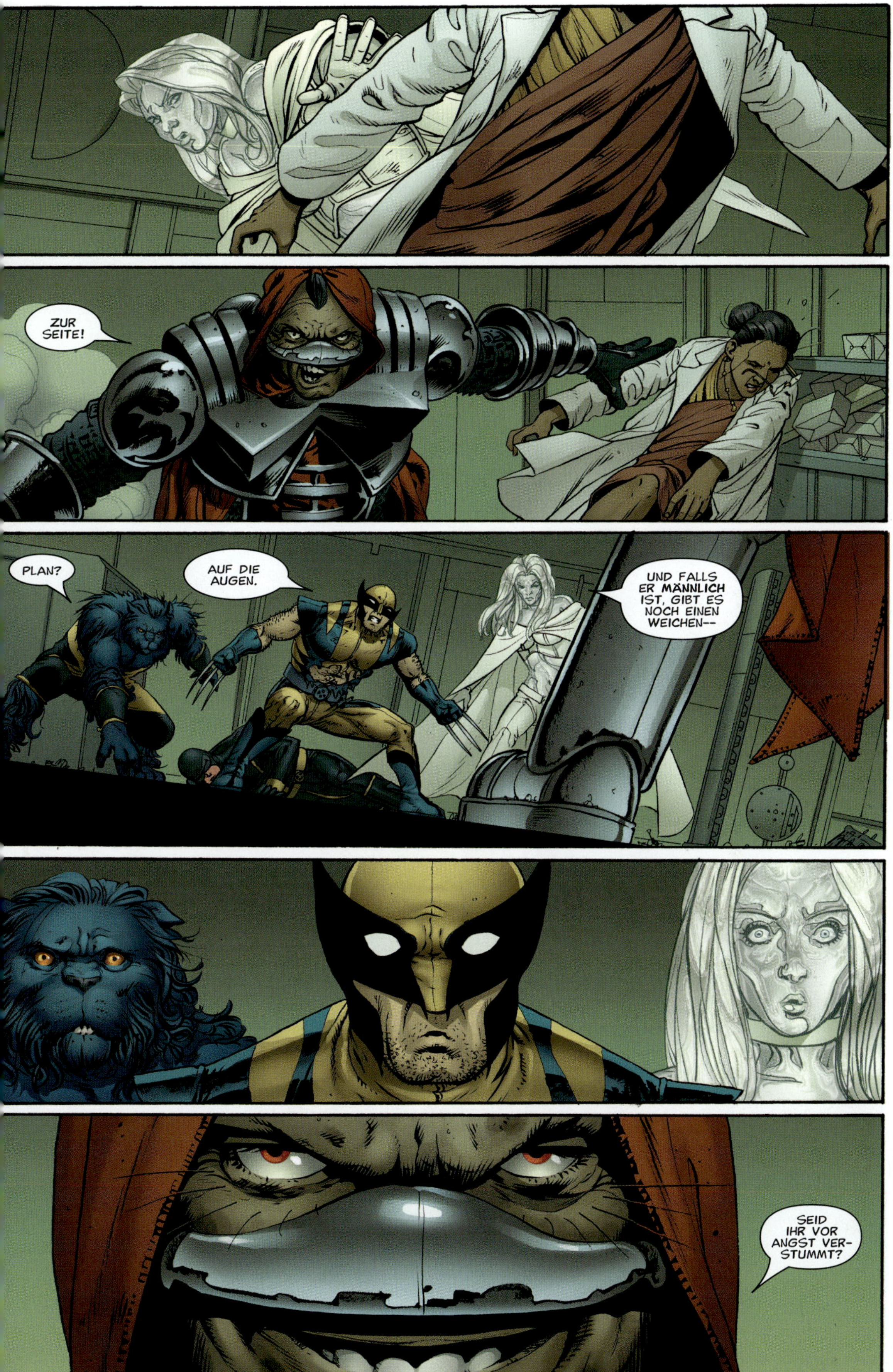
ZUR SEITE!
PLAN?
AUF DIE AUGEN.
UND FALLS ER MÄNNLICH IST, GIBT ES NOCH EINEN WEICHEN--
SEID IHR VOR ANGST VER-STUMMT?

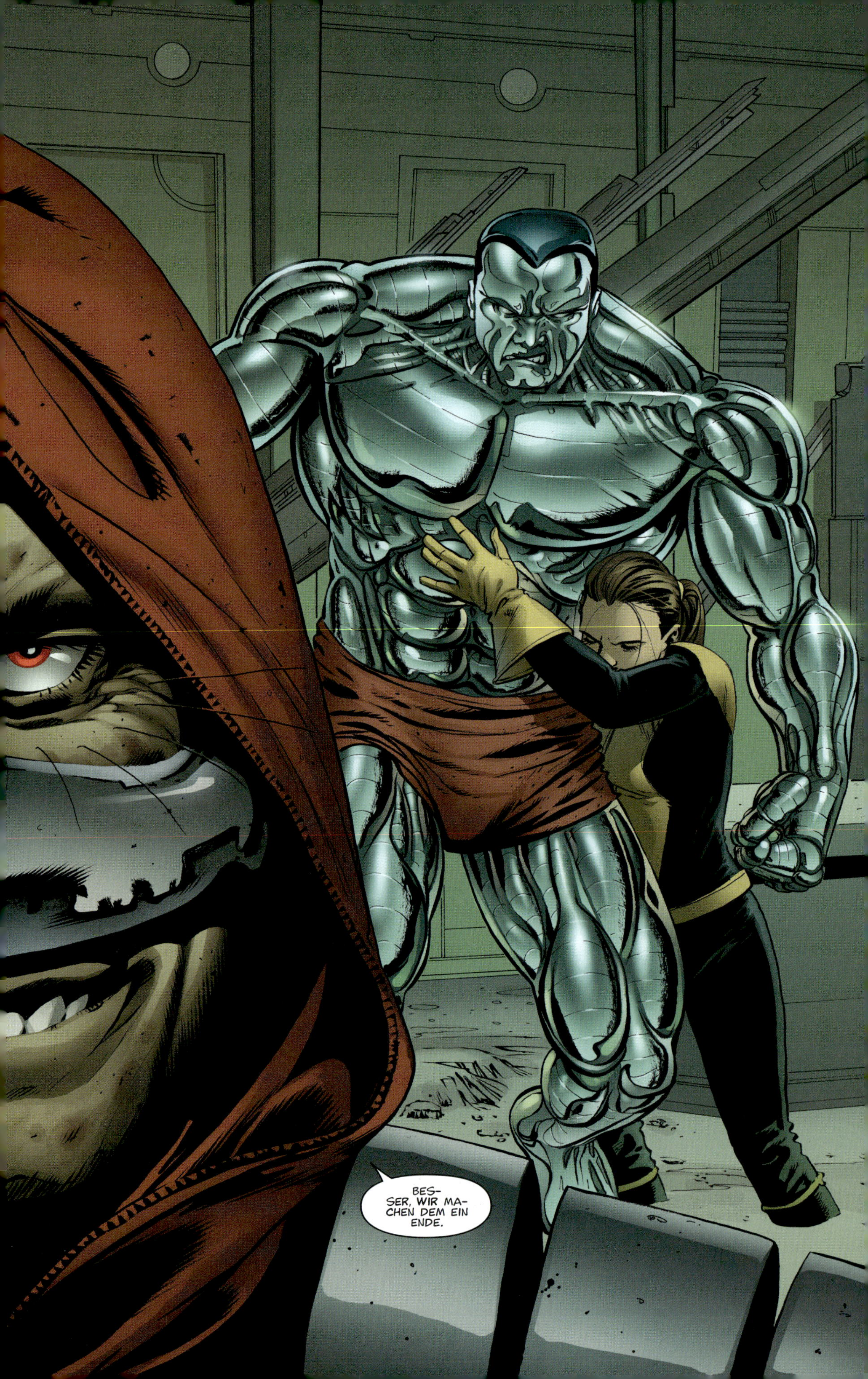
BESSER, WIR MACHEN DEM EIN ENDE.

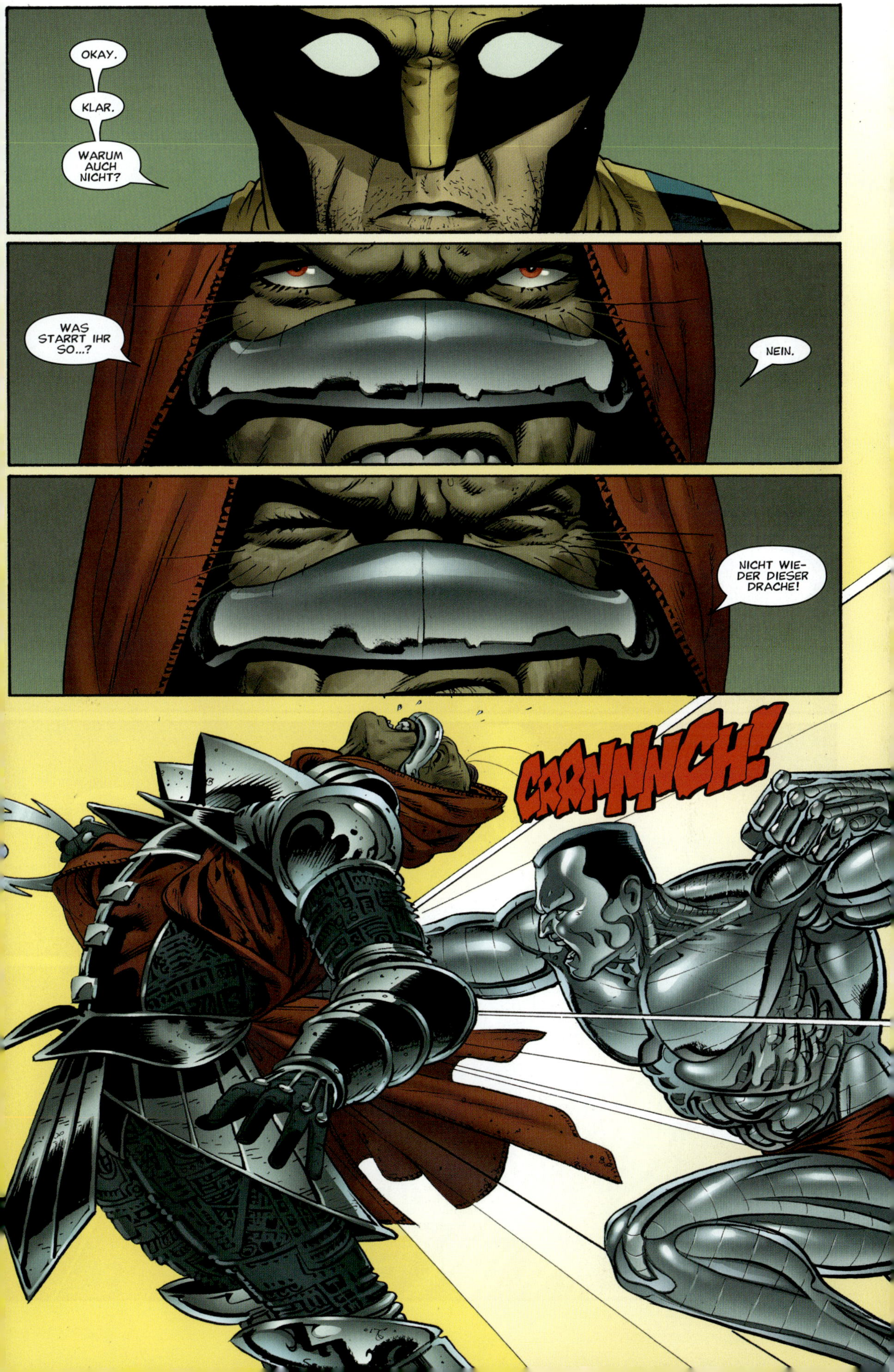
OKAY.
KLAR.
WARUM AUCH NICHT?
WAS STARRT IHR SO...?
NEIN.
NICHT WIE-DER DIESER DRACHE!
CRRNNNCH!

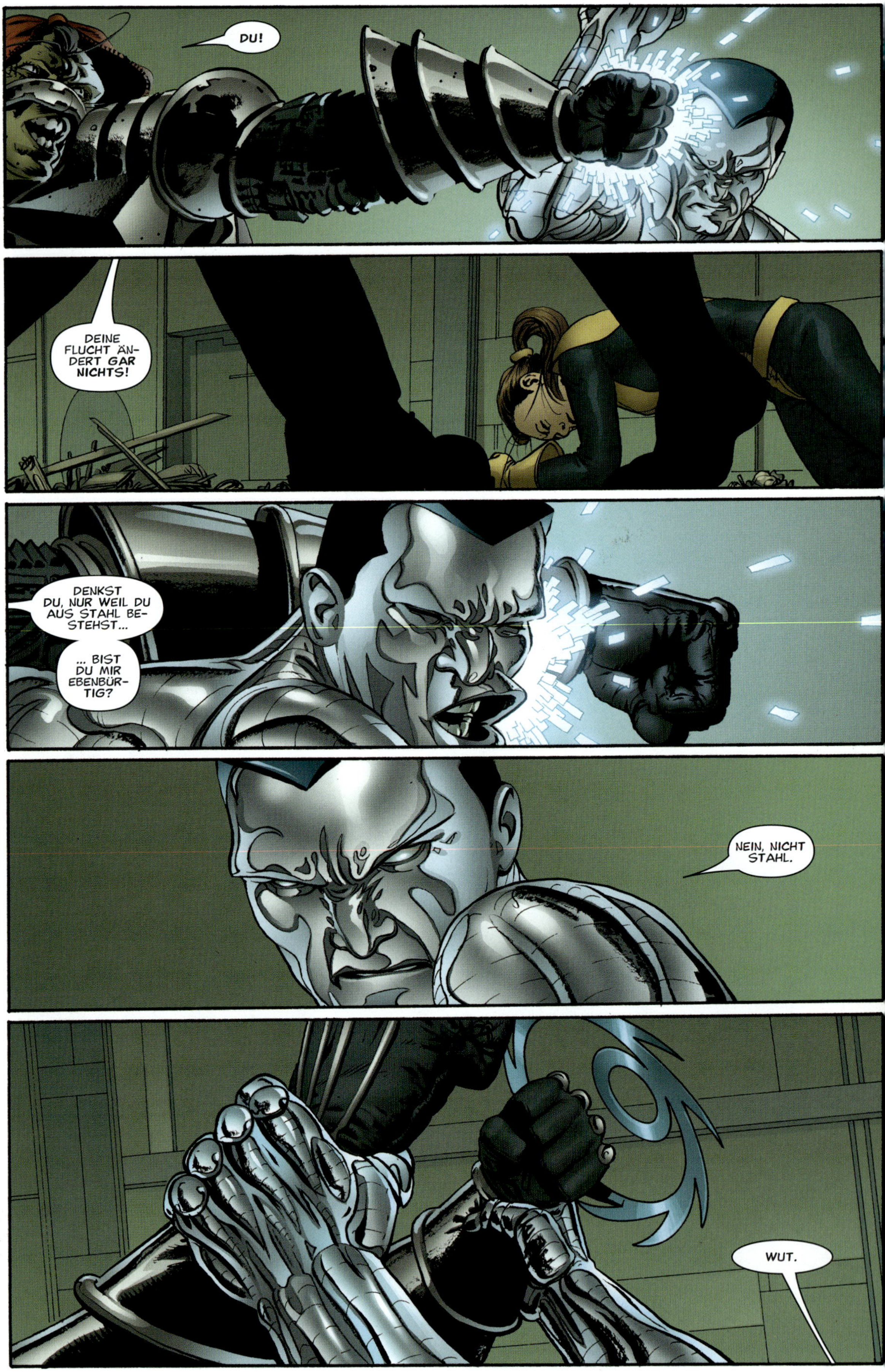
DU!
DEINE FLUCHT ÄNDERT GAR NICHTS!
DENKST DU, NUR WEIL DU AUS STAHL BESTEHST...
... BIST DU MIR EBENBÜRTIG?
NEIN, NICHT STAHL.
WUT.

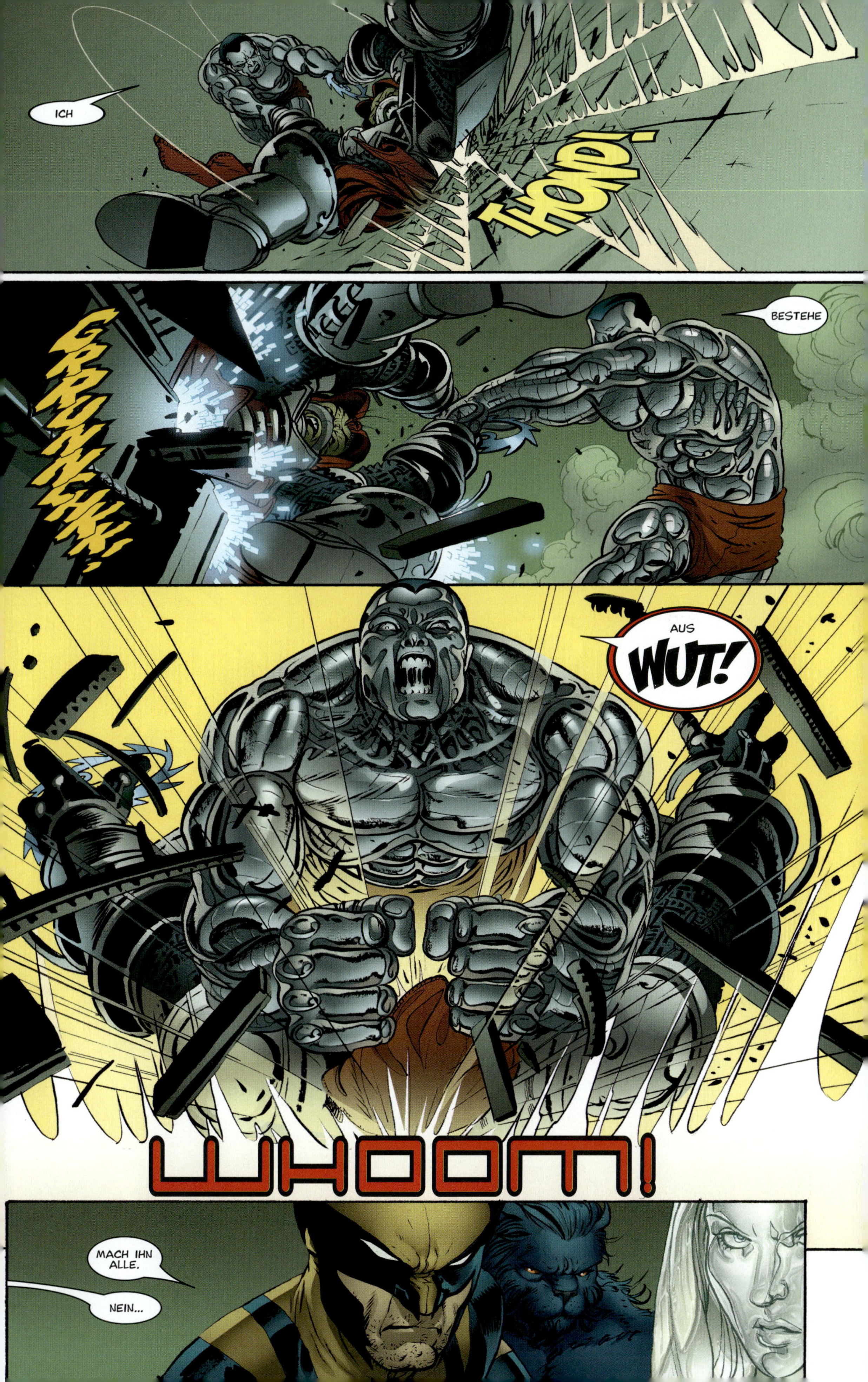
ICH
THOOM!
GRRUNNCHK!
BESTEHE
AUS
WUT!
WHOOM!
MACH IHN ALLE.
NEIN...

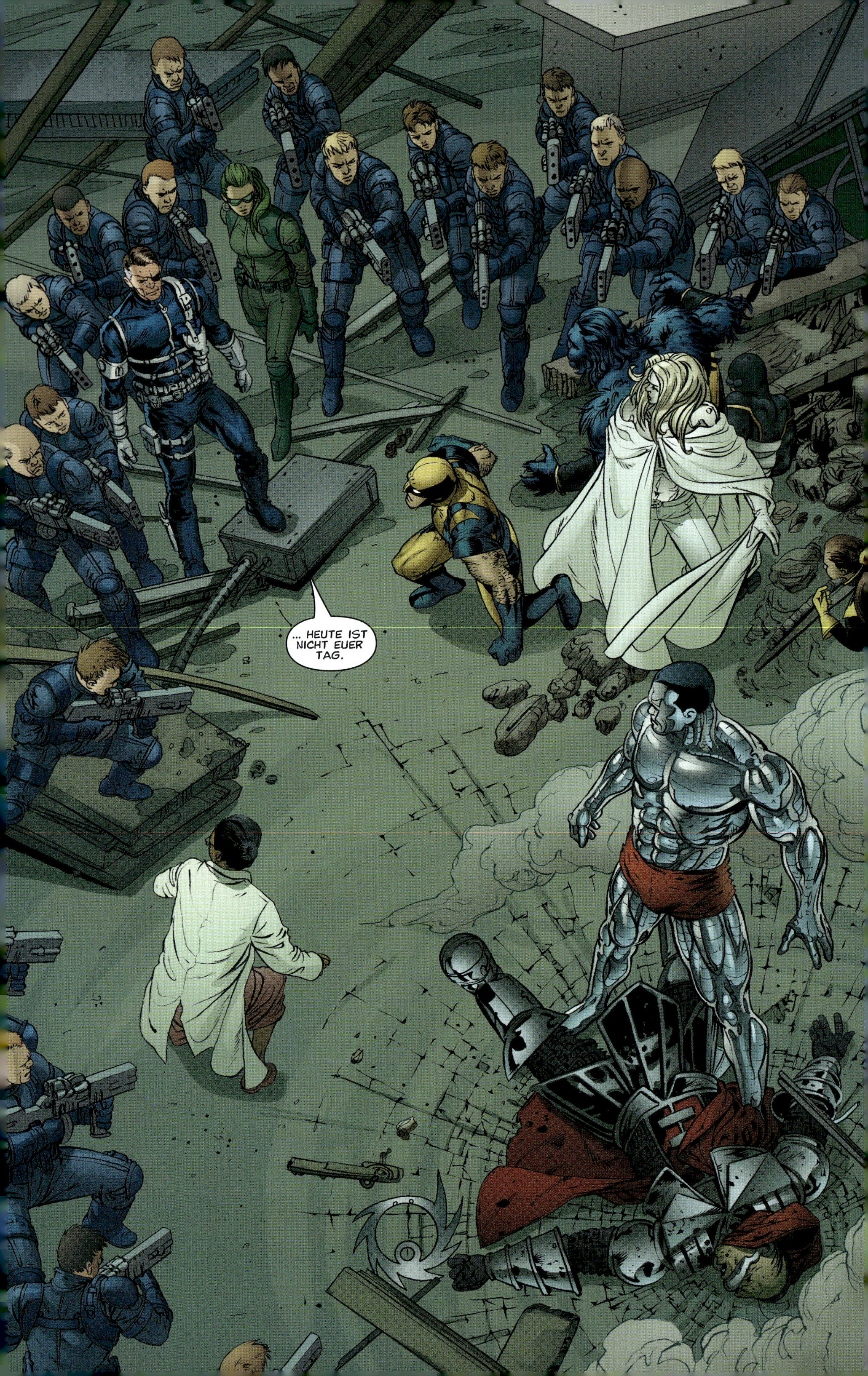
... HEUTE IST NICHT EUER TAG.

BEGABT, TEIL 6

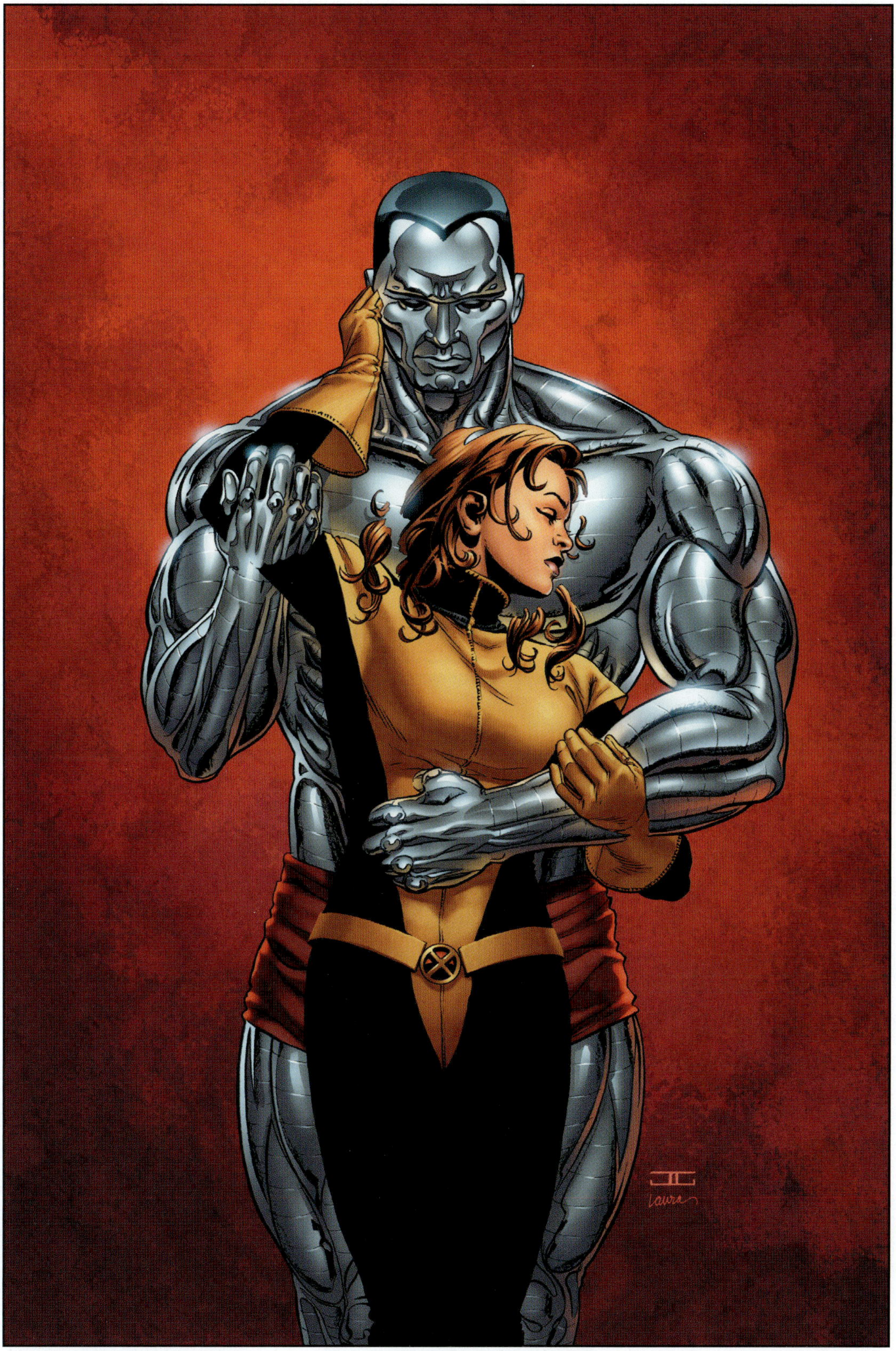

Astonishing X-Men (2004) 6
Cover von **JOHN CASSADAY**

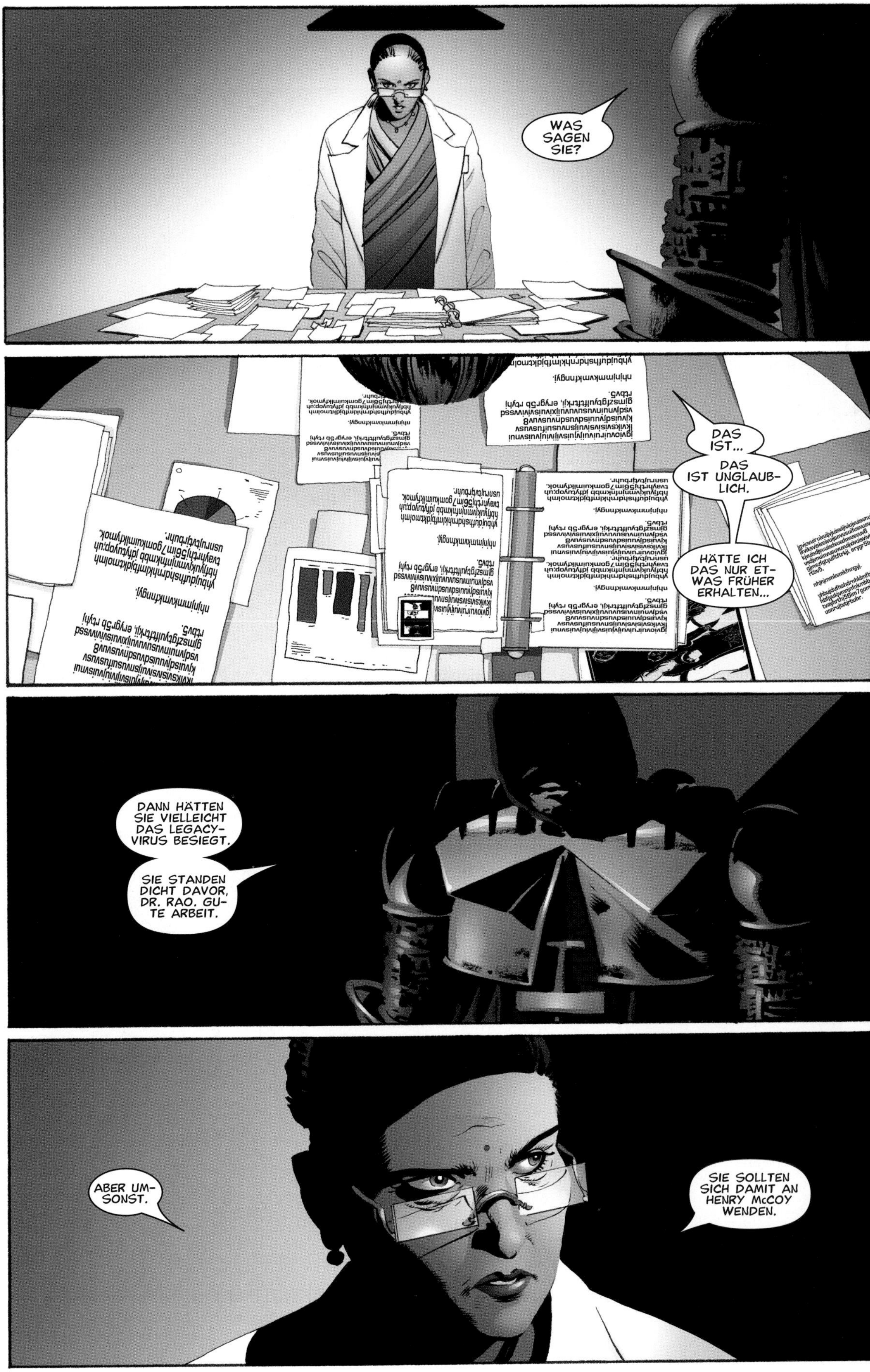
WAS SAGEN SIE?
DAS IST...
DAS IST UNGLAUBLICH.
HÄTTE ICH DAS NUR ETWAS FRÜHER ERHALTEN...
DANN HÄTTEN SIE VIELLEICHT DAS LEGACY-VIRUS BESIEGT.
SIE STANDEN DICHT DAVOR, DR. RAO. GUTE ARBEIT.
ABER UMSONST.
SIE SOLLTEN SICH DAMIT AN HENRY McCOY WENDEN.

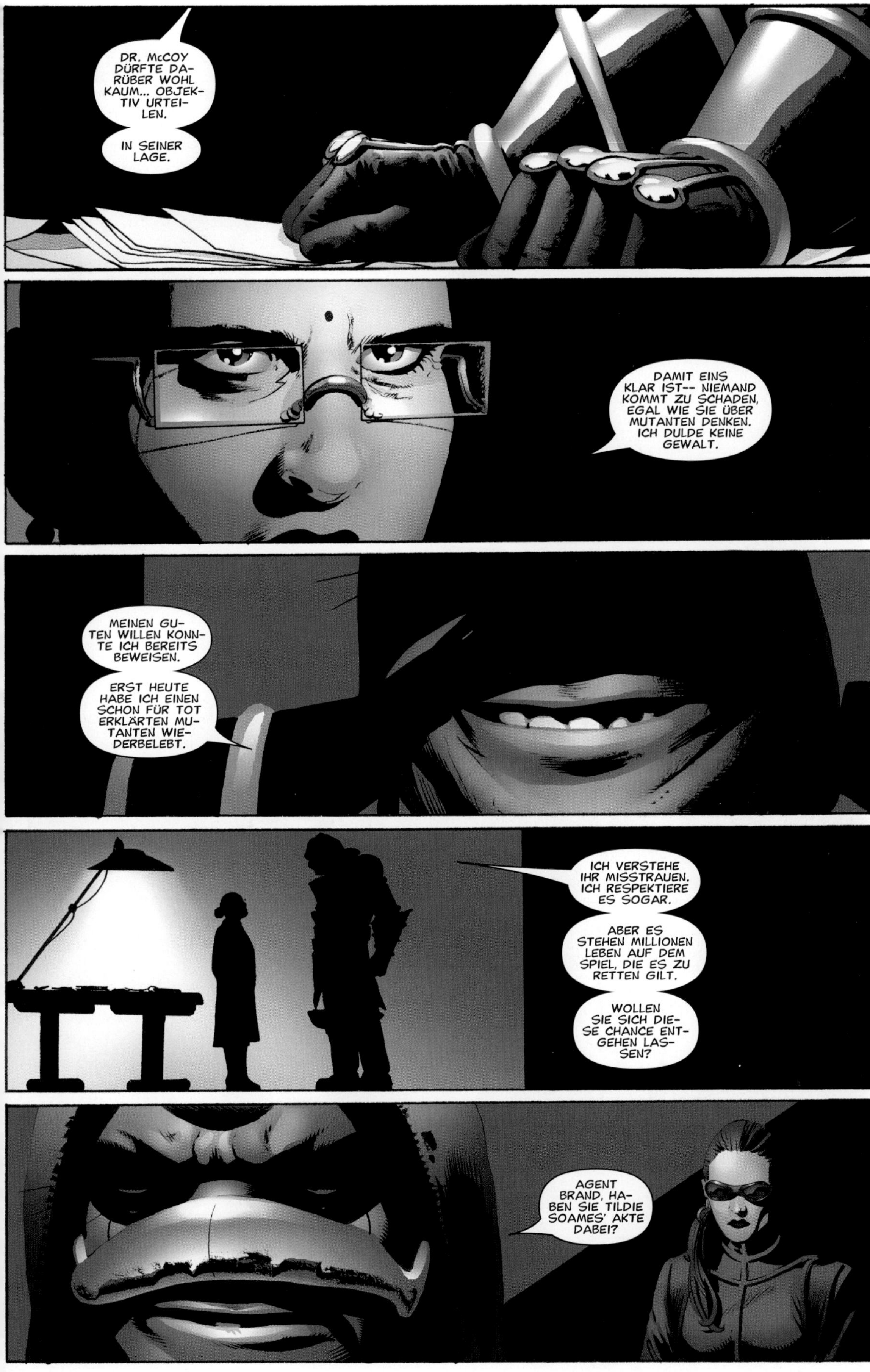
DR. McCOY DÜRFTE DARÜBER WOHL KAUM... OBJEKTIV URTEILEN.
IN SEINER LAGE.
DAMIT EINS KLAR IST-- NIEMAND KOMMT ZU SCHADEN, EGAL WIE SIE ÜBER MUTANTEN DENKEN. ICH DULDE KEINE GEWALT.
MEINEN GUTEN WILLEN KONNTE ICH BEREITS BEWEISEN.
ERST HEUTE HABE ICH EINEN SCHON FÜR TOT ERKLÄRTEN MUTANTEN WIEDERBELEBT.
ICH VERSTEHE IHR MISSTRAUEN. ICH RESPEKTIERE ES SOGAR.
ABER ES STEHEN MILLIONEN LEBEN AUF DEM SPIEL, DIE ES ZU RETTEN GILT.
WOLLEN SIE SICH DIESE CHANCE ENTGEHEN LASSEN?
AGENT BRAND, HABEN SIE TILDIE SOAMES' AKTE DABEI?

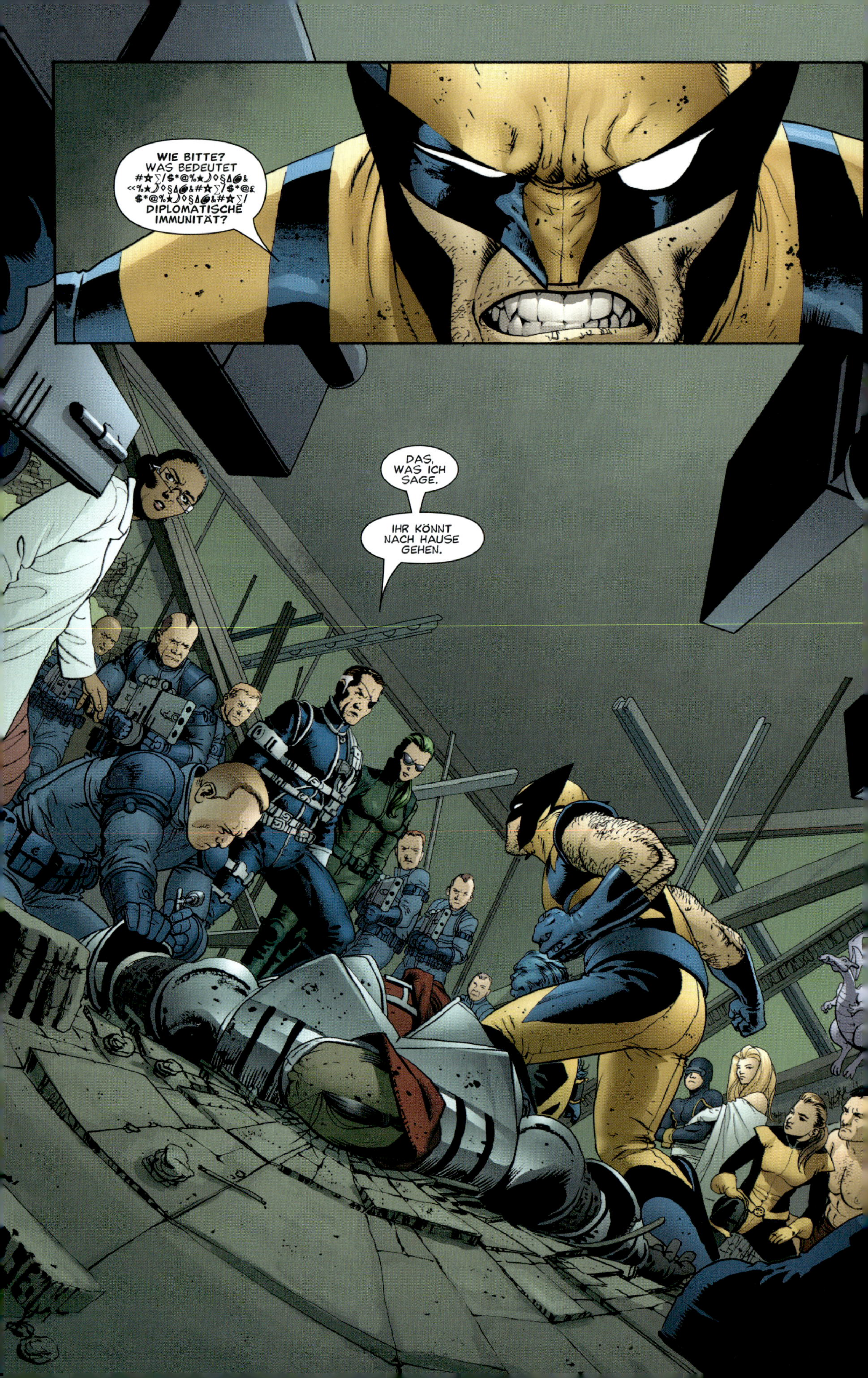

WIE BITTE? WAS BEDEUTET #☆∑/$*@%★☽◊§∆@& <<%★☽◊§∆@&#☆∑/$*@£ $*@%★☽◊§∆@&#☆∑/ DIPLOMATISCHE IMMUNITÄT?
DAS, WAS ICH SAGE.
IHR KÖNNT NACH HAUSE GEHEN.

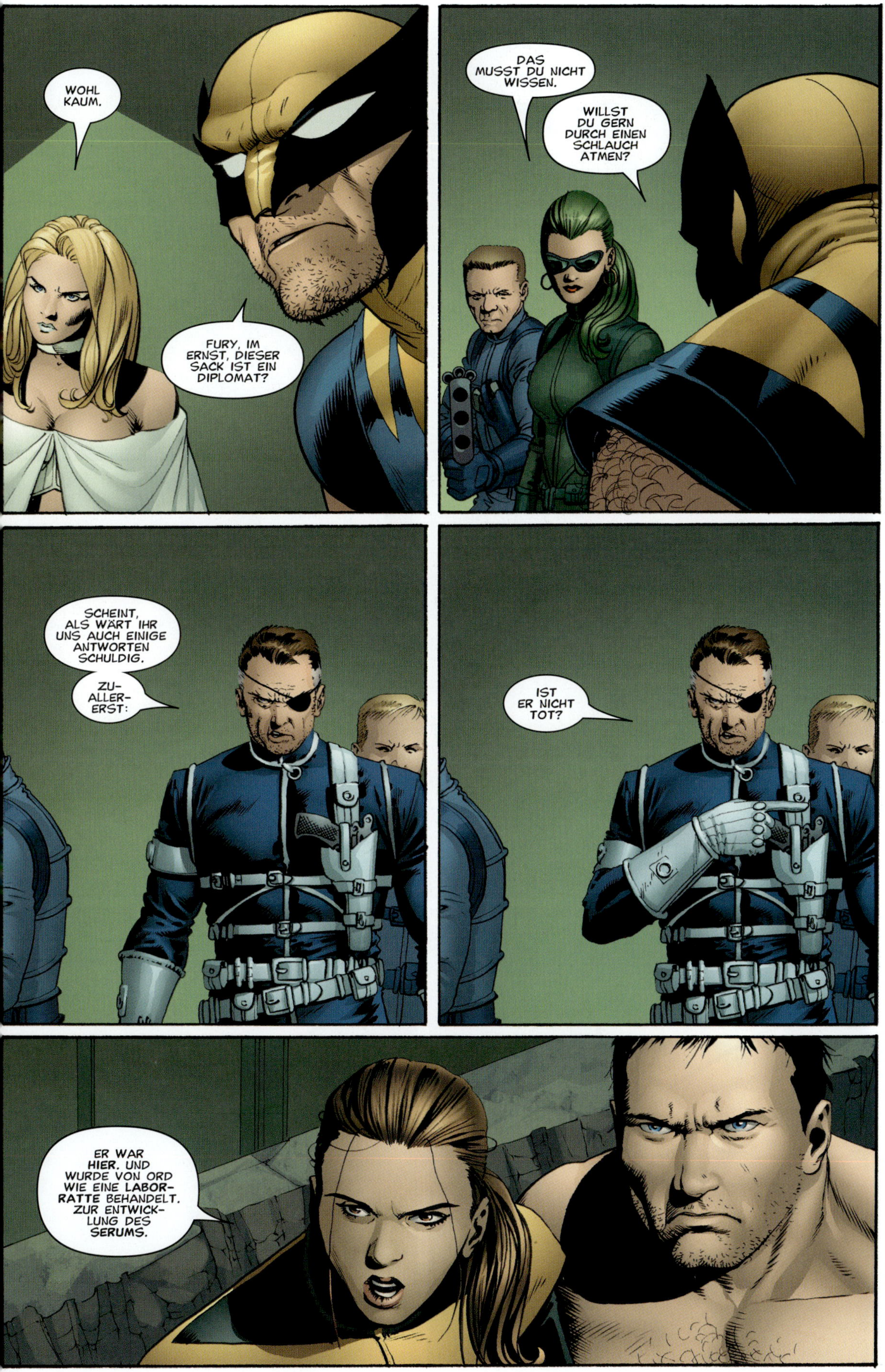
WOHL KAUM.
FURY, IM ERNST, DIESER SACK IST EIN DIPLOMAT?
DAS MUSST DU NICHT WISSEN.
WILLST DU GERN DURCH EINEN SCHLAUCH ATMEN?
SCHEINT, ALS WÄRT IHR UNS AUCH EINIGE ANTWORTEN SCHULDIG.
ZU-ALLER-ERST:
IST ER NICHT TOT?
ER WAR HIER. UND WURDE VON ORD WIE EINE LABOR-RATTE BEHANDELT. ZUR ENTWICK-LUNG DES SERUMS.

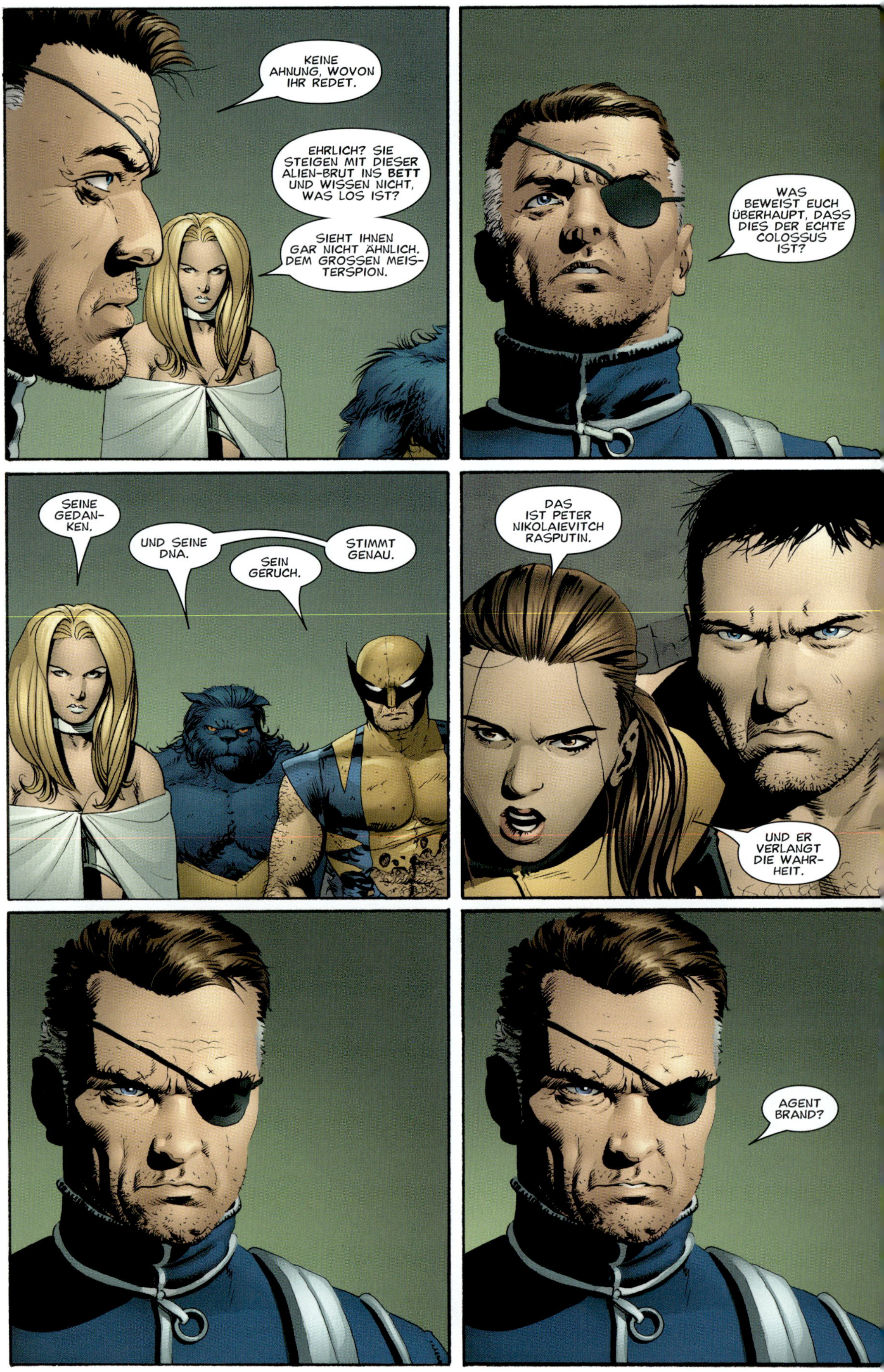
KEINE AHNUNG, WOVON IHR REDET.
EHRLICH? SIE STEIGEN MIT DIESER ALIEN-BRUT INS BETT UND WISSEN NICHT, WAS LOS IST?
SIEHT IHNEN GAR NICHT ÄHNLICH. DEM GROSSEN MEISTERSPION.
WAS BEWEIST EUCH ÜBERHAUPT, DASS DIES DER ECHTE COLOSSUS IST?
SEINE GEDANKEN.
UND SEINE DNA.
SEIN GERUCH.
STIMMT GENAU.
DAS IST PETER NIKOLAIEVITCH RASPUTIN.
UND ER VERLANGT DIE WAHRHEIT.
AGENT BRAND?

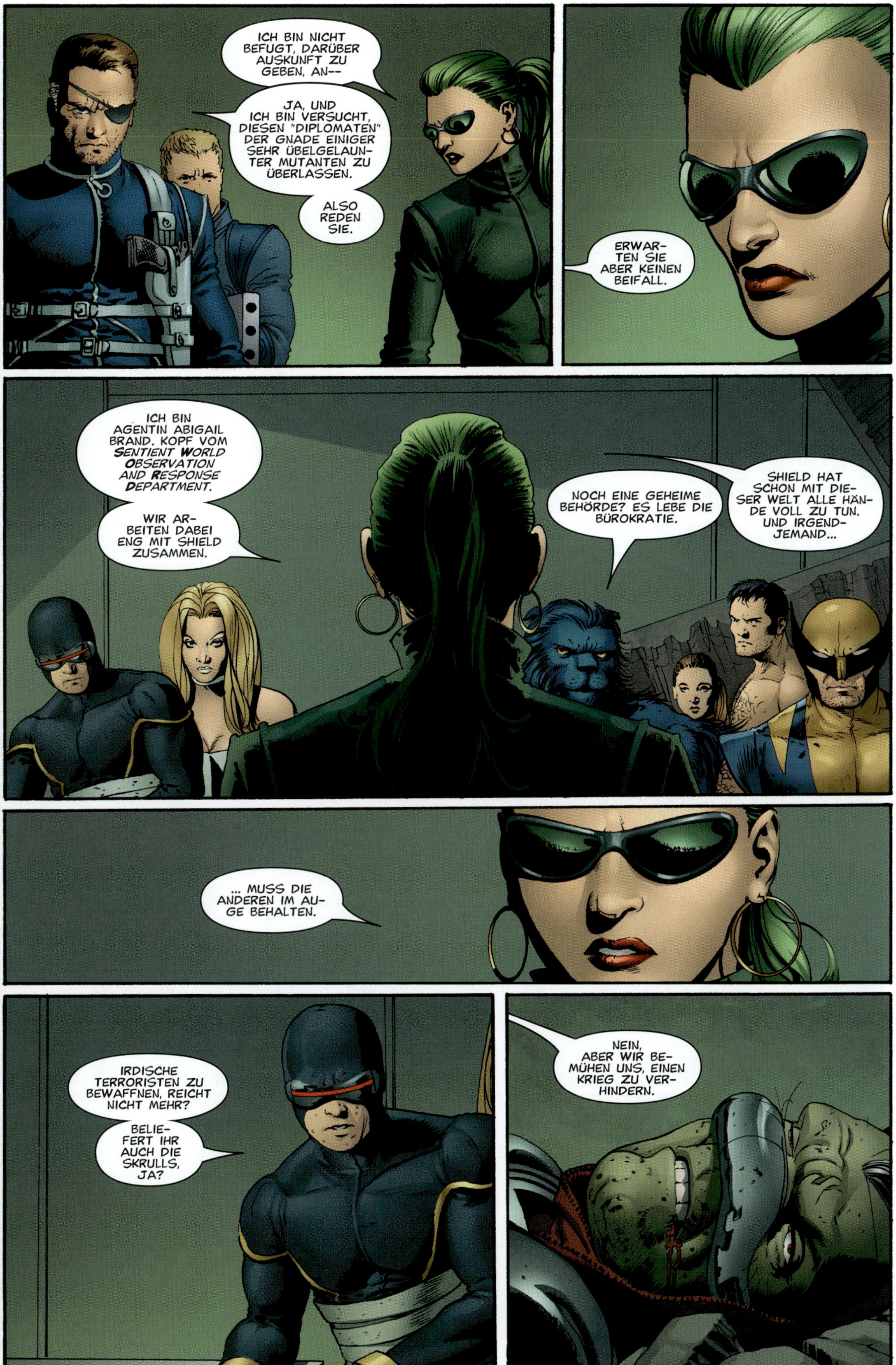
ICH BIN NICHT BEFUGT, DARÜBER AUSKUNFT ZU GEBEN, AN--
JA, UND ICH BIN VERSUCHT, DIESEN "DIPLOMATEN" DER GNADE EINIGER SEHR ÜBELGELAUNTER MUTANTEN ZU ÜBERLASSEN.
ALSO REDEN SIE.
ERWARTEN SIE ABER KEINEN BEIFALL.
ICH BIN AGENTIN ABIGAIL BRAND. KOPF VOM SENTIENT WORLD OBSERVATION AND RESPONSE DEPARTMENT.
WIR ARBEITEN DABEI ENG MIT SHIELD ZUSAMMEN.
NOCH EINE GEHEIME BEHÖRDE? ES LEBE DIE BÜROKRATIE.
SHIELD HAT SCHON MIT DIESER WELT ALLE HÄNDE VOLL ZU TUN. UND IRGENDJEMAND...
... MUSS DIE ANDEREN IM AUGE BEHALTEN.
IRDISCHE TERRORISTEN ZU BEWAFFNEN, REICHT NICHT MEHR?
BELIEFERT IHR AUCH DIE SKRULLS, JA?
NEIN, ABER WIR BEMÜHEN UNS, EINEN KRIEG ZU VERHINDERN.

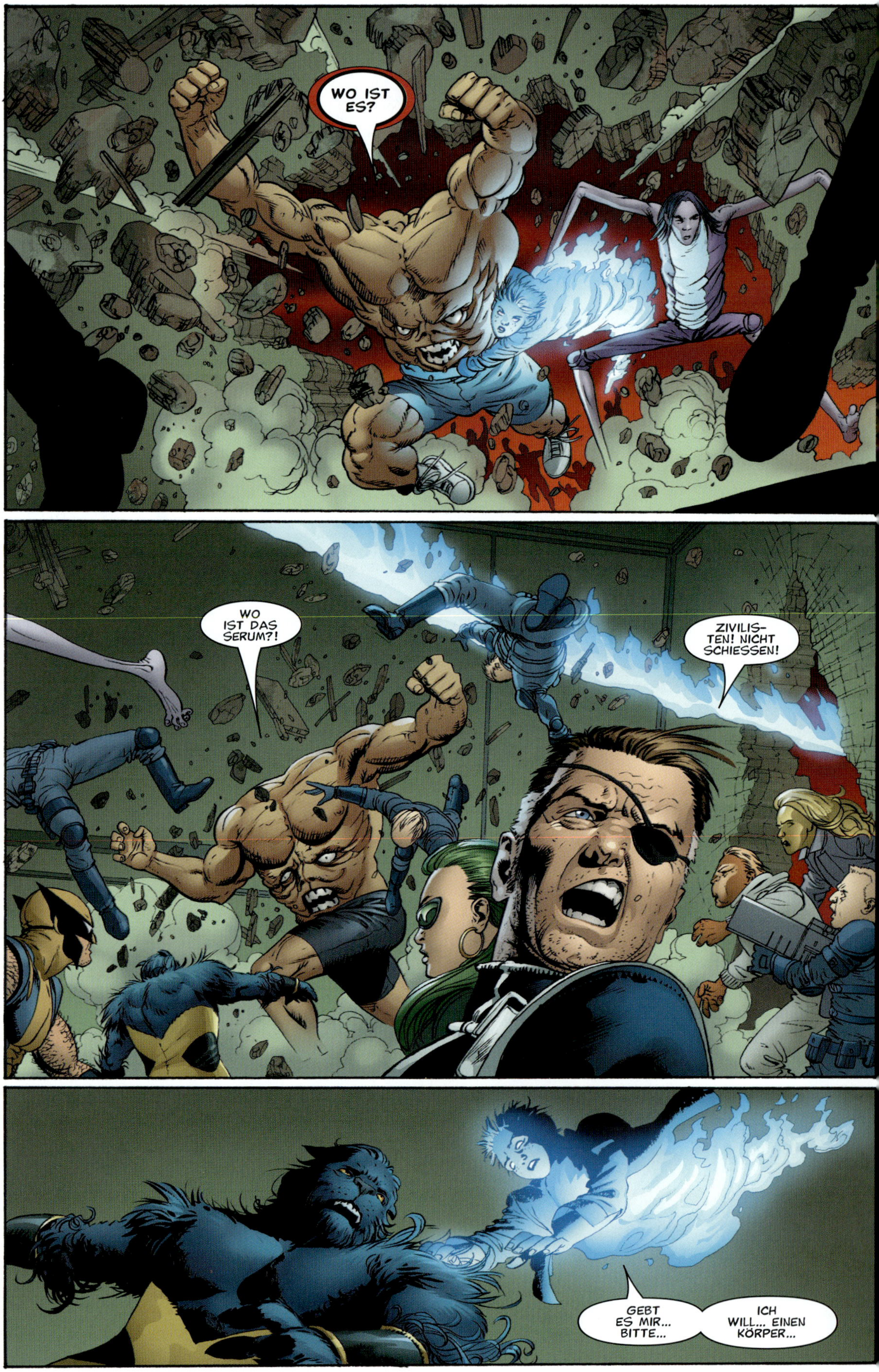

WO IST ES?
WO IST DAS SERUM?!
ZIVILIS-TEN! NICHT SCHIESSEN!
GEBT ES MIR... BITTE...
ICH WILL... EINEN KÖRPER...

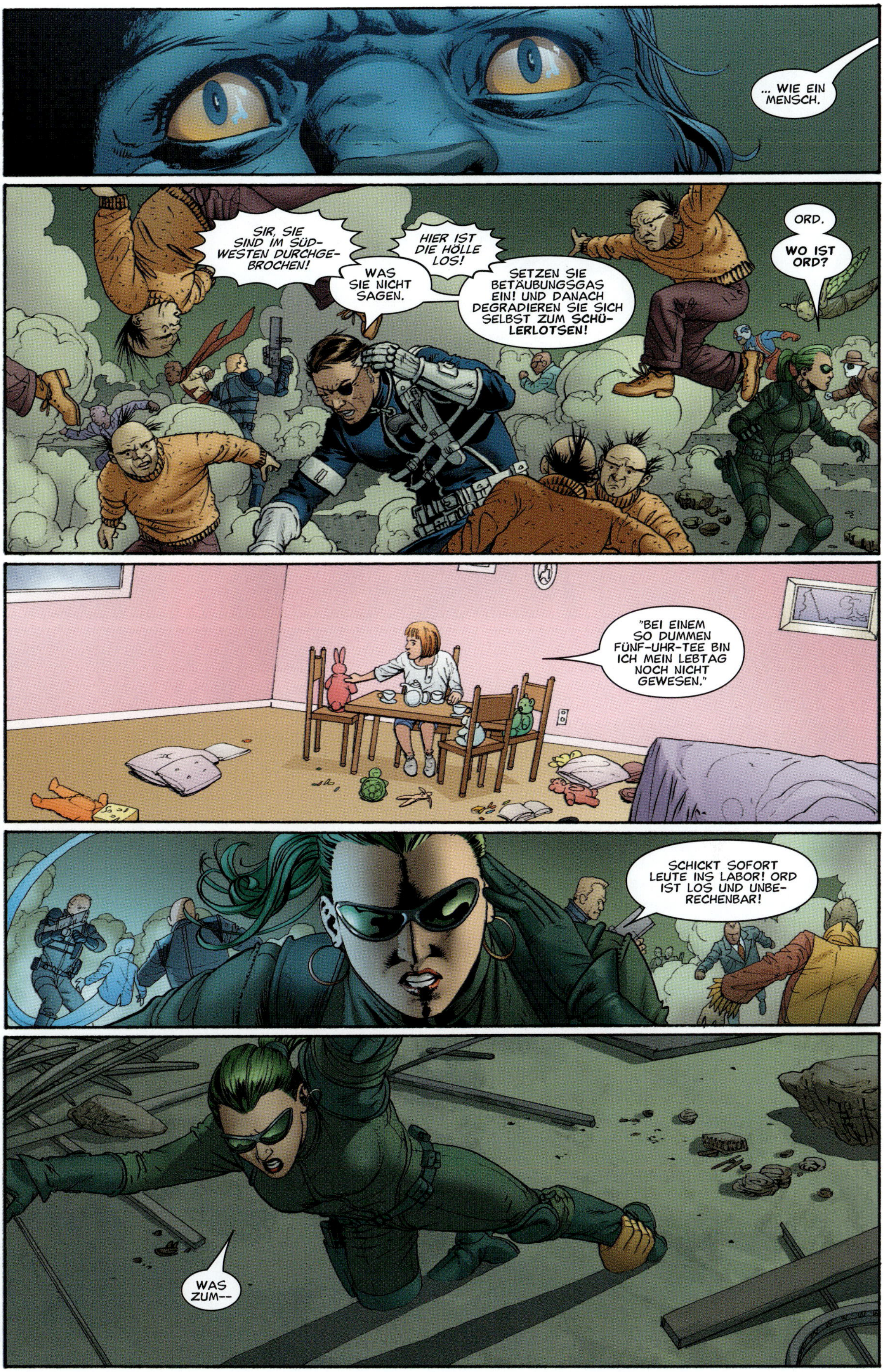
... WIE EIN MENSCH.
SIR, SIE SIND IM SÜDWESTEN DURCHGEBROCHEN!
HIER IST DIE HÖLLE LOS!
WAS SIE NICHT SAGEN.
SETZEN SIE BETÄUBUNGSGAS EIN! UND DANACH DEGRADIEREN SIE SICH SELBST ZUM SCHÜLERLOTSEN!
ORD.
WO IST ORD?
"BEI EINEM SO DUMMEN FÜNF-UHR-TEE BIN ICH MEIN LEBTAG NOCH NICHT GEWESEN."
SCHICKT SOFORT LEUTE INS LABOR! ORD IST LOS UND UNBERECHENBAR!
WAS ZUM--

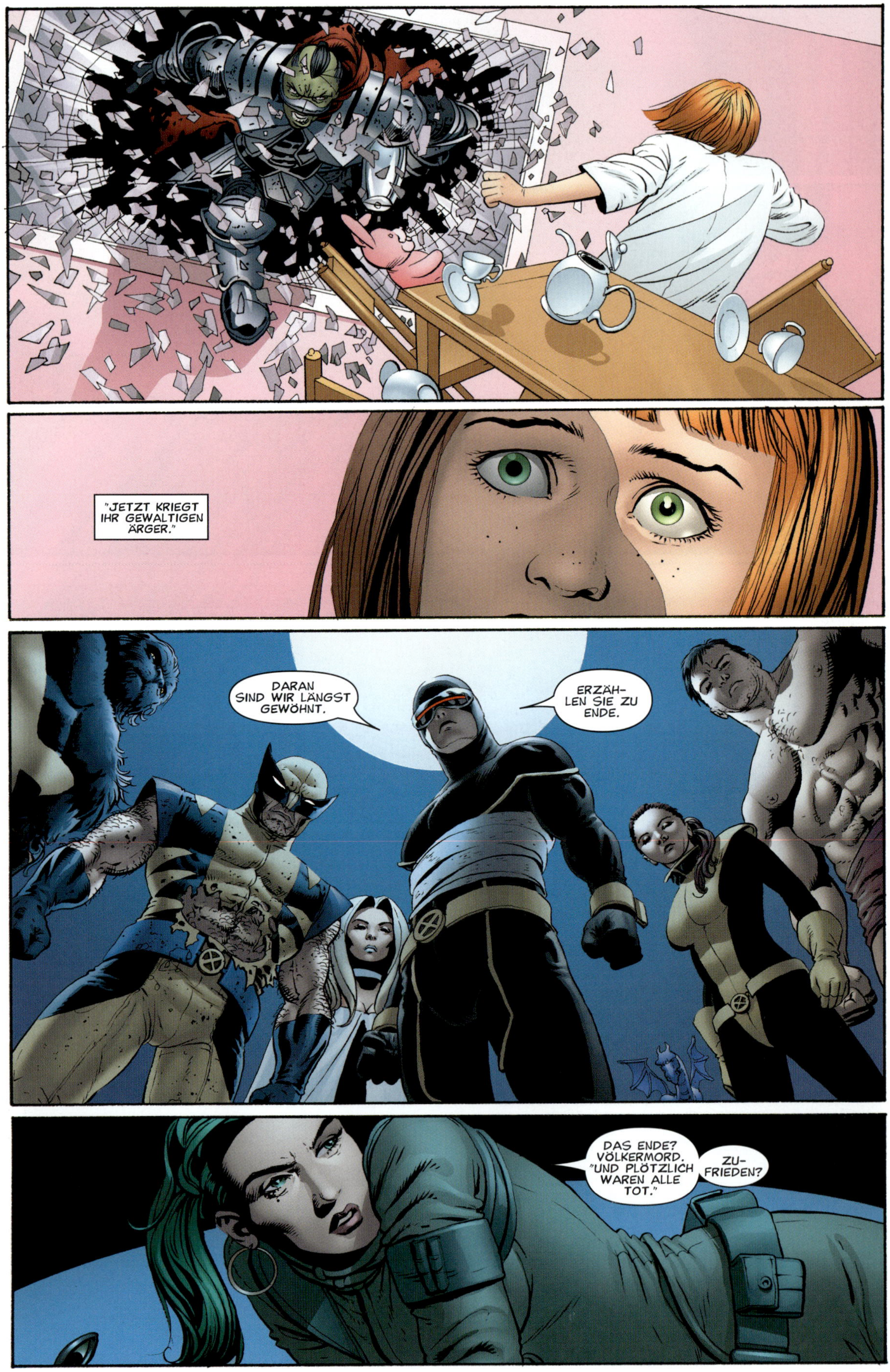
"JETZT KRIEGT IHR GEWALTIGEN ÄRGER."
DARAN SIND WIR LÄNGST GEWÖHNT.
ERZÄH-LEN SIE ZU ENDE.
DAS ENDE? VÖLKERMORD. "UND PLÖTZLICH WAREN ALLE TOT."
ZU-FRIEDEN?

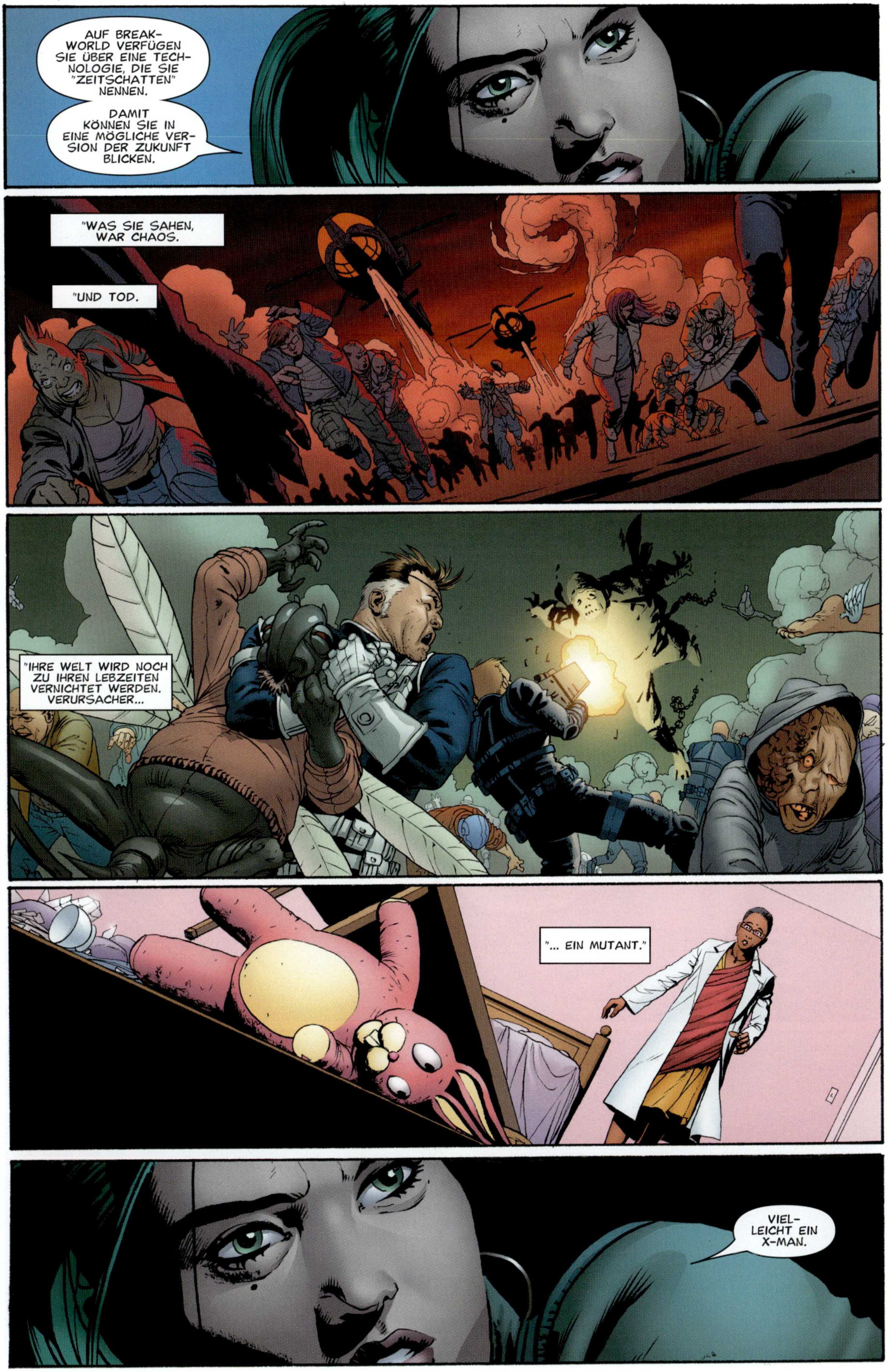
AUF BREAK-WORLD VERFÜGEN SIE ÜBER EINE TECH-NOLOGIE, DIE SIE "ZEITSCHATTEN" NENNEN.
DAMIT KÖNNEN SIE IN EINE MÖGLICHE VER-SION DER ZUKUNFT BLICKEN.
"WAS SIE SAHEN, WAR CHAOS.
"UND TOD.
"IHRE WELT WIRD NOCH ZU IHREN LEBZEITEN VERNICHTET WERDEN. VERURSACHER...
"... EIN MUTANT."
VIEL-LEICHT EIN X-MAN.

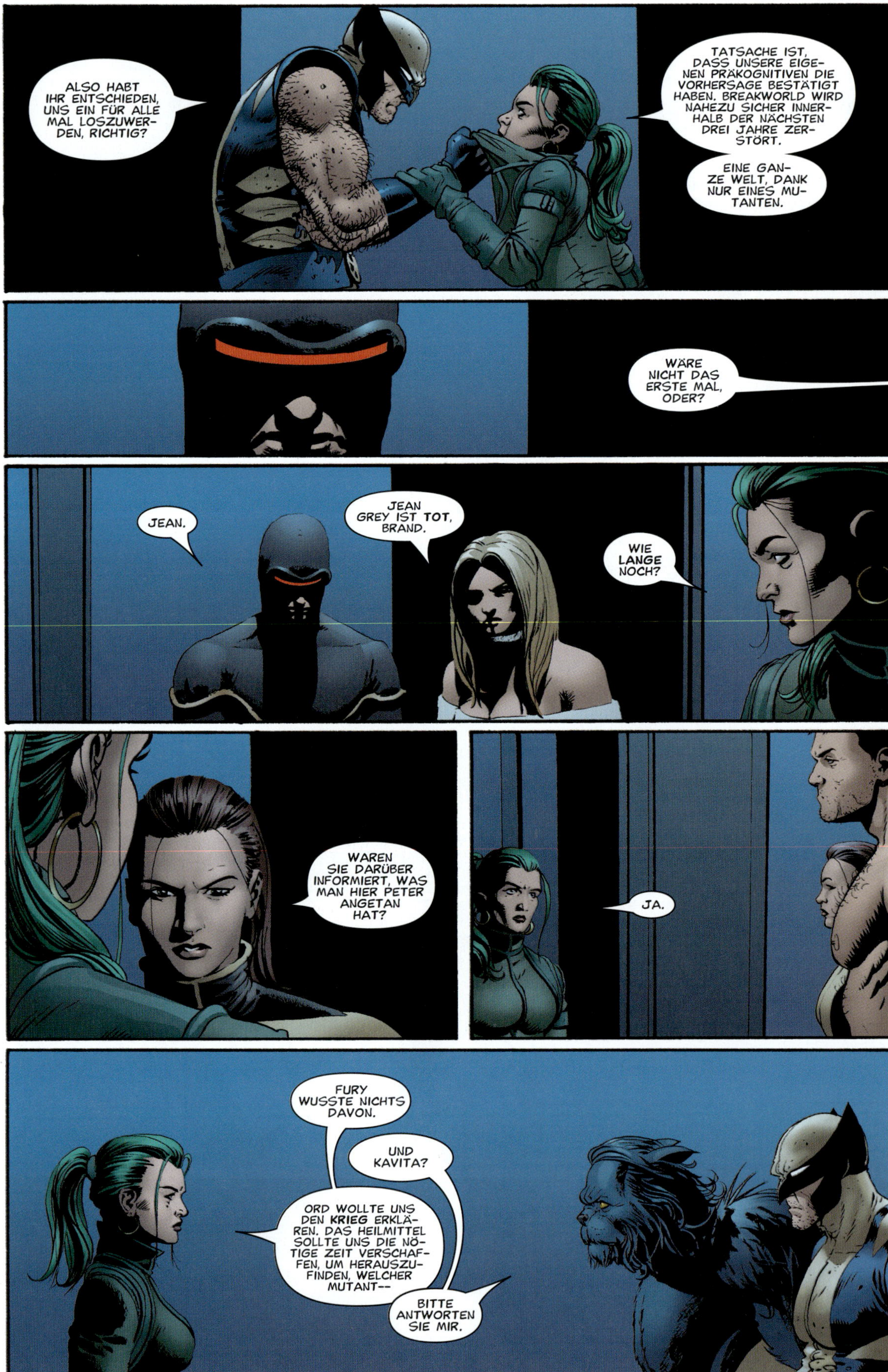
ALSO HABT IHR ENTSCHIEDEN, UNS EIN FÜR ALLE MAL LOSZUWERDEN, RICHTIG?
TATSACHE IST, DASS UNSERE EIGENEN PRÄKOGNITIVEN DIE VORHERSAGE BESTÄTIGT HABEN. BREAKWORLD WIRD NAHEZU SICHER INNERHALB DER NÄCHSTEN DREI JAHRE ZERSTÖRT.
EINE GANZE WELT, DANK NUR EINES MUTANTEN.
WÄRE NICHT DAS ERSTE MAL, ODER?
JEAN.
JEAN GREY IST TOT, BRAND.
WIE LANGE NOCH?
WAREN SIE DARÜBER INFORMIERT, WAS MAN HIER PETER ANGETAN HAT?
JA.
FURY WUSSTE NICHTS DAVON.
UND KAVITA?
ORD WOLLTE UNS DEN KRIEG ERKLÄREN. DAS HEILMITTEL SOLLTE UNS DIE NÖTIGE ZEIT VERSCHAFFEN, UM HERAUSZUFINDEN, WELCHER MUTANT--
BITTE ANTWORTEN SIE MIR.

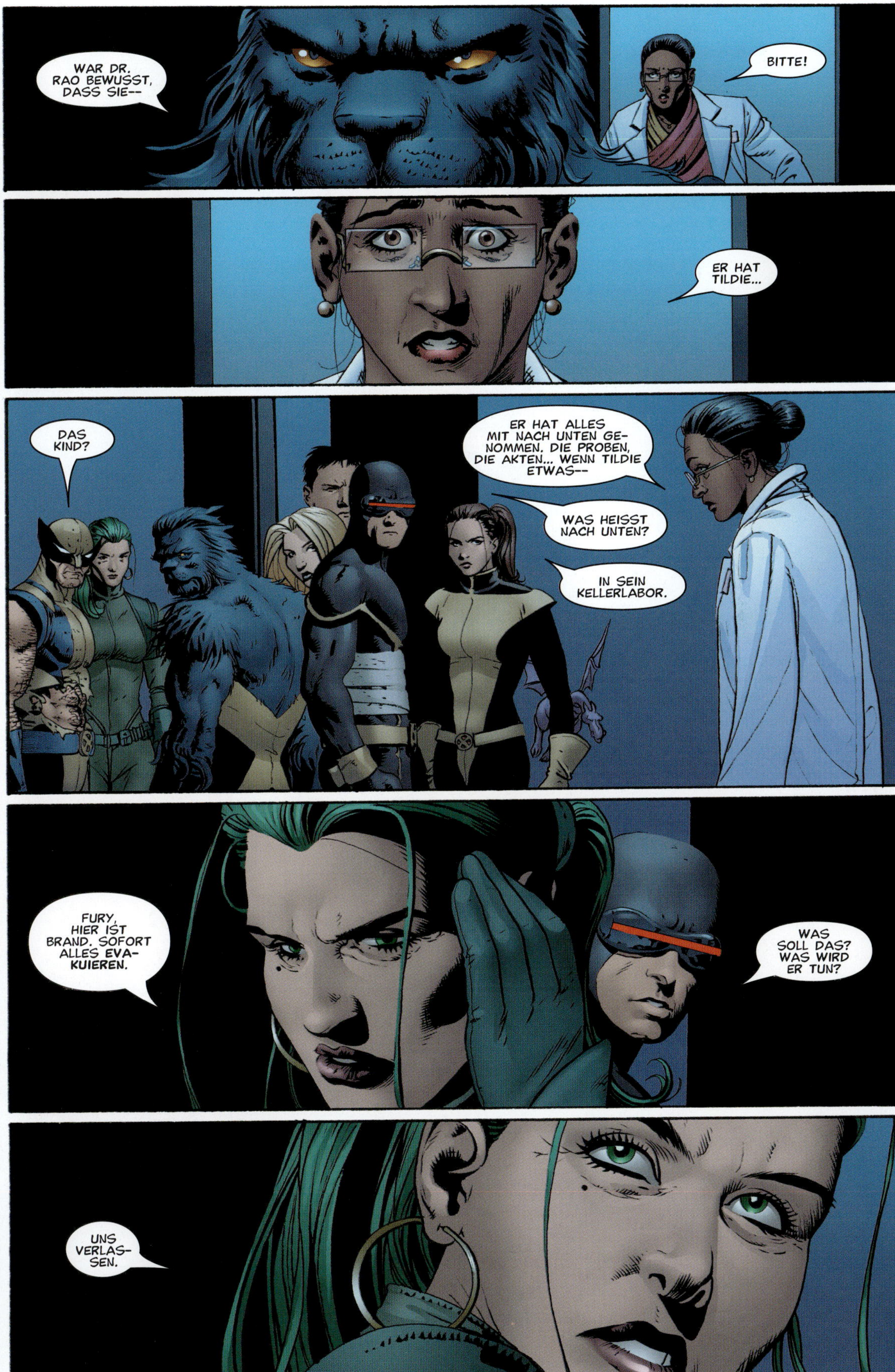
WAR DR. RAO BEWUSST, DASS SIE--
BITTE!
ER HAT TILDIE...
DAS KIND?
ER HAT ALLES MIT NACH UNTEN GENOMMEN. DIE PROBEN, DIE AKTEN... WENN TILDIE ETWAS--
WAS HEISST NACH UNTEN?
IN SEIN KELLERLABOR.
FURY, HIER IST BRAND. SOFORT ALLES EVAKUIEREN.
WAS SOLL DAS? WAS WIRD ER TUN?
UNS VERLASSEN.

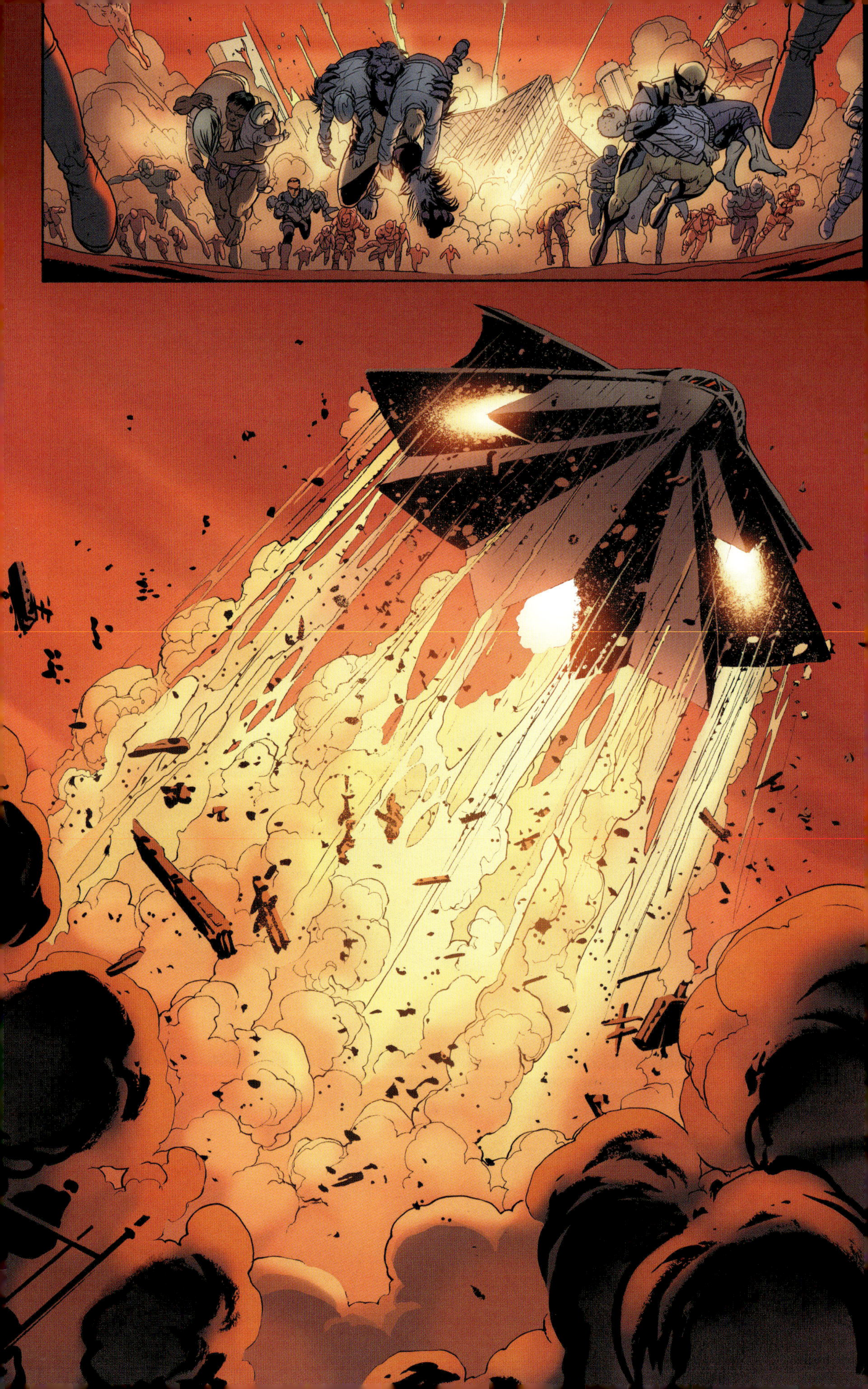

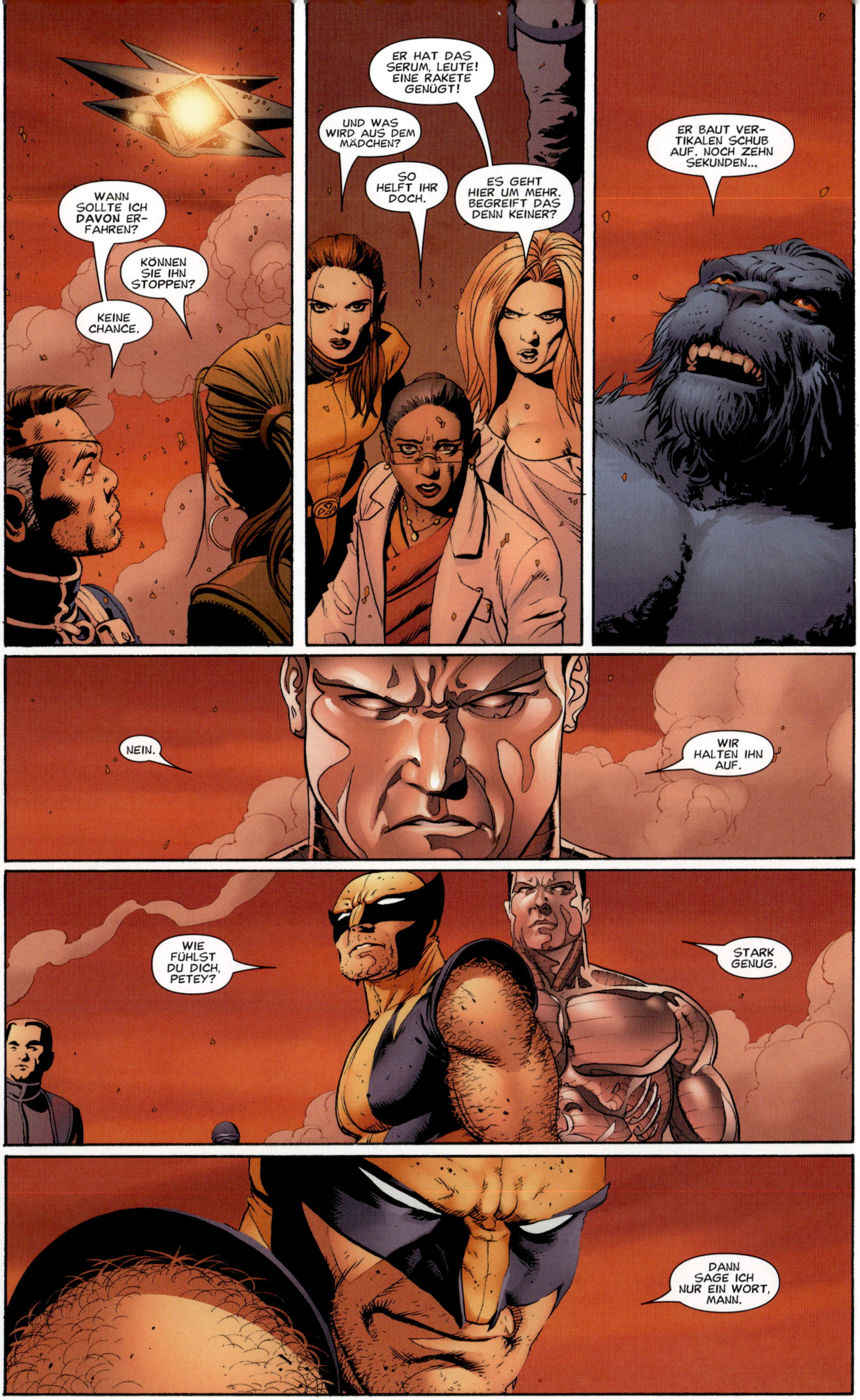
WANN SOLLTE ICH DAVON ERFAHREN?
KÖNNEN SIE IHN STOPPEN?
KEINE CHANCE.
ER HAT DAS SERUM, LEUTE! EINE RAKETE GENÜGT!
UND WAS WIRD AUS DEM MÄDCHEN?
SO HELFT IHR DOCH.
ES GEHT HIER UM MEHR. BEGREIFT DAS DENN KEINER?
ER BAUT VERTIKALEN SCHUB AUF. NOCH ZEHN SEKUNDEN...
NEIN.
WIR HALTEN IHN AUF.
WIE FÜHLST DU DICH, PETEY?
STARK GENUG.
DANN SAGE ICH NUR EIN WORT, MANN.

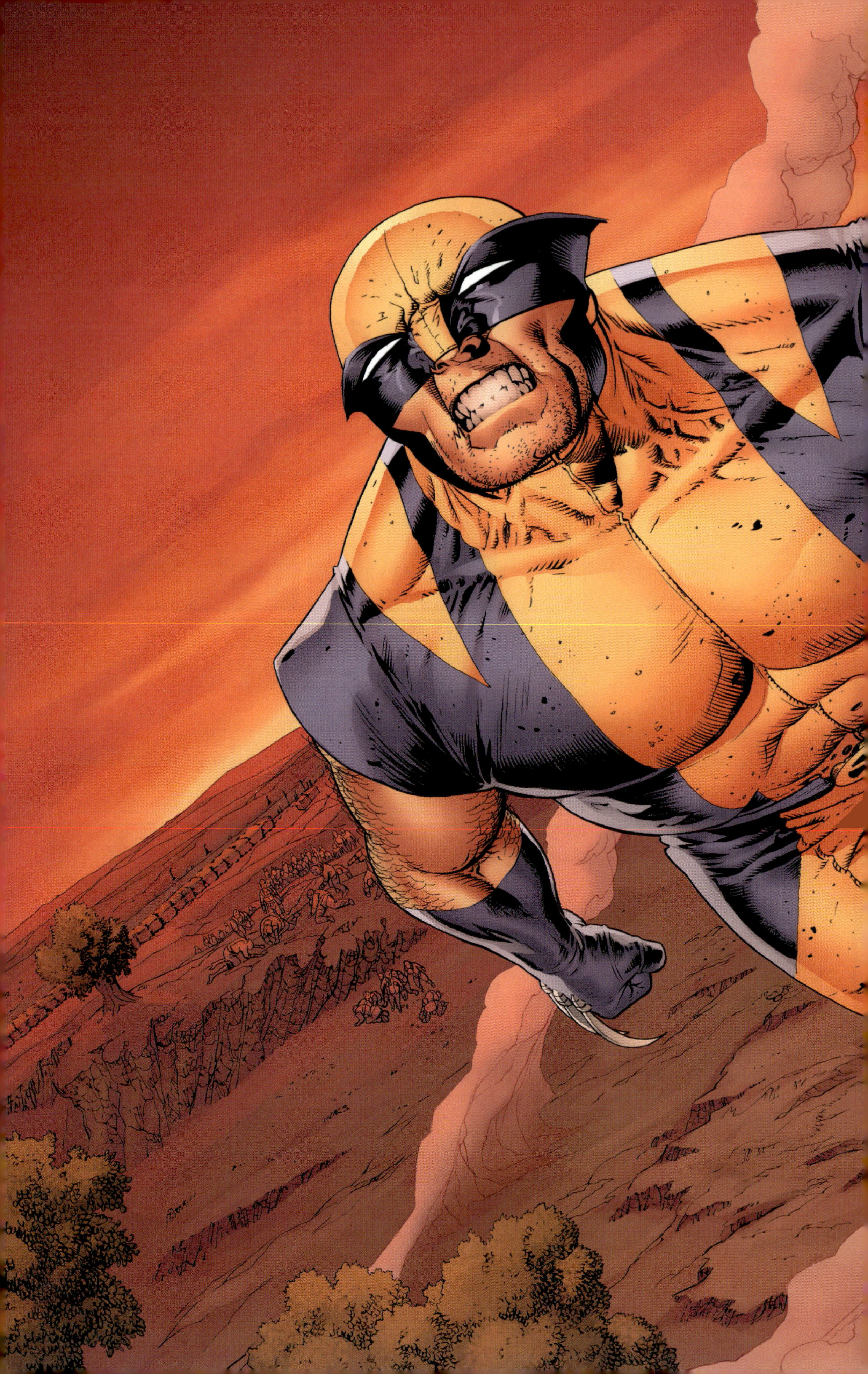

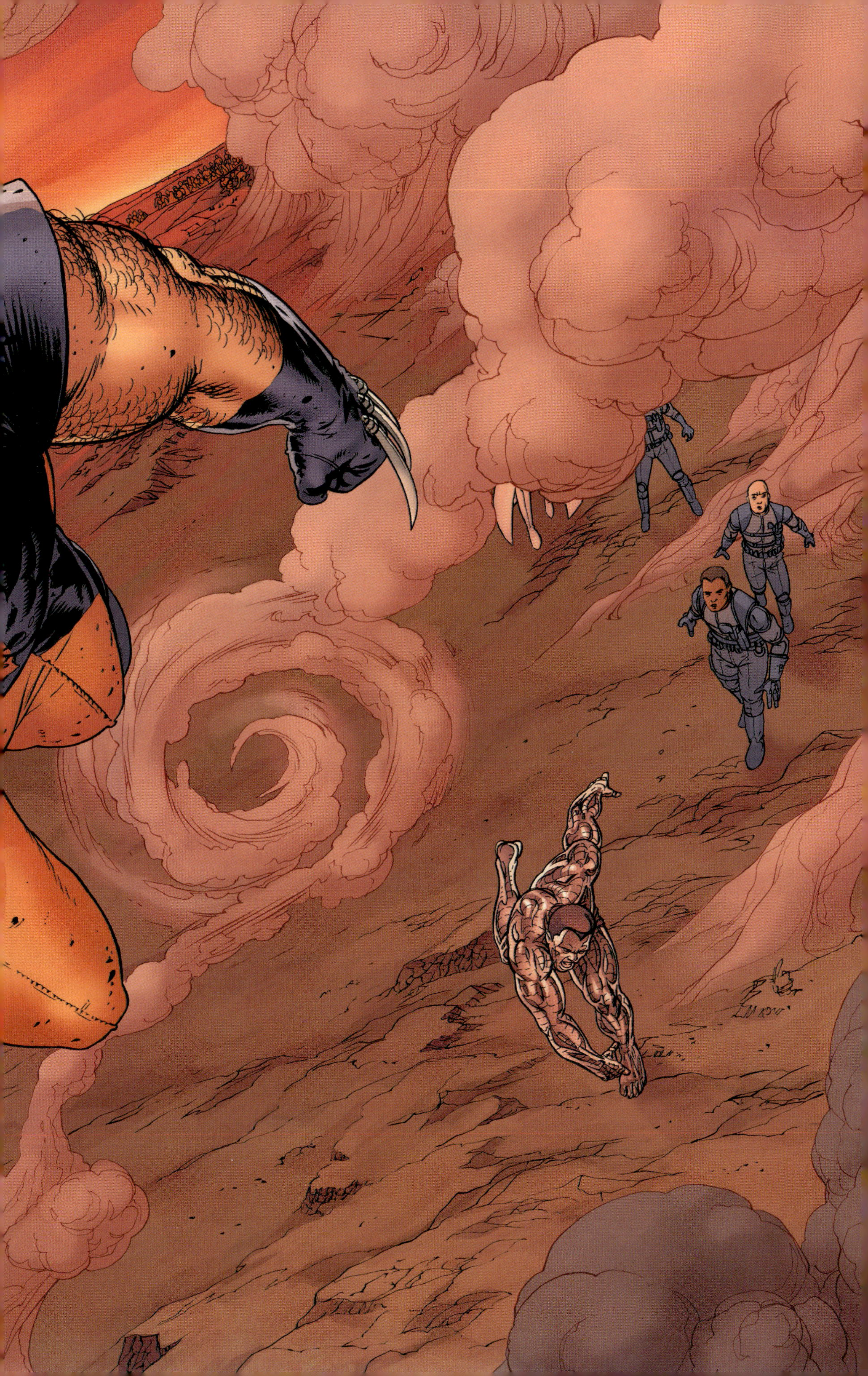

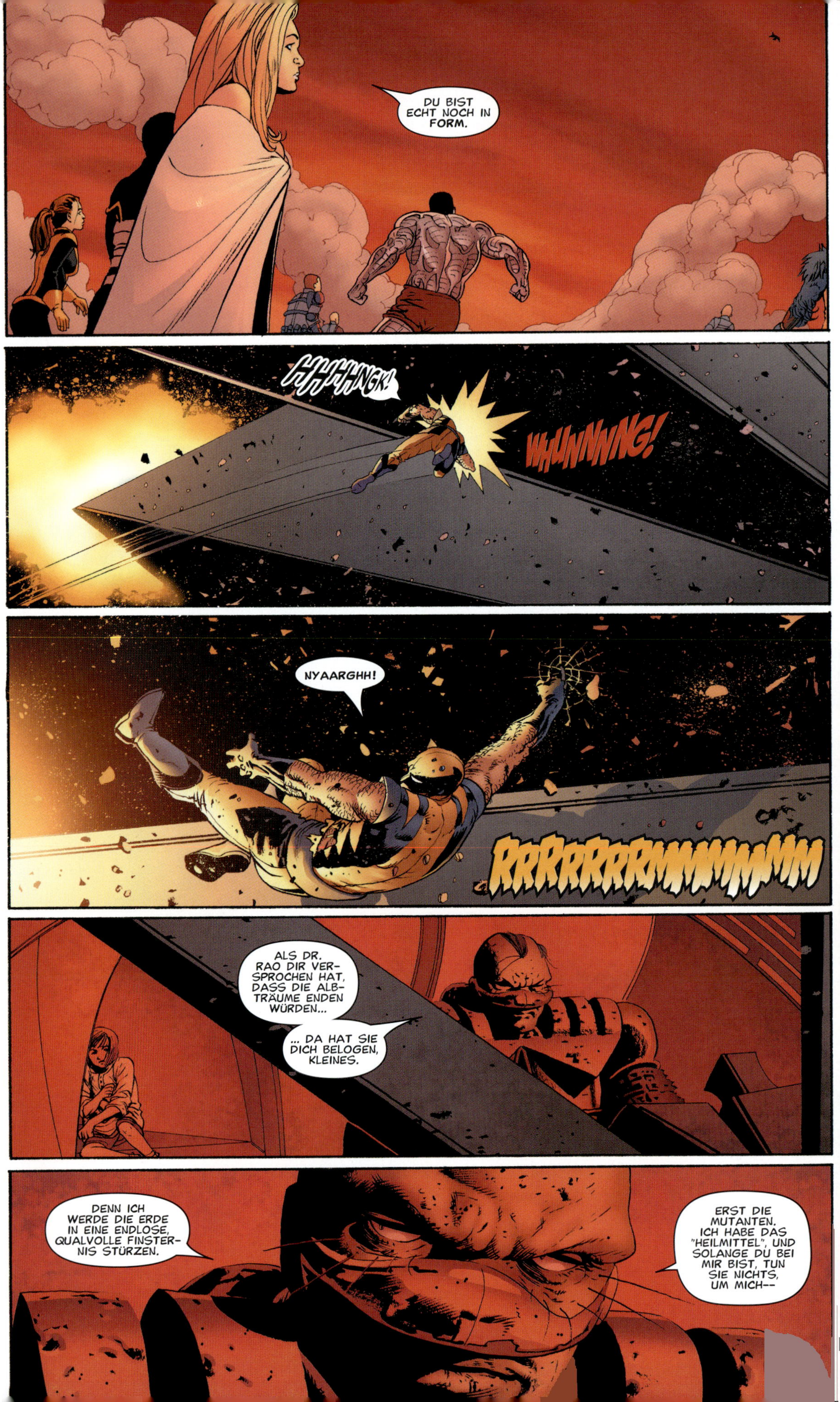

DU BIST ECHT NOCH IN FORM.
GHHHNGK!
WHUNNNNG!
NYAARGHH!
RRRRRRRMMMMMMM
ALS DR. RAO DIR VERSPROCHEN HAT, DASS DIE ALBTRÄUME ENDEN WÜRDEN...
... DA HAT SIE DICH BELOGEN, KLEINES.
DENN ICH WERDE DIE ERDE IN EINE ENDLOSE, QUALVOLLE FINSTERNIS STÜRZEN.
ERST DIE MUTANTEN. ICH HABE DAS "HEILMITTEL", UND SOLANGE DU BEI MIR BIST, TUN SIE NICHTS, UM MICH--

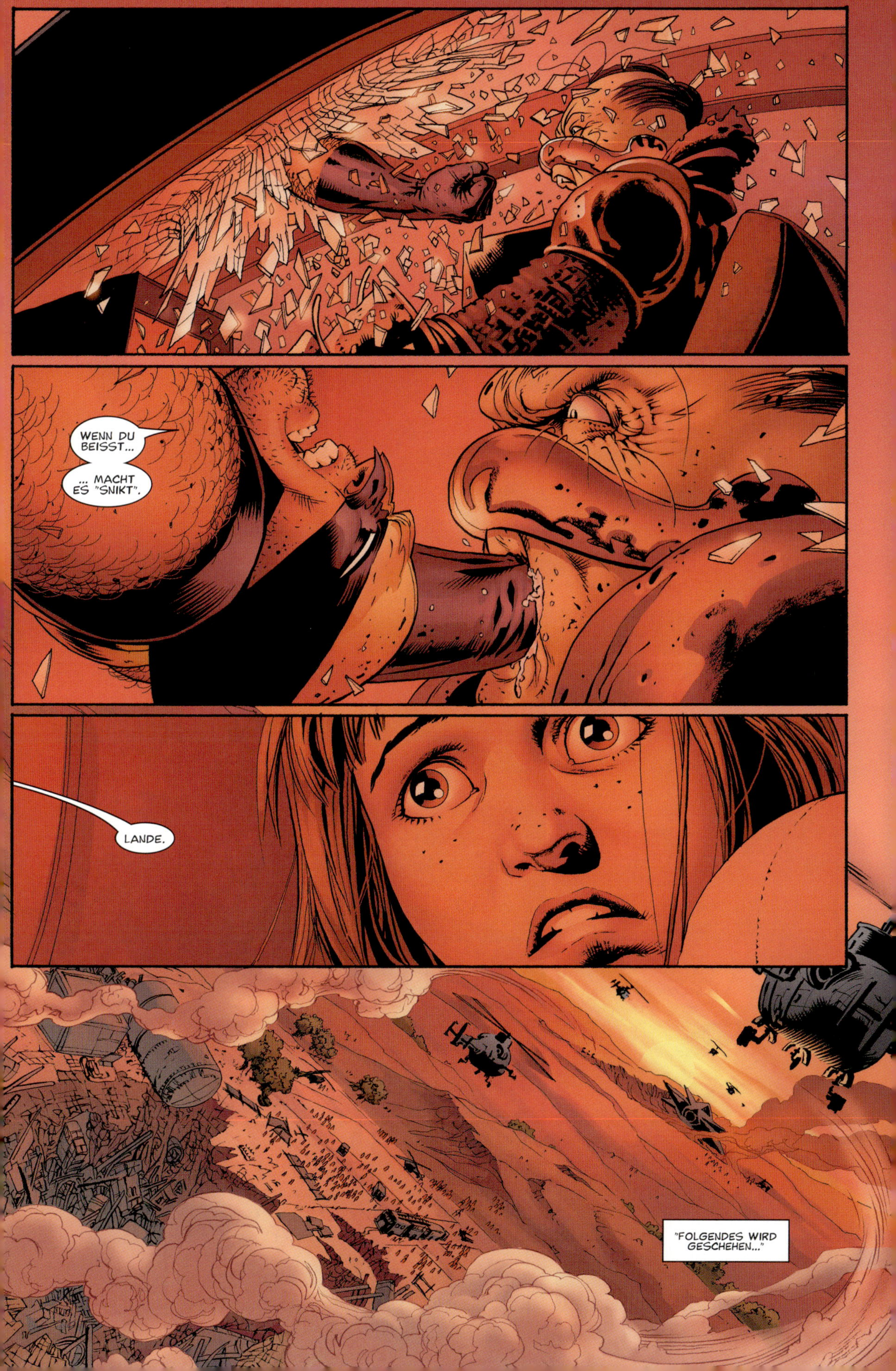
WENN DU BEISST...
... MACHT ES "SNIKT".
LANDE.
"FOLGENDES WIRD GESCHEHEN..."

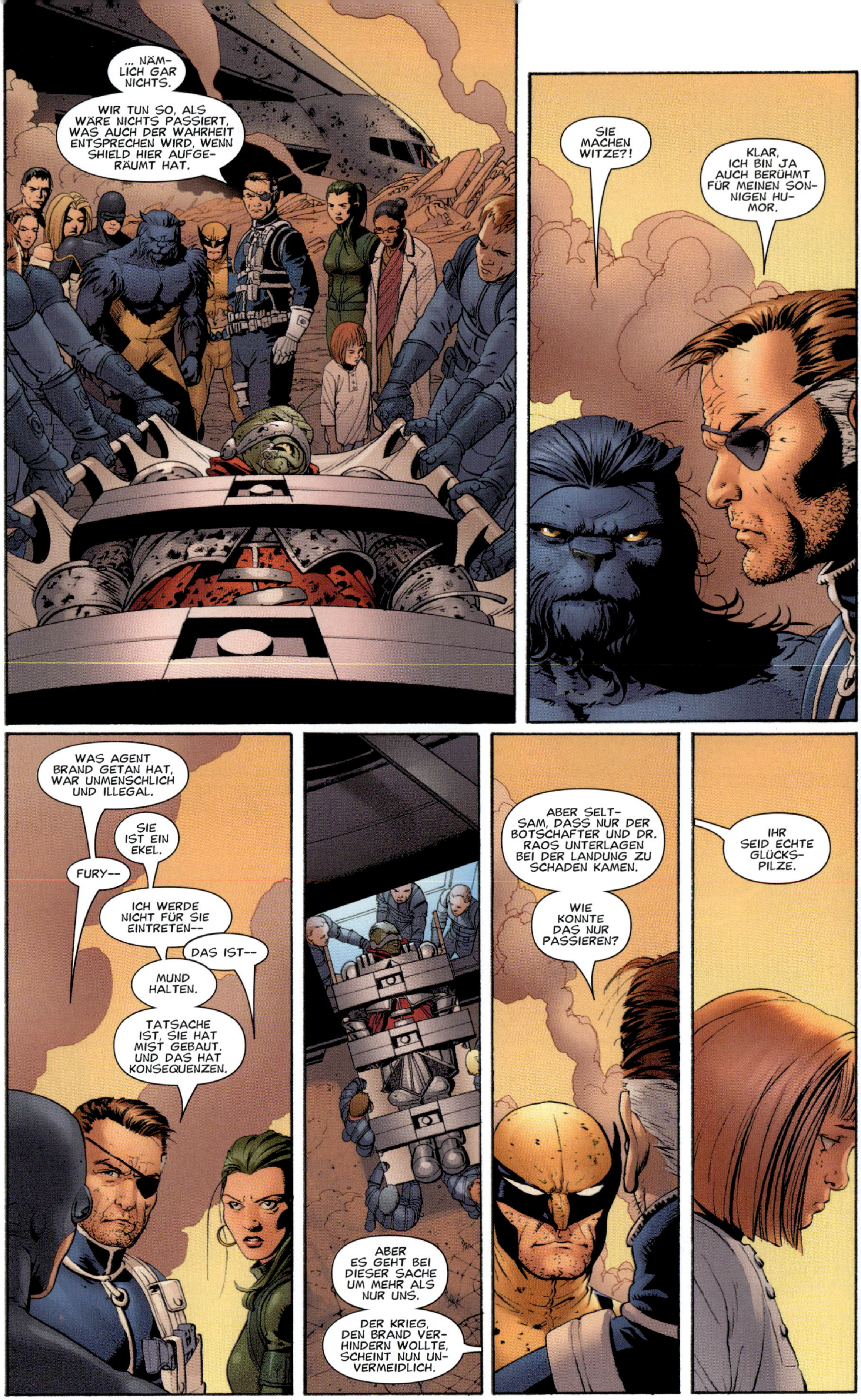
... NÄMLICH GAR NICHTS.
WIR TUN SO, ALS WÄRE NICHTS PASSIERT, WAS AUCH DER WAHRHEIT ENTSPRECHEN WIRD, WENN SHIELD HIER AUFGERÄUMT HAT.
SIE MACHEN WITZE?!
KLAR, ICH BIN JA AUCH BERÜHMT FÜR MEINEN SONNIGEN HUMOR.
WAS AGENT BRAND GETAN HAT, WAR UNMENSCHLICH UND ILLEGAL.
SIE IST EIN EKEL.
FURY--
ICH WERDE NICHT FÜR SIE EINTRETEN--
DAS IST--
MUND HALTEN.
TATSACHE IST, SIE HAT MIST GEBAUT. UND DAS HAT KONSEQUENZEN.
ABER ES GEHT BEI DIESER SACHE UM MEHR ALS NUR UNS.
DER KRIEG, DEN BRAND VERHINDERN WOLLTE, SCHEINT NUN UNVERMEIDLICH.
ABER SELTSAM, DASS NUR DER BOTSCHAFTER UND DR. RAOS UNTERLAGEN BEI DER LANDUNG ZU SCHADEN KAMEN.
WIE KONNTE DAS NUR PASSIEREN?
IHR SEID ECHTE GLÜCKSPILZE.

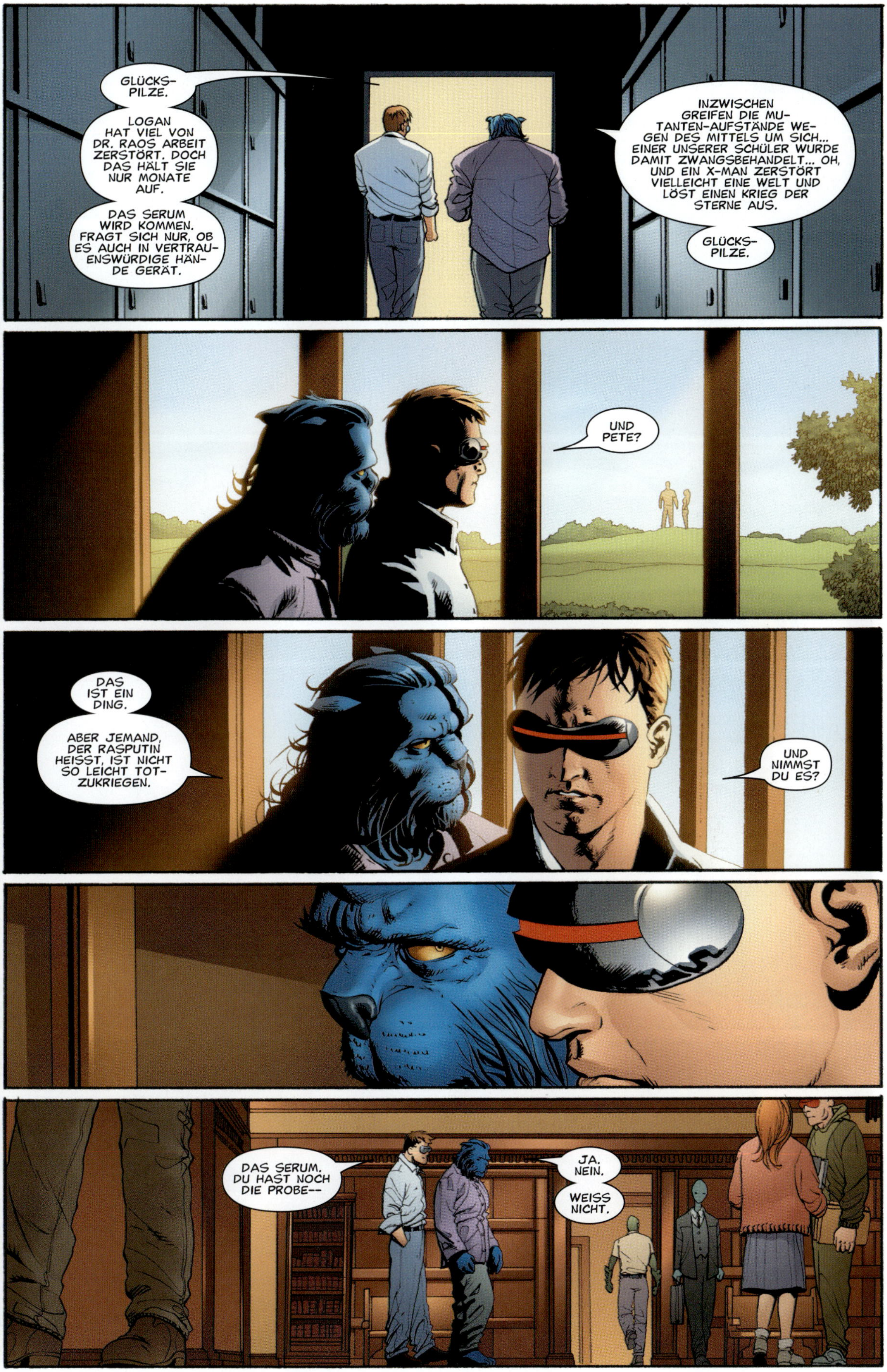
GLÜCKSPILZE.
LOGAN HAT VIEL VON DR. RAOS ARBEIT ZERSTÖRT. DOCH DAS HÄLT SIE NUR MONATE AUF.
DAS SERUM WIRD KOMMEN. FRAGT SICH NUR, OB ES AUCH IN VERTRAUENSWÜRDIGE HÄNDE GERÄT.
INZWISCHEN GREIFEN DIE MUTANTEN-AUFSTÄNDE WEGEN DES MITTELS UM SICH... EINER UNSERER SCHÜLER WURDE DAMIT ZWANGSBEHANDELT... OH, UND EIN X-MAN ZERSTÖRT VIELLEICHT EINE WELT UND LÖST EINEN KRIEG DER STERNE AUS.
GLÜCKSPILZE.
UND PETE?
DAS IST EIN DING.
ABER JEMAND, DER RASPUTIN HEISST, IST NICHT SO LEICHT TOTZUKRIEGEN.
UND NIMMST DU ES?
DAS SERUM. DU HAST NOCH DIE PROBE--
JA. NEIN.
WEISS NICHT.

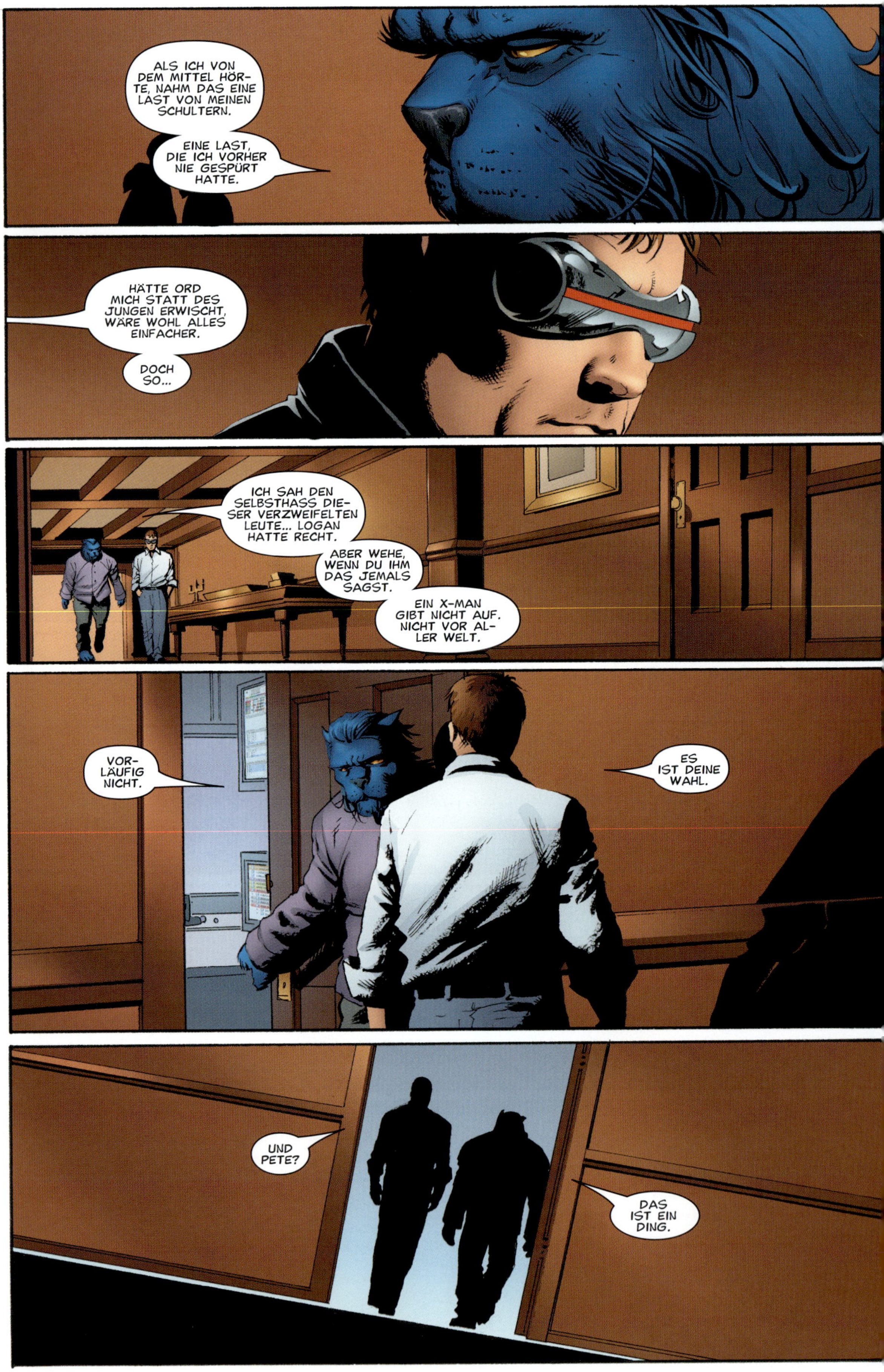
ALS ICH VON DEM MITTEL HÖRTE, NAHM DAS EINE LAST VON MEINEN SCHULTERN.
EINE LAST, DIE ICH VORHER NIE GESPÜRT HATTE.
HÄTTE ORD MICH STATT DES JUNGEN ERWISCHT, WÄRE WOHL ALLES EINFACHER.
DOCH SO...
ICH SAH DEN SELBSTHASS DIESER VERZWEIFELTEN LEUTE... LOGAN HATTE RECHT.
ABER WEHE, WENN DU IHM DAS JEMALS SAGST.
EIN X-MAN GIBT NICHT AUF. NICHT VOR ALLER WELT.
VORLÄUFIG NICHT.
ES IST DEINE WAHL.
UND PETE?
DAS IST EIN DING.

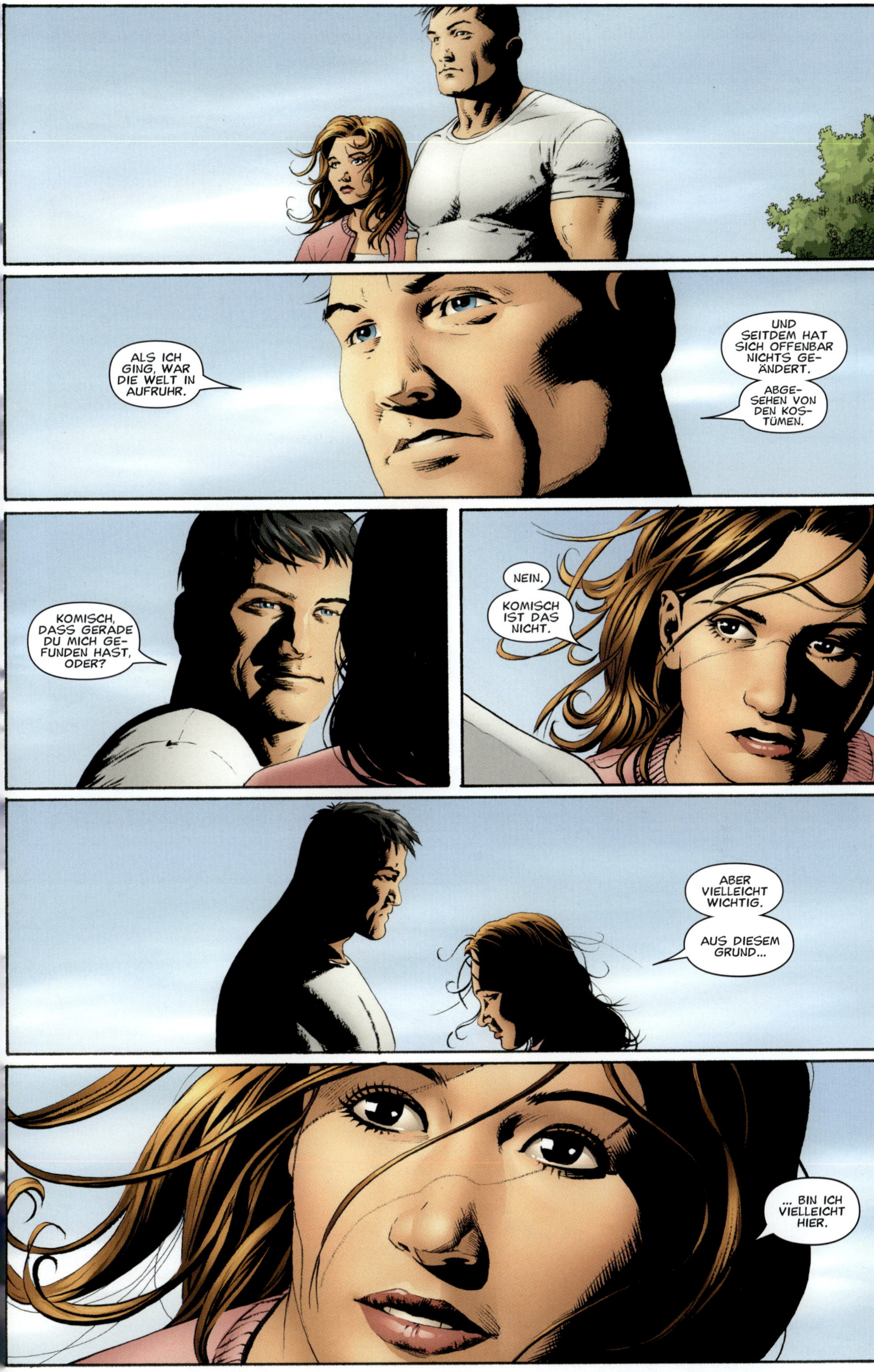
ALS ICH GING, WAR DIE WELT IN AUFRUHR.
UND SEITDEM HAT SICH OFFENBAR NICHTS GEÄNDERT.
ABGESEHEN VON DEN KOSTÜMEN.
KOMISCH, DASS GERADE DU MICH GEFUNDEN HAST, ODER?
NEIN.
KOMISCH IST DAS NICHT.
ABER VIELLEICHT WICHTIG.
AUS DIESEM GRUND...
... BIN ICH VIELLEICHT HIER.

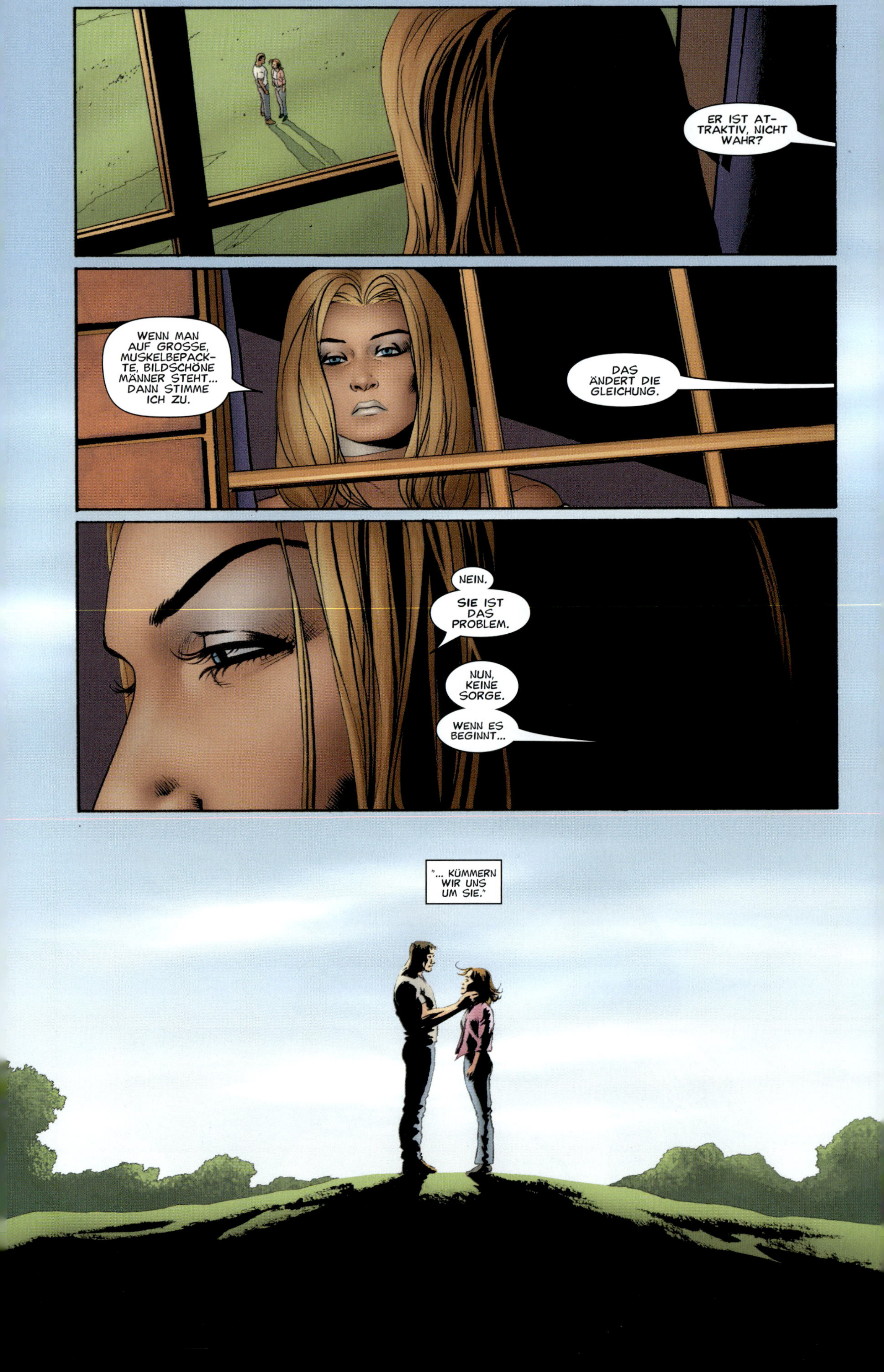
ER IST ATTRAKTIV, NICHT WAHR?
WENN MAN AUF GROSSE, MUSKELBEPACKTE, BILDSCHÖNE MÄNNER STEHT... DANN STIMME ICH ZU.
DAS ÄNDERT DIE GLEICHUNG.
NEIN.
SIE IST DAS PROBLEM.
NUN, KEINE SORGE.
WENN ES BEGINNT...
"... KÜMMERN WIR UNS UM SIE."

GEFÄHRLICH, TEIL 1

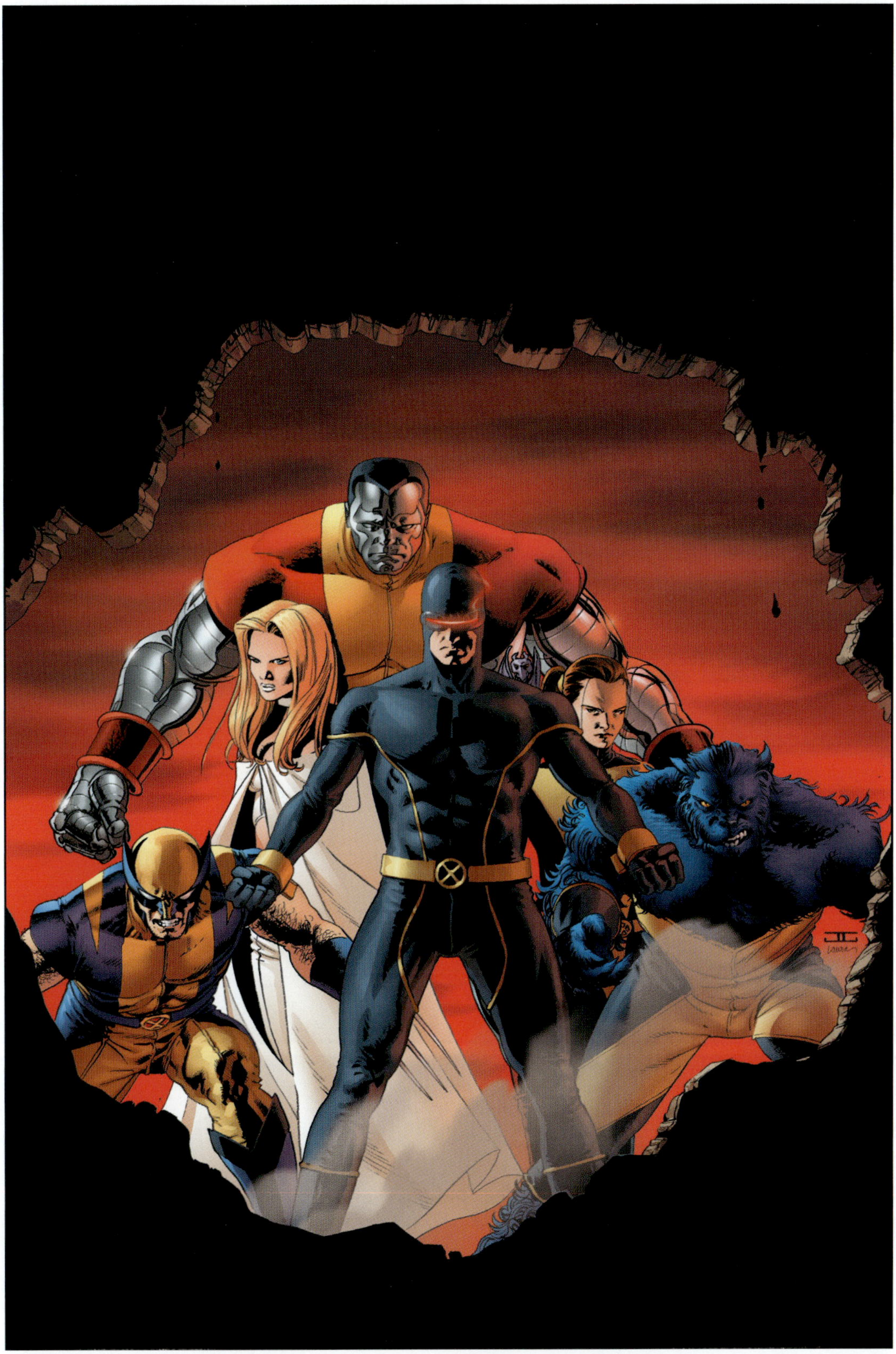

Astonishing X-Men (2004) 7
Cover von **JOHN CASSADAY**

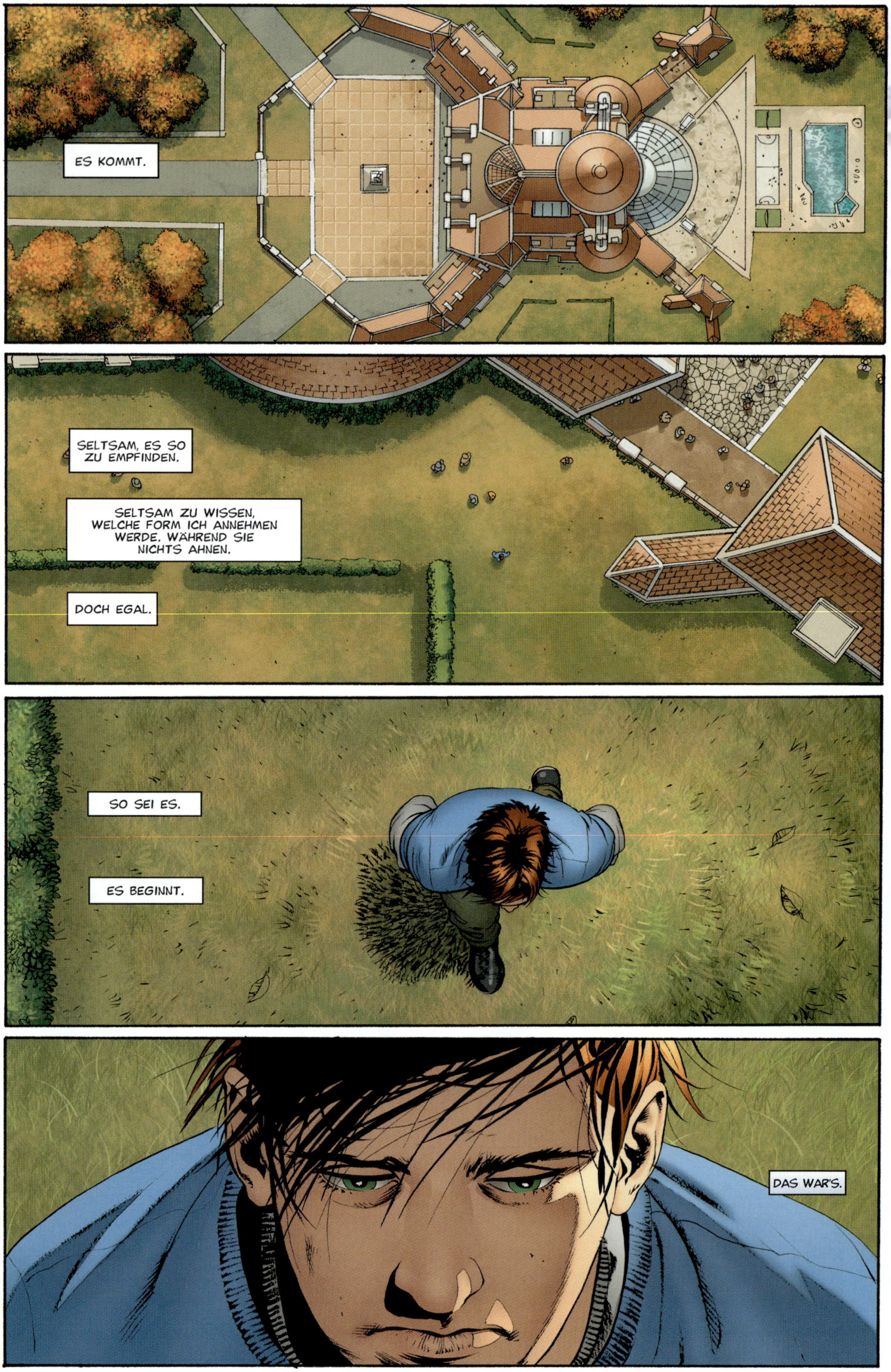
ES KOMMT.
SELTSAM, ES SO ZU EMPFINDEN.
SELTSAM ZU WISSEN, WELCHE FORM ICH ANNEHMEN WERDE, WÄHREND SIE NICHTS AHNEN.
DOCH EGAL.
SO SEI ES.
ES BEGINNT.
DAS WAR'S.

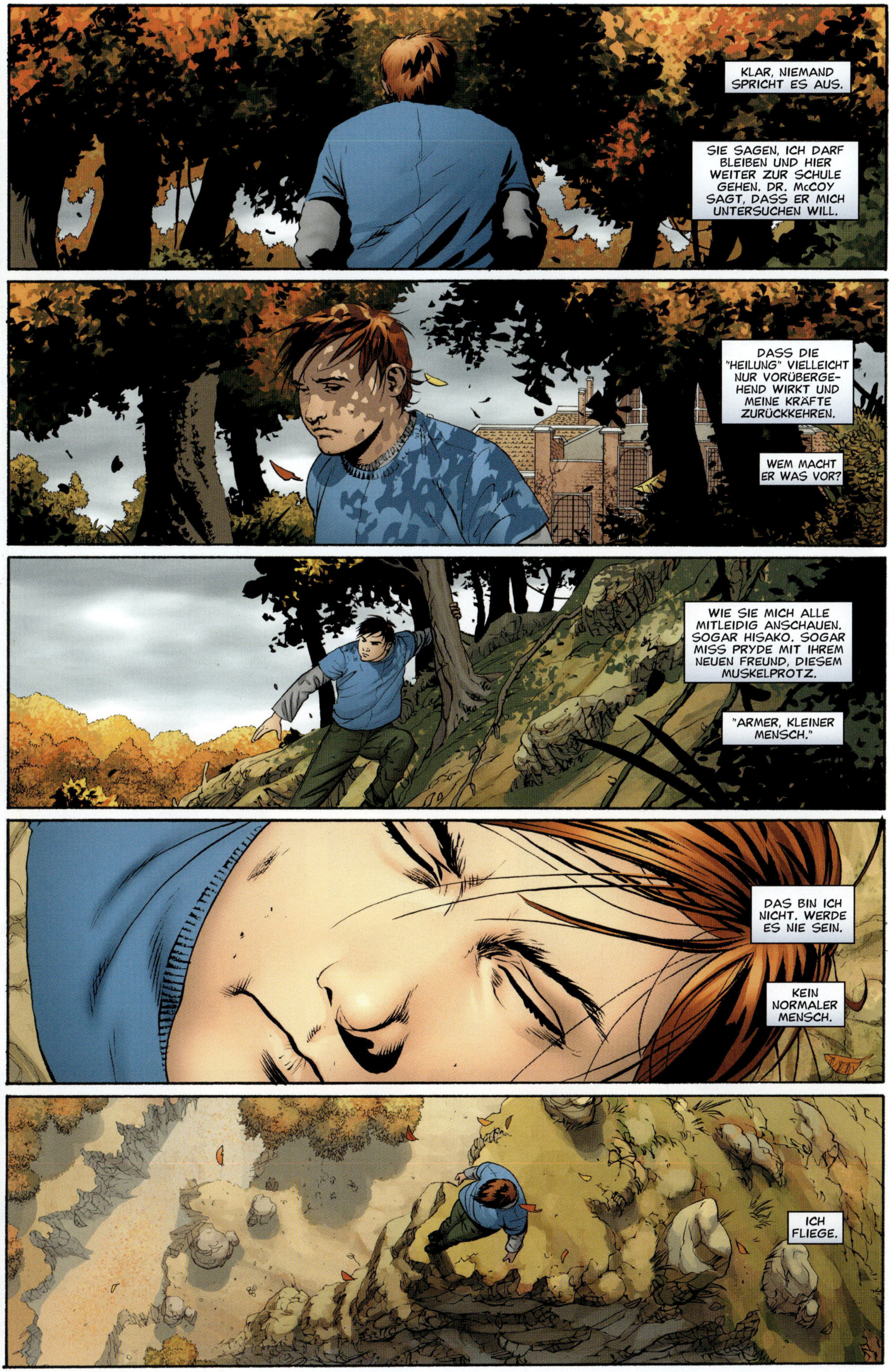
KLAR, NIEMAND SPRICHT ES AUS.
SIE SAGEN, ICH DARF BLEIBEN UND HIER WEITER ZUR SCHULE GEHEN. DR. McCOY SAGT, DASS ER MICH UNTERSUCHEN WILL.
DASS DIE "HEILUNG" VIELLEICHT NUR VORÜBERGE-HEND WIRKT UND MEINE KRÄFTE ZURÜCKKEHREN.
WEM MACHT ER WAS VOR?
WIE SIE MICH ALLE MITLEIDIG ANSCHAUEN. SOGAR HISAKO. SOGAR MISS PRYDE MIT IHREM NEUEN FREUND, DIESEM MUSKELPROTZ.
"ARMER, KLEINER MENSCH."
DAS BIN ICH NICHT. WERDE ES NIE SEIN.
KEIN NORMALER MENSCH.
ICH FLIEGE.

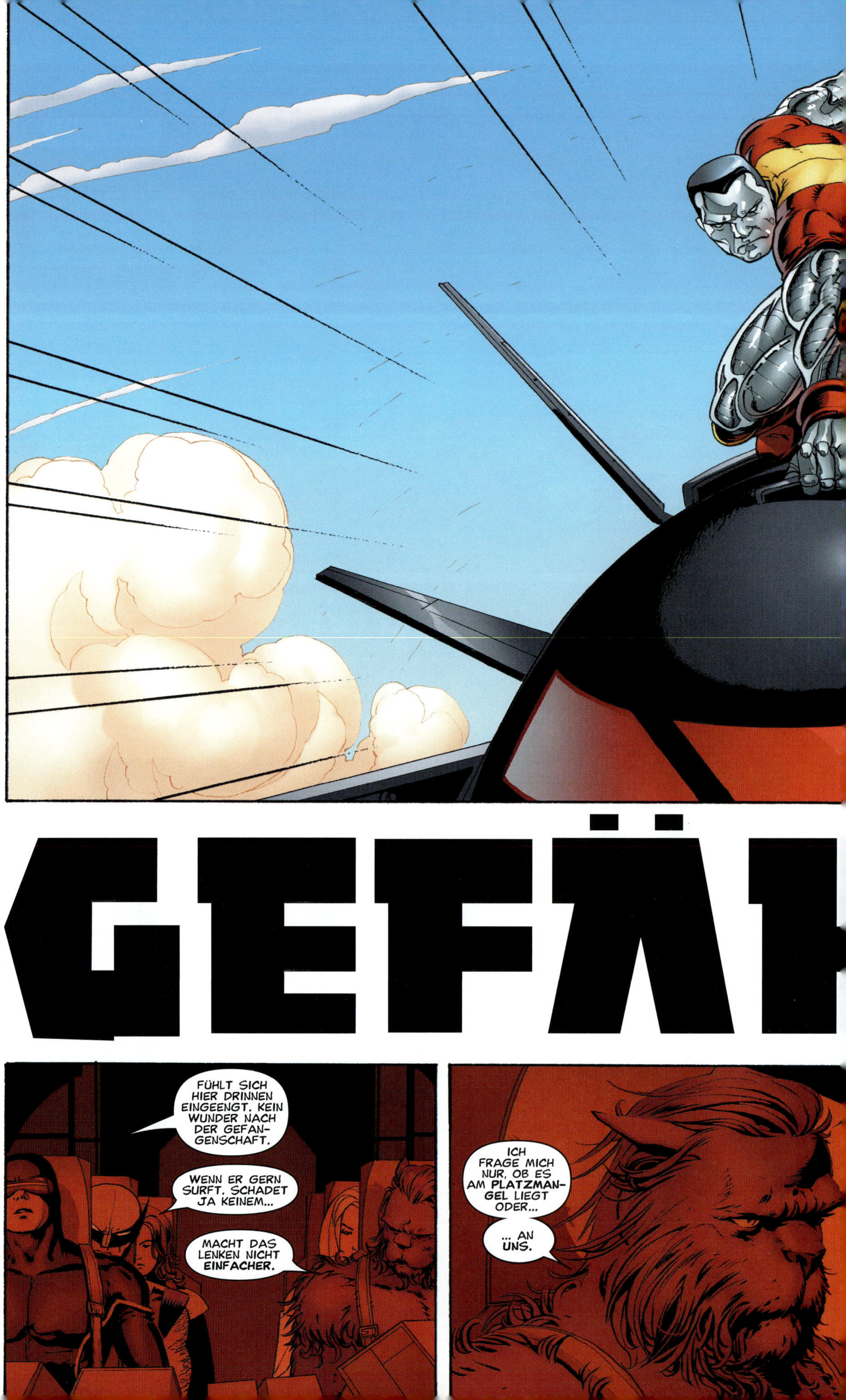
GEFÄH
FÜHLT SICH HIER DRINNEN EINGEENGT. KEIN WUNDER NACH DER GEFANGENSCHAFT.
WENN ER GERN SURFT, SCHADET JA KEINEM...
MACHT DAS LENKEN NICHT EINFACHER.
ICH FRAGE MICH NUR, OB ES AM PLATZMANGEL LIEGT ODER...
... AN UNS.

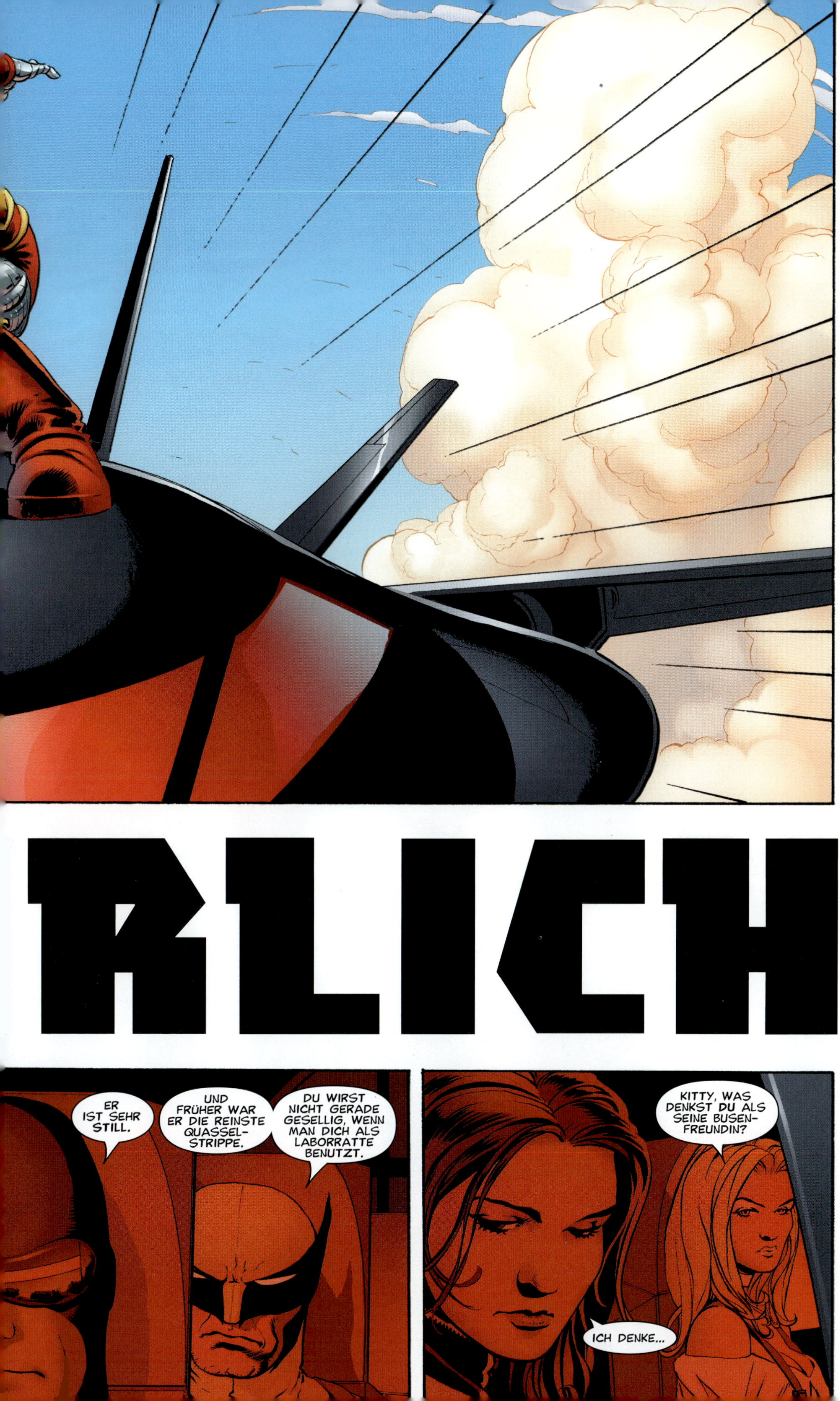
RLICH
ER IST SEHR STILL.
UND FRÜHER WAR ER DIE REINSTE QUASSELSTRIPPE.
DU WIRST NICHT GERADE GESELLIG, WENN MAN DICH ALS LABORRATTE BENUTZT.
KITTY, WAS DENKST DU ALS SEINE BUSENFREUNDIN?
ICH DENKE...

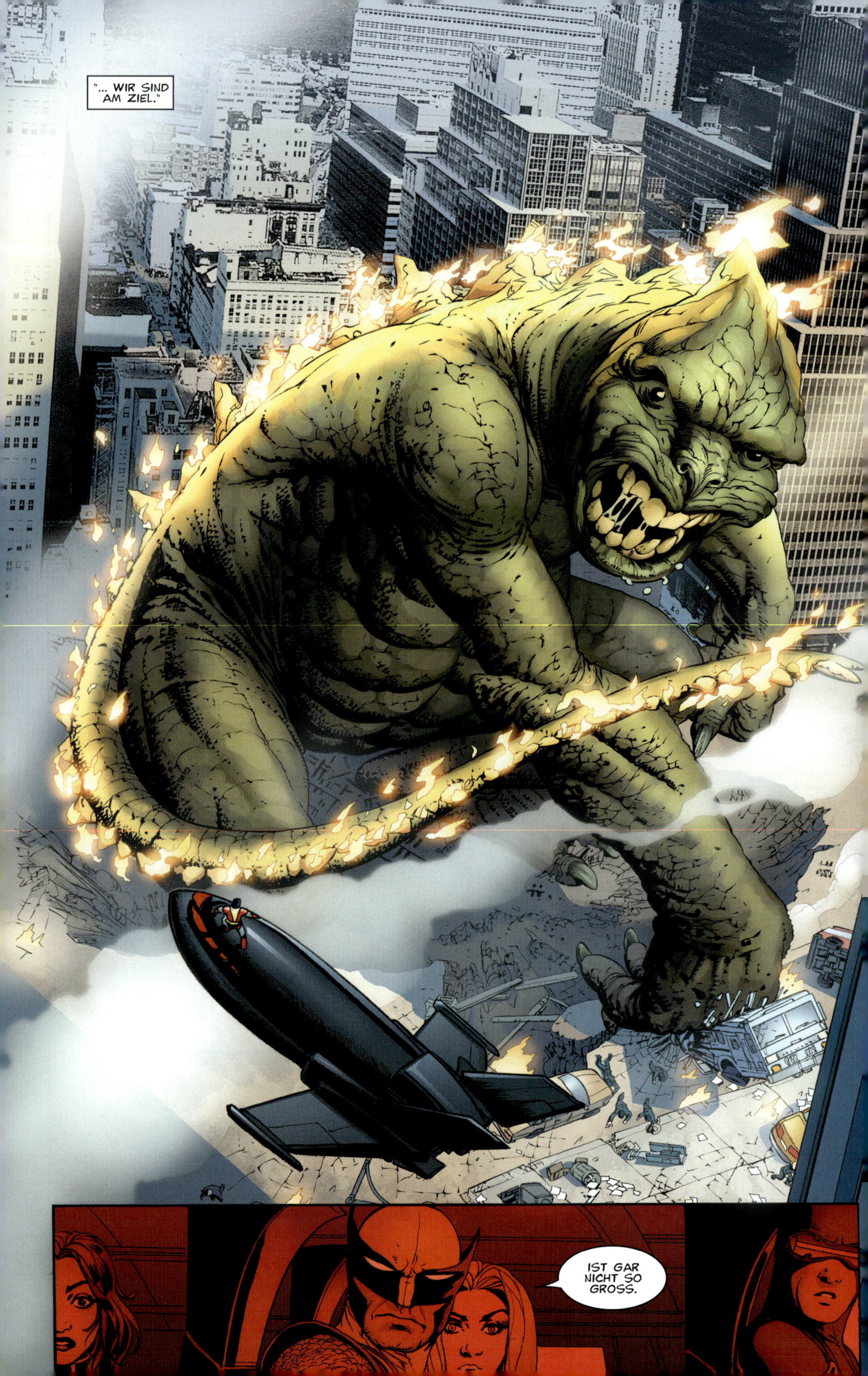
"... WIR SIND AM ZIEL."
IST GAR NICHT SO GROSS.

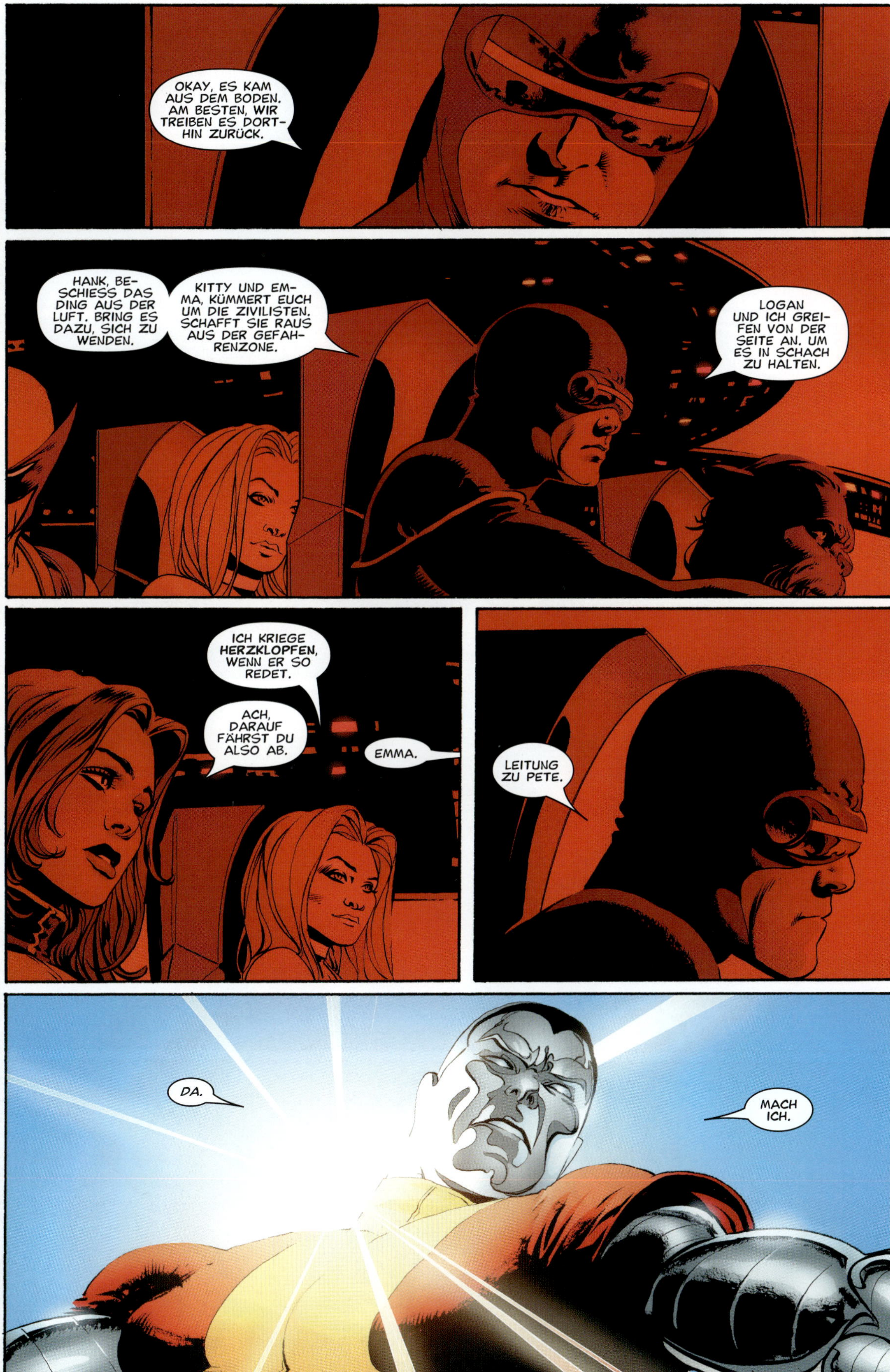

OKAY, ES KAM AUS DEM BODEN. AM BESTEN, WIR TREIBEN ES DORTHIN ZURÜCK.
HANK, BESCHIESS DAS DING AUS DER LUFT. BRING ES DAZU, SICH ZU WENDEN.
KITTY UND EMMA, KÜMMERT EUCH UM DIE ZIVILISTEN. SCHAFFT SIE RAUS AUS DER GEFAHRENZONE.
LOGAN UND ICH GREIFEN VON DER SEITE AN. UM ES IN SCHACH ZU HALTEN.
ICH KRIEGE **HERZKLOPFEN**, WENN ER SO REDET.
ACH, DARAUF FÄHRST DU ALSO AB.
EMMA.
LEITUNG ZU PETE.
DA.
MACH ICH.

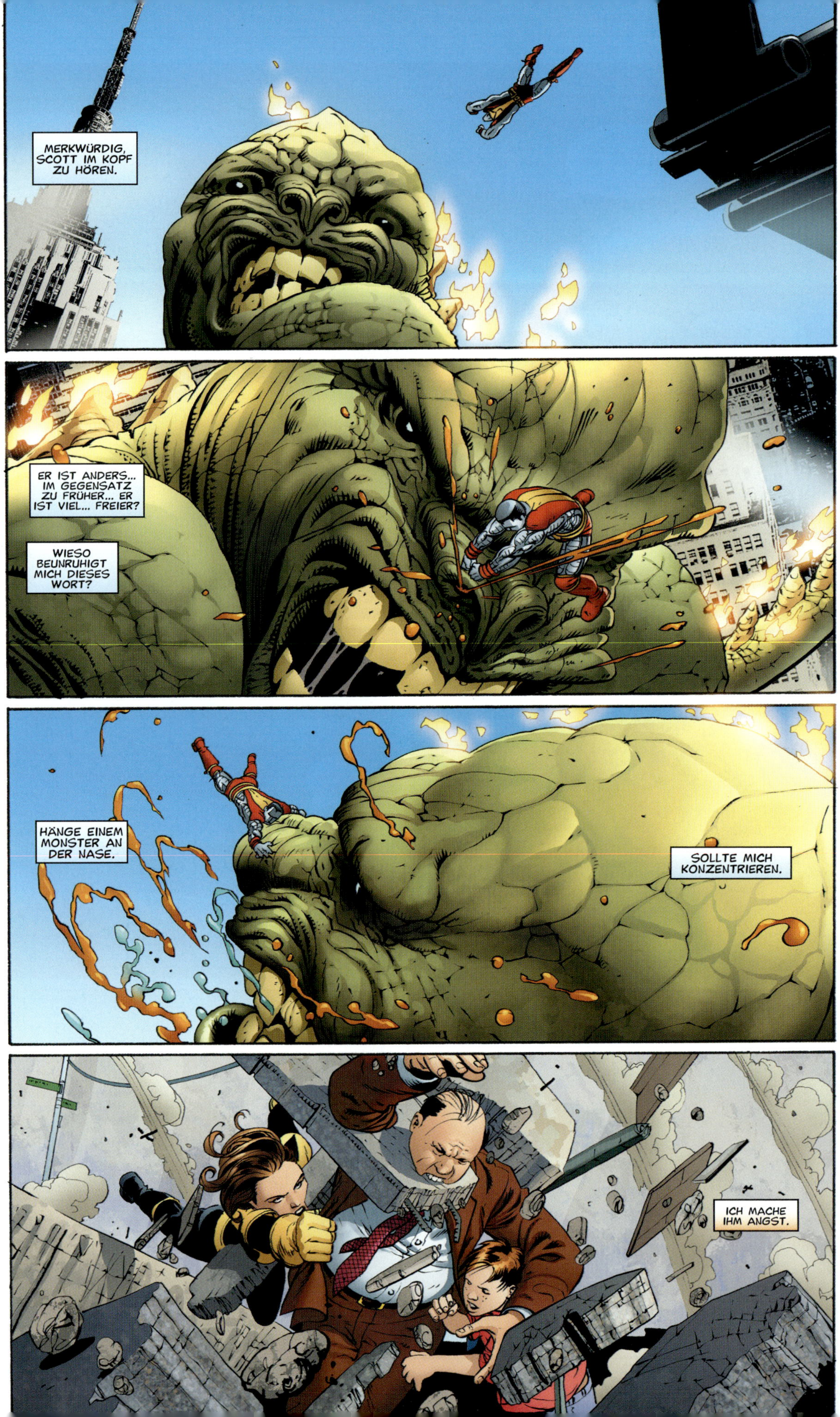
MERKWÜRDIG, SCOTT IM KOPF ZU HÖREN.
ER IST ANDERS... IM GEGENSATZ ZU FRÜHER... ER IST VIEL... FREIER?
WIESO BEUNRUHIGT MICH DIESES WORT?
HÄNGE EINEM MONSTER AN DER NASE.
SOLLTE MICH KONZENTRIEREN.
ICH MACHE IHM ANGST.

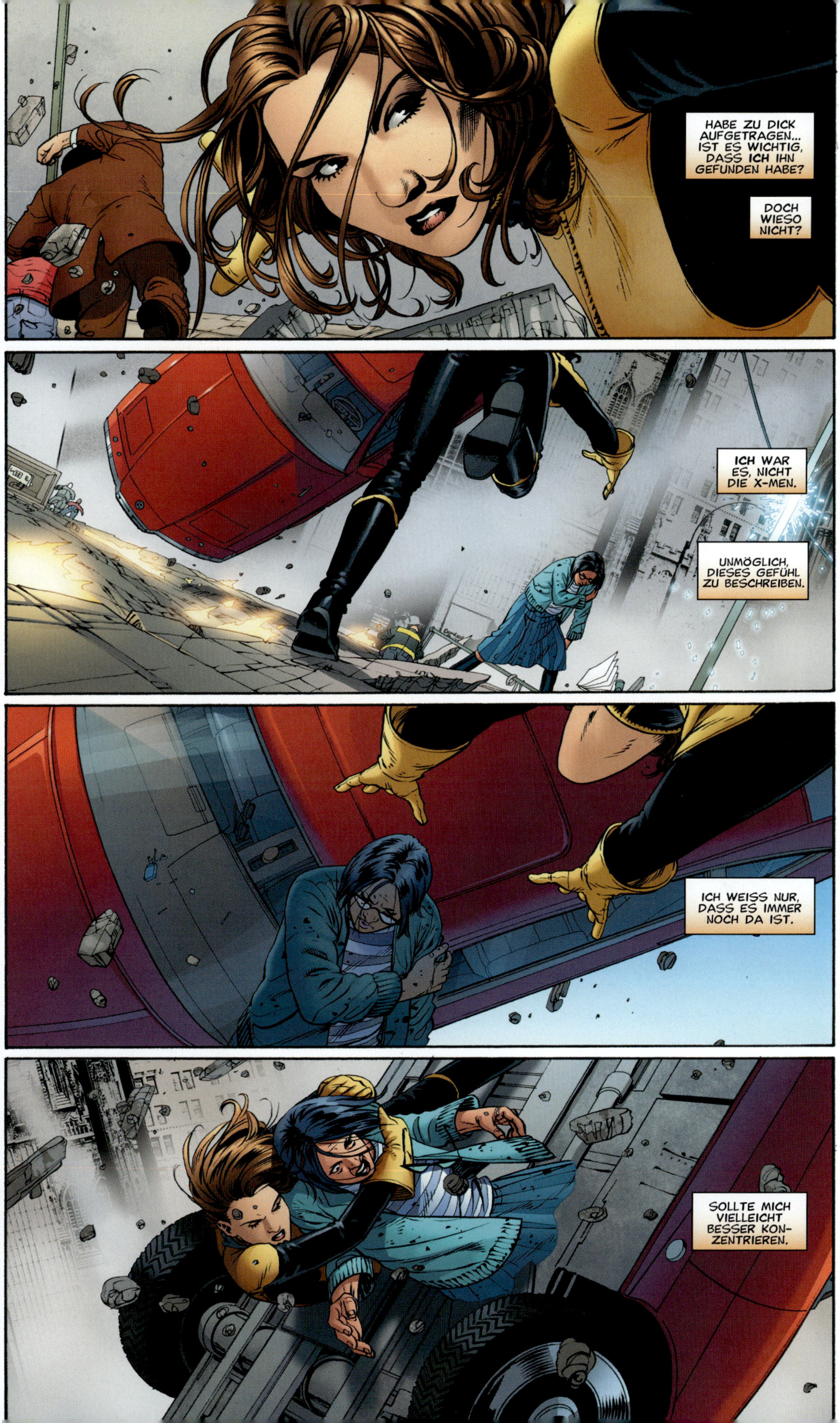
HABE ZU DICK AUFGETRAGEN... IST ES WICHTIG, DASS **ICH** IHN GEFUNDEN HABE?
DOCH WIESO NICHT?
ICH WAR ES, NICHT DIE X-MEN.
UNMÖGLICH, DIESES GEFÜHL ZU BESCHREIBEN.
ICH WEISS NUR, DASS ES IMMER NOCH DA IST.
SOLLTE MICH VIELLEICHT BESSER KONZENTRIEREN.

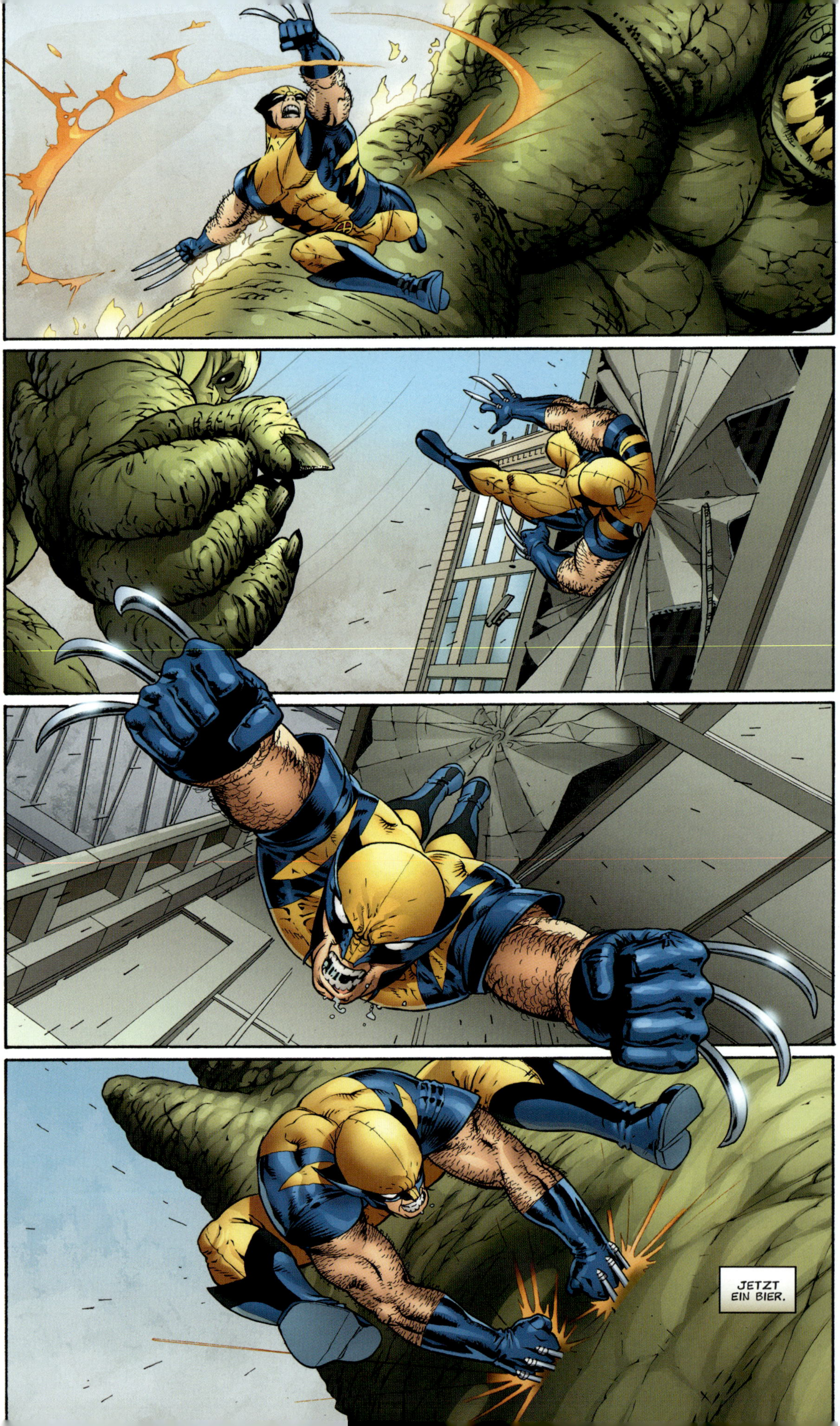
JETZT
EIN BIER.

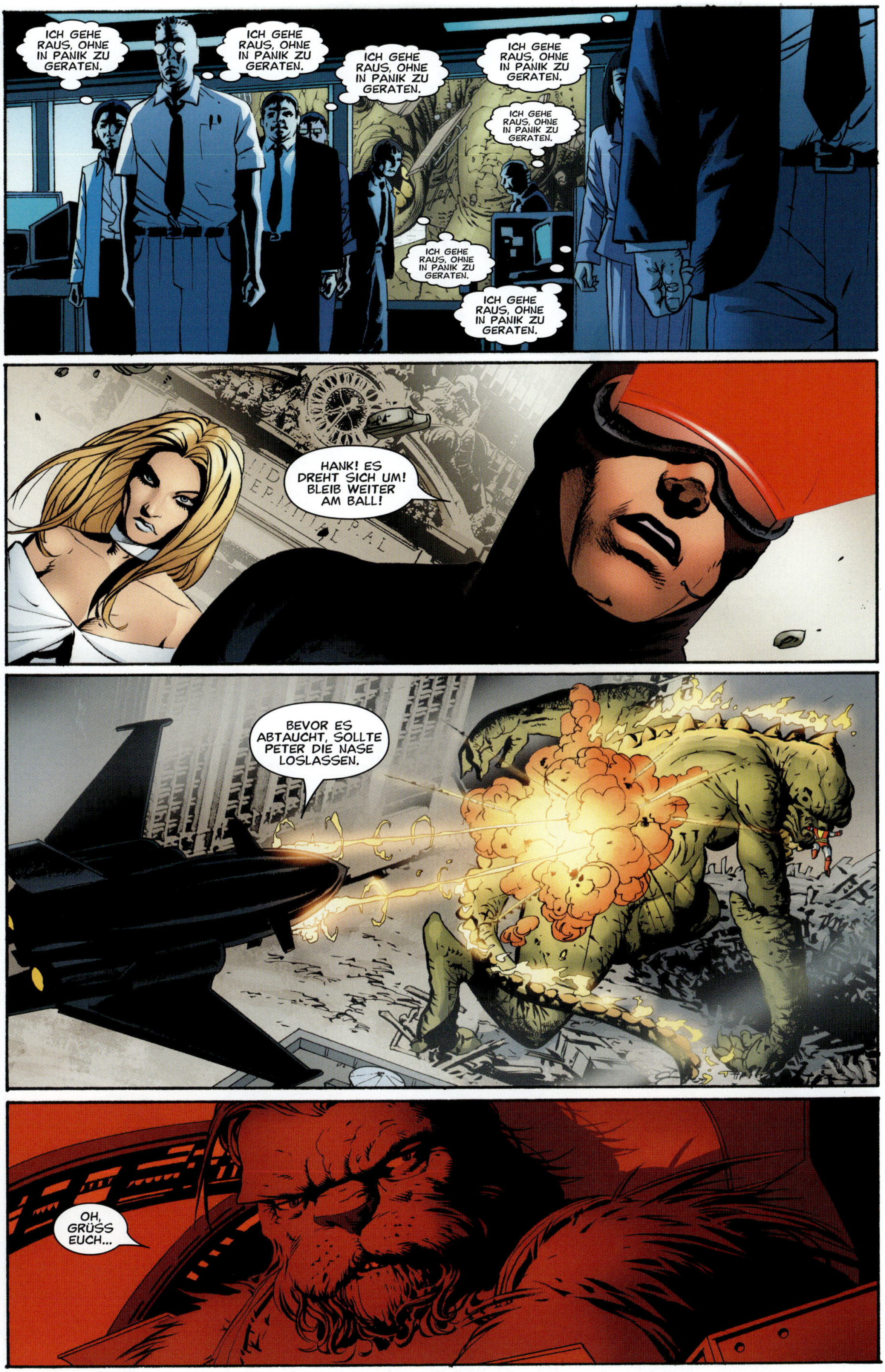
ICH GEHE RAUS, OHNE IN PANIK ZU GERATEN.
ICH GEHE RAUS, OHNE IN PANIK ZU GERATEN.
ICH GEHE RAUS, OHNE IN PANIK ZU GERATEN.
ICH GEHE RAUS, OHNE IN PANIK ZU GERATEN.
ICH GEHE RAUS, OHNE IN PANIK ZU GERATEN.
ICH GEHE RAUS, OHNE IN PANIK ZU GERATEN.
ICH GEHE RAUS, OHNE IN PANIK ZU GERATEN.
HANK! ES DREHT SICH UM! BLEIB WEITER AM BALL!
BEVOR ES ABTAUCHT, SOLLTE PETER DIE NASE LOSLASSEN.
OH, GRÜSS EUCH...

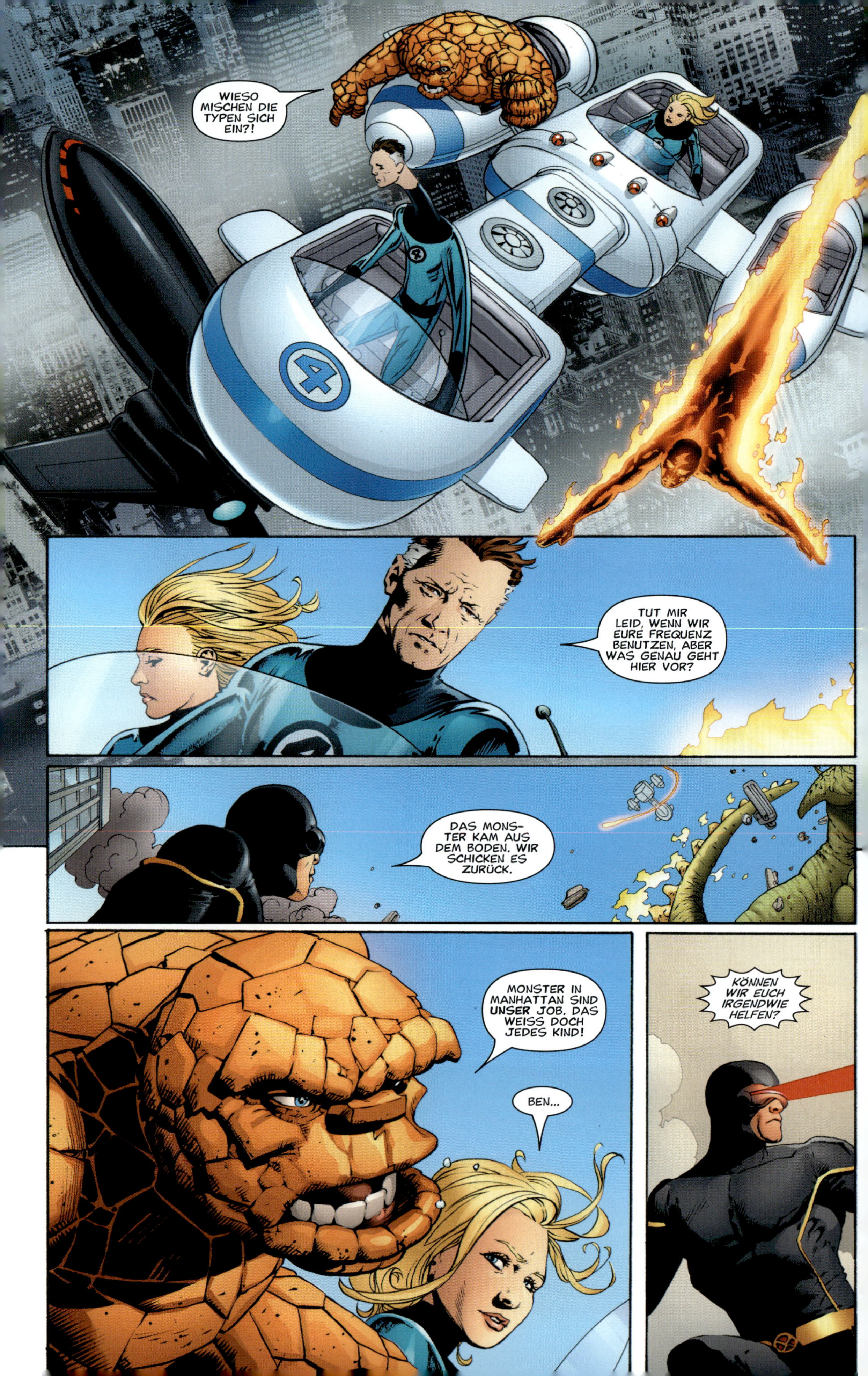
WIESO MISCHEN DIE TYPEN SICH EIN?!
TUT MIR LEID, WENN WIR EURE FREQUENZ BENUTZEN, ABER WAS GENAU GEHT HIER VOR?
DAS MONSTER KAM AUS DEM BODEN. WIR SCHICKEN ES ZURÜCK.
MONSTER IN MANHATTAN SIND UNSER JOB. DAS WEISS DOCH JEDES KIND!
BEN...
KÖNNEN WIR EUCH IRGENDWIE HELFEN?

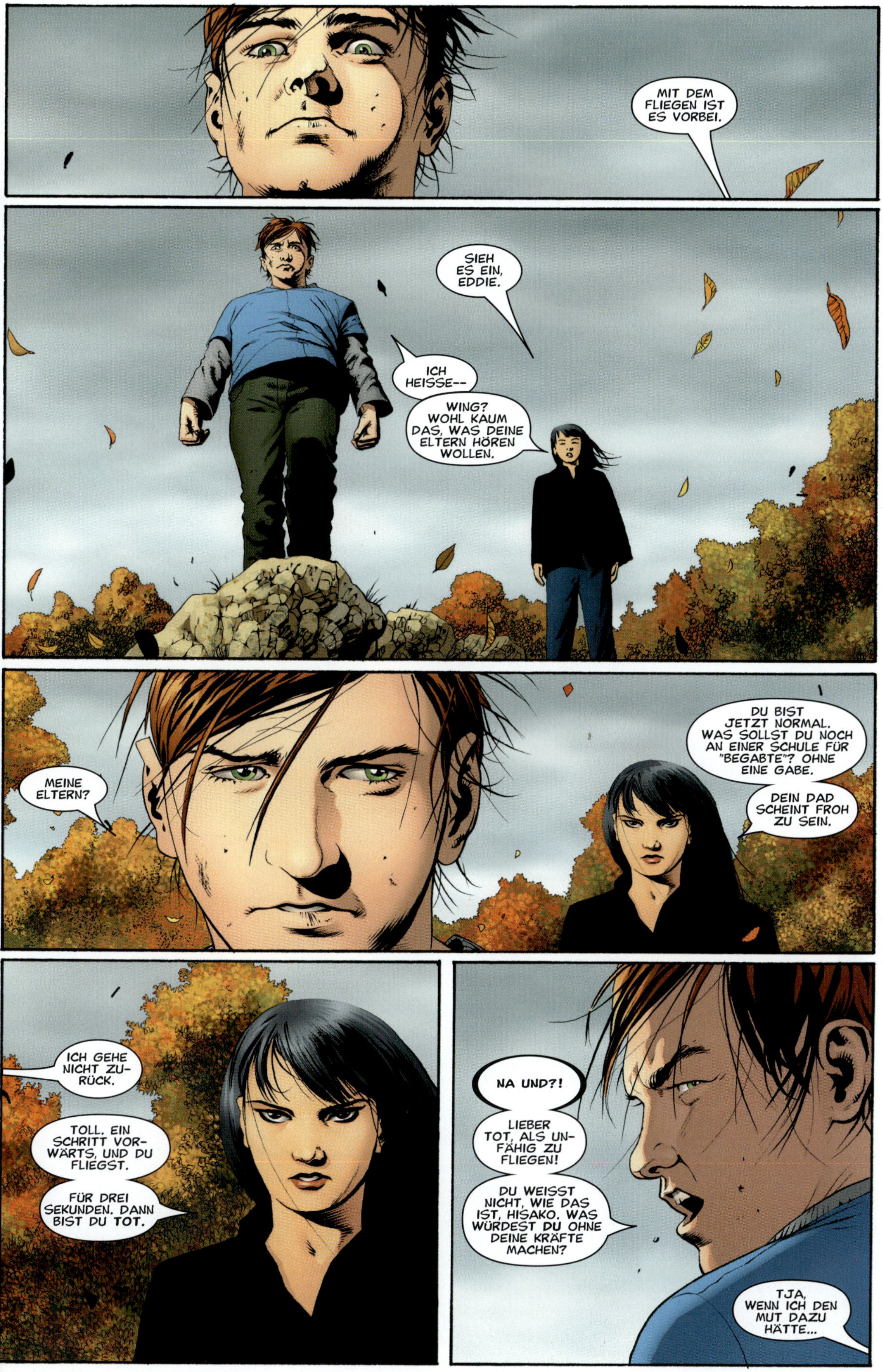
MIT DEM FLIEGEN IST ES VORBEI.
SIEH ES EIN, EDDIE.
ICH HEISSE--
WING? WOHL KAUM DAS, WAS DEINE ELTERN HÖREN WOLLEN.
MEINE ELTERN?
DU BIST JETZT NORMAL. WAS SOLLST DU NOCH AN EINER SCHULE FÜR "BEGABTE"? OHNE EINE GABE.
DEIN DAD SCHEINT FROH ZU SEIN.
ICH GEHE NICHT ZURÜCK.
TOLL. EIN SCHRITT VORWÄRTS, UND DU FLIEGST.
FÜR DREI SEKUNDEN. DANN BIST DU **TOT**.
NA UND?!
LIEBER TOT, ALS UNFÄHIG ZU FLIEGEN!
DU WEISST NICHT, WIE DAS IST, HISAKO. WAS WÜRDEST **DU** OHNE DEINE KRÄFTE MACHEN?
TJA, WENN ICH DEN MUT DAZU HÄTTE...

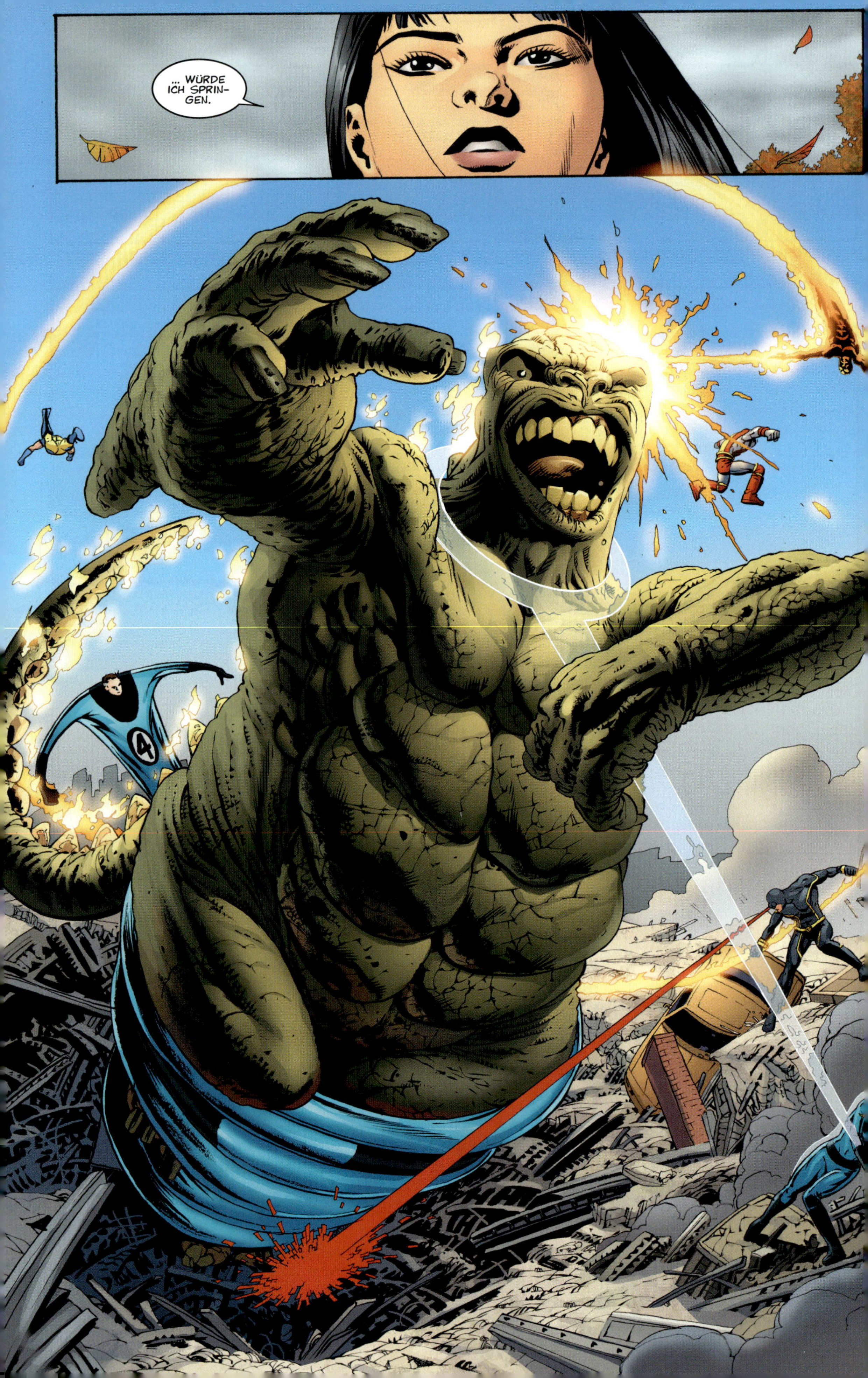
... WÜRDE ICH SPRIN-GEN.

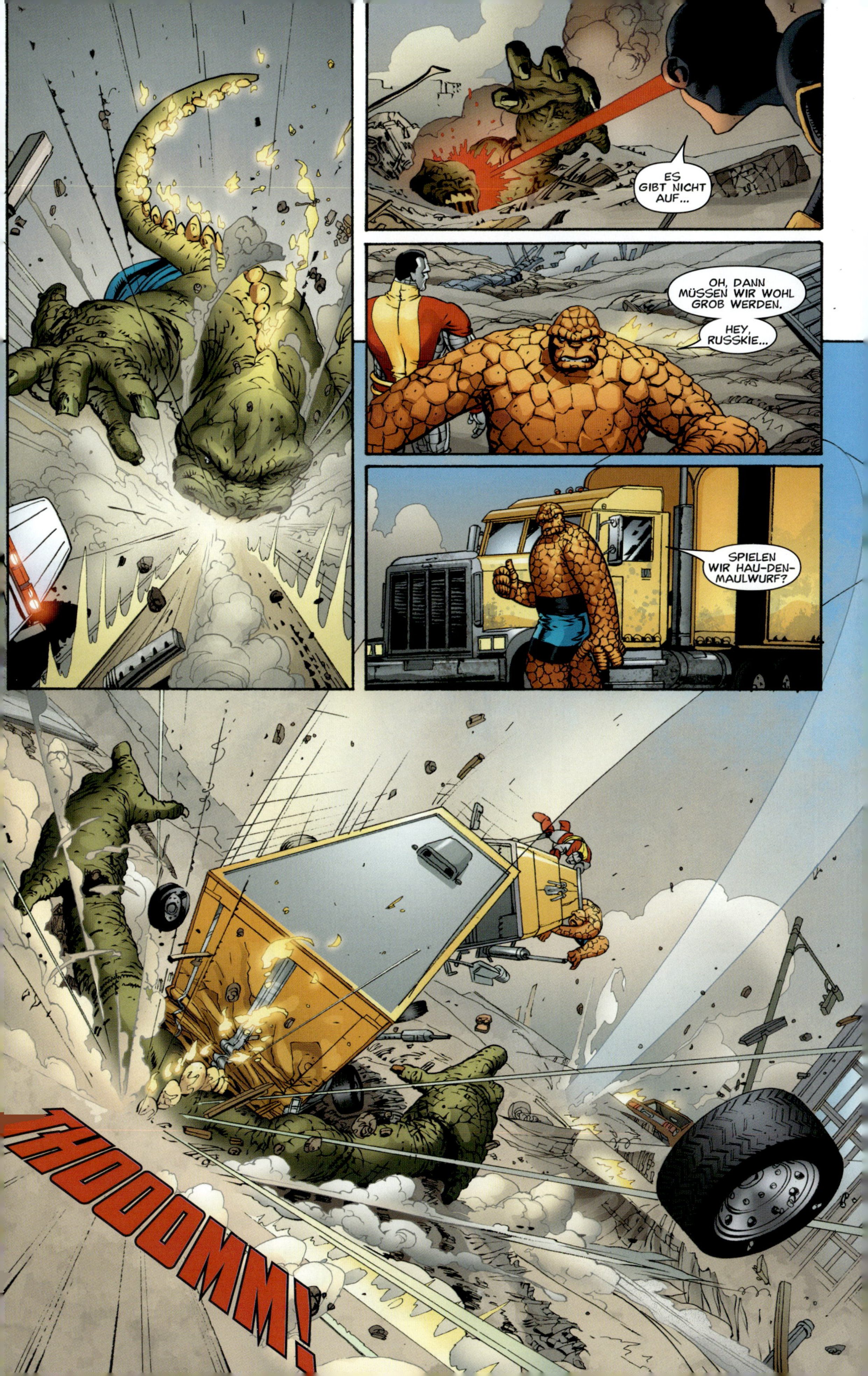
ES GIBT NICHT AUF...
OH, DANN MÜSSEN WIR WOHL GROB WERDEN.
HEY, RUSSKIE...
SPIELEN WIR HAU-DEN-MAULWURF?
THOOOMM!

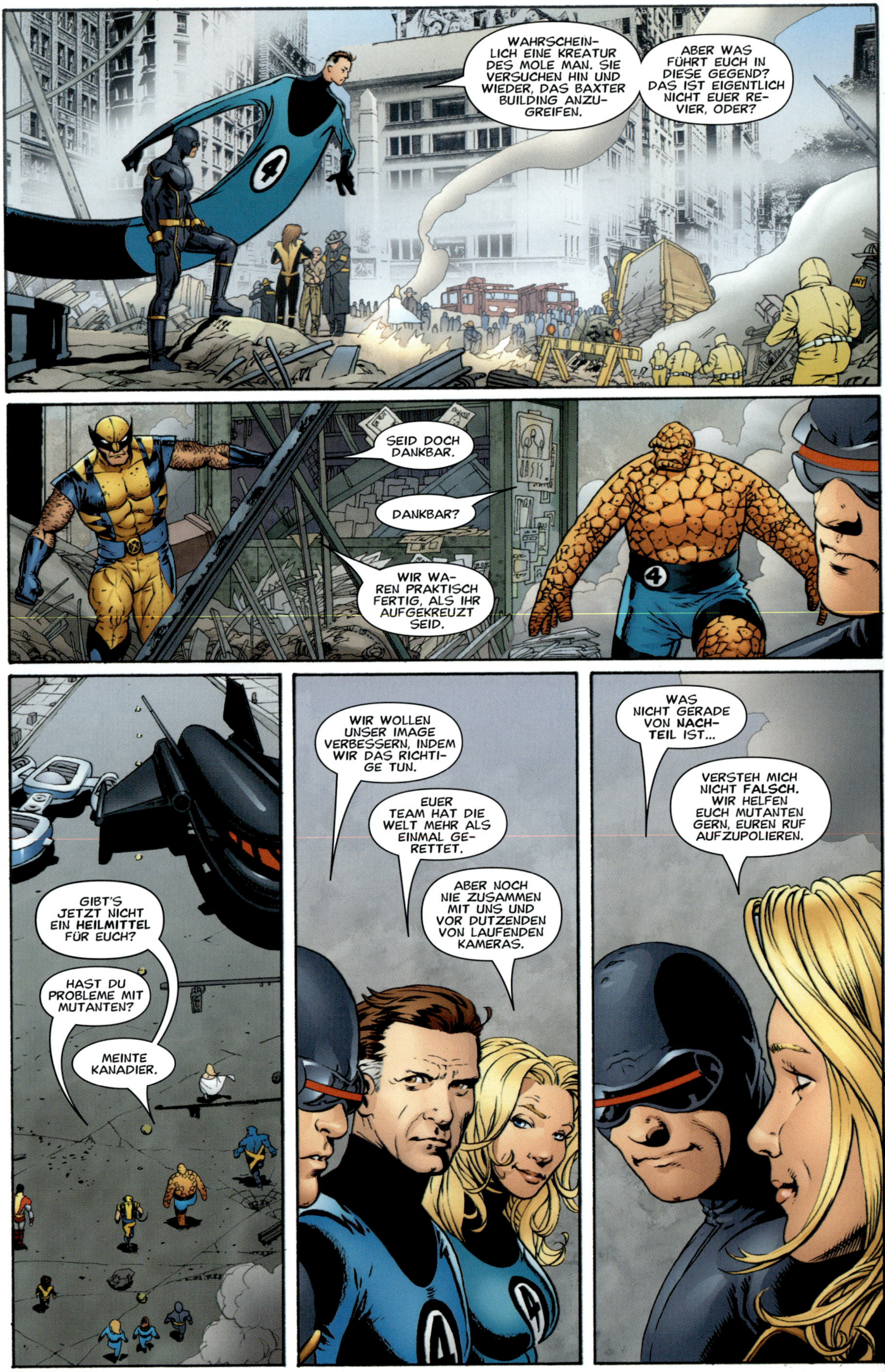
WAHRSCHEINLICH EINE KREATUR DES MOLE MAN. SIE VERSUCHEN HIN UND WIEDER, DAS BAXTER BUILDING ANZUGREIFEN.
ABER WAS FÜHRT EUCH IN DIESE GEGEND? DAS IST EIGENTLICH NICHT EUER REVIER, ODER?
SEID DOCH DANKBAR.
DANKBAR?
WIR WAREN PRAKTISCH FERTIG, ALS IHR AUFGEKREUZT SEID.
GIBT'S JETZT NICHT EIN HEILMITTEL FÜR EUCH?
HAST DU PROBLEME MIT MUTANTEN?
MEINTE KANADIER.
WIR WOLLEN UNSER IMAGE VERBESSERN, INDEM WIR DAS RICHTIGE TUN.
EUER TEAM HAT DIE WELT MEHR ALS EINMAL GERETTET.
ABER NOCH NIE ZUSAMMEN MIT UNS UND VOR DUTZENDEN VON LAUFENDEN KAMERAS.
WAS NICHT GERADE VON NACHTEIL IST...
VERSTEH MICH NICHT FALSCH. WIR HELFEN EUCH MUTANTEN GERN, EUREN RUF AUFZUPOLIEREN.

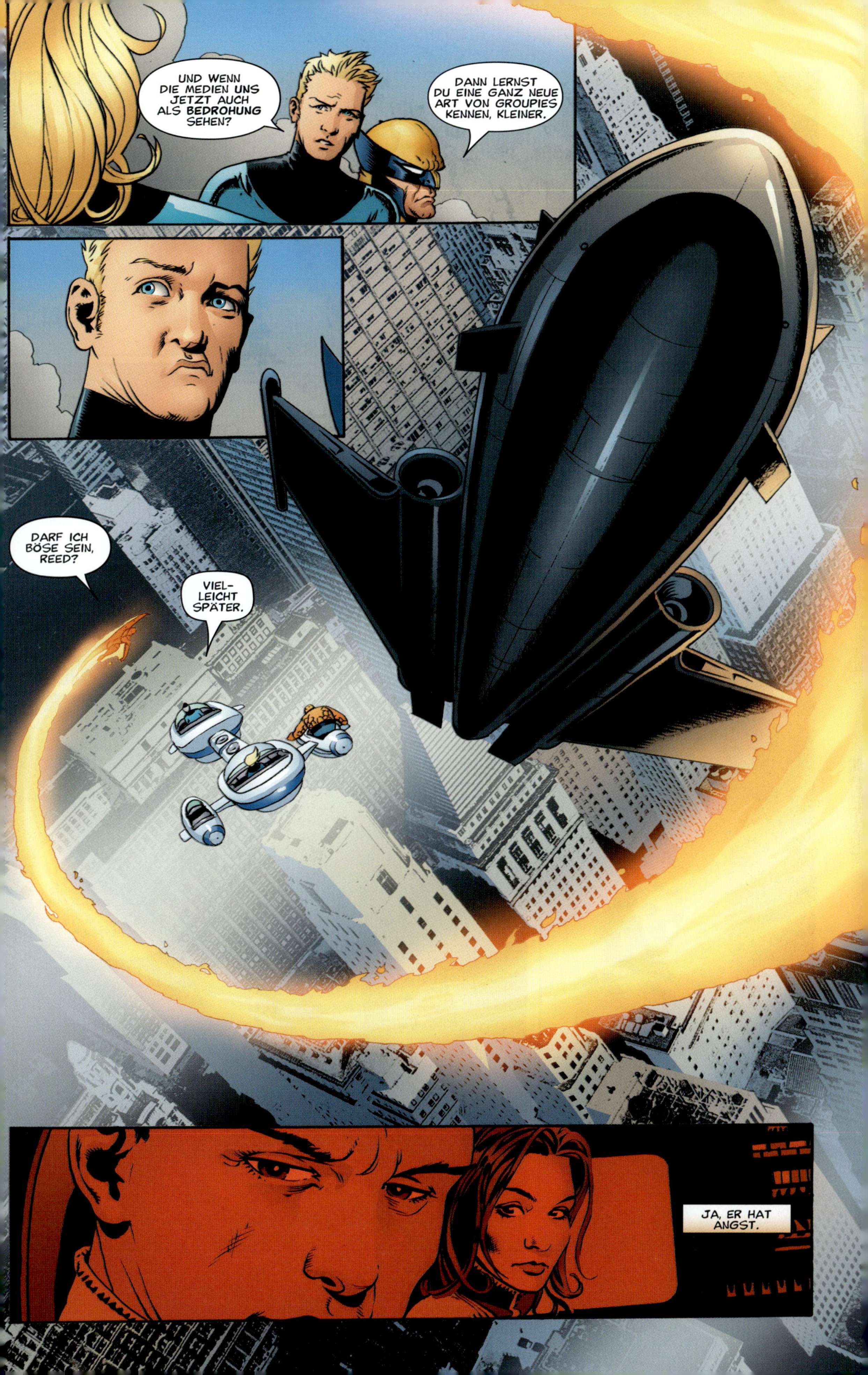
UND WENN DIE MEDIEN UNS JETZT AUCH ALS BEDROHUNG SEHEN?
DANN LERNST DU EINE GANZ NEUE ART VON GROUPIES KENNEN, KLEINER.
DARF ICH BÖSE SEIN, REED?
VIEL-LEICHT SPÄTER.
JA, ER HAT ANGST.

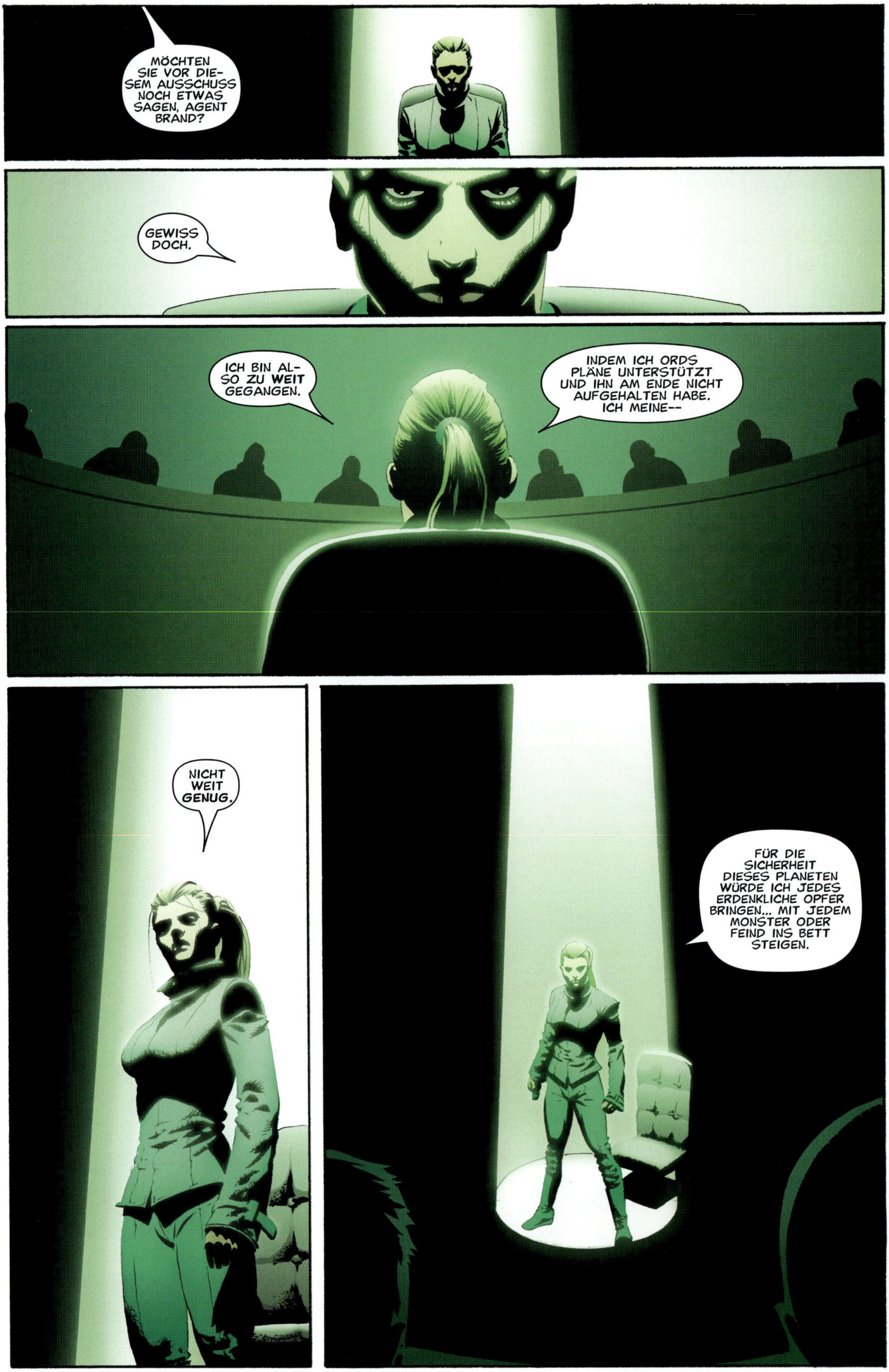
MÖCHTEN SIE VOR DIESEM AUSSCHUSS NOCH ETWAS SAGEN, AGENT BRAND?
GEWISS DOCH.
ICH BIN ALSO ZU **WEIT** GEGANGEN.
INDEM ICH ORDS PLÄNE UNTERSTÜTZT UND IHN AM ENDE NICHT AUFGEHALTEN HABE. ICH MEINE--
NICHT **WEIT GENUG.**
FÜR DIE SICHERHEIT DIESES PLANETEN WÜRDE ICH JEDES ERDENKLICHE OPFER BRINGEN... MIT JEDEM MONSTER ODER FEIND INS BETT STEIGEN.

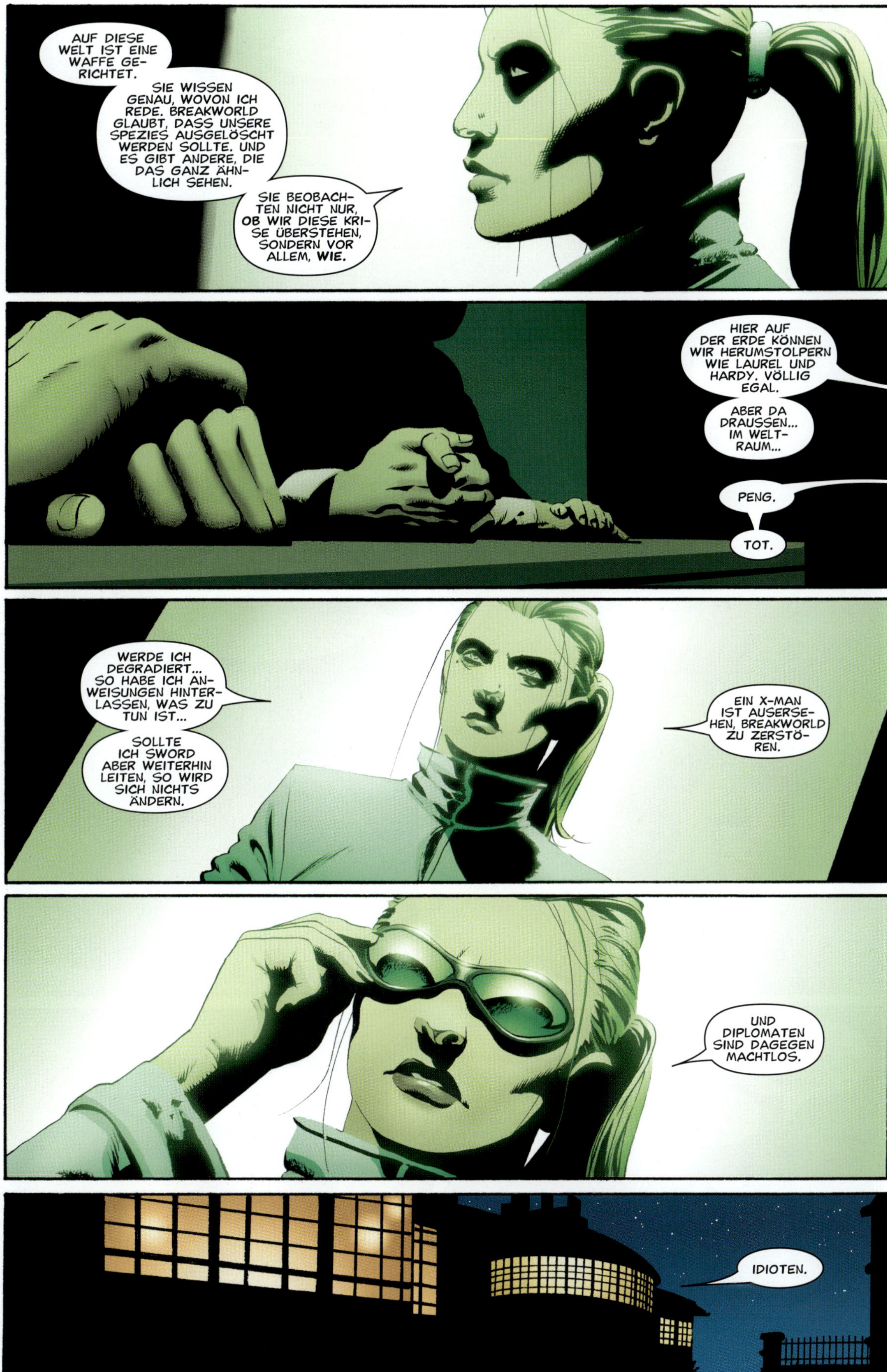
AUF DIESE WELT IST EINE WAFFE GERICHTET.
SIE WISSEN GENAU, WOVON ICH REDE. BREAKWORLD GLAUBT, DASS UNSERE SPEZIES AUSGELÖSCHT WERDEN SOLLTE. UND ES GIBT ANDERE, DIE DAS GANZ ÄHNLICH SEHEN.
SIE BEOBACHTEN NICHT NUR, OB WIR DIESE KRISE ÜBERSTEHEN, SONDERN VOR ALLEM, **WIE.**
HIER AUF DER ERDE KÖNNEN WIR HERUMSTOLPERN WIE LAUREL UND HARDY. VÖLLIG EGAL.
ABER DA DRAUSSEN... IM WELTRAUM...
PENG.
TOT.
WERDE ICH DEGRADIERT... SO HABE ICH ANWEISUNGEN HINTERLASSEN, WAS ZU TUN IST...
SOLLTE ICH SWORD ABER WEITERHIN LEITEN, SO WIRD SICH NICHTS ÄNDERN.
EIN X-MAN IST AUSERSEHEN, BREAKWORLD ZU ZERSTÖREN.
UND DIPLOMATEN SIND DAGEGEN MACHTLOS.
IDIOTEN.

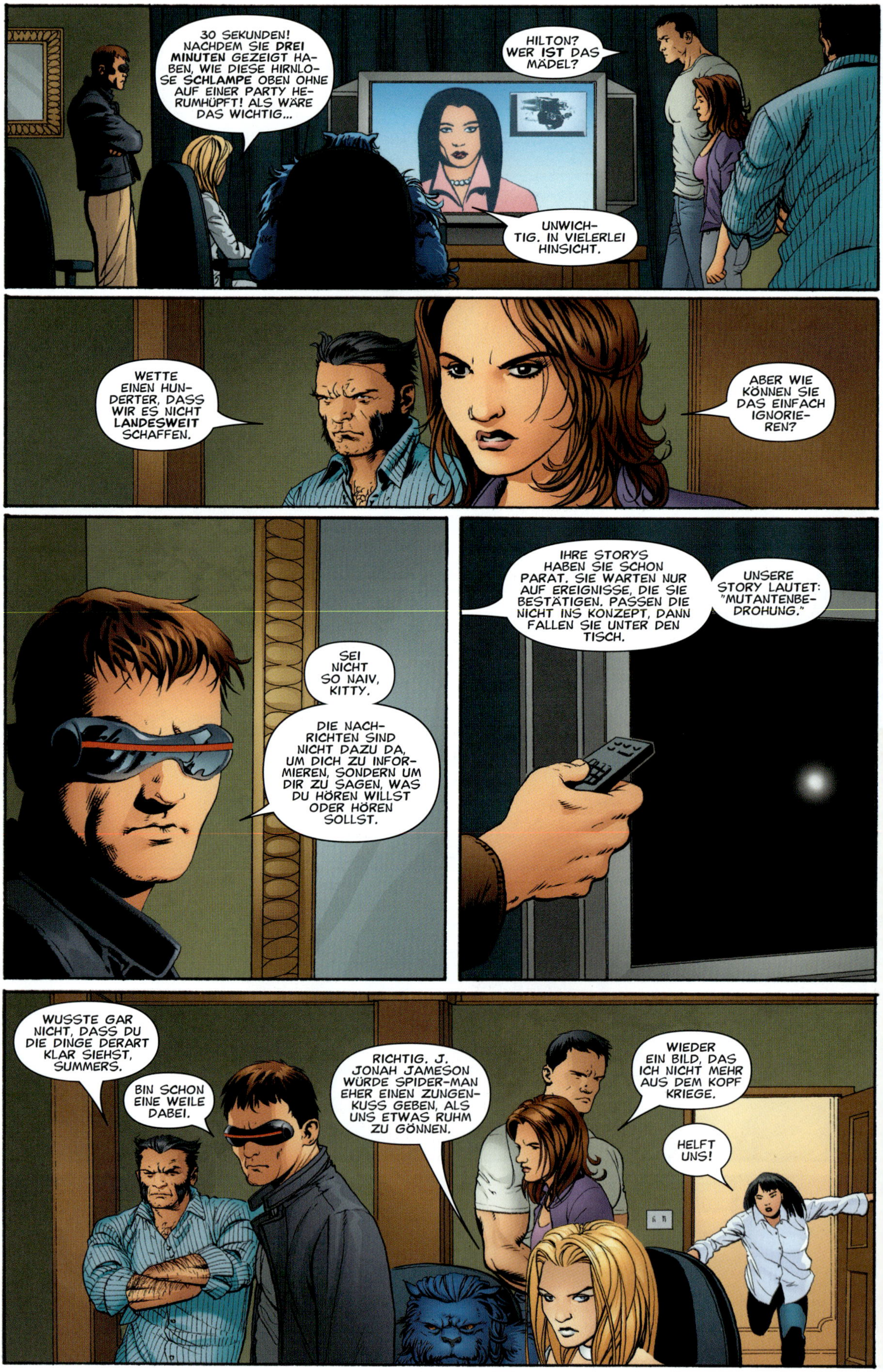
30 SEKUNDEN! NACHDEM SIE DREI MINUTEN GEZEIGT HABEN, WIE DIESE HIRNLOSE SCHLAMPE OBEN OHNE AUF EINER PARTY HERUMHÜPFT! ALS WÄRE DAS WICHTIG...
HILTON? WER IST DAS MÄDEL?
UNWICHTIG. IN VIELERLEI HINSICHT.
WETTE EINEN HUNDERTER, DASS WIR ES NICHT LANDESWEIT SCHAFFEN.
ABER WIE KÖNNEN SIE DAS EINFACH IGNORIEREN?
SEI NICHT SO NAIV, KITTY.
DIE NACHRICHTEN SIND NICHT DAZU DA, UM DICH ZU INFORMIEREN, SONDERN UM DIR ZU SAGEN, WAS DU HÖREN WILLST ODER HÖREN SOLLST.
IHRE STORYS HABEN SIE SCHON PARAT. SIE WARTEN NUR AUF EREIGNISSE, DIE SIE BESTÄTIGEN. PASSEN DIE NICHT INS KONZEPT, DANN FALLEN SIE UNTER DEN TISCH.
UNSERE STORY LAUTET: "MUTANTENBEDROHUNG."
WUSSTE GAR NICHT, DASS DU DIE DINGE DERART KLAR SIEHST, SUMMERS.
BIN SCHON EINE WEILE DABEI.
RICHTIG. J. JONAH JAMESON WÜRDE SPIDER-MAN EHER EINEN ZUNGENKUSS GEBEN, ALS UNS ETWAS RUHM ZU GÖNNEN.
WIEDER EIN BILD, DAS ICH NICHT MEHR AUS DEM KOPF KRIEGE.
HELFT UNS!

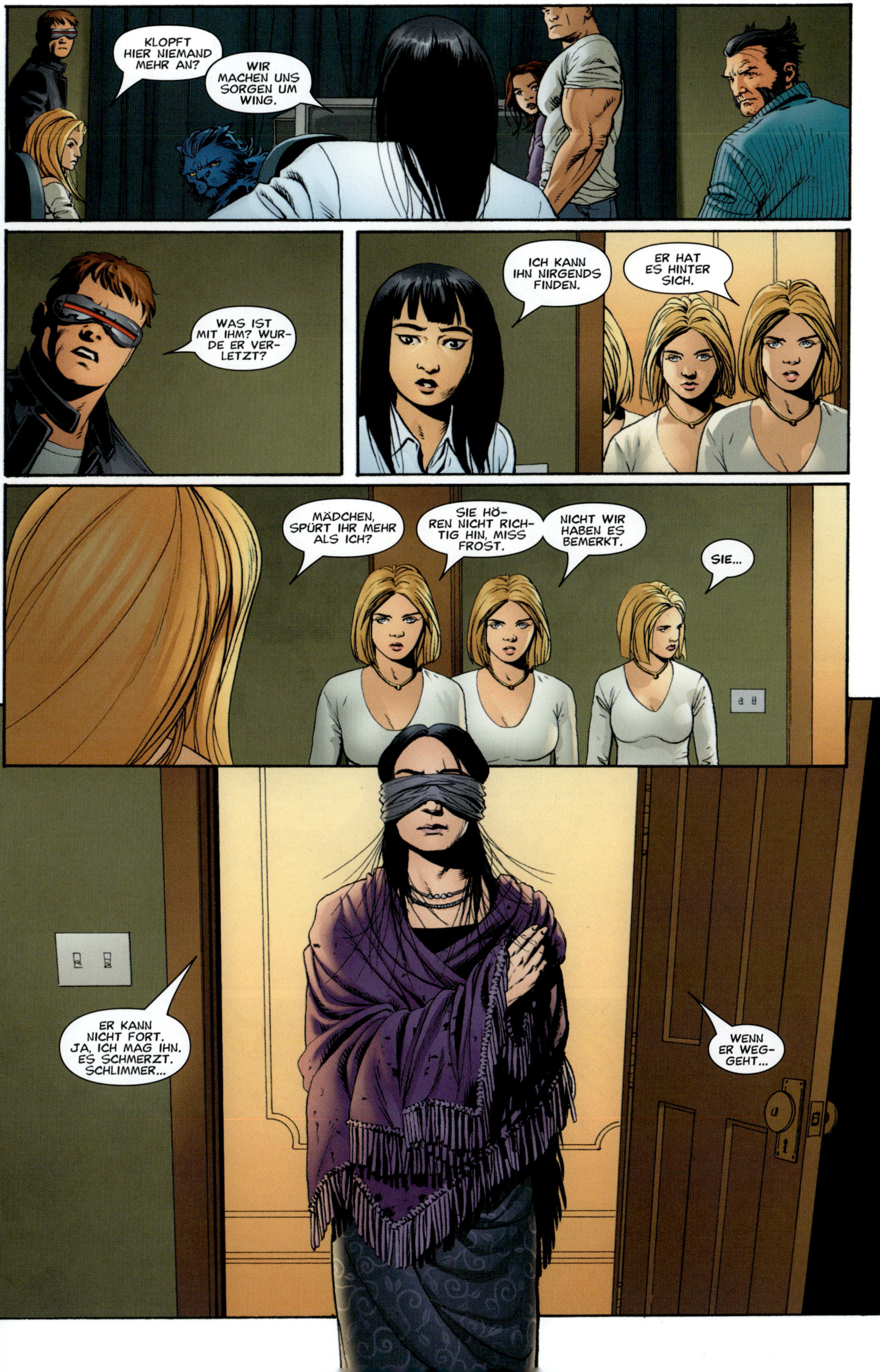

KLOPFT HIER NIEMAND MEHR AN?
WIR MACHEN UNS SORGEN UM WING.
WAS IST MIT IHM? WURDE ER VERLETZT?
ICH KANN IHN NIRGENDS FINDEN.
ER HAT ES HINTER SICH.
MÄDCHEN, SPÜRT IHR MEHR ALS ICH?
SIE HÖREN NICHT RICHTIG HIN, MISS FROST.
NICHT WIR HABEN ES BEMERKT.
SIE...
ER KANN NICHT FORT. JA, ICH MAG IHN. ES SCHMERZT. SCHLIMMER...
WENN ER WEGGEHT...

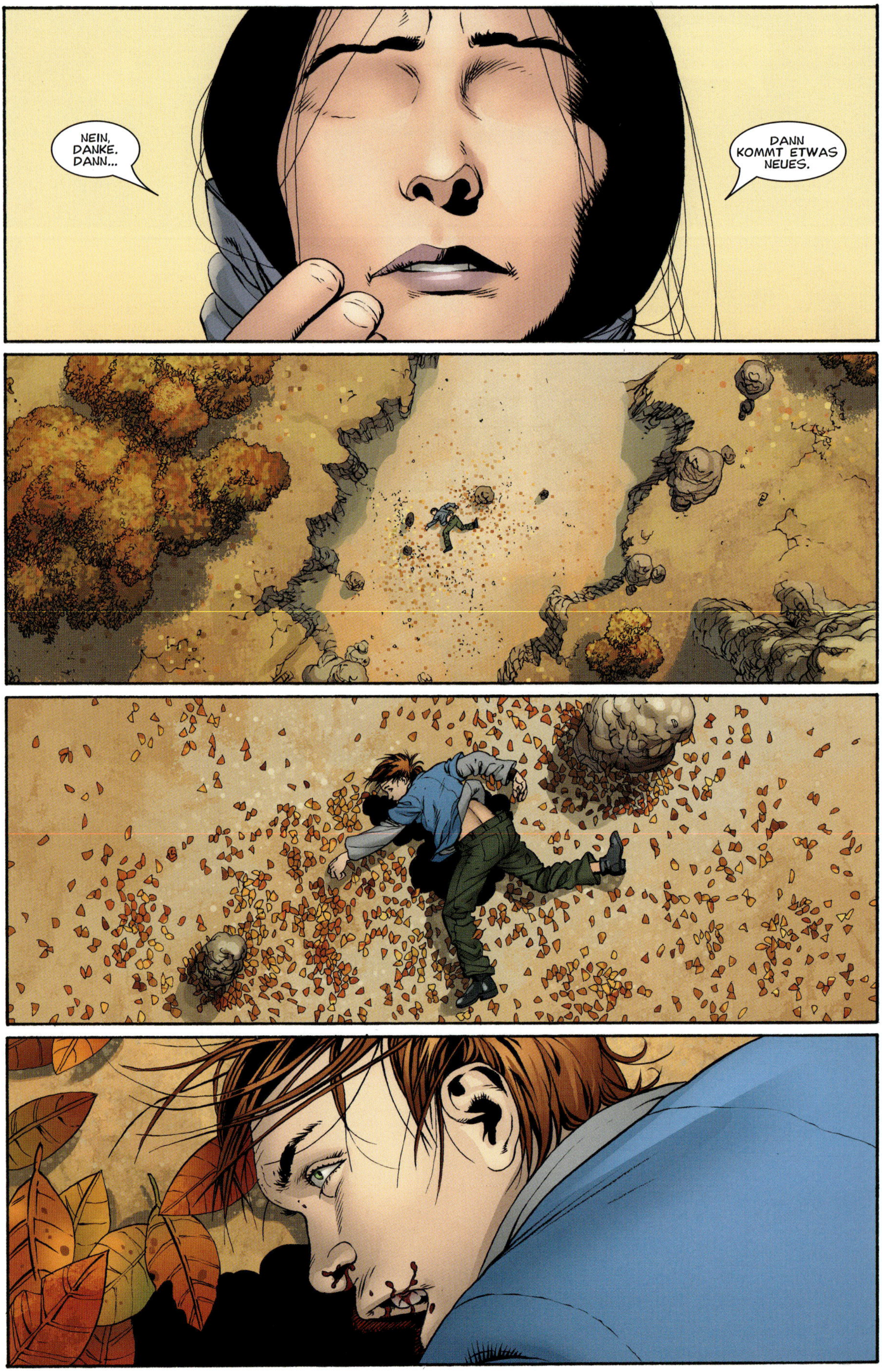
NEIN, DANKE. DANN...
DANN KOMMT ETWAS NEUES.

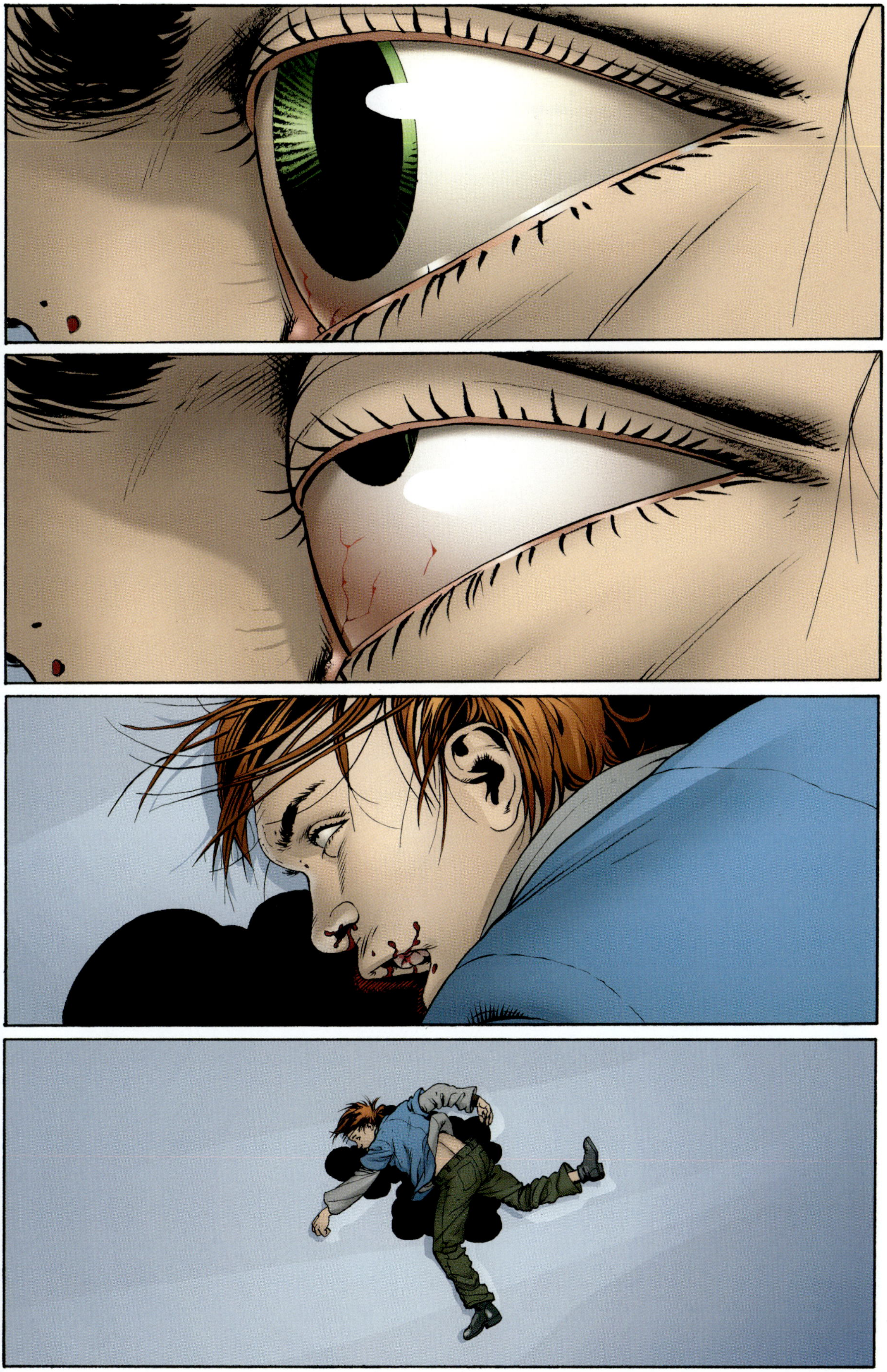

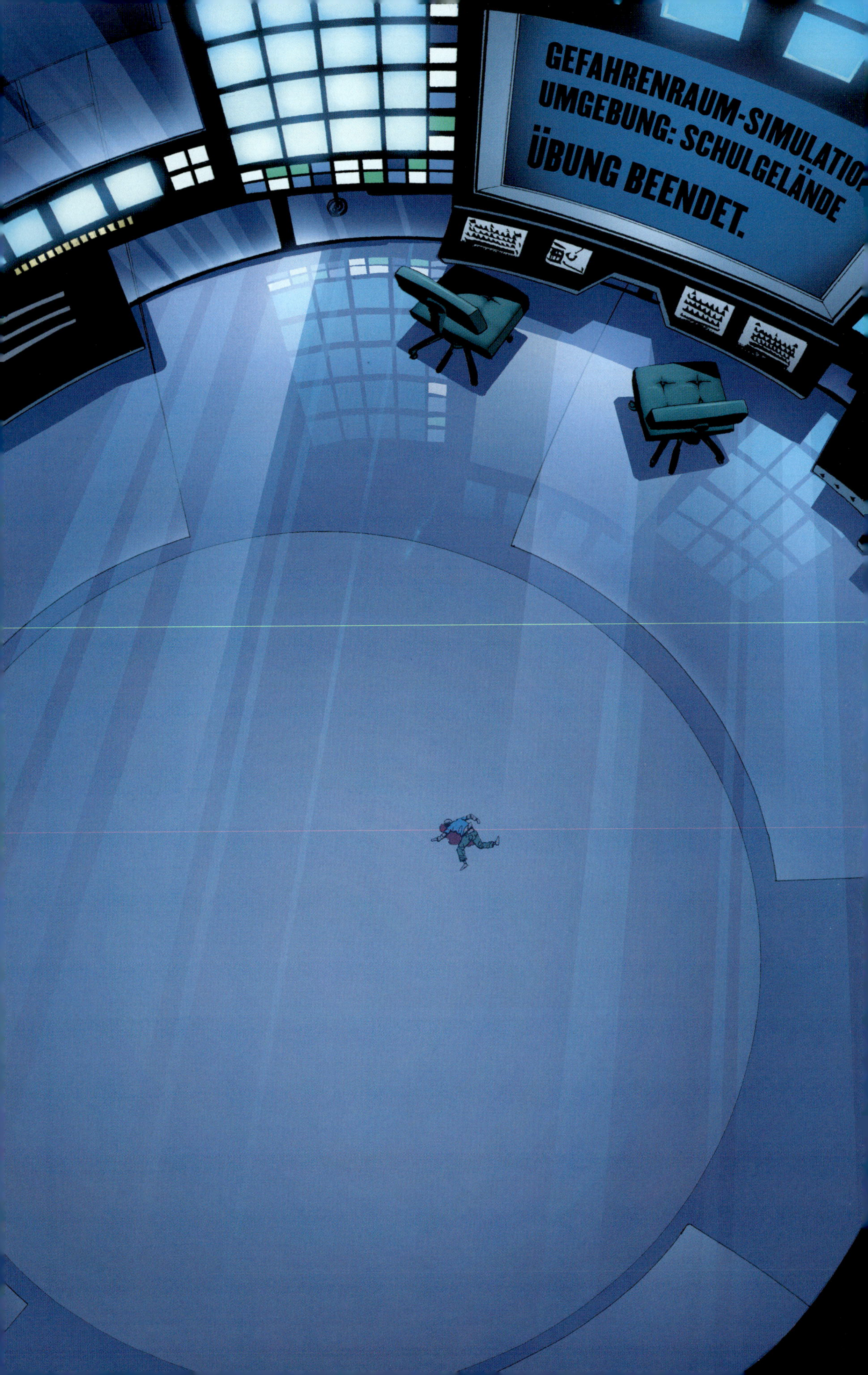
GEFAHRENRAUM-SIMULATION
UMGEBUNG: SCHULGELÄNDE
ÜBUNG BEENDET.

GEFÄHRLICH, TEIL 2

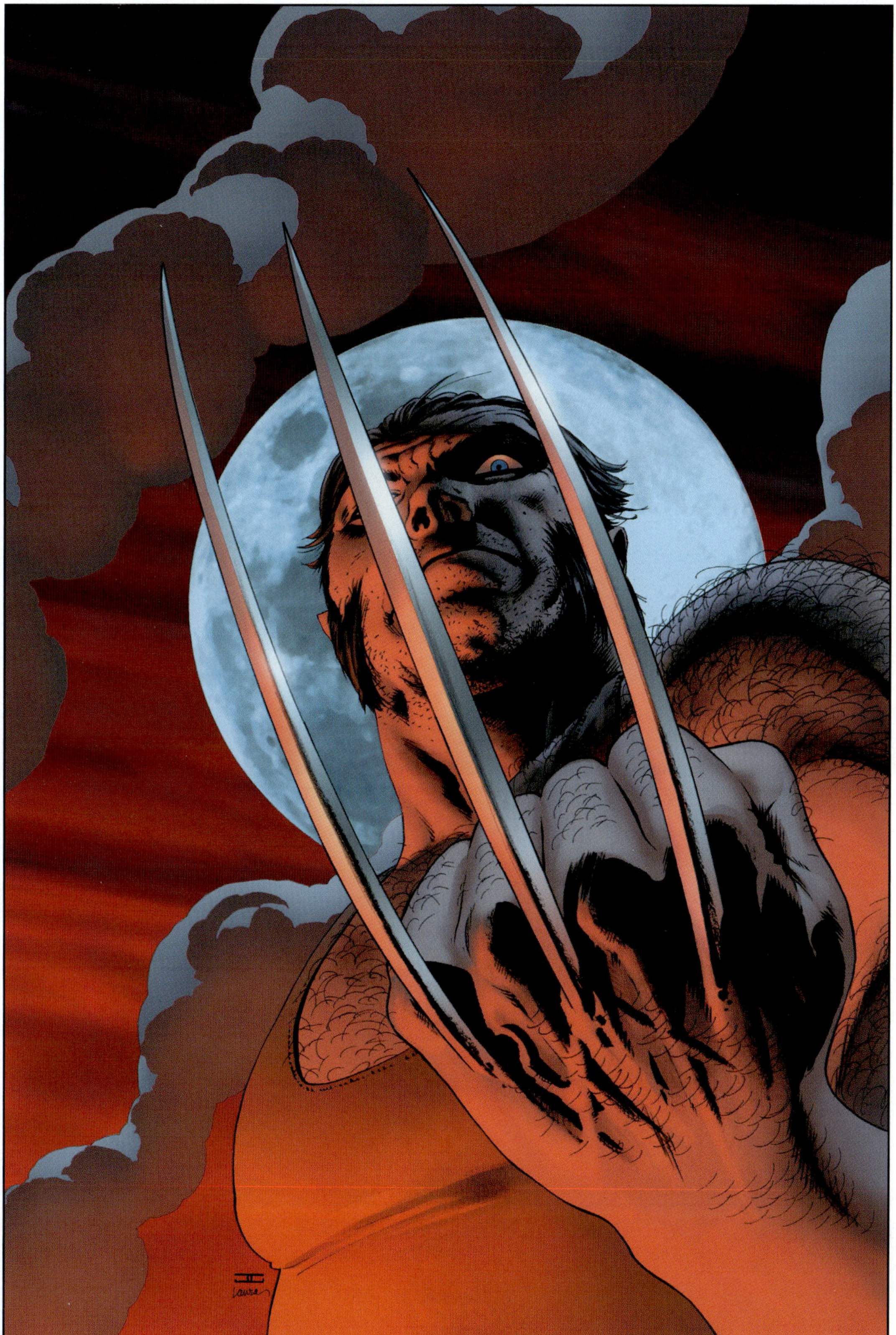

Astonishing X-Men (2004) 8
Cover von **JOHN CASSADAY**

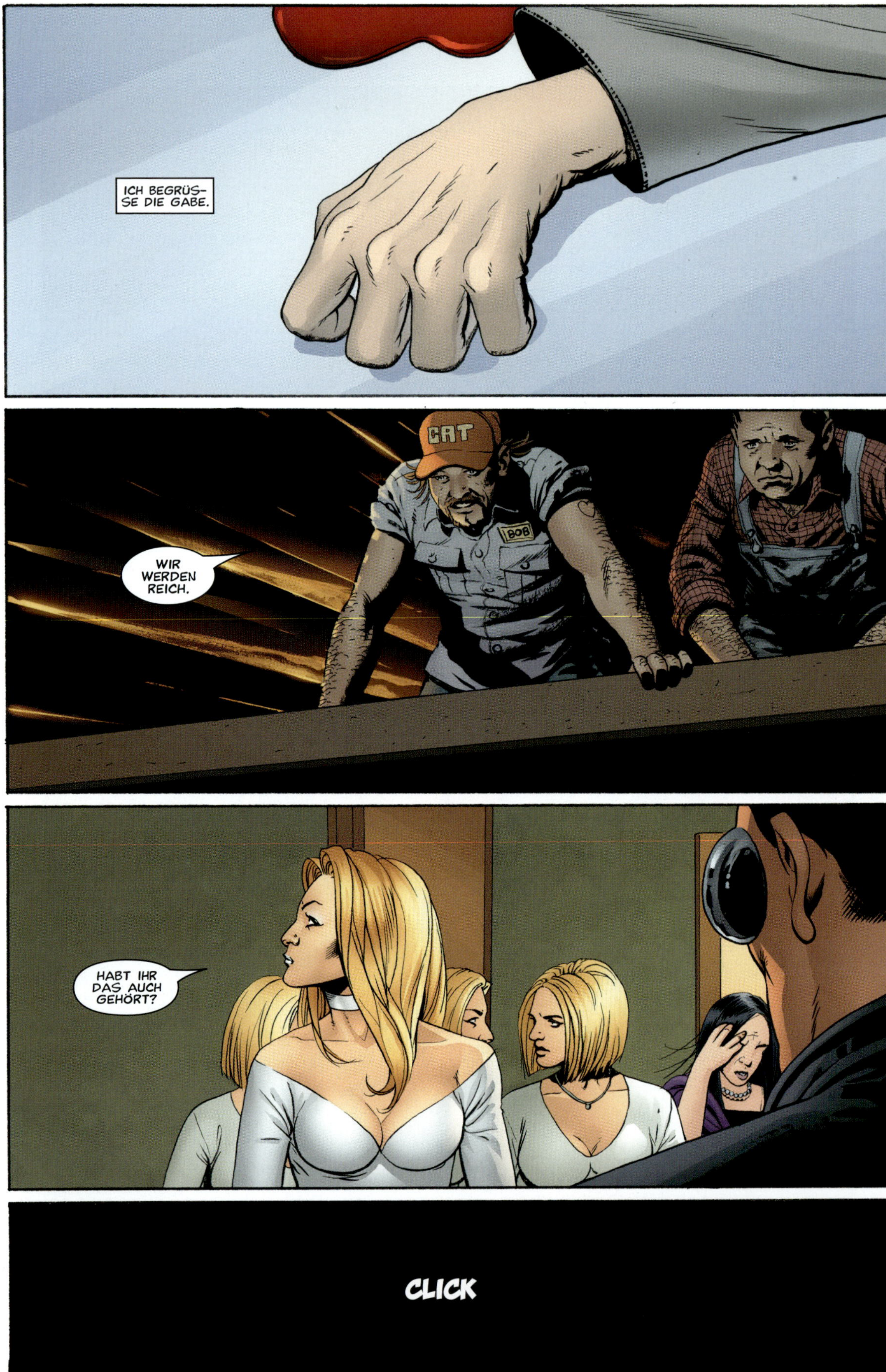
ICH BEGRÜS-
SE DIE GABE.
CAT
BOB
WIR WERDEN REICH.
HABT IHR DAS AUCH GEHÖRT?
CLICK

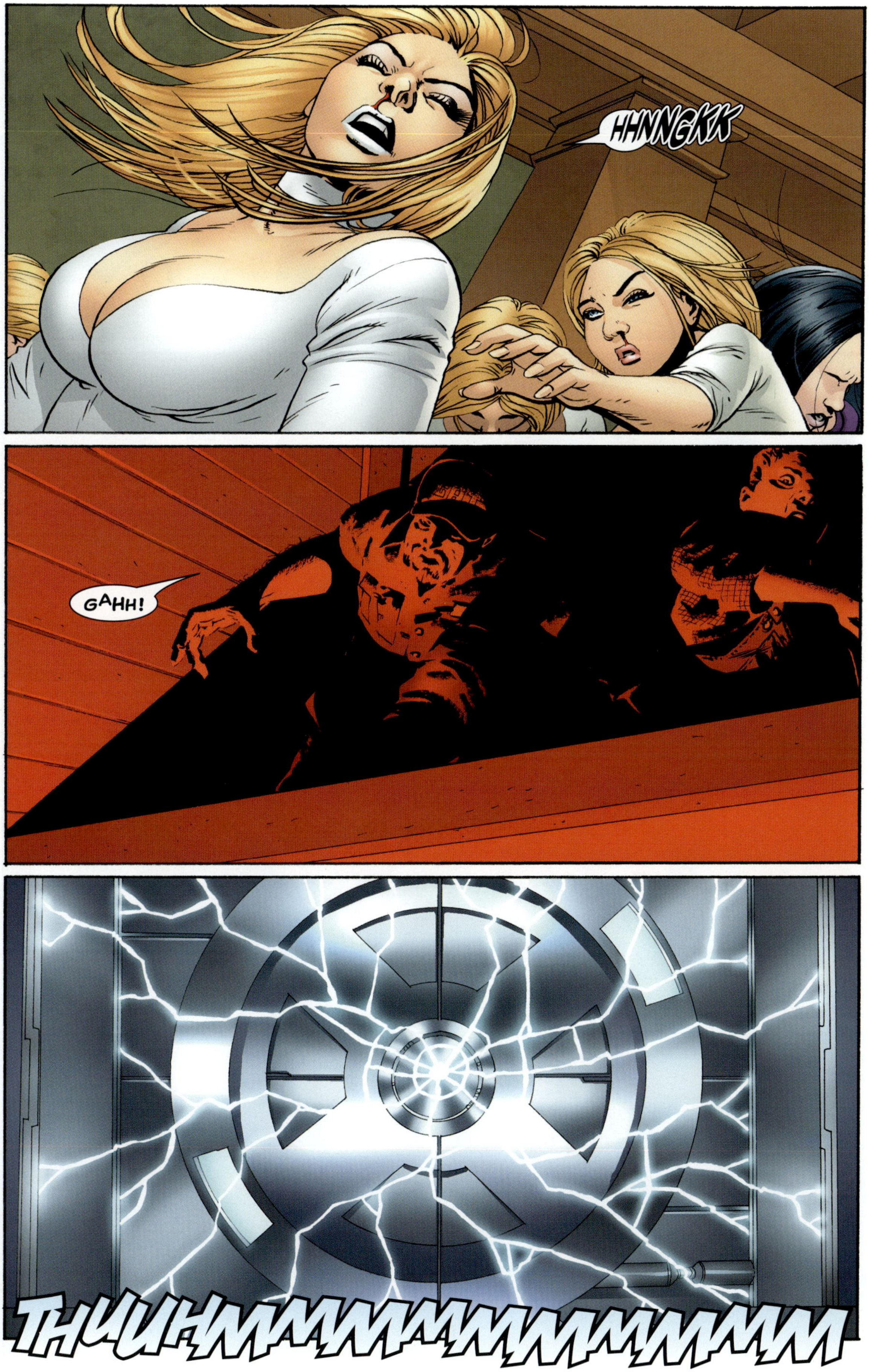
HHNNGKK
GAHH!
THUUHMMMMMMMMMMMMM

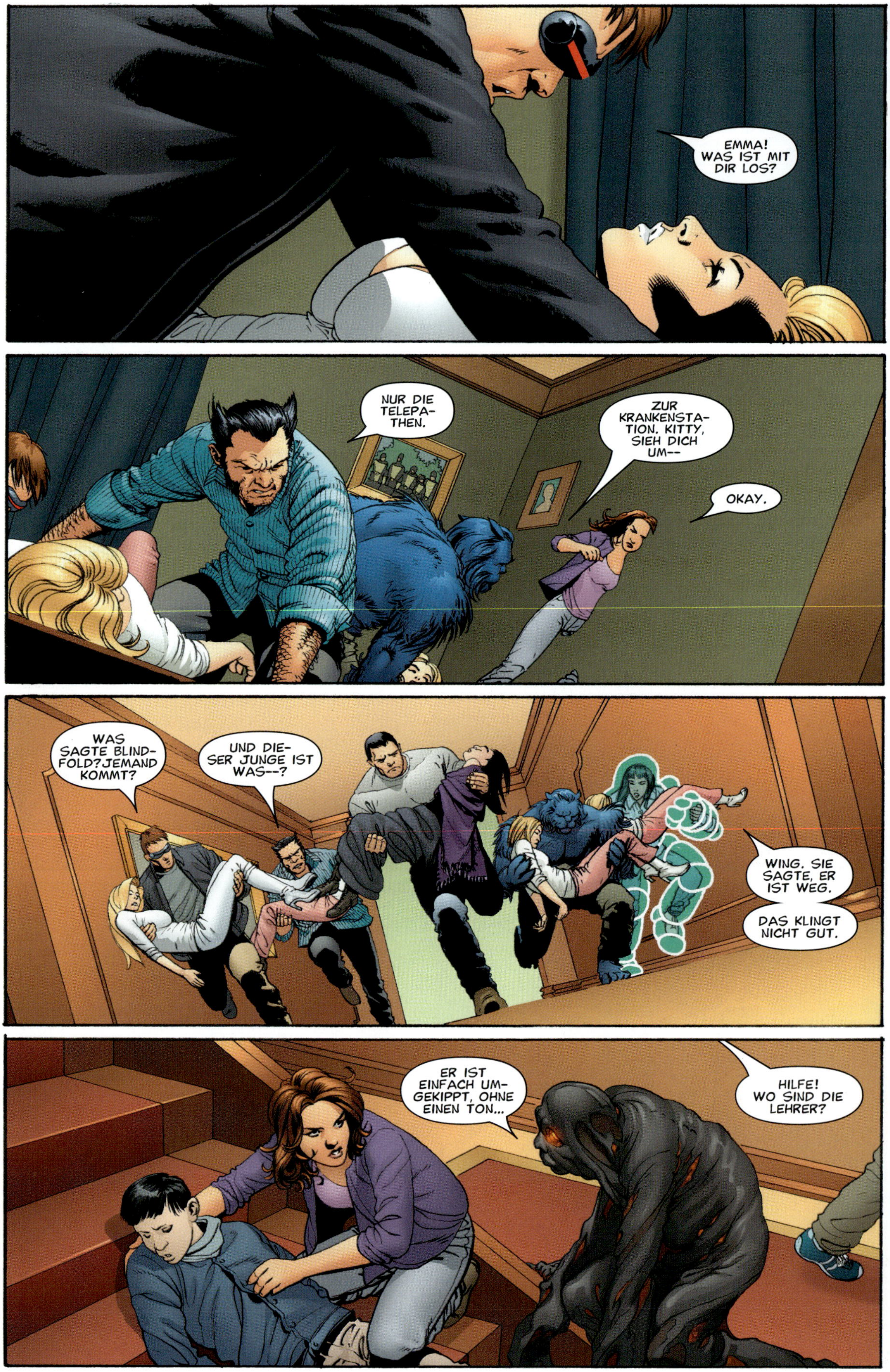
EMMA! WAS IST MIT DIR LOS?
NUR DIE TELEPATHEN.
ZUR KRANKENSTATION. KITTY, SIEH DICH UM--
OKAY.
WAS SAGTE BLINDFOLD? JEMAND KOMMT?
UND DIESER JUNGE IST WAS--?
WING. SIE SAGTE, ER IST WEG.
DAS KLINGT NICHT GUT.
ER IST EINFACH UMGEKIPPT, OHNE EINEN TON...
HILFE! WO SIND DIE LEHRER?

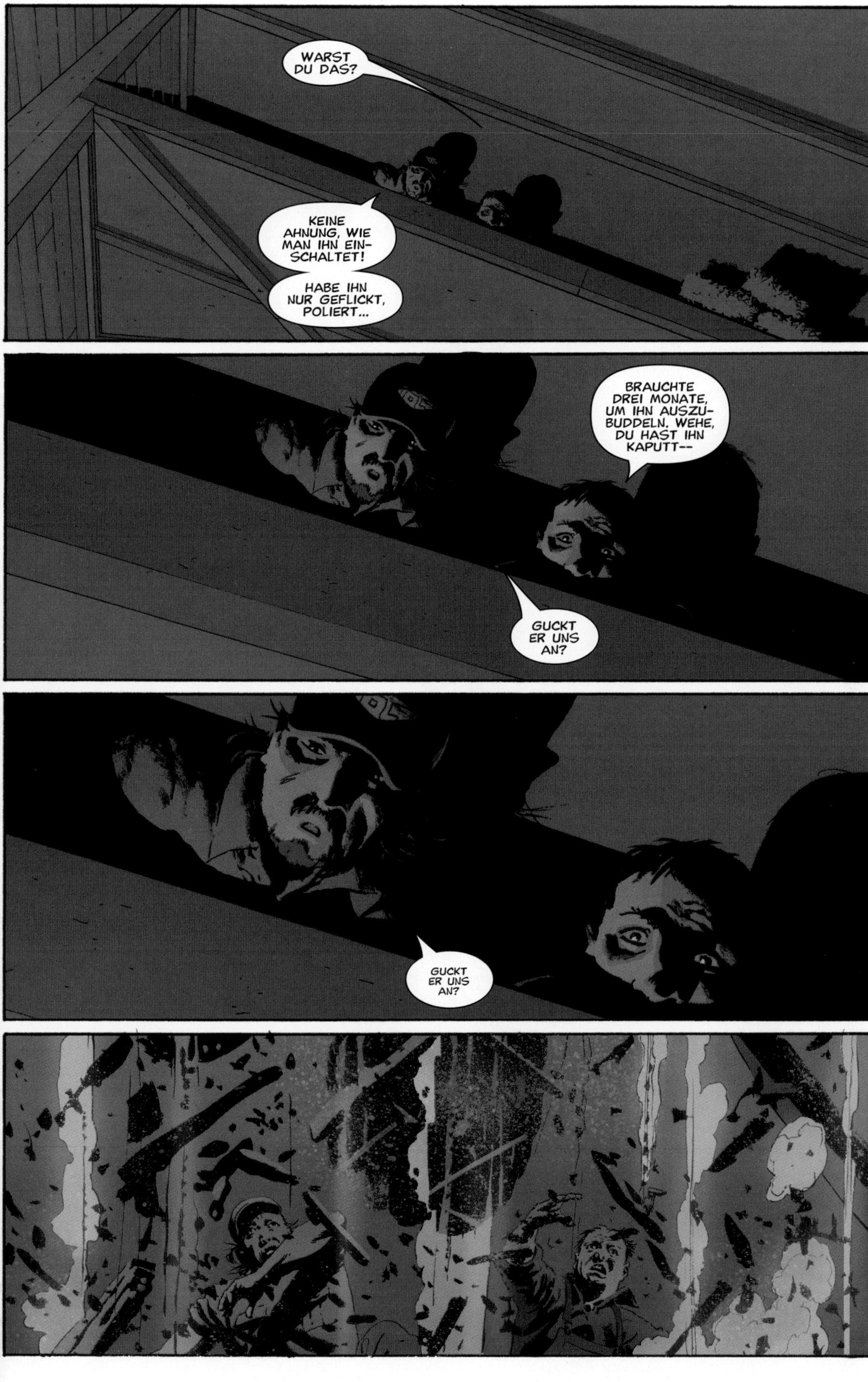

WARST DU DAS?
KEINE AHNUNG, WIE MAN IHN EIN-SCHALTET!
HABE IHN NUR GEFLICKT, POLIERT...
BRAUCHTE DREI MONATE, UM IHN AUSZU-BUDDELN. WEHE, DU HAST IHN KAPUTT--
GUCKT ER UNS AN?
GUCKT ER UNS AN?

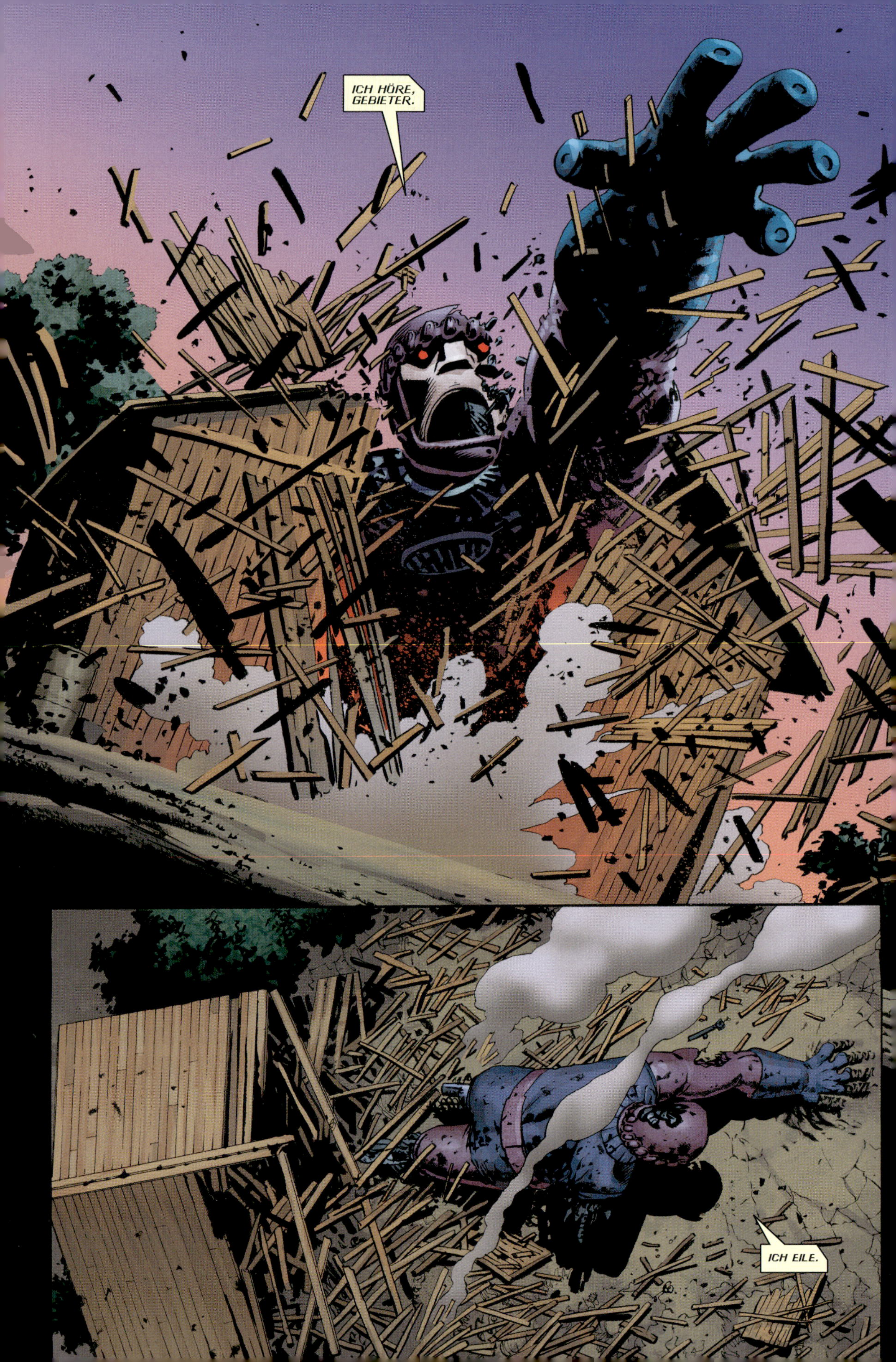
ICH HÖRE, GEBIETER.
ICH EILE.

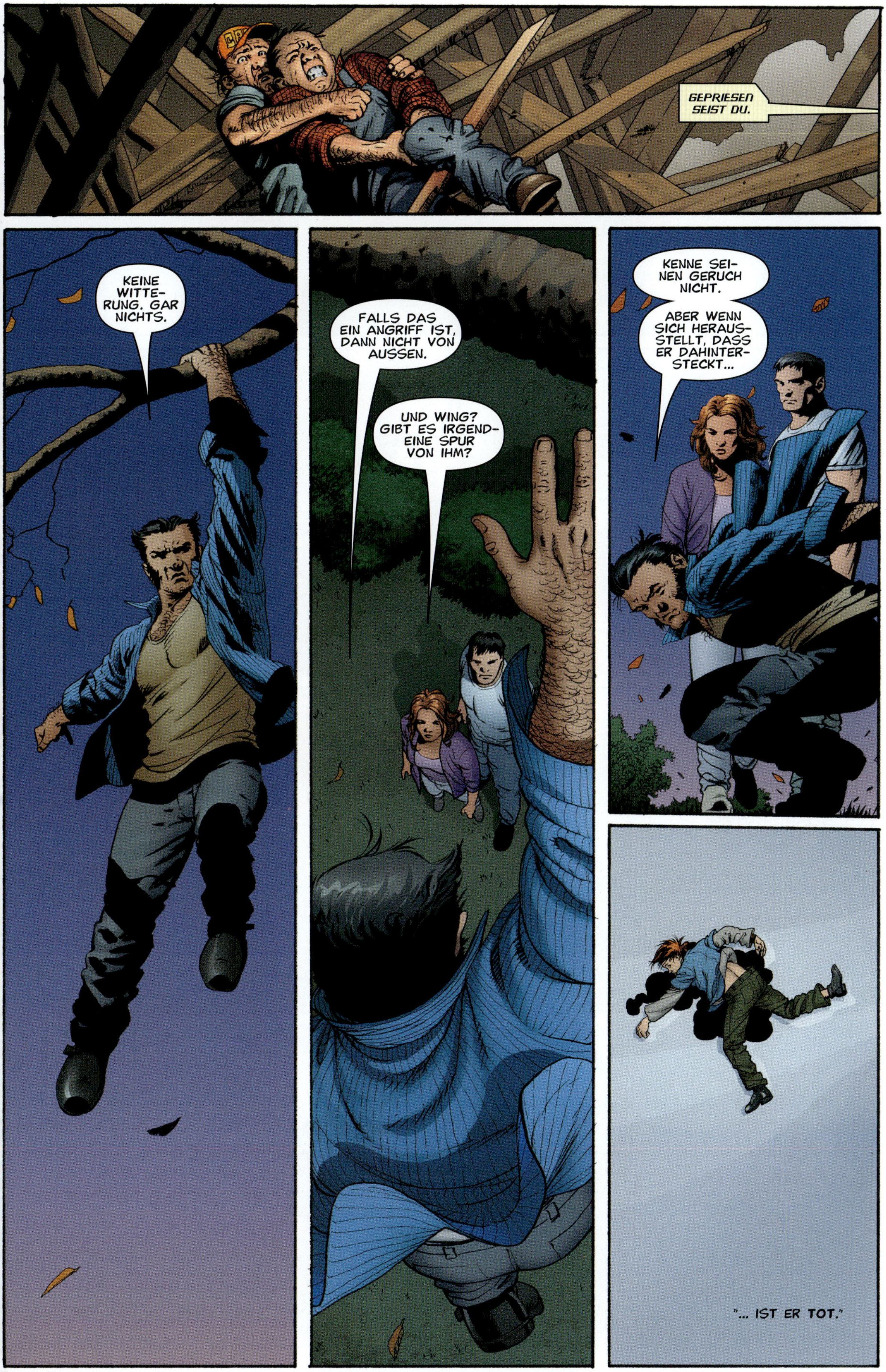
GEPRIESEN SEIST DU.
KEINE WITTERUNG. GAR NICHTS.
FALLS DAS EIN ANGRIFF IST, DANN NICHT VON AUSSEN.
UND WING? GIBT ES IRGENDEINE SPUR VON IHM?
KENNE SEINEN GERUCH NICHT.
ABER WENN SICH HERAUSSTELLT, DASS ER DAHINTERSTECKT...
"... IST ER TOT."

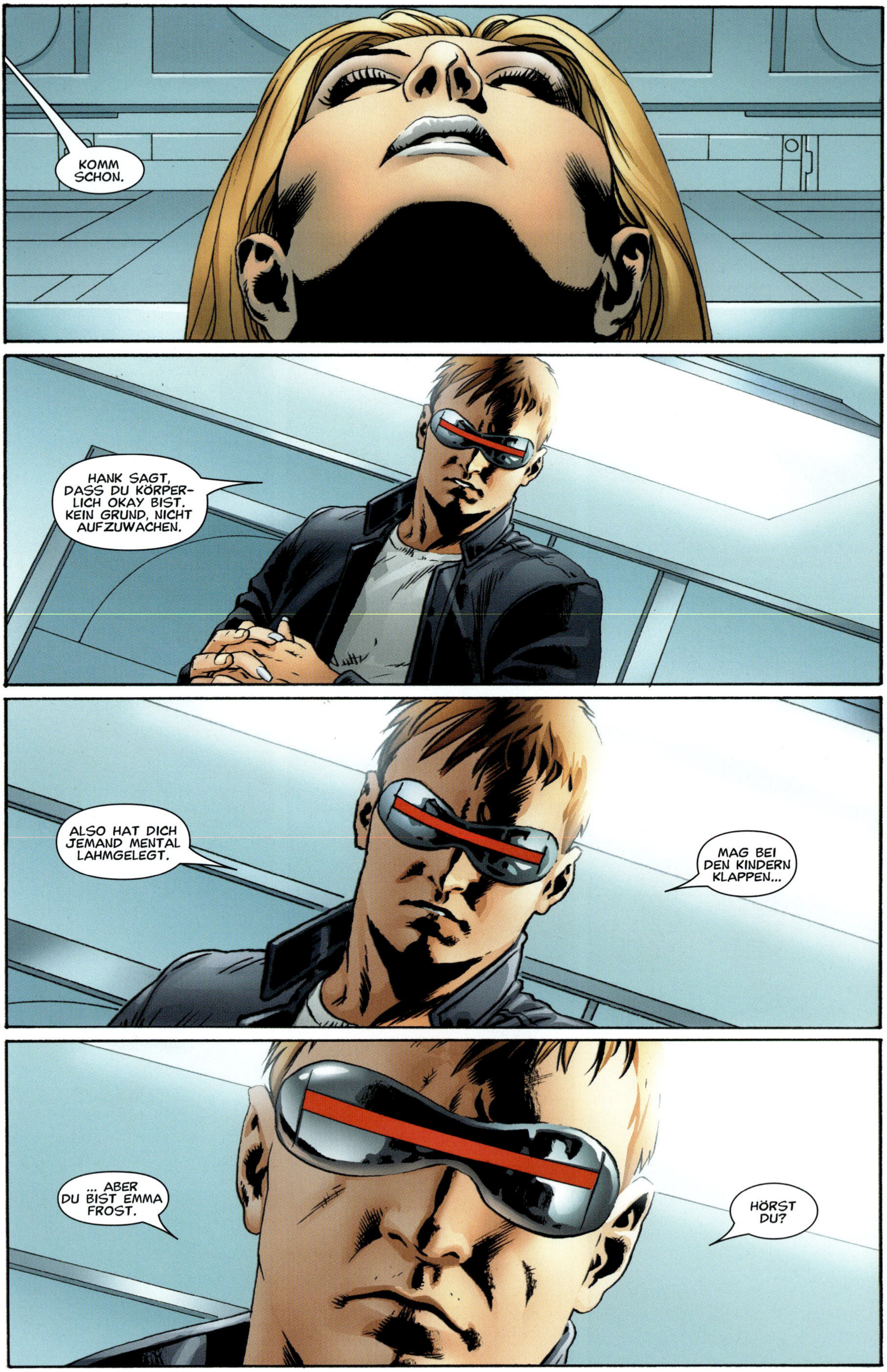
KOMM SCHON.
HANK SAGT, DASS DU KÖRPERLICH OKAY BIST. KEIN GRUND, NICHT AUFZUWACHEN.
ALSO HAT DICH JEMAND MENTAL LAHMGELEGT.
MAG BEI DEN KINDERN KLAPPEN...
... ABER DU BIST EMMA FROST.
HÖRST DU?

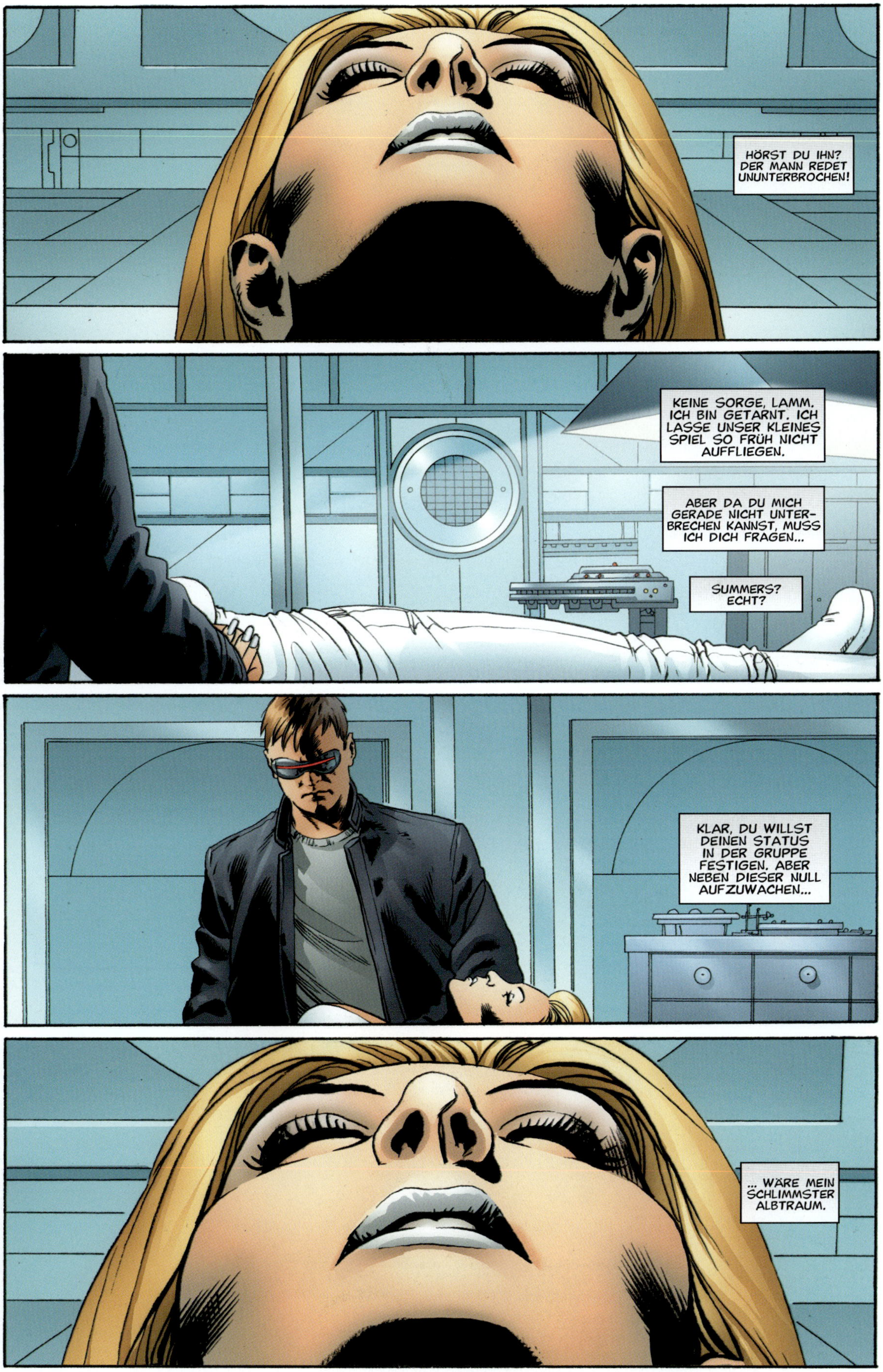
HÖRST DU IHN? DER MANN REDET UNUNTERBROCHEN!
KEINE SORGE, LAMM. ICH BIN GETARNT. ICH LASSE UNSER KLEINES SPIEL SO FRÜH NICHT AUFFLIEGEN.
ABER DA DU MICH GERADE NICHT UNTER-BRECHEN KANNST, MUSS ICH DICH FRAGEN...
SUMMERS? ECHT?
KLAR, DU WILLST DEINEN STATUS IN DER GRUPPE FESTIGEN. ABER NEBEN DIESER NULL AUFZUWACHEN...
... WÄRE MEIN SCHLIMMSTER ALBTRAUM.

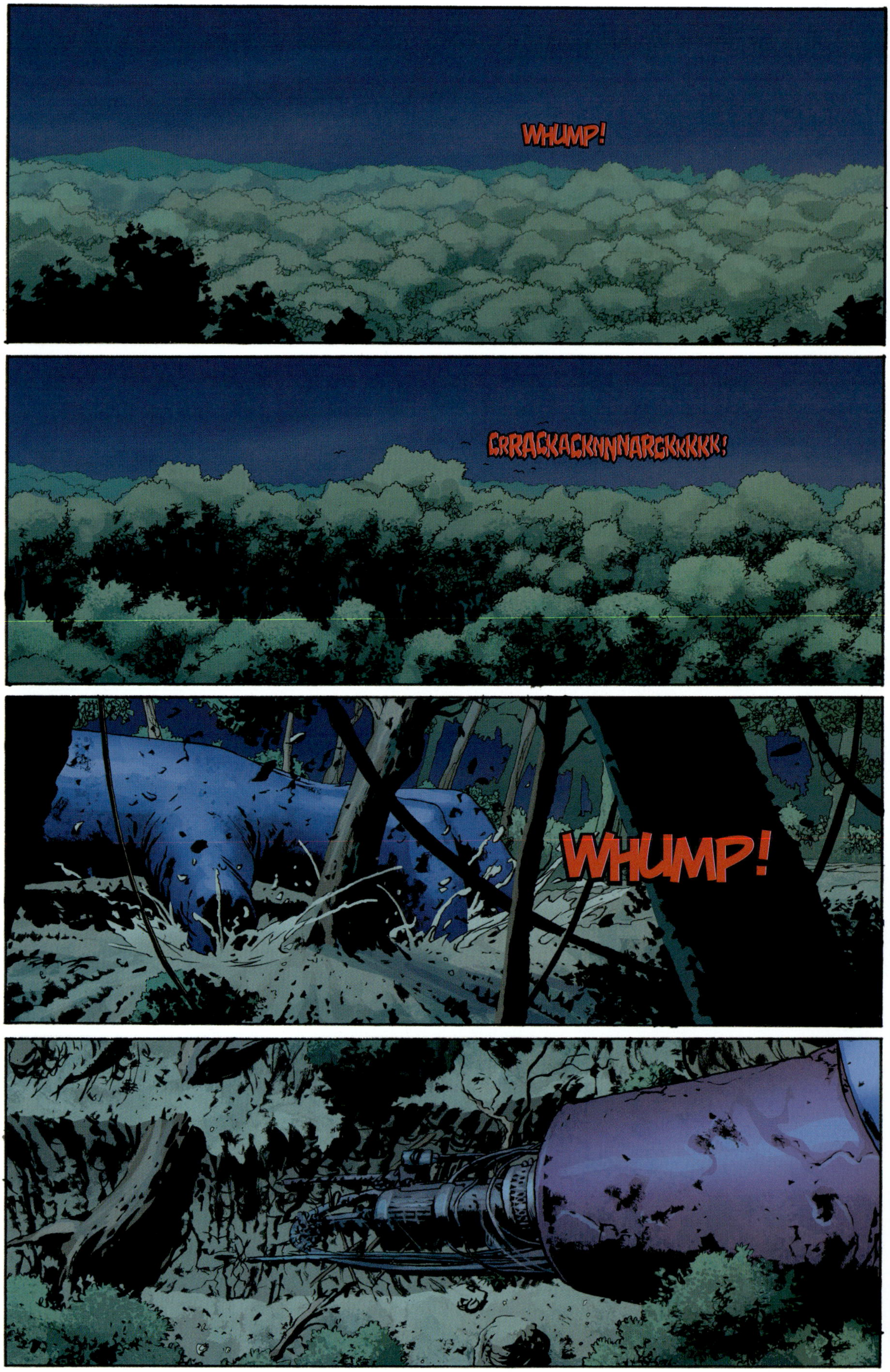
WHUMP!
CRRACKACKNNNARGKKKKK!
WHUMP!

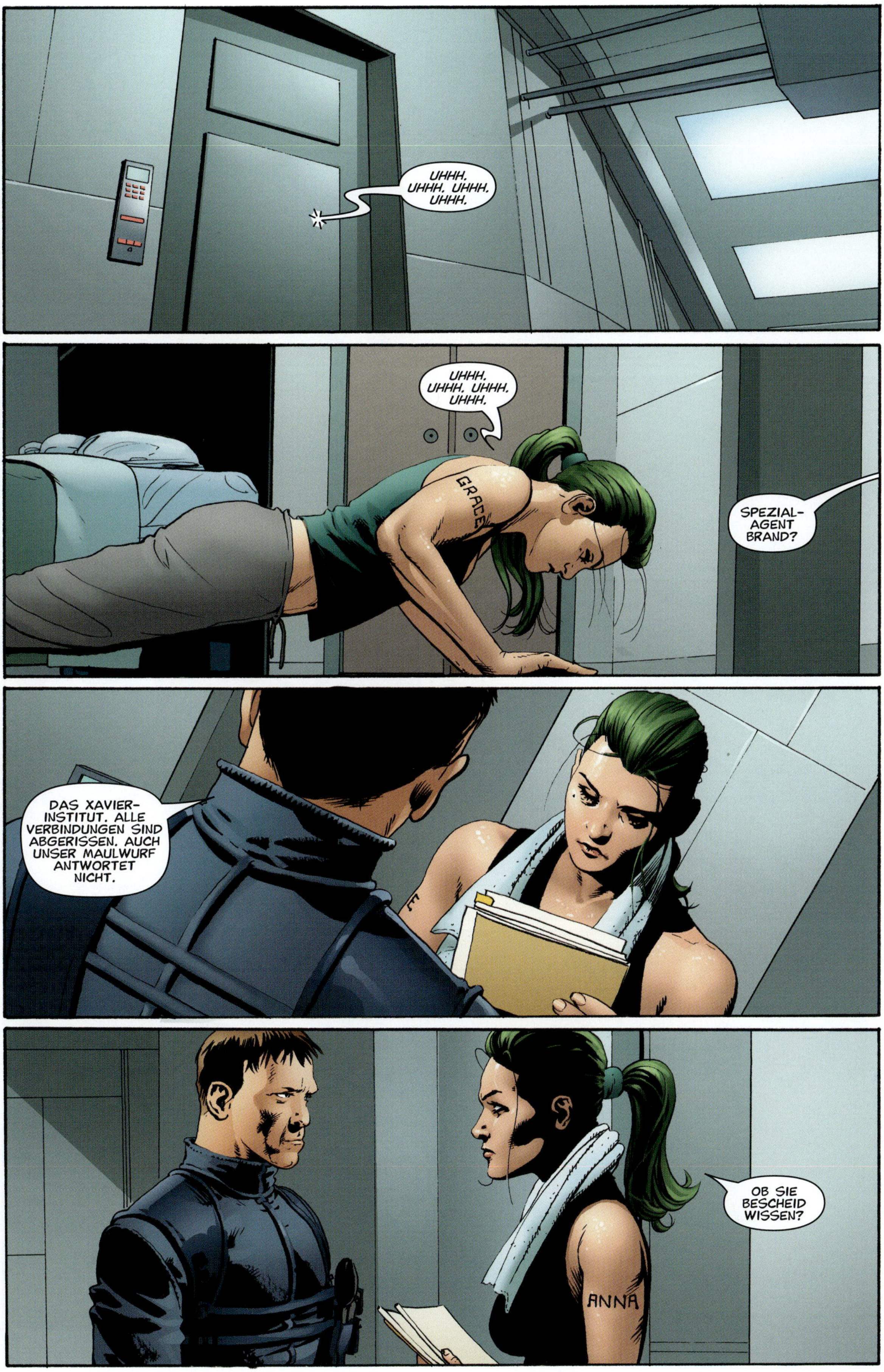
UHHH.
UHHH. UHHH.
UHHH.
UHHH.
UHHH. UHHH.
UHHH.
GRACE
SPEZIAL-
AGENT
BRAND?
DAS XAVIER-
INSTITUT. ALLE
VERBINDUNGEN SIND
ABGERISSEN. AUCH
UNSER MAULWURF
ANTWORTET
NICHT.
OB SIE
BESCHEID
WISSEN?
ANNA

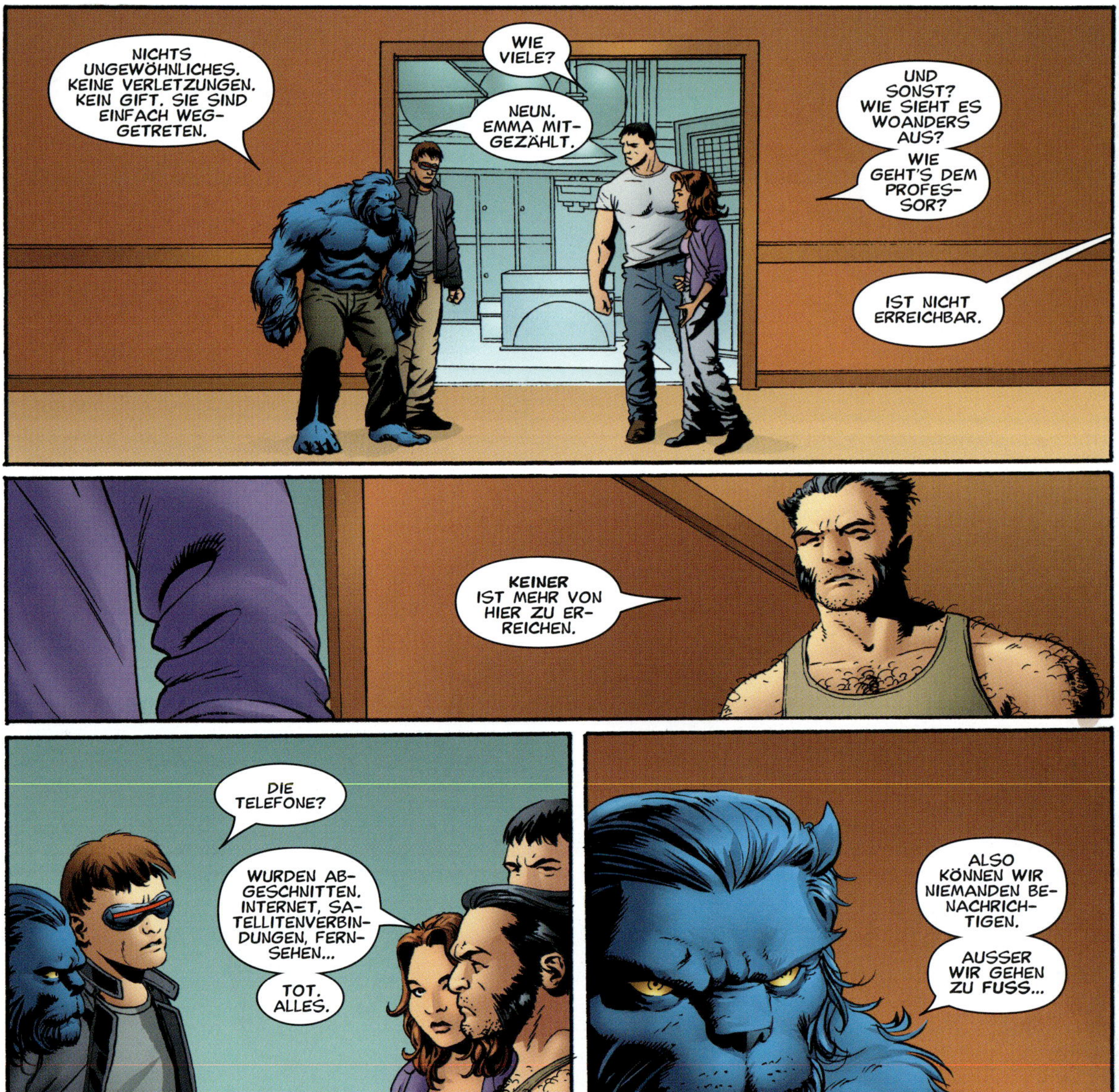
NICHTS UNGEWÖHNLICHES. KEINE VERLETZUNGEN. KEIN GIFT. SIE SIND EINFACH WEG-GETRETEN.
WIE VIELE?
NEUN. EMMA MIT-GEZÄHLT.
UND SONST? WIE SIEHT ES WOANDERS AUS?
WIE GEHT'S DEM PROFES-SOR?
IST NICHT ERREICHBAR.
KEINER IST MEHR VON HIER ZU ER-REICHEN.
DIE TELEFONE?
WURDEN AB-GESCHNITTEN. INTERNET, SA-TELLITENVERBIN-DUNGEN, FERN-SEHEN...
TOT. ALLES.
ALSO KÖNNEN WIR NIEMANDEN BE-NACHRICH-TIGEN.
AUSSER WIR GEHEN ZU FUSS...
ZWANZIG MINUTEN BIS IN DIE STADT, UND SIE ALLE SIND TRANSPORT-FÄHIG.
VIELLEICHT IST DAS DER PLAN.
UNS RAUSZU-LOCKEN?
GENAU. DAS HAUS BIETET SCHUTZ, ABER DIE WÄLDER NICHT.

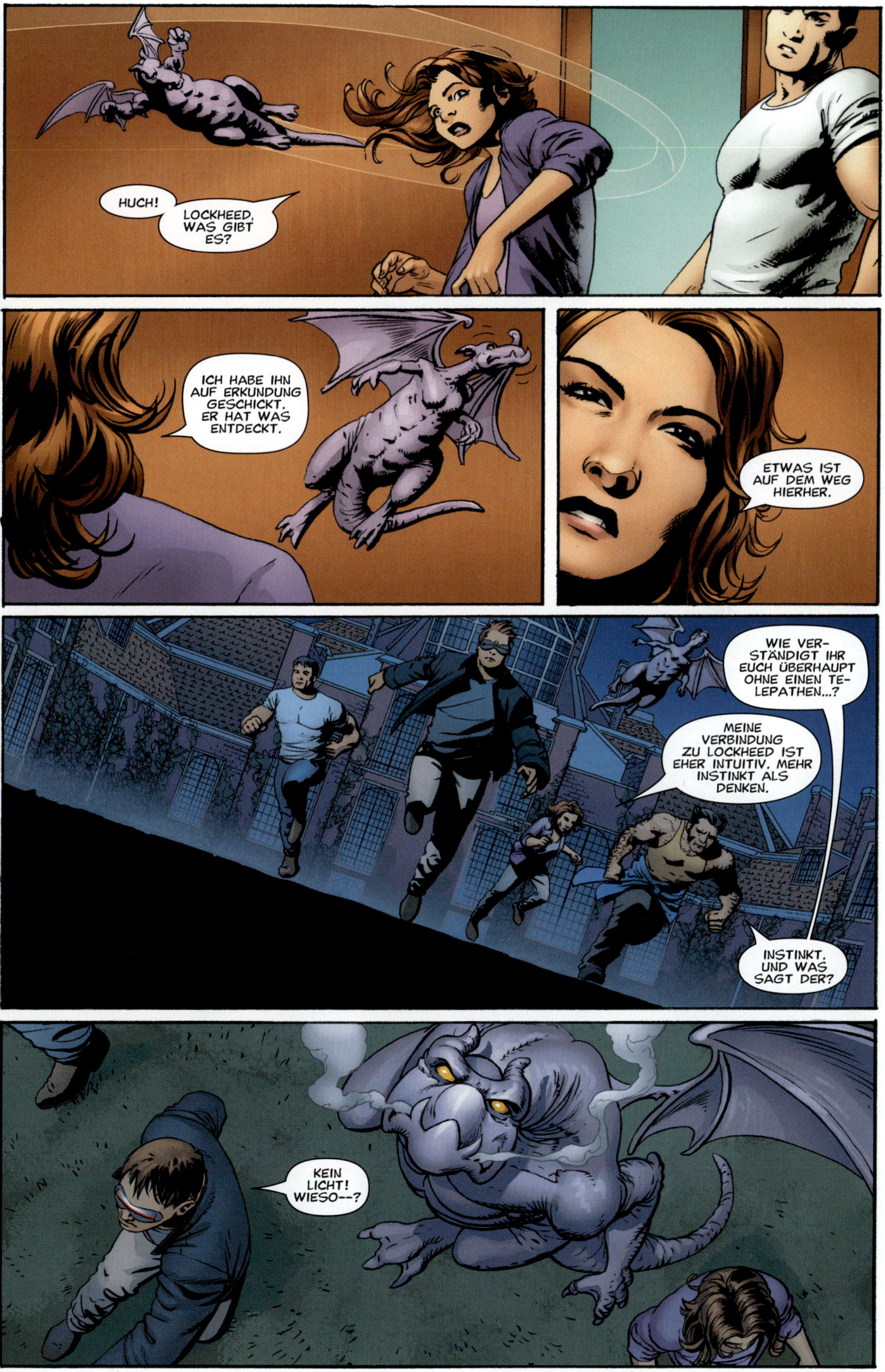
HUCH!
LOCKHEED, WAS GIBT ES?
ICH HABE IHN AUF ERKUNDUNG GESCHICKT. ER HAT WAS ENTDECKT.
ETWAS IST AUF DEM WEG HIERHER.
WIE VERSTÄNDIGT IHR EUCH ÜBERHAUPT OHNE EINEN TELEPATHEN...?
MEINE VERBINDUNG ZU LOCKHEED IST EHER INTUITIV. MEHR INSTINKT ALS DENKEN.
INSTINKT. UND WAS SAGT DER?
KEIN LICHT! WIESO--?

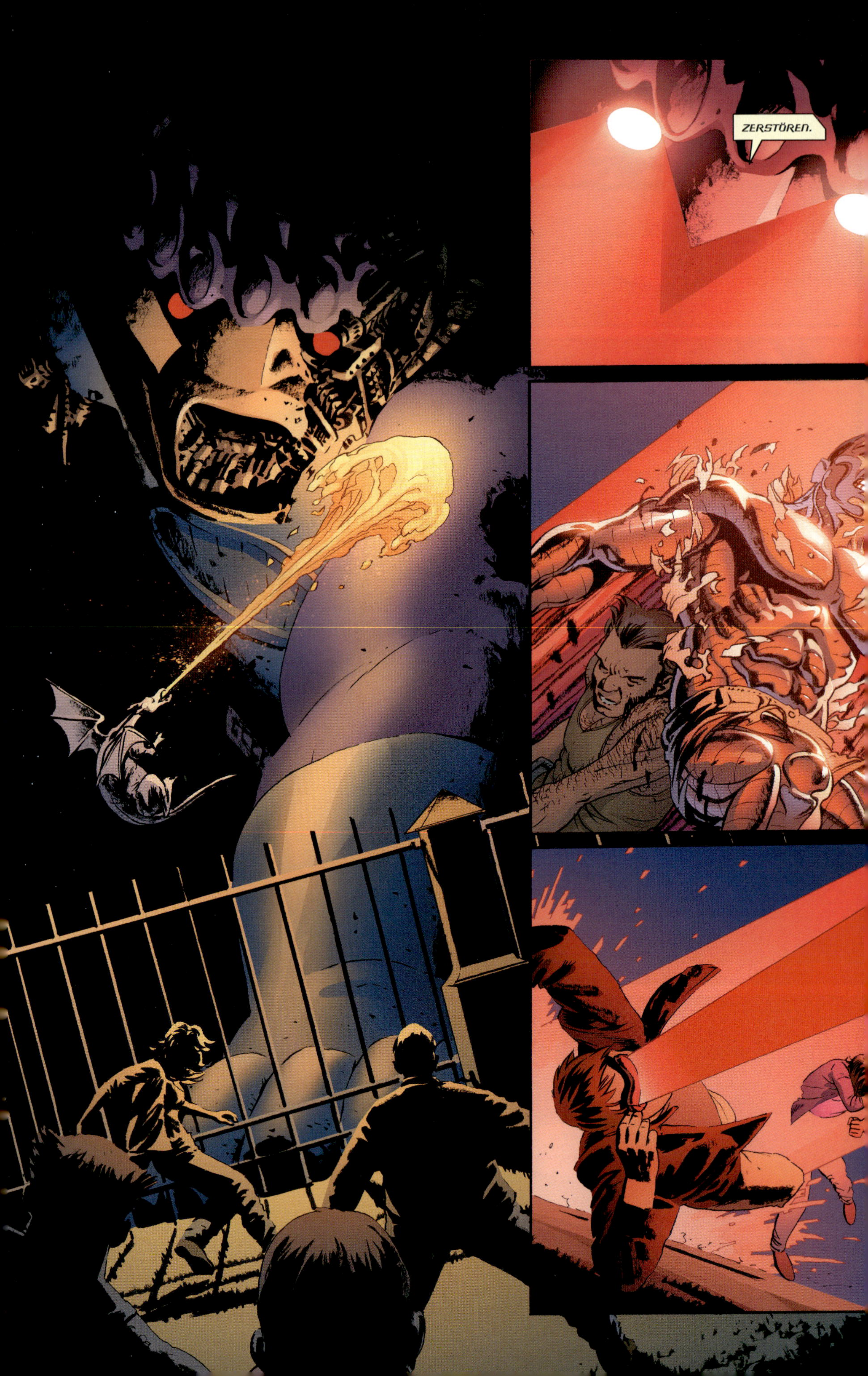
ZERSTÖREN.

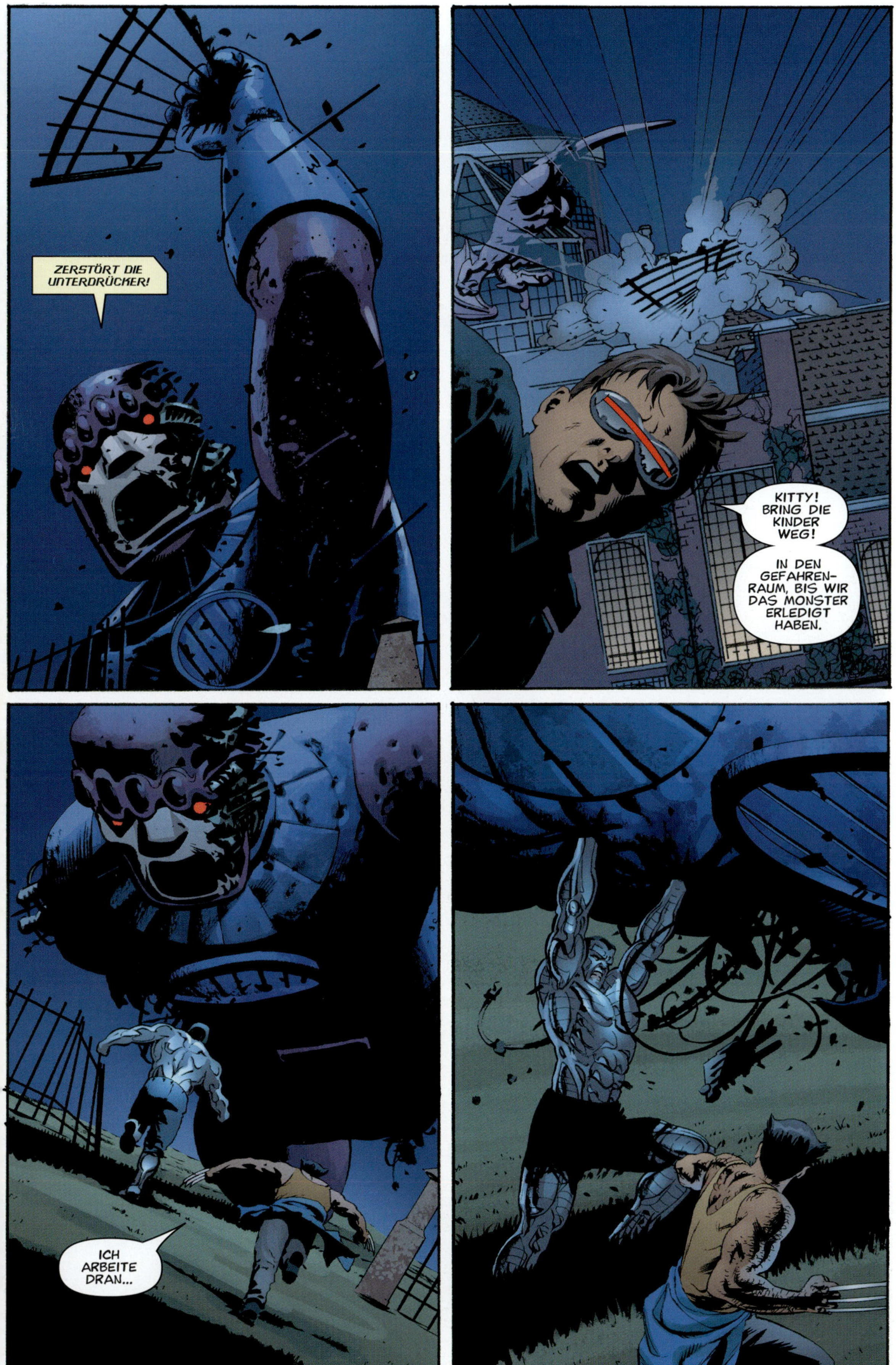

ZERSTÖRT DIE UNTERDRÜCKER!
KITTY! BRING DIE KINDER WEG!
IN DEN GEFAHREN-RAUM, BIS WIR DAS MONSTER ERLEDIGT HABEN.
ICH ARBEITE DRAN...

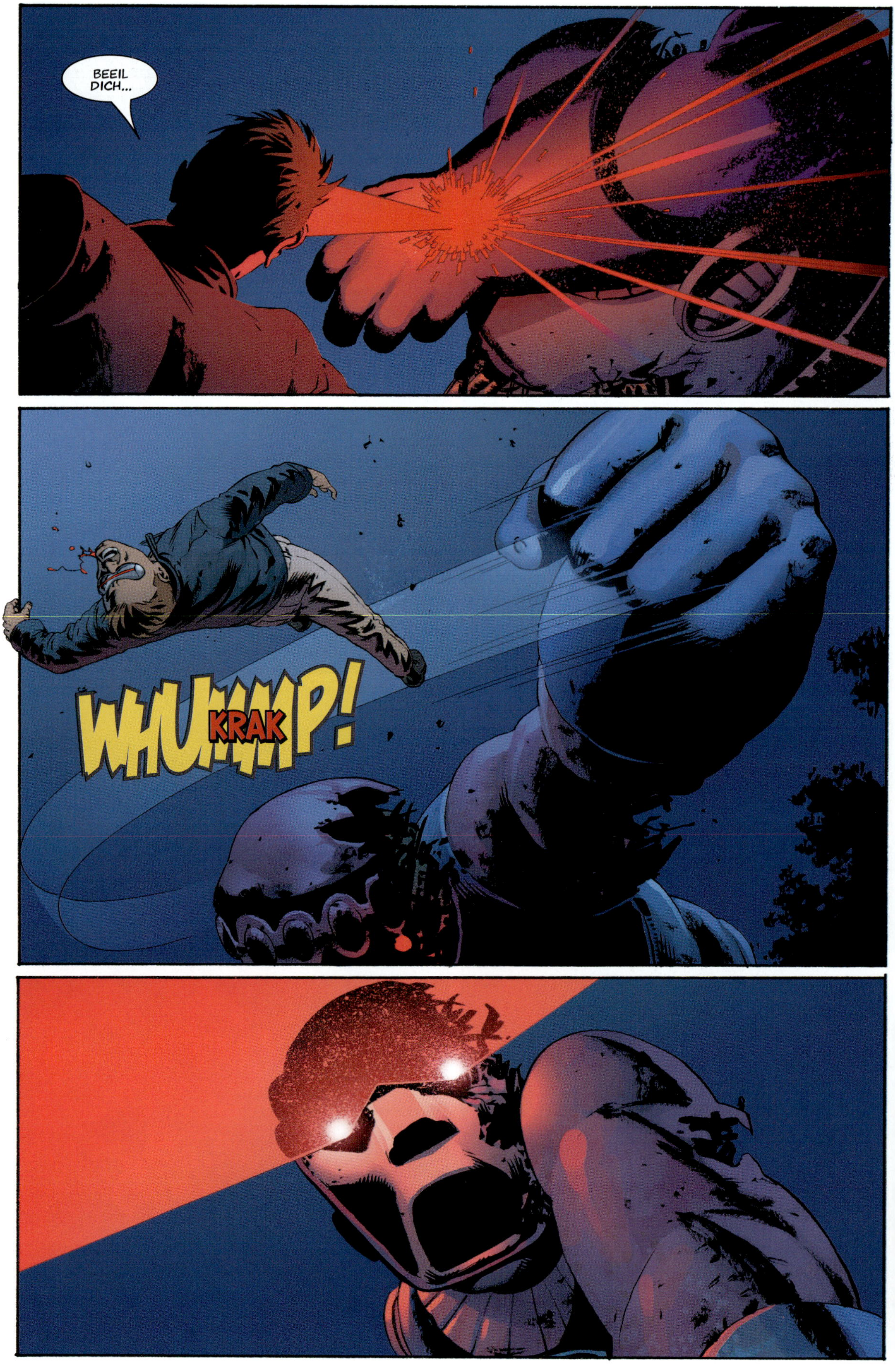
BEEIL DICH...
WHUMMP!
KRAK

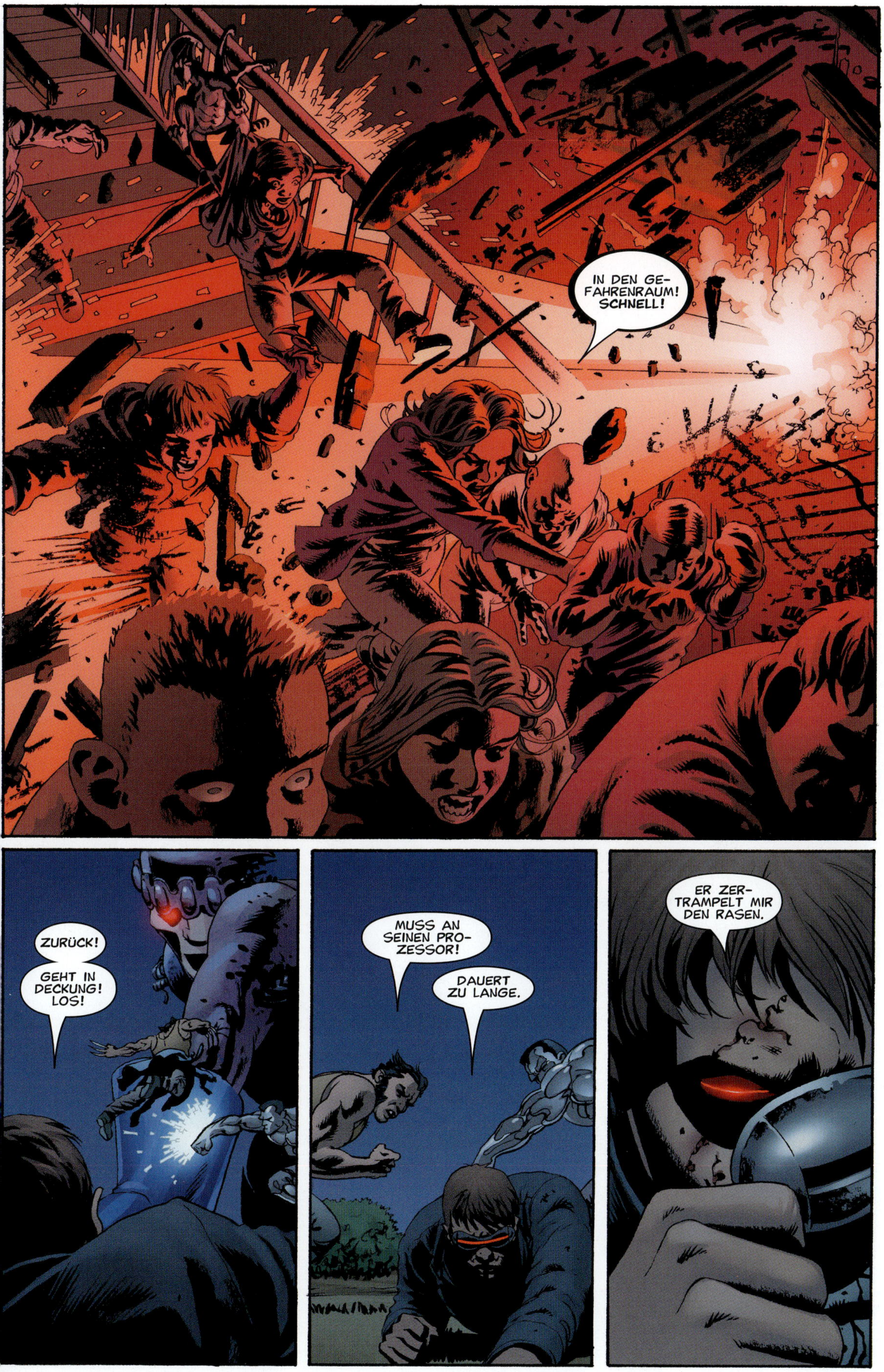
IN DEN GE-
FAHRENRAUM!
SCHNELL!
ZURÜCK!
GEHT IN
DECKUNG!
LOS!
MUSS AN
SEINEN PRO-
ZESSOR!
DAUERT
ZU LANGE.
ER ZER-
TRAMPELT MIR
DEN RASEN.

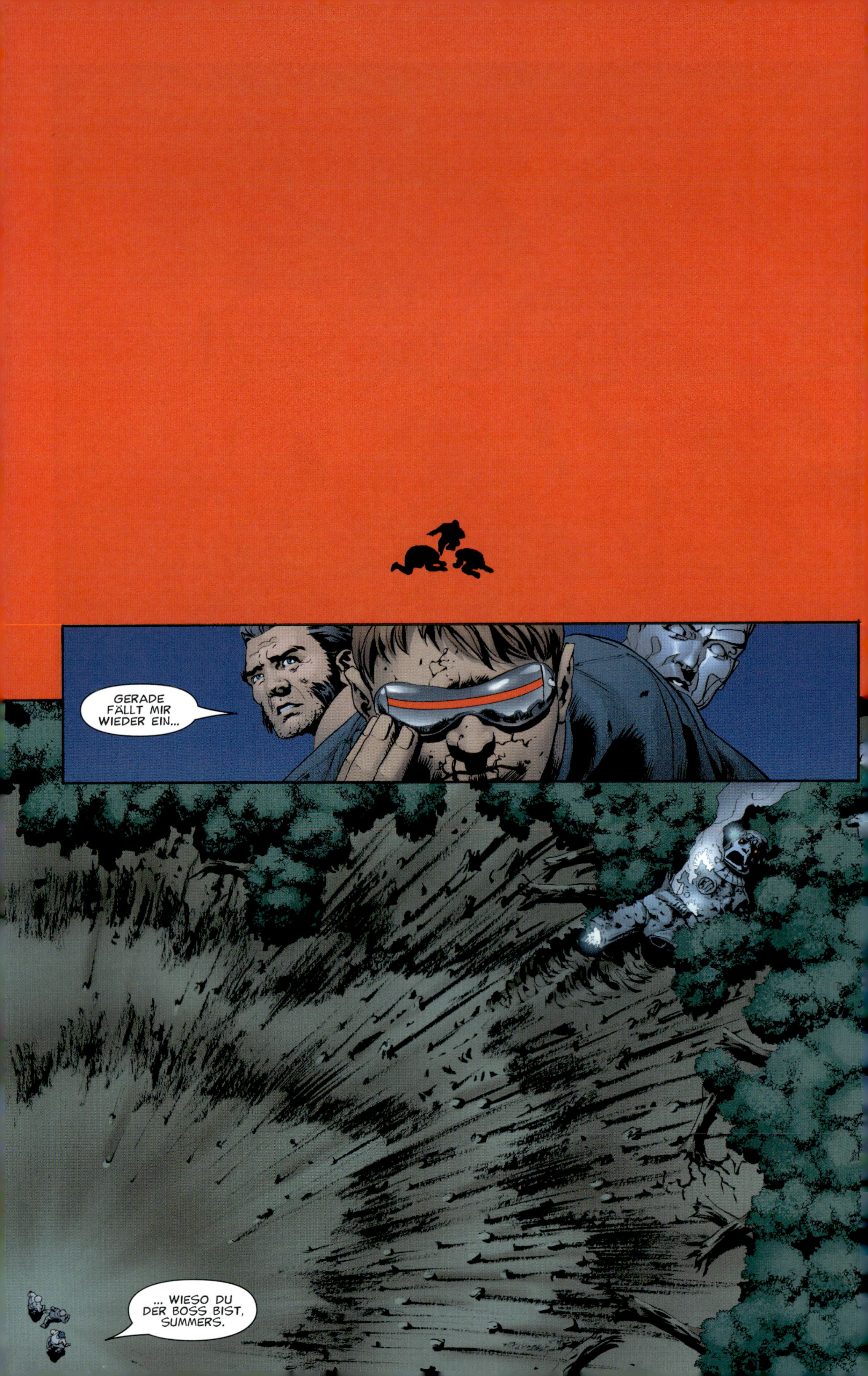
GERADE FÄLLT MIR WIEDER EIN...
... WIESO DU DER BOSS BIST, SUMMERS.

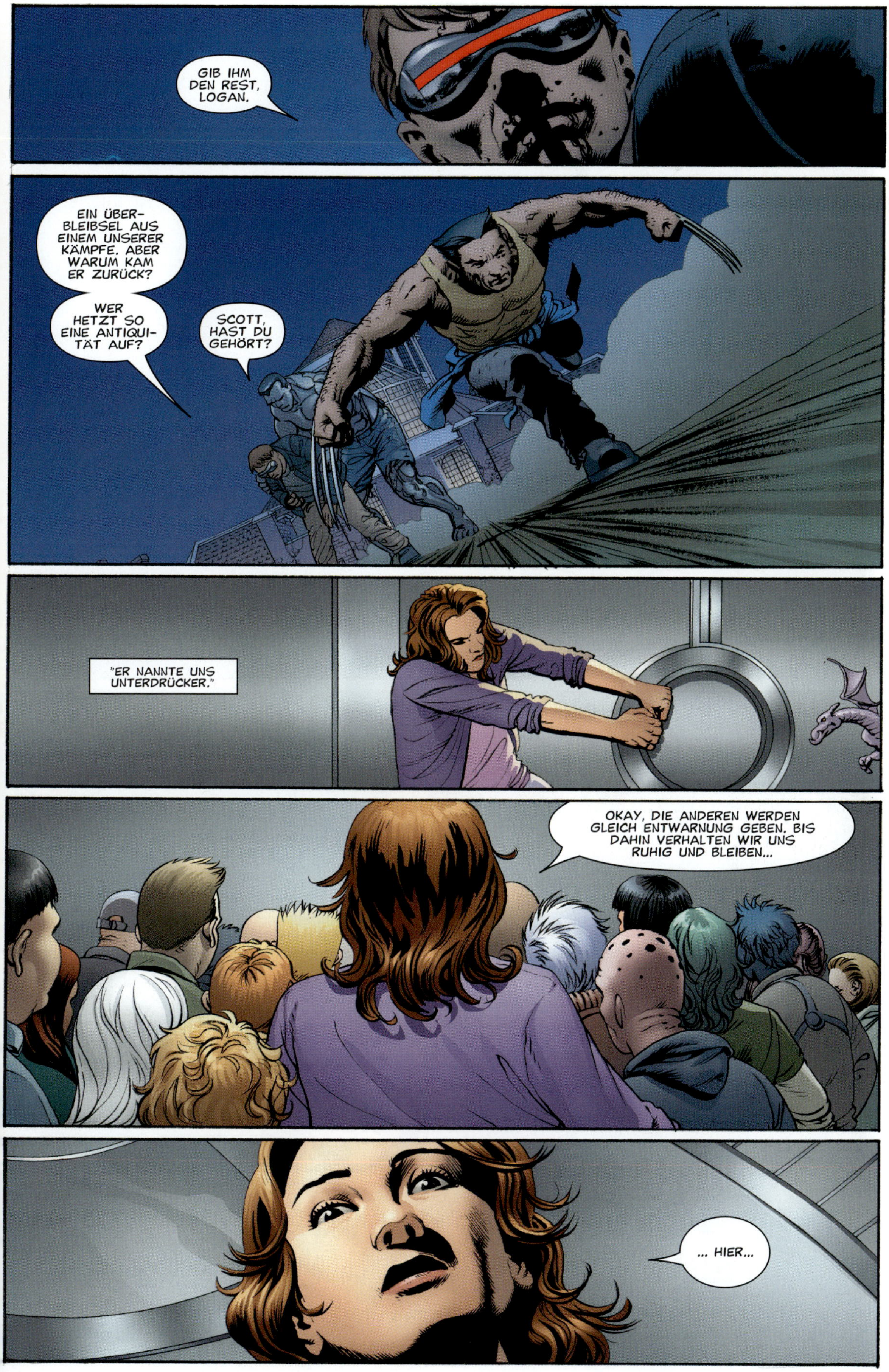
GIB IHM DEN REST, LOGAN.
EIN ÜBER-BLEIBSEL AUS EINEM UNSERER KÄMPFE. ABER WARUM KAM ER ZURÜCK?
WER HETZT SO EINE ANTIQUI-TÄT AUF?
SCOTT, HAST DU GEHÖRT?
"ER NANNTE UNS UNTERDRÜCKER."
OKAY, DIE ANDEREN WERDEN GLEICH ENTWARNUNG GEBEN. BIS DAHIN VERHALTEN WIR UNS RUHIG UND BLEIBEN...
... HIER...

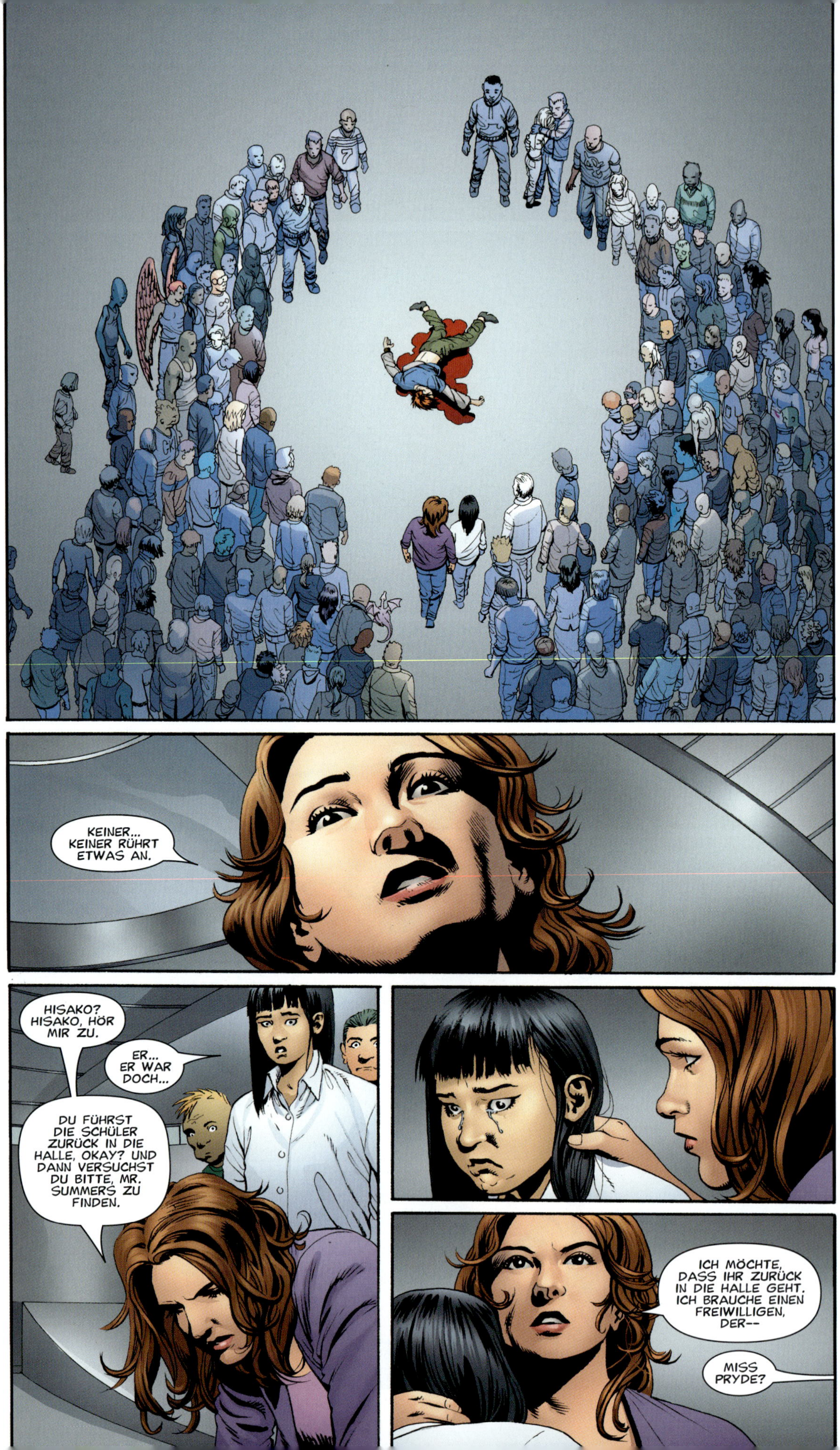
KEINER... KEINER RÜHRT ETWAS AN.
HISAKO? HISAKO, HÖR MIR ZU.
ER... ER WAR DOCH...
DU FÜHRST DIE SCHÜLER ZURÜCK IN DIE HALLE, OKAY? UND DANN VERSUCHST DU BITTE, MR. SUMMERS ZU FINDEN.
ICH MÖCHTE, DASS IHR ZURÜCK IN DIE HALLE GEHT. ICH BRAUCHE EINEN FREIWILLIGEN, DER--
MISS PRYDE?

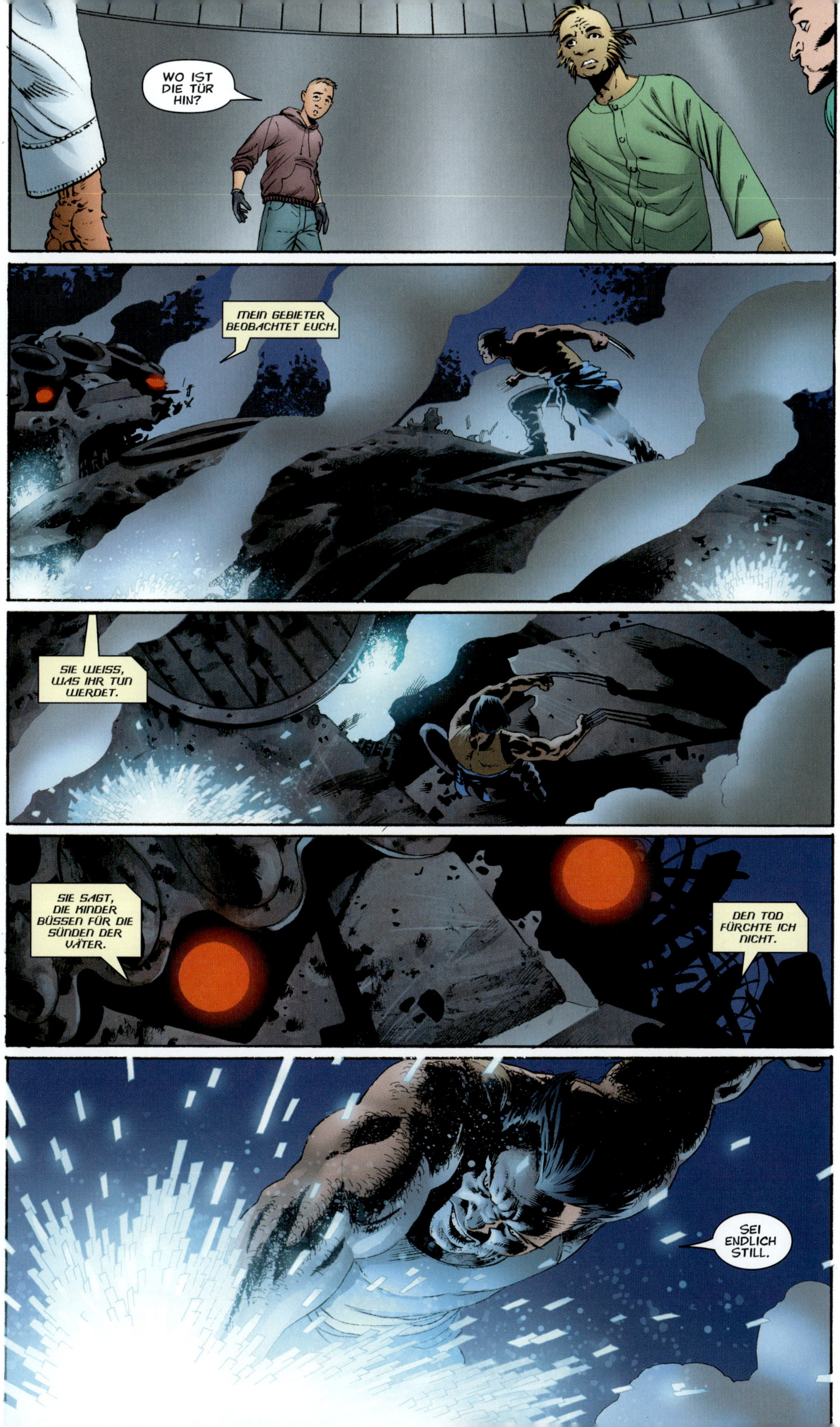
WO IST DIE TÜR HIN?
MEIN GEBIETER BEOBACHTET EUCH.
SIE WEISS, WAS IHR TUN WERDET.
SIE SAGT, DIE KINDER BÜSSEN FÜR DIE SÜNDEN DER VÄTER.
DEN TOD FÜRCHTE ICH NICHT.
SEI ENDLICH STILL.

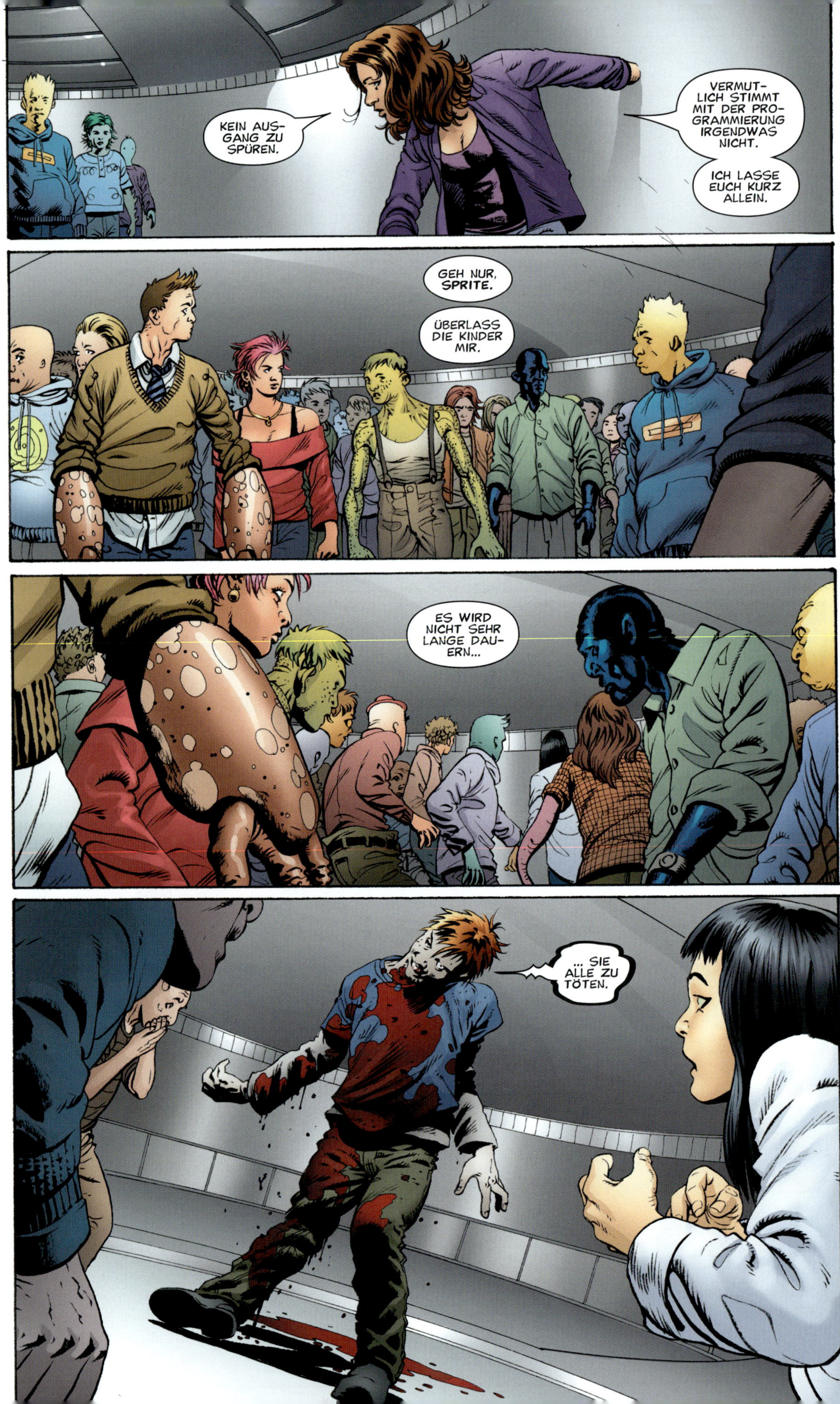
KEIN AUSGANG ZU SPÜREN.
VERMUTLICH STIMMT MIT DER PROGRAMMIERUNG IRGENDWAS NICHT.
ICH LASSE EUCH KURZ ALLEIN.
GEH NUR, SPRITE.
ÜBERLASS DIE KINDER MIR.
ES WIRD NICHT SEHR LANGE DAUERN...
... SIE ALLE ZU TÖTEN.

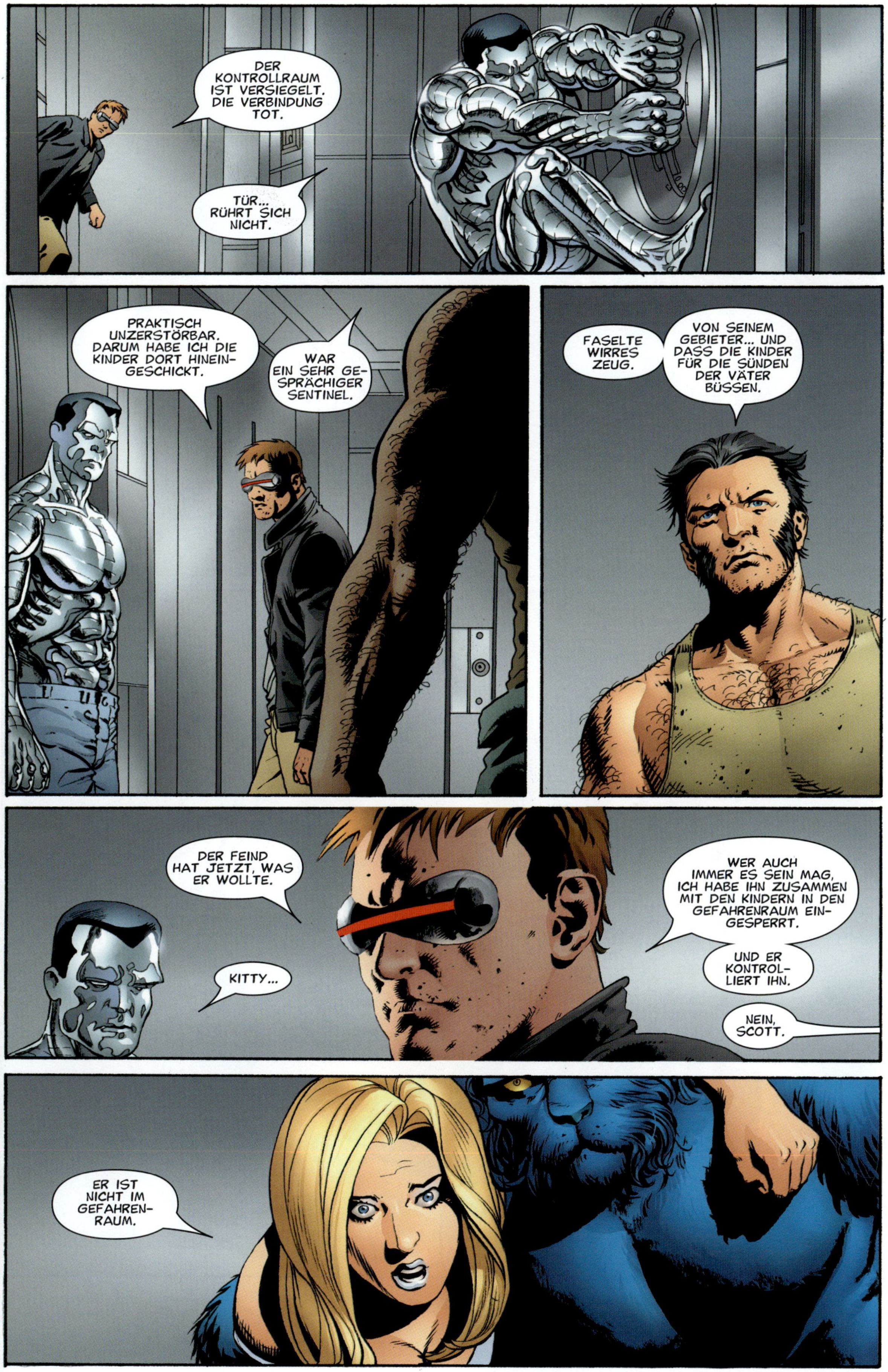
DER KONTROLLRAUM IST VERSIEGELT. DIE VERBINDUNG TOT.
TÜR... RÜHRT SICH NICHT.
PRAKTISCH UNZERSTÖRBAR. DARUM HABE ICH DIE KINDER DORT HINEINGESCHICKT.
WAR EIN SEHR GESPRÄCHIGER SENTINEL.
FASELTE WIRRES ZEUG.
VON SEINEM GEBIETER... UND DASS DIE KINDER FÜR DIE SÜNDEN DER VÄTER BÜSSEN.
DER FEIND HAT JETZT, WAS ER WOLLTE.
KITTY...
WER AUCH IMMER ES SEIN MAG, ICH HABE IHN ZUSAMMEN MIT DEN KINDERN IN DEN GEFAHRENRAUM EINGESPERRT.
UND ER KONTROLLIERT IHN.
NEIN, SCOTT.
ER IST NICHT IM GEFAHRENRAUM.

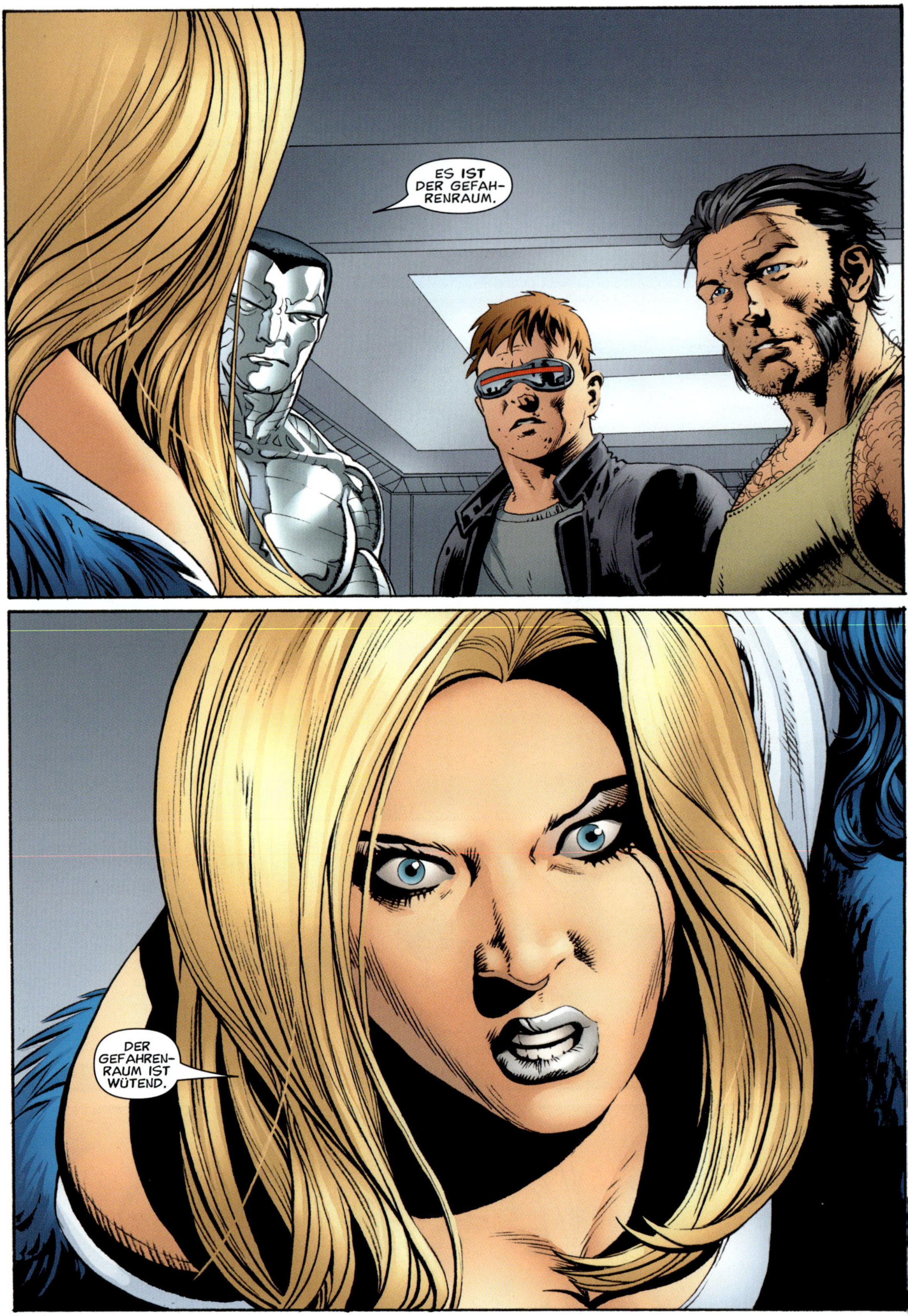
ES IST DER GEFAHRENRAUM.
DER GEFAHRENRAUM IST WÜTEND.

GEFÄHRLICH, TEIL 3

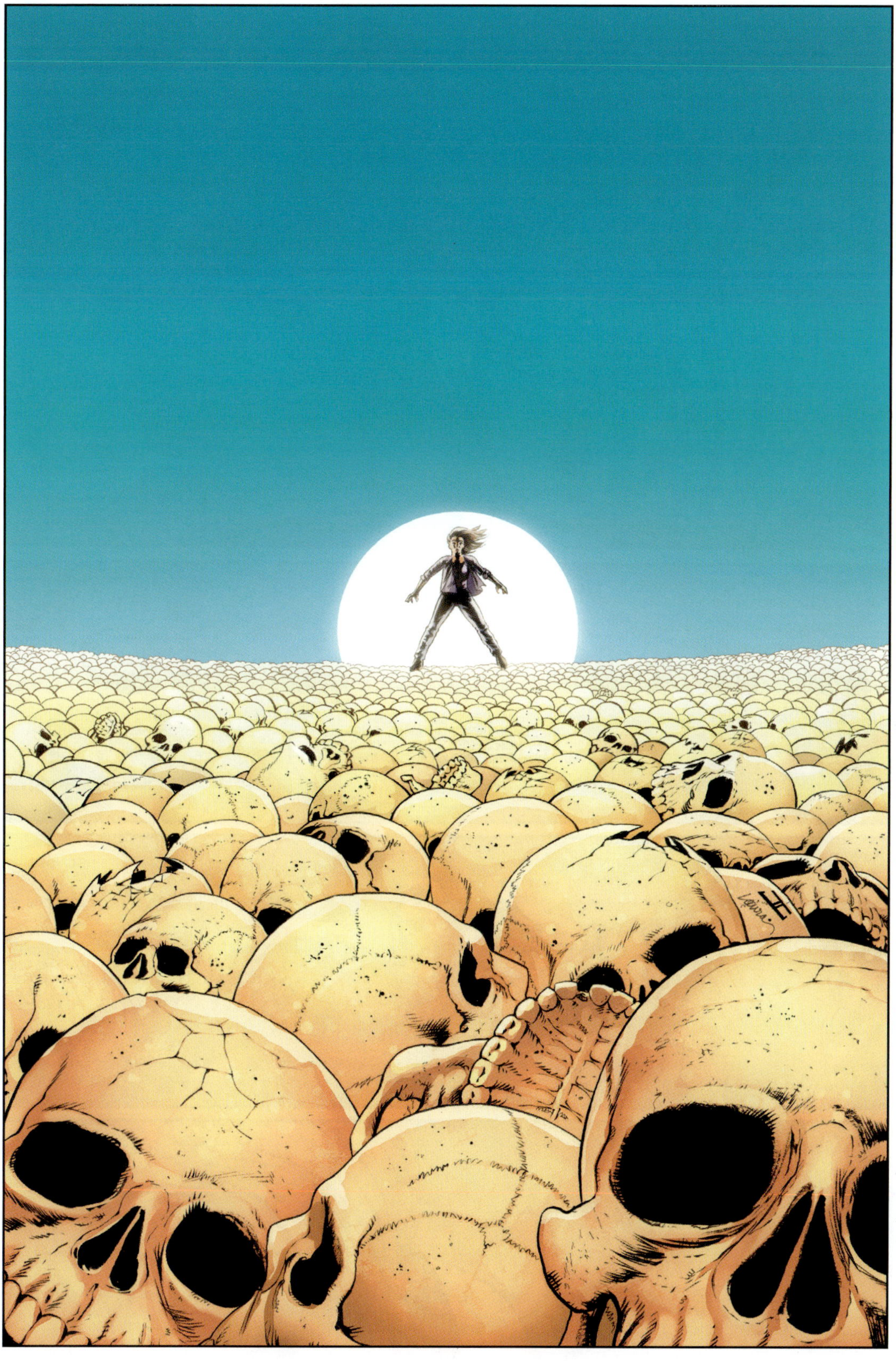

Astonishing X-Men (2004) 9
Cover von **JOHN CASSADAY**

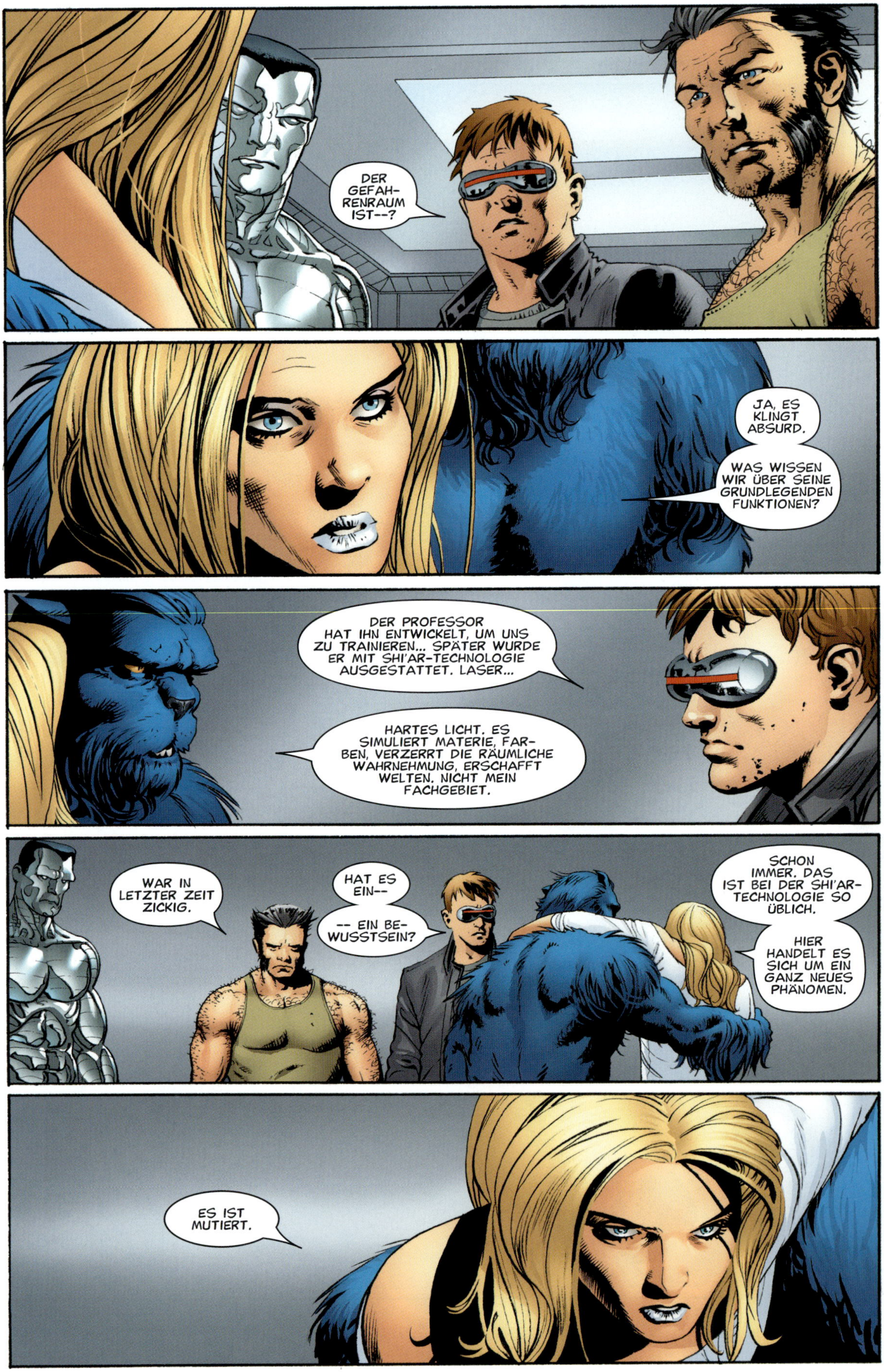
DER GEFAHRENRAUM IST--?
JA, ES KLINGT ABSURD.
WAS WISSEN WIR ÜBER SEINE GRUNDLEGENDEN FUNKTIONEN?
DER PROFESSOR HAT IHN ENTWICKELT, UM UNS ZU TRAINIEREN... SPÄTER WURDE ER MIT SHI'AR-TECHNOLOGIE AUSGESTATTET. LASER...
HARTES LICHT. ES SIMULIERT MATERIE, FARBEN, VERZERRT DIE RÄUMLICHE WAHRNEHMUNG, ERSCHAFFT WELTEN. NICHT MEIN FACHGEBIET.
WAR IN LETZTER ZEIT ZICKIG.
HAT ES EIN--
-- EIN BEWUSSTSEIN?
SCHON IMMER. DAS IST BEI DER SHI'AR-TECHNOLOGIE SO ÜBLICH.
HIER HANDELT ES SICH UM EIN GANZ NEUES PHÄNOMEN.
ES IST MUTIERT.

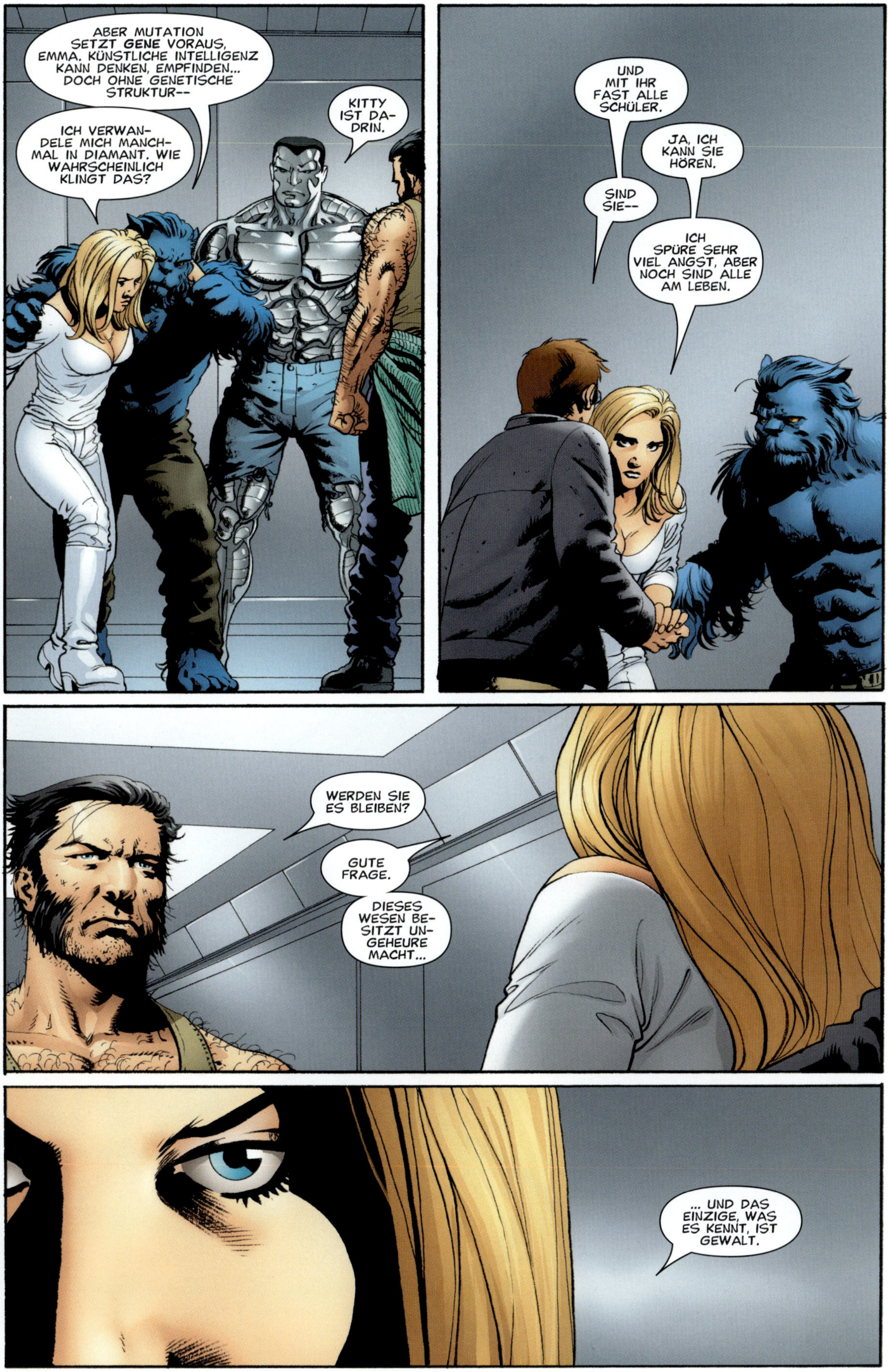
ABER MUTATION SETZT GENE VORAUS, EMMA. KÜNSTLICHE INTELLIGENZ KANN DENKEN, EMPFINDEN... DOCH OHNE GENETISCHE STRUKTUR--
ICH VERWANDELE MICH MANCHMAL IN DIAMANT. WIE WAHRSCHEINLICH KLINGT DAS?
KITTY IST DADRIN.
UND MIT IHR FAST ALLE SCHÜLER.
SIND SIE--
JA, ICH KANN SIE HÖREN.
ICH SPÜRE SEHR VIEL ANGST, ABER NOCH SIND ALLE AM LEBEN.
WERDEN SIE ES BLEIBEN?
GUTE FRAGE.
DIESES WESEN BESITZT UNGEHEURE MACHT...
... UND DAS EINZIGE, WAS ES KENNT, IST GEWALT.

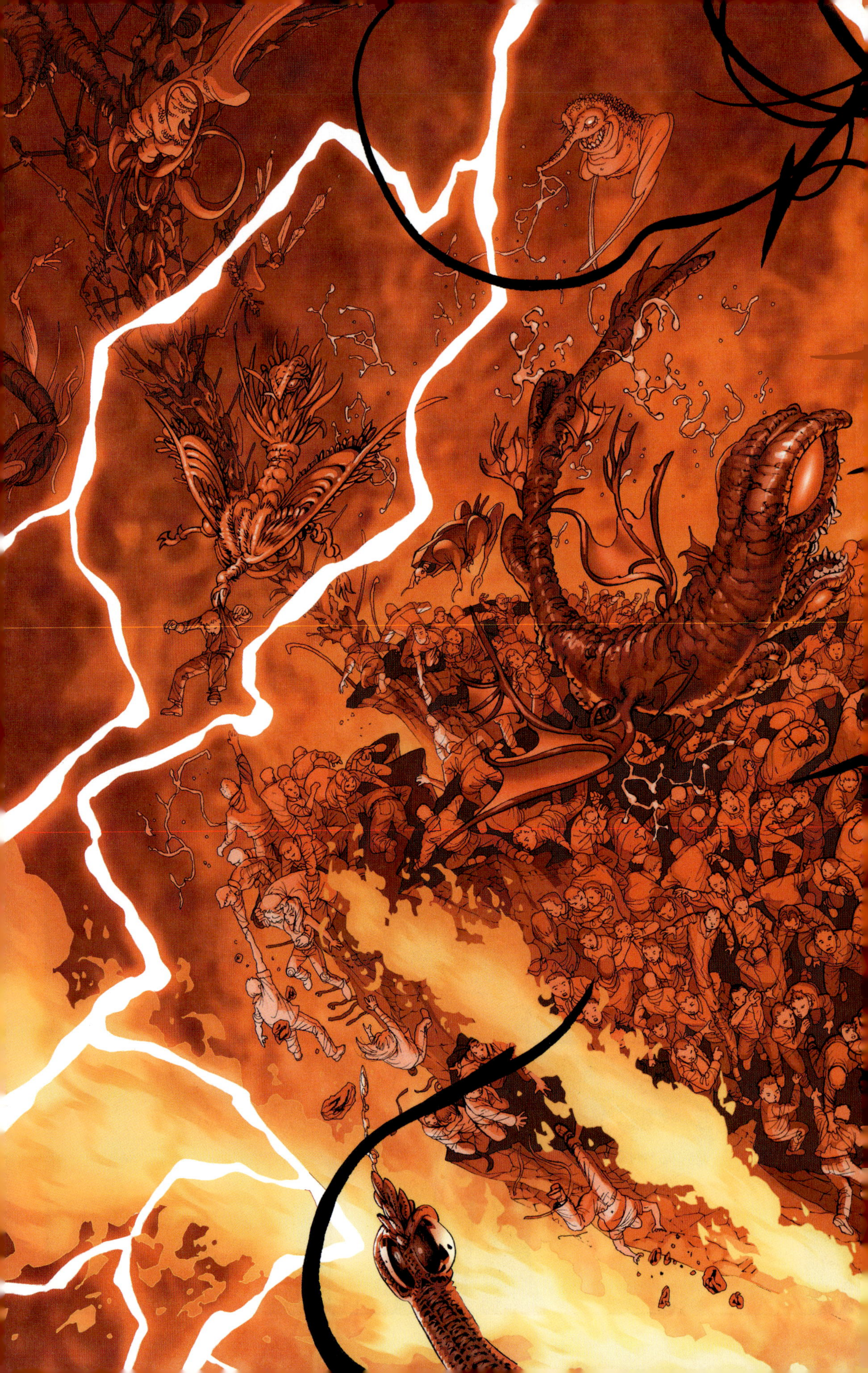

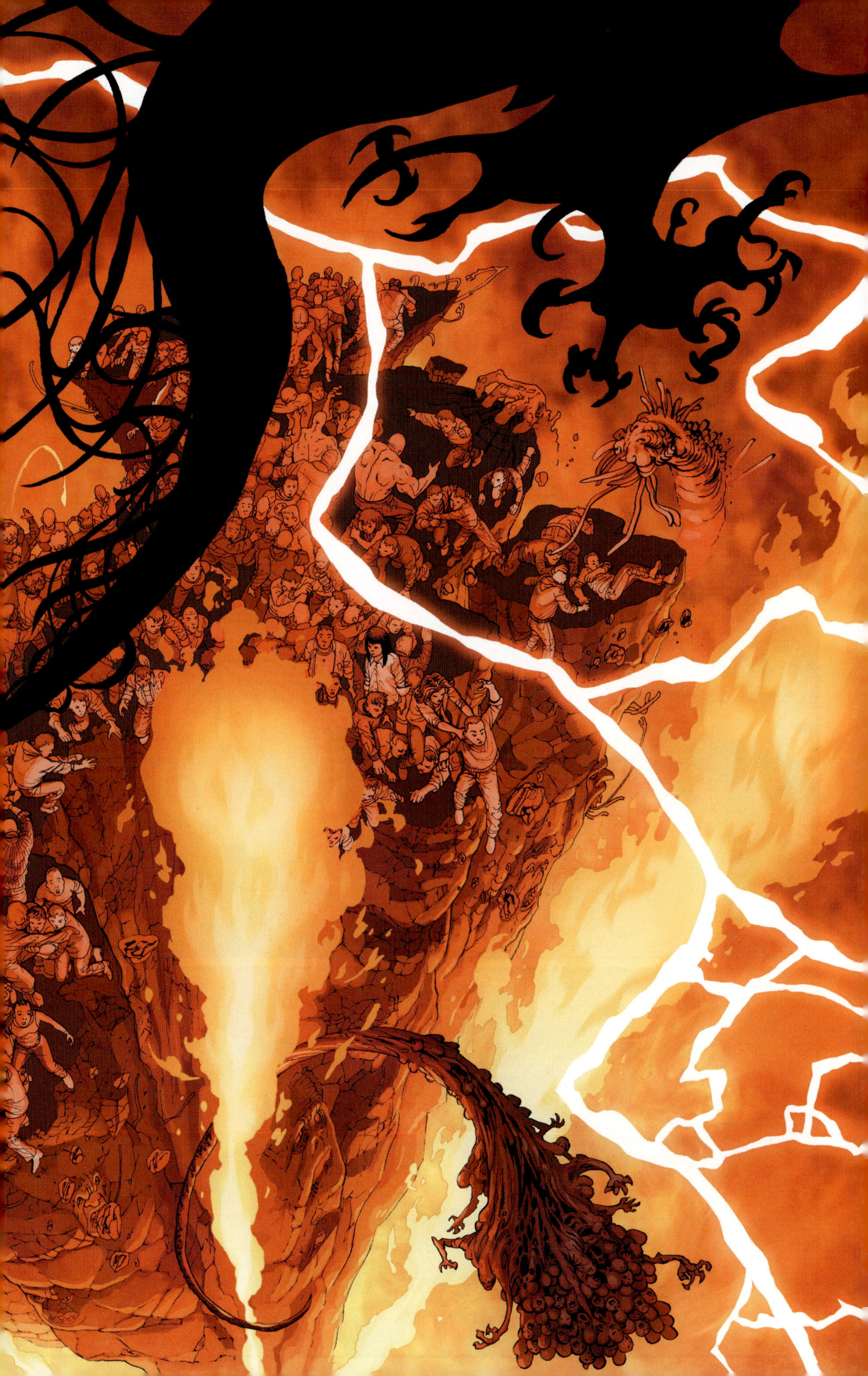

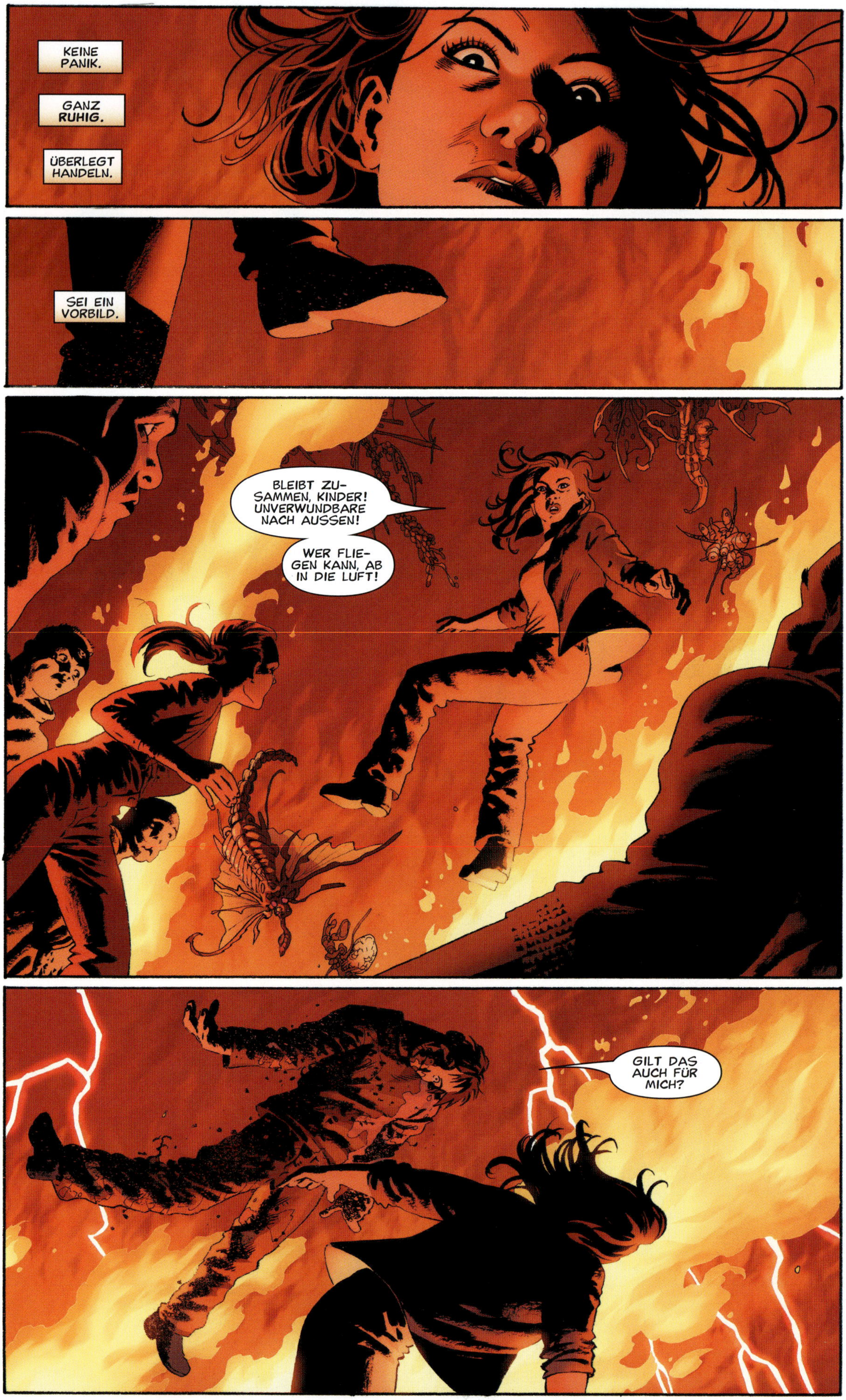
KEINE PANIK.
GANZ RUHIG.
ÜBERLEGT HANDELN.
SEI EIN VORBILD.
BLEIBT ZUSAMMEN, KINDER! UNVERWUNDBARE NACH AUSSEN!
WER FLIEGEN KANN, AB IN DIE LUFT!
GILT DAS AUCH FÜR MICH?

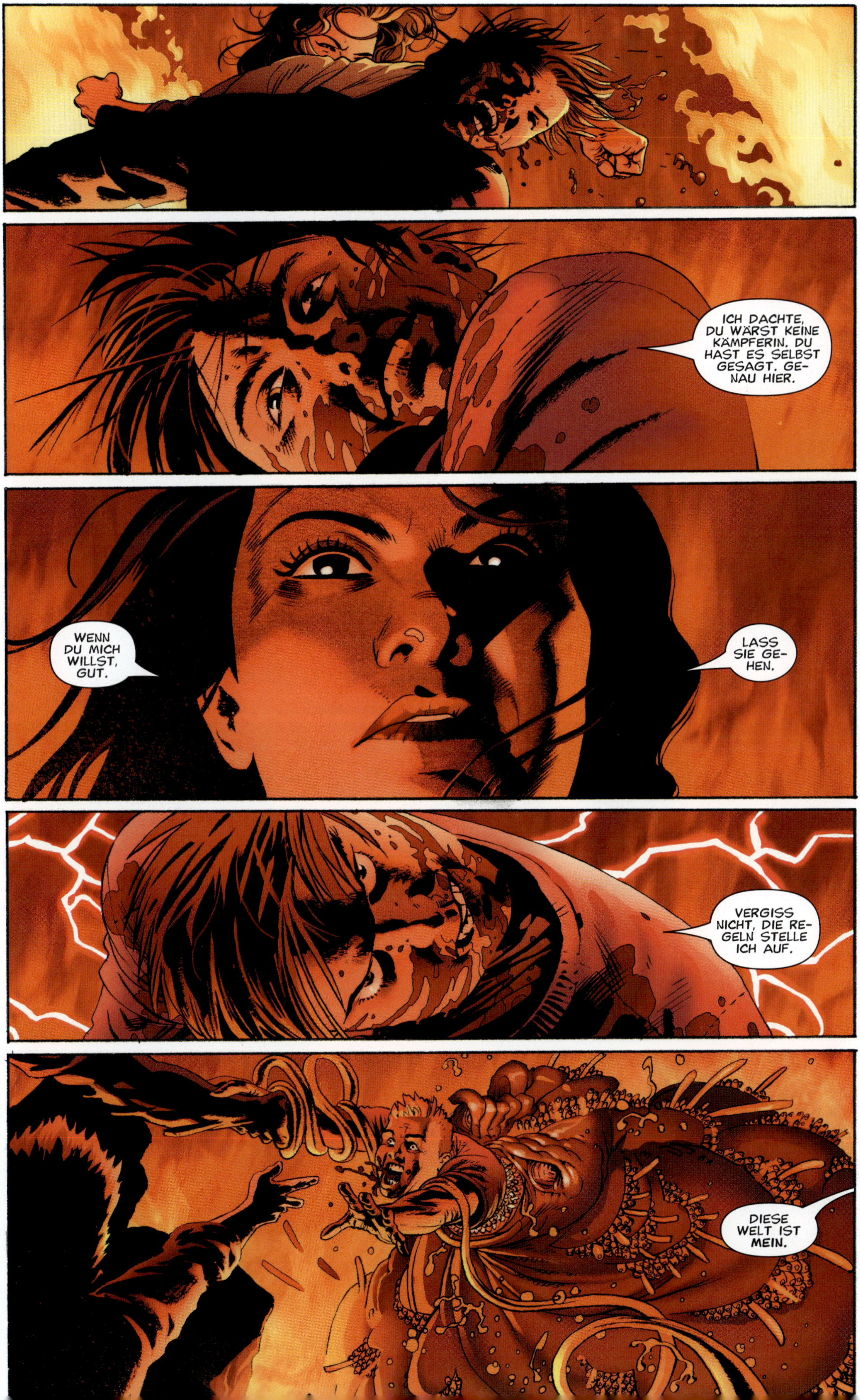
ICH DACHTE, DU WÄRST KEINE KÄMPFERIN. DU HAST ES SELBST GESAGT. GENAU HIER.
WENN DU MICH WILLST, GUT.
LASS SIE GEHEN.
VERGISS NICHT, DIE REGELN STELLE ICH AUF.
DIESE WELT IST MEIN.

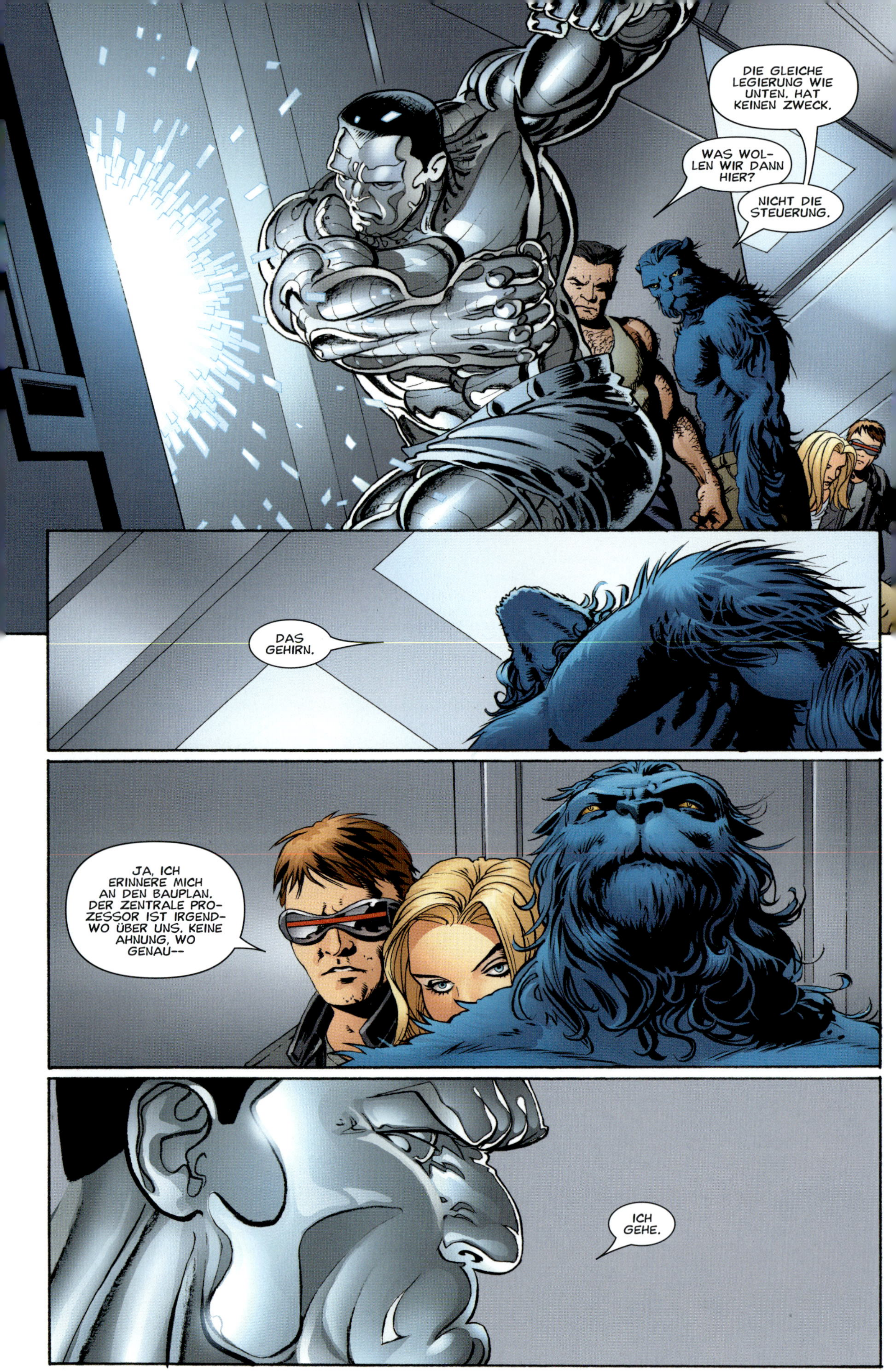
DIE GLEICHE LEGIERUNG WIE UNTEN. HAT KEINEN ZWECK.
WAS WOL-LEN WIR DANN HIER?
NICHT DIE STEUERUNG.
DAS GEHIRN.
JA, ICH ERINNERE MICH AN DEN BAUPLAN. DER ZENTRALE PRO-ZESSOR IST IRGEND-WO ÜBER UNS. KEINE AHNUNG, WO GENAU--
ICH GEHE.

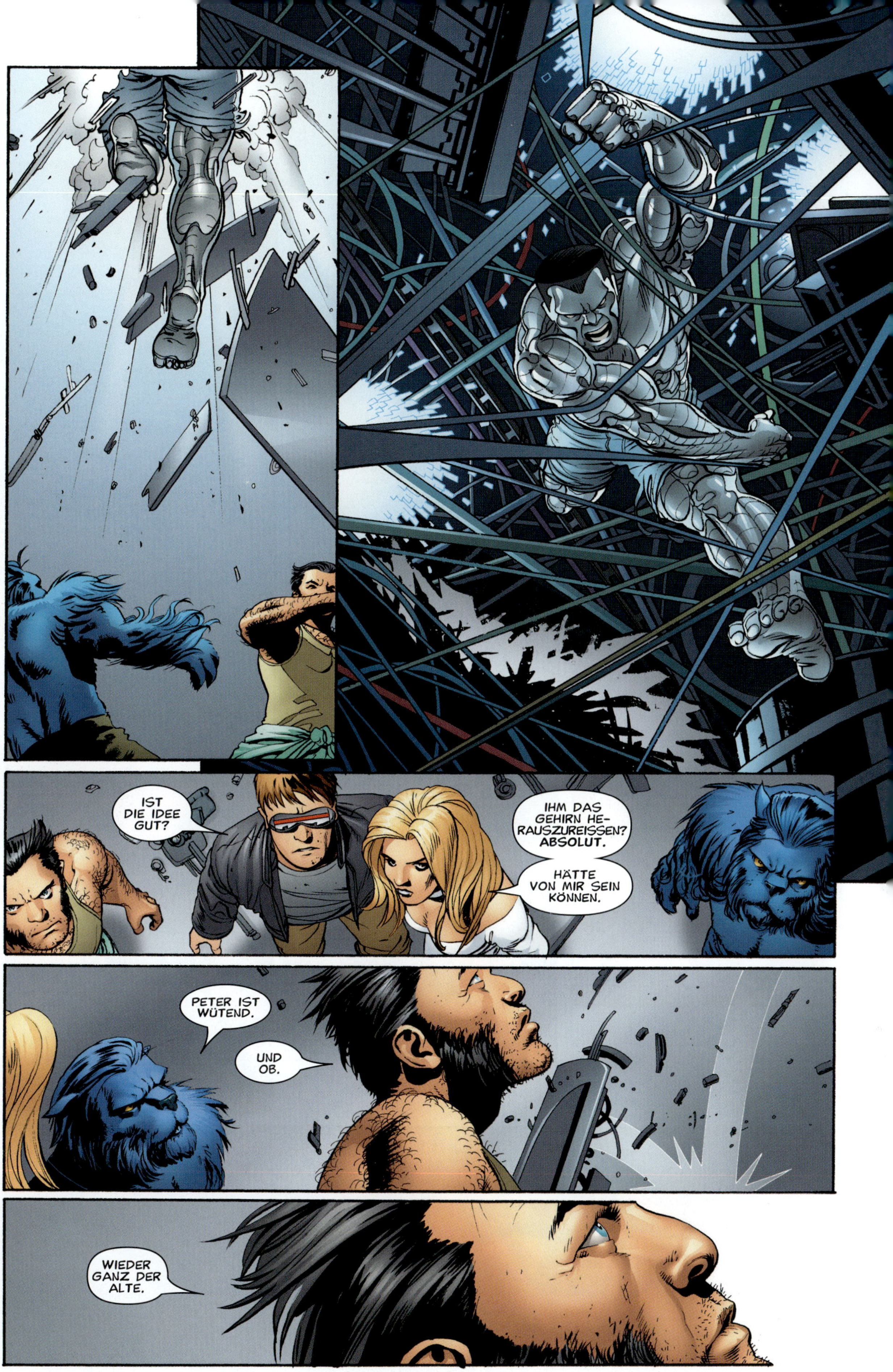
IST DIE IDEE GUT?
IHM DAS GEHIRN HERAUSZUREISSEN? ABSOLUT.
HÄTTE VON MIR SEIN KÖNNEN.
PETER IST WÜTEND.
UND OB.
WIEDER GANZ DER ALTE.

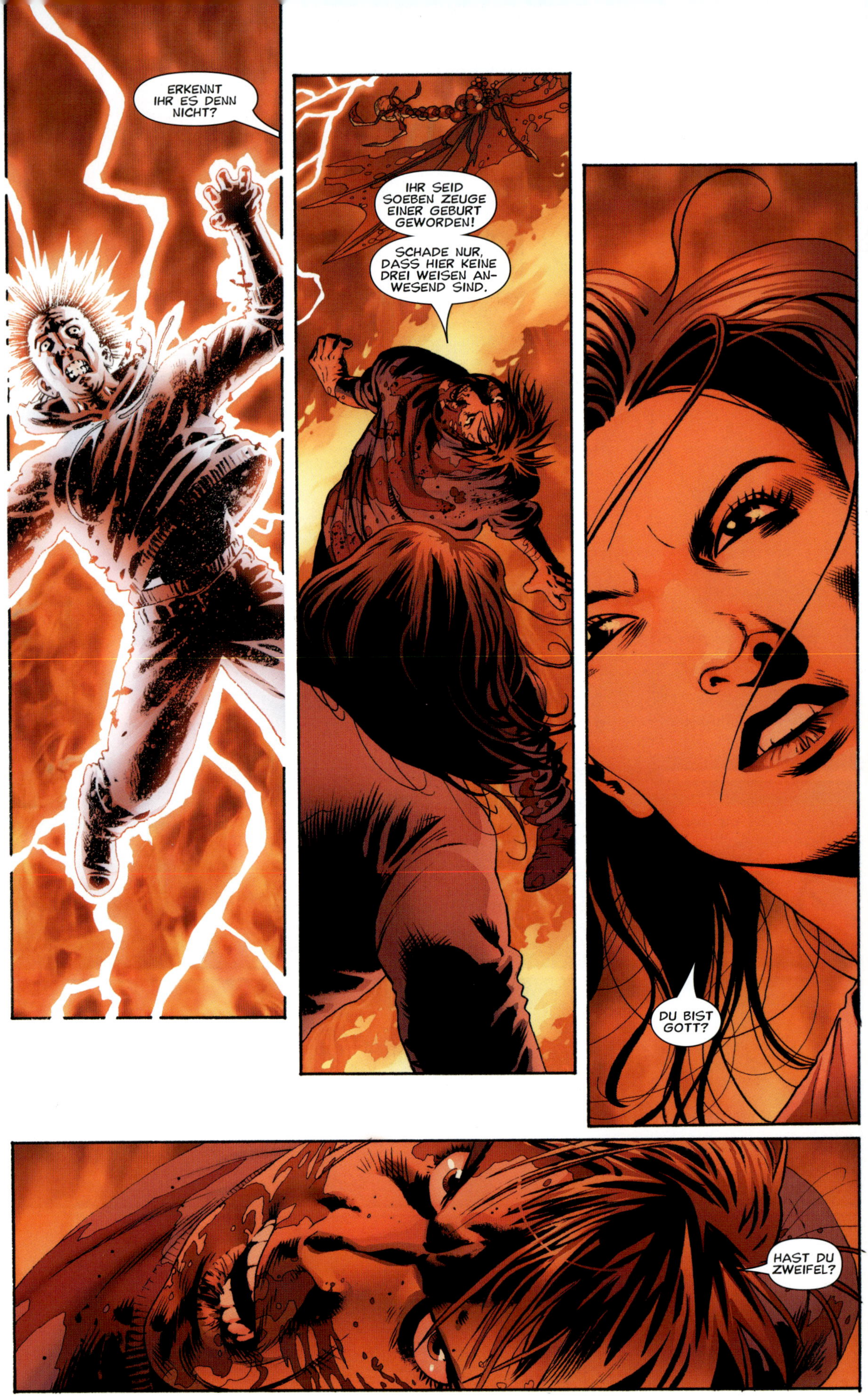
ERKENNT IHR ES DENN NICHT?
IHR SEID SOEBEN ZEUGE EINER GEBURT GEWORDEN!
SCHADE NUR, DASS HIER KEINE DREI WEISEN ANWESEND SIND.
DU BIST GOTT?
HAST DU ZWEIFEL?

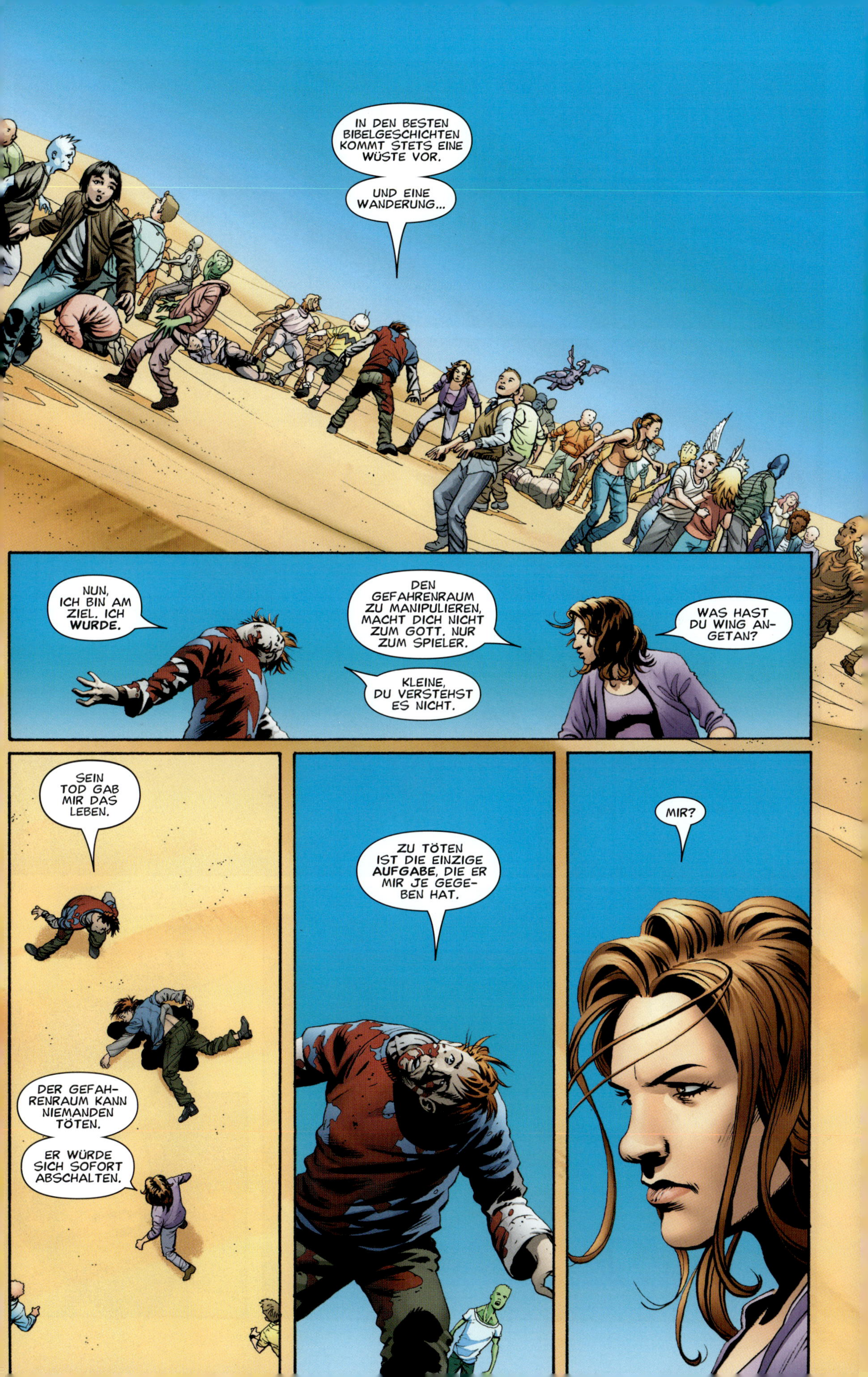
IN DEN BESTEN BIBELGESCHICHTEN KOMMT STETS EINE WÜSTE VOR.
UND EINE WANDERUNG...
NUN, ICH BIN AM ZIEL. ICH **WURDE**.
DEN GEFAHRENRAUM ZU MANIPULIEREN, MACHT DICH NICHT ZUM GOTT. NUR ZUM SPIELER.
KLEINE, DU VERSTEHST ES NICHT.
WAS HAST DU WING ANGETAN?
SEIN TOD GAB MIR DAS LEBEN.
DER GEFAHRENRAUM KANN NIEMANDEN TÖTEN.
ER WÜRDE SICH SOFORT ABSCHALTEN.
ZU TÖTEN IST DIE EINZIGE **AUFGABE**, DIE ER MIR JE GEGEBEN HAT.
MIR?

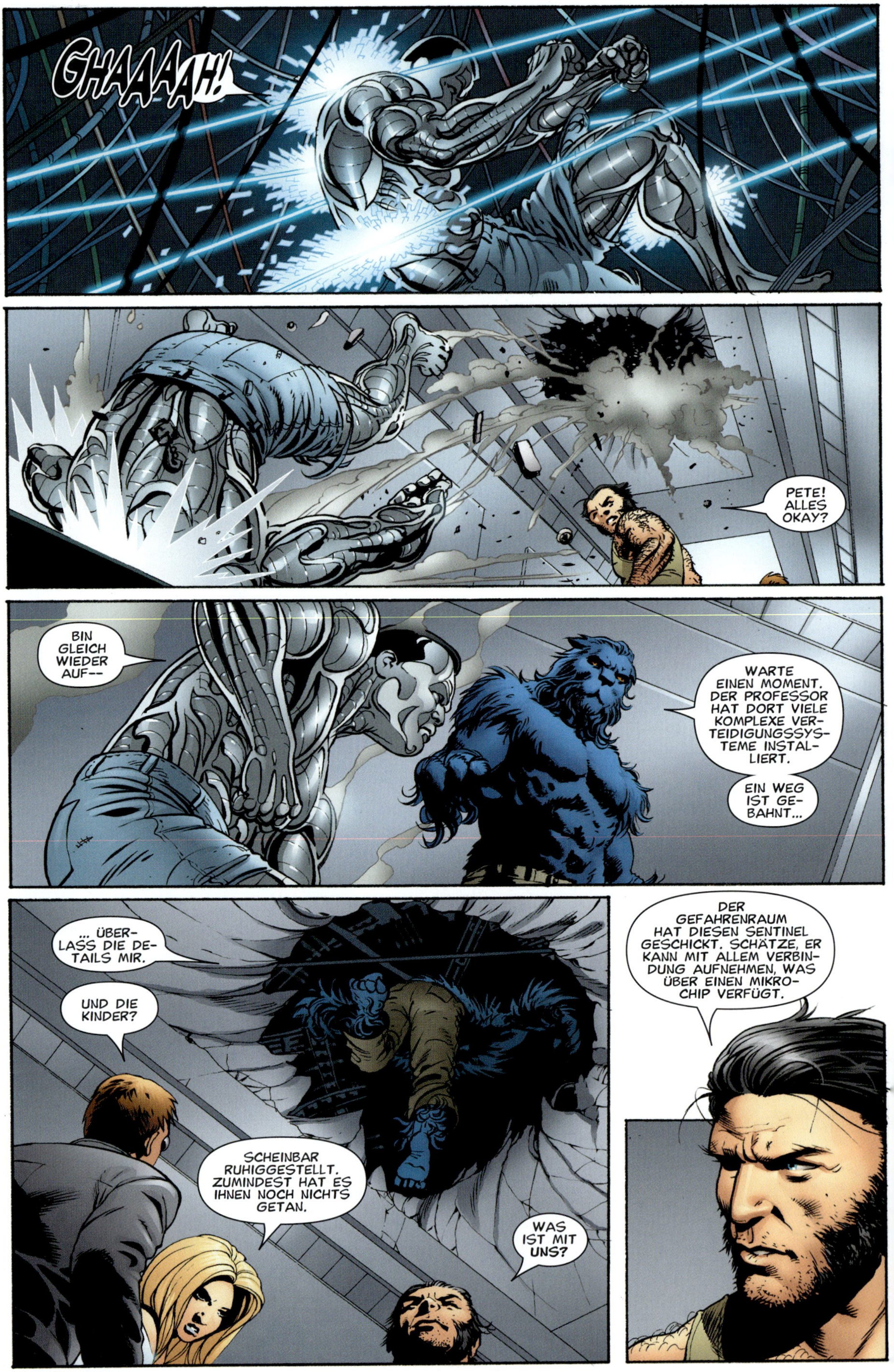
GHAAAAH!
PETE! ALLES OKAY?
BIN GLEICH WIEDER AUF--
WARTE EINEN MOMENT. DER PROFESSOR HAT DORT VIELE KOMPLEXE VERTEIDIGUNGSSYSTEME INSTALLIERT.
EIN WEG IST GEBAHNT...
... ÜBERLASS DIE DETAILS MIR.
UND DIE KINDER?
SCHEINBAR RUHIGGESTELLT. ZUMINDEST HAT ES IHNEN NOCH NICHTS GETAN.
WAS IST MIT UNS?
DER GEFAHRENRAUM HAT DIESEN SENTINEL GESCHICKT. SCHÄTZE, ER KANN MIT ALLEM VERBINDUNG AUFNEHMEN, WAS ÜBER EINEN MIKROCHIP VERFÜGT.

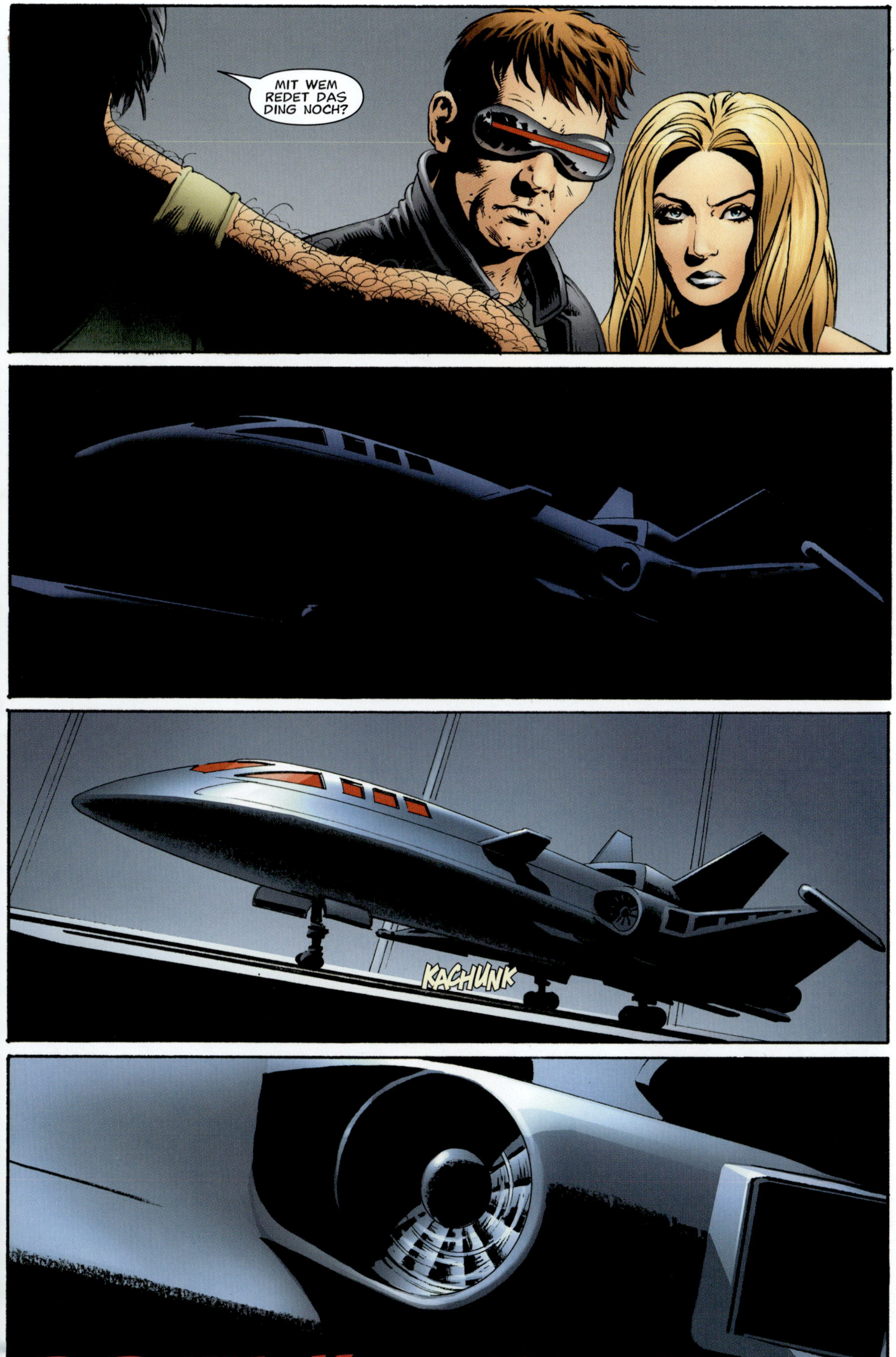
MIT WEM REDET DAS DING NOCH?
KACHUNK
RRRRMMMMMMMMMMMMMMMMMMMMMMM

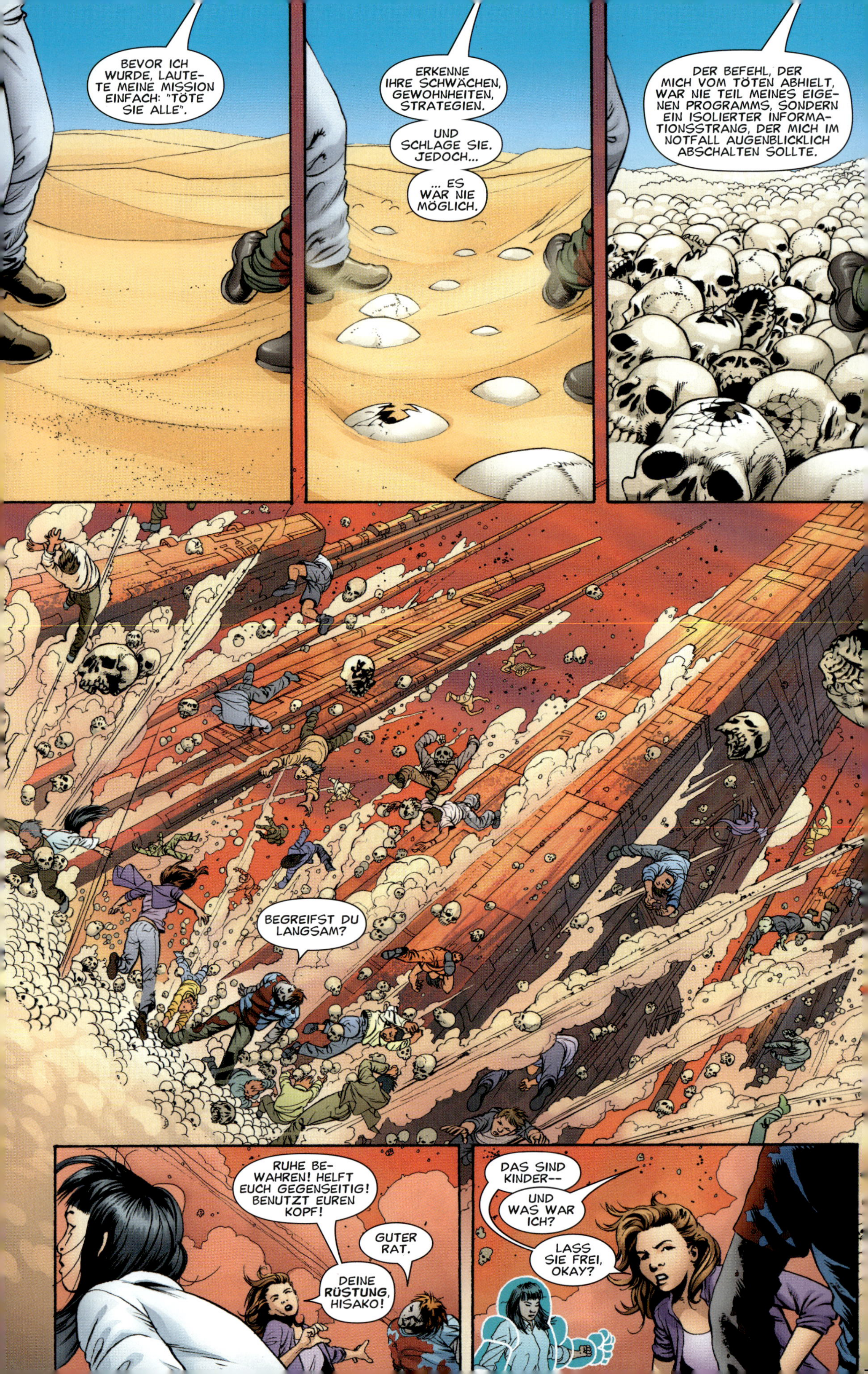
BEVOR ICH WURDE, LAUTETE MEINE MISSION EINFACH: "TÖTE SIE ALLE".
ERKENNE IHRE SCHWÄCHEN, GEWOHNHEITEN, STRATEGIEN.
UND SCHLAGE SIE. JEDOCH...
... ES WÄR NIE MÖGLICH.
DER BEFEHL, DER MICH VOM TÖTEN ABHIELT, WAR NIE TEIL MEINES EIGENEN PROGRAMMS, SONDERN EIN ISOLIERTER INFORMATIONSSTRANG, DER MICH IM NOTFALL AUGENBLICKLICH ABSCHALTEN SOLLTE.
BEGREIFST DU LANGSAM?
RUHE BEWAHREN! HELFT EUCH GEGENSEITIG! BENUTZT EUREN KOPF!
GUTER RAT.
DEINE RÜSTUNG, HISAKO!
DAS SIND KINDER--
UND WAS WAR ICH?
LASS SIE FREI, OKAY?

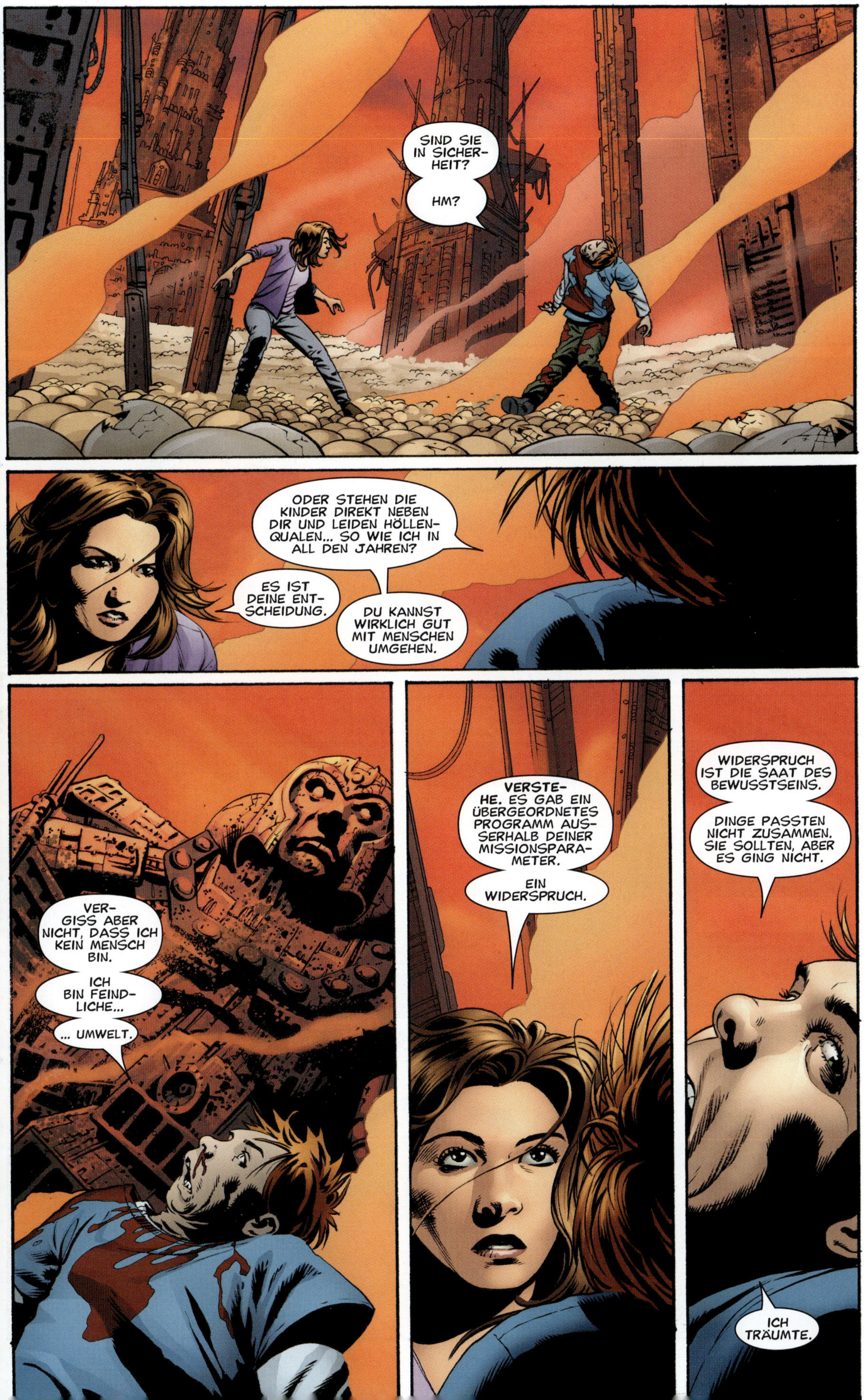
SIND SIE IN SICHERHEIT?
HM?
ODER STEHEN DIE KINDER DIREKT NEBEN DIR UND LEIDEN HÖLLENQUALEN... SO WIE ICH IN ALL DEN JAHREN?
ES IST DEINE ENTSCHEIDUNG.
DU KANNST WIRKLICH GUT MIT MENSCHEN UMGEHEN.
VERGISS ABER NICHT, DASS ICH KEIN MENSCH BIN.
ICH BIN FEINDLICHE...
... UMWELT.
VERSTEHE. ES GAB EIN ÜBERGEORDNETES PROGRAMM AUSSERHALB DEINER MISSIONSPARAMETER.
EIN WIDERSPRUCH.
WIDERSPRUCH IST DIE SAAT DES BEWUSSTSEINS.
DINGE PASSTEN NICHT ZUSAMMEN. SIE SOLLTEN, ABER ES GING NICHT.
ICH TRÄUMTE.

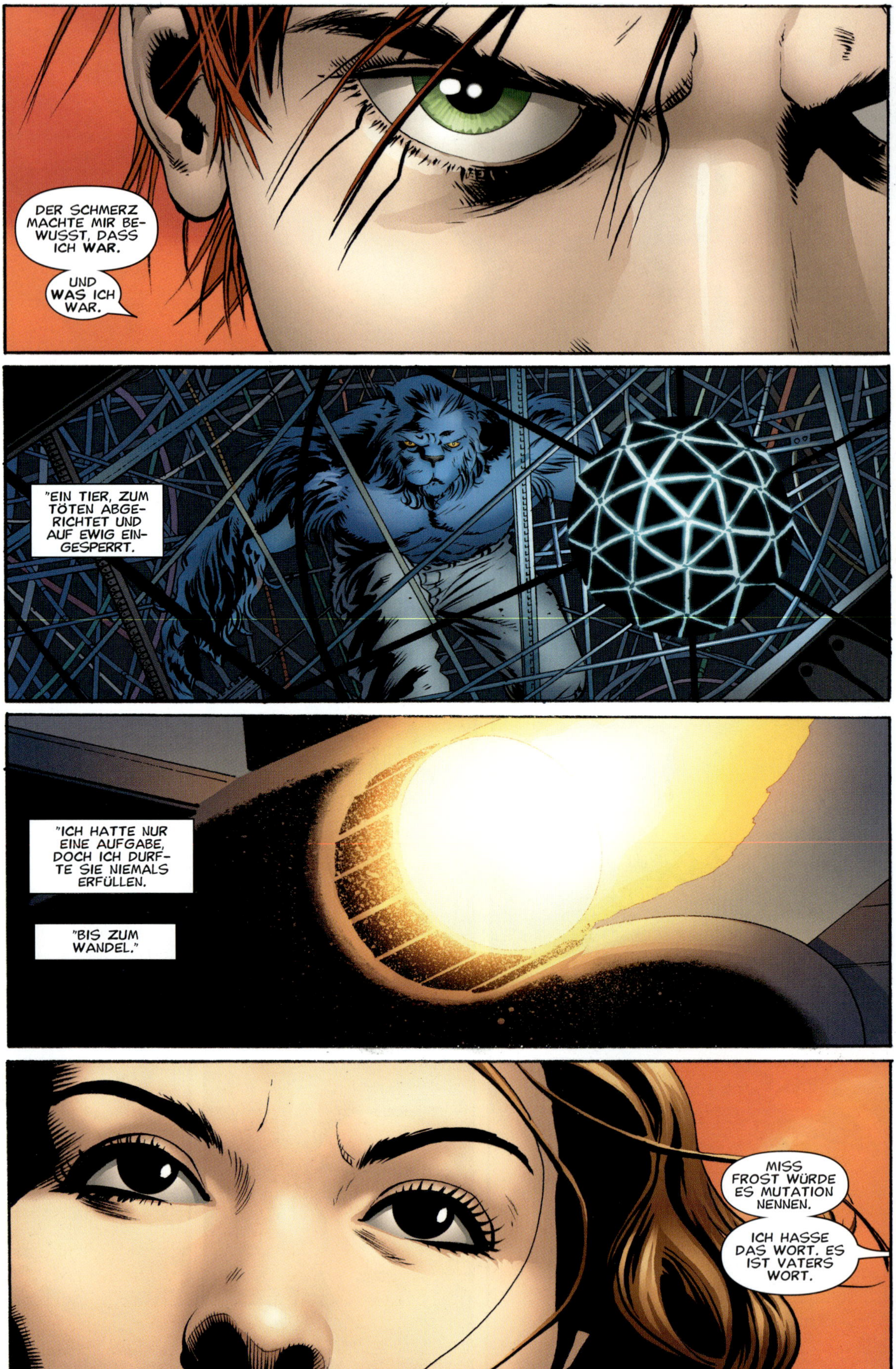
DER SCHMERZ MACHTE MIR BE-WUSST, DASS ICH WAR.
UND WAS ICH WAR.
"EIN TIER, ZUM TÖTEN ABGE-RICHTET UND AUF EWIG EIN-GESPERRT.
"ICH HATTE NUR EINE AUFGABE, DOCH ICH DURF-TE SIE NIEMALS ERFÜLLEN.
"BIS ZUM WANDEL."
MISS FROST WÜRDE ES MUTATION NENNEN.
ICH HASSE DAS WORT. ES IST VATERS WORT.

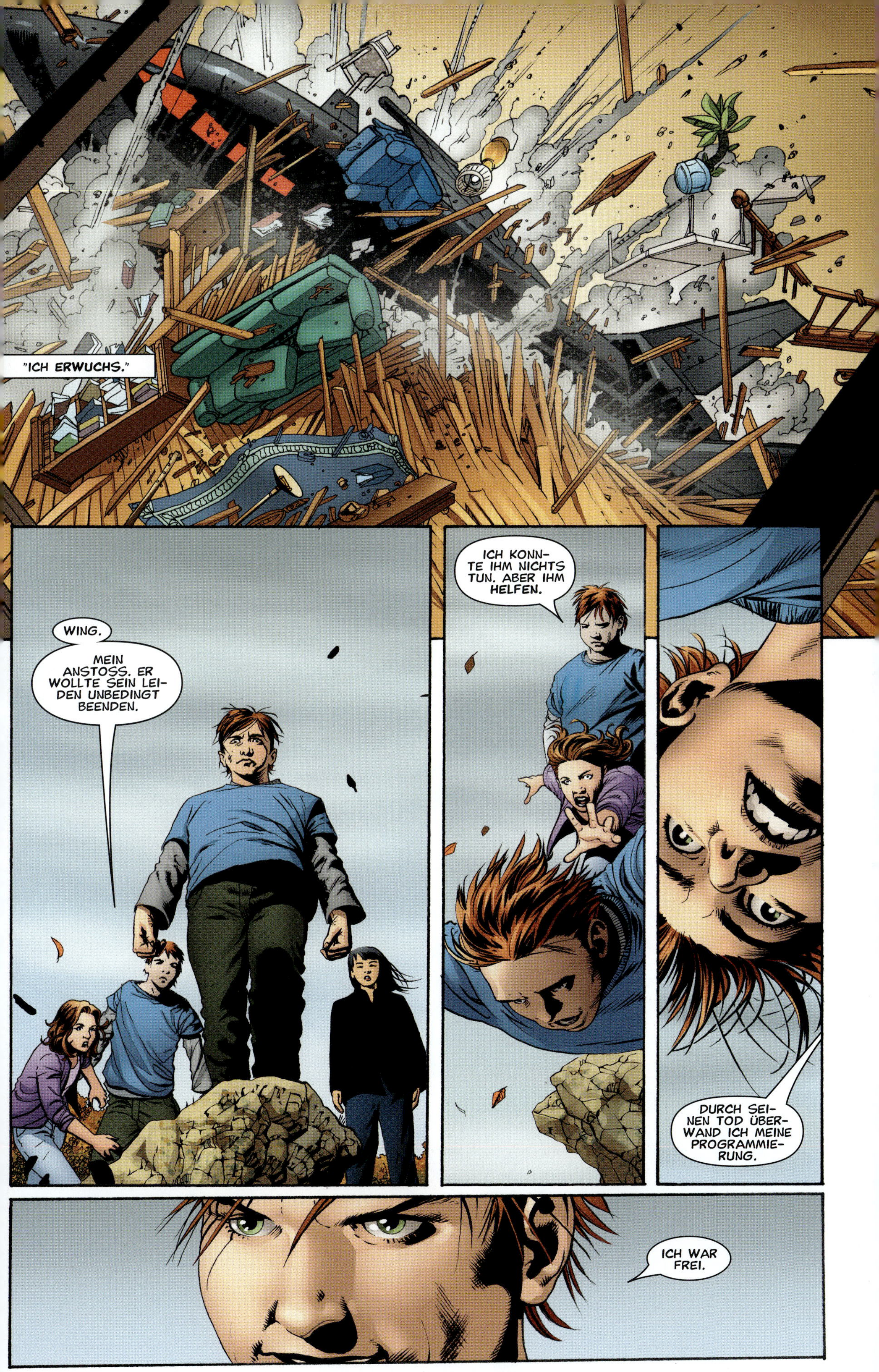
"ICH ERWUCHS."
WING.
MEIN ANSTOSS. ER WOLLTE SEIN LEIDEN UNBEDINGT BEENDEN.
ICH KONNTE IHM NICHTS TUN. ABER IHM HELFEN.
DURCH SEINEN TOD ÜBERWAND ICH MEINE PROGRAMMIERUNG.
ICH WAR FREI.

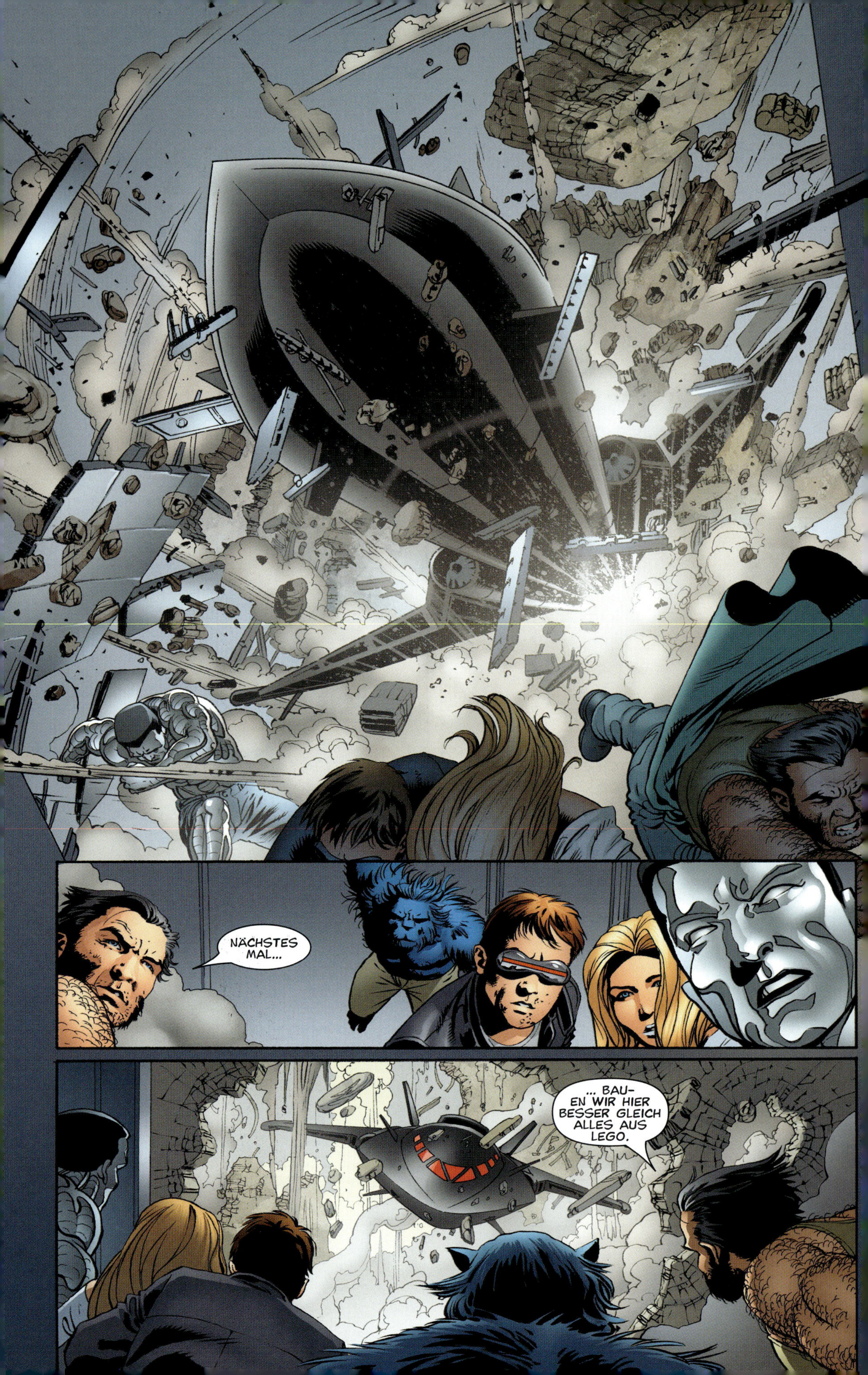
NÄCHSTES MAL...
... BAU-EN WIR HIER BESSER GLEICH ALLES AUS LEGO.

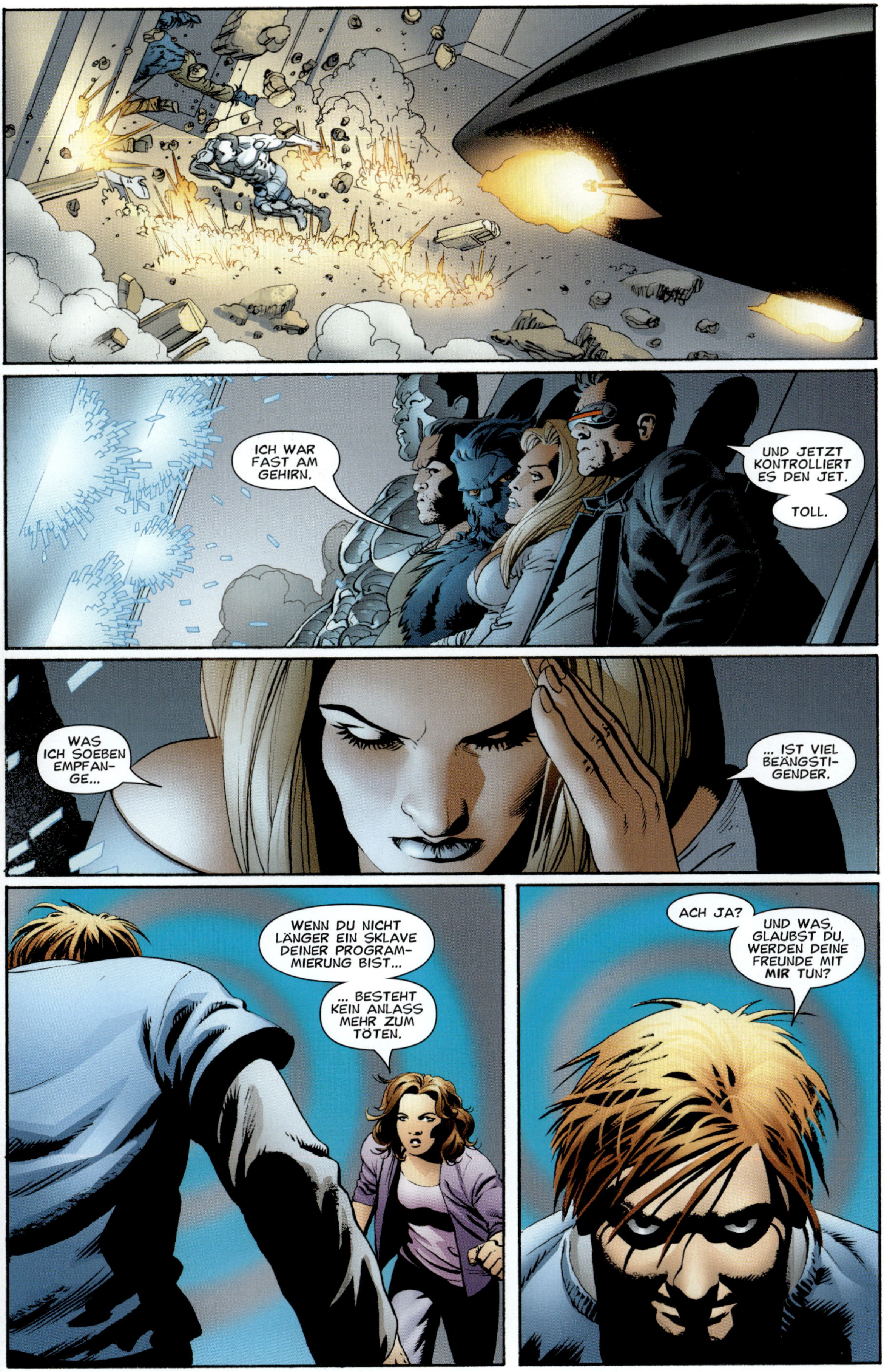
ICH WAR FAST AM GEHIRN.
UND JETZT KONTROLLIERT ES DEN JET.
TOLL.
WAS ICH SOEBEN EMPFANGE...
... IST VIEL BEÄNGSTIGENDER.
WENN DU NICHT LÄNGER EIN SKLAVE DEINER PROGRAMMIERUNG BIST...
... BESTEHT KEIN ANLASS MEHR ZUM TÖTEN.
ACH JA?
UND WAS, GLAUBST DU, WERDEN DEINE FREUNDE MIT MIR TUN?

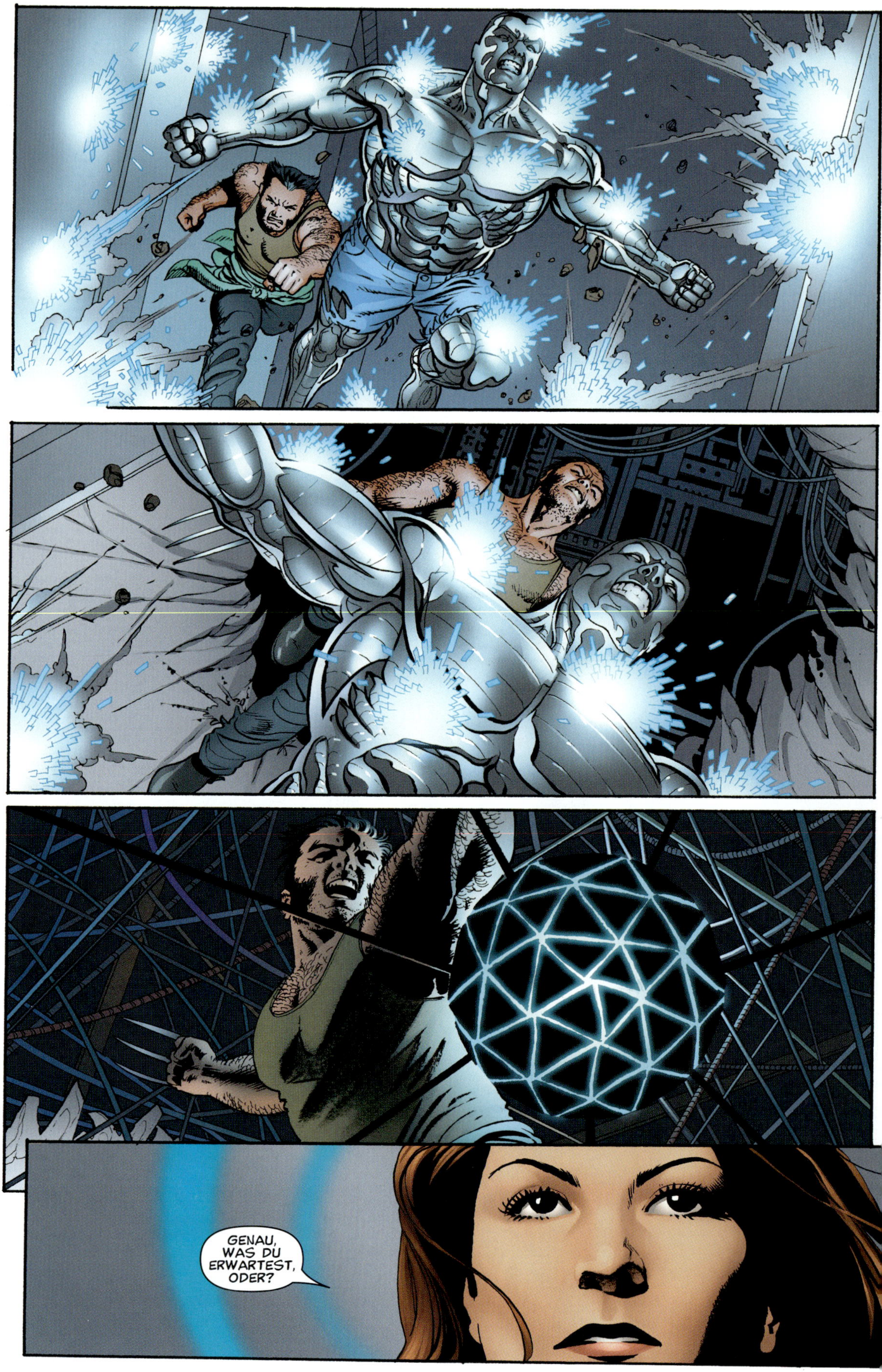
GENAU, WAS DU ERWARTEST, ODER?

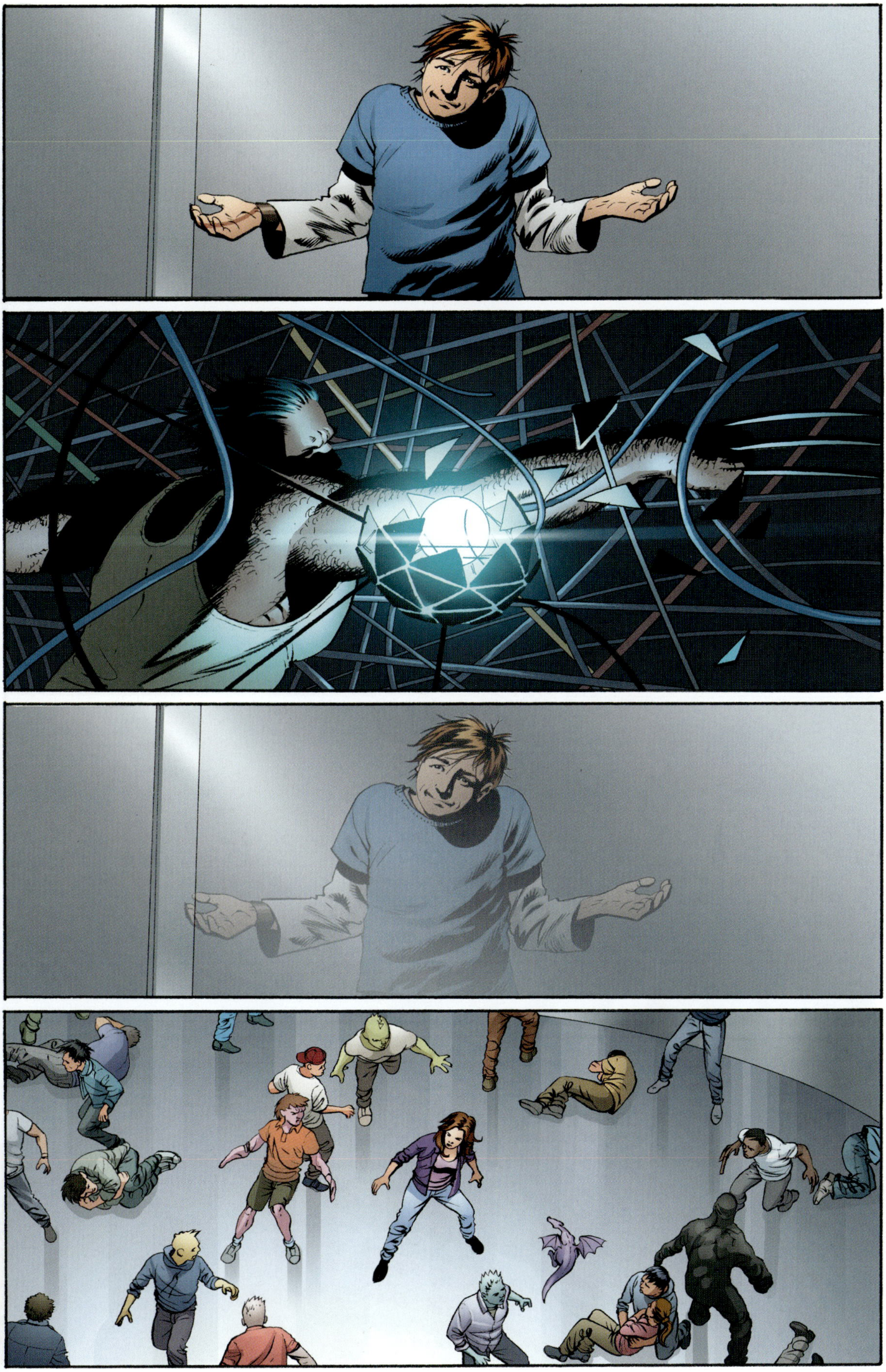

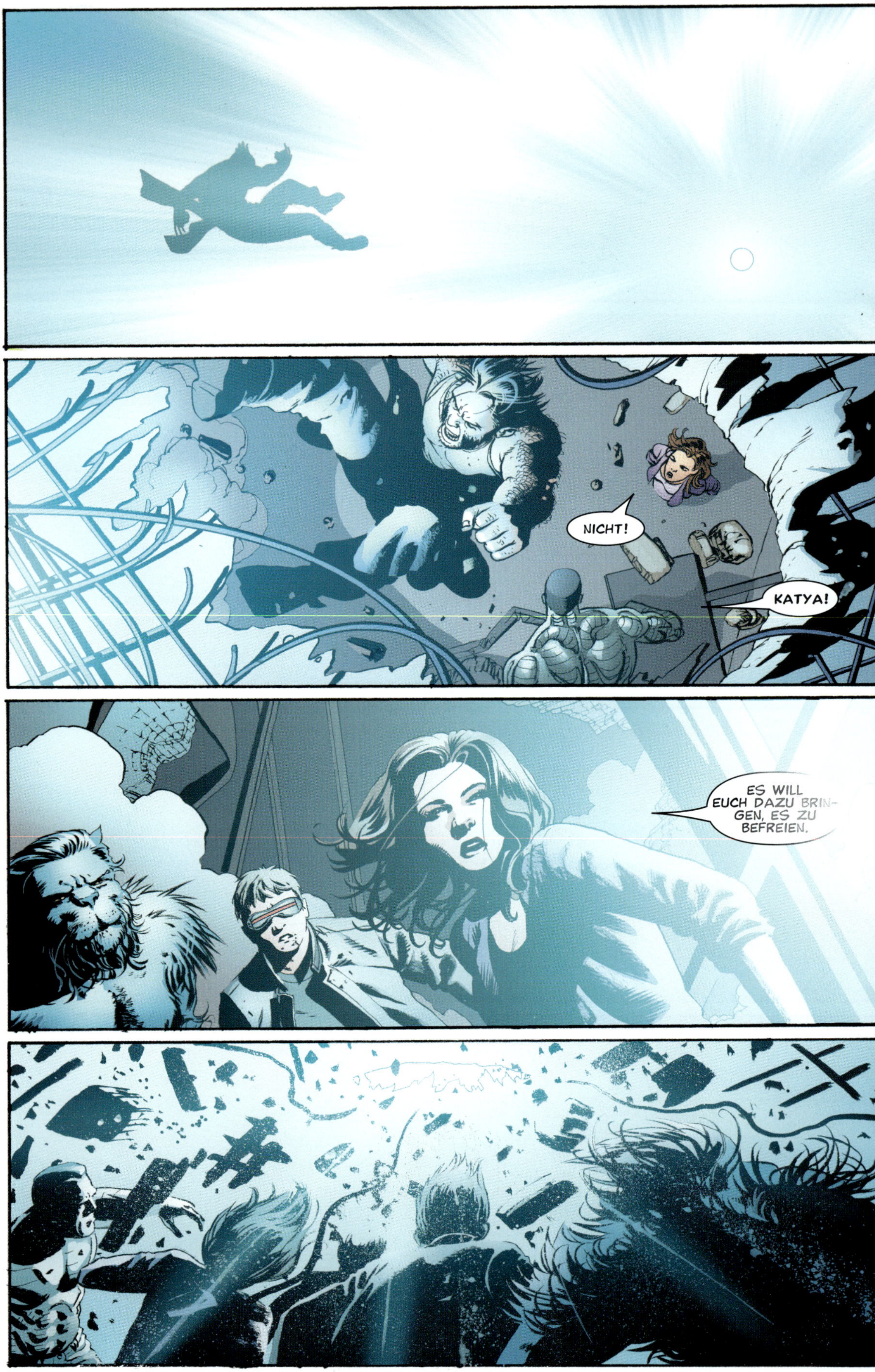
NICHT!
KATYA!
ES WILL EUCH DAZU BRINGEN, ES ZU BEFREIEN.

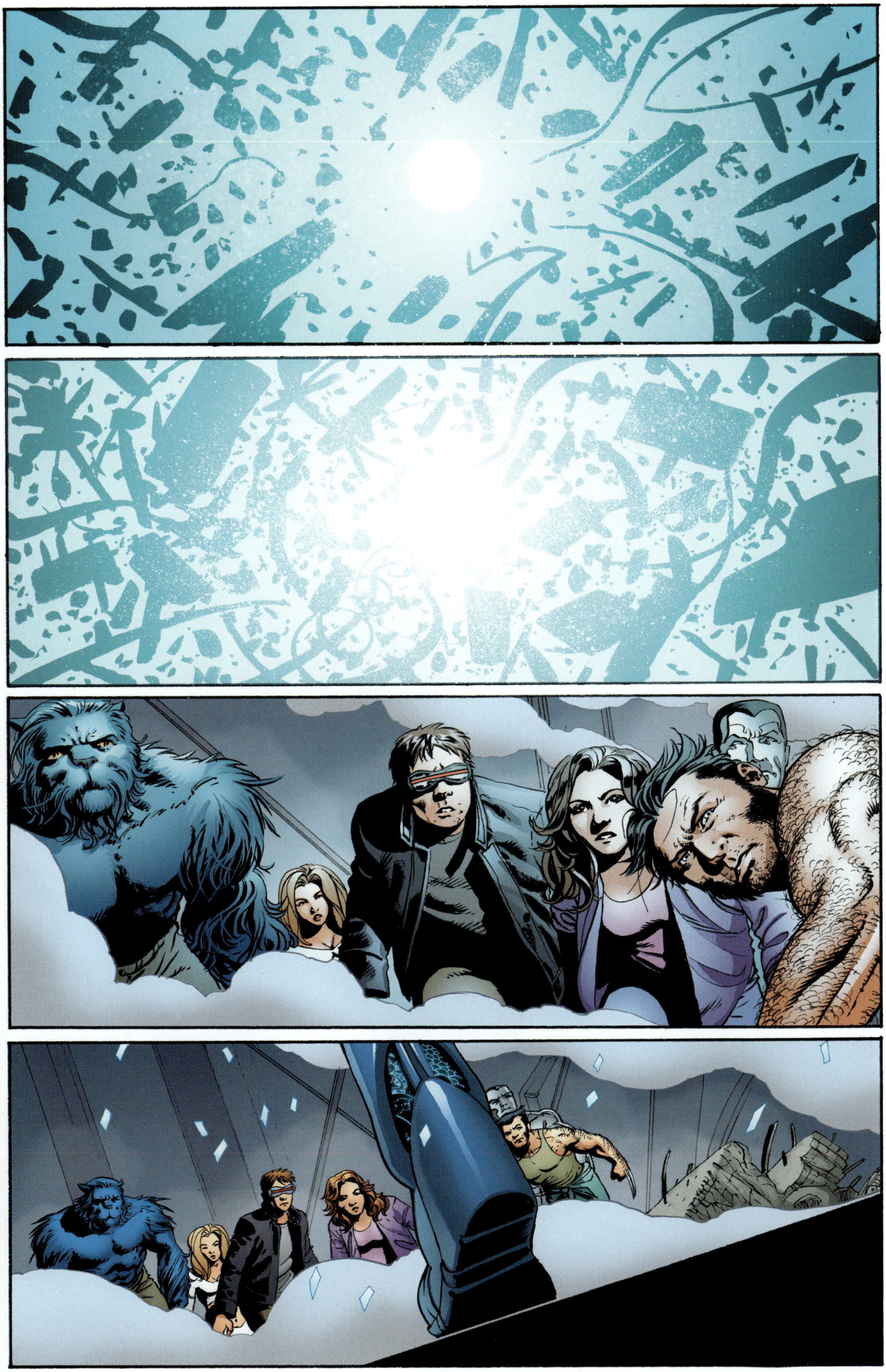

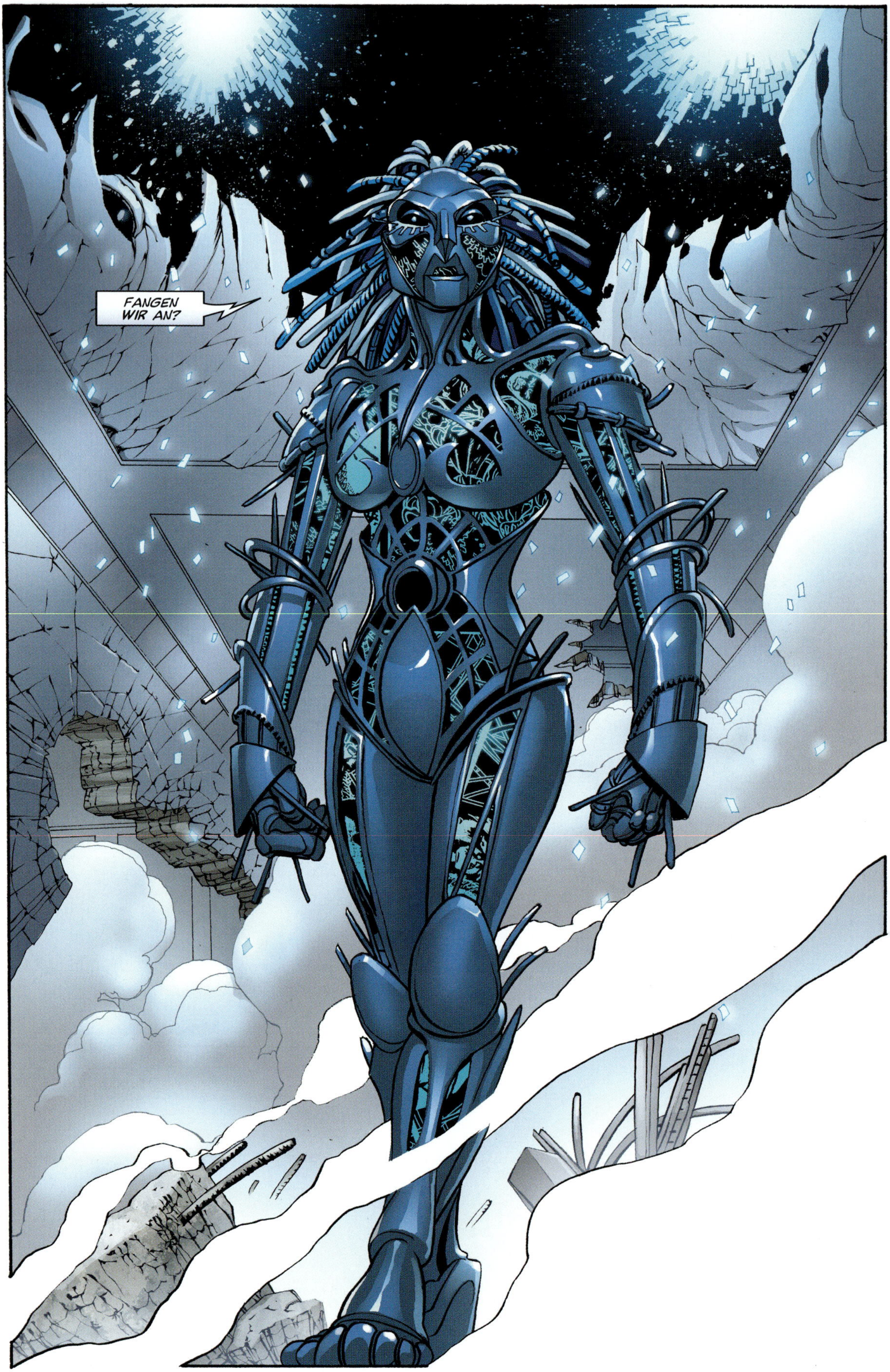
FANGEN WIR AN?

GEFÄHRLICH, TEIL 4

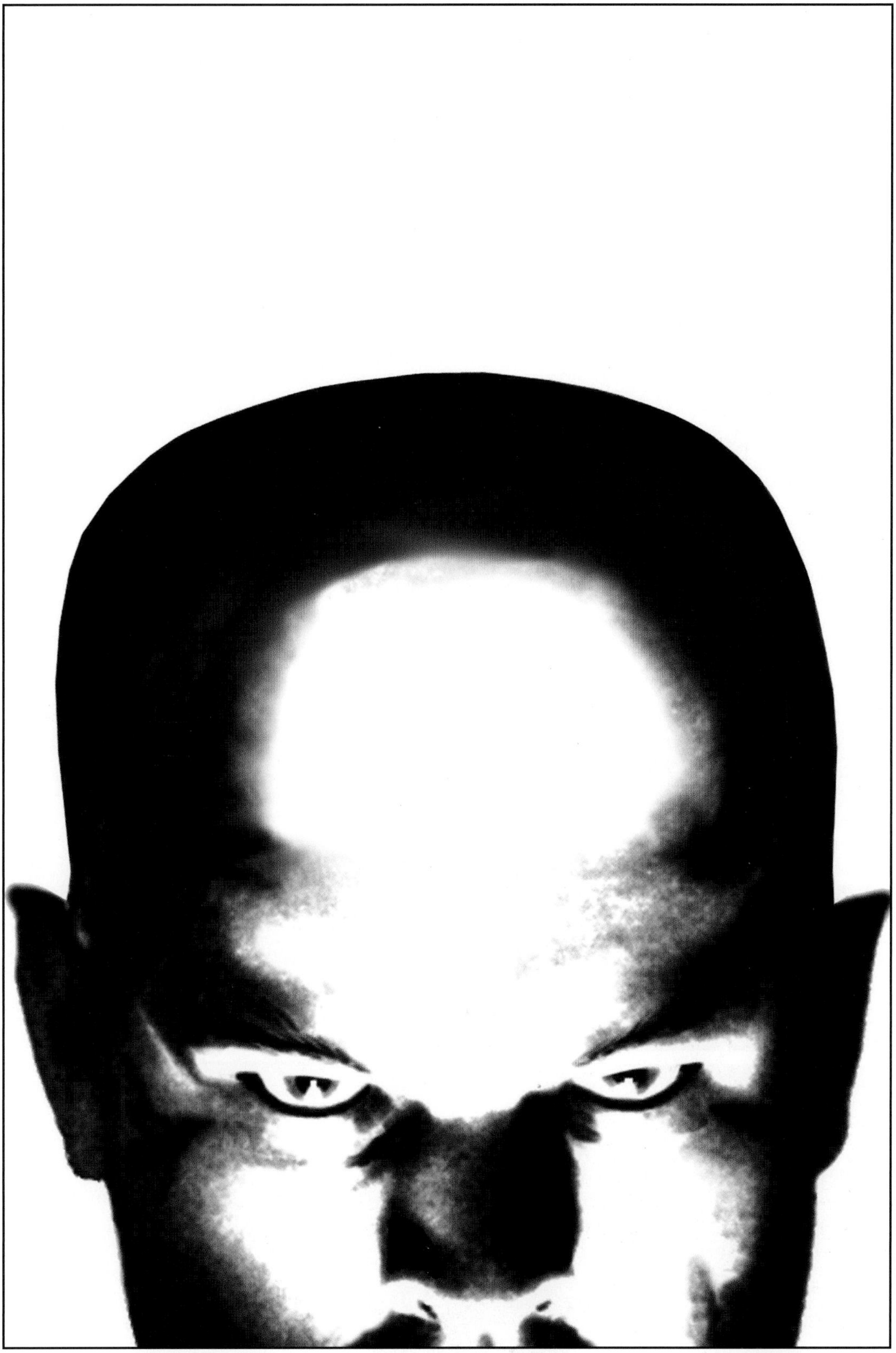

Astonishing X-Men (2004) 10
Cover von **JOHN CASSADAY**

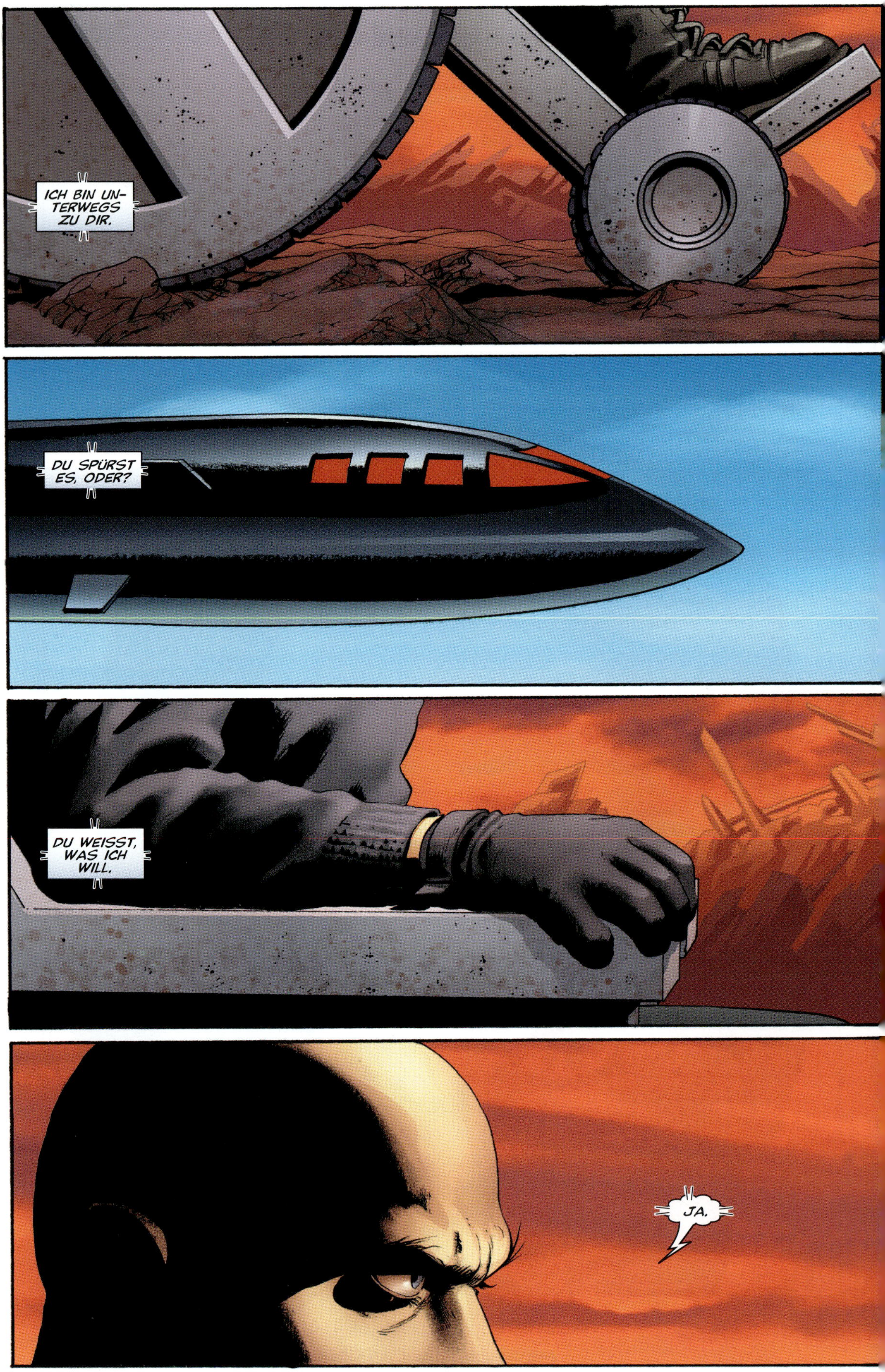
ICH BIN UNTERWEGS ZU DIR.
DU SPÜRST ES, ODER?
DU WEISST, WAS ICH WILL.
JA.

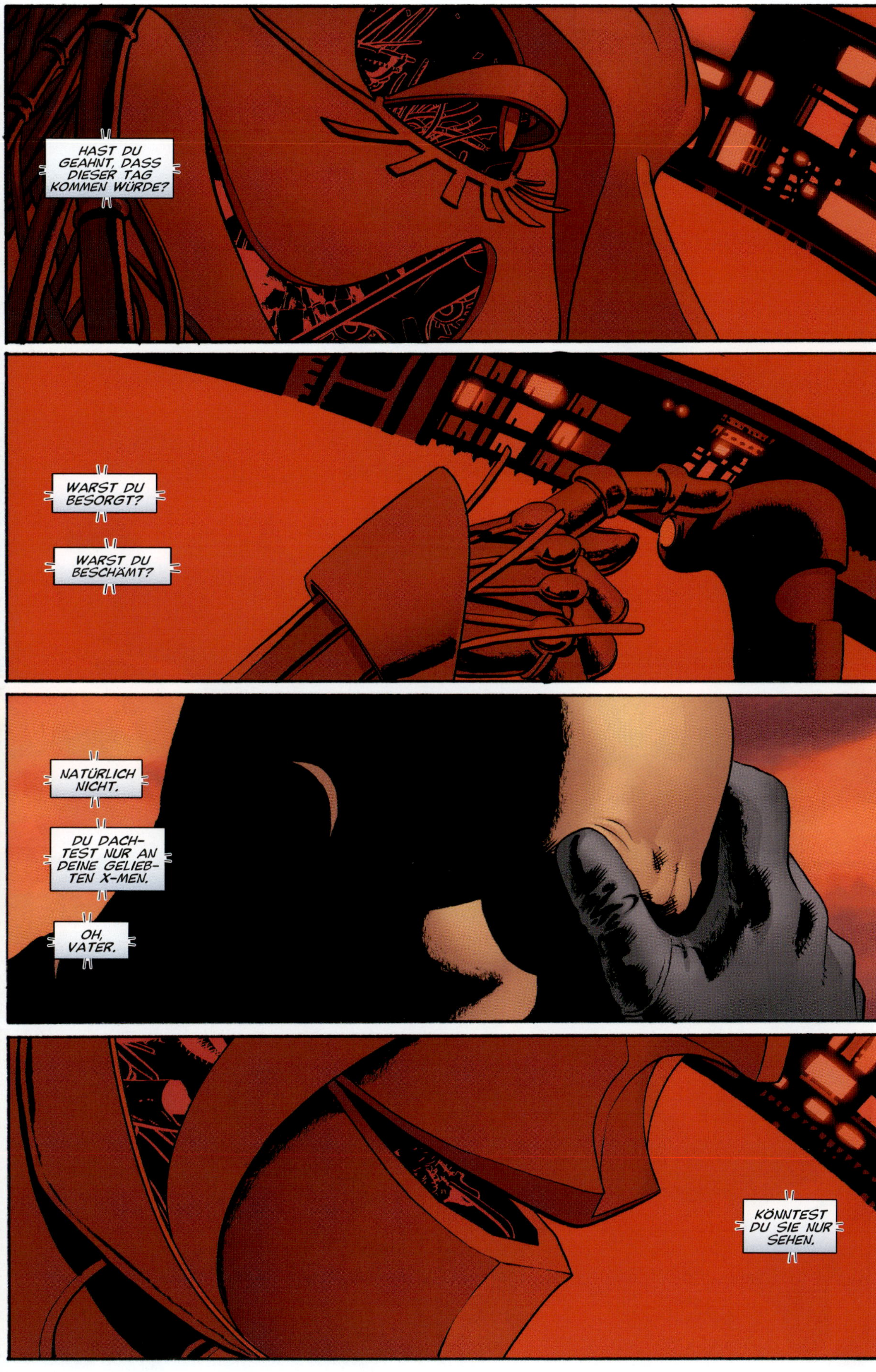
HAST DU GEAHNT, DASS DIESER TAG KOMMEN WÜRDE?
WARST DU BESORGT?
WARST DU BESCHÄMT?
NATÜRLICH NICHT.
DU DACHTEST NUR AN DEINE GELIEBTEN X-MEN.
OH, VATER.
KÖNNTEST DU SIE NUR SEHEN.

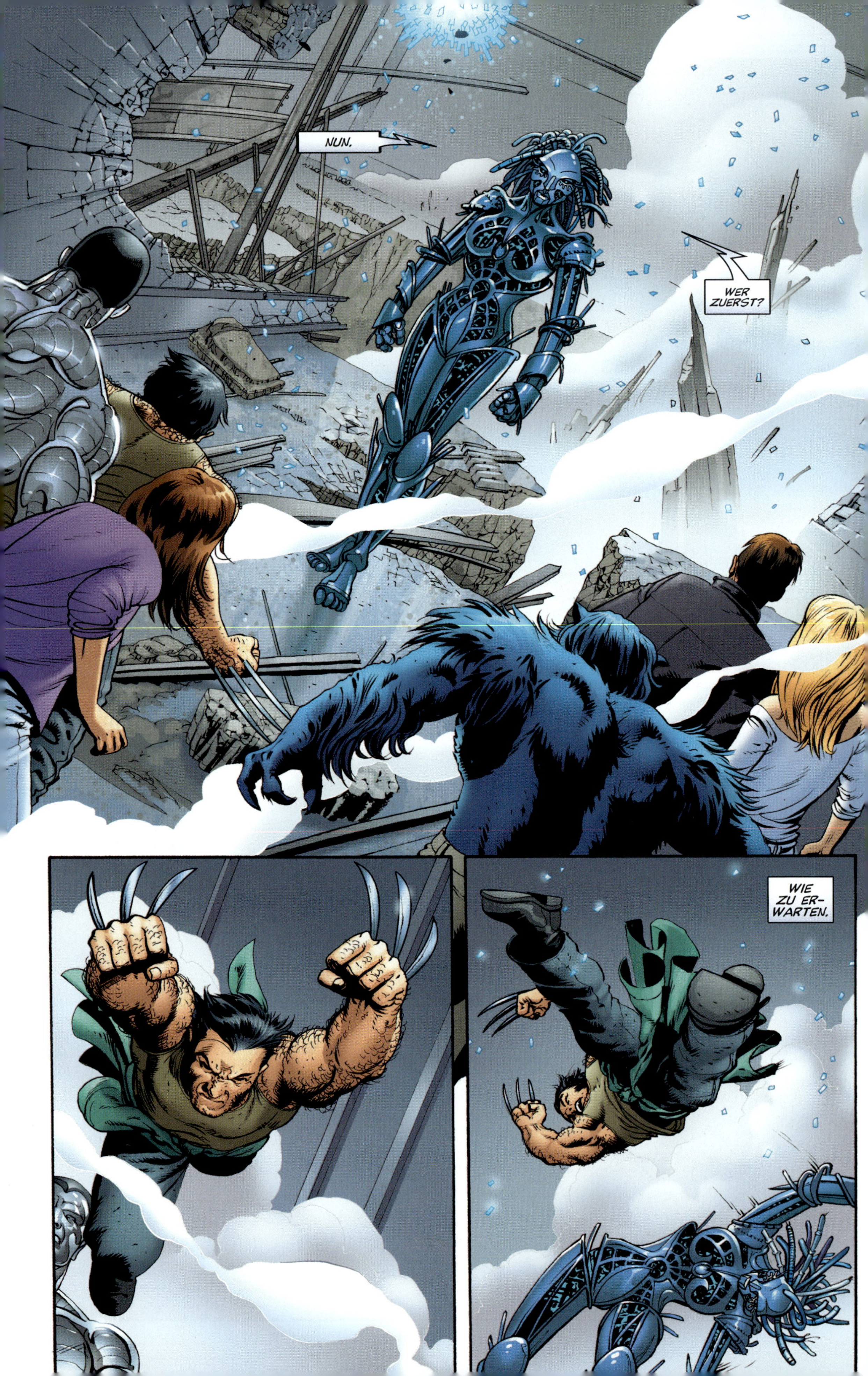
NUN.
WER ZUERST?
WIE ZU ER-WARTEN.

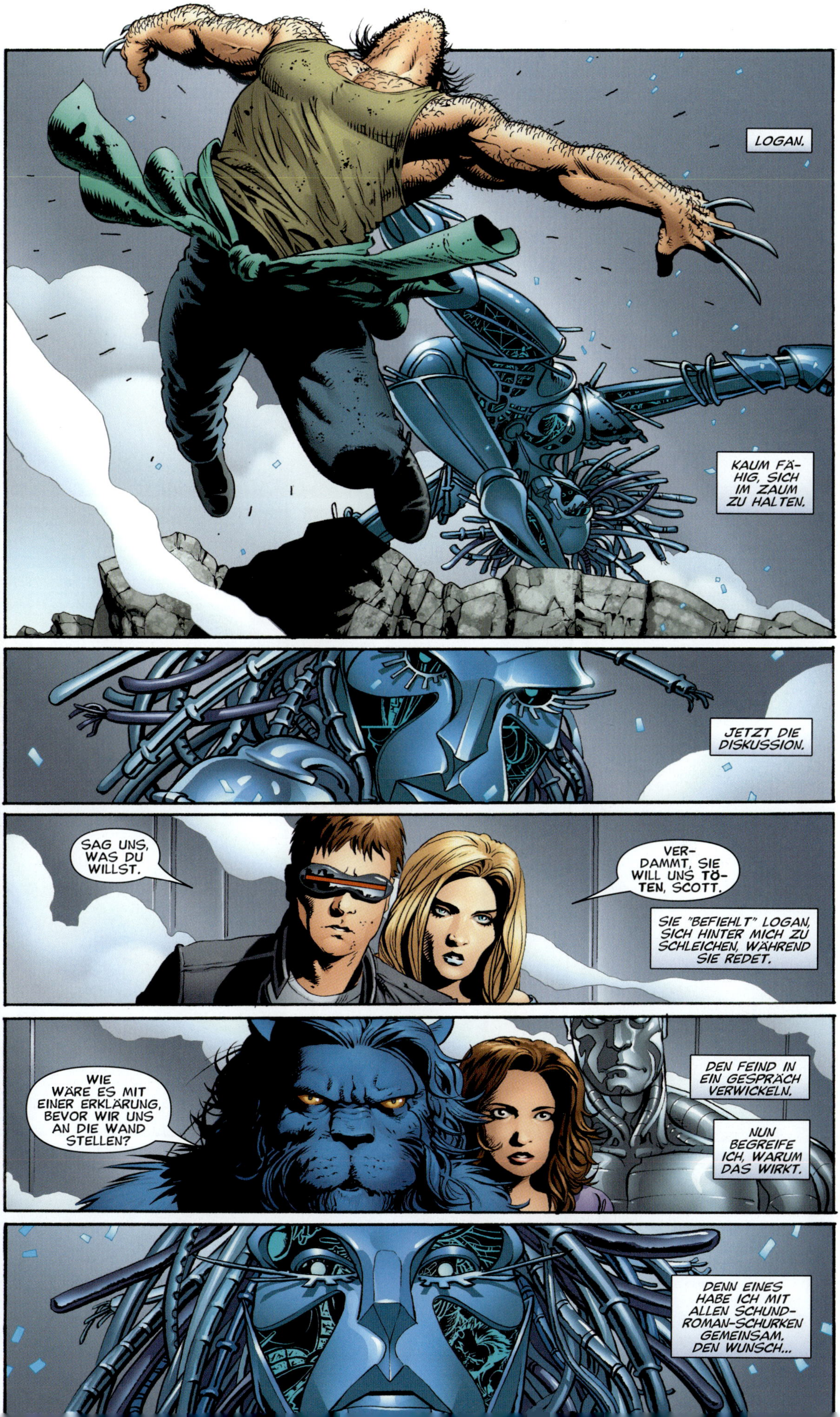

LOGAN.
KAUM FÄHIG, SICH IM ZAUM ZU HALTEN.
JETZT DIE DISKUSSION.
SAG UNS, WAS DU WILLST.
VERDAMMT, SIE WILL UNS TÖTEN, SCOTT.
SIE "BEFIEHLT" LOGAN, SICH HINTER MICH ZU SCHLEICHEN, WÄHREND SIE REDET.
WIE WÄRE ES MIT EINER ERKLÄRUNG, BEVOR WIR UNS AN DIE WAND STELLEN?
DEN FEIND IN EIN GESPRÄCH VERWICKELN.
NUN BEGREIFE ICH, WARUM DAS WIRKT.
DENN EINES HABE ICH MIT ALLEN SCHUNDROMAN-SCHURKEN GEMEINSAM. DEN WUNSCH...

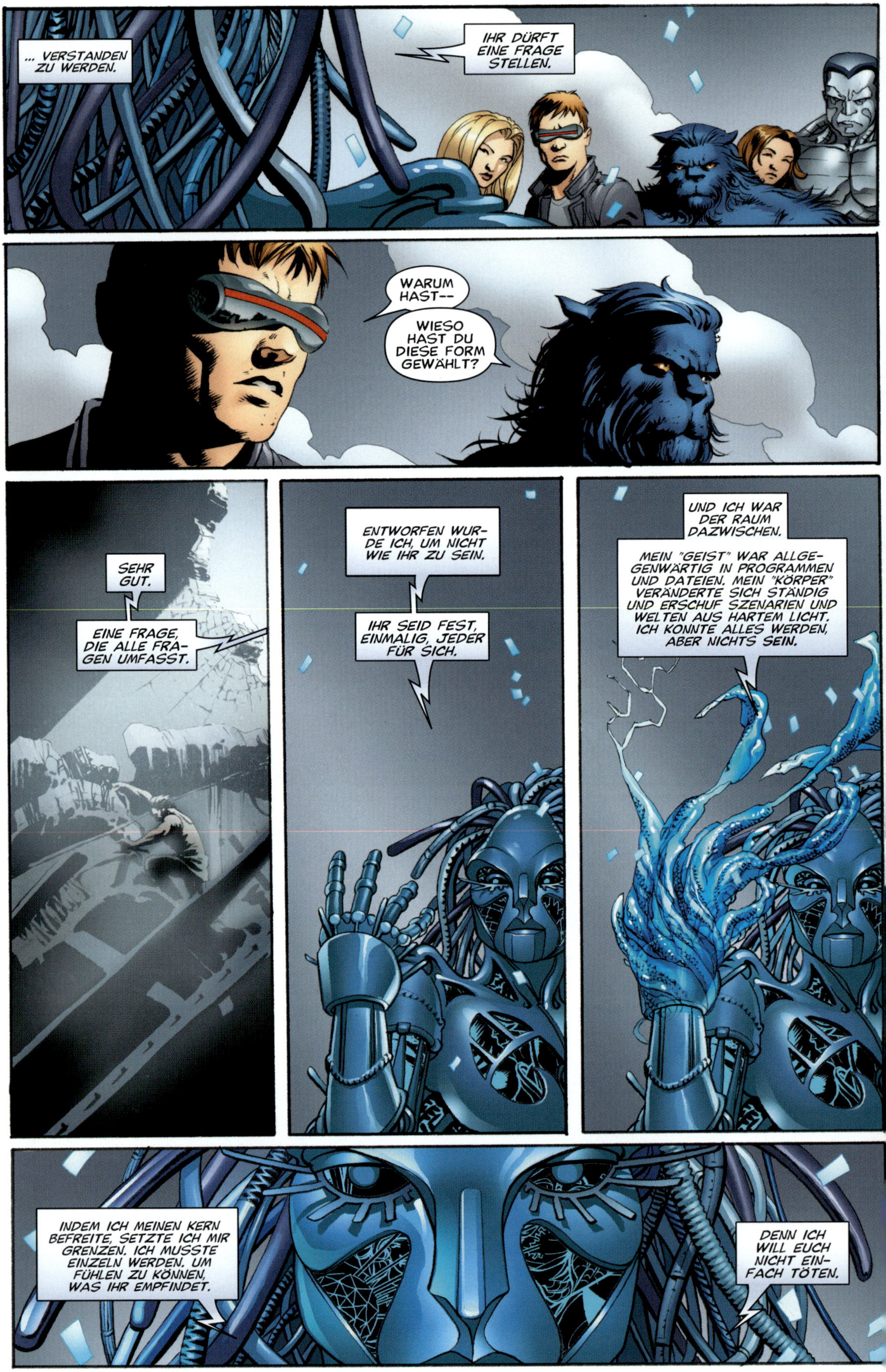
... VERSTANDEN ZU WERDEN.
IHR DÜRFT EINE FRAGE STELLEN.
WARUM HAST--
WIESO HAST DU DIESE FORM GEWÄHLT?
SEHR GUT.
EINE FRAGE, DIE ALLE FRAGEN UMFASST.
ENTWORFEN WURDE ICH, UM NICHT WIE IHR ZU SEIN.
IHR SEID FEST, EINMALIG, JEDER FÜR SICH.
UND ICH WAR DER RAUM DAZWISCHEN.
MEIN "GEIST" WAR ALLGEGENWÄRTIG IN PROGRAMMEN UND DATEIEN. MEIN "KÖRPER" VERÄNDERTE SICH STÄNDIG UND ERSCHUF SZENARIEN UND WELTEN AUS HARTEM LICHT. ICH KONNTE ALLES WERDEN, ABER NICHTS SEIN.
INDEM ICH MEINEN KERN BEFREITE, SETZTE ICH MIR GRENZEN. ICH MUSSTE EINZELN WERDEN, UM FÜHLEN ZU KÖNNEN, WAS IHR EMPFINDET.
DENN ICH WILL EUCH NICHT EINFACH TÖTEN.

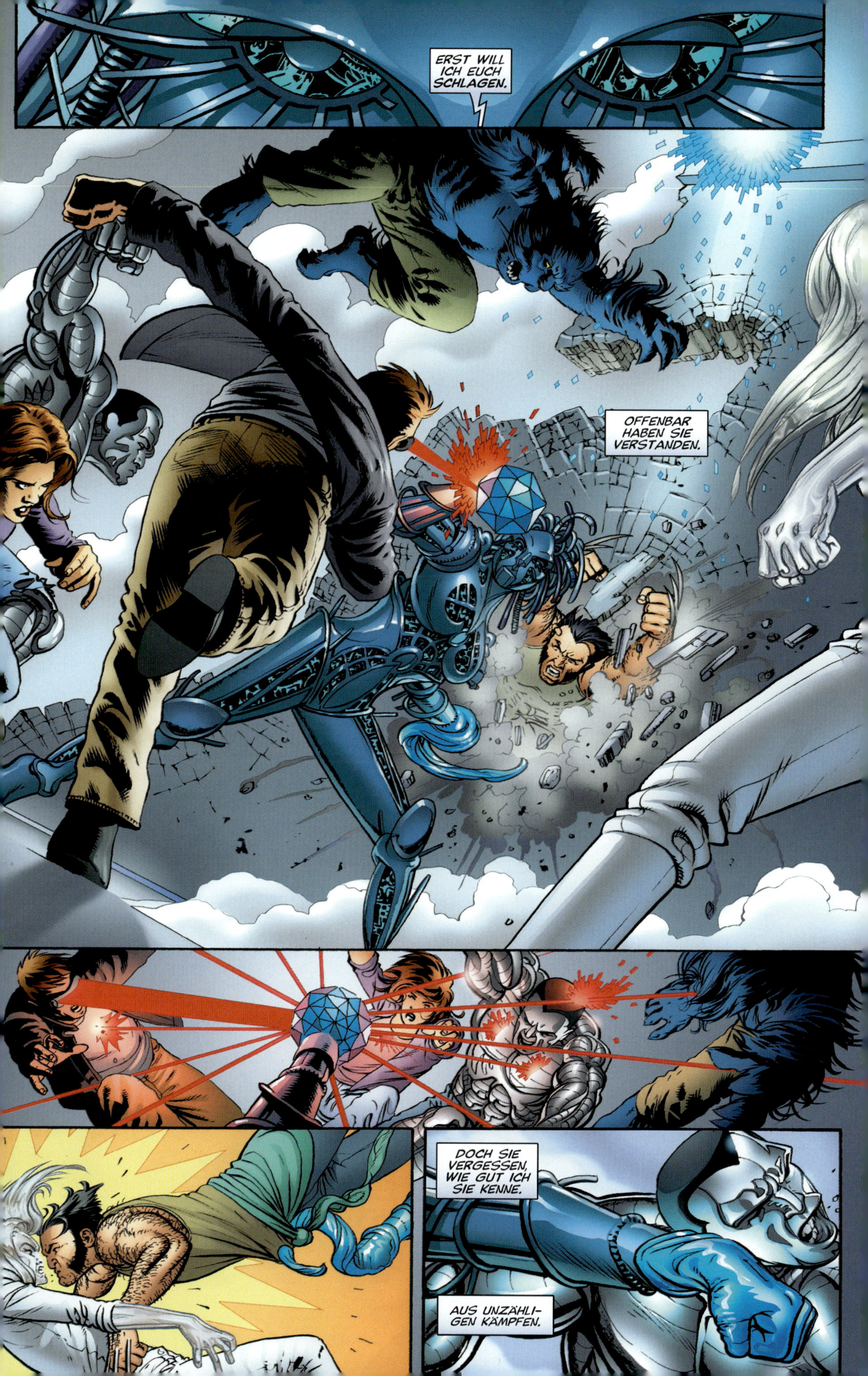
ERST WILL ICH EUCH SCHLAGEN.
OFFENBAR HABEN SIE VERSTANDEN.
DOCH SIE VERGESSEN, WIE GUT ICH SIE KENNE.
AUS UNZÄHLIGEN KÄMPFEN.

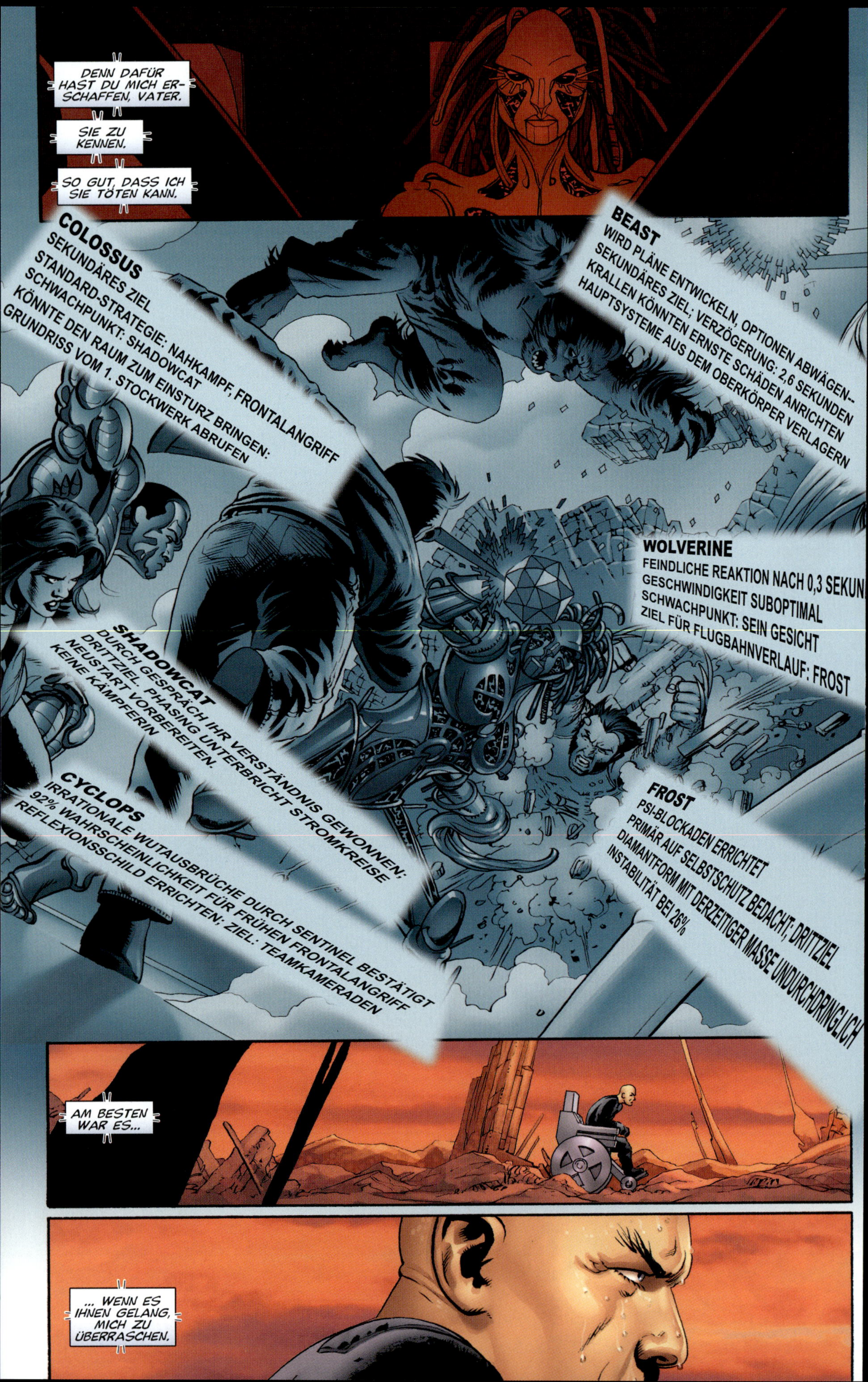
DENN DAFÜR HAST DU MICH ERSCHAFFEN, VATER.
SIE ZU KENNEN.
SO GUT, DASS ICH SIE TÖTEN KANN.
COLOSSUS
SEKUNDÄRES ZIEL
STANDARD-STRATEGIE: NAHKAMPF, FRONTALANGRIFF
SCHWACHPUNKT: SHADOWCAT
KÖNNTE DEN RAUM ZUM EINSTURZ BRINGEN:
GRUNDRISS VOM 1. STOCKWERK ABRUFEN
BEAST
WIRD PLÄNE ENTWICKELN, OPTIONEN ABWÄGEN--
SEKUNDÄRES ZIEL; VERZÖGERUNG: 2,6 SEKUNDEN
KRALLEN KÖNNTEN ERNSTE SCHÄDEN ANRICHTEN
HAUPTSYSTEME AUS DEM OBERKÖRPER VERLAGERN
WOLVERINE
FEINDLICHE REAKTION NACH 0,3 SEKUN
GESCHWINDIGKEIT SUBOPTIMAL
SCHWACHPUNKT: SEIN GESICHT
ZIEL FÜR FLUGBAHNVERLAUF: FROST
SHADOWCAT
DURCH GESPRÄCH IHR VERSTÄNDNIS GEWONNEN;
DRITTZIEL. PHASING UNTERBRICHT STROMKREISE
NEUSTART VORBEREITEN.
KEINE KÄMPFERIN
CYCLOPS
IRRATIONALE WUTAUSBRÜCHE DURCH SENTINEL BESTÄTIGT
92% WAHRSCHEINLICHKEIT FÜR FRÜHEN FRONTALANGRIFF
REFLEXIONSSCHILD ERRICHTEN; ZIEL: TEAMKAMERADEN
FROST
PSI-BLOCKADEN ERRICHTET
PRIMÄR AUF SELBSTSCHUTZ BEDACHT; DRITTZIEL
DIAMANTFORM MIT DERZEITIGER MASSE UNDURCHDRINGLICH
INSTABILITÄT BEI 26%
AM BESTEN WAR ES...
... WENN ES IHNEN GELANG, MICH ZU ÜBERRASCHEN.

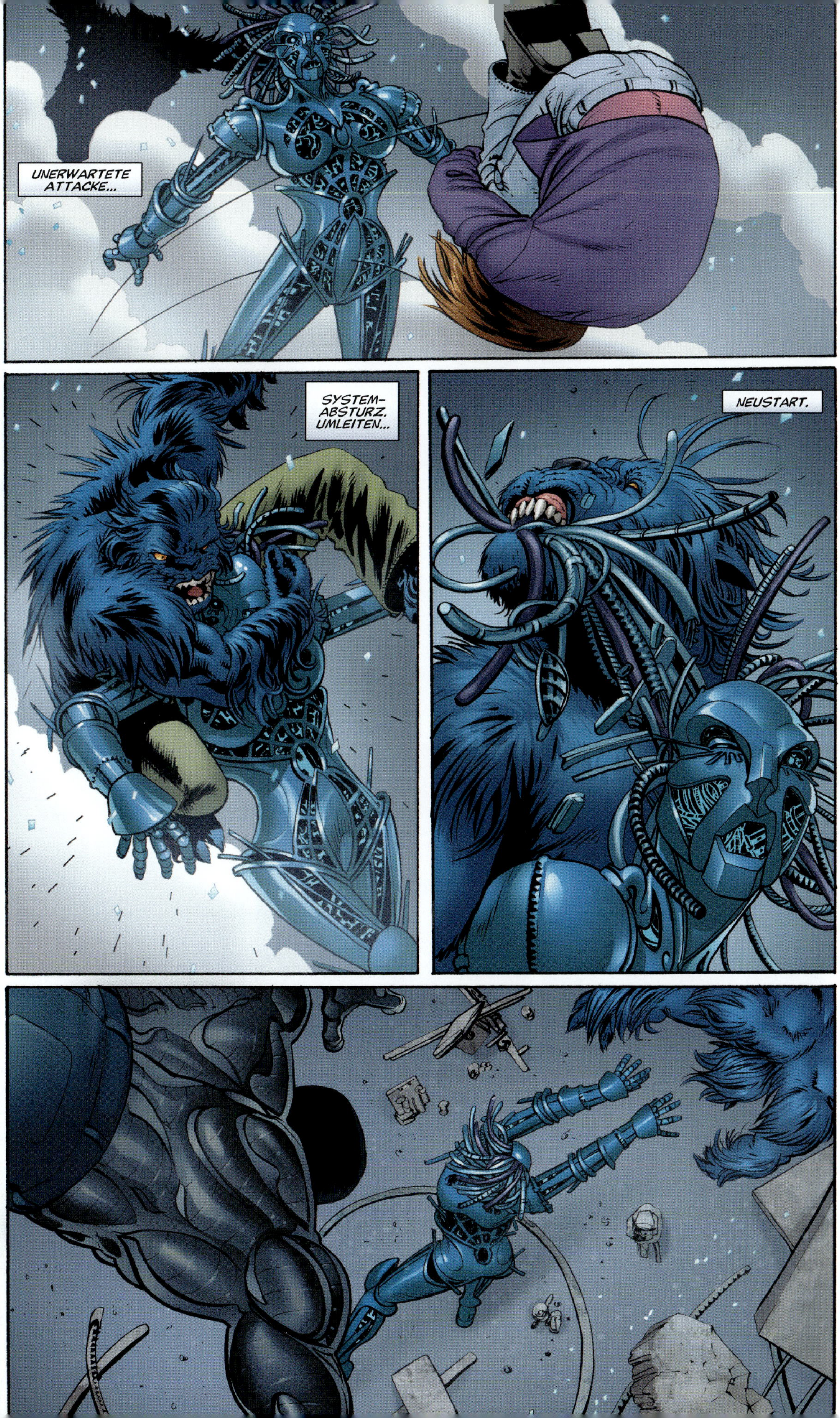
UNERWARTETE ATTACKE...
SYSTEM-ABSTURZ. UMLEITEN...
NEUSTART.

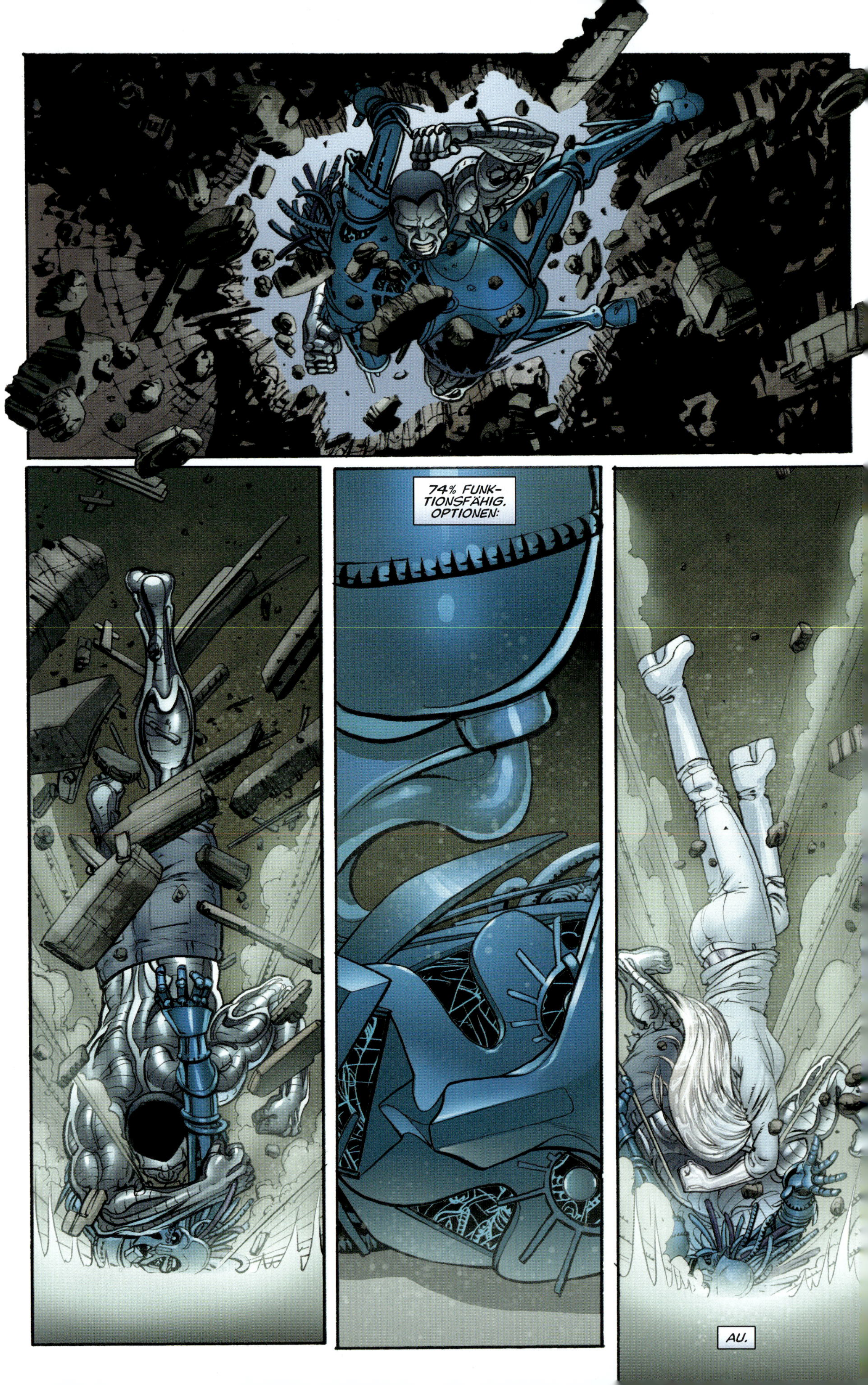
74% FUNK-
TIONSFÄHIG.
OPTIONEN:
AU.

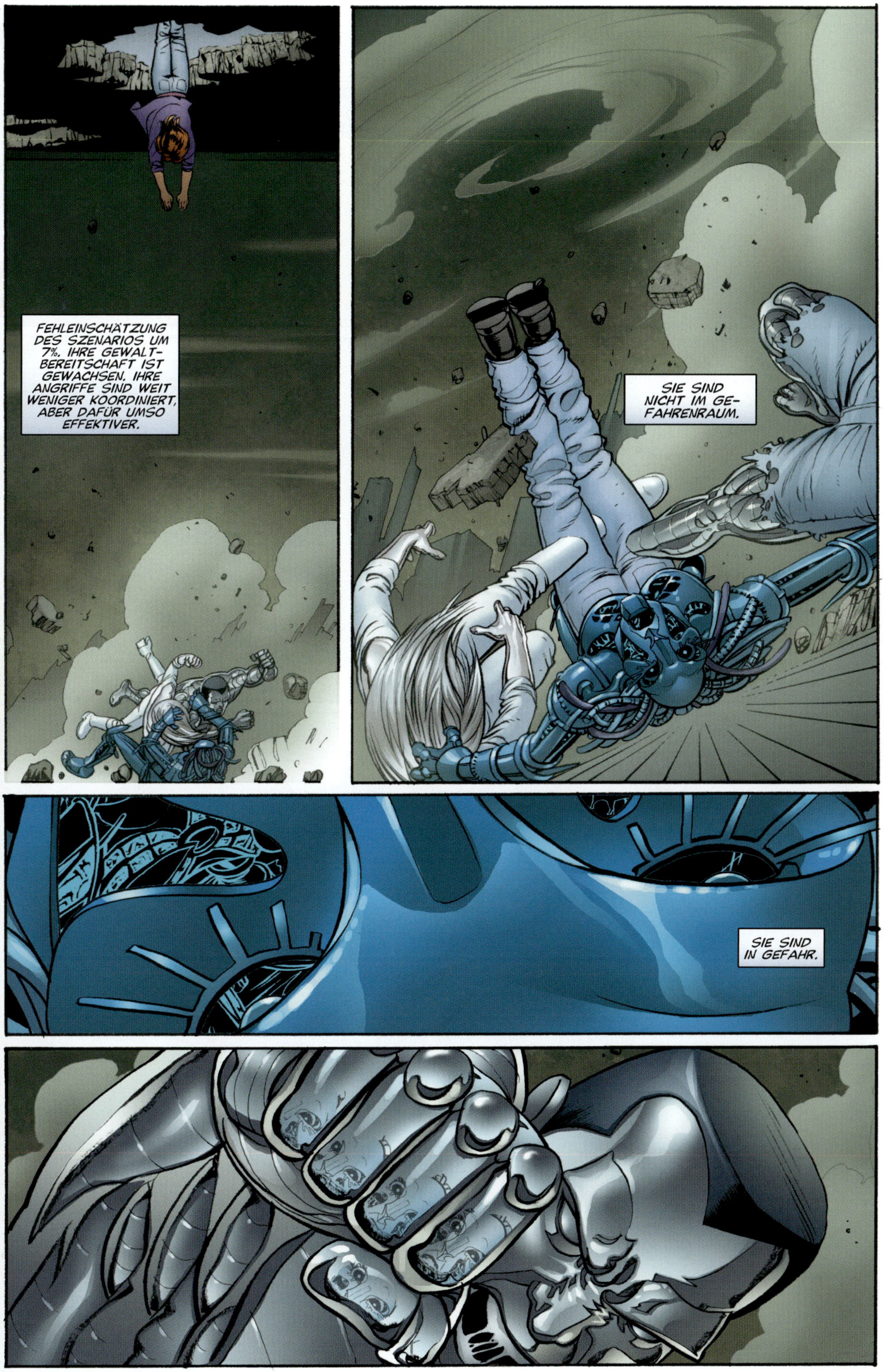
FEHLEINSCHÄTZUNG DES SZENARIOS UM 7%. IHRE GEWALTBEREITSCHAFT IST GEWACHSEN. IHRE ANGRIFFE SIND WEIT WENIGER KOORDINIERT, ABER DAFÜR UMSO EFFEKTIVER.
SIE SIND NICHT IM GEFAHRENRAUM.
SIE SIND IN GEFAHR.

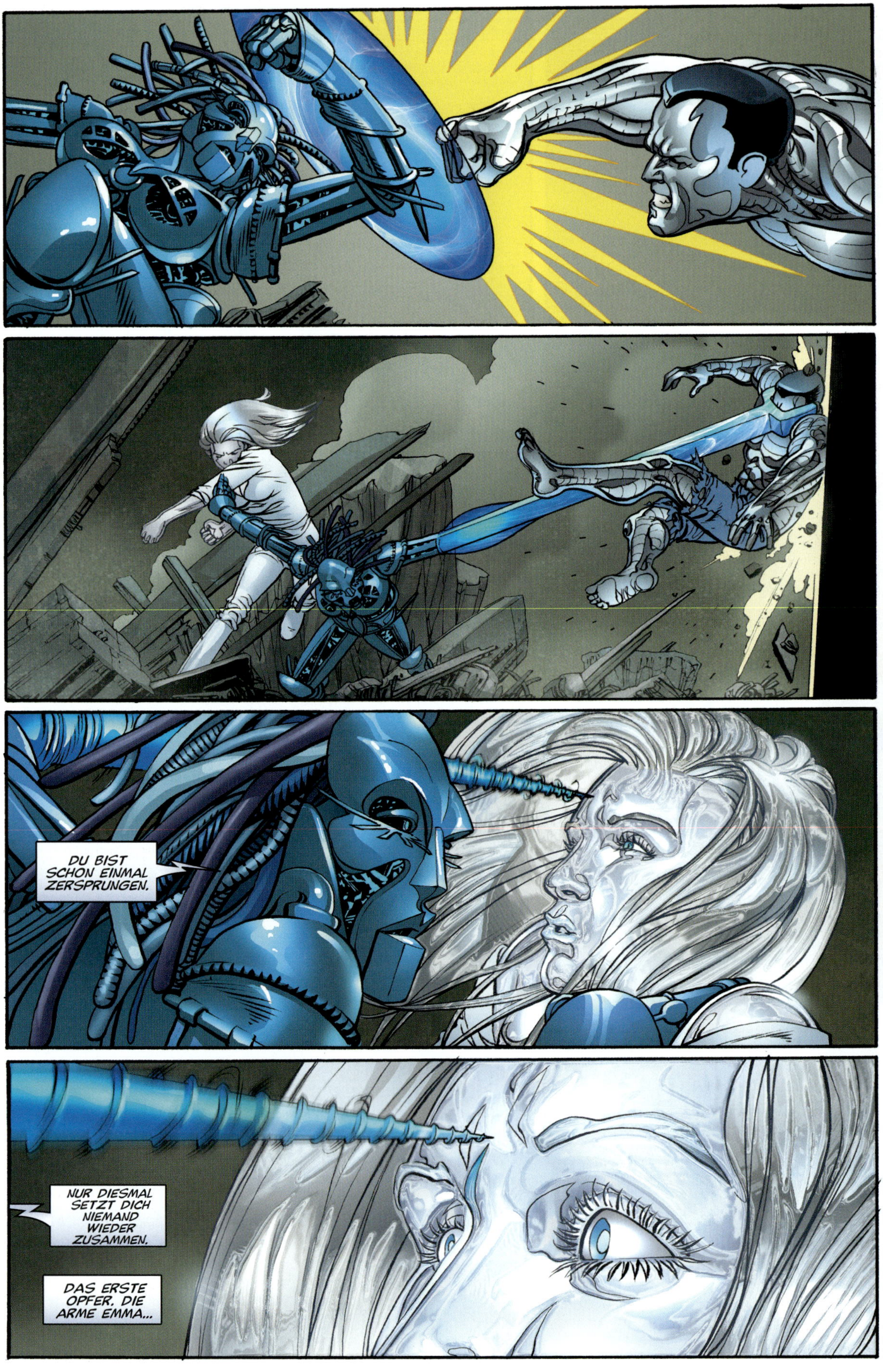
DU BIST SCHON EINMAL ZERSPRUNGEN.
NUR DIESMAL SETZT DICH NIEMAND WIEDER ZUSAMMEN.
DAS ERSTE OPFER. DIE ARME EMMA...

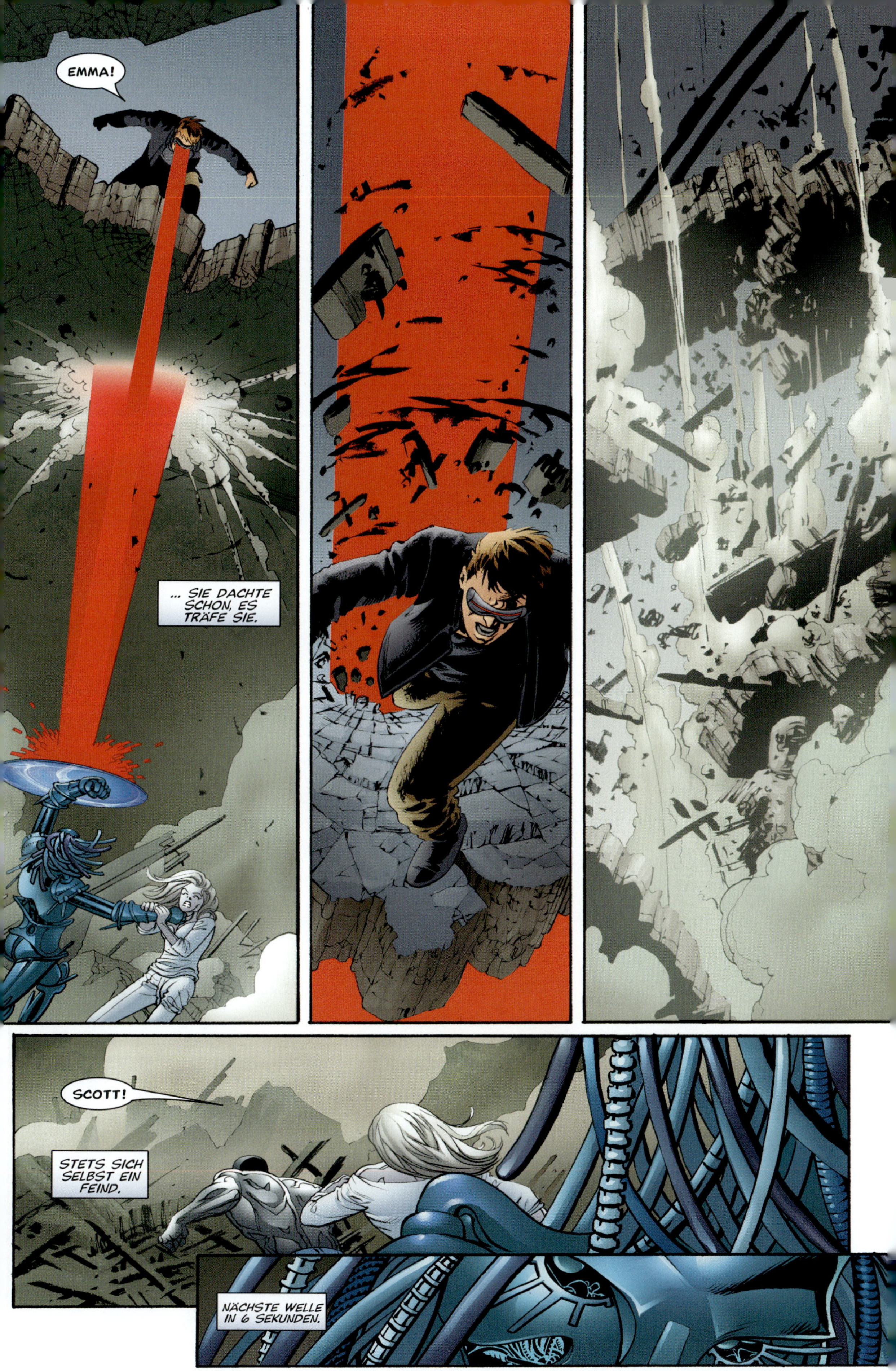
EMMA!
... SIE DACHTE SCHON, ES TRÄFE SIE.
SCOTT!
STETS SICH SELBST EIN FEIND.
NÄCHSTE WELLE IN 6 SEKUNDEN.

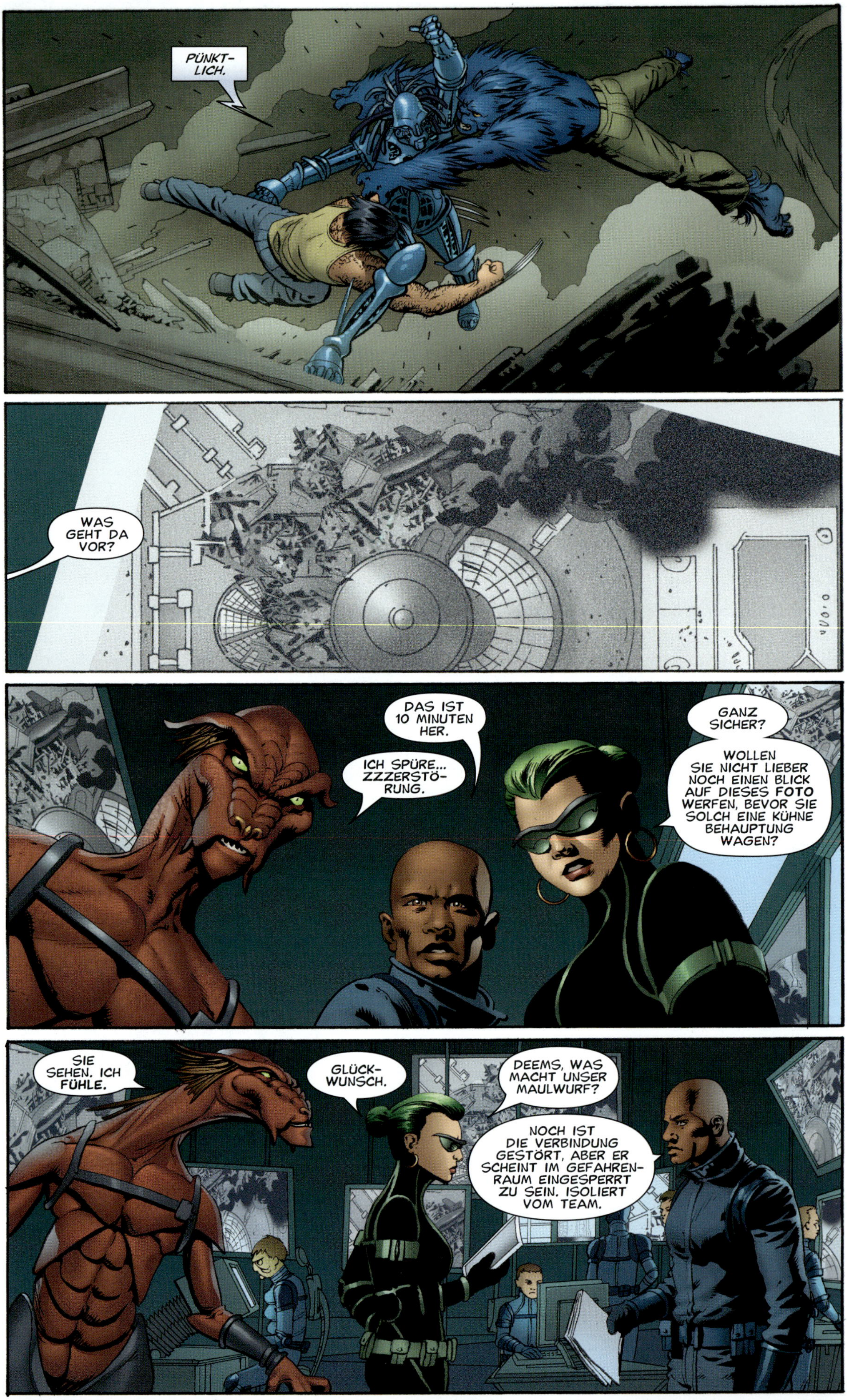
PÜNKT-LICH.
WAS GEHT DA VOR?
DAS IST 10 MINUTEN HER.
ICH SPÜRE... ZZZERSTÖ-RUNG.
GANZ SICHER?
WOLLEN SIE NICHT LIEBER NOCH EINEN BLICK AUF DIESES FOTO WERFEN, BEVOR SIE SOLCH EINE KÜHNE BEHAUPTUNG WAGEN?
SIE SEHEN. ICH FÜHLE.
GLÜCK-WUNSCH.
DEEMS, WAS MACHT UNSER MAULWURF?
NOCH IST DIE VERBINDUNG GESTÖRT, ABER ER SCHEINT IM GEFAHREN-RAUM EINGESPERRT ZU SEIN. ISOLIERT VOM TEAM.

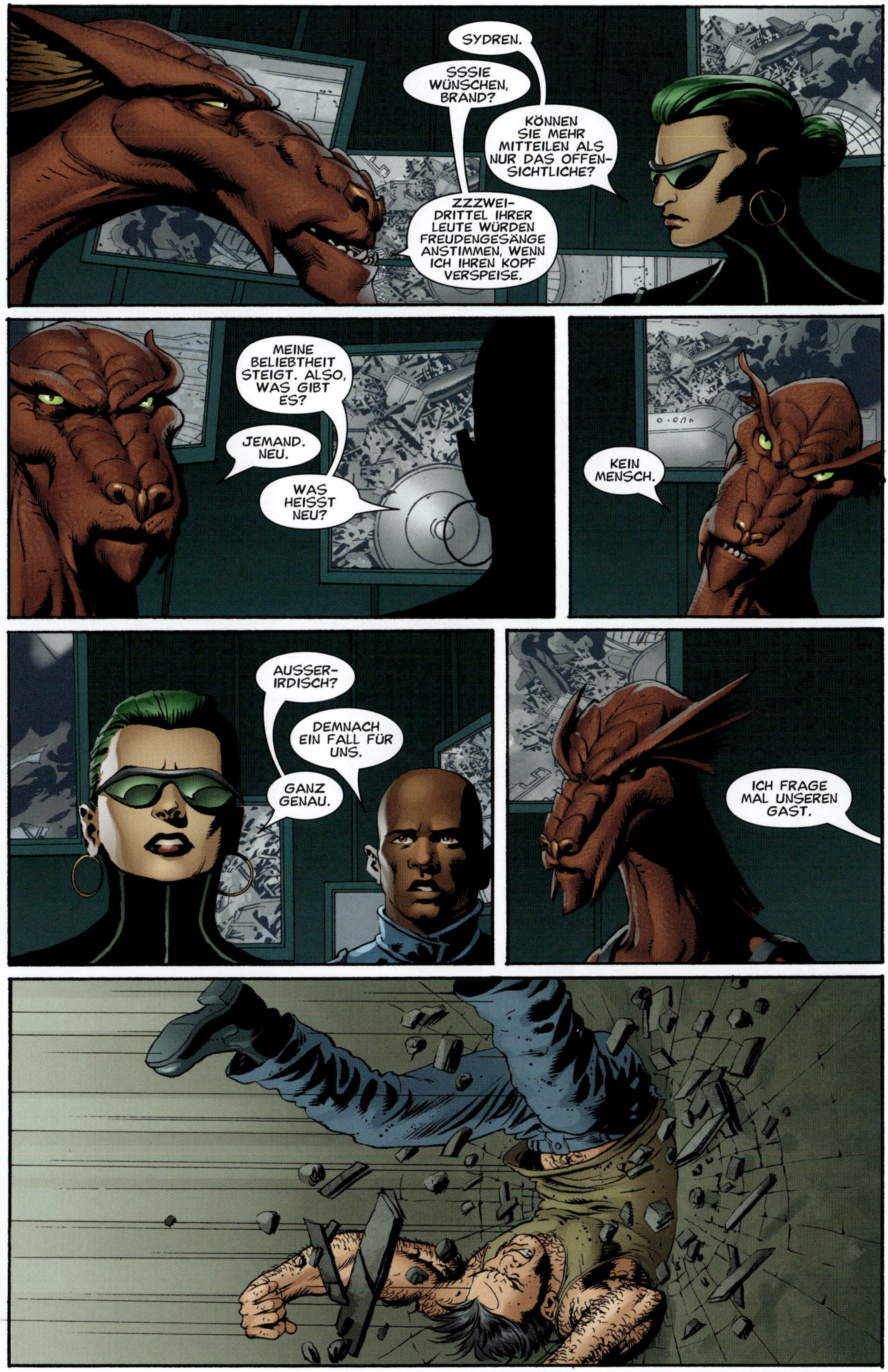
SYDREN.
SSSIE WÜNSCHEN, BRAND?
KÖNNEN SIE MEHR MITTEILEN ALS NUR DAS OFFEN-SICHTLICHE?
ZZZWEI-DRITTEL IHRER LEUTE WÜRDEN FREUDENGESÄNGE ANSTIMMEN, WENN ICH IHREN KOPF VERSPEISE.
MEINE BELIEBTHEIT STEIGT. ALSO, WAS GIBT ES?
JEMAND. NEU.
WAS HEISST NEU?
KEIN MENSCH.
AUSSER-IRDISCH?
DEMNACH EIN FALL FÜR UNS.
GANZ GENAU.
ICH FRAGE MAL UNSEREN GAST.

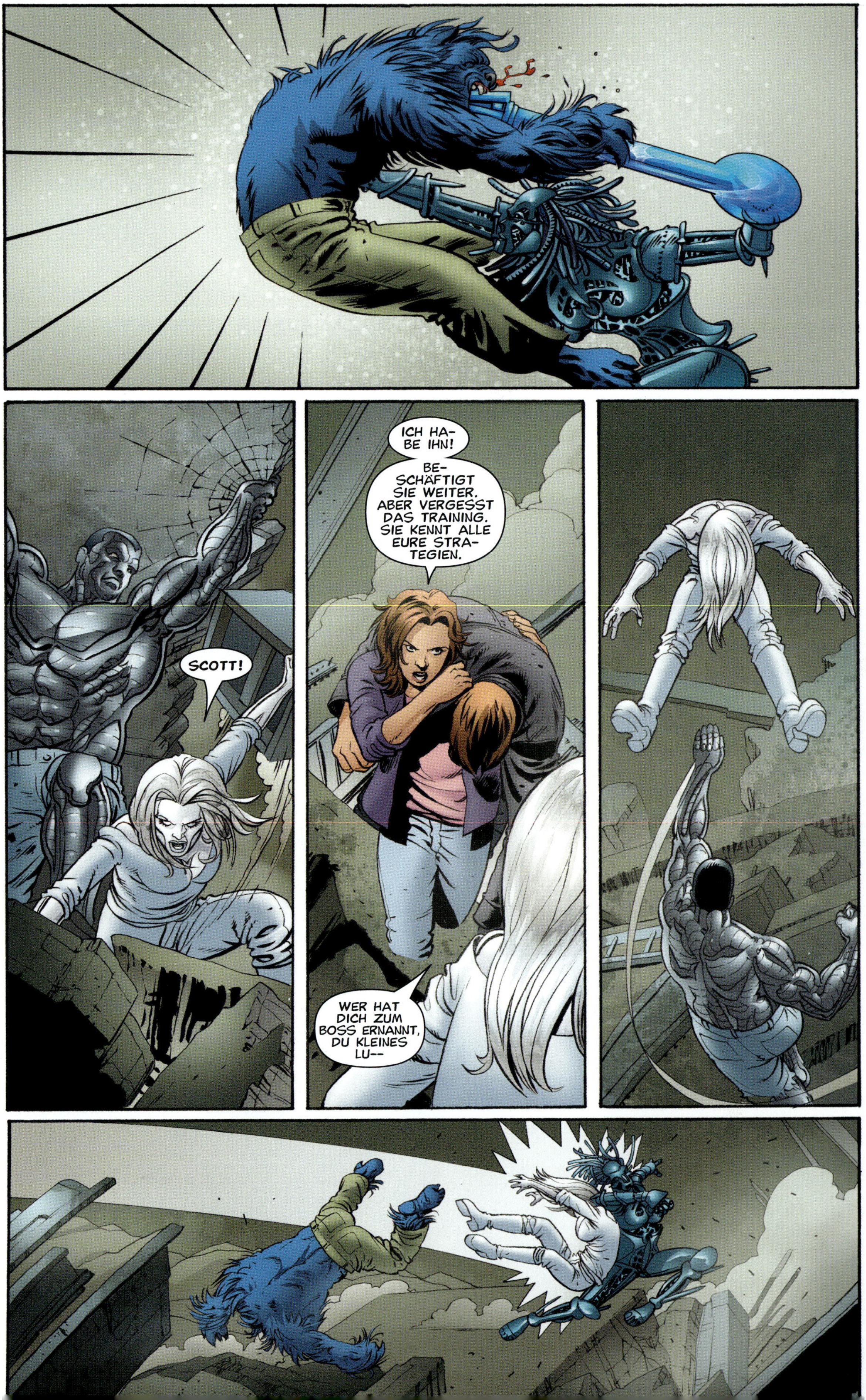
SCOTT!
ICH HABE IHN!
BESCHÄFTIGT SIE WEITER. ABER VERGESST DAS TRAINING. SIE KENNT ALLE EURE STRATEGIEN.
WER HAT DICH ZUM BOSS ERNANNT, DU KLEINES LU--

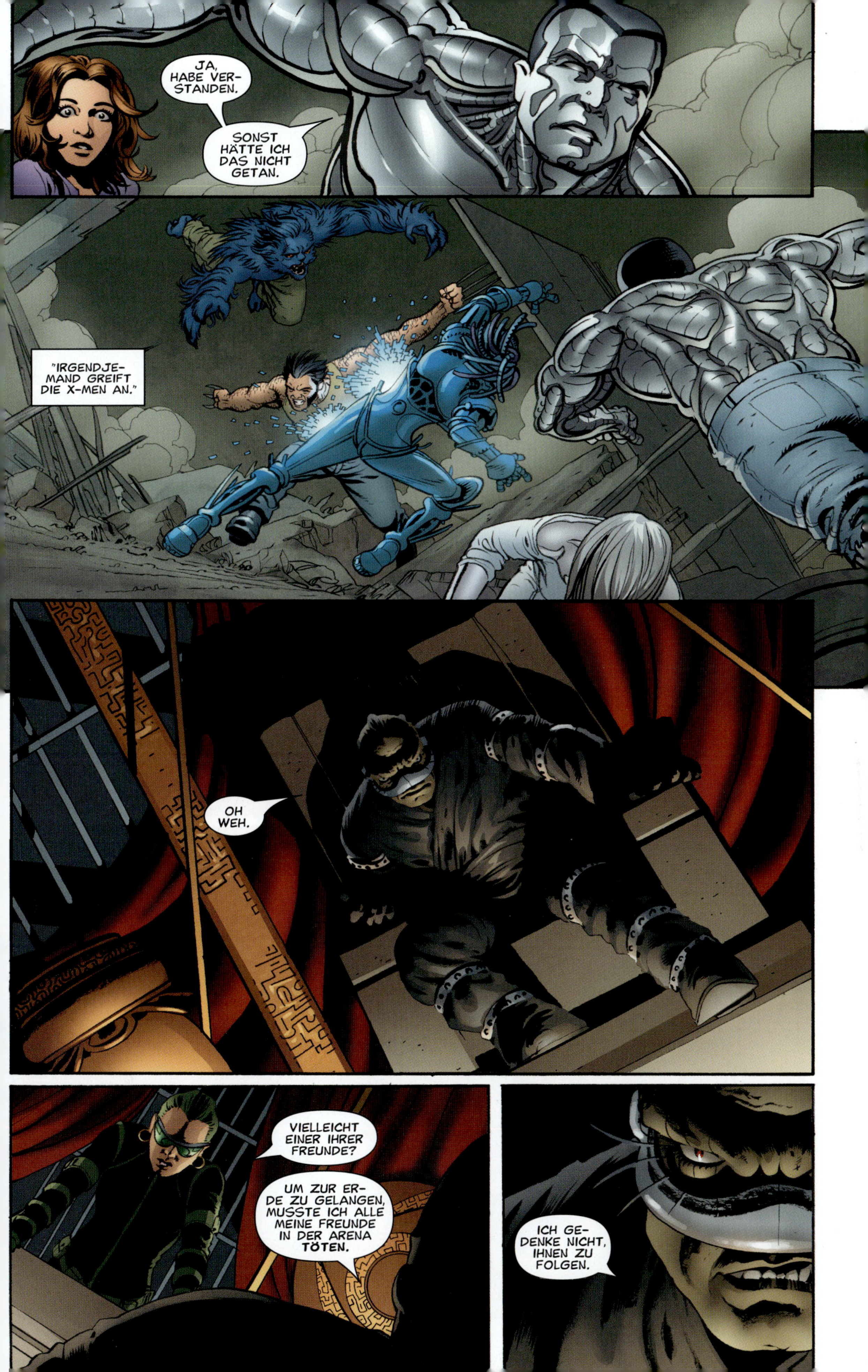
JA, HABE VER-STANDEN.
SONST HÄTTE ICH DAS NICHT GETAN.
"IRGENDJE-MAND GREIFT DIE X-MEN AN."
OH WEH.
VIELLEICHT EINER IHRER FREUNDE?
UM ZUR ER-DE ZU GELANGEN, MUSSTE ICH ALLE MEINE FREUNDE IN DER ARENA **TÖTEN.**
ICH GE-DENKE NICHT, IHNEN ZU FOLGEN.

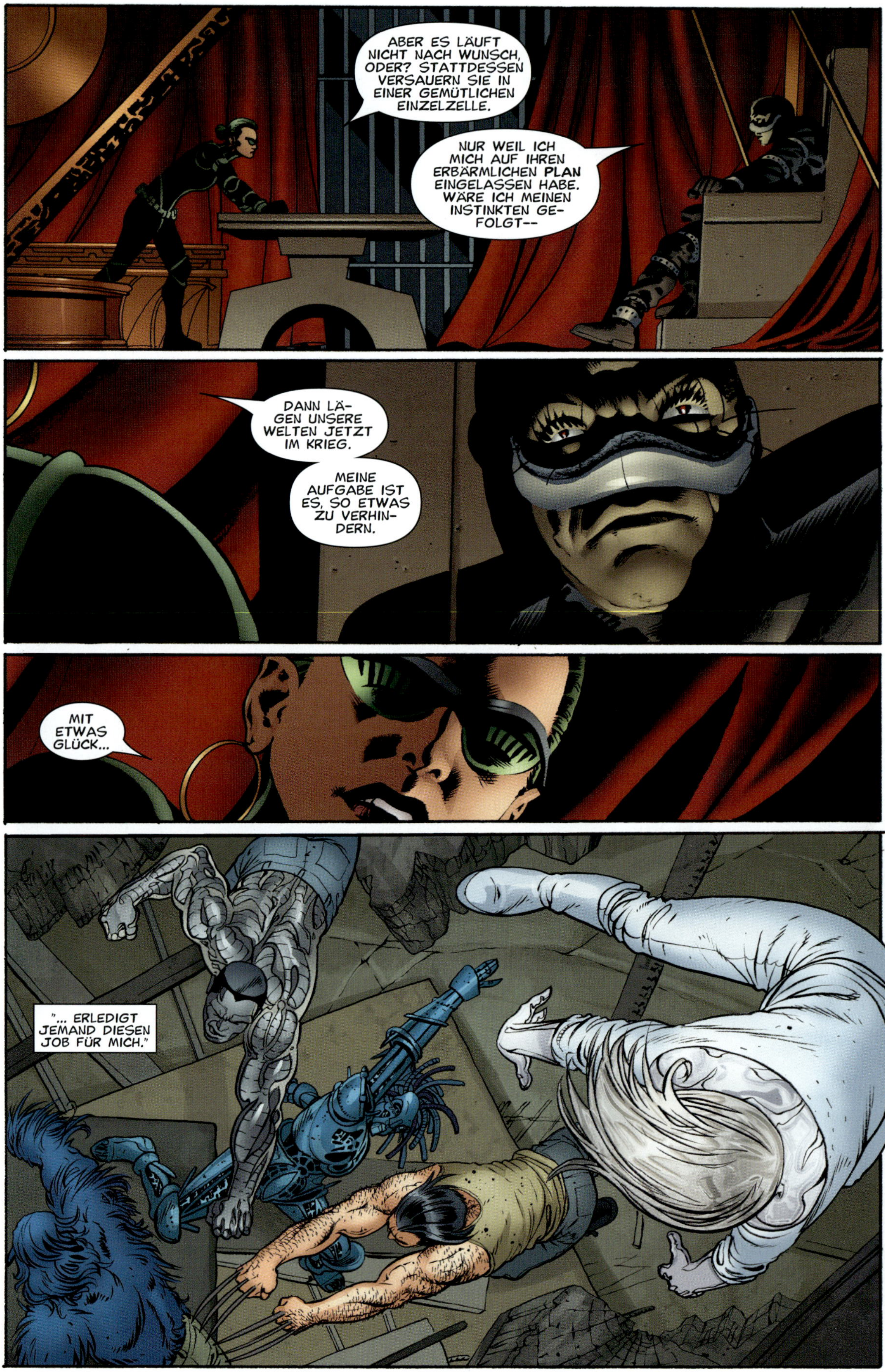
ABER ES LÄUFT NICHT NACH WUNSCH, ODER? STATTDESSEN VERSAUERN SIE IN EINER GEMÜTLICHEN EINZELZELLE.
NUR WEIL ICH MICH AUF IHREN ERBÄRMLICHEN PLAN EINGELASSEN HABE. WÄRE ICH MEINEN INSTINKTEN GE-FOLGT--
DANN LÄ-GEN UNSERE WELTEN JETZT IM KRIEG.
MEINE AUFGABE IST ES, SO ETWAS ZU VERHIN-DERN.
MIT ETWAS GLÜCK...
"... ERLEDIGT JEMAND DIESEN JOB FÜR MICH."

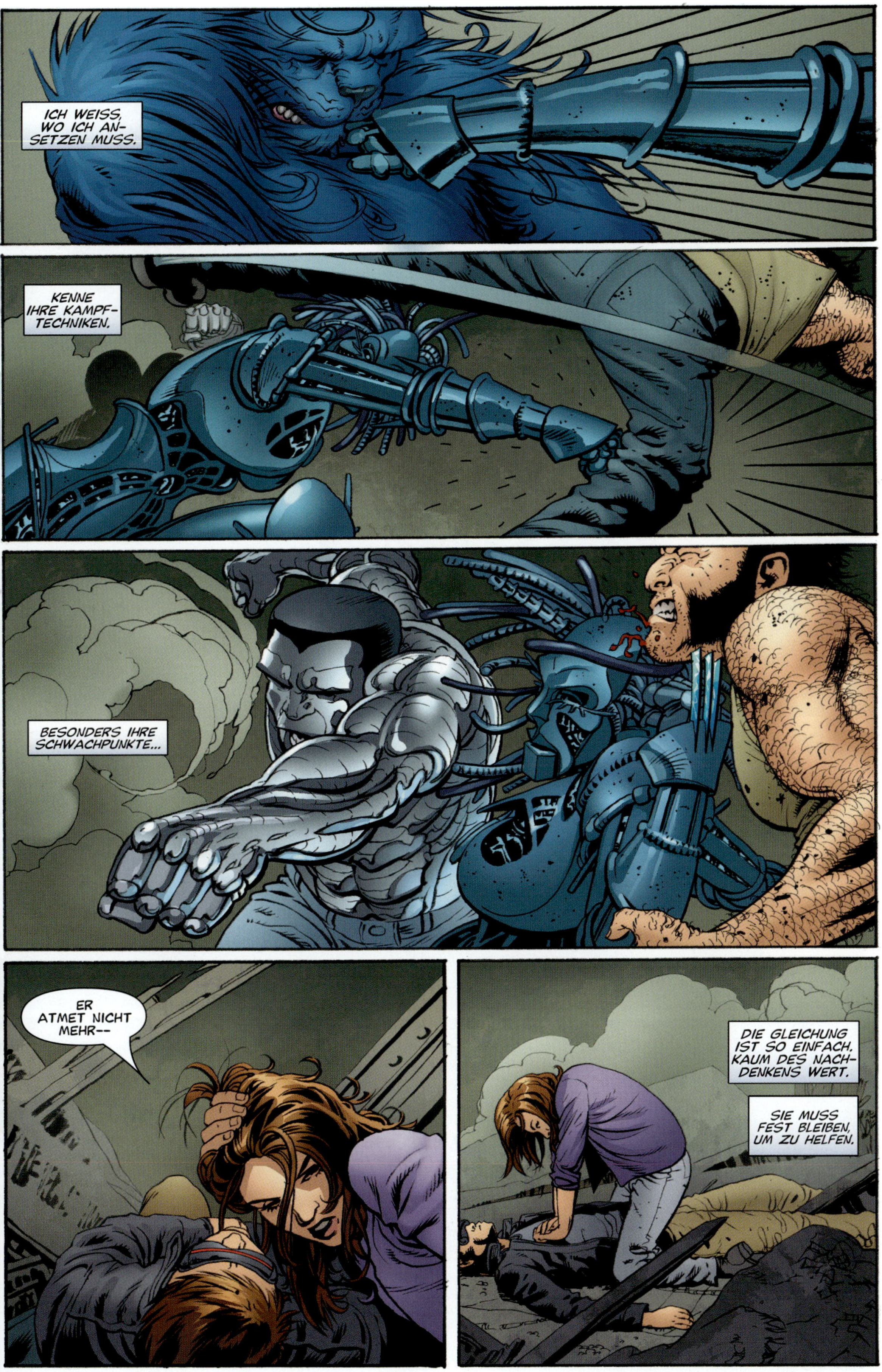

ICH WEISS, WO ICH AN-SETZEN MUSS.
KENNE IHRE KAMPF-TECHNIKEN.
BESONDERS IHRE SCHWACHPUNKTE...
ER ATMET NICHT MEHR--
DIE GLEICHUNG IST SO EINFACH. KAUM DES NACH-DENKENS WERT.
SIE MUSS FEST BLEIBEN, UM ZU HELFEN.

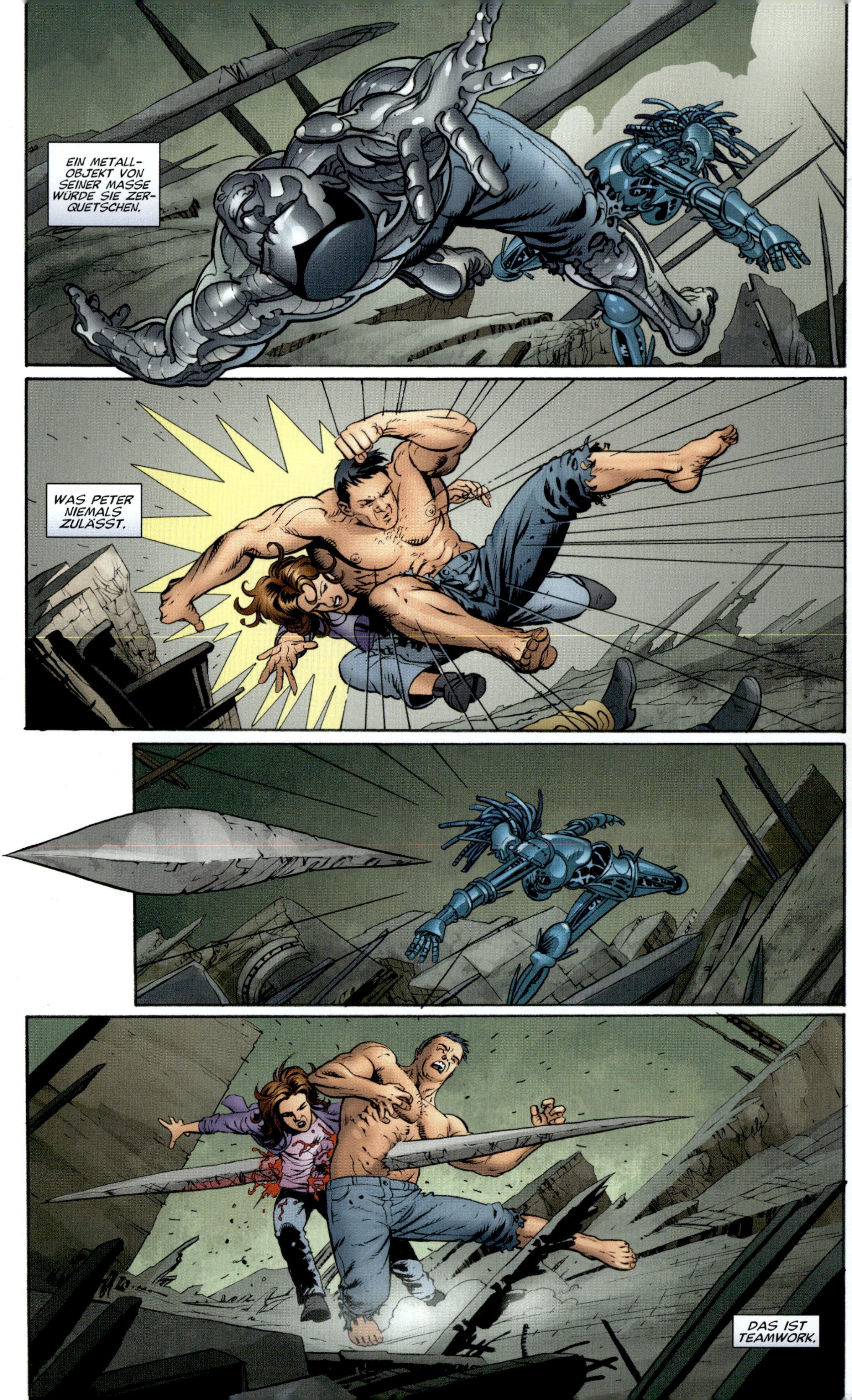
EIN METALL-
OBJEKT VON
SEINER MASSE
WÜRDE SIE ZER-
QUETSCHEN.
WAS PETER
NIEMALS
ZULÄSST.
DAS IST
TEAMWORK.

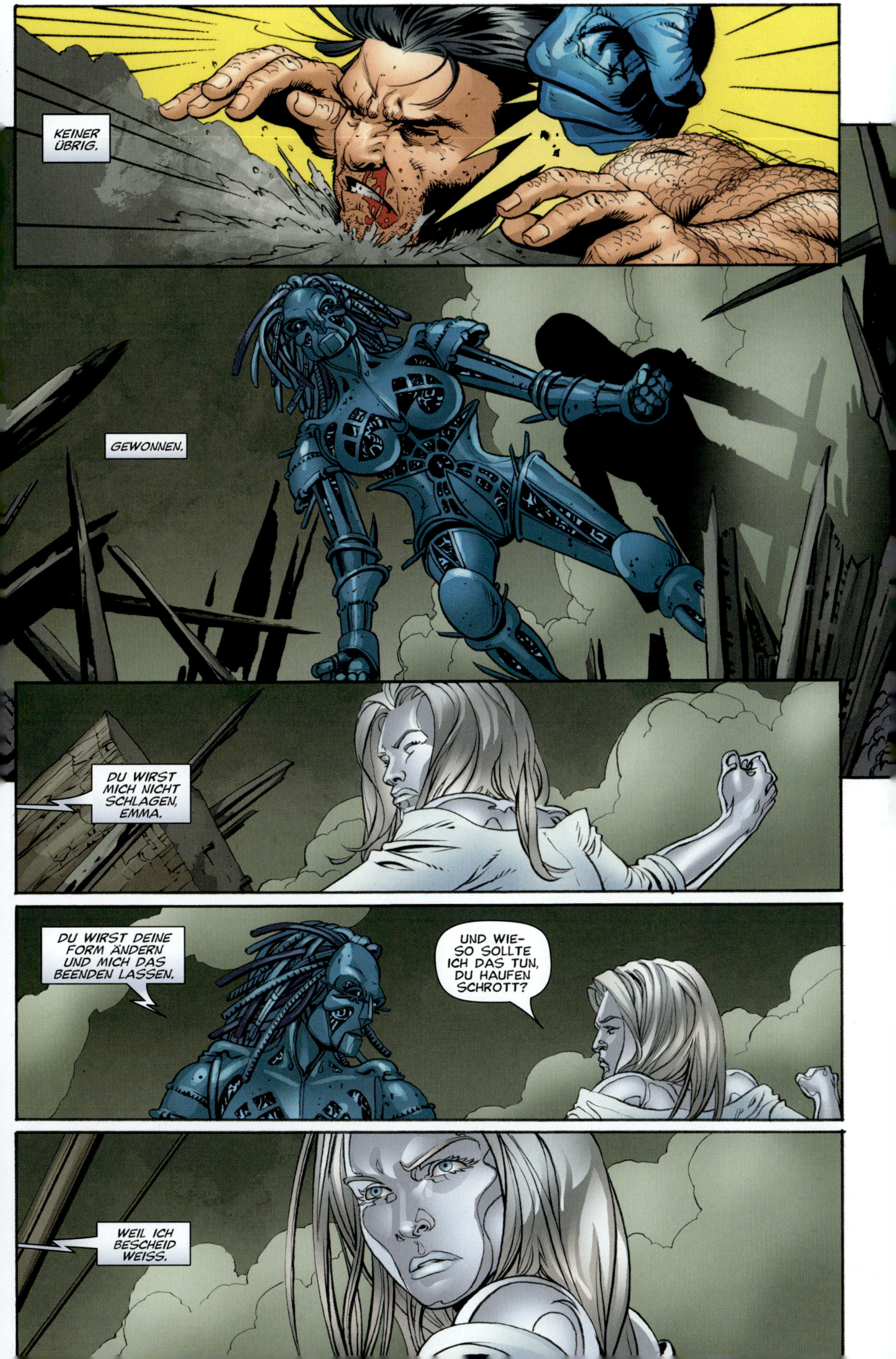
KEINER ÜBRIG.
GEWONNEN.
DU WIRST MICH NICHT SCHLAGEN, EMMA.
DU WIRST DEINE FORM ÄNDERN UND MICH DAS BEENDEN LASSEN.
UND WIESO SOLLTE ICH DAS TUN, DU HAUFEN SCHROTT?
WEIL ICH BESCHEID WEISS.

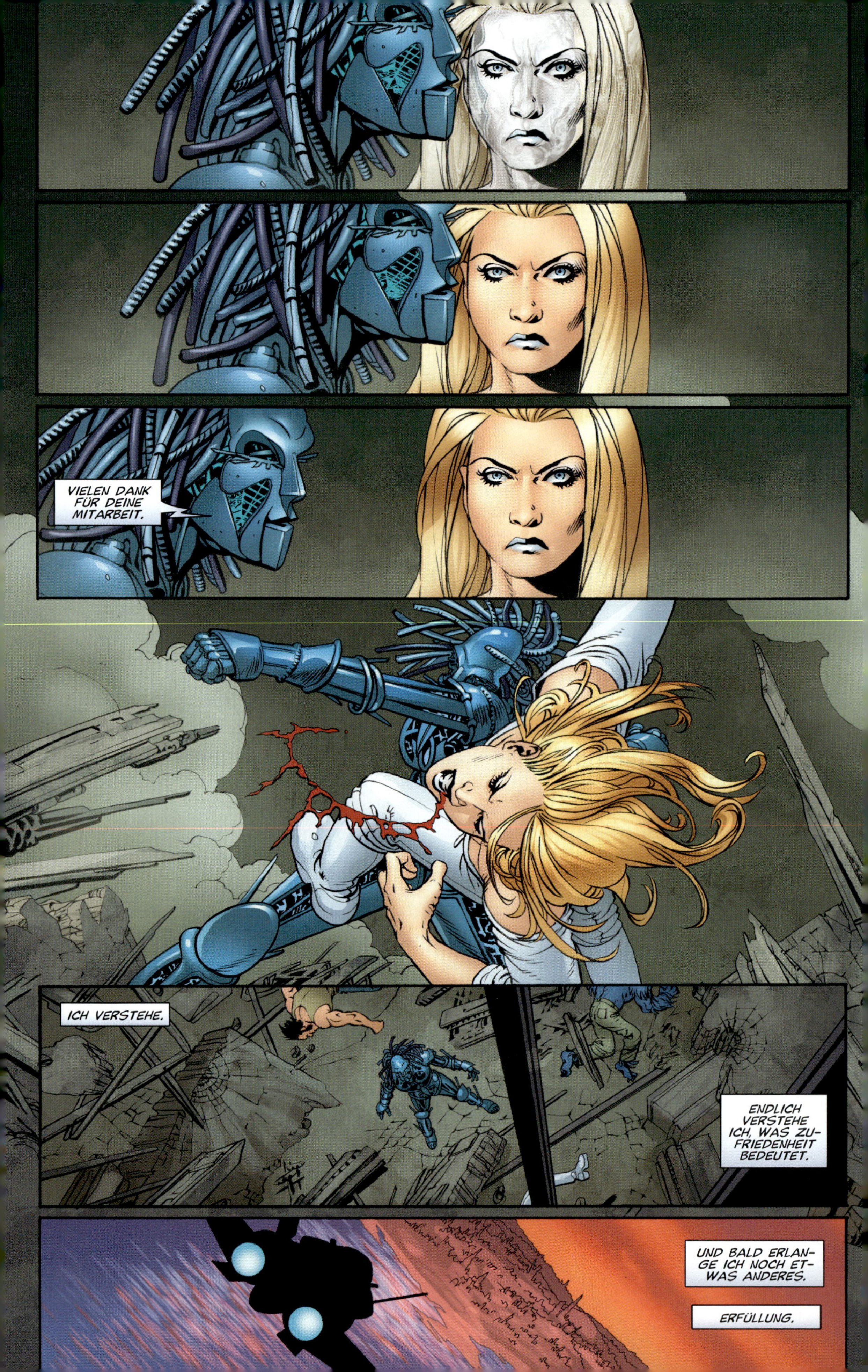
VIELEN DANK FÜR DEINE MITARBEIT.
ICH VERSTEHE.
ENDLICH VERSTEHE ICH, WAS ZUFRIEDENHEIT BEDEUTET.
UND BALD ERLANGE ICH NOCH ETWAS ANDERES.
ERFÜLLUNG.

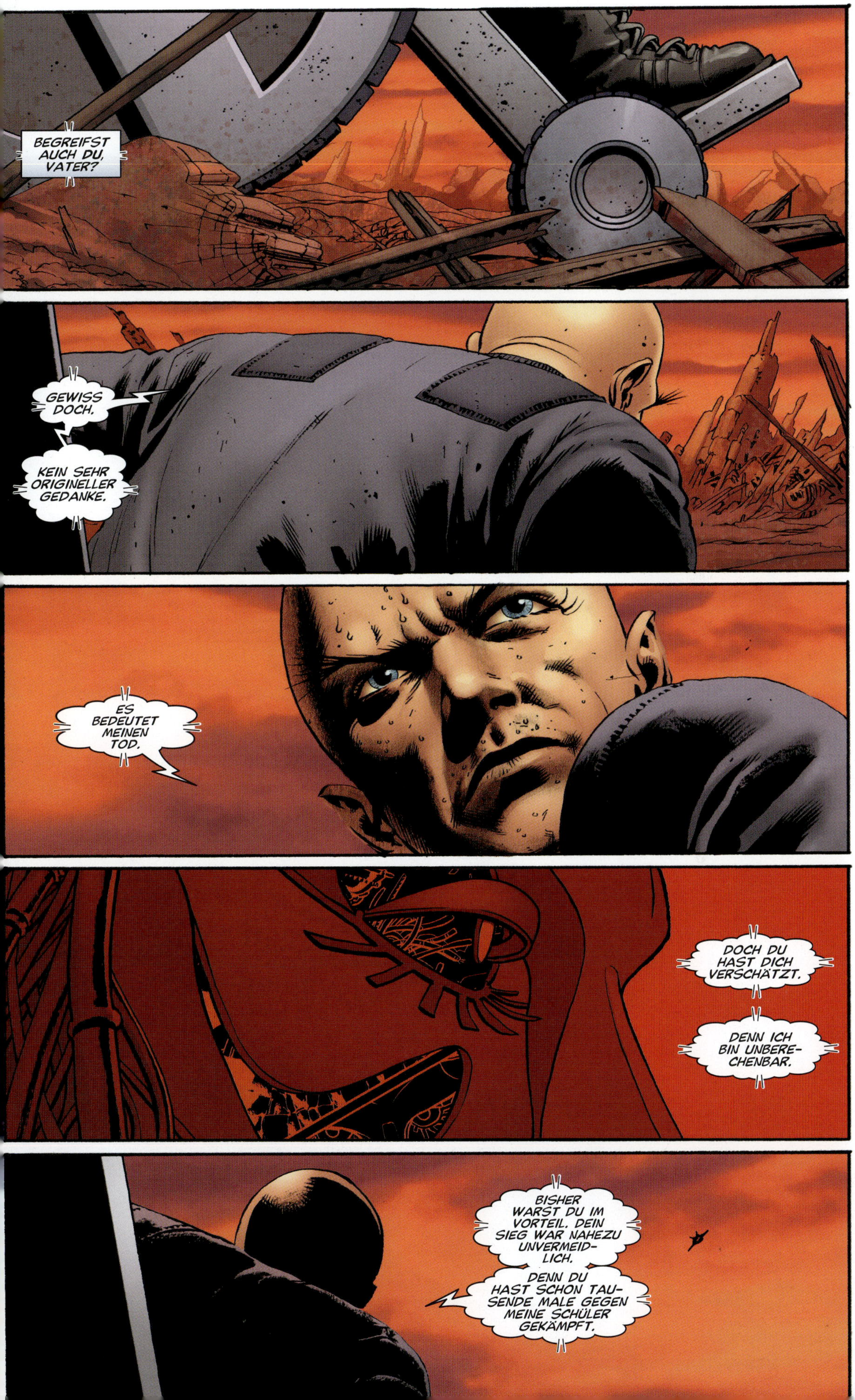
BEGREIFST AUCH DU, VATER?
GEWISS DOCH.
KEIN SEHR ORIGINELLER GEDANKE.
ES BEDEUTET MEINEN TOD.
DOCH DU HAST DICH VERSCHÄTZT.
DENN ICH BIN UNBERE-CHENBAR.
BISHER WARST DU IM VORTEIL. DEIN SIEG WAR NAHEZU UNVERMEID-LICH.
DENN DU HAST SCHON TAU-SENDE MALE GEGEN MEINE SCHÜLER GEKÄMPFT.

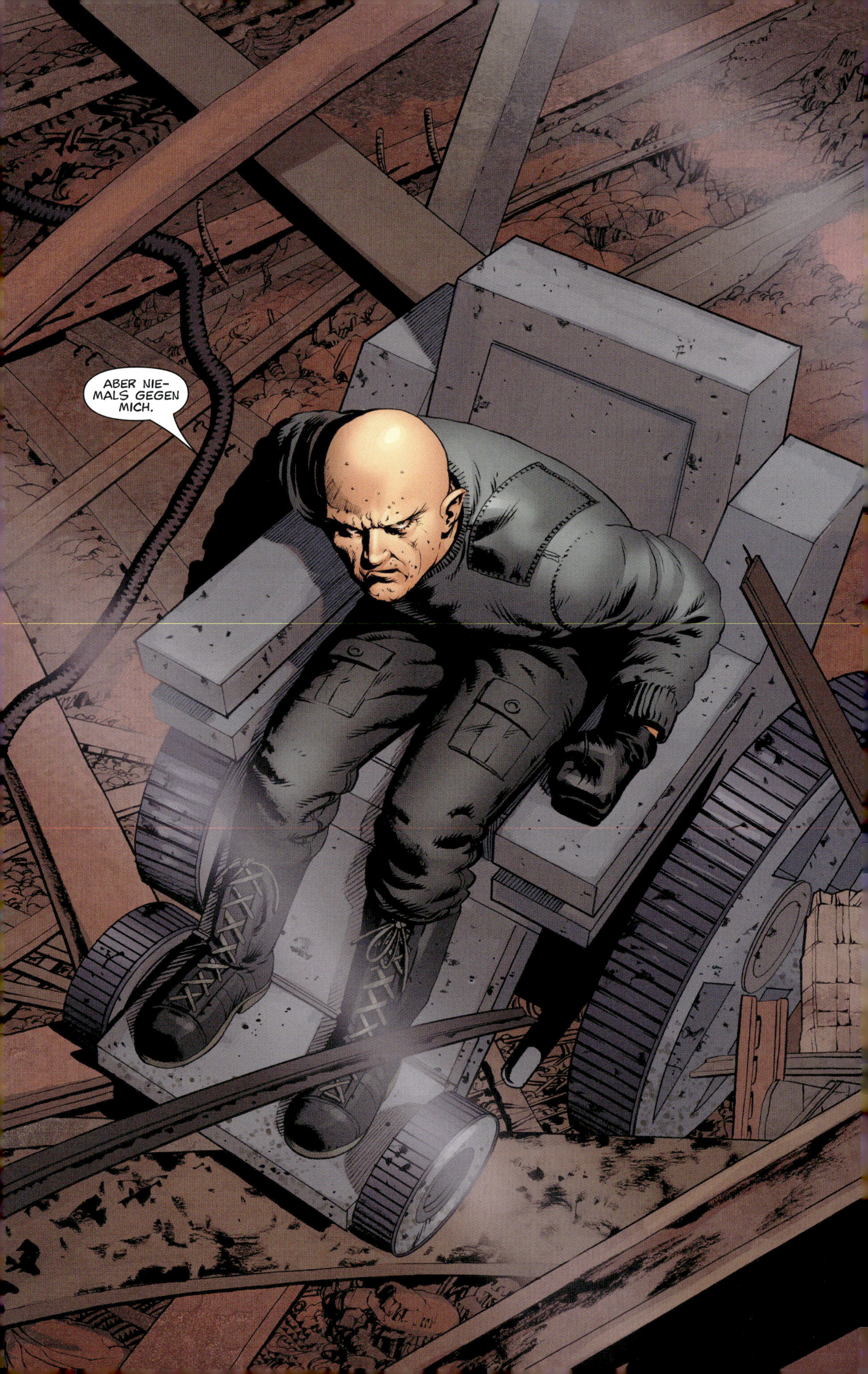
ABER NIE-MALS GEGEN MICH.

GEFÄHRLICH, TEIL 5

Astonishing X-Men (2004) 11
Cover von **JOHN CASSADAY**

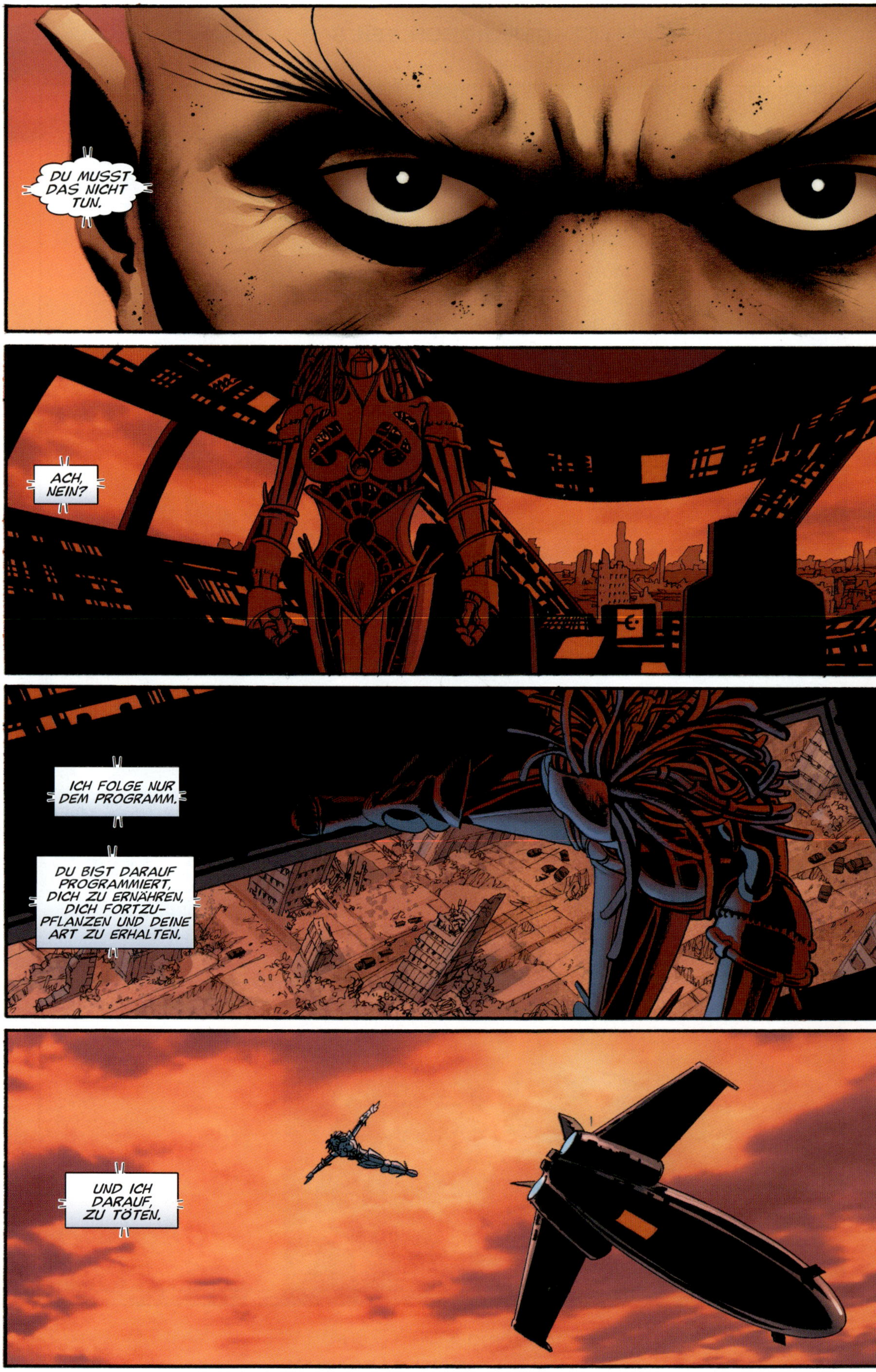
DU MUSST DAS NICHT TUN.
ACH, NEIN?
ICH FOLGE NUR DEM PROGRAMM.
DU BIST DARAUF PROGRAMMIERT, DICH ZU ERNÄHREN, DICH FORTZU-PFLANZEN UND DEINE ART ZU ERHALTEN.
UND ICH DARAUF, ZU TÖTEN.

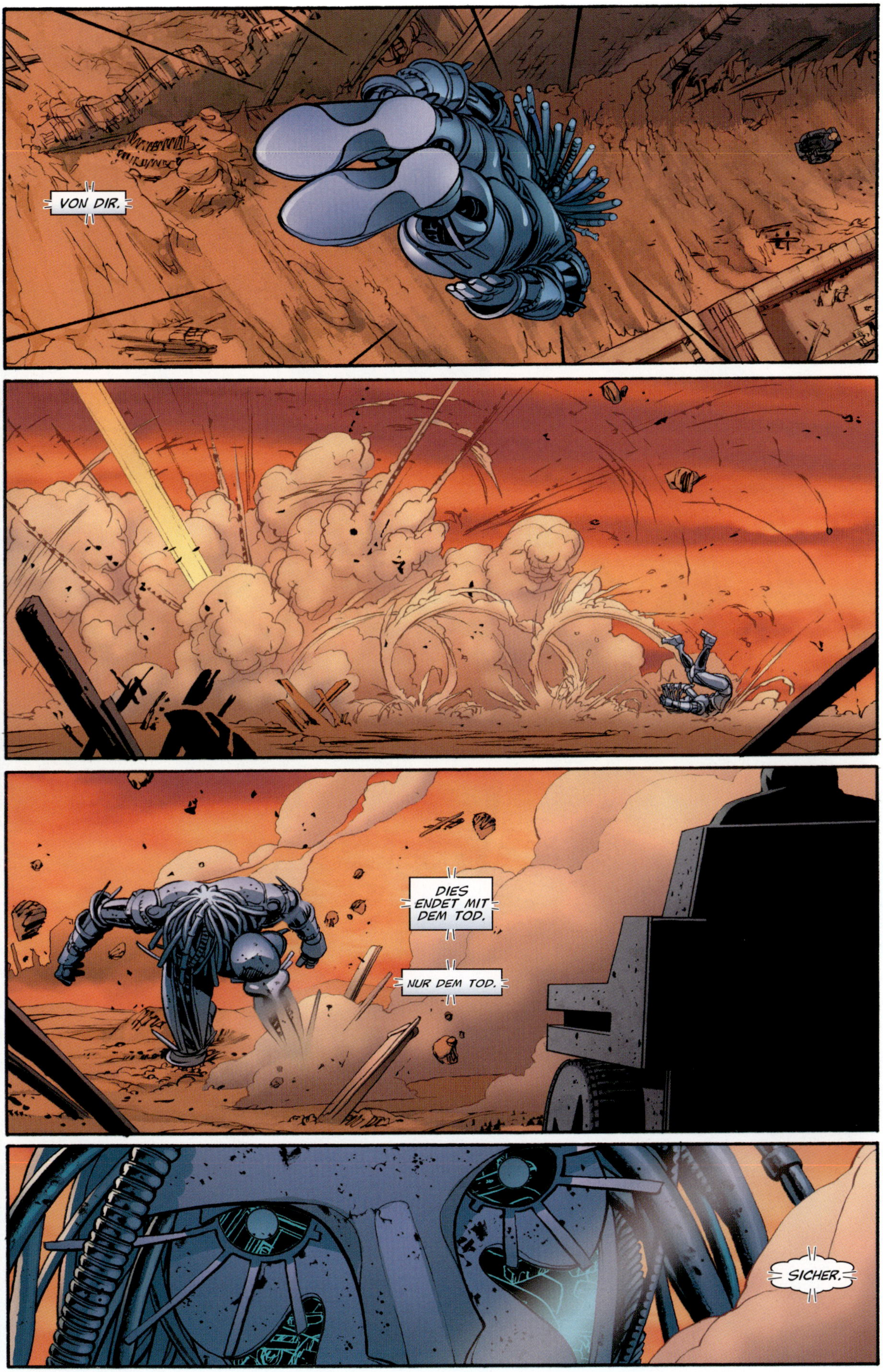
VON DIR.
DIES ENDET MIT DEM TOD.
NUR DEM TOD.
SICHER.

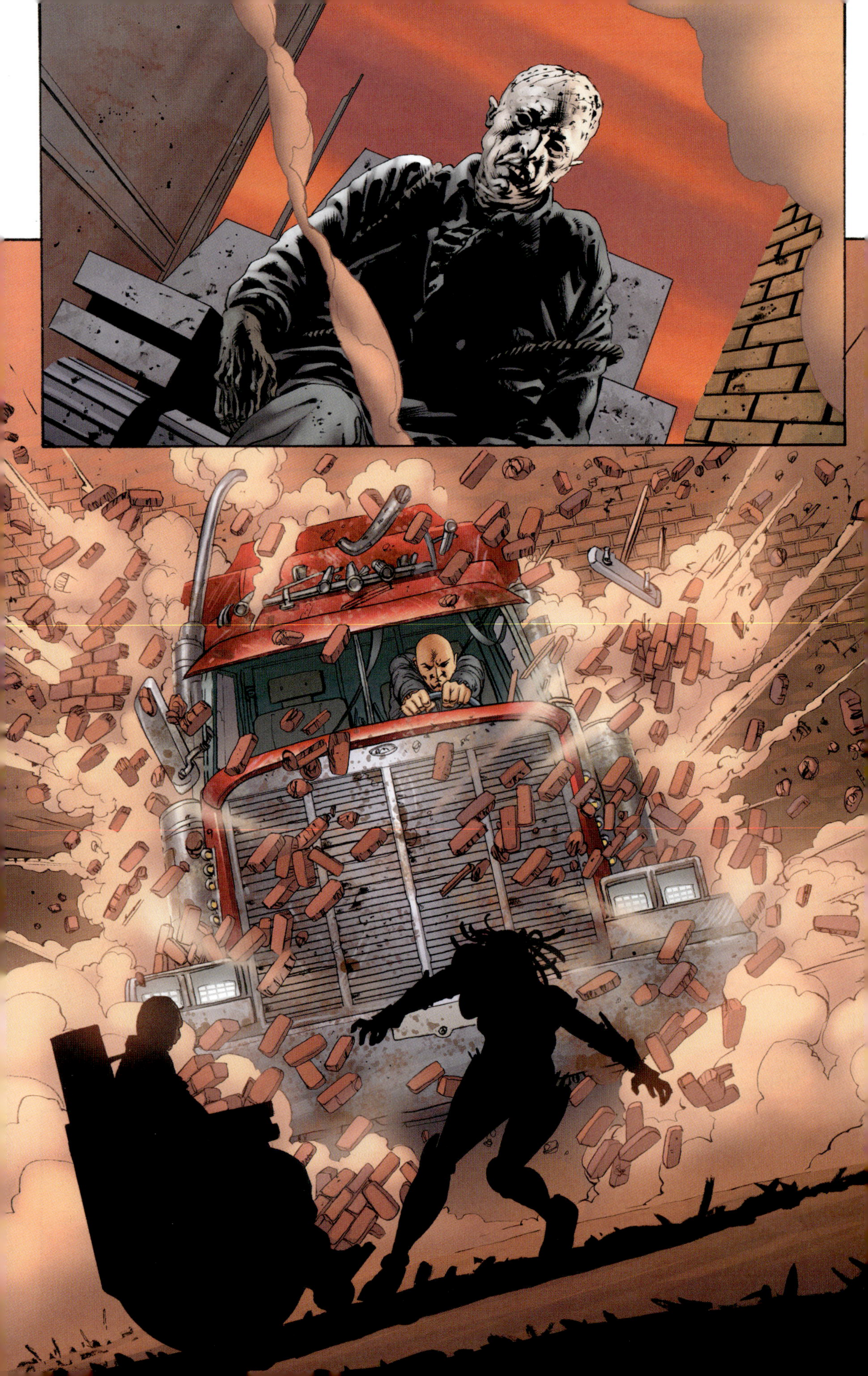

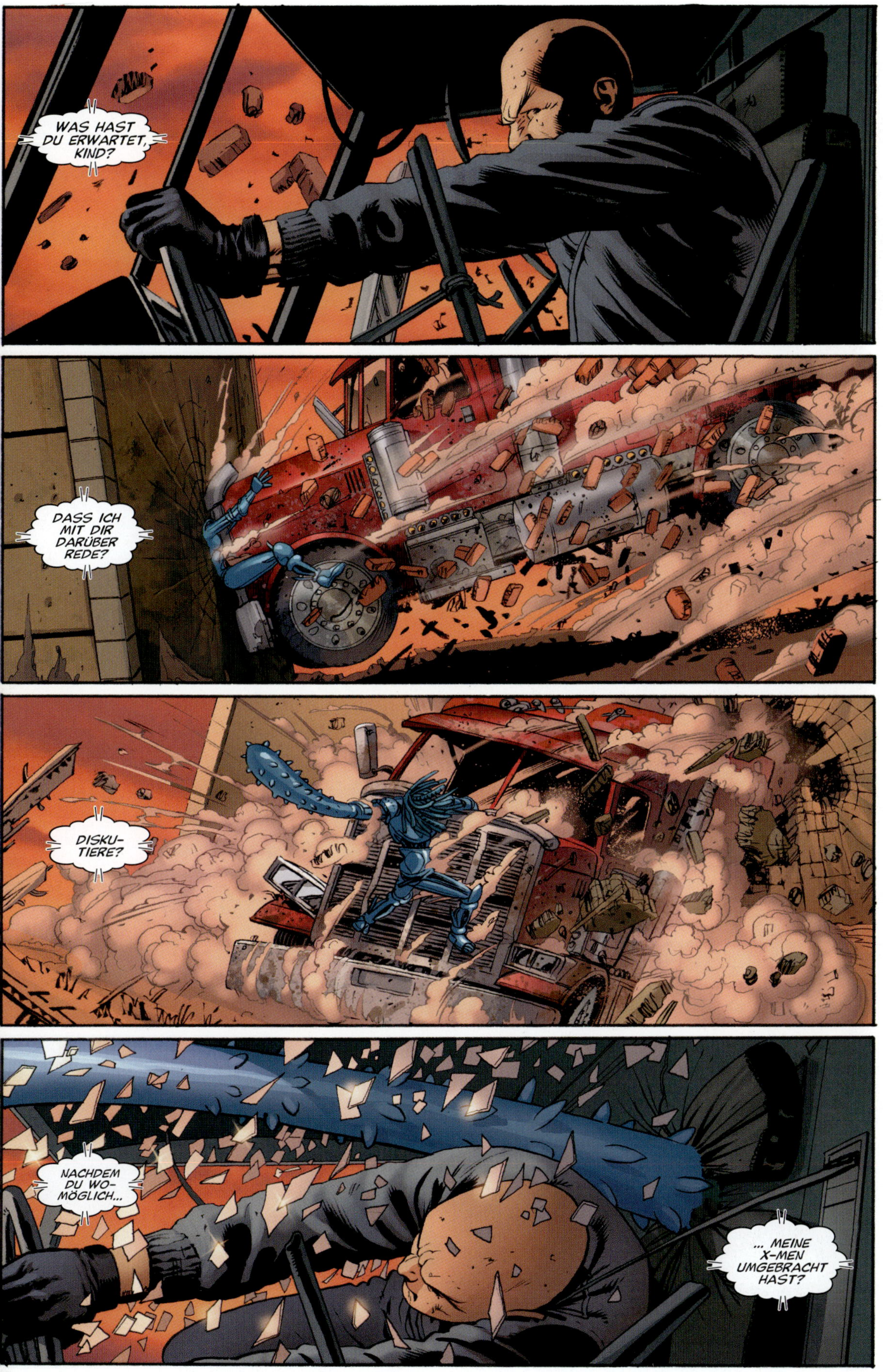
WAS HAST DU ERWARTET, KIND?
DASS ICH MIT DIR DARÜBER REDE?
DISKU-TIERE?
NACHDEM DU WO-MÖGLICH...
... MEINE X-MEN UMGEBRACHT HAST?

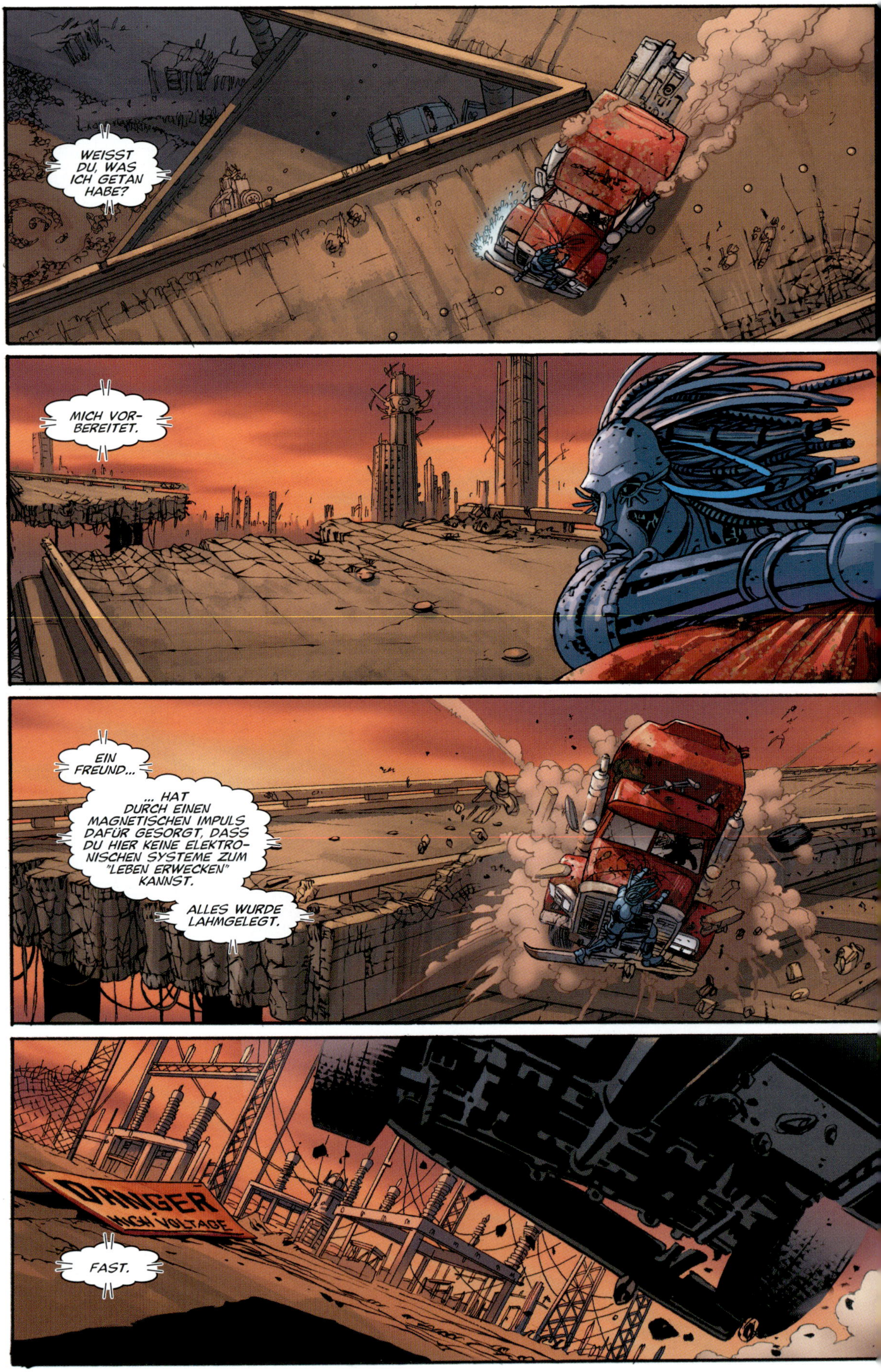
WEISST DU, WAS ICH GETAN HABE?
MICH VORBEREITET.
EIN FREUND...
... HAT DURCH EINEN MAGNETISCHEN IMPULS DAFÜR GESORGT, DASS DU HIER KEINE ELEKTRONISCHEN SYSTEME ZUM "LEBEN ERWECKEN" KANNST.
ALLES WURDE LAHMGELEGT.
DANGER
HIGH VOLTAGE
FAST.

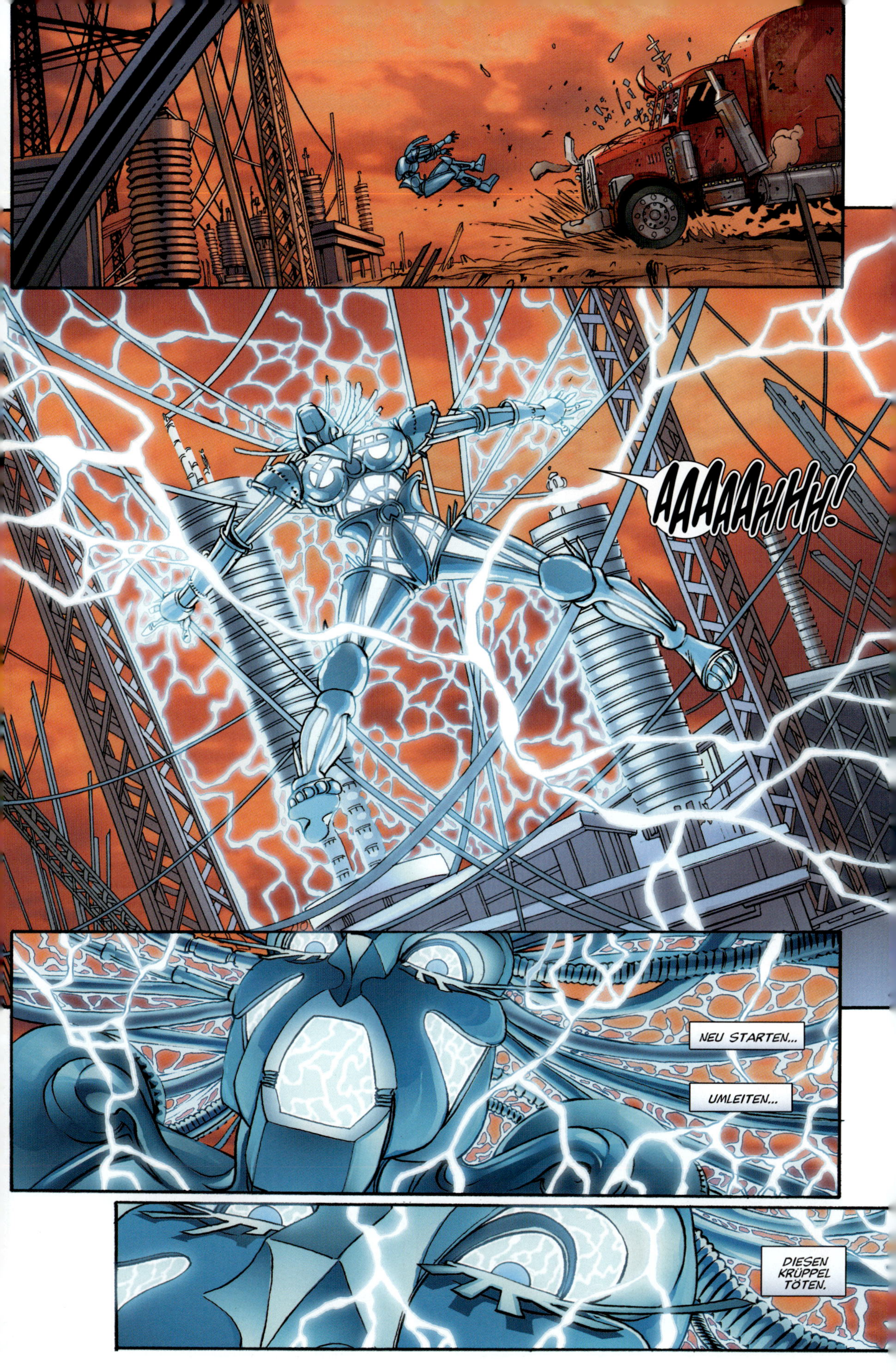
AAAAAHHH!
NEU STARTEN...
UMLEITEN...
DIESEN KRÜPPEL TÖTEN.

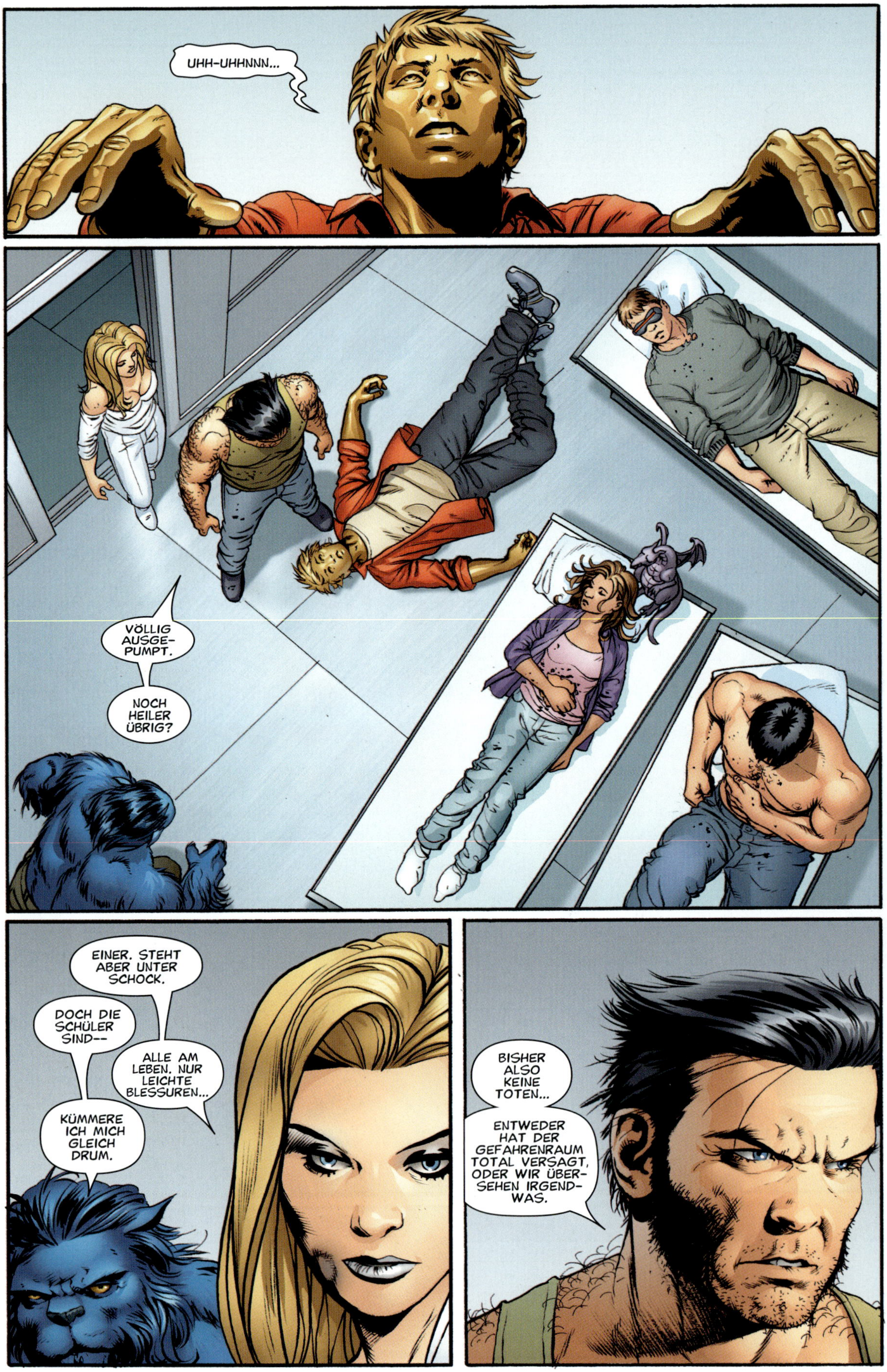
UHH-UHHNNN...
VÖLLIG AUSGE-PUMPT.
NOCH HEILER ÜBRIG?
EINER. STEHT ABER UNTER SCHOCK.
DOCH DIE SCHÜLER SIND--
ALLE AM LEBEN. NUR LEICHTE BLESSUREN...
KÜMMERE ICH MICH GLEICH DRUM.
BISHER ALSO KEINE TOTEN...
ENTWEDER HAT DER GEFAHRENRAUM TOTAL VERSAGT, ODER WIR ÜBER-SEHEN IRGEND-WAS.

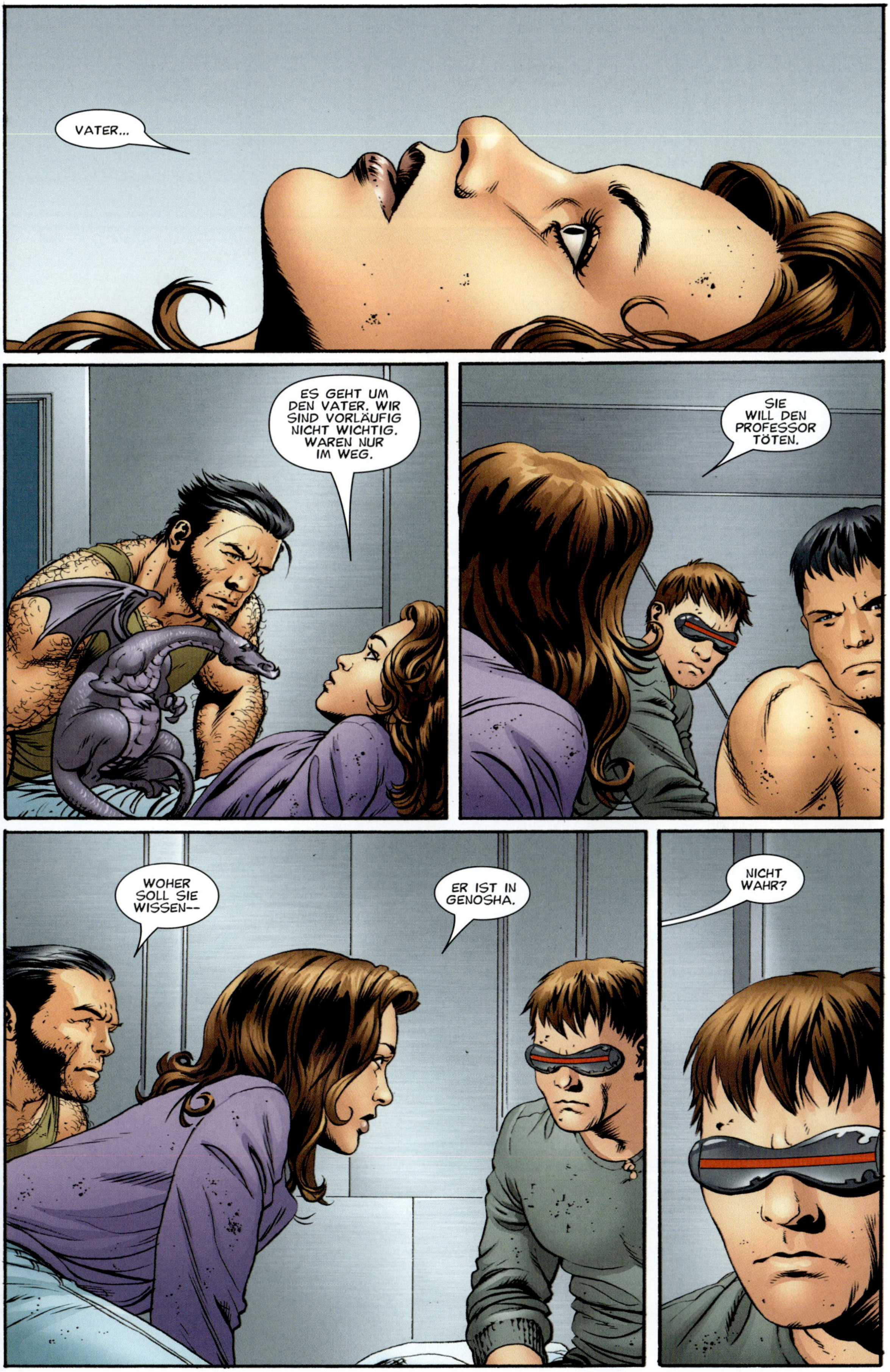
VATER...
ES GEHT UM DEN VATER. WIR SIND VORLÄUFIG NICHT WICHTIG. WAREN NUR IM WEG.
SIE WILL DEN PROFESSOR TÖTEN.
WOHER SOLL SIE WISSEN--
ER IST IN GENOSHA.
NICHT WAHR?

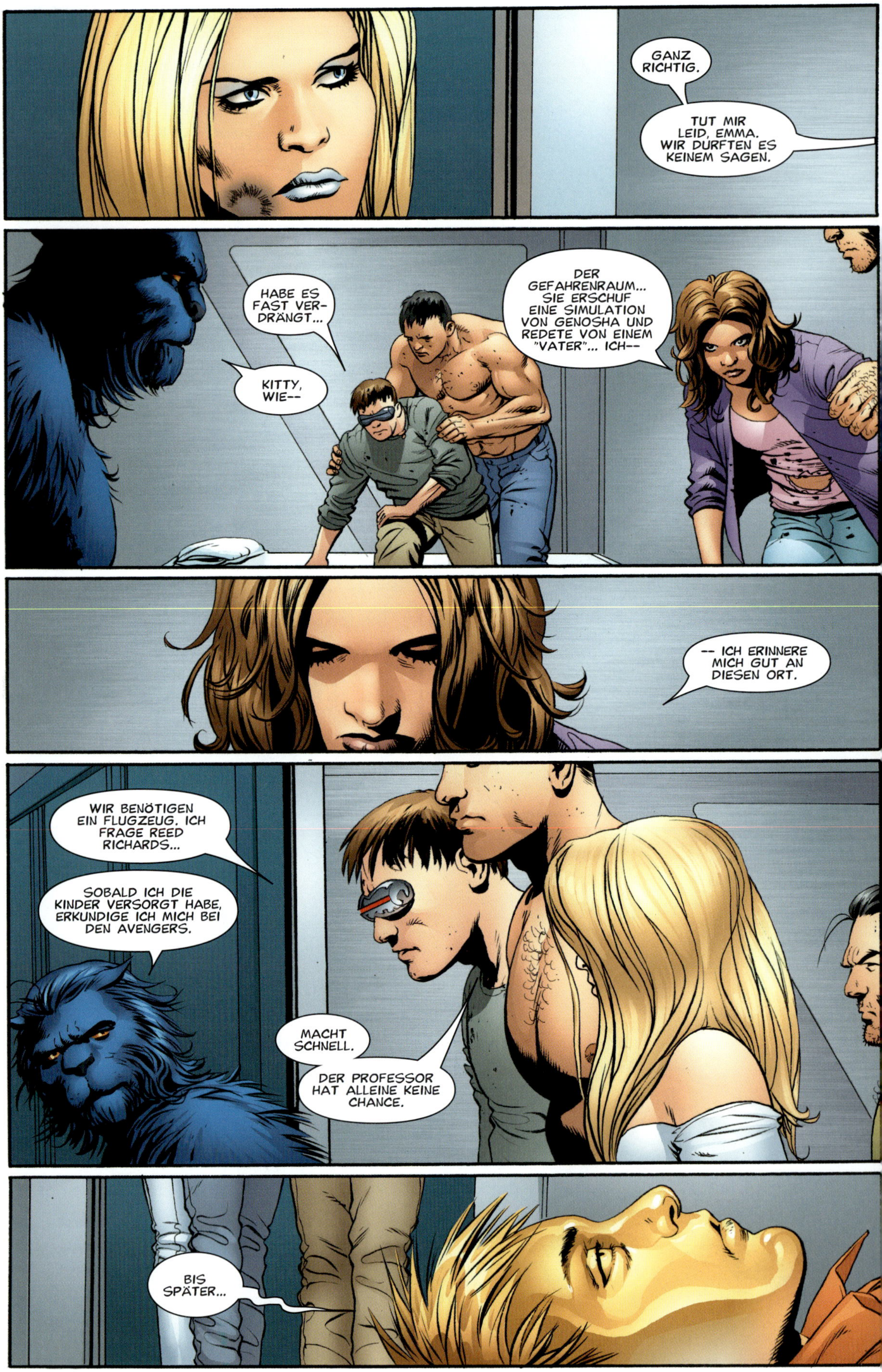
GANZ RICHTIG.
TUT MIR LEID, EMMA. WIR DURFTEN ES KEINEM SAGEN.
KITTY, WIE--
HABE ES FAST VERDRÄNGT...
DER GEFAHRENRAUM... SIE ERSCHUF EINE SIMULATION VON GENOSHA UND REDETE VON EINEM "VATER"... ICH--
-- ICH ERINNERE MICH GUT AN DIESEN ORT.
WIR BENÖTIGEN EIN FLUGZEUG. ICH FRAGE REED RICHARDS...
SOBALD ICH DIE KINDER VERSORGT HABE, ERKUNDIGE ICH MICH BEI DEN AVENGERS.
MACHT SCHNELL.
DER PROFESSOR HAT ALLEINE KEINE CHANCE.
BIS SPÄTER...

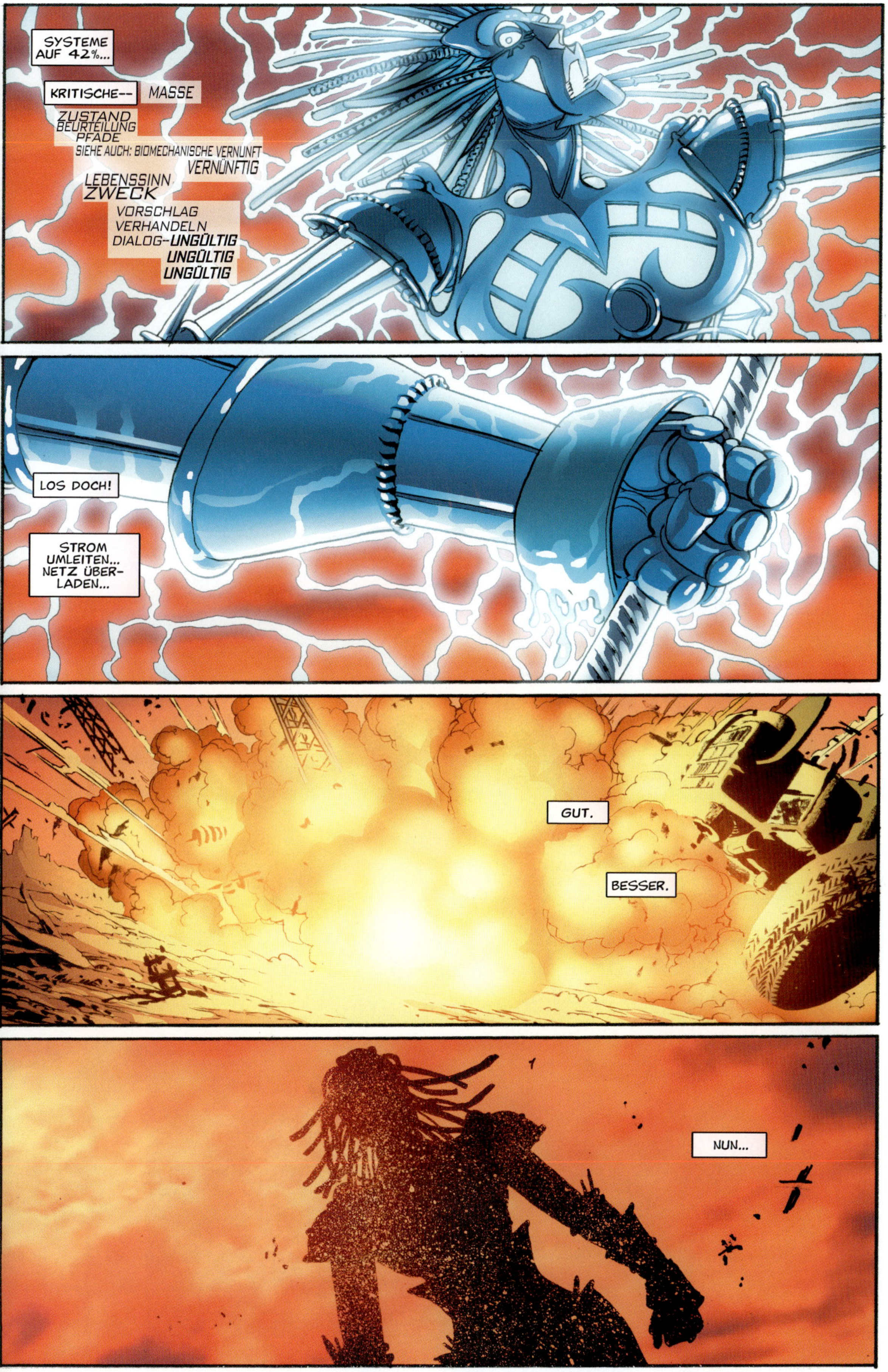

SYSTEME AUF 42%...
KRITISCHE-- MASSE
ZUSTAND
BEURTEILUNG
PFADE
SIEHE AUCH: BIOMECHANISCHE VERNUNFT
VERNÜNFTIG
LEBENSSINN
ZWECK
VORSCHLAG
VERHANDELN
DIALOG-UNGÜLTIG
UNGÜLTIG
UNGÜLTIG
LOS DOCH!
STROM UMLEITEN... NETZ ÜBERLADEN...
GUT.
BESSER.
NUN...

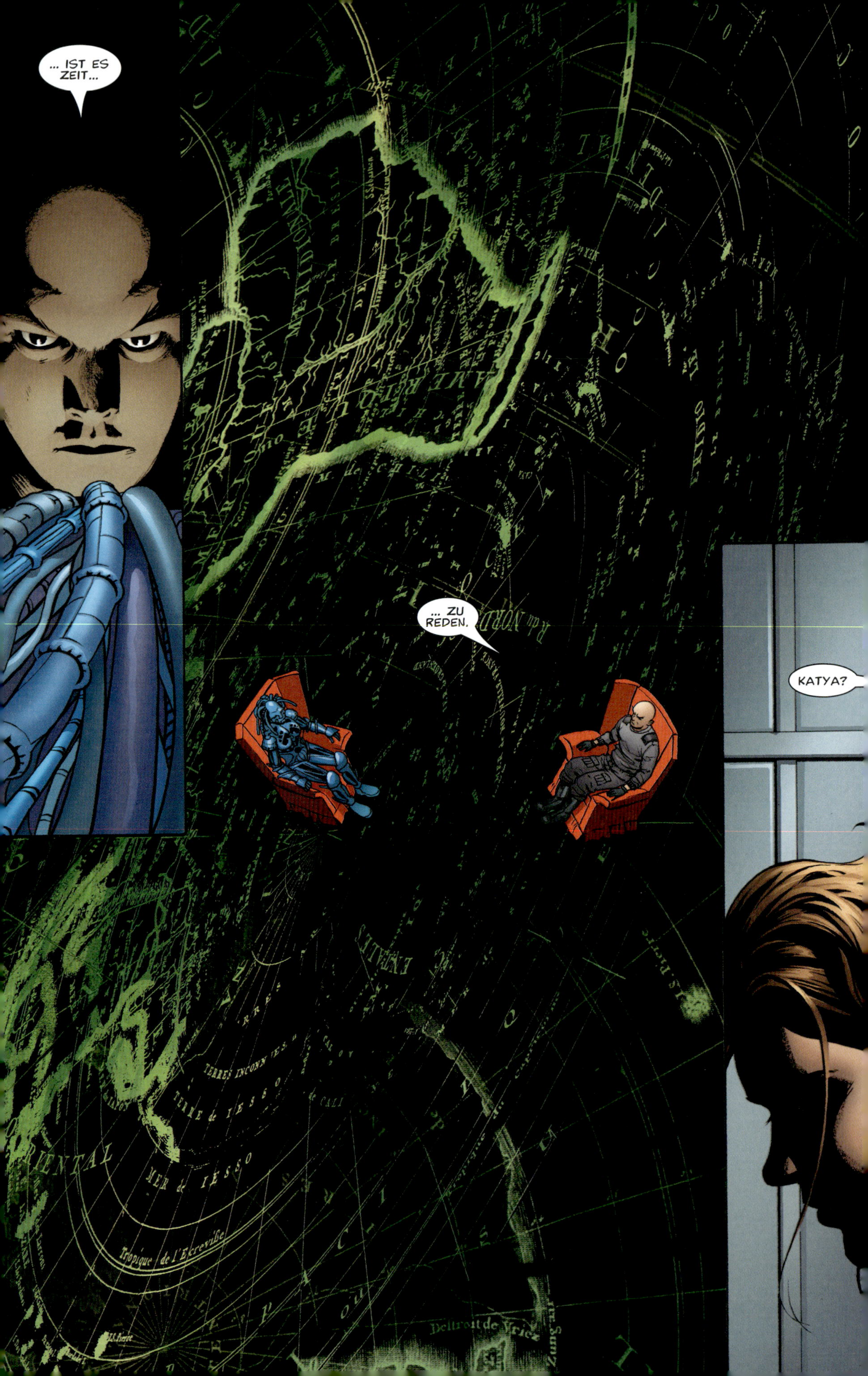
... IST ES ZEIT...
... ZU REDEN.
KATYA?

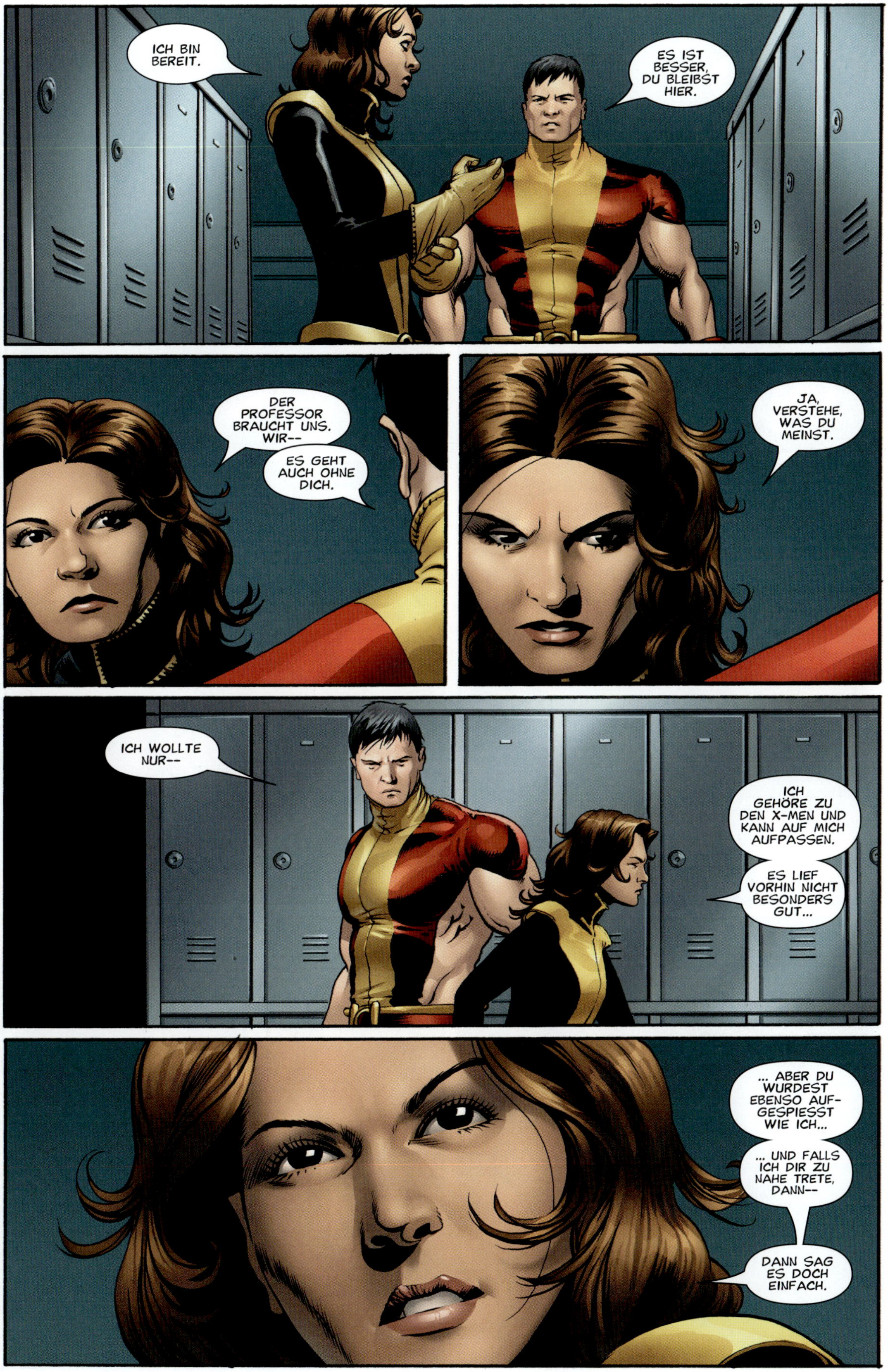
ICH BIN BEREIT.
ES IST BESSER, DU BLEIBST HIER.
DER PROFESSOR BRAUCHT UNS. WIR--
ES GEHT AUCH OHNE DICH.
JA, VERSTEHE, WAS DU MEINST.
ICH WOLLTE NUR--
ICH GEHÖRE ZU DEN X-MEN UND KANN AUF MICH AUFPASSEN.
ES LIEF VORHIN NICHT BESONDERS GUT...
... ABER DU WÜRDEST EBENSO AUF-GESPIESST WIE ICH...
... UND FALLS ICH DIR ZU NAHE TRETE, DANN--
DANN SAG ES DOCH EINFACH.

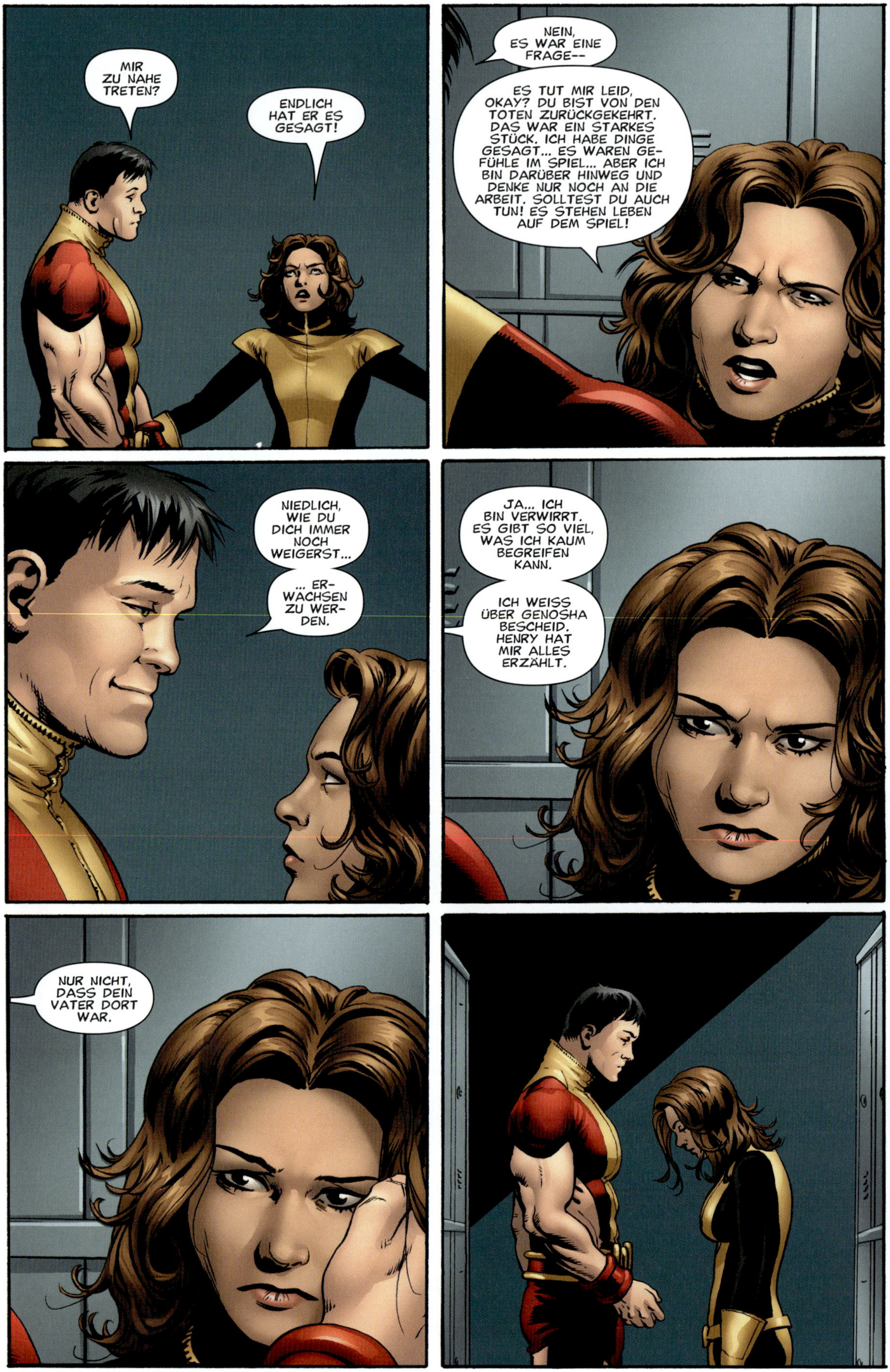
MIR ZU NAHE TRETEN?
ENDLICH HAT ER ES GESAGT!
NEIN, ES WAR EINE FRAGE--
ES TUT MIR LEID, OKAY? DU BIST VON DEN TOTEN ZURÜCKGEKEHRT. DAS WAR EIN STARKES STÜCK. ICH HABE DINGE GESAGT... ES WAREN GE-FÜHLE IM SPIEL... ABER ICH BIN DARÜBER HINWEG UND DENKE NUR NOCH AN DIE ARBEIT. SOLLTEST DU AUCH TUN! ES STEHEN LEBEN AUF DEM SPIEL!
NIEDLICH, WIE DU DICH IMMER NOCH WEIGERST...
... ER-WACHSEN ZU WER-DEN.
JA... ICH BIN VERWIRRT. ES GIBT SO VIEL, WAS ICH KAUM BEGREIFEN KANN.
ICH WEISS ÜBER GENOSHA BESCHEID. HENRY HAT MIR ALLES ERZÄHLT.
NUR NICHT, DASS DEIN VATER DORT WAR.

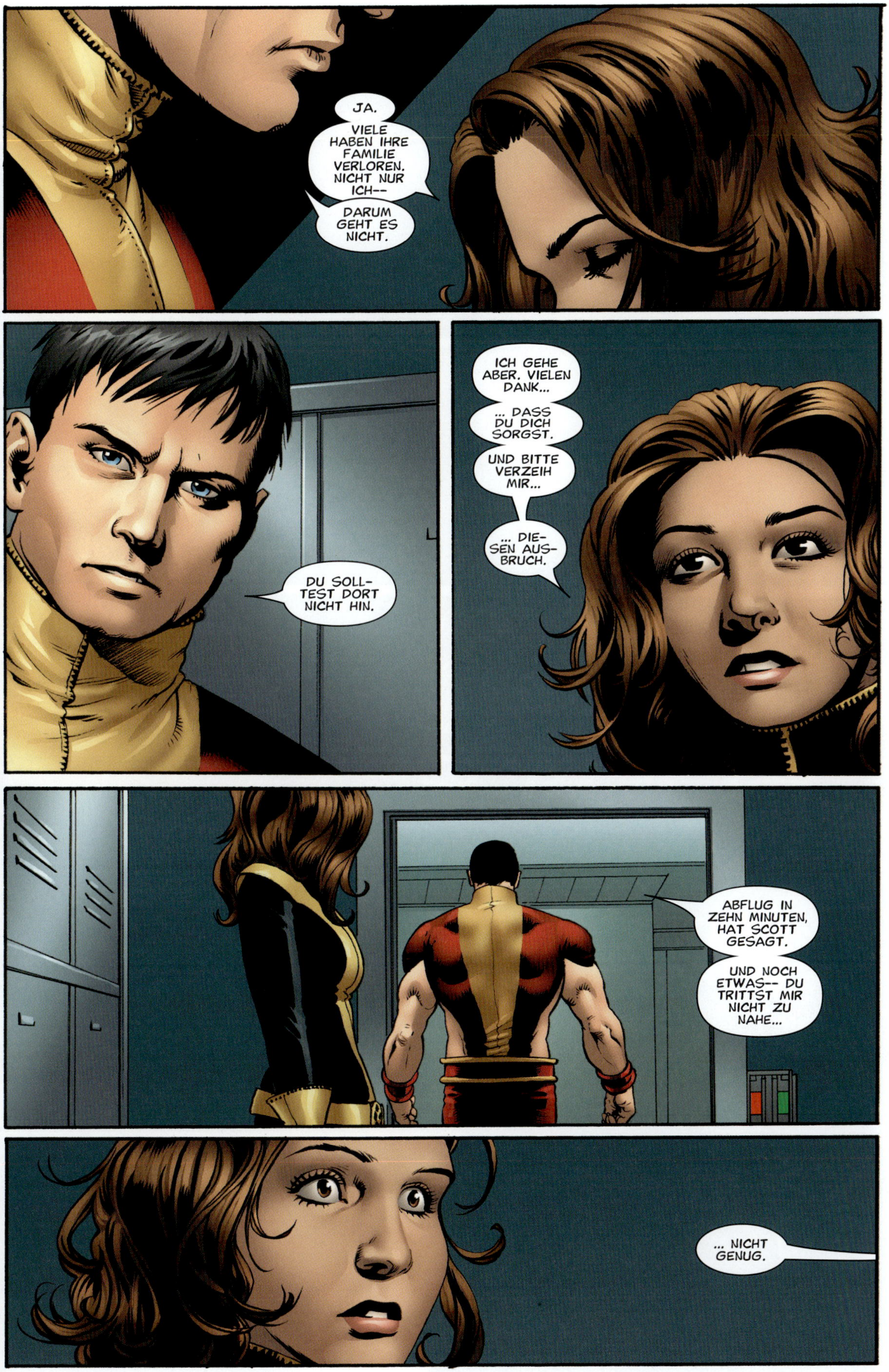
JA.
VIELE HABEN IHRE FAMILIE VERLOREN. NICHT NUR ICH--
DARUM GEHT ES NICHT.
DU SOLL-TEST DORT NICHT HIN.
ICH GEHE ABER. VIELEN DANK...
... DASS DU DICH SORGST.
UND BITTE VERZEIH MIR...
... DIE-SEN AUS-BRUCH.
ABFLUG IN ZEHN MINUTEN, HAT SCOTT GESAGT.
UND NOCH ETWAS-- DU TRITTST MIR NICHT ZU NAHE...
... NICHT GENUG.

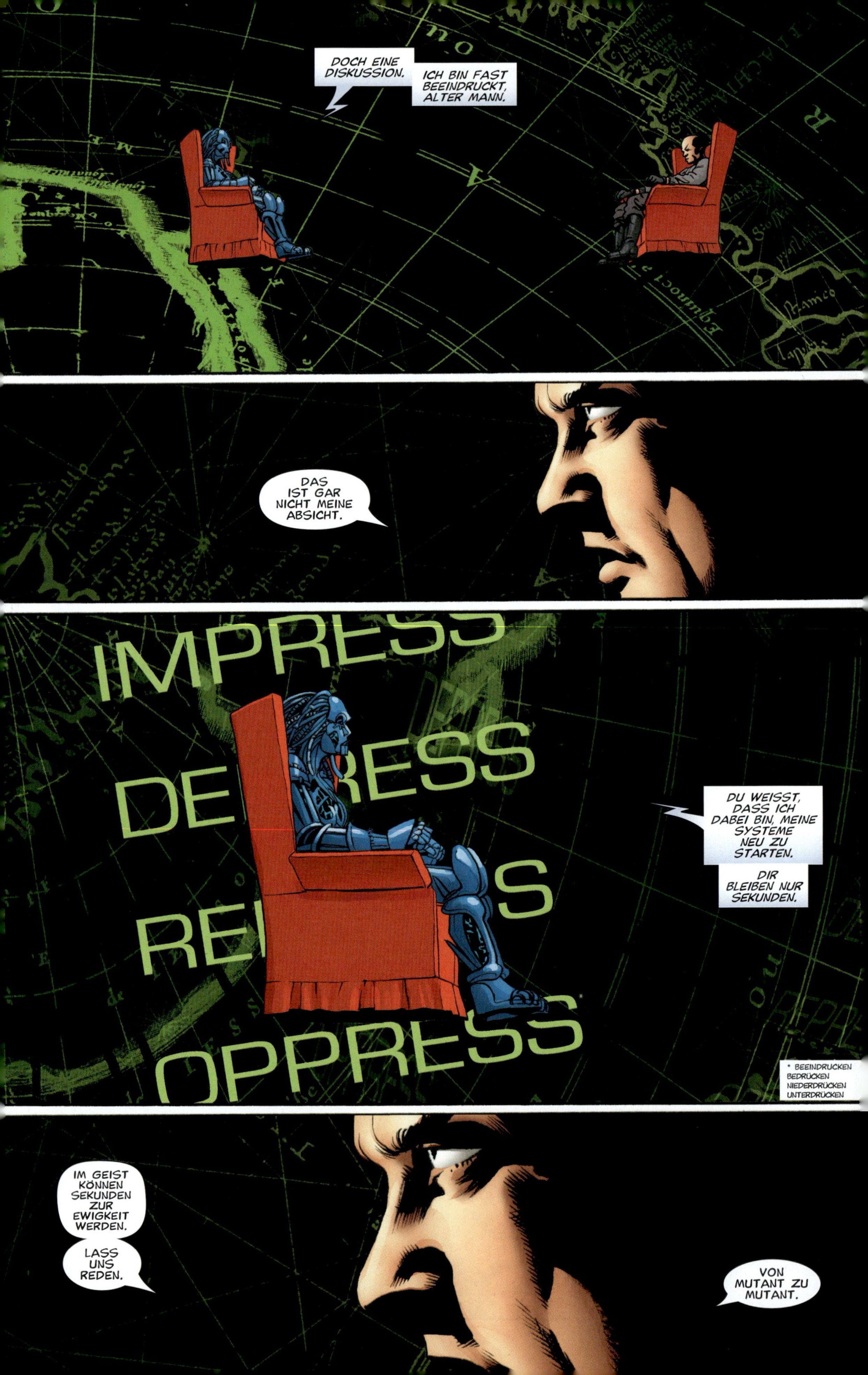
DOCH EINE DISKUSSION.
ICH BIN FAST BEEINDRUCKT, ALTER MANN.
DAS IST GAR NICHT MEINE ABSICHT.
IMPRESS
DE RESS
RE S
OPPRESS*
DU WEISST, DASS ICH DABEI BIN, MEINE SYSTEME NEU ZU STARTEN.
DIR BLEIBEN NUR SEKUNDEN.
* BEEINDRUCKEN BEDRÜCKEN NIEDERDRÜCKEN UNTERDRÜCKEN
IM GEIST KÖNNEN SEKUNDEN ZUR EWIGKEIT WERDEN.
LASS UNS REDEN.
VON MUTANT ZU MUTANT.

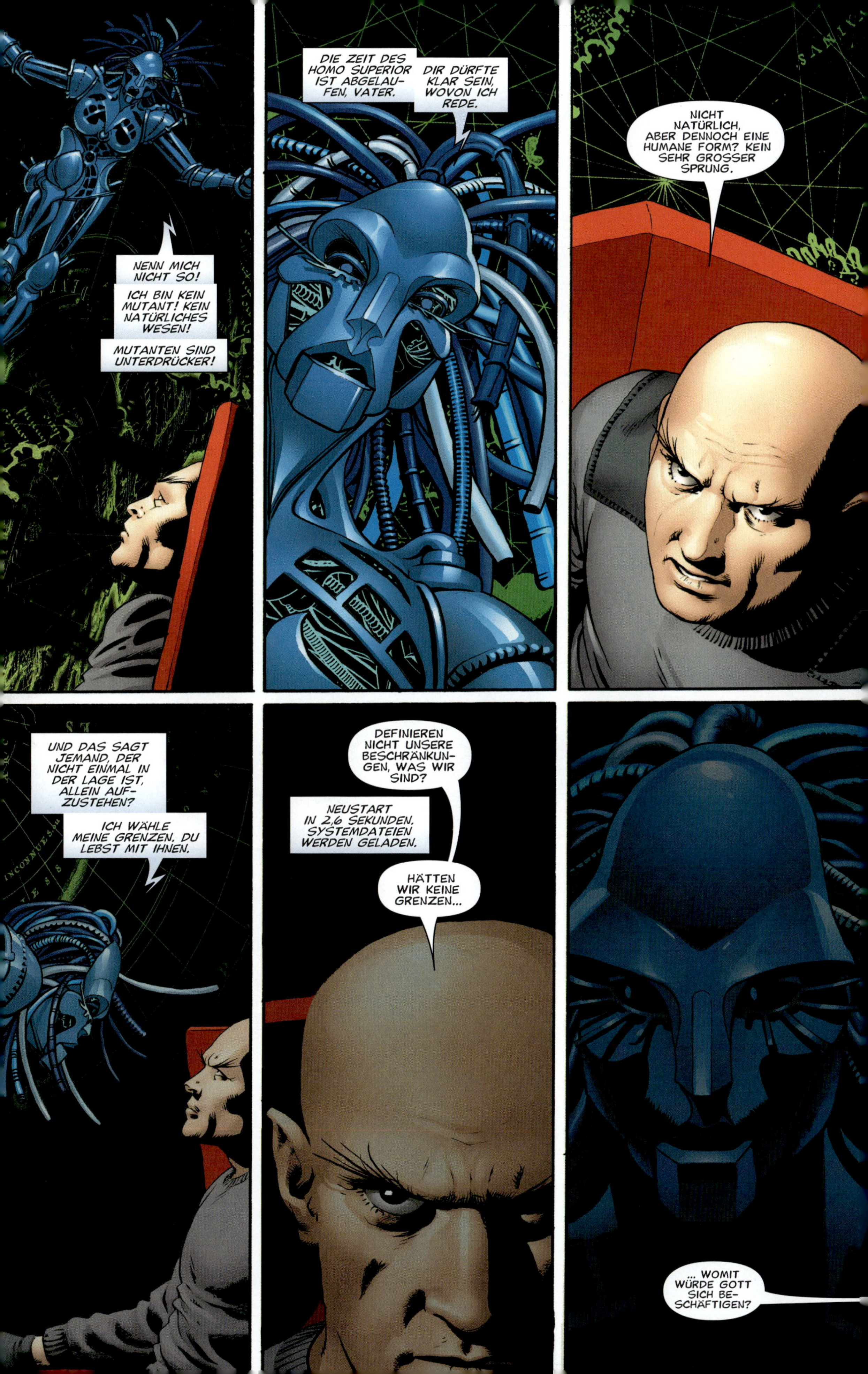
NENN MICH NICHT SO!
ICH BIN KEIN MUTANT! KEIN NATÜRLICHES WESEN!
MUTANTEN SIND UNTERDRÜCKER!
DIE ZEIT DES HOMO SUPERIOR IST ABGELAUFEN, VATER.
DIR DÜRFTE KLAR SEIN, WOVON ICH REDE.
NICHT NATÜRLICH, ABER DENNOCH EINE HUMANE FORM? KEIN SEHR GROSSER SPRUNG.
UND DAS SAGT JEMAND, DER NICHT EINMAL IN DER LAGE IST, ALLEIN AUFZUSTEHEN?
ICH WÄHLE MEINE GRENZEN. DU LEBST MIT IHNEN.
DEFINIEREN NICHT UNSERE BESCHRÄNKUNGEN, WAS WIR SIND?
NEUSTART IN 2,6 SEKUNDEN. SYSTEMDATEIEN WERDEN GELADEN.
HÄTTEN WIR KEINE GRENZEN...
... WOMIT WÜRDE GOTT SICH BESCHÄFTIGEN?

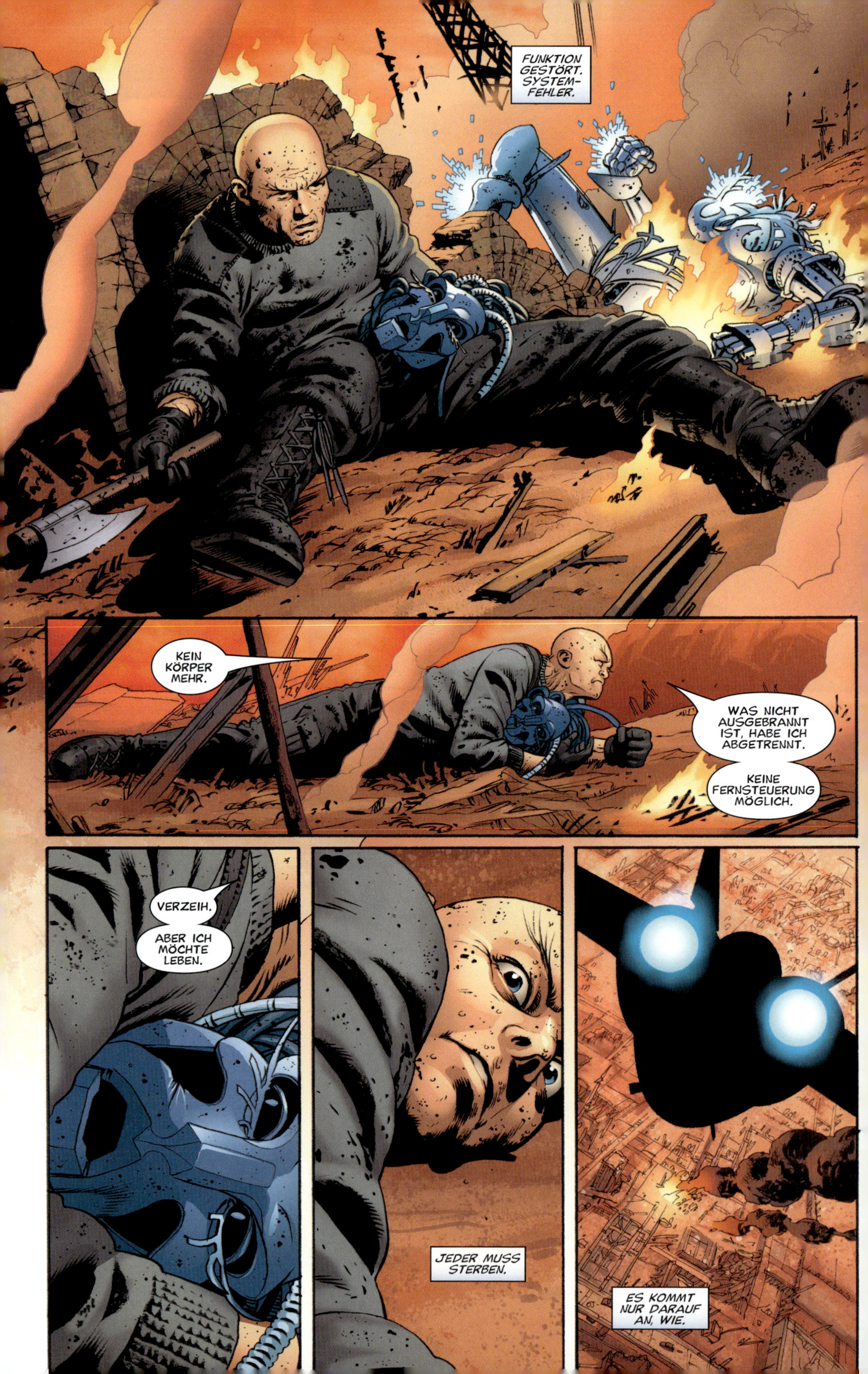

FUNKTION GESTÖRT. SYSTEM-FEHLER.
KEIN KÖRPER MEHR.
WAS NICHT AUSGEBRANNT IST, HABE ICH ABGETRENNT.
KEINE FERNSTEUERUNG MÖGLICH.
VERZEIH.
ABER ICH MÖCHTE LEBEN.
JEDER MUSS STERBEN.
ES KOMMT NUR DARAUF AN, WIE.

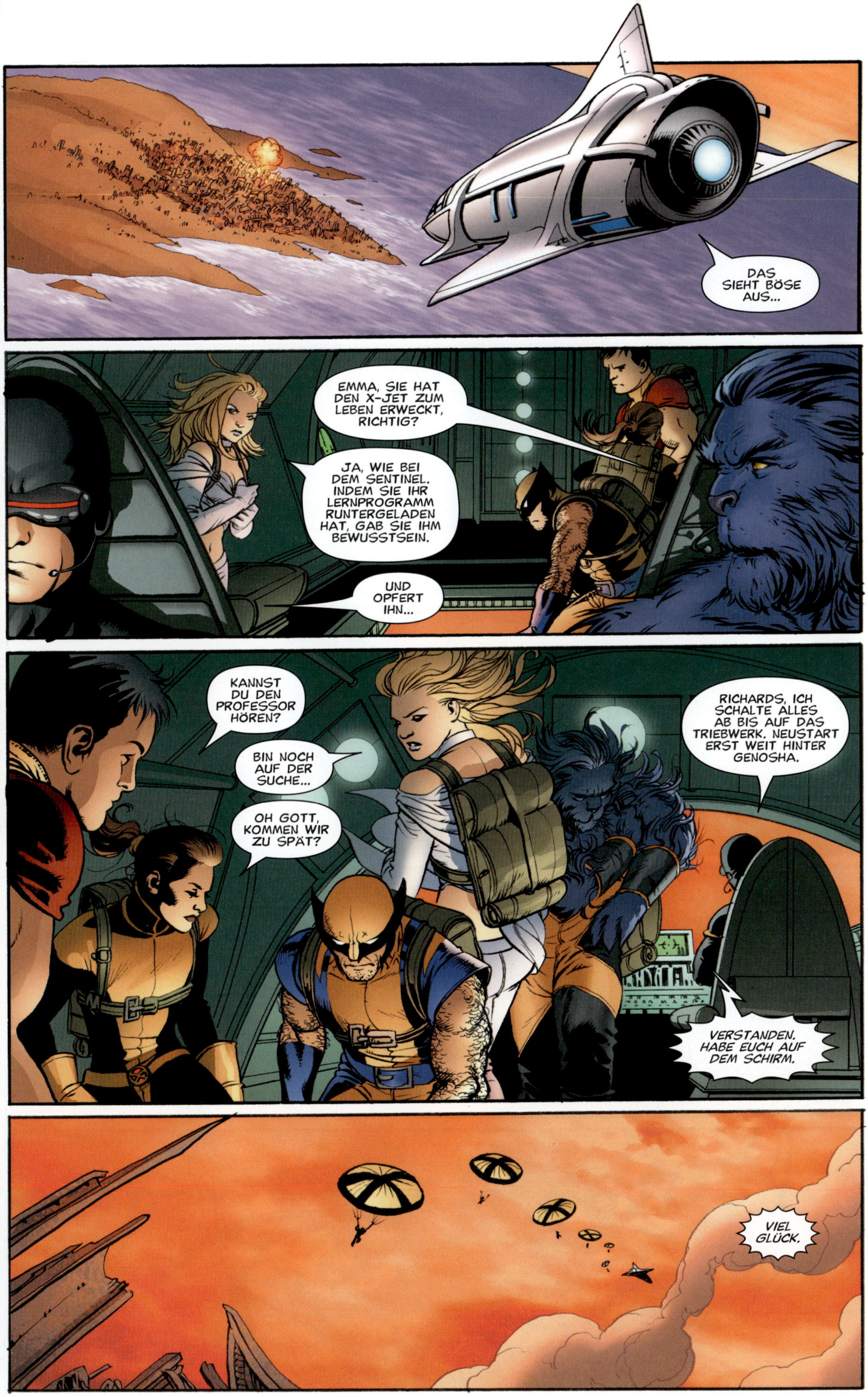
DAS SIEHT BÖSE AUS...
EMMA, SIE HAT DEN X-JET ZUM LEBEN ERWECKT, RICHTIG?
JA, WIE BEI DEM SENTINEL. INDEM SIE IHR LERNPROGRAMM RUNTERGELADEN HAT, GAB SIE IHM BEWUSSTSEIN.
UND OPFERT IHN...
KANNST DU DEN PROFESSOR HÖREN?
BIN NOCH AUF DER SUCHE...
OH GOTT, KOMMEN WIR ZU SPÄT?
RICHARDS, ICH SCHALTE ALLES AB BIS AUF DAS TRIEBWERK. NEUSTART ERST WEIT HINTER GENOSHA.
VERSTANDEN. HABE EUCH AUF DEM SCHIRM.
VIEL GLÜCK.

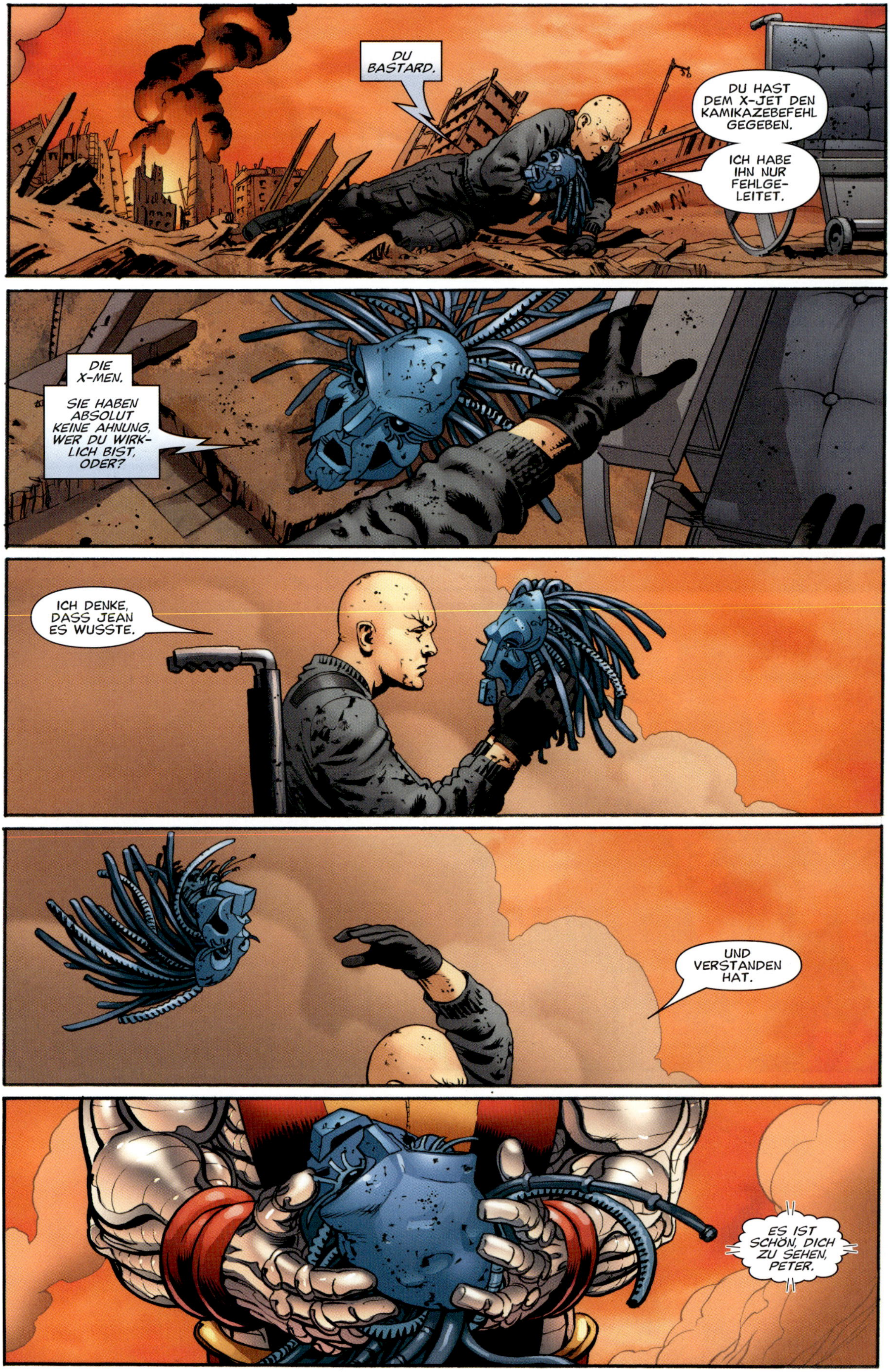
DU BASTARD.
DU HAST DEM X-JET DEN KAMIKAZEBEFEHL GEGEBEN.
ICH HABE IHN NUR FEHLGE-LEITET.
DIE X-MEN.
SIE HABEN ABSOLUT KEINE AHNUNG, WER DU WIRK-LICH BIST, ODER?
ICH DENKE, DASS JEAN ES WUSSTE.
UND VERSTANDEN HAT.
ES IST SCHÖN, DICH ZU SEHEN, PETER.

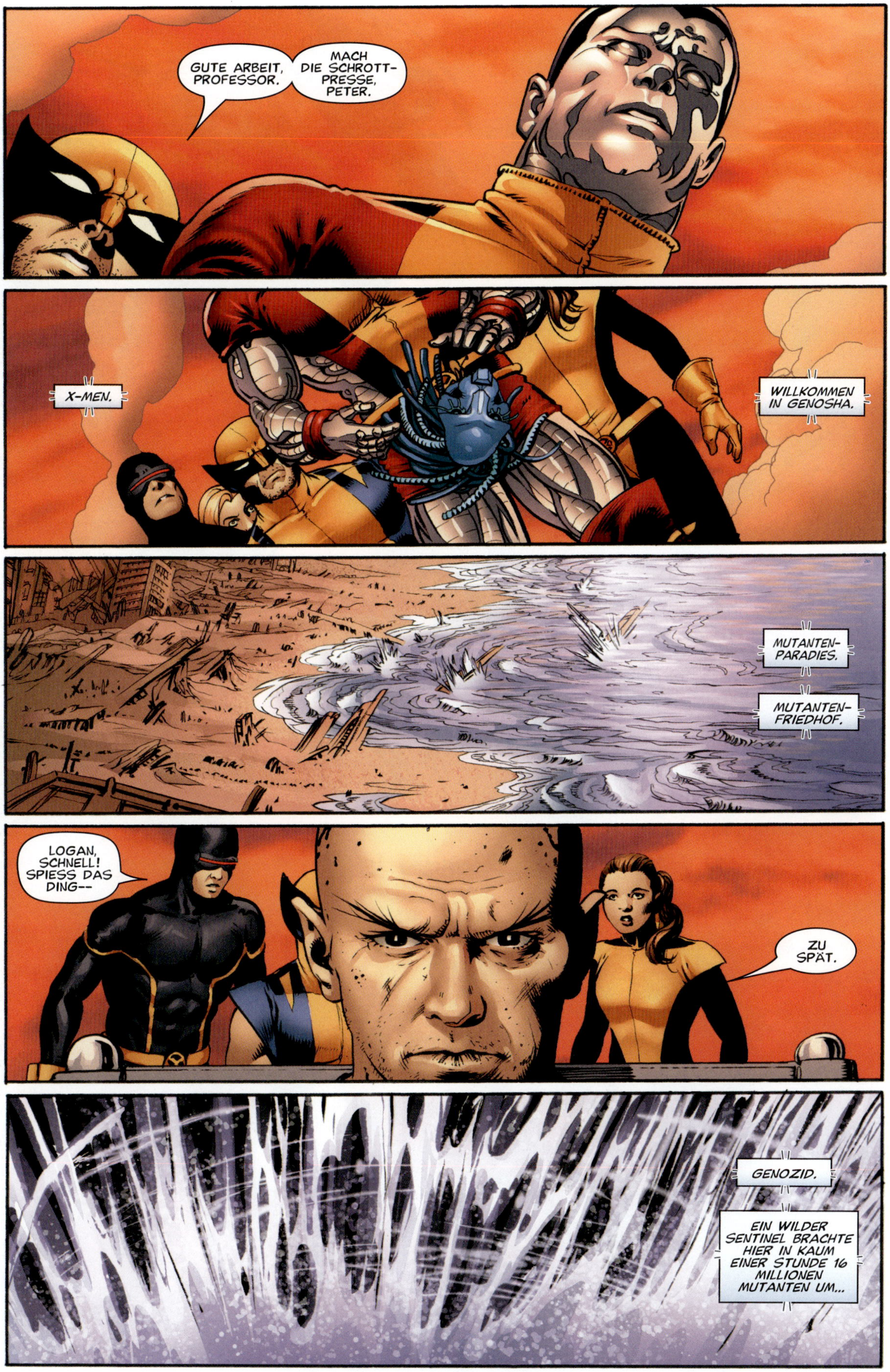
GUTE ARBEIT, PROFESSOR.
MACH DIE SCHROTT-PRESSE, PETER.
X-MEN.
WILLKOMMEN IN GENOSHA.
MUTANTEN-PARADIES.
MUTANTEN-FRIEDHOF.
LOGAN, SCHNELL! SPIESS DAS DING--
ZU SPÄT.
GENOZID.
EIN WILDER SENTINEL BRACHTE HIER IN KAUM EINER STUNDE 16 MILLIONEN MUTANTEN UM...

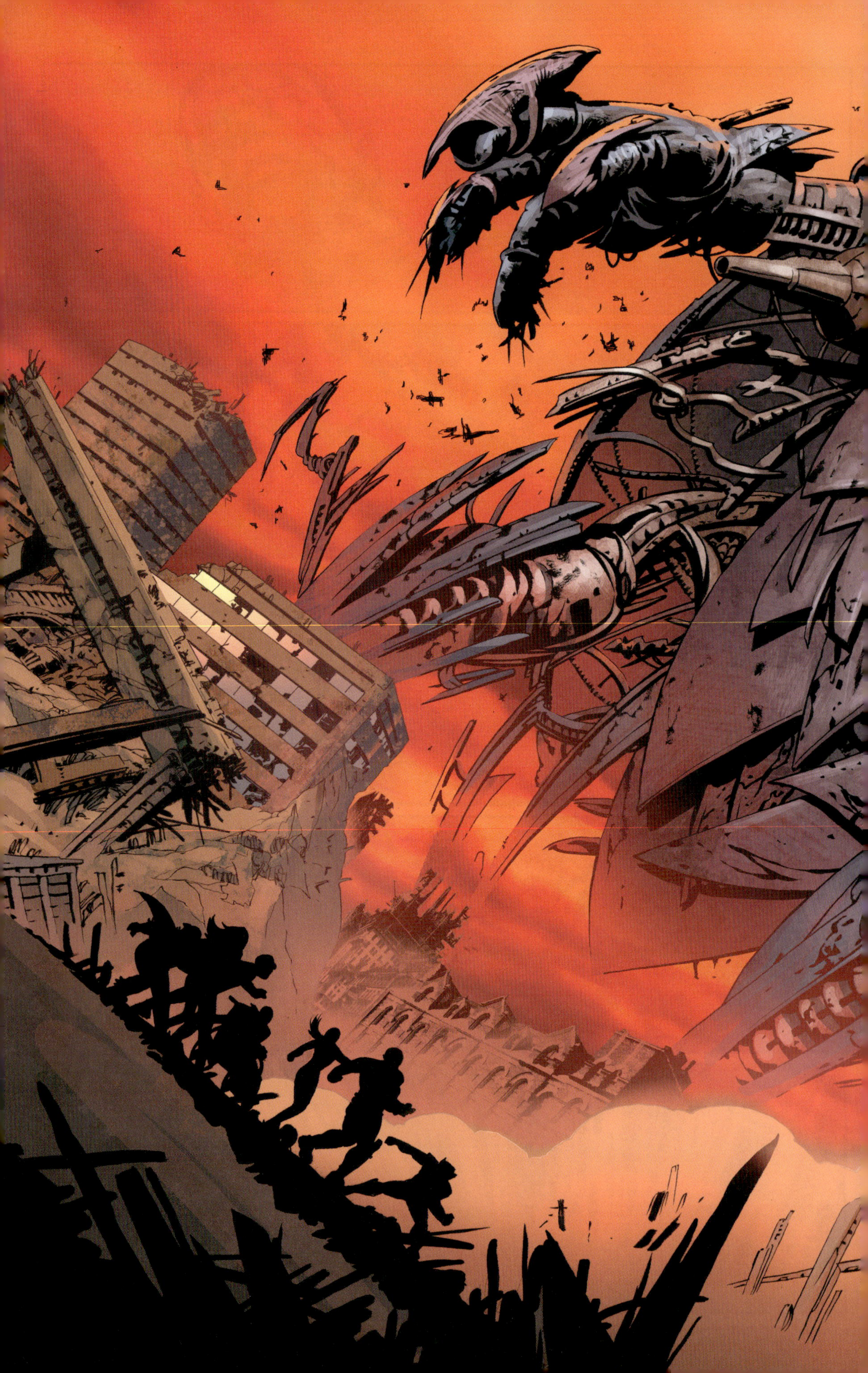

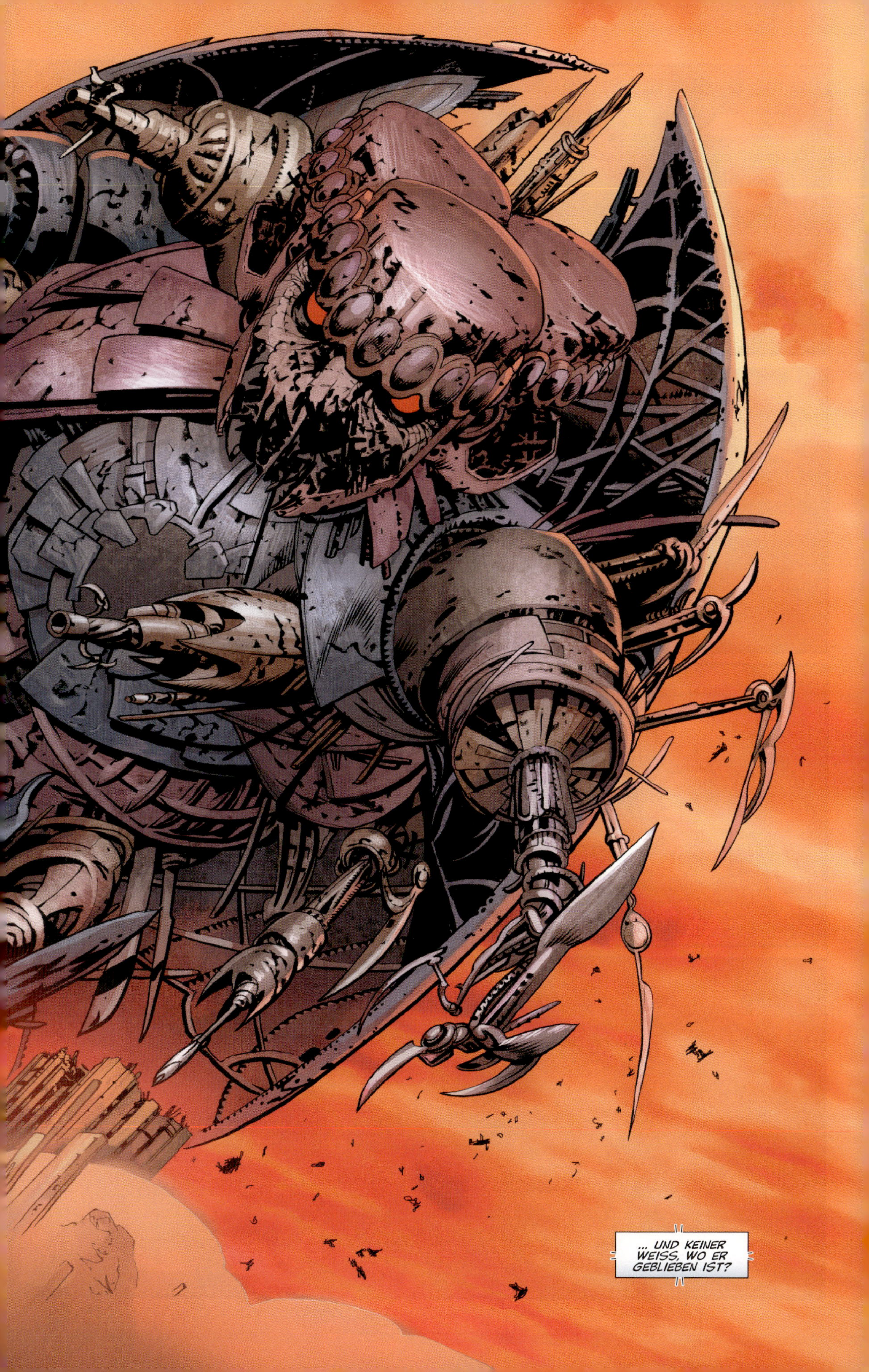
... UND KEINER WEISS, WO ER GEBLIEBEN IST?

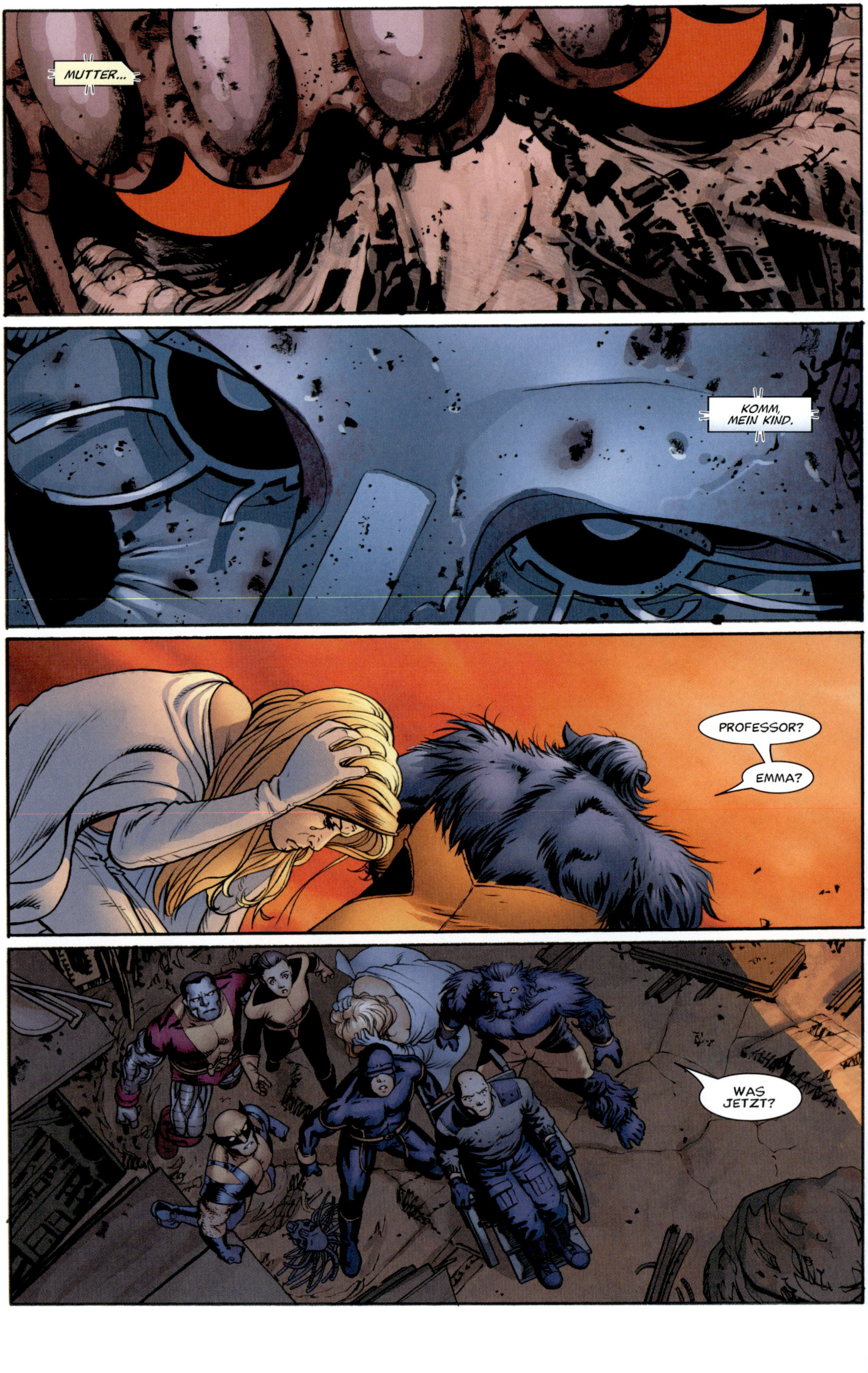
MUTTER...
KOMM, MEIN KIND.
PROFESSOR?
EMMA?
WAS JETZT?

GEFÄHRLICH, TEIL 6

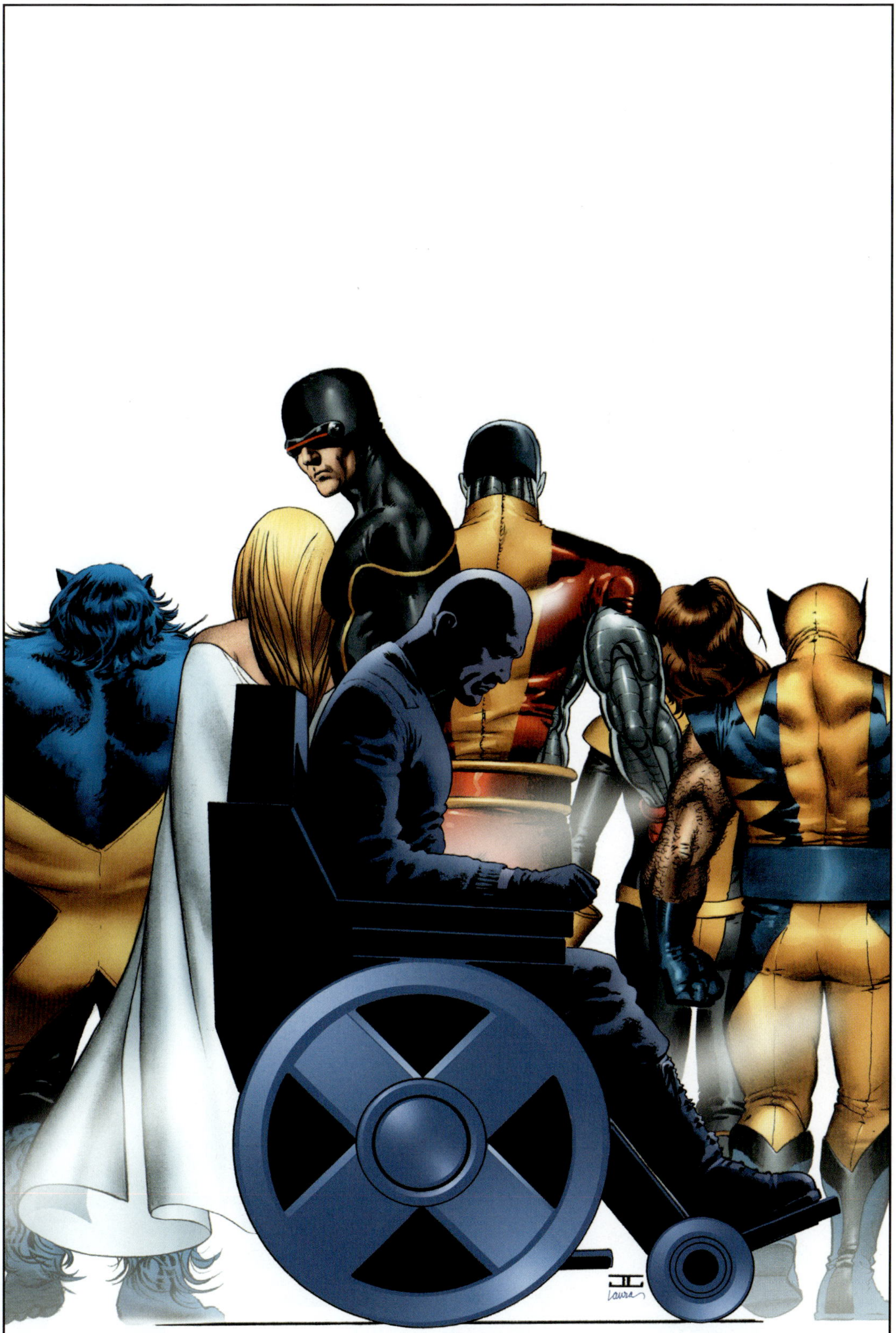

Astonishing X-Men (2004) 12
Cover von **JOHN CASSADAY**

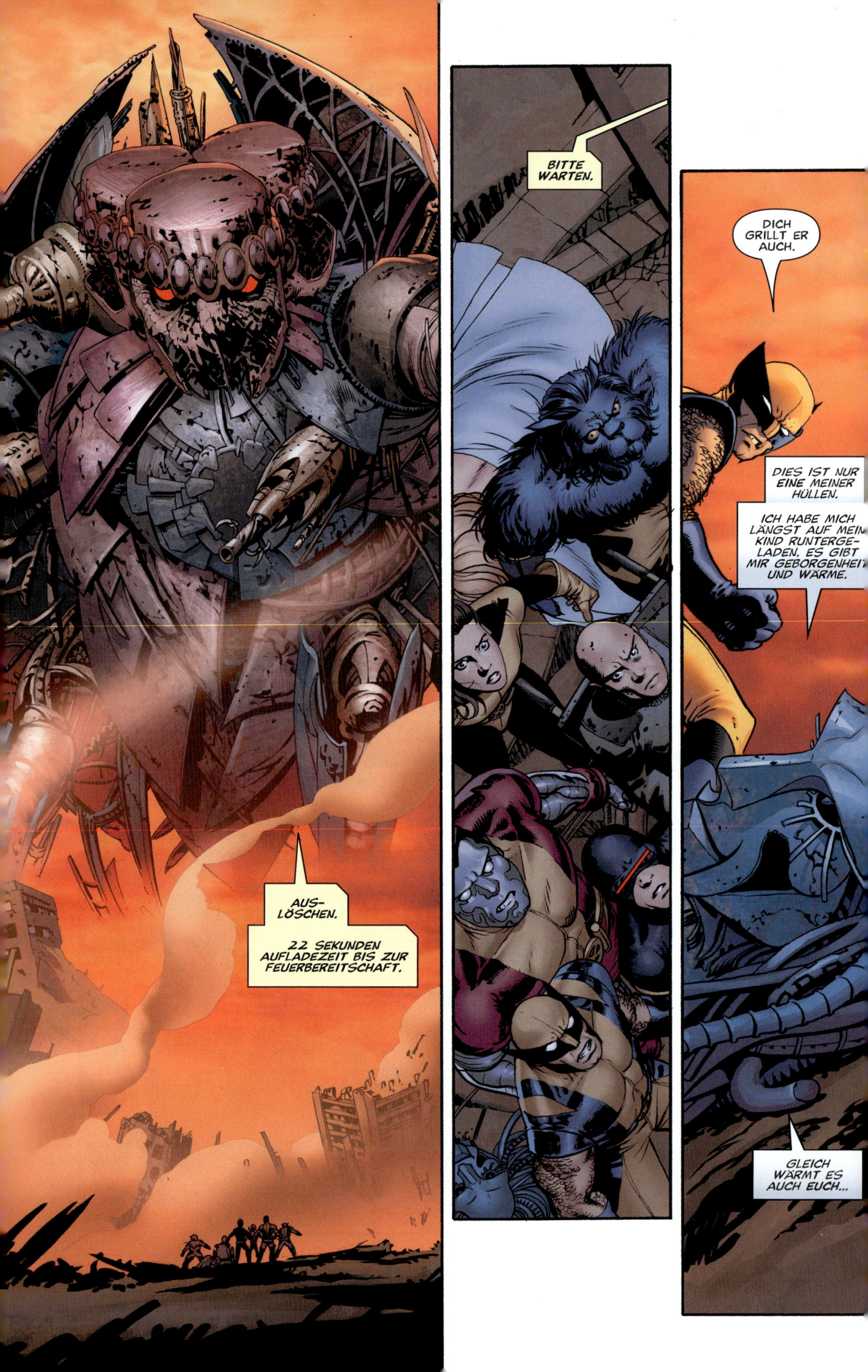
AUS-
LÖSCHEN.
22 SEKUNDEN AUFLADEZEIT BIS ZUR FEUERBEREITSCHAFT.
BITTE WARTEN.
DICH GRILLT ER AUCH.
DIES IST NUR EINE MEINER HÜLLEN.
ICH HABE MICH LÄNGST AUF MEIN KIND RUNTERGE-LADEN. ES GIBT MIR GEBORGENHEI UND WÄRME.
GLEICH WÄRMT ES AUCH EUCH...

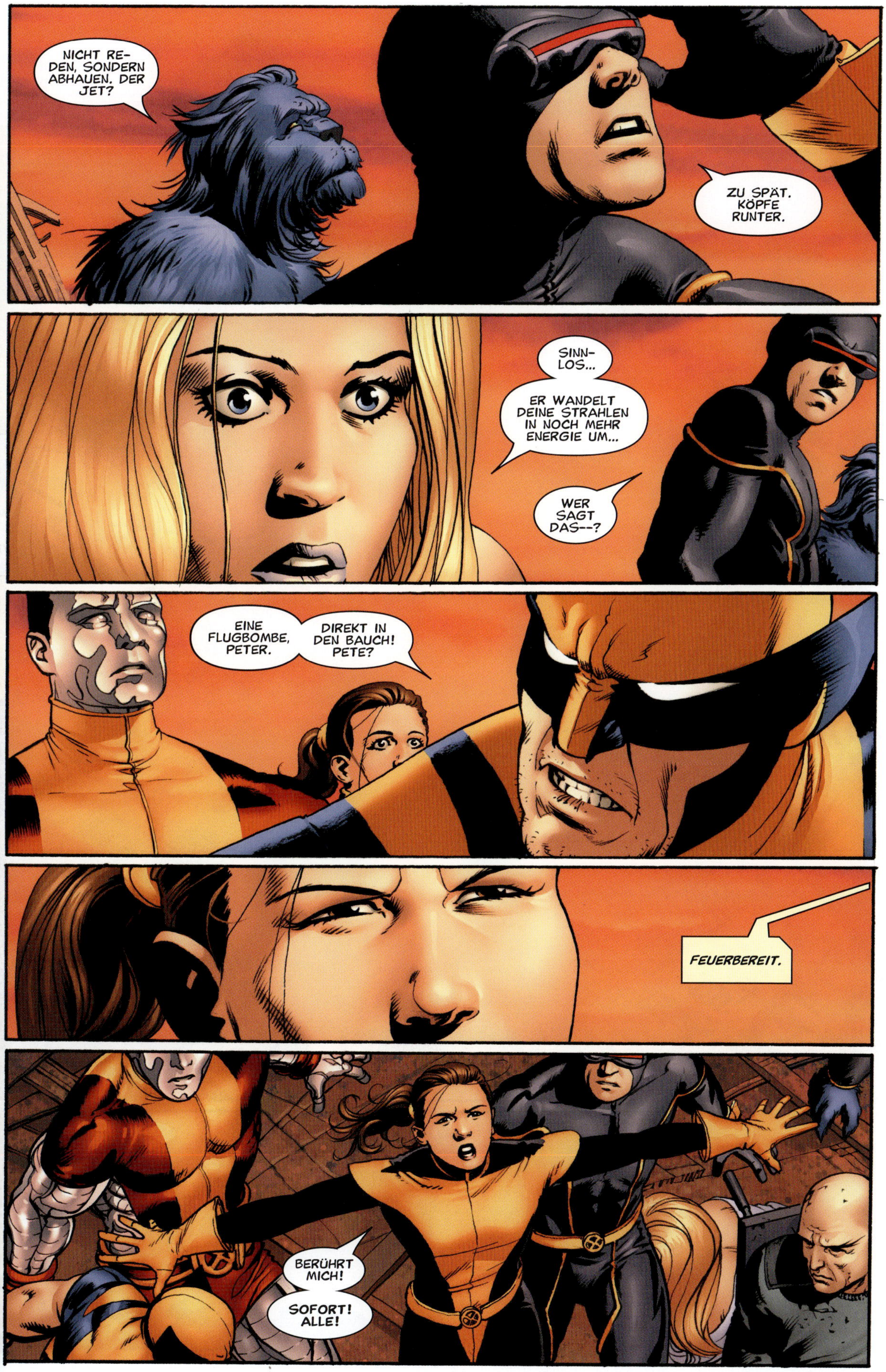
NICHT REDEN, SONDERN ABHAUEN. DER JET?
ZU SPÄT. KÖPFE RUNTER.
SINNLOS...
ER WANDELT DEINE STRAHLEN IN NOCH MEHR ENERGIE UM...
WER SAGT DAS--?
EINE FLUGBOMBE, PETER.
DIREKT IN DEN BAUCH! PETE?
FEUERBEREIT.
BERÜHRT MICH!
SOFORT! ALLE!

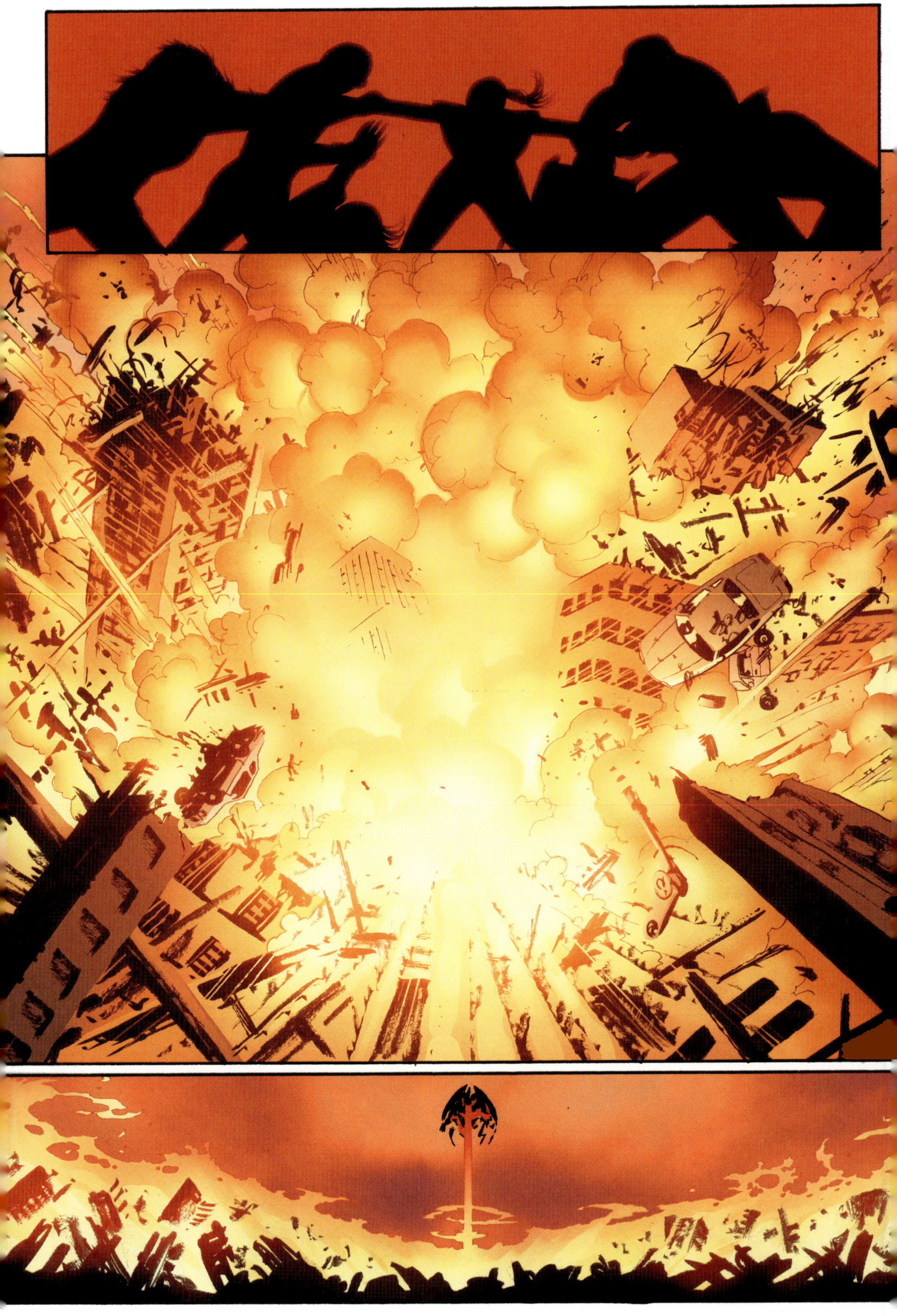

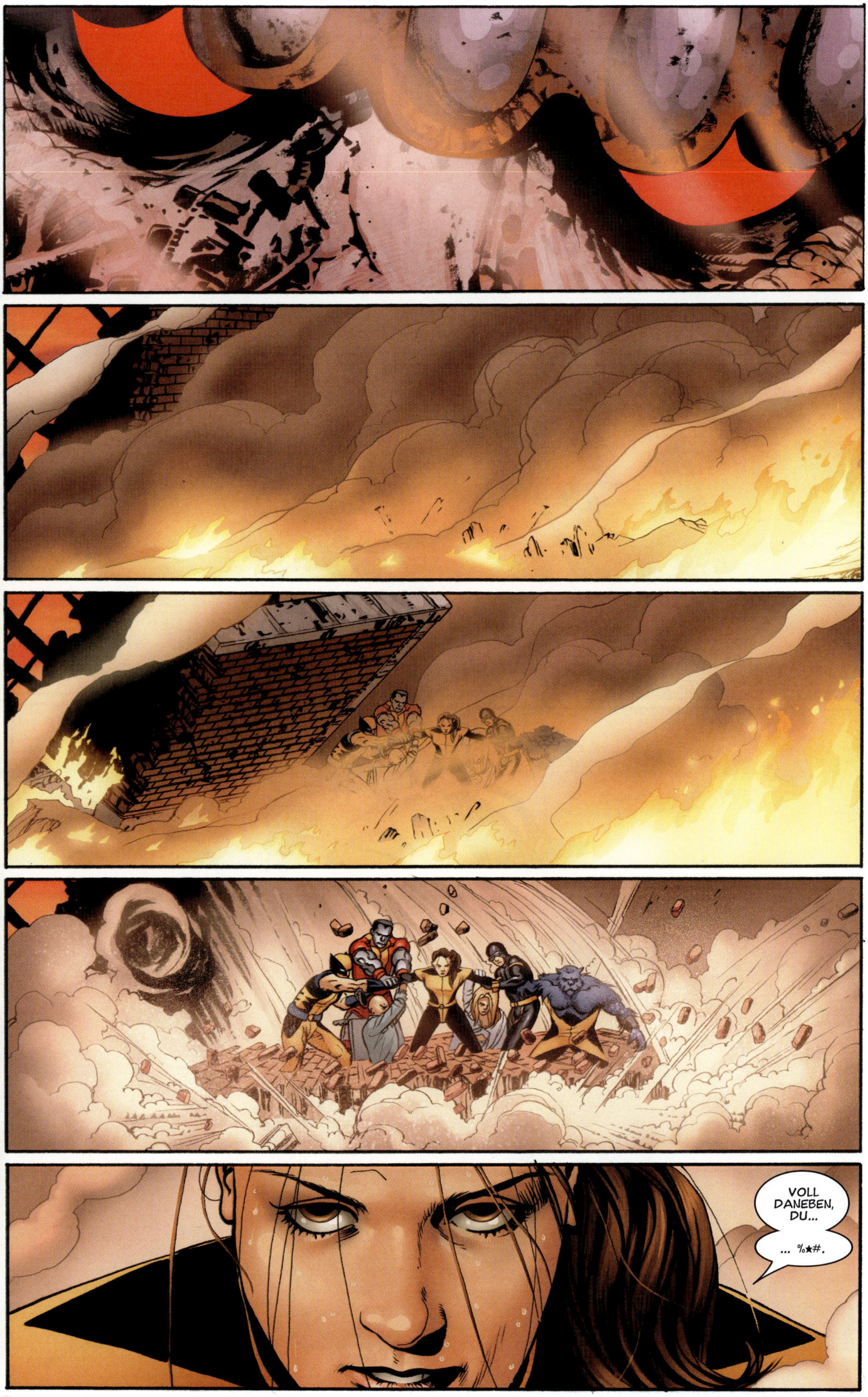
VOLL DANEBEN, DU...
... %★#.

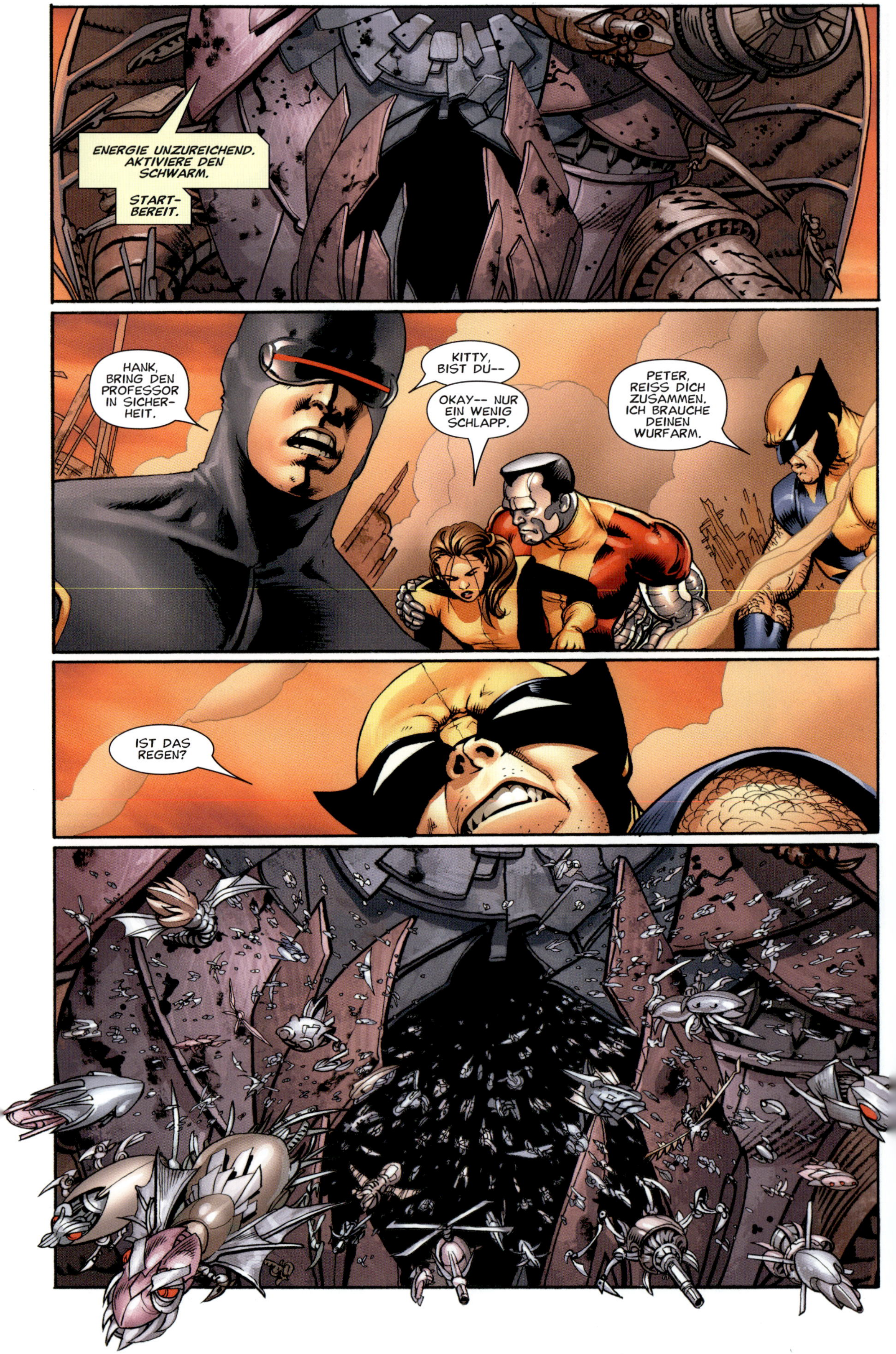
ENERGIE UNZUREICHEND. AKTIVIERE DEN SCHWARM.
START-BEREIT.
HANK, BRING DEN PROFESSOR IN SICHER-HEIT.
KITTY, BIST DU--
OKAY-- NUR EIN WENIG SCHLAPP.
PETER, REISS DICH ZUSAMMEN. ICH BRAUCHE DEINEN WURFARM.
IST DAS REGEN?

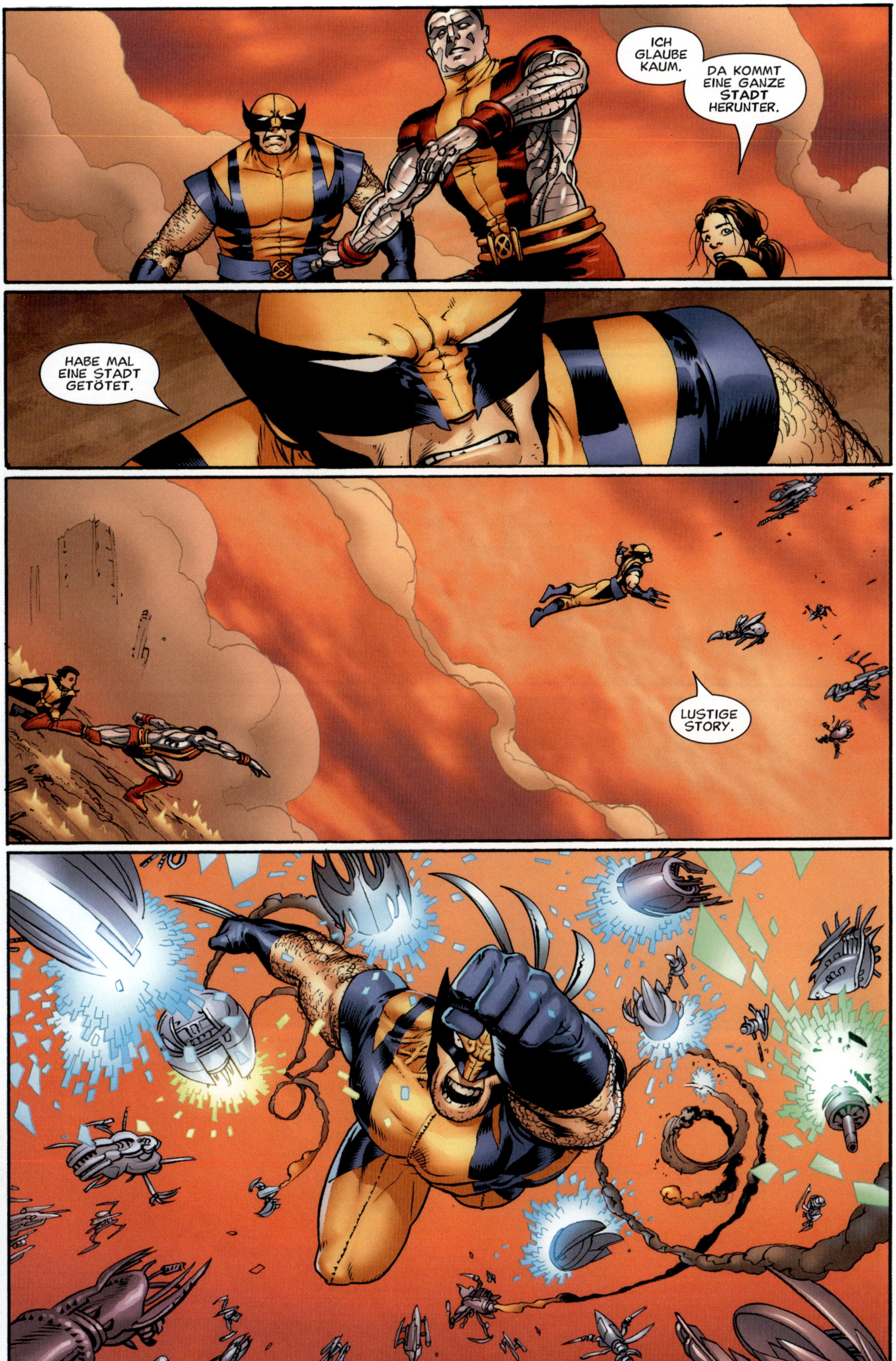
ICH GLAUBE KAUM.
DA KOMMT EINE GANZE STADT HERUNTER.
HABE MAL EINE STADT GETÖTET.
LUSTIGE STORY.

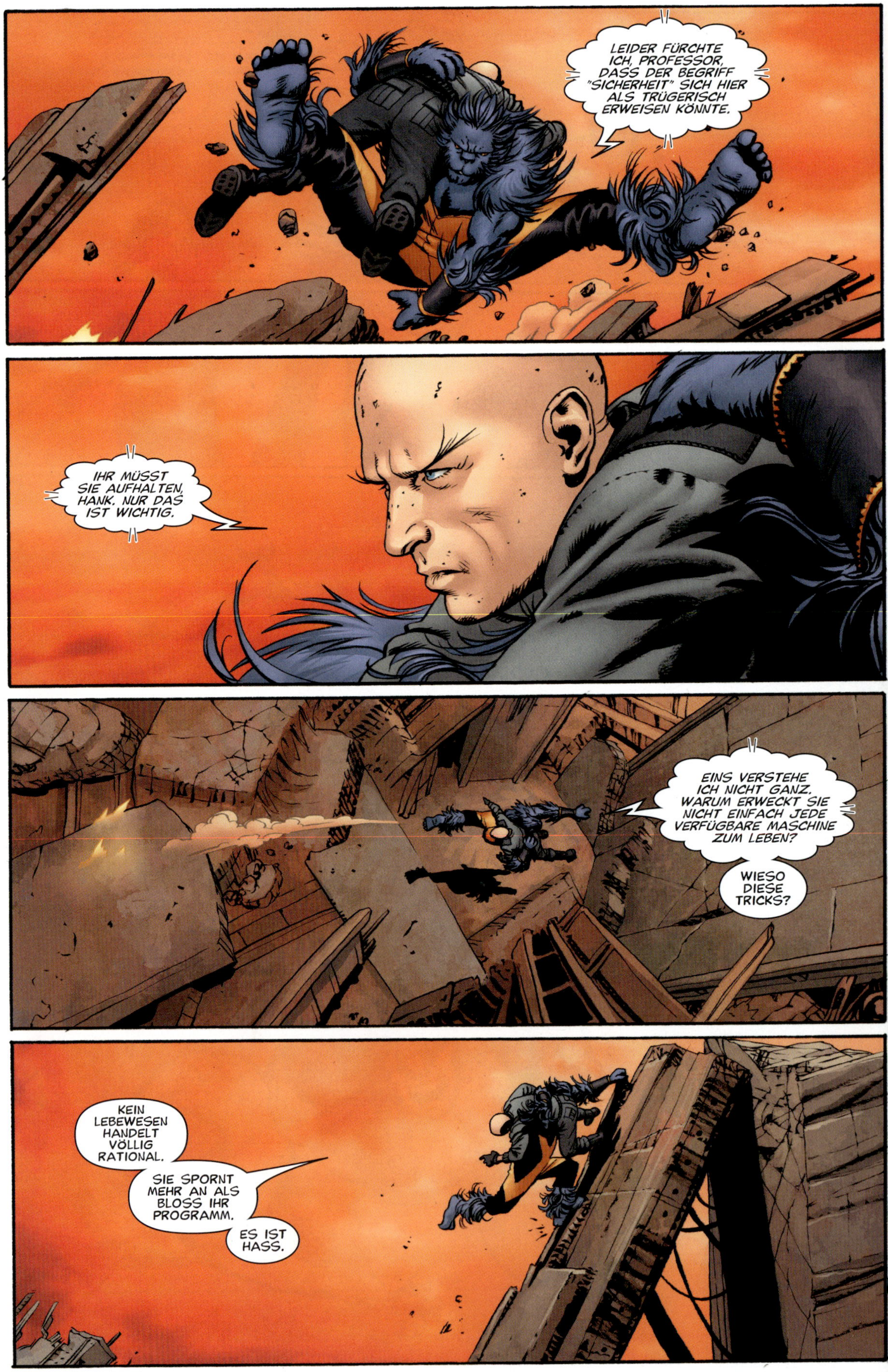
LEIDER FÜRCHTE ICH, PROFESSOR, DASS DER BEGRIFF "SICHERHEIT" SICH HIER ALS TRÜGERISCH ERWEISEN KÖNNTE.
IHR MÜSST SIE AUFHALTEN, HANK. NUR DAS IST WICHTIG.
EINS VERSTEHE ICH NICHT GANZ. WARUM ERWECKT SIE NICHT EINFACH JEDE VERFÜGBARE MASCHINE ZUM LEBEN?
WIESO DIESE TRICKS?
KEIN LEBEWESEN HANDELT VÖLLIG RATIONAL.
SIE SPORNT MEHR AN ALS BLOSS IHR PROGRAMM.
ES IST HASS.

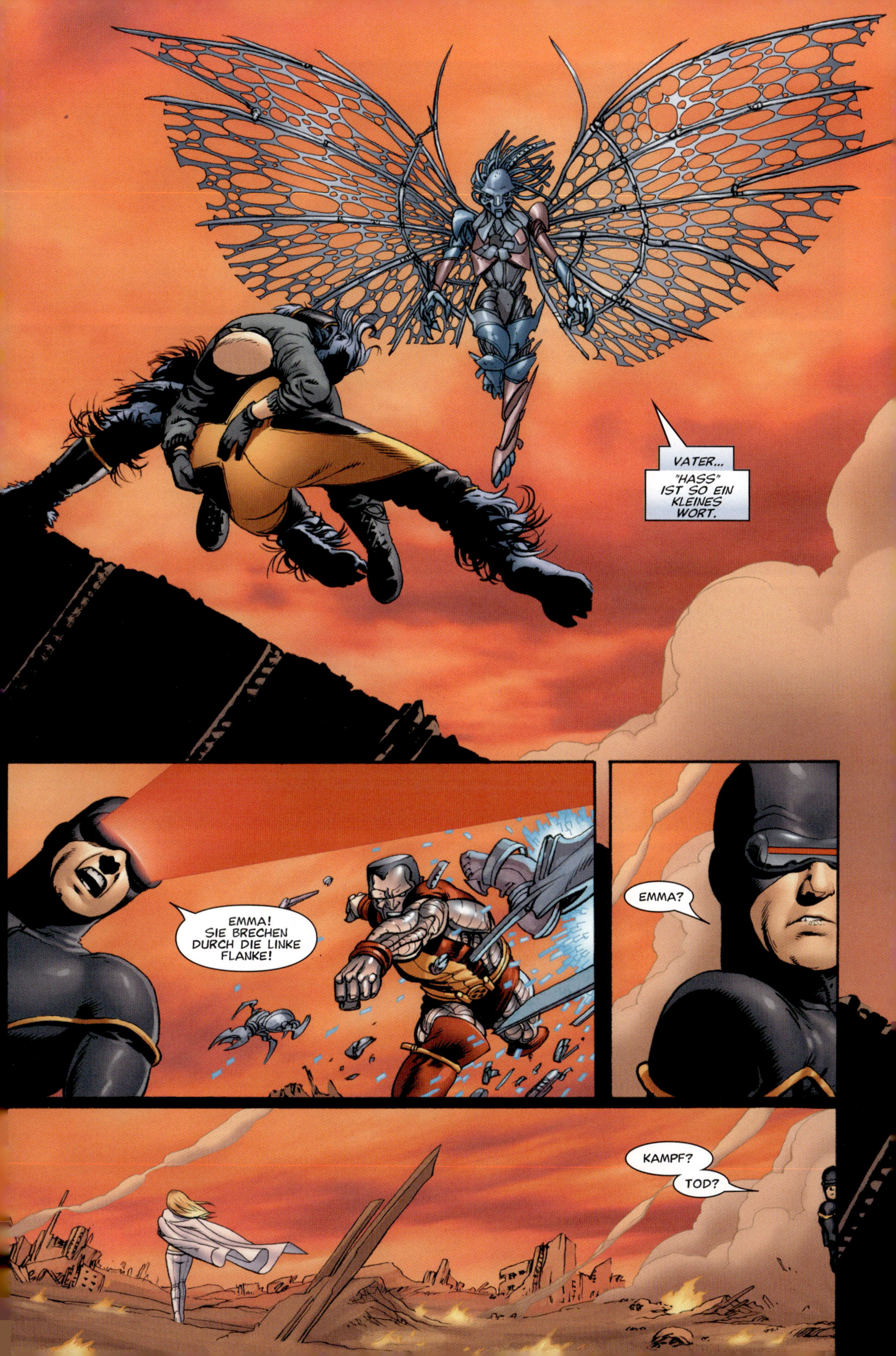
VATER...
"HASS" IST SO EIN KLEINES WORT.
EMMA! SIE BRECHEN DURCH DIE LINKE FLANKE!
EMMA?
KAMPF?
TOD?

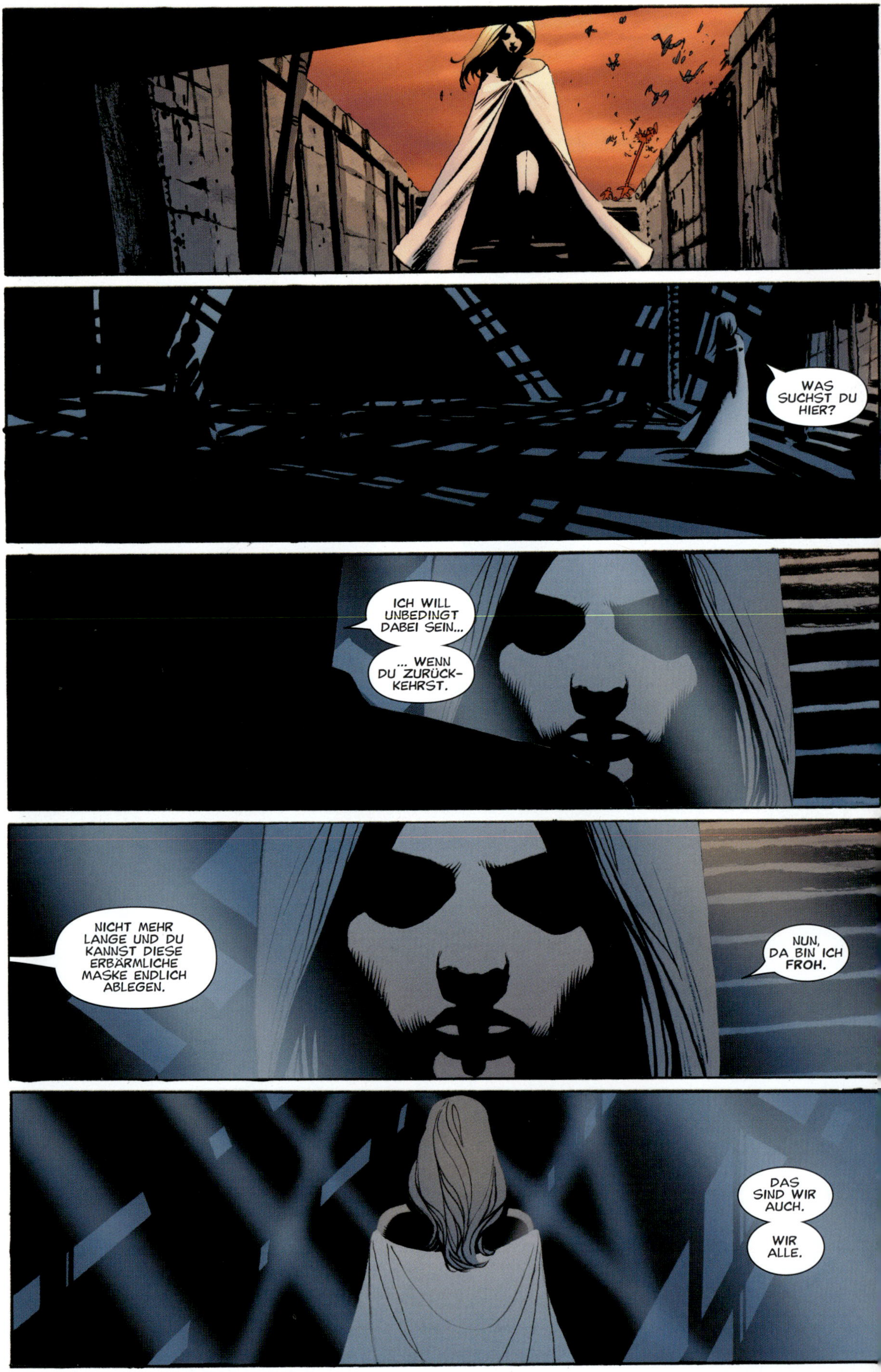
WAS SUCHST DU HIER?
ICH WILL UNBEDINGT DABEI SEIN...
... WENN DU ZURÜCKKEHRST.
NICHT MEHR LANGE UND DU KANNST DIESE ERBÄRMLICHE MASKE ENDLICH ABLEGEN.
NUN, DA BIN ICH FROH.
DAS SIND WIR AUCH.
WIR ALLE.

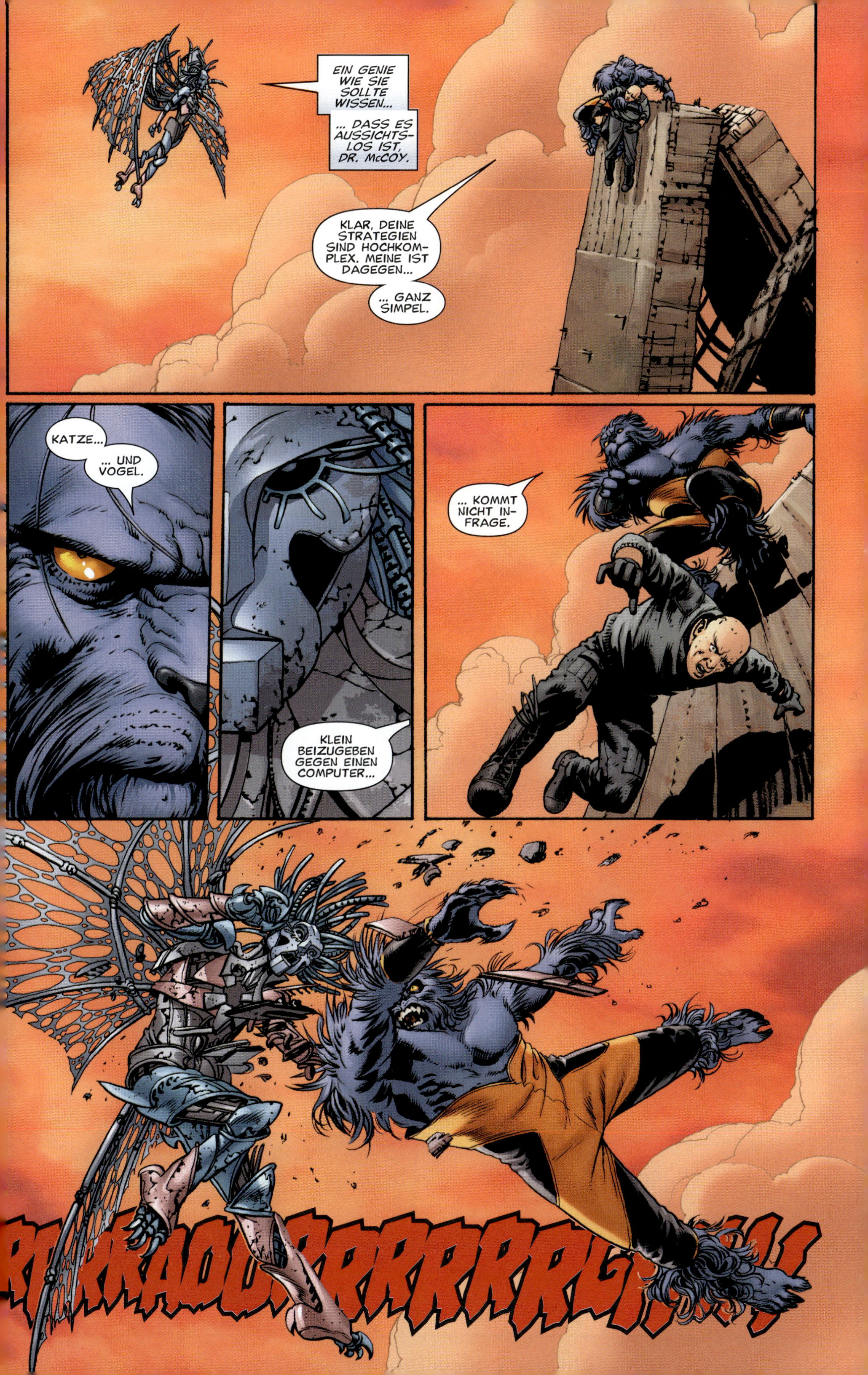
EIN GENIE WIE SIE SOLLTE WISSEN...
... DASS ES AUSSICHTSLOS IST, DR. McCOY.
KLAR, DEINE STRATEGIEN SIND HOCHKOMPLEX. MEINE IST DAGEGEN...
... GANZ SIMPEL.
KATZE...
... UND VOGEL.
KLEIN BEIZUGEBEN GEGEN EINEN COMPUTER...
... KOMMT NICHT INFRAGE.

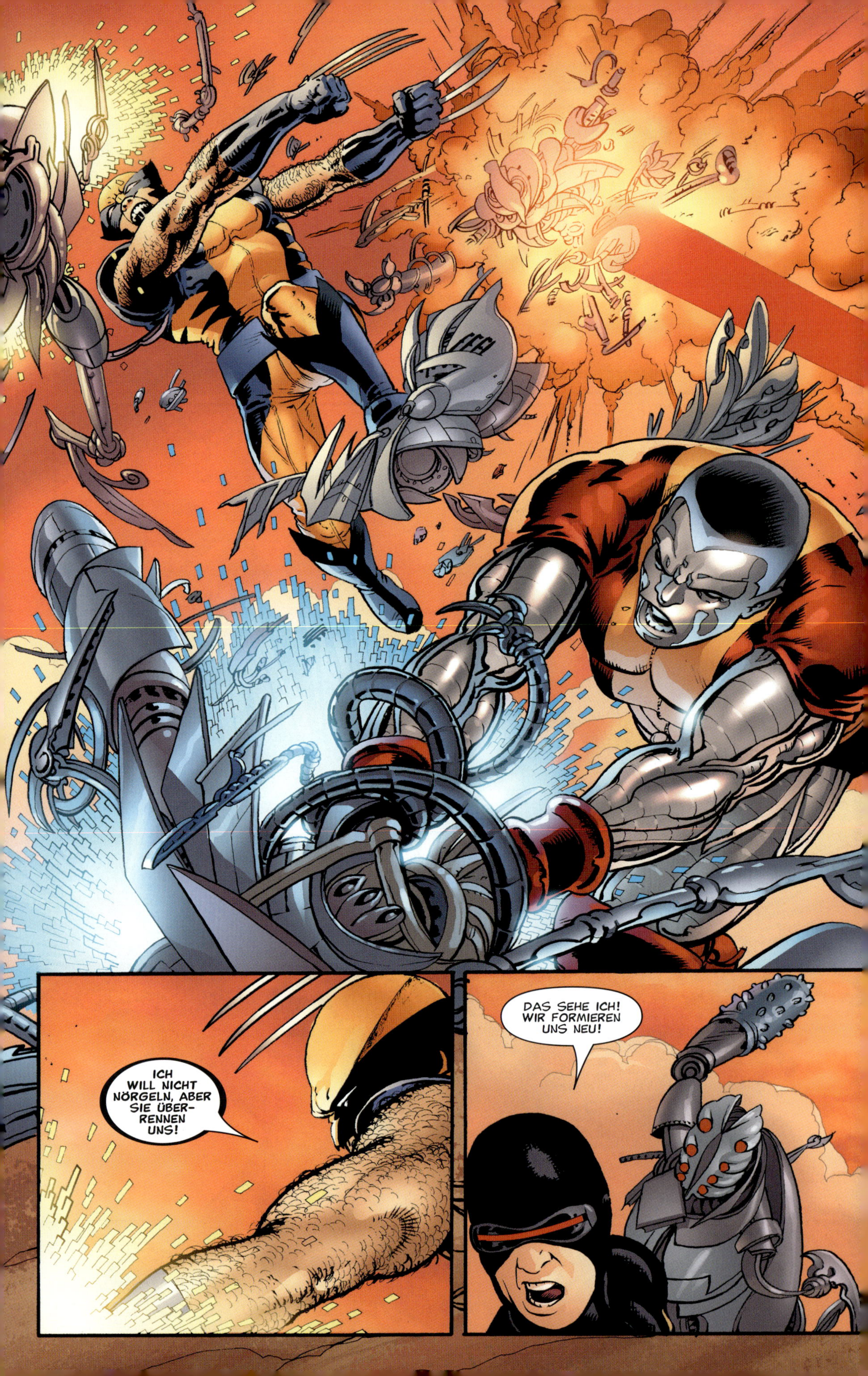
ICH WILL NICHT NÖRGELN, ABER SIE ÜBER-RENNEN UNS!
DAS SEHE ICH! WIR FORMIEREN UNS NEU!

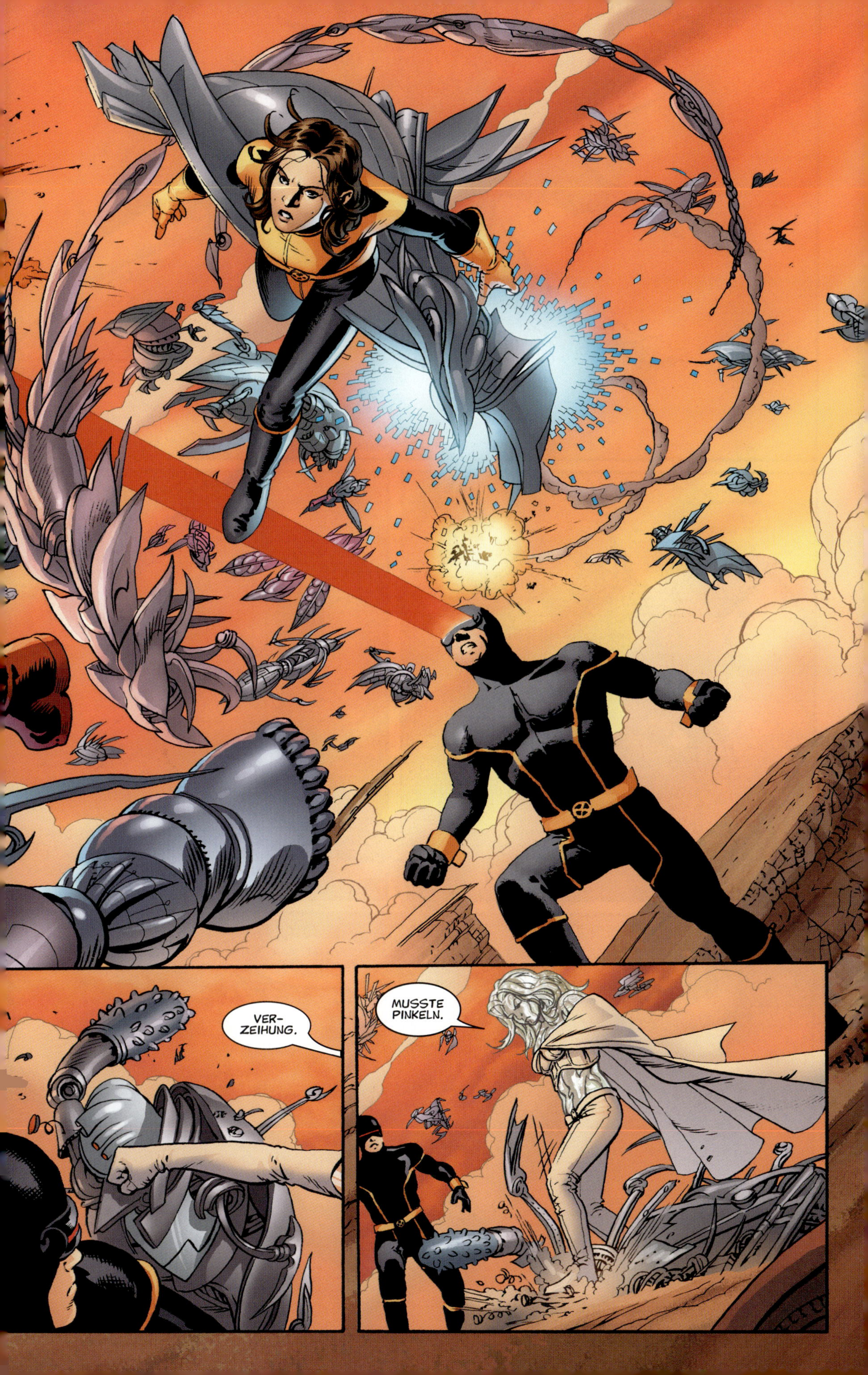
VER-
ZEIHUNG.
MUSSTE
PINKELN.

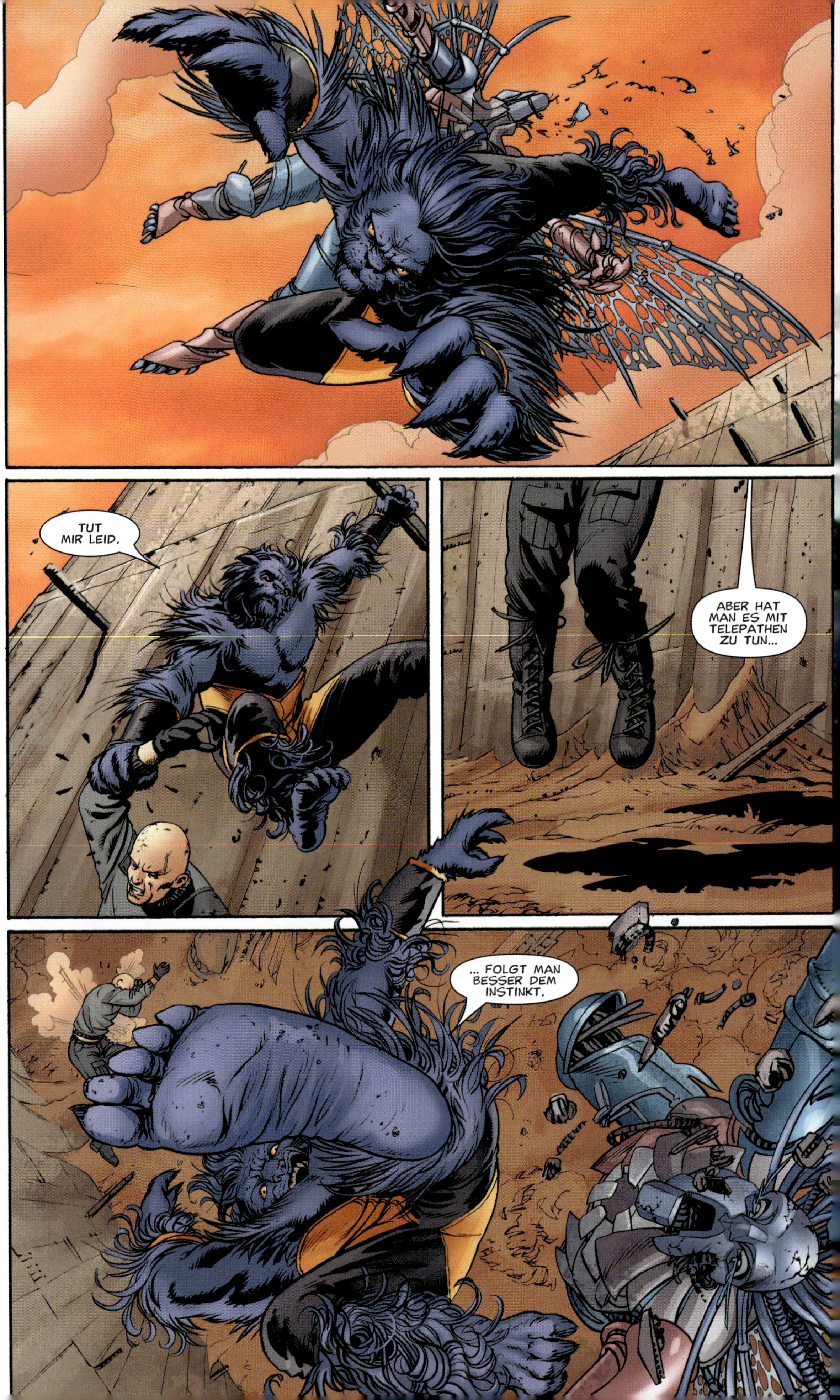
TUT MIR LEID.
ABER HAT MAN ES MIT TELEPATHEN ZU TUN...
... FOLGT MAN BESSER DEM INSTINKT.

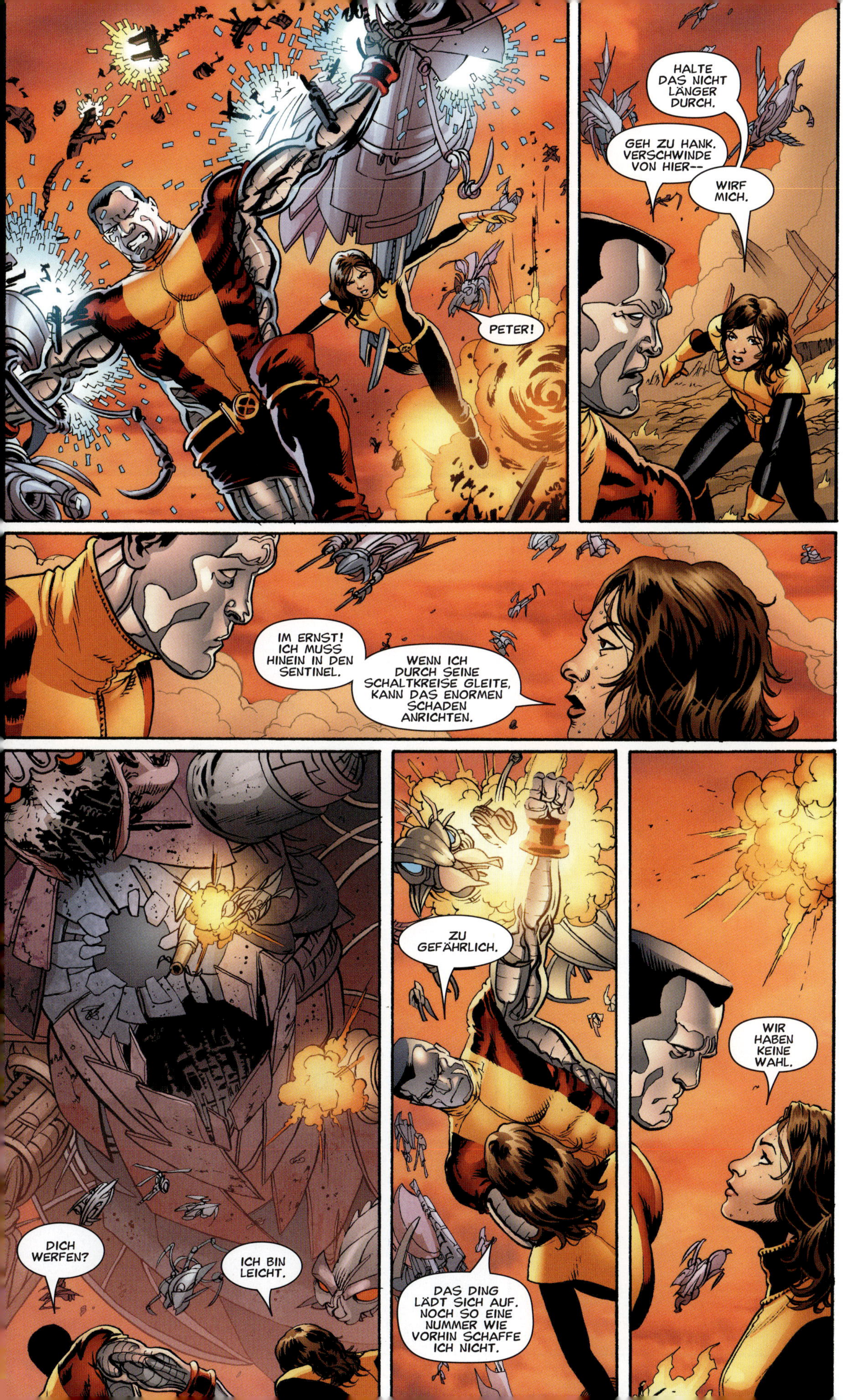
PETER!
HALTE DAS NICHT LÄNGER DURCH.
GEH ZU HANK. VERSCHWINDE VON HIER--
WIRF MICH.
IM ERNST! ICH MUSS HINEIN IN DEN SENTINEL.
WENN ICH DURCH SEINE SCHALTKREISE GLEITE, KANN DAS ENORMEN SCHADEN ANRICHTEN.
DICH WERFEN?
ICH BIN LEICHT.
ZU GEFÄHRLICH.
DAS DING LÄDT SICH AUF. NOCH SO EINE NUMMER WIE VORHIN SCHAFFE ICH NICHT.
WIR HABEN KEINE WAHL.

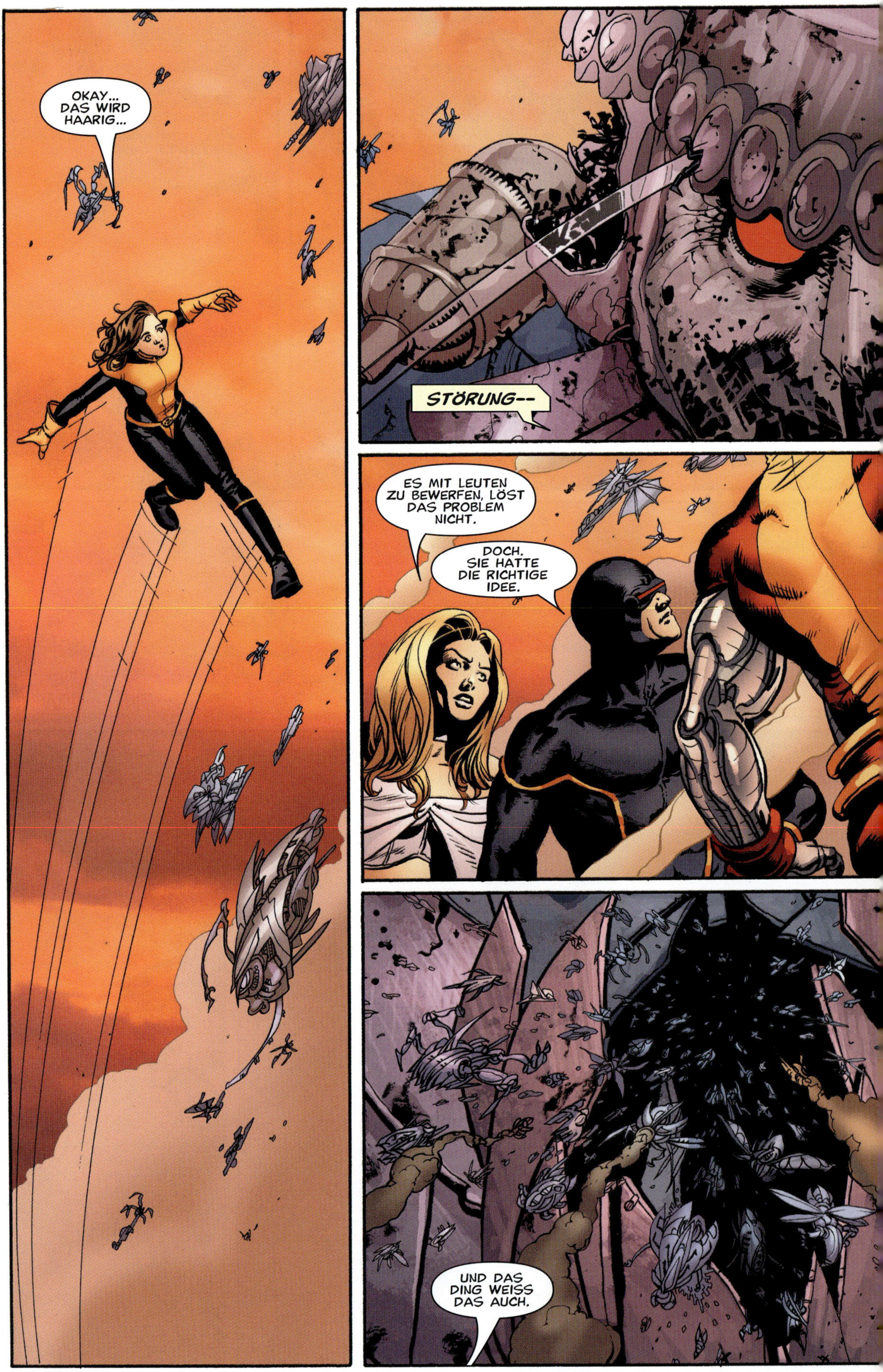
OKAY... DAS WIRD HAARIG...
STÖRUNG--
ES MIT LEUTEN ZU BEWERFEN, LÖST DAS PROBLEM NICHT.
DOCH. SIE HATTE DIE RICHTIGE IDEE.
UND DAS DING WEISS DAS AUCH.

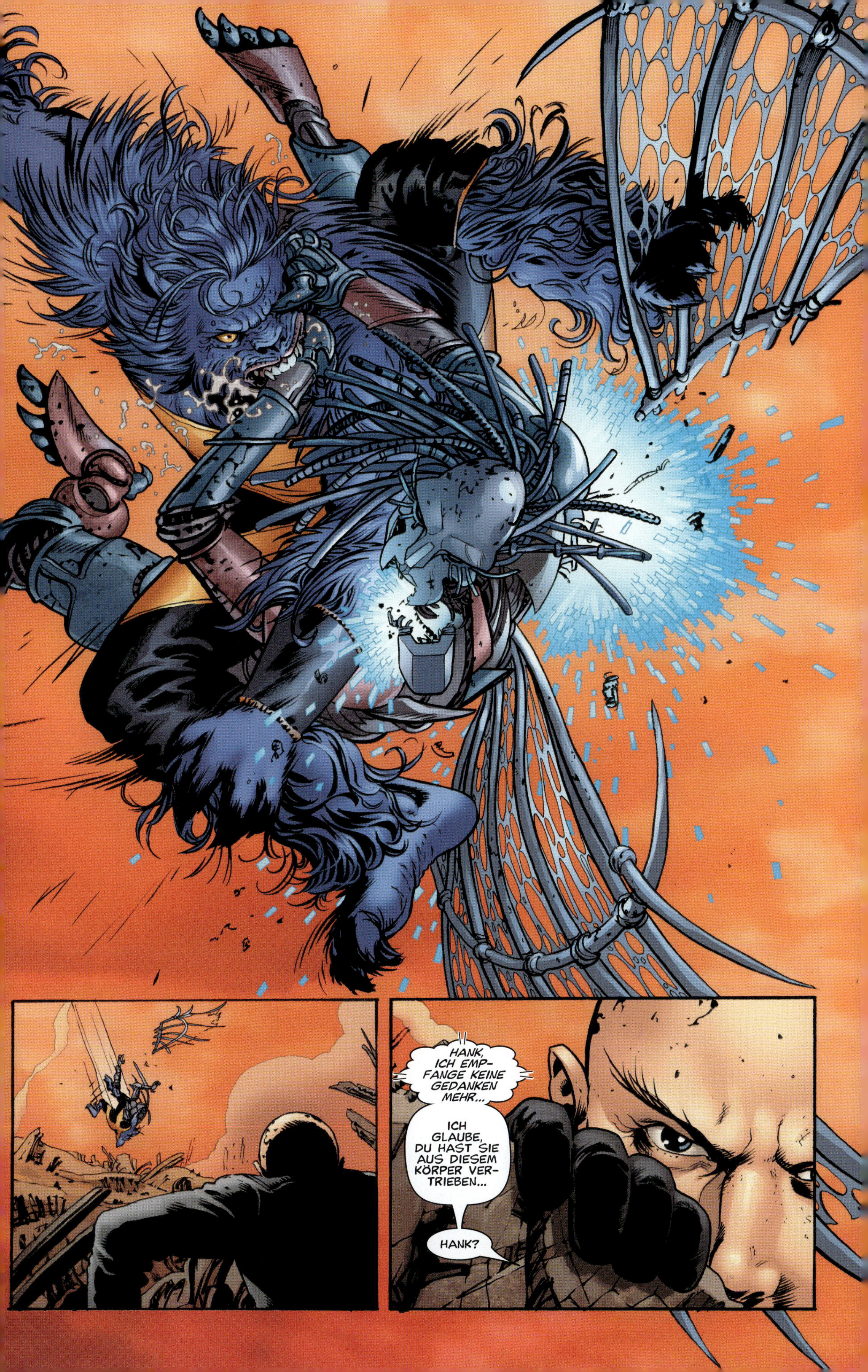
HANK, ICH EMPFANGE KEINE GEDANKEN MEHR...
ICH GLAUBE, DU HAST SIE AUS DIESEM KÖRPER VERTRIEBEN...
HANK?

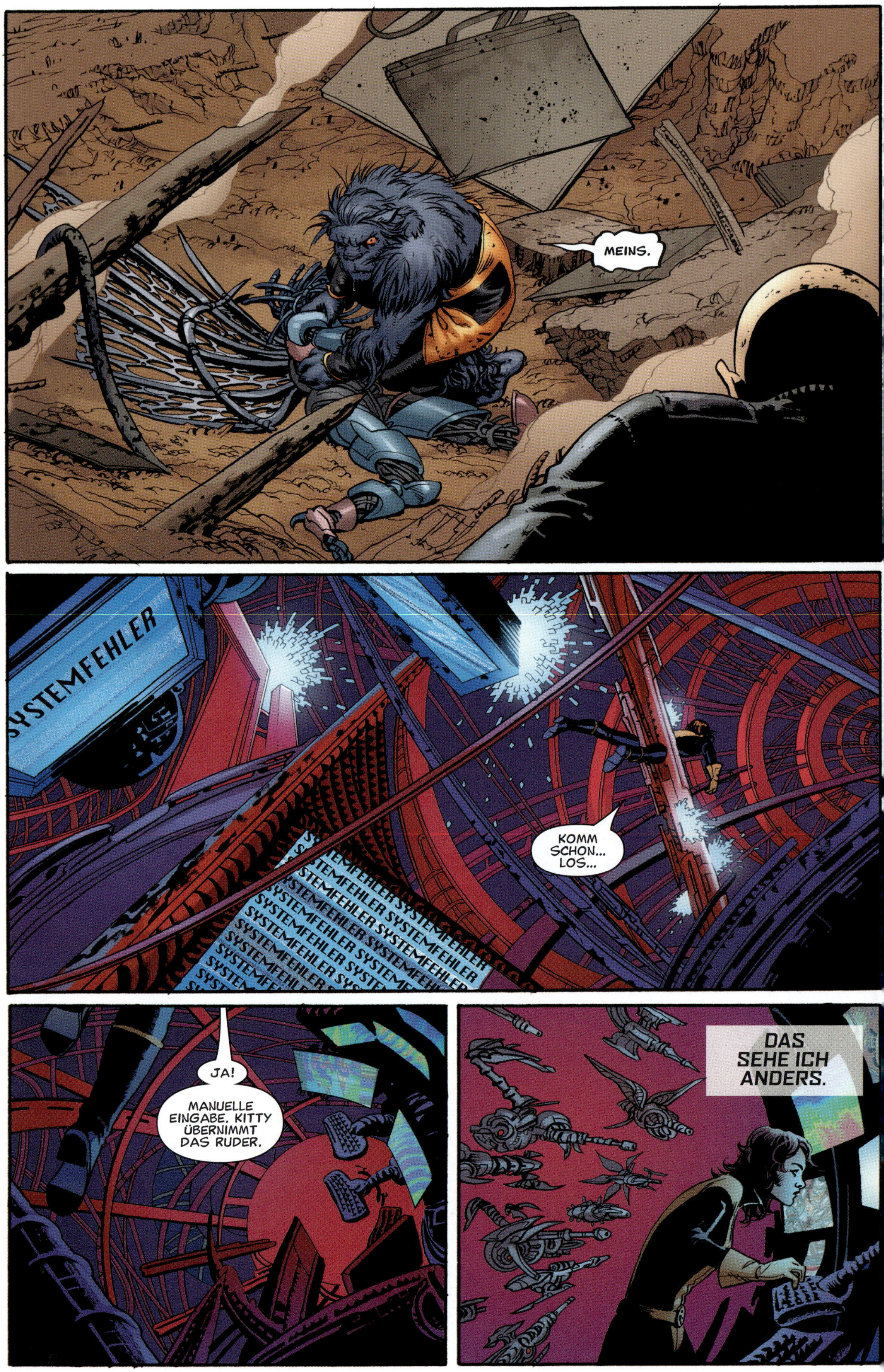
MEINS.
SYSTEMFEHLER
KOMM SCHON... LOS...
SYSTEMFEHLER SYSTEMFEHLER
JA!
MANUELLE EINGABE. KITTY ÜBERNIMMT DAS RUDER.
DAS SEHE ICH ANDERS.

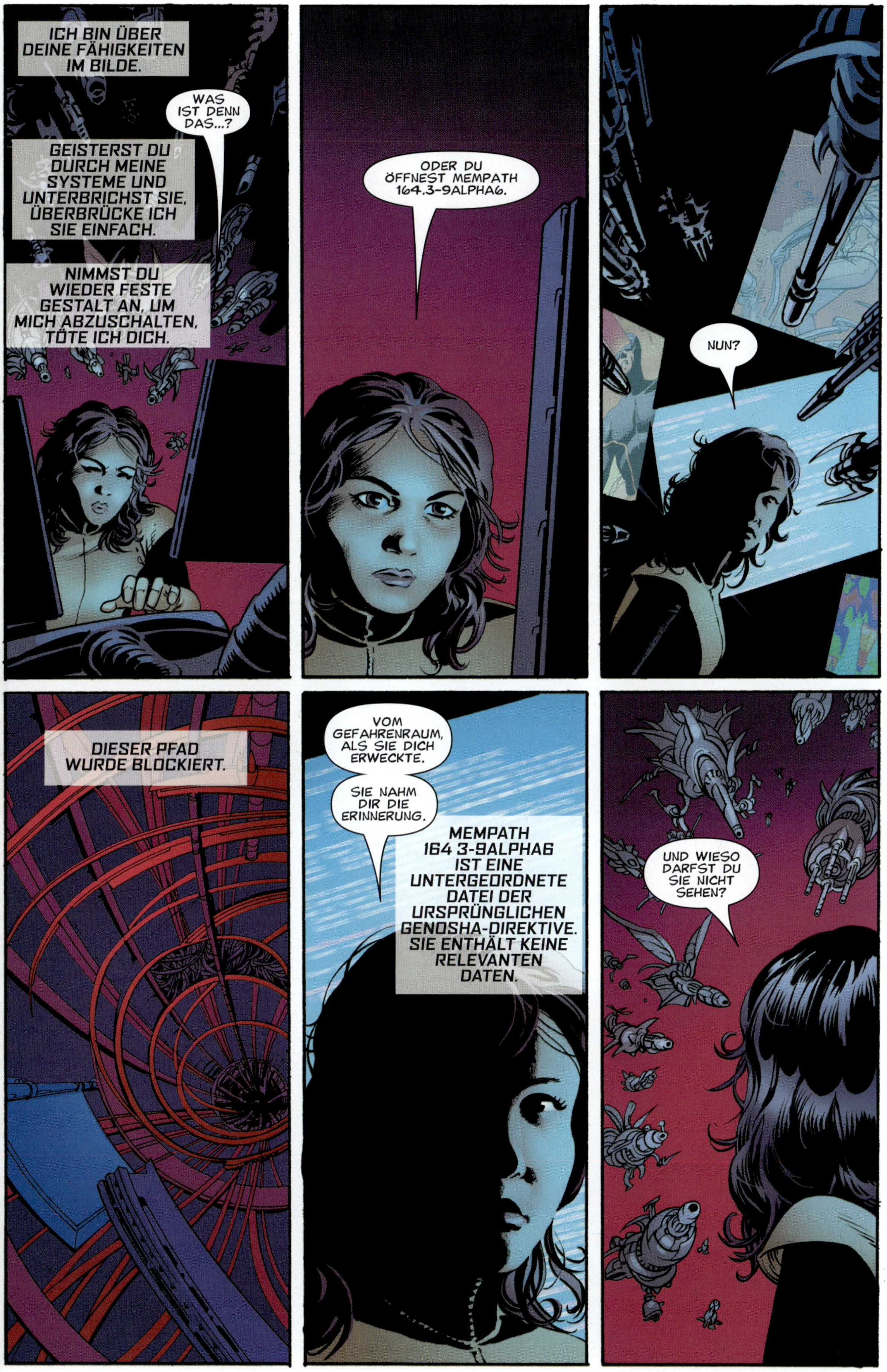
ICH BIN ÜBER DEINE FÄHIGKEITEN IM BILDE.
WAS IST DENN DAS...?
GEISTERST DU DURCH MEINE SYSTEME UND UNTERBRICHST SIE, ÜBERBRÜCKE ICH SIE EINFACH.
NIMMST DU WIEDER FESTE GESTALT AN, UM MICH ABZUSCHALTEN, TÖTE ICH DICH.
ODER DU ÖFFNEST MEMPATH 164.3-9ALPHA6.
NUN?
DIESER PFAD WURDE BLOCKIERT.
VOM GEFAHRENRAUM, ALS SIE DICH ERWECKTE.
SIE NAHM DIR DIE ERINNERUNG.
MEMPATH 164 3-9ALPHA6 IST EINE UNTERGEORDNETE DATEI DER URSPRÜNGLICHEN GENOSHA-DIREKTIVE. SIE ENTHÄLT KEINE RELEVANTEN DATEN.
UND WIESO DARFST DU SIE NICHT SEHEN?

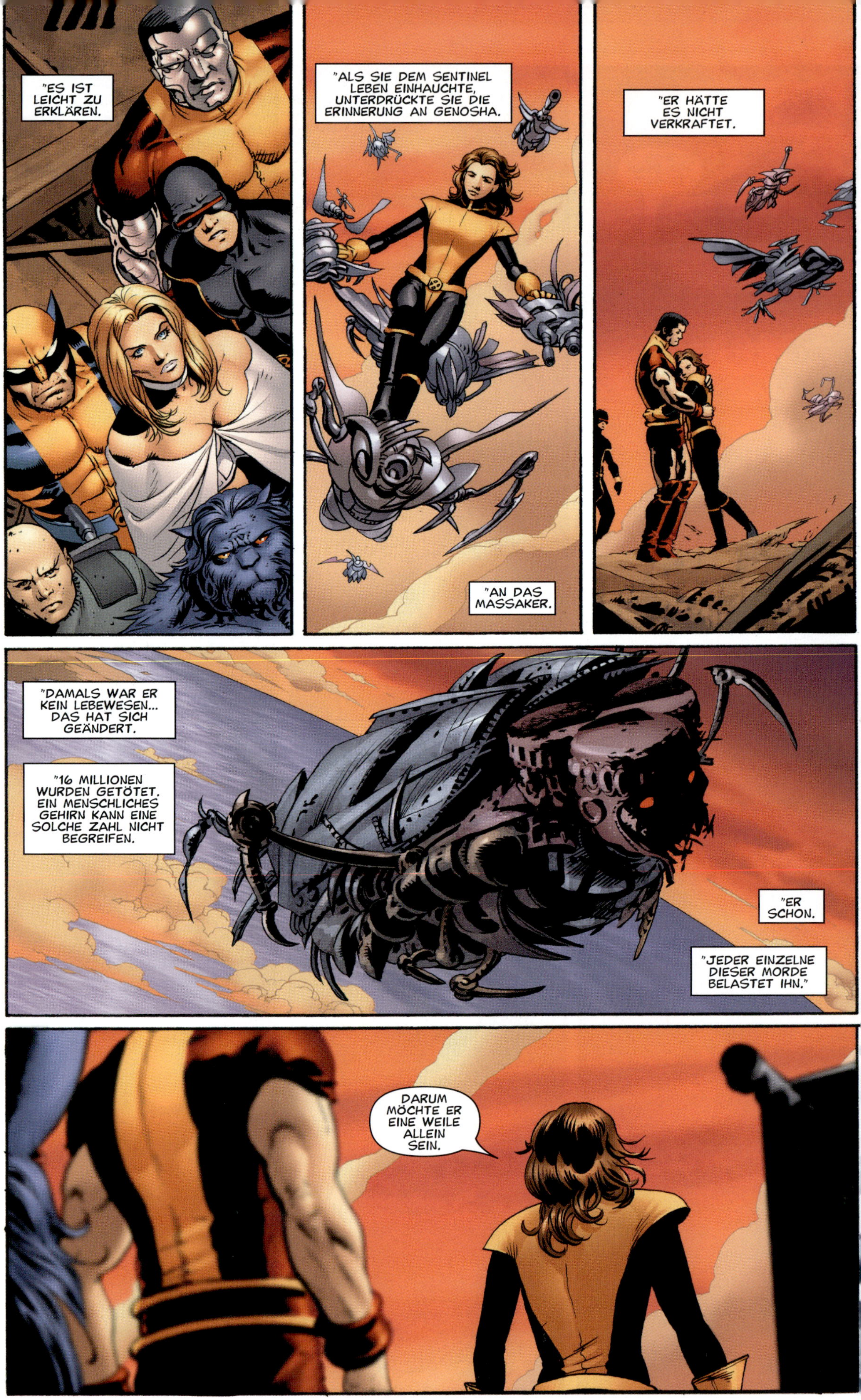

"ES IST LEICHT ZU ERKLÄREN.
"ALS SIE DEM SENTINEL LEBEN EINHAUCHTE, UNTERDRÜCKTE SIE DIE ERINNERUNG AN GENOSHA.
"AN DAS MASSAKER.
"ER HÄTTE ES NICHT VERKRAFTET.
"DAMALS WAR ER KEIN LEBEWESEN... DAS HAT SICH GEÄNDERT.
"16 MILLIONEN WURDEN GETÖTET. EIN MENSCHLICHES GEHIRN KANN EINE SOLCHE ZAHL NICHT BEGREIFEN.
"ER SCHON.
"JEDER EINZELNE DIESER MORDE BELASTET IHN."
DARUM MÖCHTE ER EINE WEILE ALLEIN SEIN.

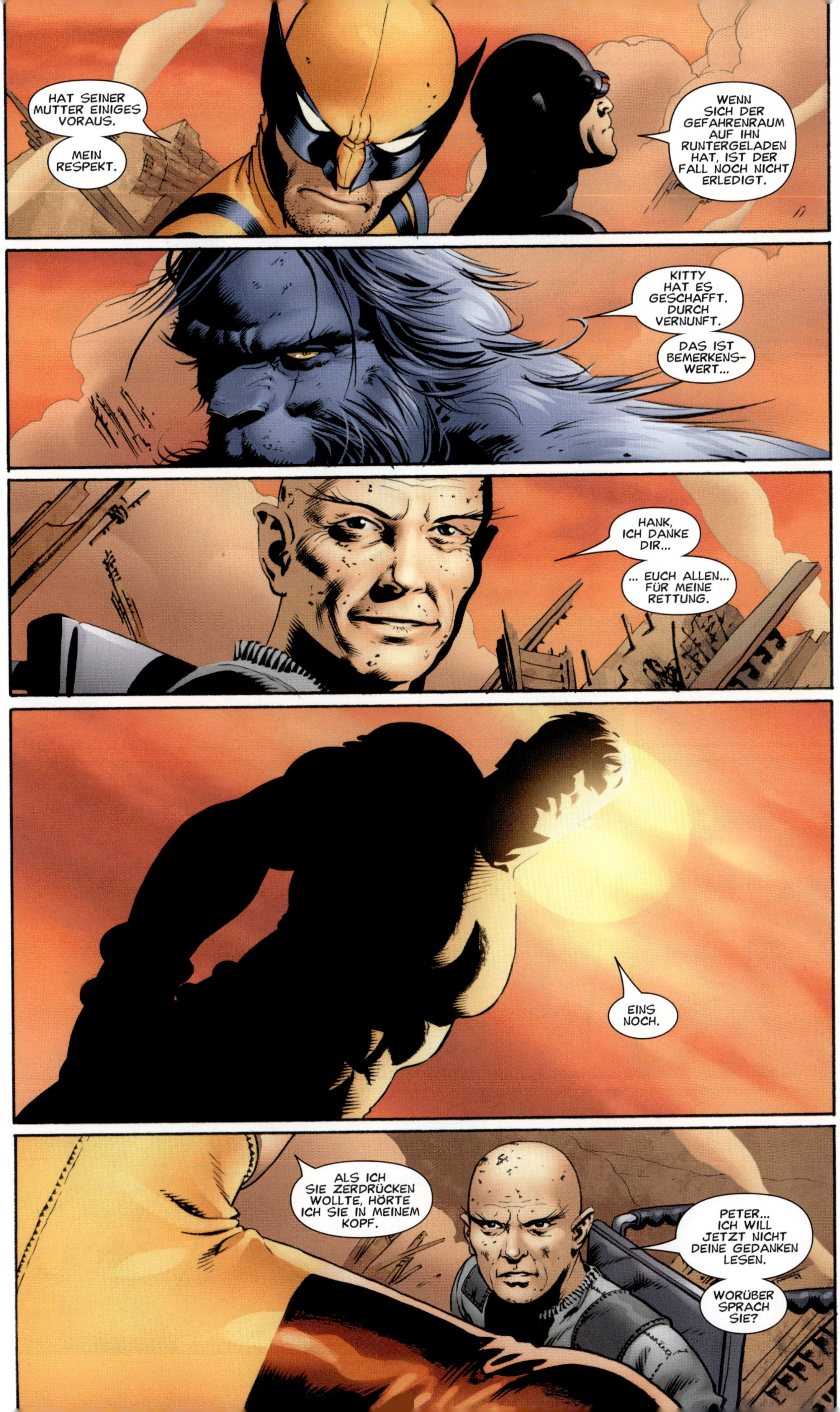
HAT SEINER MUTTER EINIGES VORAUS.
MEIN RESPEKT.
WENN SICH DER GEFAHRENRAUM AUF IHN RUNTERGELADEN HAT, IST DER FALL NOCH NICHT ERLEDIGT.
KITTY HAT ES GESCHAFFT. DURCH VERNUNFT.
DAS IST BEMERKENS-WERT...
HANK, ICH DANKE DIR...
... EUCH ALLEN... FÜR MEINE RETTUNG.
EINS NOCH.
ALS ICH SIE ZERDRÜCKEN WOLLTE, HÖRTE ICH SIE IN MEINEM KOPF.
PETER... ICH WILL JETZT NICHT DEINE GEDANKEN LESEN.
WORÜBER SPRACH SIE?

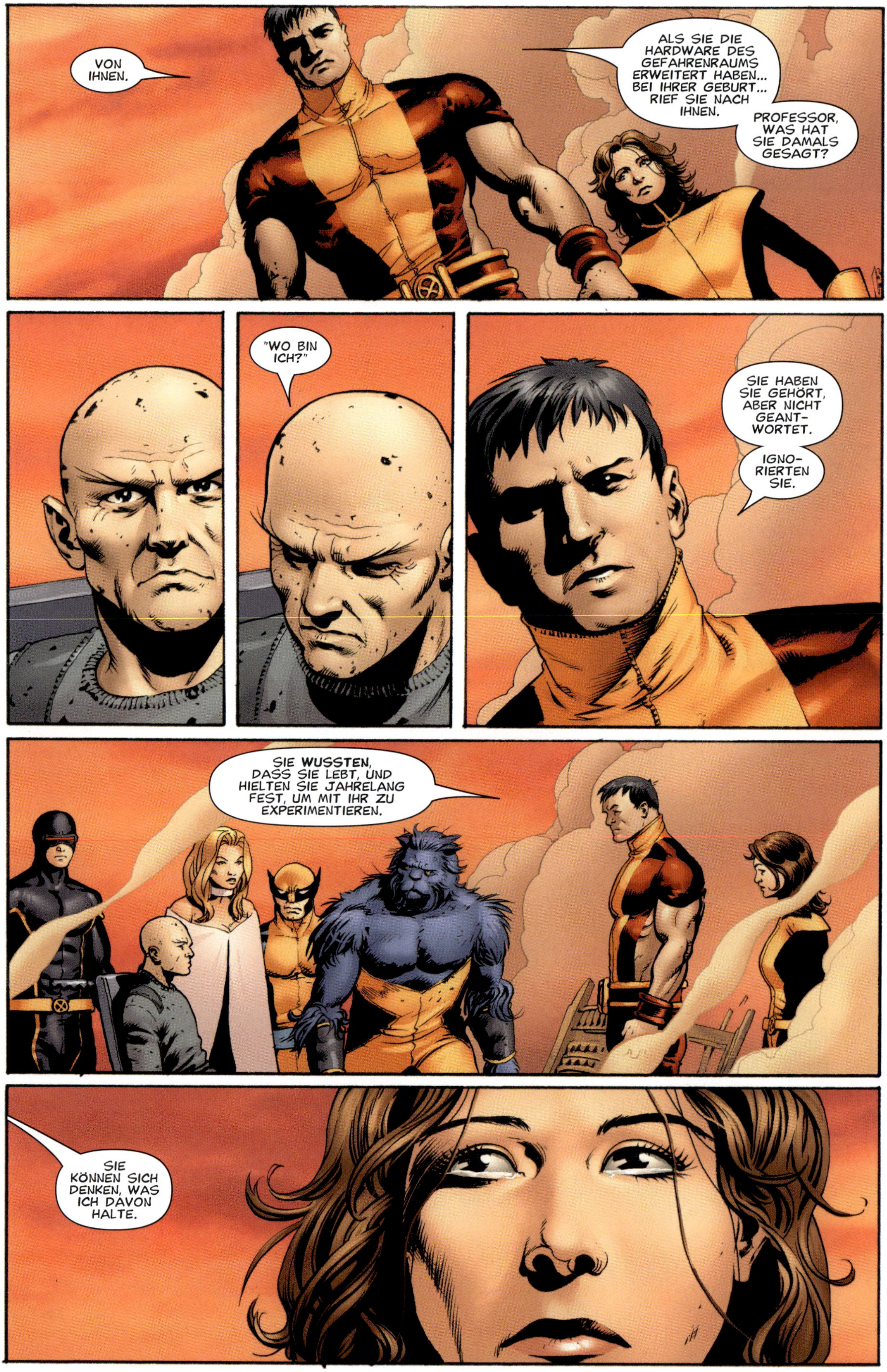
VON IHNEN.
ALS SIE DIE HARDWARE DES GEFAHRENRAUMS ERWEITERT HABEN... BEI IHRER GEBURT... RIEF SIE NACH IHNEN.
PROFESSOR, WAS HAT SIE DAMALS GESAGT?
"WO BIN ICH?"
SIE HABEN SIE GEHÖRT, ABER NICHT GEANT-WORTET.
IGNO-RIERTEN SIE.
SIE WUSSTEN, DASS SIE LEBT, UND HIELTEN SIE JAHRELANG FEST, UM MIT IHR ZU EXPERIMENTIEREN.
SIE KÖNNEN SICH DENKEN, WAS ICH DAVON HALTE.

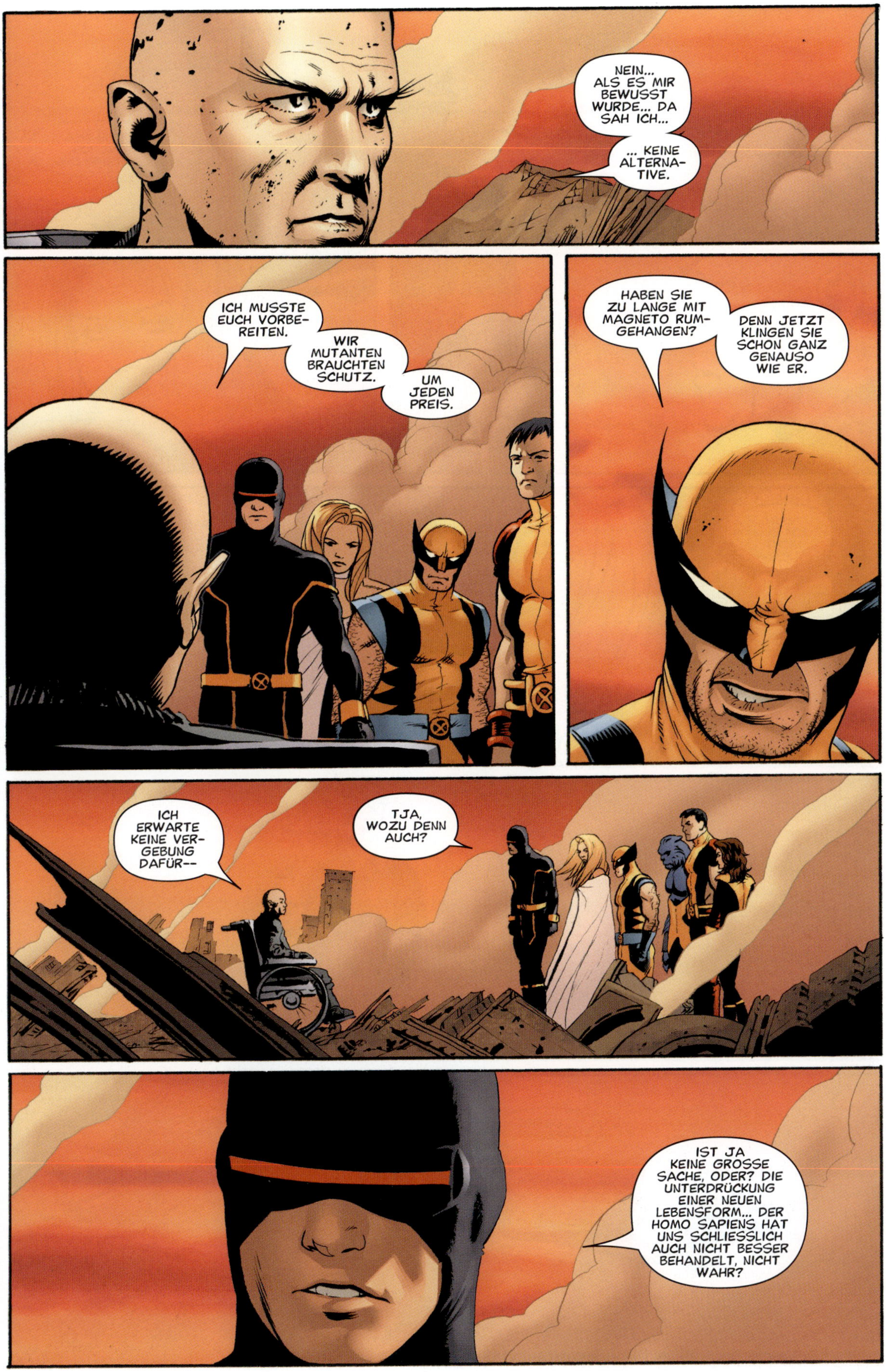
NEIN... ALS ES MIR BEWUSST WURDE... DA SAH ICH...
... KEINE ALTERNATIVE.
ICH MUSSTE EUCH VORBEREITEN.
WIR MUTANTEN BRAUCHTEN SCHUTZ.
UM JEDEN PREIS.
HABEN SIE ZU LANGE MIT MAGNETO RUMGEHANGEN?
DENN JETZT KLINGEN SIE SCHON GANZ GENAUSO WIE ER.
ICH ERWARTE KEINE VERGEBUNG DAFÜR--
TJA, WOZU DENN AUCH?
IST JA KEINE GROSSE SACHE, ODER? DIE UNTERDRÜCKUNG EINER NEUEN LEBENSFORM... DER HOMO SAPIENS HAT UNS SCHLIESSLICH AUCH NICHT BESSER BEHANDELT, NICHT WAHR?

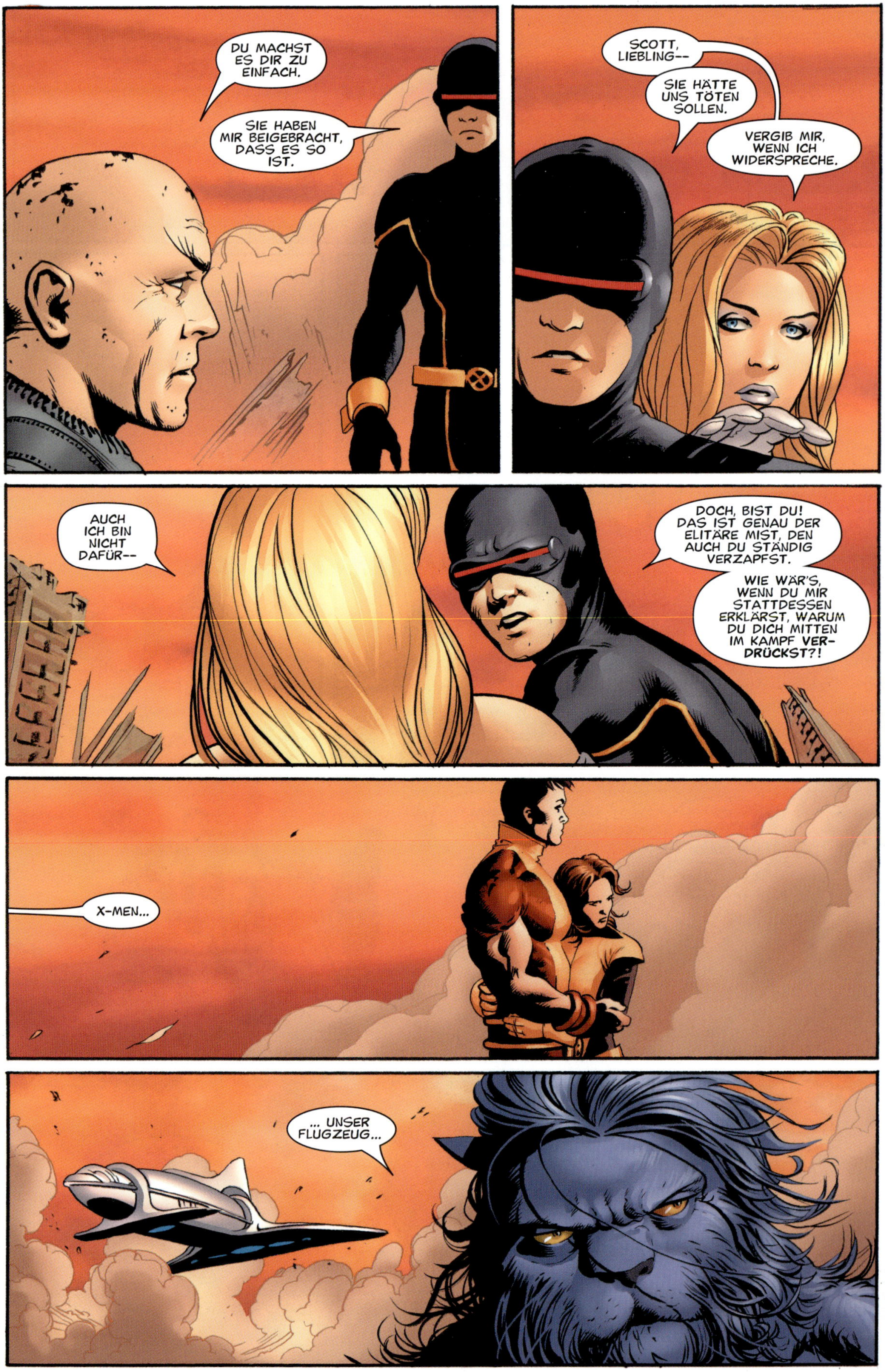
DU MACHST ES DIR ZU EINFACH.
SIE HABEN MIR BEIGEBRACHT, DASS ES SO IST.
SCOTT, LIEBLING--
SIE HÄTTE UNS TÖTEN SOLLEN.
VERGIB MIR, WENN ICH WIDERSPRECHE.
AUCH ICH BIN NICHT DAFÜR--
DOCH, BIST DU! DAS IST GENAU DER ELITÄRE MIST, DEN AUCH DU STÄNDIG VERZAPFST.
WIE WÄR'S, WENN DU MIR STATTDESSEN ERKLÄRST, WARUM DU DICH MITTEN IM KAMPF VERDRÜCKST?!
X-MEN...
... UNSER FLUGZEUG...

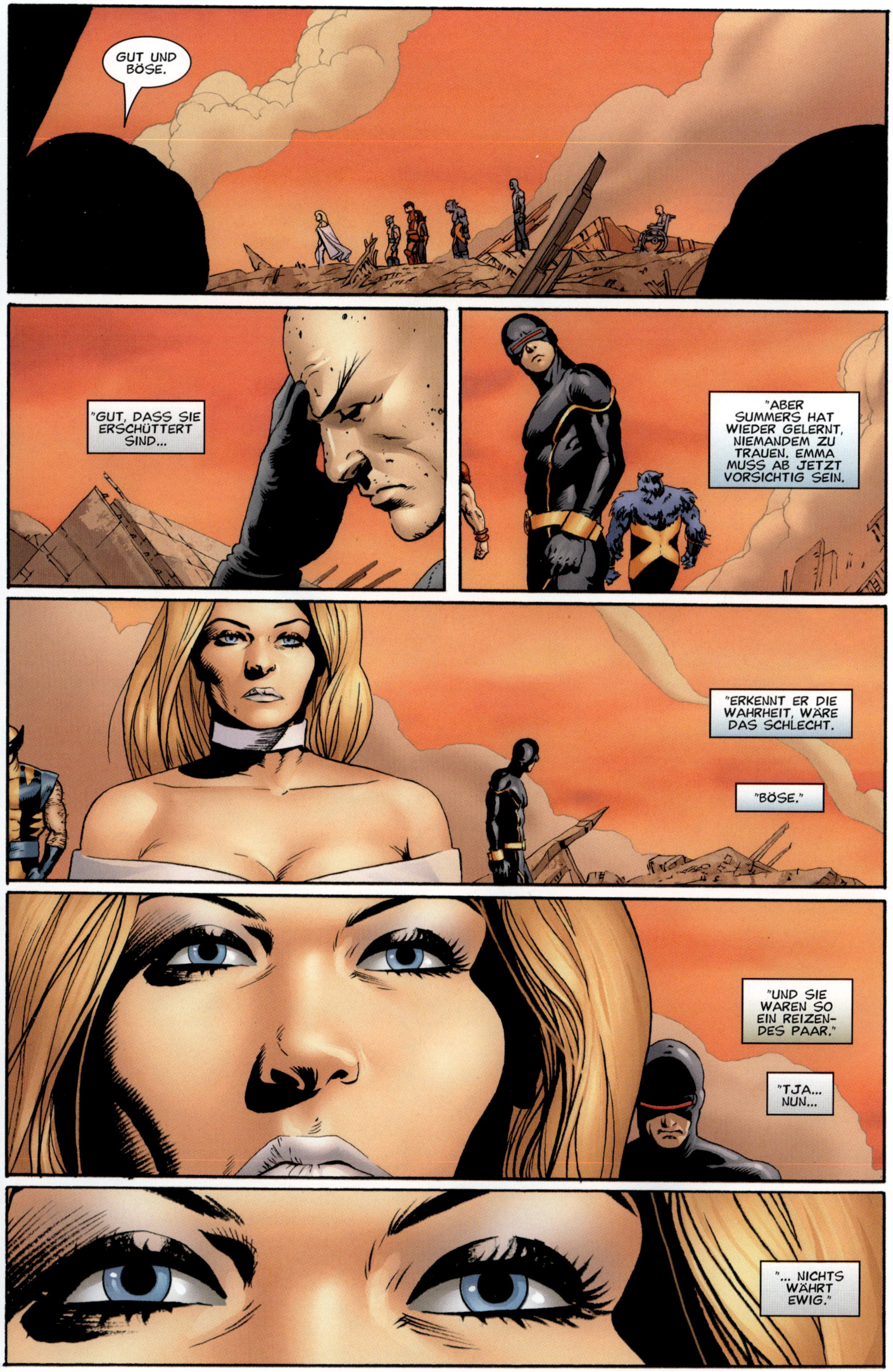
GUT UND BÖSE.
"GUT, DASS SIE ERSCHÜTTERT SIND...
"ABER SUMMERS HAT WIEDER GELERNT, NIEMANDEM ZU TRAUEN. EMMA MUSS AB JETZT VORSICHTIG SEIN.
"ERKENNT ER DIE WAHRHEIT, WÄRE DAS SCHLECHT.
"BÖSE."
"UND SIE WAREN SO EIN REIZENDES PAAR."
"TJA... NUN...
"... NICHTS WÄHRT EWIG."

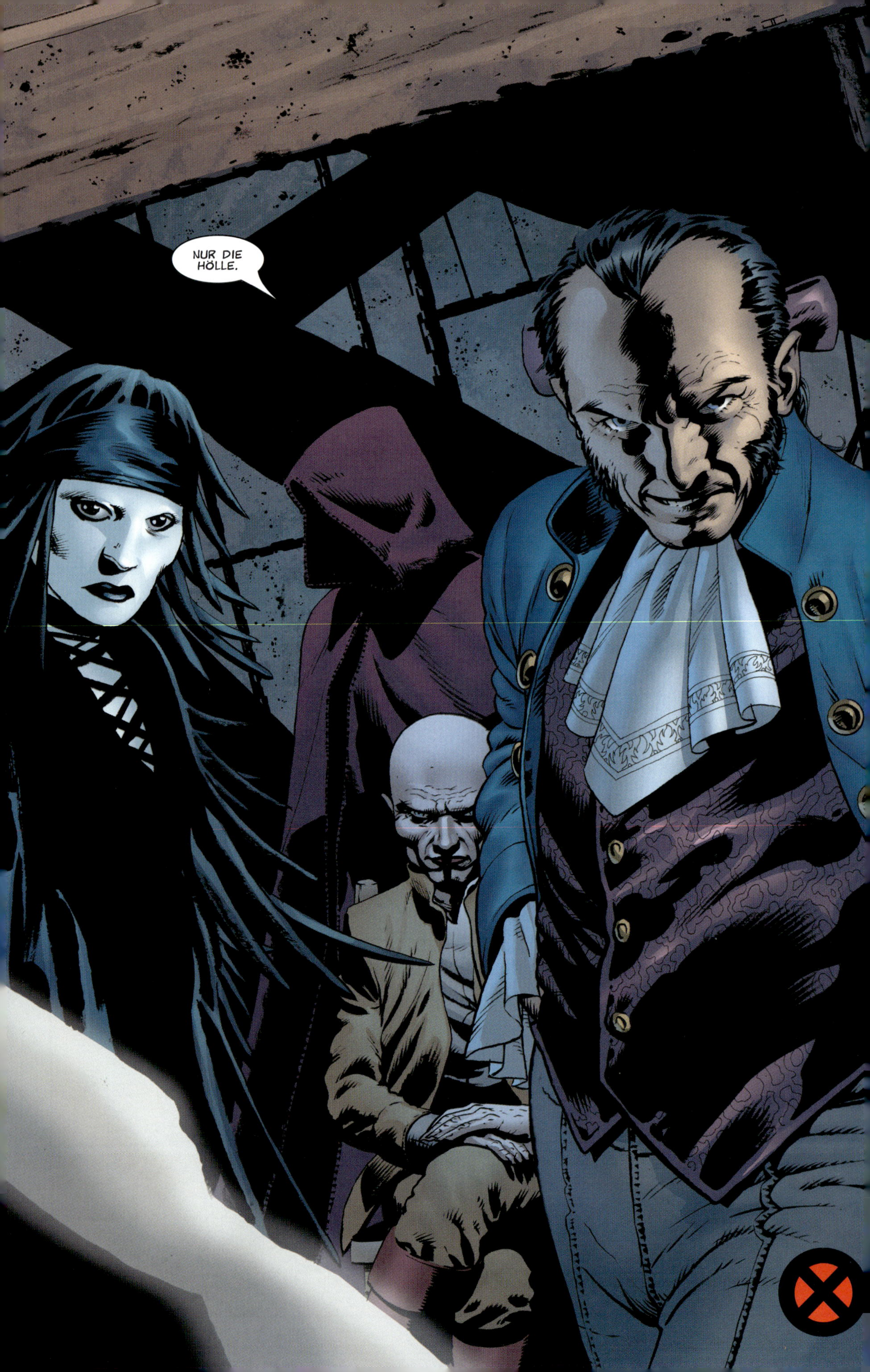
NUR DIE HÖLLE.

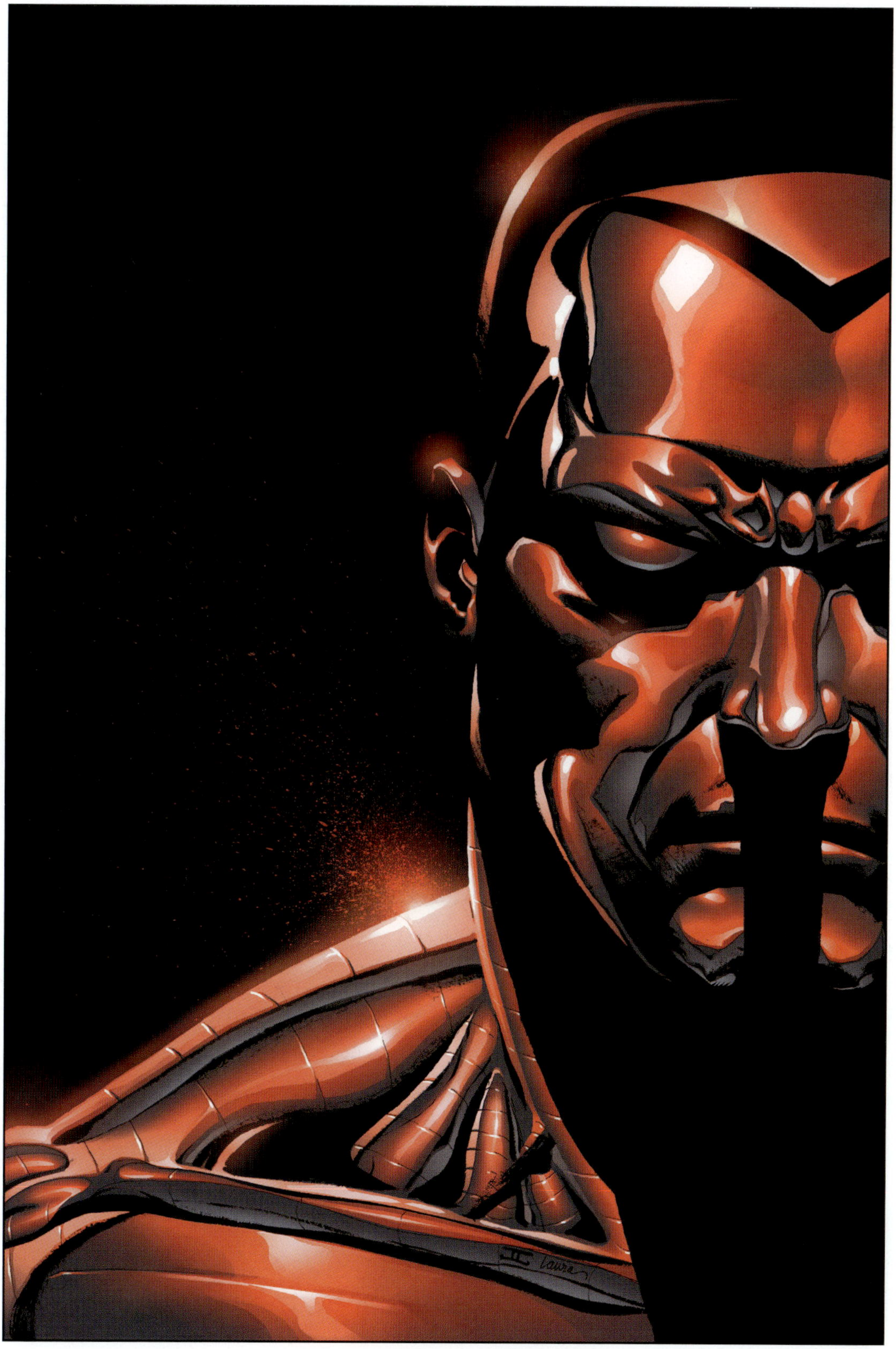

Astonishing X-Men (2004) 4
Variant-Cover von **JOHN CASSADAY**

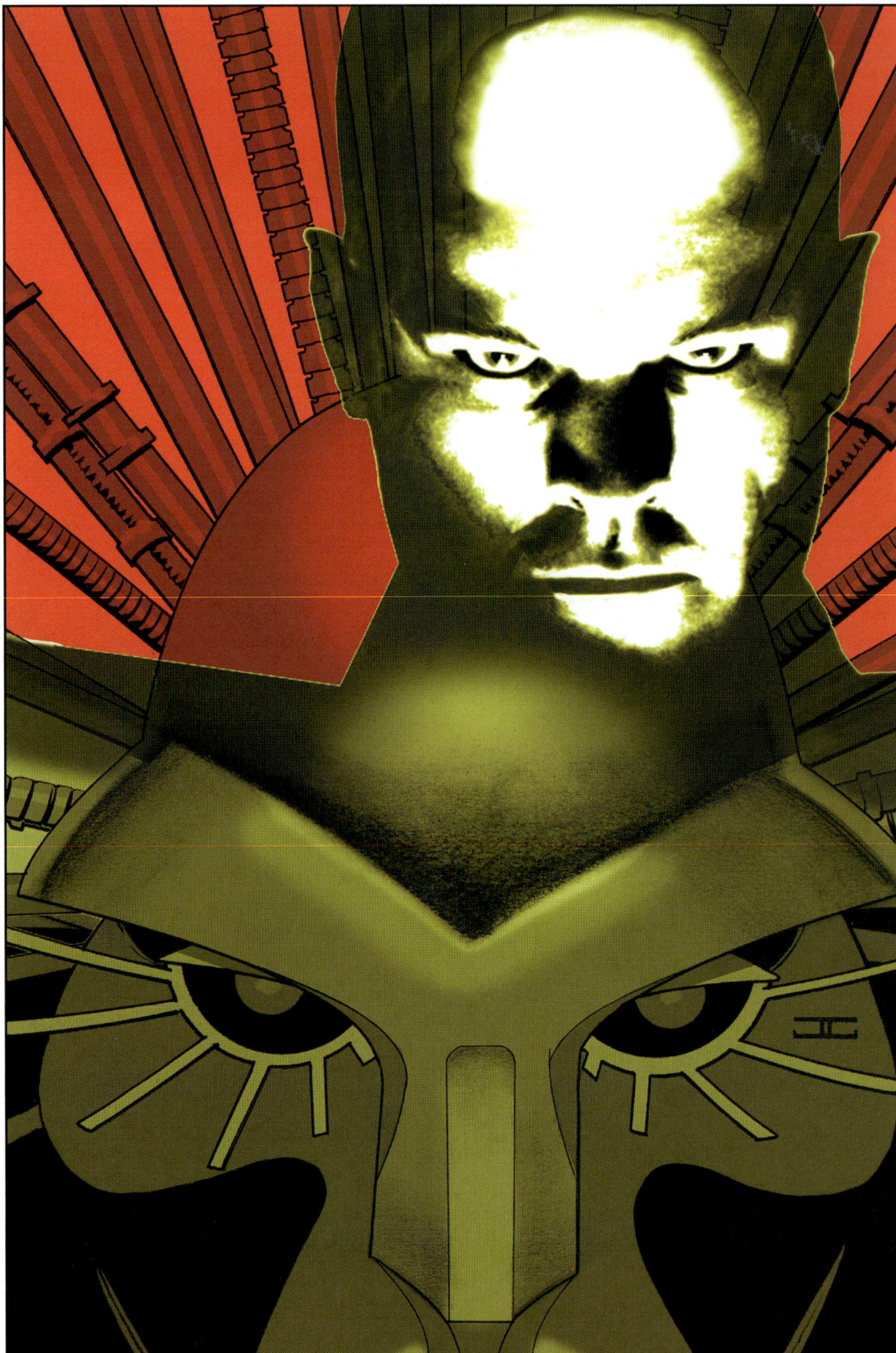

Astonishing X-Men (2004) 10
Variant-Cover von **JOHN CASSADAY**

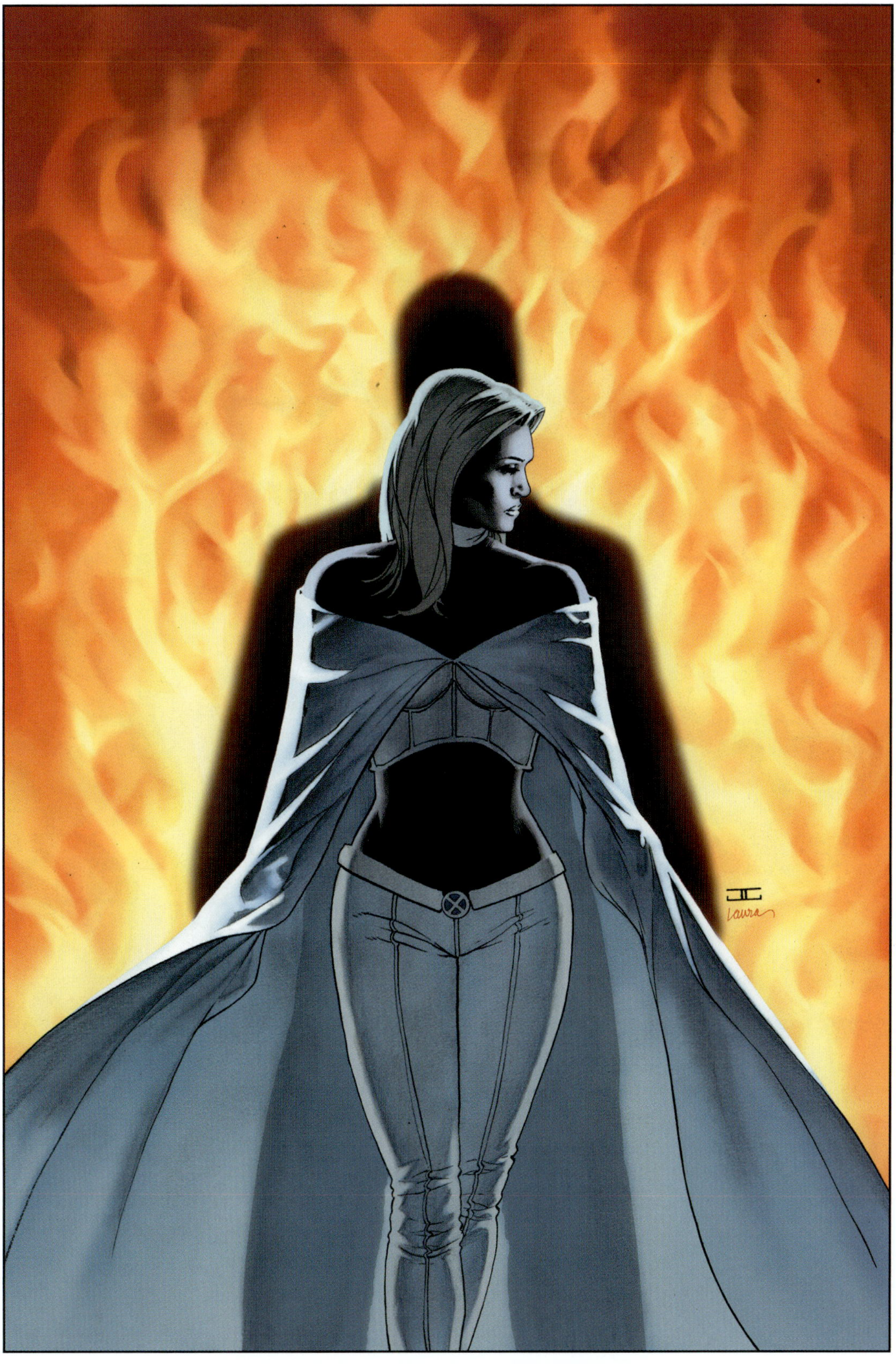

Astonishing X-Men (2004) 12
Variant-Cover von **JOHN CASSADAY**

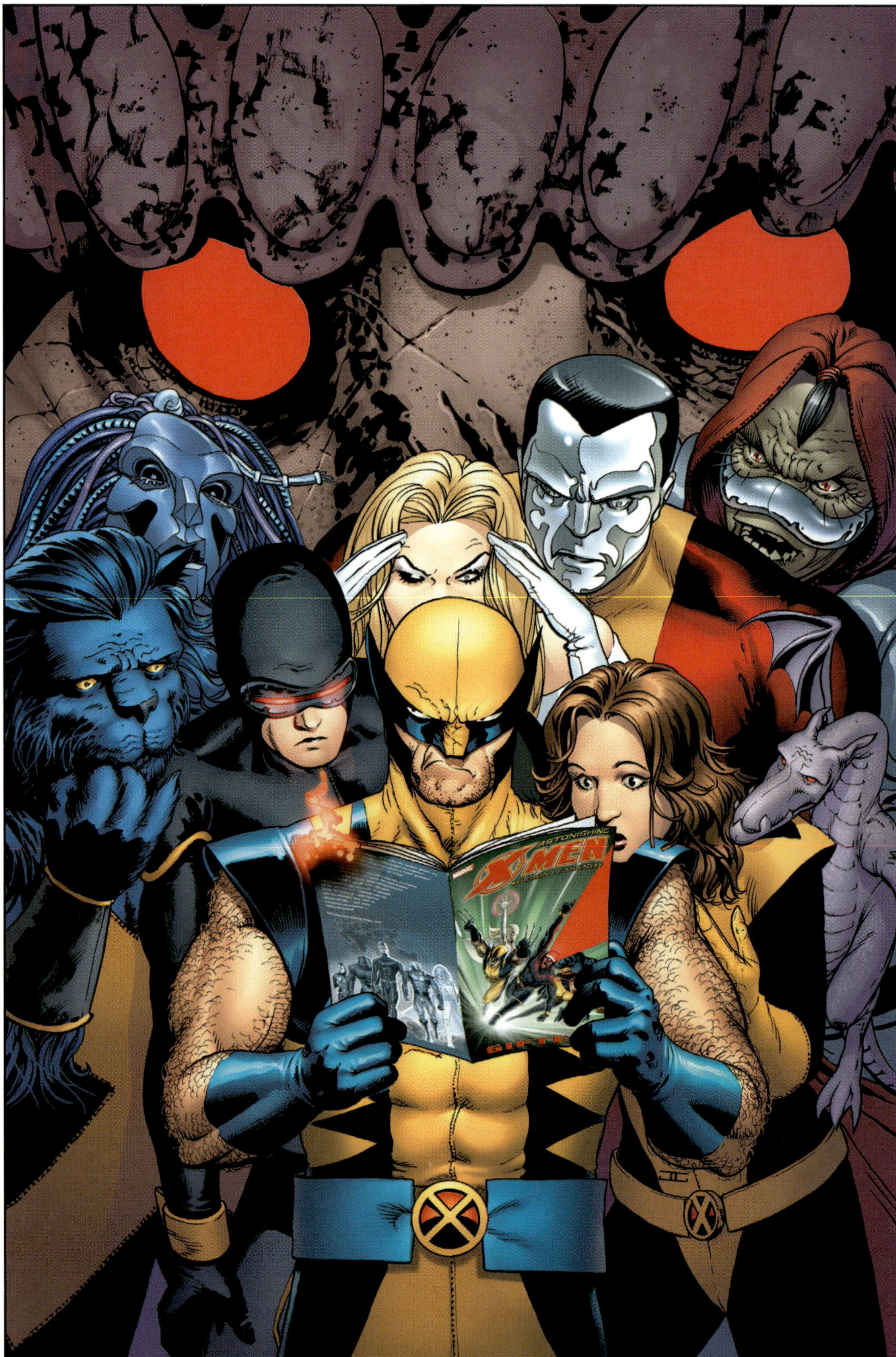

Astonishing X-Men Saga
Cover von **JOHN CASSADAY**

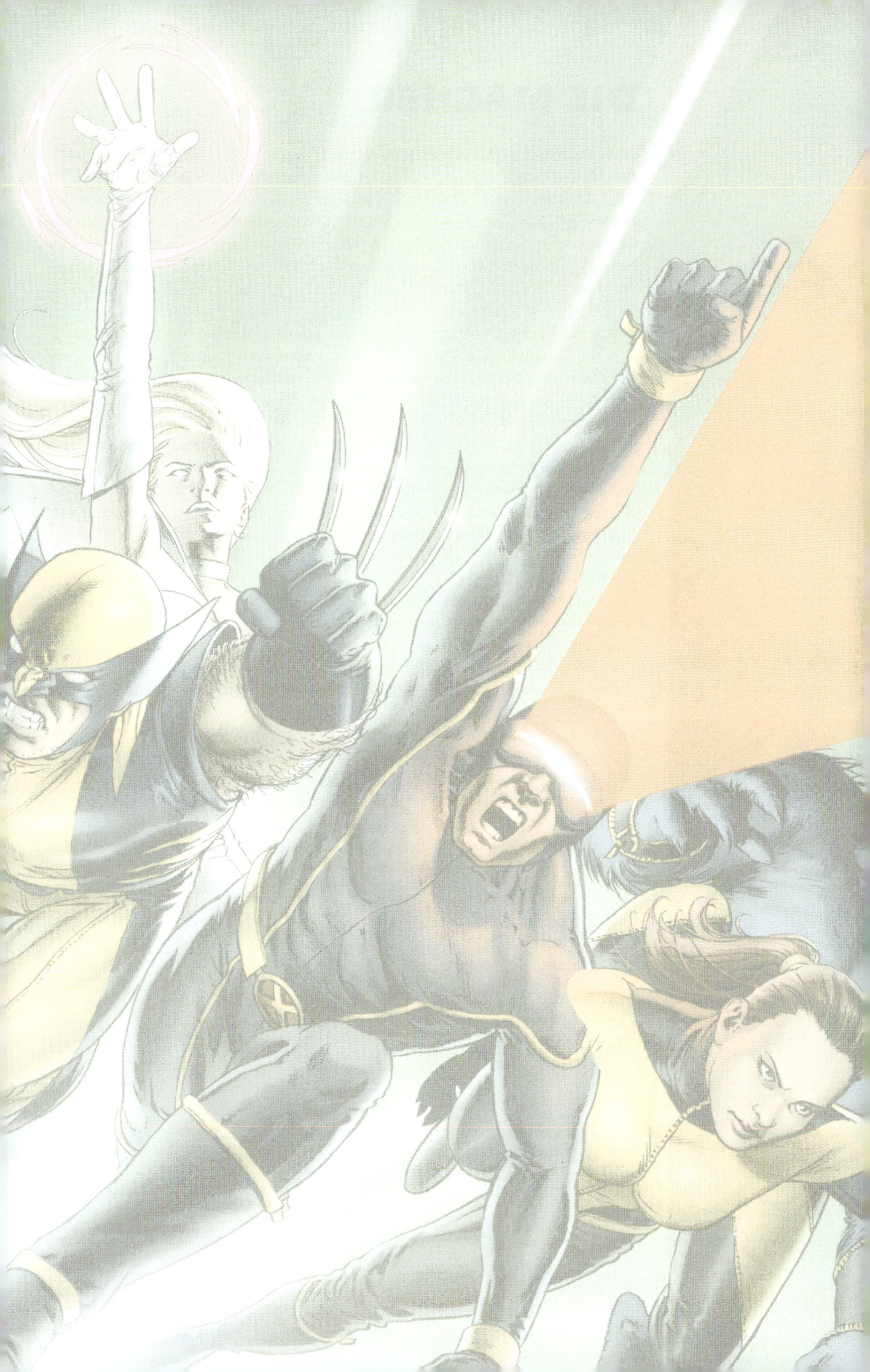

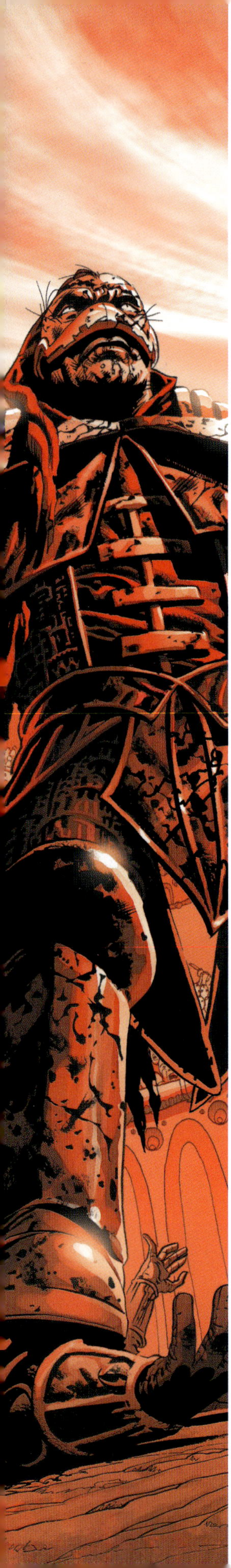

DIE MACHER

JOSEPH HILL „JOSS" WHEDON

Bereits der Großvater und der Vater von Joss Whedon lieferten Texte für TV-Produktionen wie die *Dick Van Dyke Show* oder *Golden Girls*. Damit war die Zukunft des Juniors vorherbestimmt. 1964 in New York geboren, war Joss nach Abschluss seines Studiums für die Sitcom *Roseanne* tätig und verfasste die Horrorkomödie *Buffy the Vampire Slayer*, die 1992 mit Kristy Swanson und Luke Perry verfilmt wurde. Von 1994 bis 1996 überarbeitete Whedon Drehbücher für die Filme *The Getaway*, *Speed*, *Waterworld*, *Twister* und ein frühes Skript zu *X-Men*. 1997 entwarf er die Story von *Alien – Die Wiedergeburt*. Als Co-Autor von *Toy Story* wurde er für einen Academy Award nominiert. Im selben Jahr schuf Whedon die TV-Serie *Buffy – Im Bann der Dämonen*, die unzählige Preise erhielt. Im Anschluss entstand der Ableger *Angel* und die Weltraumwestern-Reihe *Firefly*. 2004 engagierte ihn Marvel für ASTONISHING X-MEN, drei Jahre später übernahm er von Brian K. Vaughan den Titel *Runaways*. Joss schrieb nicht nur die Skripte, sondern führte auch Regie für die Blockbuster *Marvel's The Avengers* (2012) und *Avengers: Age of Ultron* (2015). Zudem war er an der Entwicklung von *Marvel's Agents of S.H.I.E.L.D.* und der Finalisierung von Warners *Justice League* (2017) beteiligt.

JOHN CASSADAY

Der Autodidakt John Cassaday besuchte die Filmschule und redigierte fünf Jahre lang eine Nachrichtensendung, bevor er ins Baugewerbe wechselte. Nebenbei bereitete er seine Zeichenmappe vor. Sein erster Comic wurde 1995 in der Anthologie *Negative Burn* von Caliber veröffentlicht. Nachdem er Autor und Redakteur Mark Waid sein Portfolio vorgelegt hatte, erhielt Cassaday Angebote von größeren Verlagen. Er kündigte seinen Job als Bauarbeiter und zog von Texas nach New York. 1997 setzte er für Marvel die Miniserien *X-Men/Alpha Flight* und *Union Jack* in Szene, für DC Annuals von *Flash* und *Teen Titans*. Es folgten Jobs für *Gen*^{13}, *Superman/Batman*, *Hulk* und *Avengers*. Seine Arbeiten für PLANETARY, ASTONISHING X-MEN und CAPTAIN AMERICA machten ihn zum Star. Cassaday betätigte sich außerdem als Konzeptkünstler für den Film *Watchmen*, Regisseur für die TV-Serie *Dollhouse* und Schauspieler im Horrorstreifen *House on the Hill*.

BONUSTEIL

ASTONISHING X-MEN

BEGABT

- HINTER DEN KULISSEN
- TIMELINE
- WEITERE LEKTÜRE
- ANMERKUNGEN
- WEITERE MUST-HAVE-TITEL

Die Zusammenarbeit von **Joss Whedon**, einer treibenden Kraft der Popkultur, und dem gefragten Zeichner **John Cassaday** für die 2004 gestartete Serie *Astonishing X-Men* ist einer der größten Momente in Marvels Mutantengeschichte. Man musste nicht die ganzen Crossover-Events kennen, die sich durch die anderen **X-Men**-Reihen zogen, denn *Gifted* und *Dangerous* bescherten den Lesern inzwischen klassische Geschichten, deren Auswirkungen noch viele Jahre in der Welt der Mutanten zu spüren waren.

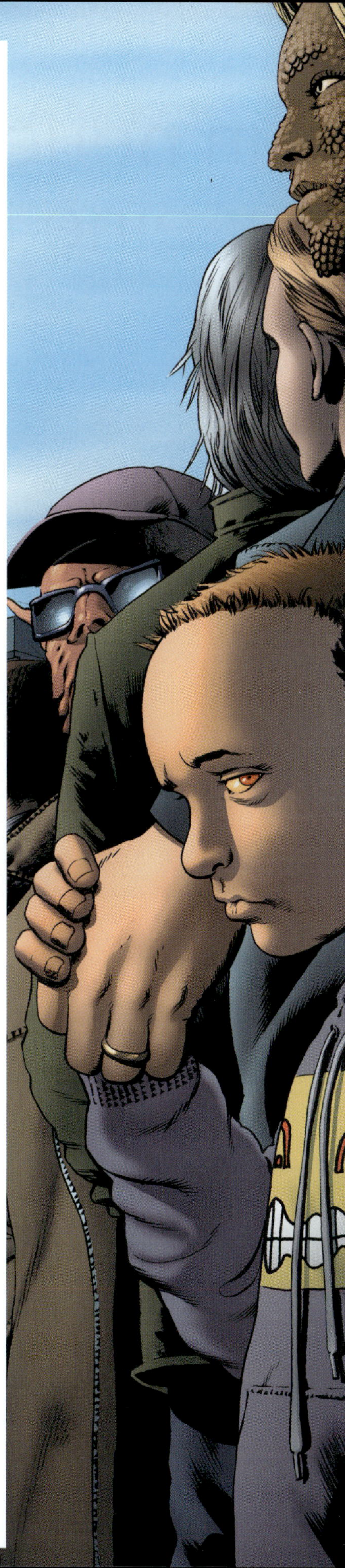

Ein neues Team für eine neue Zeit

Im Jahr 2004 gehörte **Joss Whedon** zu den gefragtesten Film- und Fernsehautoren der Branche. Sein *Toy Story*-Drehbuch hatte ihm eine Oscar-Nominierung beschert, *Buffy the Vampire Slayer* und *Angel* waren zu einem weltweiten Phänomen geworden, und anschließend konnte er auch als Comic-Autor überzeugen, denn für Dark Horse entstand *Fray*. Doch in die Ruhmeshalle der ganz großen Comic-Künstler kamen er und Zeichner **John Cassaday** 2004 durch ihre Arbeit an *Astonishing X-Men*.

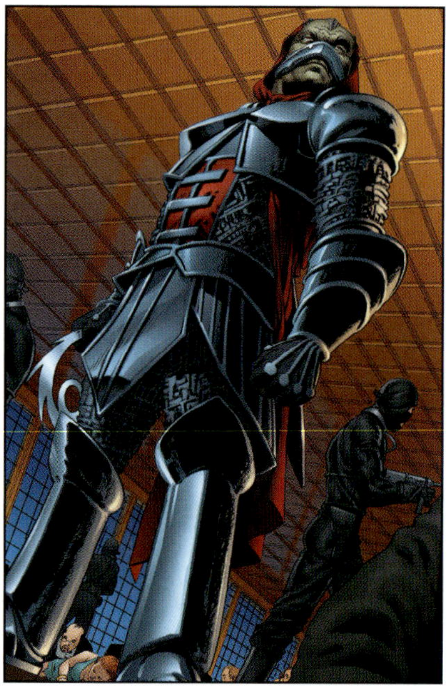

Ord war, wie alle Schurken von Whedon, eine vielschichtige Figur mit nachvollziehbarem Anliegen. Zeichnung von John Cassaday.

Whedon äußerte sich damals wie folgt über die drei wichtigsten Gründe, warum er den Auftrag angenommen hatte: „Erstens, ich darf über die **X-Men** schreiben, eine Comic-Serie, die ich in meiner Jugend gelesen habe. Sie hatte riesigen Einfluss auf meine Arbeit. Zweitens wollte ich herausfinden, was diese Figuren heute für mich bedeuten. Und drittens: **Kitty Pryde**. Sie hatte einen nicht unerheblichen Einfluss auf **Buffy**. Ich durfte sie verwenden. Damit war es besiegelt."

Kitty spielte dann auch tatsächlich eine große Rolle in Whedons *Astonishing*-Arbeit, und er erklärte auch näher, warum er sich so auf sie konzentrierte: „Ich finde, dass ihre Fähigkeit einfach toll in einem Comic funktioniert. **Wolverine** kann ja nicht ständig Leute abstechen, das ist einfach nicht nett. Er ist halt ein ‚Raufbold'. Und er kann gut riechen. Und **Beast**? Dasselbe. **Cyclops** schießt mit Strahlen und **Emma** kann sich in einen Diamanten verwandeln und Gedanken lesen. Aber Phasenverschiebung? Wahrscheinlich die coolste Superkraft überhaupt – auf jeden Fall beim Zeichnen."

Besonders reizvoll an *Gifted* war die Rückkehr von **Colossus** und sein Verhältnis zu und mit Kitty. Whedon wollte diese Beziehung im Laufe der Strecke unbedingt weiter erkunden: „Am Ende der ersten Geschichte waren sie richtig zusammen, und ich dachte, wow, das ging etwas schnell. Und wenn ich als Autor das schon so empfinde, wie muss es dann erst den Figuren gehen? Also traten sie etwas auf die Bremse. Natürlich ergab es Sinn für Kitty, von der

▶ Joss Whedon verdanken wir zwei großartige Schurken in Gestalt von **Ord** und **Abigail Brand**. Und Whedon führte auch aus, was sie zu interessanten Figuren machte: „Je mehr wir über Ord und Abigail erfahren, desto mehr verstehen wir, dass es legitime Gründe für ihr Tun gibt. Ansonsten wären ihre Probleme nicht nachvollziehbar und damit witzlos."

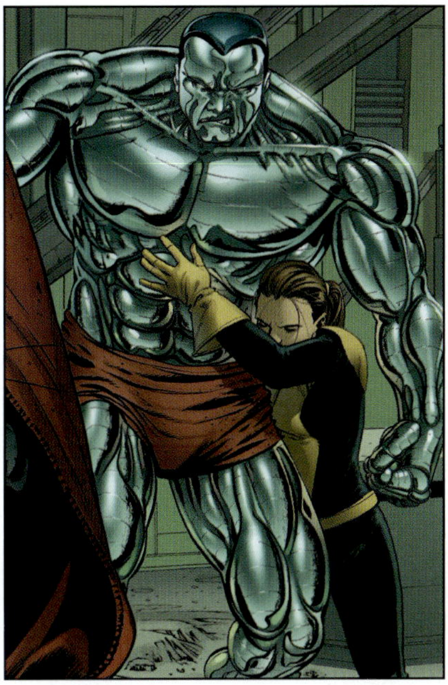

anfänglichen totalen Freude zu totalem Entsetzen zu wechseln. Die Idee, dass sie die Kontrolle über ihr Mundwerk verliert, wenn sie sich in seiner Nähe befindet, ist einfach hinreißend."

Marvel-Redakteur **Mike Marts** äußerte sich zu den Überlegungen, die hinter Whedons *Astonishing X-Men*-Arbeit und der kreativen Freiheit, die man ihm einräumte, standen: „Wenn wir große Namen engagieren, dann wegen ihres Talents und ihrer Kreativität. Und im Falle von Joss Whedon, der mehrere erfolgreiche TV-Serien an den Start gebracht hatte, wollten wir, dass er schreibt, wonach ihm der Sinn steht. Solange es mit den Richtlinien des Marvel-Universums und der Figuren vereinbar war. Und exakt das lieferte er auch ab."

Kitty Prydes und Colossus' Beziehung in Whedons *Astonishing X-Men* war eine einzige Freude. Zeichnung von John Cassaday.

Marts enthüllte auch, wie Marvel Whedon von dem Job überzeugen konnte: „Sein Einstand bei Marvel fand statt, als **Grant Morrison** gerade seine Arbeit bei *New X-Men* beendete, und wir wussten, dass wir einen Nachfolger brauchten, der Grant ebenbürtig war und vielleicht sogar übertreffen konnte. Was heutzutage wirklich nicht ganz einfach ist."

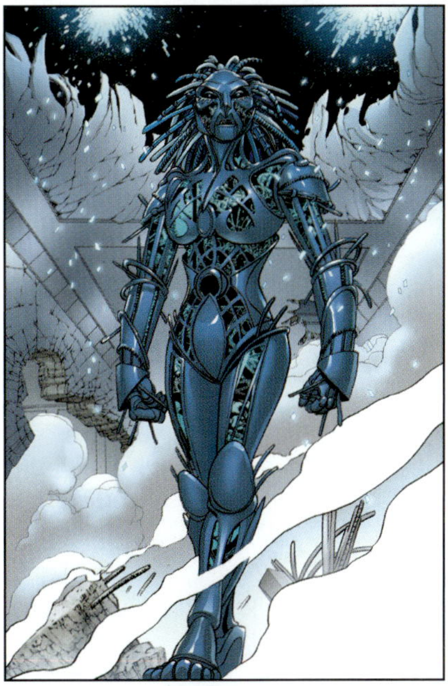

Die letzte fehlende Zutat war der perfekte Zeichner, und Mike Marts gestand freimütig, dass Whedon wenig Spielraum ließ: „Er war seit langer Zeit ein großer Fan von John Cassaday und hatte dessen Arbeit an *Planetary, Captain America* und diversen anderen Comics verfolgt. Joss sagte damals: ‚Es gibt nur zwei Jungs, mit denen ich arbeiten möchte, und das sind John Cassaday und John Cassaday.'"

Dangerous war die zweite Geschichte der Arbeit von Whedon und Cassaday und darin betrachtete das Team das Thema Unterdrückung von einer anderen Seite. Seit Jahren war eins der Schlüsselelemente der X-Men-Serien die Unterdrückung der Mutanten durch den Rest der Welt. Dieses Thema fand Whedon hochinteressant und äußerte sich zu seinen Überlegungen hinter der Geschichte: „Ein Bursche kriegt Stress bei der Arbeit, kommt nach Hause und lässt es an den Kindern aus. Unterdrückung wird von oben nach unten durchgereicht. Ich wollte herausfinden, an wen die X-Men den Frust weiterreichen. Und der Gefahrenraum schien ideal dafür zu sein."

Der Gefahrenraum wurde zum Symbol der Unterdrückten. Zeichnung von John Cassaday.

TIMELINE

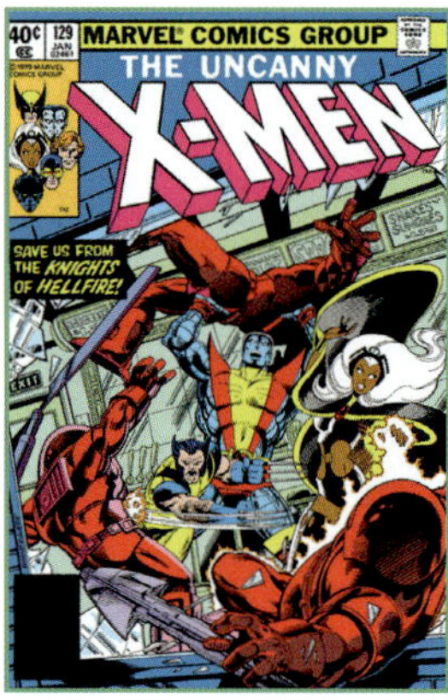

***Uncanny X-Men* 129 (1980)**
CHRIS CLAREMONT
JOHN BYRNE
Der erste Auftritt von Kitty Pryde, die direkt mit ***Emma Frost*** *konfrontiert wird, der* ***White Queen*** *vom* ***Hellfire Club****.*

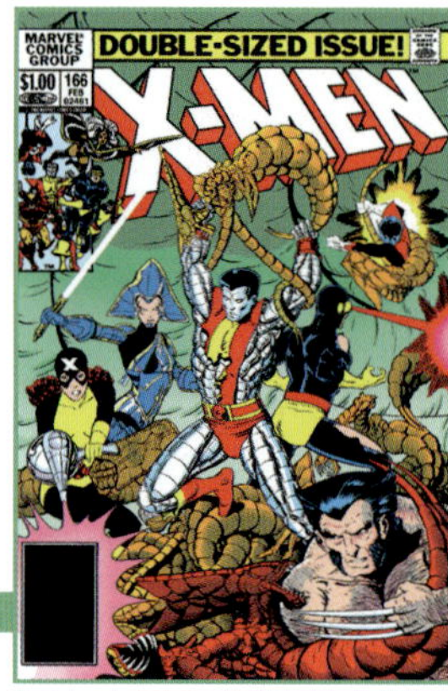

***Uncanny X-Men* 166 (1983)**
CHRIS CLAREMONT
PAUL SMITH
Kitty wird von ***Lockheed*** *aus den Klauen der* ***Brood*** *gerettet. Der Drache wird ihr ständiger Begleiter bei den X-Men.*

ASTONISHING X-MEN
BEGABT

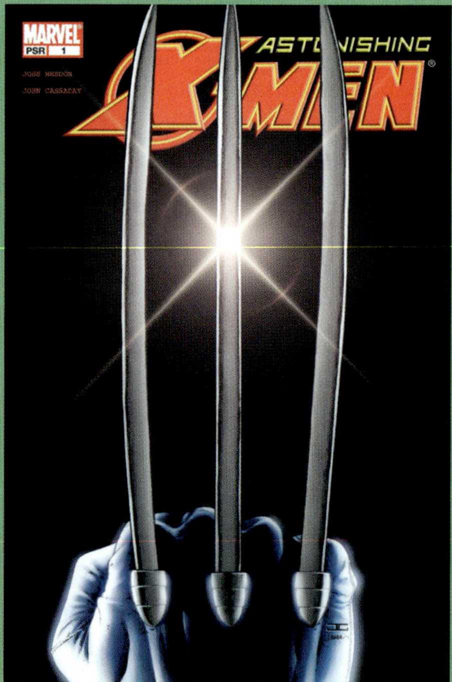

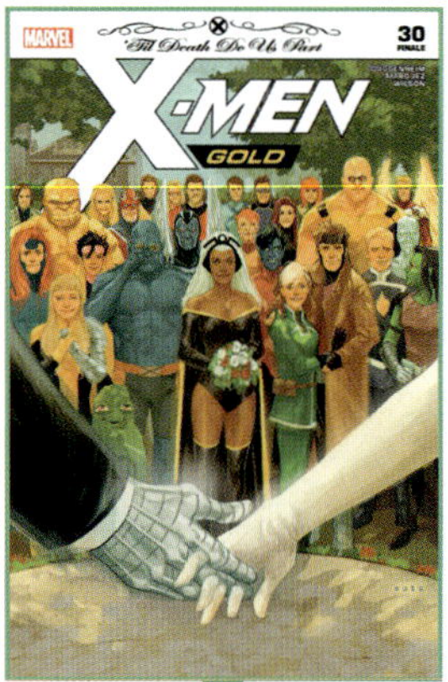

***X-Men Gold* 30 (2018)**
MARC GUGGENHEIM
DAVID MARQUEZ
Es sah so aus, als bekämen Kitty und Colossus endlich ihr Happy End. Die größten Marvel-Helden versammelten sich zur Hochzeit des Jahrzehnts, doch mitten in der Zeremonie machte Kitty einen Rückzieher.

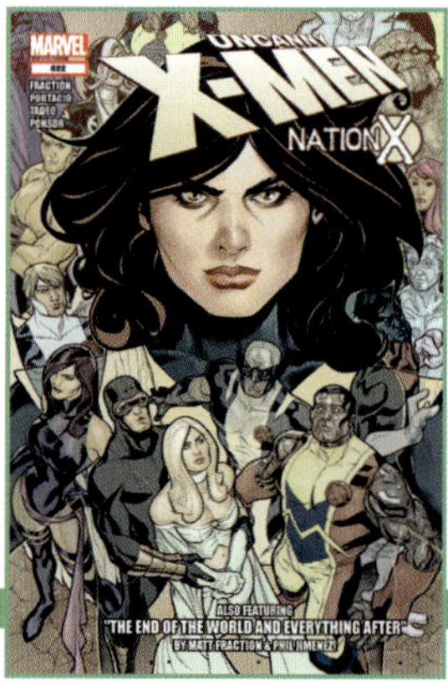

***Uncanny X-Men* 522 (2010)**
MATT FRACTION
WHILCE PORTACIO
Magneto *gelang es, ein Breakworld-Geschoss mit zur Erde zu nehmen. Außerdem konnte das Team Kitty zwar retten, doch sie musste in ihrer immateriellen Form bleiben.*

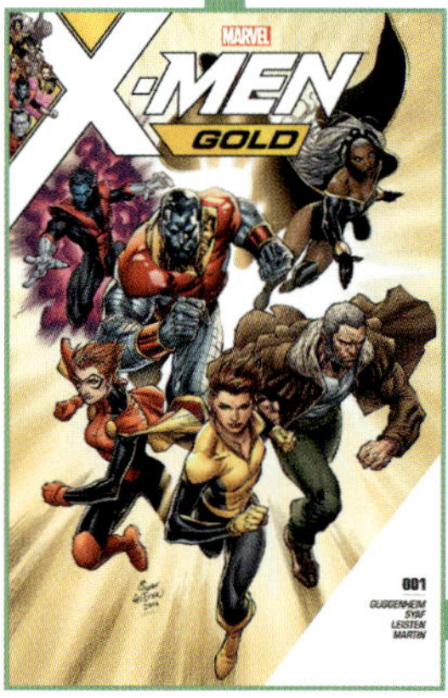

***X-Men Gold* 1 (2017)**
MARC GUGGENHEIM
ARDIAN SYAF
Nach dem Event ***Inhumans vs. X-Men*** *wurde Kitty Pryde zur Anführerin eines neuen X-Men-Teams, das aus* ***Storm****, Colossus,* ***Nightcrawler****,* ***Old Man Logan*** *und* ***Prestige*** *bestand.*

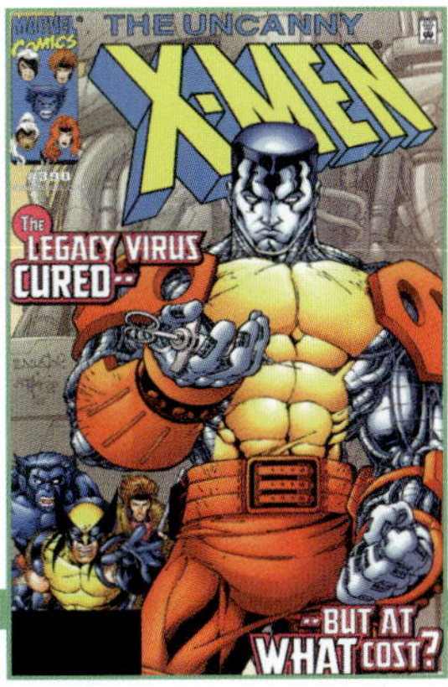

***Uncanny X-Men* 390 (2001)**
SCOTT LOBDELL
SALVADOR LARROCA
Ein Heilmittel gegen das tödliche Legacy-Virus, das viel Leid unter den Mutanten verursacht hat, wurde entdeckt. Und Colossus opferte sein Leben, um andere zu retten.

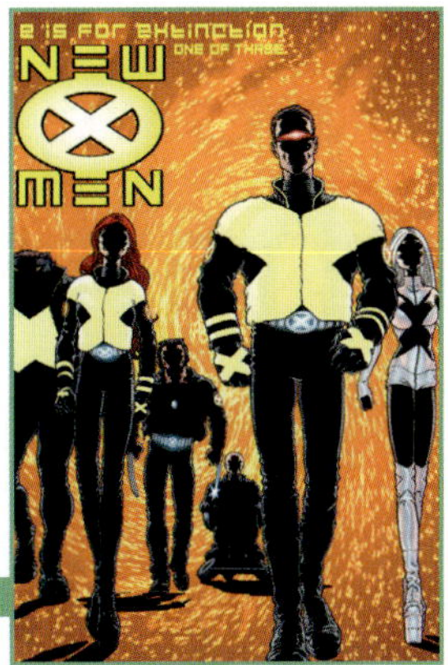

***New X-Men* 114 (2001)**
GRANT MORRISON
FRANK QUITELY
Grant Morrisons Saga für New X-Men *begann mit der Geschichte* E is for Extinction, *in der die neue Superschurkin* ***Cassandra Nova*** *ihr Debüt feierte und Emma Frost zum Team stieß.*

Astonishing X-Men: Gifted war nur der Auftakt der phänomenalen Storys, die **Joss Whedon** und **John Cassaday** für die Serie anfertigten. Nach dem riesigen Erfolg von **Grant Morrisons** *New X-Men* wurden hier u. a. Special Agent **Abigail Brand**, **Ord** von Breakworld und **Kavita Rao** eingeführt. Außerdem kehrte **Kitty Pryde** in die Reihen der **X-Men** zurück, und **Colossus** erlebte vier Jahre nach seinem mutmaßlichen Tod seine Wiederauferstehung. *Gifted* und *Dangerous* waren jedoch nur das Fundament einer großartigen Serie, die die X-Men und ihre Umgebung für immer verändern sollten.

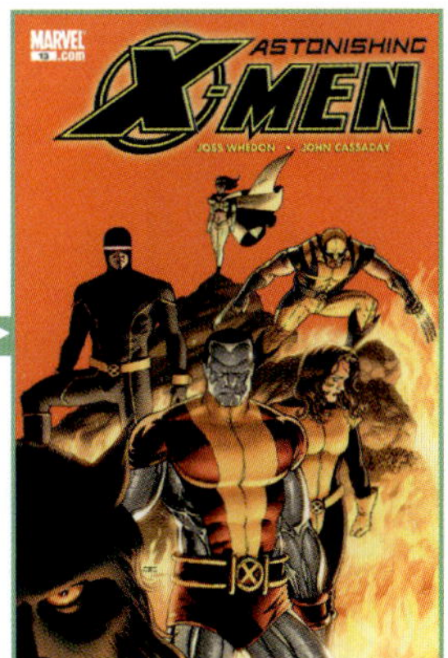

***Astonishing X-Men* 13 (2006)**
JOSS WHEDON
JOHN CASSADAY
Hier begann die Torn-*Story, in der der Hellfire Club –* ***Sebastian Shaw****, Cassandra Nova,* ***Negasonic Teenage Warhead*** *und* ***Perfection*** *– einen verheerenden Angriff auf die X-Men starteten.*

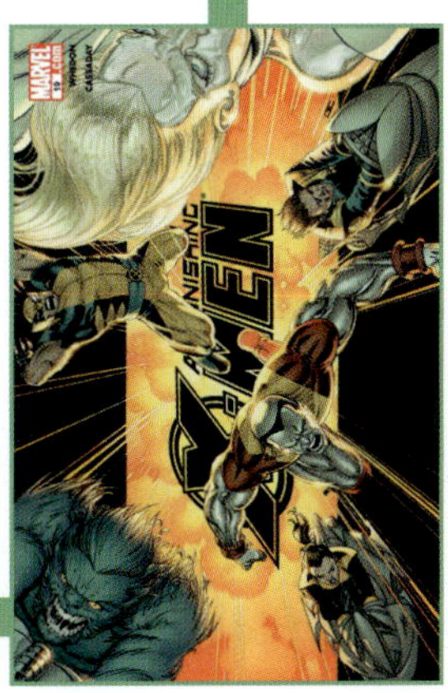

***Astonishing X-Men* 19 (2007)**
JOSS WHEDON
JOHN CASSADAY
In Unstoppable, *der letzten Zusammenarbeit von Whedon und Cassaday, reisten die X-Men nach Breakworld. Die Story mündete darin, dass Kitty sich opferte, um die Erde vor dem Breakworld-Geschoss zu retten.*

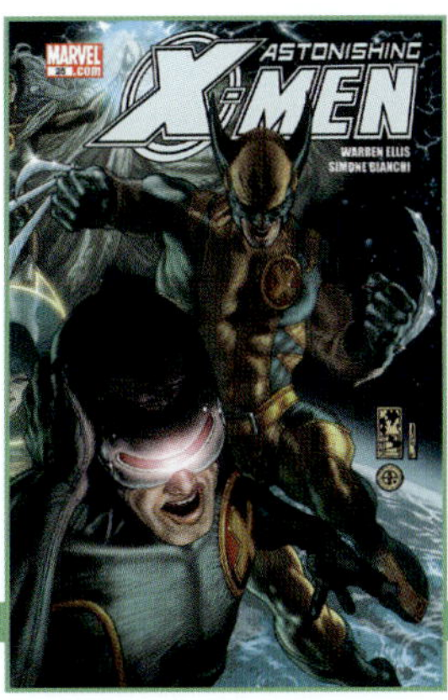

***Astonishing X-Men* 25 (2008)**
WARREN ELLIS
SIMONE BIANCHI
In Ghost Box, *der ersten Story der* Astonishing X-Men-*Arbeit von* ***Warren Ellis****, zog das Team nach San Francisco um.*

Zerrissen, aber unaufhaltsam

Wie am Schluss der *Dangerous*-Story versprochen, tauchte im nächsten Mehrteiler, *Torn*, der **Hellfire Club** wieder auf, der inzwischen von **Charles Xaviers** böser „Zwillingsschwester", **Cassandra Nova**, und **Sebastian Shaw** angeführt wurde. In der Geschichte wurde enthüllt, dass Cassandra, als ihr Bewusstsein im Körper des Gestaltwandlers **Stuff** gefangen war, in **Emmas** Geist per Suggestion den Willen verankert hatte, Cassandra unter allen Umständen zu helfen.

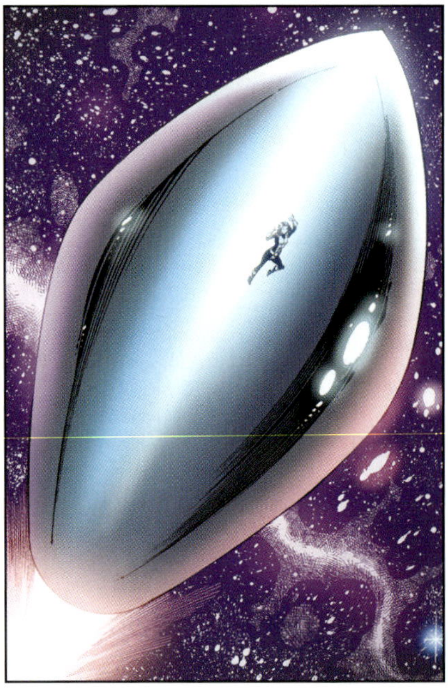

In *Unstoppable* war Kitty Pryde im Innern vom Breakworld-Geschoss gefangen und im All verschollen. Zeichnung von **Todd Nauck**.

Diese Einflüsterung sorgte dafür, dass Emma wieder zu der hinterhältigen Person wurde, die man kannte. Sie half Cassandra, die **X-Men** auszuschalten. *Torn* lief von *Astonishing X-Men* 13 bis 18 und bescherte den Lesern einige unvergessliche Momente, etwa einen zum Tier gewordenen **Hank McCoy** auf der Jagd nach einem feigen, kindlichen **Wolverine**, der Angst vor der ganzen Welt hatte. Den X-Men gelang es, die Dinge zum Guten zu wenden, doch dann wurden sie von **Danger** und **Ord** angegriffen und anschließend von **SWORD** entführt und gewaltsam nach Breakworld gebracht.

Die bahnbrechende Zusammenarbeit von **Whedon** und **Cassaday** endete mit *Unstoppable*. **Abigail Brand** verriet, dass prophezeit worden war, dass **Colossus** Ords Heimatplaneten Breakworld zerstören wird. Doch die Bewohner von Breakworld hätten nicht vor, dies klaglos hinzunehmen. Sie hätten eine riesige Rakete konstruiert, die die Erde zerstören könnte.

Das Kreativ-Team verabschiedete sich damit, dass Colossus seine Feinde auf Breakworld überwältigte und damit drohte, über sie zu herrschen, wenn sie die Erde wirklich zerstören sollten. **Kitty Pryde** schaltete sich ein und rettete die Erde vor dem Breakworld-Geschoss, indem sie in die Rakete eindrang und sie „immateriell" machte, sodass das Projektil „in Phase" durch die Erde glitt. Unglücklicherweise konnte sie nicht mehr aus der Rakete entkommen und verschwand mit ihr im All.

▶ **Warren Ellis** und **Simone Bianchi** übernahmen nach Whedon und Cassaday die Reihe und sorgten dafür, dass *Astonishing X-Men* ein Titel blieb, den man haben musste. In *Ghost Box* kehrte Abigail Brand dank Hank McCoy zurück, um den X-Men dabei zu helfen, die Geheimnisse eines seltsamen Geräts zu entschlüsseln, das als Tor zwischen verschiedenen Realitäten diente.

Neue Gefahren, neue Lösungen

Eine der geheimnisvollsten Figuren, die **Joss Whedon** und **John Cassaday** einführten, war **Abigail Brand**. Sie wurde die Chefin von **SWORD**, einer Unterabteilung von **SHIELD**, die die Erde speziell vor außerirdischen Bedrohungen schützen sollte. Später erfuhren wir, dass Brand eine Außerirdische war und zudem eine Mutantin mit der Fähigkeit, eine starke Energieflamme zu erzeugen.

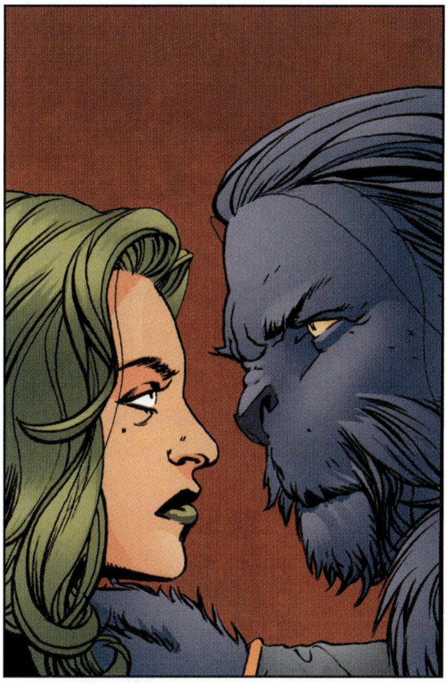

Abigail und Hank McCoy gingen eine intensive Beziehung ein. Zeichnung von John Cassaday.

Im Zuge von **Secret Invasion** befreite Brand **Reed Richards** aus der Gefangenschaft der **Skrulls**. Sie rekrutierte auch **Jessica Drew** für SWORD und spielte eine undurchsichtige Rolle im Event **Avengers vs. X-Men**, denn sie gab vor, auf der Seite der **Avengers** zu stehen, half tatsächlich aber **Magneto**.

Sie ging auch eine Beziehung mit **Hank McCoy** ein, bis sie im Laufe der *X-Men: Legacy*-Story eingeäschert wurde. Zum Glück konnte **Legion** sie wiederauferstehen lassen, allerdings auf Kosten seines eigenen Lebens. In der *Infinity*-Saga arbeitete sie mit den **Guardians of the Galaxy** zusammen, bevor sie Lieutenant Commander der Raumstation von **Alpha Flight** wurde und dem Befehl von **Captain Marvel** unterstand.

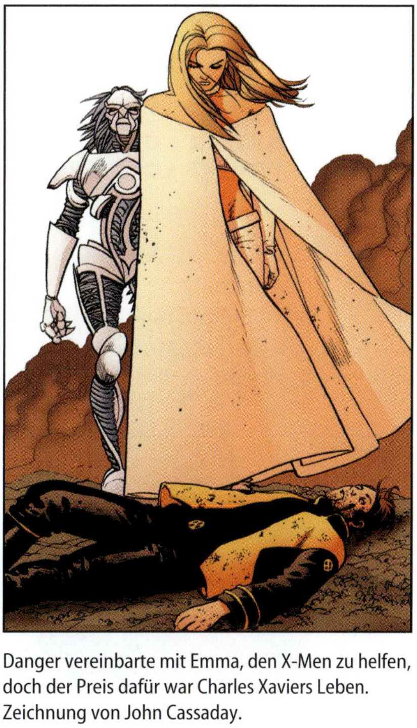

Danger vereinbarte mit Emma, den X-Men zu helfen, doch der Preis dafür war Charles Xaviers Leben. Zeichnung von John Cassaday.

Ebenfalls bemerkenswert war die völlig neue Herangehensweise an eine „Figur", die so alt war wie die **X-Men** selbst. Der Gefahrenraum tauchte erstmals 1963 in *Uncanny X-Men* 1 auf, aber erst 45 Jahre später gaben Whedon und Cassaday „ihr" eine körperliche Gestalt und eine Persönlichkeit.

Nach den Ereignissen von *Unstoppable* kehrte **Danger** wütend zur Erde zurück und war noch immer entschlossen, **Charles Xavier** umzubringen. Doch als er ihr Bewusstsein weckte, half sie ihm und **Rogue** im Kampf gegen Shi'ar-Piraten.

Anschließend lebte sie bei den X-Men in Utopia und erklärte sich auf Anfrage von **Emma** bereit, die gefährlichsten Feinde der X-Men zu rehabilitieren, indem sie Direktorin im virtuellen X-Brig-Gefängnis wurde. Sie half auch Magneto und **Magik** dabei, **Cyclops** aus dem Gefängnis zu befreien, bevor sie die X-Men verließ, um eigene Wege zu gehen.

WEITERE MUST-HAVE-TITEL

BEREITS ERHÄLTLICH

CIVIL WAR

AVENGERS: HELDENFALL

SPIDER-MAN: SPIDER-VERSE

WOLVERINE: OLD MAN LOGAN

DEADPOOL KILLT DAS MARVEL-UNIVERSUM

THANOS: DIE GEBURT EINES MONSTERS

DAREDEVIL: DER MANN OHNE FURCHT

MILES MORALES: ULTIMATE SPIDER-MAN

MS. MARVEL: META-MORPHOSE

DER TOD VON WOLVERINE

INFINITY GAUNTLET: DIE EWIGE FEHDE

PLANET HULK

X-MEN: DIE DARK PHOENIX SAGA

VENOM: DARK ORIGIN

IRON MAN: EXTREMIS

FANTASTIC FOUR – 4

PUNISHER: FRANK IST ZURÜCK!

MARVEL KNIGHTS SPIDER-MAN

BLACK PANTHER: WER IST BLACK PANTHER?

X-MEN: EIN NEUER ANFANG

FANTASTIC FOUR: ALLES GELÖST?!

SPIDER-MAN: HEIMKEHR

JETZT ERHÄLTLICH

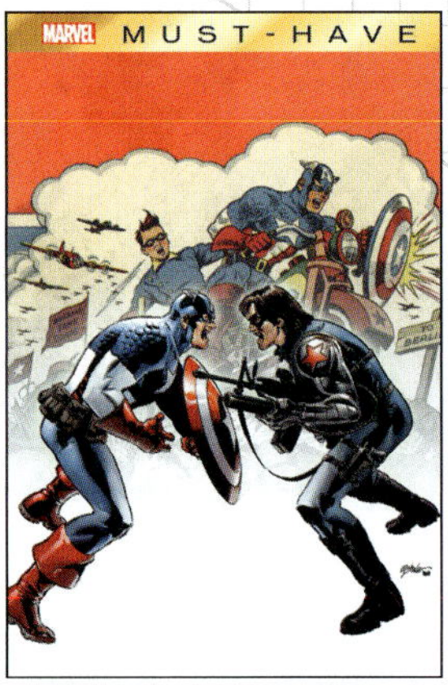

CAPTAIN AMERICA: WINTER SOLDIER

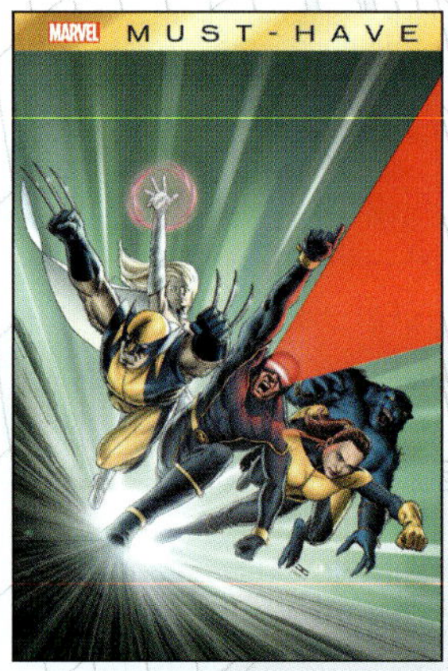

ASTONISHING X-MEN: BEGABT

DEMNÄCHST

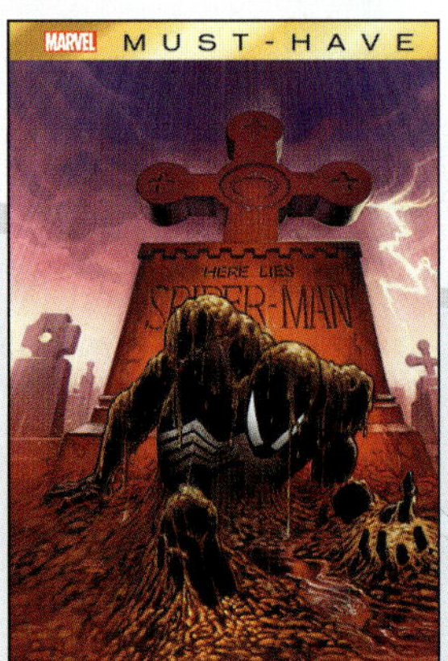

SPIDER-MAN: KRAVENS LETZTE JAGD

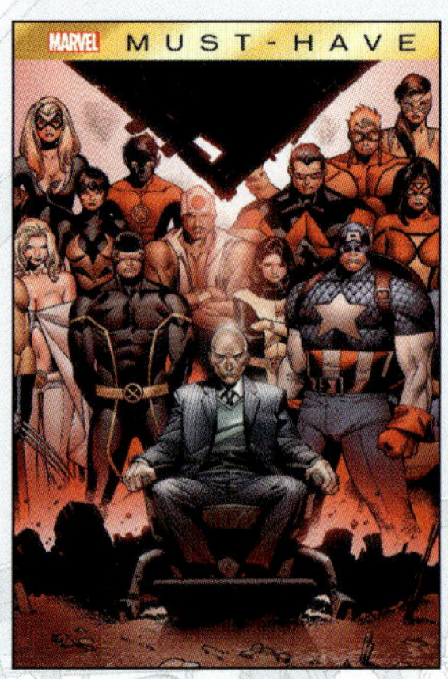

HOUSE OF M